MARIE
DE
MÉDICIS

Michel Carmona

MARIE DE MÉDICIS

Fayard

Pour Caroline

IL A ÉTÉ TIRÉ DE CET OUVRAGE SIX CENT CINQUANTE EXEMPLAIRES RÉSERVÉS AUX AMIS DU SPECTACLE DU MONDE SUR PAPIER BOUFFANT IVOIRÉ NUMÉROTÉS DE SM 1 À SM 650.

CHAPITRE PREMIER

La petite fiancée de l'Europe

MARSEILLE, 9 NOVEMBRE 1600.

La ville est en liesse. Toutes les rues qui mènent au Vieux-Port sont pavoisées. Par ordre de la municipalité, les tapisseries les plus précieuses ont été pendues aux fenêtres, des feuillages jonchent le sol. Marins et poissardes chôment, car c'est fête à Marseille : la nouvelle Reine de France est attendue en ce jour. Hier à Toulon, avant-hier à Antibes, elle arrive au terme d'un voyage commencé vingt-trois jours plus tôt quand l'imposante flotte qui la conduit en France a appareillé du port toscan de Livourne. Depuis son mariage par procuration avec Henri IV, célébré le 3 octobre en la cathédrale de Florence, Marie de Médicis, fille du défunt Grand-Duc François-Marie Ier de Toscane, nièce du Grand-Duc régnant Ferdinand Ier, son frère, est officiellement Reine de France.

Quelle patience, quelle force d'obstination n'a-t-il pas fallu à la princesse de Florence pour en arriver là ! Née le 26 août 1573, elle a donc 27 ans bien comptés ; convenons que ce n'est plus précisément l'âge des premières amours. L'amour, d'ailleurs, a tenu bien peu de place dans la vie d'une princesse, qui, à peine sortie d'une enfance pas très gaie, ne fut plus qu'un enjeu dans la politique matrimoniale – et la politique tout court – des grandes puissances de l'Europe chrétienne.

UNE ENFANCE DE PRINCESSE.

La mère de Marie de Médicis, l'Archiduchesse Jeanne d'Autriche, est morte quand Marie avait tout juste 5 ans, laissant à son mari, François-Marie Ier de Médicis, quatre enfants : un fils, Philippe, et trois filles, Éléonore, Anne et Marie. Deux mois après la mort de Jeanne, François-

Marie épouse sa maîtresse Bianca Capello et, laissant ses enfants au Palais Pitti, s'installe avec Bianca dans sa résidence de Pratolino.

L'enfance de Marie de Médicis n'est pas très gaie. La présence de Bianca auprès de son père lui est insupportable : bien plus tard, Marie de Médicis avouera qu'elle a toujours gardé un profond ressentiment à son père d'avoir ainsi épousé la veuve d'un simple bourgeois de Florence après son premier mariage avec Jeanne d'Autriche. Elle souffre de voir Bianca présider des bals, des carrousels, des chasses, des comédies ; Marie, qui au fond aime s'amuser et prise le faste, boude ces fêtes pour bien montrer sa désapprobation.

De cette époque, elle conserve le souvenir d'une succession d'accidents ou de deuils. La foudre tombe trois fois dans sa chambre, cassant les vitres, blessant la femme de chambre, brûlant les rideaux du lit. Des tremblements de terre secouent le Palais Pitti, jetant la panique. Une autre fois, la petite princesse échappe de peu à la noyade dans les environs de Pise. En 1583, son frère Philippe meurt ; il avait toujours eu une santé médiocre. Sa sœur Anne, en revanche, plus âgée qu'elle de cinq ans, était une jeune fille gaie, enjouée, pleine de vie ; au début de l'année 1584, elle meurt subitement, à la suite de saignements de nez prolongés. Elle n'avait pas 15 ans. Quelques mois plus tard, son autre sœur, Éléonore, disparaît également du Pitti, heureusement pour des motifs moins funèbres ; elle épouse le duc de Mantoue. Marie de Médicis reste seule, à 11 ans, soumise à une étiquette rigoureuse, presque sans famille, sans amis.

Marie de Médicis a comme seul horizon sa gouvernante, et les quelques précepteurs qu'on a recrutés pour parfaire l'éducation de la petite princesse. Francesca Orsini, apparentée aux Médicis, est chargée d'enseigner à Marie la piété, le respect dû à son père, mais surtout la discrétion, vertu maîtresse. Le Grand-Duc accepte que Virginio Orsini, cousin de Marie, soit élevé avec elle. Il sera le premier amour de la princesse, provoquant bien des années plus tard la jalousie d'Henri IV. On ne sait pas grand-chose, du reste, de cette idylle juvénile : quelques allusions de Sully et de la princesse de Conti, des commérages, dont on trouve la trace au détour d'une lettre.

Au demeurant, les études accaparent, avec les exercices de dévotion, la plus grande partie du temps de la princesse. Le Grand-Duc François, par tradition humaniste, tient à ce que sa fille reçoive l'éducation la plus parfaite. Elle fait de l'histoire, se montre assez bonne en mathématique, aime comme son père la chimie et la botanique. Elle pratique avec beaucoup d'ardeur la peinture, la sculpture, la gravure ; on possède d'elle un dessin gravé, qu'elle aurait exécuté vers l'âge de 14 ans, et qui témoigne d'une grande maîtrise [1]. Elle raffole particulièrement de

1. Cabinet des Estampes, Ad 13, Rés.

musique, pratique la guitare et le luth ; ses distractions préférées sont les concerts, très à la mode à la Cour du Grand-Duc, auxquels, malgré sa rancune contre Bianca, elle assiste aussi souvent que possible. Elle manifeste un très vif intérêt pour les pierreries, domaine dans lequel les Médicis ont toujours excellé ; de bonne heure, elle apprend à distinguer les vraies pierres des fausses et laisse apparaître une véritable passion pour les diamants et les perles.

Virginio Orsini n'est bientôt plus le seul à occuper le cœur de la princesse Marie. On lui donne, en effet, une petite camarade, de cinq ans plus âgée qu'elle, pas très jolie, mais extrêmement intelligente, du nom de Léonora Galigaï. De naissance incertaine, sans doute fille d'un menuisier, elle a « une humeur plaisante et bouffonnesque [2] ». Les deux jeunes filles s'entendent très bien. Marie de Médicis prend en vive affection Léonora, qui passe tout son temps avec elle, l'écoute, la conseille. Léonora s'attache à Marie et manifeste à son égard un très réel dévouement. L'habitude du tutoiement entre Marie et Léonora naît de cette précoce familiarité.

Le 19 octobre 1587, le Grand-Duc François-Marie Ier meurt brutalement. Le lendemain 20 octobre, c'est le tour de Bianca Capello. Cette double disparition provoque une intense émotion à Florence. On parle d'assassinat, de poison. François-Marie Ier n'avait que 47 ans. Faute de fils pour lui succéder, il laisse le Grand-Duché à son frère Ferdinand, âgé de 38 ans, cardinal de l'Église romaine. Ferdinand renonce à la pourpre cardinalice pour devenir Grand-Duc de Toscane sous le nom de Ferdinand Ier. Il est aussi jovial que son frère François-Marie était sombre, et témoigne à l'égard de sa nièce Marie d'une très grande affection. Le 30 avril 1589, il épouse Christine de Lorraine, nièce de Catherine de Médicis, qui a elle-même négocié ce mariage juste avant de mourir [3]. La Grande-Duchesse a 16 ans, le même âge que Marie. A la longue, des frictions vont apparaître, mais, dans l'immédiat, la Grande-Duchesse et sa nièce par alliance s'entendent au mieux tandis que les fêtes succèdent aux fêtes dans le cadre prestigieux du Palais Pitti redevenu le siège de la Cour du Grand-Duc.

Marie de Médicis est alors une grande jeune fille, au teint éclatant, aux abondants cheveux blonds. Elle a les traits réguliers, de l'allure. Depuis la mort de son père et le mariage de son oncle avec Christine, elle est toujours gracieuse, aimable, enjouée. Auprès d'elle, l'esprit endiablé de Léonora entretient un air perpétuel de gaieté. C'est l'âge des projets d'avenir, des projets de mariage.

2. Déposition d'André de Lizza au procès de Léonora en 1617, BN, Cinq Cents Colbert, 221, fol. 411 r°.
3. Catherine de Médicis meurt le 5 janvier 1589.

LA PETITE FIANCÉE DE L'EUROPE.

Marie de Médicis était un beau parti. Les Médicis sont les banquiers de l'Europe, et la princesse de Toscane peut prétendre à une union avec n'importe lequel des souverains les plus éminents de la Chrétienté. Le gouvernement de l'Espagne, dès l'avènement du Grand-Duc Ferdinand en 1587, s'était mis en campagne; Marie de Médicis a tout juste 14 ans. Madrid propose de lui faire épouser Alexandre Farnèse, duc de Parme, ami et allié de l'Espagne, dont la principauté épaule les possessions espagnoles du Milanais. Le prince Farnèse est au surplus l'un des plus grands généraux du temps, qui donnera bien du fil à retordre à Henri IV. Mais les négociations tournent court car Farnèse a d'autres intentions matrimoniales.

En 1589, l'Espagne propose un nouveau candidat, le duc de Bragance, l'un des nobles les plus en vue de la péninsule ibérique. Il est l'héritier de l'ancienne famille régnante du Portugal. Le nom que porte le duc est illustre, mais il n'est pas prince régnant : le Portugal et l'Espagne sont un seul et même royaume, et Lisbonne n'est plus qu'une capitale provinciale. Ferdinand, qui souhaite établir sa nièce « dans un rang au-dessus même de sa naissance et lui ménager un parti plus avantageux », ne peut consentir à une union qui la ravalerait au niveau d'une simple dame de bonne noblesse, sans plus.

La Cour de Madrid se le tient pour dit et propose alors un magnifique parti : l'Archiduc Mathias, héritier de l'Empire et frère de l'Empereur régnant Rodolphe II. Le Grand-Duc de Toscane est extrêmement flatté et ne ménage rien pour disposer au mieux l'Archiduc. Mais les négociations traînent tellement que Ferdinand, désespérant de les voir aboutir, se met à chercher un autre prétendant.

Sa femme, la Grande-Duchesse Christine, issue de la famille de Lorraine, pense à l'un de ses parents, le prince de Vaudémont. Ce serait une union flatteuse car le duché de Lorraine est puissant, l'influence de ses princes est grande à la Cour de France grâce aux Guise, apparentés à la famille de Lorraine. Ferdinand est donc tout prêt à accéder à la suggestion de sa femme, mais, ô surprise, Marie de Médicis refuse! Le scandale est énorme à la petite Cour de Florence. Depuis quand les filles à marier se marient-elles contre la volonté de leur père ou de leur tuteur légal?

Quelle était la raison du refus net, obstiné, définitif que Marie de Médicis oppose au prince de Vaudémont? Une prédiction. Une religieuse de Sienne, qui passait pour sainte, la Passitéa, attirait les foules. Marie, comme tant d'autres Florentins et Florentines, était allée lui rendre visite en la priant de lui dévoiler son avenir. La Passitéa lui avait prédit qu'elle serait Reine. Quand le mariage avec le prince de Vaudémont s'était présenté, Marie, perplexe, avait demandé conseil à Léonora, et celle-ci l'avait engagée à refuser. La prédiction de la Passitéa réduisait singulièrement le champ des possibles. La couronne d'Angleterre étant portée par une femme, la Reine Élisabeth, il n'y fallait pas songer. Restaient la France et l'Espagne. Léonora trouvait que la France, c'était mieux. Il n'en fallait pas plus pour que Marie, avec l'obstination qui la caractérise, décide qu'elle sera Reine de France et rien d'autre.

La Grande-Duchesse Christine prend très mal le refus de Marie, et Léonora se trouve à deux doigts d'en faire les frais ; la Grande-Duchesse décide de la chasser du service de la princesse et c'est seulement en échange d'une promesse de collaboration étroite avec le Grand-Duc que Léonora obtient de rester. L'intelligence de la petite Galigaï comparée avec les qualités plus modestes de Marie avait séduit Ferdinand qui s'était dit que l'influence de Léonora sur sa nièce pouvait lui être bien utile.

Dans cet étrange marché, c'est le Grand-Duc qui est la dupe car Léonora n'a rien de plus pressé que de pousser une nouvelle fois Marie de Médicis à opposer son refus à une proposition de mariage, cependant plus qu'honorable, puisqu'il s'agissait d'épouser l'Empereur d'Allemagne soi-même, ou son héritier. Inquiet des pourparlers qui avaient été si près d'aboutir avec le prince de Vaudémont, l'Empereur Rodolphe, en effet, s'était de nouveau manifesté. La perspective de voir échapper à la Maison de Habsbourg la dot considérable que le Grand-Duc ne manquerait pas de verser avait décidé les Cours de Vienne et de Madrid à revenir à la charge, avec une proposition assez curieuse : Rodolphe demandait au Grand-Duc Ferdinand de promettre la main de Marie, soit pour lui-même, soit pour son frère et héritier Mathias. Ferdinand devait verser une dot de 600 000 écus si sa nièce épousait l'Empereur, de 400 000 seulement si elle se mariait avec son frère. Pour étrange qu'elle fût, la proposition était très flatteuse, et Ferdinand n'hésita pas à l'accepter. Un accord de principe fut même passé.

Or, comme pour le prince de Vaudémont, Marie de Médicis décidait de refuser le parti qui lui était offert. Le rôle de Léonora était manifeste et le Grand-Duc, se sentant trahi, faillit prendre contre elle les sanctions les plus sévères. Il s'en garda, cependant, et bien lui en prit car Léonora et Marie n'avaient pas tout à fait tort de se méfier des intentions de Vienne.

Rodolphe ne se pressait pas de faire connaître si c'est lui qui épouserait Marie de Médicis, ou son frère Mathias. Aux sollicitations du Grand-Duc qui demandait qu'on fixe au moins une date pour le mariage – Marie allait maintenant sur ses 18 ans – l'Empereur répondait de façon évasive. Finalement, le Grand-Duc se persuade que les atermoiements de la Cour de Vienne ne sont pas le fait du hasard, et que toute la manœuvre avait pour seul but de l'empêcher de marier sa nièce contre les vœux de la Maison de Habsbourg. Après avoir une dernière fois mis l'Empereur en demeure de se déterminer, et n'ayant obtenu qu'une réponse dilatoire, il décide de reprendre sa parole et de chercher ailleurs une union à la fois profitable et conforme aux ambitions exprimées par Marie de Médicis.

Léonora, dans cette affaire, redore son blason, en même temps que la prédiction de la Passitéa commence à prendre corps dans la réalité : peu de temps après la rupture du projet de mariage en Allemagne, des discussions s'engagent avec la couronne de France.

Comment le Grand-Duc en est-il venu à envisager un mariage avec le Roi de France, pourtant hérétique et déjà marié ? c'est ce qui mérite quelques explications.

Il faut d'abord rappeler que les liens entre la France et la Toscane sont déjà fort anciens et étroits. Catherine de Médicis, devenue Reine de France par son mariage avec Henri II, avait attiré dans le royaume un grand nombre de Florentins qui s'y étaient établis et avaient souvent fait souche. En outre, les Grands-Ducs de Toscane étaient devenus les banquiers attitrés du Roi de France. De 1562 à 1569, Charles IX avait reçu 192 857 ducats d'or. Henri IV avait remboursé une partie de la dette mais le royaume devait encore 45 233 ducats en 1589, au moment de l'avènement du Roi. La guerre de reconquête entreprise par ce dernier avait creusé le gouffre, et, moins de dix ans plus tard, la dette de la France à l'égard des Médicis atteignait la somme colossale de 1 174 147 écus d'or.

C'est précisément pour parler d'argent avec le Grand-Duc qu'Henri IV, en 1592, lui avait envoyé le cardinal de Gondi, français d'origine florentine. La négociation, amorcée sur le thème d'un nouvel emprunt, glisse bientôt sur le terrain politique. Henri IV est en train de prendre la situation en main, on commence à parler beaucoup de sa conversion au catholicisme, ce dont le Grand-Duc se réjouit fort, car, au-delà de ses sentiments personnels, il y voit une condition essentielle à la consolidation de l'autorité d'Henri IV sur l'ensemble du royaume. Les alliances de Florence avec le Saint-Siège sont étroites, et le Grand-Duc accepte volontiers d'user de son influence afin de hâter l'obtention de l'absolution pontificale pour le Roi hérétique après sa conversion.

Gondi en profite pour glisser dans la conversation quelques indications plus personnelles sur Henri IV. Marié depuis vingt ans avec Marguerite de Valois, il n'a pas eu d'enfant avec elle, et il est de notoriété publique qu'ils vivent séparés depuis de nombreuses années. Le Roi, voyant la couronne en passe de lui être unanimement reconnue dans un proche avenir, se préoccupe désormais de la consolider en assurant l'avenir de la dynastie. On compte demander au Pape l'annulation en Cour de Rome du mariage avec Marguerite de Valois : le Grand-Duc Ferdinand, puisqu'il est si bien placé, pourrait peut-être s'entremettre là encore, et pourquoi n'envisagerait-on pas ensuite un mariage entre sa nièce et le Roi de France ?

Le Grand-Duc prête une oreille plus qu'attentive aux propos du cardinal de Gondi. Il promet son aide auprès du Pape pour défendre les intérêts d'Henri IV, ne se prive pas de donner quelques conseils au passage sur la manière dont le Roi devrait, à son avis, se comporter afin de désarmer les Ligueurs, et pour finir esquisse avec Gondi les grandes lignes d'un contrat de mariage entre Henri IV et Marie de Médicis. On parle même d'une dot d'un million d'écus. Le Grand-Duc la verrait bien consister en annulation de dettes de la France à son égard tandis que Gondi pour sa part préfèrerait qu'elle comporte un versement d'espèces aussi important que possible, mais ces divergences sont mineures au regard de l'essentiel, c'est-à-dire d'un accord sur le principe même du mariage.

Gondi, à son retour de Florence, expose les résultats de sa mission à Henri IV. Le Roi s'en montre fort satisfait et envoie au Grand-Duc un ambassadeur extraordinaire, Monsieur de La Clielle, pour donner officiellement son assentiment sur les points de convergence qui se sont dégagés des entretiens entre Ferdinand et Gondi.

Le Grand-Duc prend très au sérieux le rapprochement qui s'est amorcé et intervient d'une manière de plus en plus active dans les affaires du royaume de France. Un chevalier de Malte florentin, Jacopo Guicciardini, s'est enrôlé dans l'armée d'Henri IV, et correspond régulièrement avec le Grand-Duc, dont il devient une sorte d'ambassadeur officieux. Guicciardini conseille Henri IV en ce qui concerne sa conversion. Il l'engage vivement à ne pas en faire un objet de négociation, mais à se convertir d'abord à la religion catholique en abjurant le protestantisme entre les mains de l'épiscopat français, et à demander seulement ensuite l'absolution pontificale. Il lui montre la puissance des Espagnols à Rome et dans les autres Cours d'Italie. Au passage, il lui glisse un conseil ; critiquant les prédécesseurs du Roi qui « n'avaient jamais pu s'établir d'une façon durable en Italie parce qu'ils ne s'étaient jamais attaché aucun prince de ce pays par de solides avantages », il lui donne en exemple l'attitude des Espagnols qui « avaient assuré plus adroitement leur domination en érigeant une foule de principautés et en se faisant partout des amis et des créatures ». Habile façon de mettre en valeur, chemin faisant, l'intérêt d'une union étroite avec la Toscane.

Ferdinand, d'ailleurs, ne se borne pas à aider le Roi par de bonnes paroles : à la suite d'une demande de subsides présentée par Henri IV, le 26 avril 1593, il lui fait ouvrir un important crédit auprès de son agent en France, Jérôme Gondi. Le Grand-Duc est l'un des tout premiers souverains que le Roi informe de sa conversion, intervenue le 25 juillet de la même année ; la lettre qu'Henri IV lui adresse le 9 août est sans équivoque, et va au-delà de simples propos de circonstance : le Roi fait savoir au Grand-Duc qu'il le considère comme l'un des principaux agents de cette conversion.

Dans les pourparlers qui s'engagent ensuite avec le Saint-Siège, Ferdinand joue un grand rôle. D'abord, le Pape Clément VIII est un Florentin, de la famille des Aldobrandini ; il est vrai que celle-ci a un vieux contentieux avec les Médicis, mais la solidarité entre Florentins l'emporte sur les querelles subalternes dans les occasions importantes — et c'en est une que la réconciliation du Roi de France avec l'Église catholique. On négocie. Le Pape voudrait qu'en échange de l'absolution pontificale à Henri IV celui-ci accepte le retour des Jésuites dans le royaume. Henri IV refuse. Ferdinand obtient finalement du Pape qu'il accorde, en septembre 1595, une absolution inconditionnelle, malgré les très fortes pressions exercées sur le Souverain Pontife par les Espagnols.

Précisément, en 1595, les relations entre Paris et Madrid se sont tellement envenimées qu'Henri IV déclare la guerre à l'Espagne. Cela signifie de nouvelles dépenses, et donc de nouveaux emprunts, que le Grand-Duc est invité à couvrir. La situation devient vite critique pour le Roi de France. Une forte armée espagnole quitte le Milanais pour la Franche-Comté et, de là, entre en Bourgogne, dont le gouverneur n'est autre que le duc de Mayenne. Celui-ci joint ses forces à celles de l'Espagne. En Bretagne, le duc de Mercœur s'agite. Sur la frontière de Picardie, une autre armée espagnole menace. Henri IV, pour faire front, a besoin d'argent, et le pays n'en a pas. Harlay de Sancy, en qui le Roi a toute confiance, est chargé de ramener de Florence un secours de 100 000 écus, convoyés par 17 charrettes que gardent 5 compagnies de cavalerie et 200 fantassins.

On ne parle plus du projet de mariage avec Marie de Médicis, et l'humeur du Grand-Duc commence à s'assombrir. Au moins si on s'employait à le rembourser ! Mais le royaume de France est exsangue. Il y a la guerre contre l'Espagne, il y a la guerre civile contre les restes de la Ligue.

En 1596, la soumission du duc de Mayenne et du duc de Mercœur met un point final au chapitre de la Ligue, dont tous les chefs se sont maintenant ralliés à Henri IV, moyennant de grasses compensations : le bilan total de l'« opération soumission » s'élève à 32 millions de livres ! Il est évident que le paiement de ces indemnités passe avant celui des sommes dues aux banquiers de Florence. En 1597, les revers de la guerre contre l'Espagne, à la suite de la perte d'Amiens, font paraître la situation financière du royaume tellement désespérée que le Grand-Duc décide de prendre des gages et saisit le château d'If et les îles Pomègues et Ratonneau au large de Marseille, sous couleur de devancer un coup de main espagnol contre ces positions-clés.

L'honneur du Roi de France est en cause, mais le gouvernement préfère ravaler l'orgueil national et rechercher un terrain d'entente avec

Ferdinand. On lui sait gré des sommes considérables qu'il a prêtées, de l'efficacité de son intervention auprès du Pape qui a permis d'obtenir l'absolution du Saint-Père. Et il paraît évident que l'on ne tardera pas à recourir de nouveau à lui pour plaider la cause du Roi en Cour de Rome dans la requête en annulation du mariage d'Henri IV avec Marguerite de Valois.

Les ministres d'Henri IV, Sully en tête, ont ainsi bien des raisons de ressortir des cartons, dans le courant de l'année 1598, l'ancien projet de mariage entre Marie de Médicis et le Roi. Il est même plus urgent que jamais d'aboutir, car le Roi manifeste l'intention, apparemment bien arrêtée, d'épouser Gabrielle d'Estrées dont il a deux fils, César et Alexandre de Vendôme. Or, épouser Gabrielle serait une lourde erreur politique. L'heureuse élue est de petite naissance : rompre pour une Gabrielle d'Estrées la première union avec Marguerite, héritière de la famille prestigieuse de Valois, ne peut manquer d'apparaître comme une déchéance dont toute l'Europe fera des gorges chaudes ; les traditions de la Maison de France exigent que le Roi prenne pour femme une princesse appartenant à l'une des familles régnantes d'Europe. Marguerite de Valois elle-même, qui veut bien consentir au divorce, refuse l'idée que la place laissée libre serait occupée par Gabrielle d'Estrées, et écrit en sous-main au Pape pour opposer des obstacles imprévus à la procédure d'annulation de son mariage. Henri IV tenait bon malgré tout et faisait commencer les préparatifs de ses noces avec Gabrielle lorsque, le 10 avril 1599, la malheureuse meurt subitement, vraisemblablement empoisonnée par les soins du banquier Zamet, ami d'Henri IV (et, par une rencontre qui n'est sans doute pas fortuite, Florentin d'origine et ancien agent de la banque Médicis à Paris).

L'existence d'un complot pour se débarrasser de Gabrielle d'Estrées est d'ailleurs évidente, et les circonstances de sa mort ne laissent aucun doute à cet égard. Prise de convulsions, Gabrielle réclame la présence du Roi avec tant d'insistance qu'on est bien obligé d'envoyer un messager à Fontainebleau pour prévenir Henri IV. Ce dernier monte aussitôt à cheval et court vers Paris. A quelques kilomètres de la capitale, il rencontre un deuxième messager venu au-devant de lui pour lui annoncer que sa maîtresse est morte. Les compagnons du Roi le dissuadent d'aller plus loin et le reconduisent à Fontainebleau. Or, au moment où le messager était envoyé au Roi, Gabrielle vivait encore : elle mettra trois jours à mourir.

Cette disparition arrangeait bien des intérêts. Elle allait, tout d'abord, hâter l'annulation du premier mariage du Roi ; en janvier 1599, les deux négociateurs envoyés à Rome par Henri IV pour soutenir sa demande de divorce sont reçus avec les plus grandes réserves par le Pape Clément VIII ; à la mi-avril, le Pape décide brusquement d'activer l'examen de la demande : il vient de recevoir la nouvelle de la mort de Gabrielle.

Elle allait d'autre part permettre aux discussions engagées en vue du mariage d'Henri IV avec Marie de Médicis d'aboutir rapidement.

UN MARIAGE D'AFFAIRES.

Saint-Simon résume parfaitement les motivations du gouvernement d'Henri IV : « De grandes sommes dues au Grand-Duc, l'espérance d'en tirer de nouvelles, la considération de sa réputation personnelle dans l'Europe, la rareté des princesses à pouvoir épouser couvrirent, comme ils purent, ce premier exemple de mésalliance qu'Henri laissa à la postérité [4] ». Le principal intéressé en prend très bien son parti : « Je suis de ceux qui pensent qu'un bon mariage leur doit aider à payer une partie de leurs dettes », écrit-il à son ambassadeur en Angleterre.

Ferdinand, de son côté, répond avec empressement aux ouvertures de la France. Madame d'Arconville, l'un des plus anciens biographes de Marie de Médicis, voit deux raisons à l'attitude favorable du Grand-Duc. Des considérations de politique intérieure florentine, tout d'abord, car la grande famille des Aldobrandini, rivale de toujours des Médicis, ne dédaignerait pas de renverser la famille régnante de Florence et, dans ce but, cherche à s'assurer l'aide des Espagnols. Ferdinand ne pouvait qu'être porté, pour leur faire pièce, à rechercher l'alliance et l'appui de la France. Il y avait aussi une deuxième raison : « Marie de Médicis étant parvenue à près de 27 ans, le Grand-Duc sentit bien que s'il ne se déterminait pas à la marier, il ne trouverait plus l'occasion de l'établir convenablement à sa naissance [5] ». 27 ans constituent quand même, à cette époque, un âge limite pour se marier.

En mai 1599, Henri IV renvoie le cardinal de Gondi à Florence afin d'arrêter les conditions du mariage. Il trouve un Grand-Duc tout à fait d'accord sur le principe, mais qui se récrie dès qu'on commence à causer chiffres. Gondi croyait se souvenir, en toute bonne foi, que le Grand-Duc avait accepté lors de leurs entretiens de 1592 l'idée d'une dot d'un million d'écus. Ferdinand déclare qu'il ne saurait en être question, et a beau jeu de faire valoir à l'envoyé du Roi de France que l'on avait parlé de 600 000 écus seulement lors des discussions menées en vue du mariage entre Marie de Médicis et l'Empereur d'Allemagne. Par comparaison, à ses yeux, la dot donnée à sa nièce pour épouser le Roi de France ne devrait pas dépasser 500 000 écus, dont 400 000 consisteraient en annulation de créances et 100 000 seraient versés en espèces.

4. Saint-Simon, *Parallèle des trois premiers Rois Bourbons,* Éd. M. P. Faugère, Paris, Hachette, 1880, p. 129.

5. Madame d'Arconville, *Histoire de Marie de Médicis.*

La proposition du Grand-Duc comportait aussi les précisions suivantes : l'argent comptant serait versé à Marseille où Marie de Médicis serait conduite aux frais du Grand-Duc ; la future Reine de France gagnerait sa nouvelle patrie en partant de Livourne, avec une escorte de 24 galères appartenant aux flottes de Florence, de Gênes, de l'Ordre de Malte et du Saint-Siège. L'offre du Grand-Duc est confirmée par une note officielle que le chanoine Baccio Giovannini est chargé de remettre à la Cour de Paris.

Giovannini est en même temps porteur d'une récapitulation des créances des Médicis sur la France. La somme que nous connaissons déjà de 1 174 147 écus s'augmentait jour après jour des intérêts. Le Grand-Duc avait bien reçu pour une partie de sa créance la concession de certains impôts indirects, mais il avait les plus grandes peines du monde à les recouvrer, et l'éloignement, la méconnaissance des conditions locales, lui faisaient percevoir des sommes bien inférieures à celles qu'il aurait normalement dû en attendre.

Henri IV, en recevant Giovannini, lui exprime avec fermeté son intention de n'accepter aucun compromis : il veut un million d'écus, somme qui lui paraît conforme à sa dignité. Il rappelle que ce montant avait été arrêté dès 1592, et déclare que, dans ces conditions, il est prêt à renoncer au projet de mariage. L'envoyé florentin écrit aussitôt à son maître pour lui demander de faire preuve d'un peu de souplesse. Du côté de Paris, l'entourage du Roi était également enclin à la souplesse, beaucoup plus que ne pouvait le laisser penser la fermeté de ton d'Henri IV. Sully et ses collègues, en effet, s'inquiètent de voir le Roi, quelques semaines après la mort de Gabrielle d'Estrées, retomber dans les filets d'une nouvelle maîtresse, Henriette d'Entragues. Au moment où la mort de Gabrielle d'Estrées accélère la procédure d'annulation du premier mariage en Cour de Rome, Henriette se dit qu'elle pourrait toucher, pour son propre compte, les dividendes de tout le mal que se sont donné Zamet, les ministres français, le Grand-Duc de Toscane, et le Pape, afin de déblayer les obstacles sur la route du mariage florentin. Henri IV n'hésite pas, d'ailleurs, pour obtenir les faveurs d'Henriette, à souscrire une promesse, établie de sa main et contresignée par les ministres, de l'épouser au cas où elle serait enceinte dans un délai de six mois et accoucherait d'un fils.

Gondi, de son côté, fait pression sur le gouvernement de Florence pour qu'il fasse preuve d'un peu de compréhension. Il se trouve personnellement dans une position difficile puisque c'est lui qui a eu les premiers entretiens avec Ferdinand sur le mariage de sa nièce. Ayant l'impression que l'on s'est au fond moqué de lui dans ces discussions relatives à la dot, il fait part un jour de sa mauvaise humeur à Baccio Giovannini : « Bien des gens qui ont mauvaise intention reprennent courage et proposent au Roi d'autres partis, et il pourrait y prêter l'oreille ou bien se plonger dans cette Entragues. Car l'un est tout sens et l'autre toute malice ; elle cherchera tous les moyens d'avoir un fils pour se faire Reine [6] ».

Dans l'ultime marchandage qui s'ouvre alors, l'intérêt du Grand-Duc rejoint la crainte qu'ont les ministres français de voir Henriette d'Entragues épouser Henri IV. Tandis que Baccio Giovannini presse le Grand-Duc de faire passer son offre de 500 000 à 800 000 écus, les ministres ramènent leurs prétentions de 1 million à 600 000 écus. Le Grand-Duc s'empresse d'accepter. Quant à Henri IV, probablement beaucoup plus intéressé par sa liaison avec Henriette d'Entragues que par une discussion qui le concerne pourtant au premier chef, il accepte lui aussi sans sourciller le chiffre de 600 000 écus, qui devront être réglés à concurrence de 250 000 écus par des annulations de créances et à hauteur de 350 000 par une remise d'espèces.

Somme toute, le marché n'était pas si mauvais et Sully pouvait faire observer qu'aucune Reine de France n'avait jamais apporté à son époux une aussi forte dot. Le 30 décembre 1599, Henri IV, le cœur serein, confirme à Baccio Giovannini son accord sur ces conditions.

Le mot de la fin sur la conclusion de ce mariage d'affaires revient à Sully, déclarant à son maître : « Il n'est pas de la dignité de votre personne de prendre une femme pour de l'argent, de même qu'il ne faut pas que le Grand-Duc achète votre alliance pour une somme ».

Le 7 mars 1600, à Paris, chez le connétable duc de Montmorency, cinq messieurs à la mine grave sont réunis. Autour du connétable, deux autres Français, le Chancelier Pomponne de Bellièvre, seigneur de Grignon, et Maximilien de Béthune, seigneur de Rosny (qui est resté dans l'histoire sous le nom de Sully) et deux Italiens, le chanoine Baccio Giovannini et son secrétaire d'ambassade florentin. Ils sont là pour signer, au nom du Roi de France et du Grand-Duc de Toscane, la convention qui arrête les grandes lignes des dispositions financières du mariage entre le Roi et la princesse Marie. Une clause essentielle, celle sur laquelle ont porté toutes les discussions antérieures : « Le Grand-Duc donne 600 000 écus d'or de 7 livres 1/2, monnaie florentine, dont 350 000 en monnaie effective lorsque le mariage aura été célébré en l'église, et 250 000 payés à Jérôme Gondi qui lui sont dus par le Roi ». Ainsi, le mariage rapporte au Roi de France 350 000 écus en espèces et l'annulation d'une partie des dettes qu'il a contractées auprès du Grand-Duc à concurrence de 250 000 écus. La convention précise par ailleurs : « Le Grand-Duc fera accompagner à ses frais la princesse jusqu'à Marseille, outre les bagues, joyaux et autres meubles précieux ». En d'autres termes, Marie de Médicis n'est prise en charge par les finances du royaume que le jour où elle entre officiellement sur son territoire, à Marseille.

6. Dépêche de Baccio Giovannini du 16 décembre 1599.

La convention signée, Brûlart de Sillery et d'Alincourt partent à Florence pour dresser le contrat de mariage proprement dit, qui reprend les termes de la convention et développe par le menu les différents aspects des conditions matérielles du mariage. Le contrat prévoit ainsi :

– que le Grand-Duc épousera par procuration du Roi de France sa nièce, la princesse Marie, à Florence;

– que la dot comprend 250 000 écus payés par annulation de créances, les 350 000 supplémentaires devant être payés comptant à Marseille ou à Lyon après la célébration religieuse du mariage;

– que la princesse renonce à tous ses droits sur la succession de ses père et mère;

– que le Roi de France assure à la Reine une rente de 20 000 écus d'or par an, garantis par divers biens hypothéqués dans ce but.

D'autres clauses fixent les modalités d'une éventuelle restitution de la dot si Marie de Médicis est renvoyée à Florence, les garanties données à cet effet, les droits des enfants.

Un des articles du contrat prévoit que le Roi fera dresser une liste des officiers et serviteurs de la Reine, dont la rémunération, selon les règles de l'administration française à cette époque, sera supportée par l'Épargne (c'est-à-dire le Trésor public) et payée par trimestres; les dispositions prévues par cette clause seront arrêtées d'un commun accord entre le Roi et celui des ministres du Grand-Duc qui accompagnera Marie de Médicis en France.

Le 25 avril 1600, Brûlart de Sillery signe le contrat, au nom du Roi de France, avec le Grand-Duc de Toscane et Marie de Médicis. Il reste des détails à régler, notamment la date du mariage par procuration et le choix de la ville où Henri IV rencontrera Marie après son arrivée en France : Marseille ou Lyon, on ne sait, cela dépendra des possibilités que laisseront au Roi les affaires de Savoie qui l'accaparent en ce moment. Quoi qu'il en soit, l'accord de mariage est conclu, de manière définitive et irrévocable.

Henri IV ne connaît Marie de Médicis que par le portrait qui lui a été envoyé quelques mois auparavant et qui représente la princesse de Toscane à l'âge de 17 ans – elle en a 27 aujourd'hui. Rubens a réussi, avec la « Présentation du portrait de la Reine à Henri IV », l'un des plus beaux tableaux de sa série de l'« Histoire de Marie de Médicis »; la figure d'Henri IV exprime la surprise et l'émerveillement quand apparaissent les traits de la future femme du Roi; l'œil vif, un rien égrillard, la barbe en bataille, semblent en dire long sur les sentiments du Vert-Galant.

Henri IV, voulant en savoir davantage sur la princesse de Toscane, profite de la mission de Charles de Neuville, seigneur d'Alincourt, fils du ministre Villeroy, envoyé à Rome afin de remercier le Pape de sa décision d'annuler le premier mariage du Roi avec Marguerite de

Valois, pour lui faire faire sur le chemin du retour un crochet par Florence. Monsieur d'Alincourt est chargé de présenter les compliments du Roi à sa future femme, et de saisir cette occasion pour l'observer avec le plus grand soin. A Paris, Henri IV attend son compte rendu avec impatience. Dès son arrivée, d'Alincourt est mandé au Louvre, et prié de dire ce qu'il a vu. Il ne tarit pas d'éloges. Marie de Médicis est grande, de physionomie altière, un air de noblesse répandu sur toute sa personne. Le visage est fort, de teint clair, et la princesse a un double menton — caractéristique très appréciée dans les canons de beauté de l'époque. L'embonpoint qui noie précocement les formes de Marie donne à la future Reine de France, grâce à sa taille, de l'allure et de la majesté. La poitrine est magnifique. Allons ! Henri IV peut s'estimer content ; les charmes opulents de la princesse le changeront un peu des formes sèches et de la figure jaunâtre de l'impérieuse Henriette d'Entragues, maîtresse de ses sens jusqu'à ce jour !

Le Roi, satisfait du rapport que lui a fait d'Alincourt, envoie sa lettre de déclaration officielle à l'heureuse élue. C'est la première fois qu'il lui écrit. Sous la convention du style perce l'impatience de connaître cette femme dotée de tant de grâces si l'on en croit d'Alincourt : « Madame la princesse de Toscane. Les vertus et perfections qui reluisent en vous et vous font admirer de tout le monde avaient, il y a déjà longtemps, allumé en moi un désir de vous honorer et servir comme vous le méritez ; mais ce que m'en a rapporté Alincourt me l'a fait croître ; et ne vous pouvant moi-même représenter mon inviolable affection, j'ai voulu, en attendant ce contentement (qui sera bientôt, si le ciel favorise à mes vœux) faire élection, Madame, de ce mien fidèle serviteur Frontenac [7] pour faire cet office en mon nom, assuré qu'il s'en acquittera fidèlement, comme celui que j'ai nourri, et qui, mieux que nul autre, a connaissance de mes intentions. Il vous découvrira mon cœur, et que vous trouverez non moins accompagné d'une passionnée volonté de vous chérir et aimer toute ma vie comme maîtresse de mes affections, mais de ployer dorénavant sous le joug de vos commandements celui de mon obéissance comme dame de mes volontés, ce que j'espère de vous pouvoir témoigner un jour, et vous confirmer en personne le gage qu'il vous porte de ma foi, si vous ajoutez pareille foi à lui qu'à moi-même ».

Promesse de fidélité dont l'avenir démontrera la fragilité ! Mais Henri IV, sur le moment, était sans doute sincère, et la conclusion de sa lettre traduit certainement le désir d'établir avec Marie de Médicis les bases d'une union solide et confiante : « De quoi je vous prie, et de lui permettre [à Frontenac], après vous avoir saluée et baisé les mains de ma part, qu'il vous présente le service d'un prince que le ciel vous a dédié et fait naître pour vous seule, comme pour moi il a fait votre mérite [8] ».

7. Antoine de Frontenac, écuyer ordinaire du Roi, chargé d'aller à Florence remettre cette lettre à Marie de Médicis.
8. Lettre du 24 mai 1600 d'Henri IV à Marie de Médicis.

La guerre de Savoie.

Les affaires de Savoie n'étaient pas étrangères à la conclusion rapide de l'accord entre la France et la Toscane. Le conflit avec le duc de Savoie apparaissait en effet inévitable et, dans l'état où se trouvaient les finances royales au sortir de plus de trente années de guerre, il est évident que les caisses des banquiers de Florence allaient être à nouveau sollicitées.

Ce que l'on appelle alors la Savoie est une principauté à cheval sur les Alpes qui comprend trois blocs de territoires. Le premier ensemble, entre la Bourgogne et le Rhône, rassemble la Bresse avec Bourg pour capitale, le Bugey, le pays de Gex, le Valromey. Le deuxième est constitué par la Savoie proprement dite, dont la capitale est Chambéry et dont dépendent les deux provinces de Tarentaise et de Maurienne. Le troisième bloc de territoires est situé de l'autre côté des Alpes, en Italie du Nord, et comprend essentiellement le Piémont avec Turin pour capitale.

Un litige opposait la France au duc de Savoie au sujet du marquisat de Saluces : le duc, mettant à profit l'effacement du royaume pendant les guerres de religion, s'était emparé en 1588 de cette principauté, propriété de la France dans les plaines d'Italie du Nord. Le Traité de Vervins, conclu en 1598 entre la France et l'Espagne et que le duc de Savoie avait lui-même ratifié, reconnaissait les droits de la France sur Saluces et avait arrêté les modalités de règlement du litige. Mais le duc avait cherché à gagner du temps avant de restituer Saluces, et c'est seulement devant les menaces d'Henri IV qu'il s'était rendu à Paris en décembre 1599 afin d'ouvrir la négociation prévue par le Traité de Vervins. En février 1600 est signé, entre la France et la Savoie, le Traité de Paris, aux termes duquel le duc dispose d'un délai de trois mois pour opter entre deux solutions : ou bien restituer le marquisat de Saluces, ou bien le conserver et céder en échange à la France, la Bresse, le Bugey, le pays de Gex, et le Valromey qui lui appartiennent. Le duc profite aussi de son séjour pour acheter l'appui d'un des plus proches compagnons du Roi, Biron, avec qui il jette les bases d'un complot contre la vie d'Henri IV.

Le duc de Savoie regagne ensuite ses États, mais ne se presse pas de préparer la réponse qu'il s'est engagé à faire parvenir à Henri IV. Pendant ce temps, les amis qu'il s'est faits à Paris, et notamment Biron, travaillent l'opinion afin de démontrer que la possession du marquisat de Saluces est inutile à la France et qu'il vaut mieux y renoncer spontanément et sans contrepartie. Le duc de Savoie gagne ainsi un temps doublement précieux parce qu'il lui permet de prolonger l'occupation de Saluces, et qu'il donne d'autre part au gouverneur du Milanais espagnol, le comte de Fuentès, le répit nécessaire pour rassembler une formidable armée de 40 000 hommes. La poursuite des discussions avec la Savoie n'a d'autre résultat que de discréditer le Roi de France et de dilapider les fonds publics par la mobilisation de milliers de soldats maintenus sous les armes pour réduire éventuellement le duc de Savoie par la force, mais constamment retenus au bord du déclenchement d'un conflit par les ressources de la diplomatie subtile du duc.

Henri IV n'a plus guère le choix. Ou bien il laisse faire, et c'est la démonstration de sa faiblesse devant un prince de deuxième ordre dans l'Europe de l'époque, avec en plus le risque d'une révolte fomentée par Biron dans son gouvernement de Bourgogne, bien placé pour recevoir des appuis extérieurs de la Savoie et des alliés espagnols du duc acheminés à partir du Milanais. Ou bien il adresse au duc de Savoie un ultimatum pour exécuter les clauses du Traité de Paris, et c'est la guerre. Dans cette deuxième hypothèse, on pouvait faire coup double : obliger le duc de Savoie à s'exécuter, et écraser dans l'œuf le complot de Biron. Henri IV choisit la seconde solution et, dès le mois d'avril, charge Sully de préparer une expédition militaire contre la Savoie. Les levées de troupes effectuées pendant l'été lui permettent de disposer au début du mois de septembre d'une armée de 23 000 hommes bientôt portée à 30 000. Mais plus important que l'effectif des troupes était le problème du matériel de siège et notamment de l'artillerie : la Savoie possède des villes extrêmement bien fortifiées, parmi lesquelles les places de Bourg-en-Bresse et de Montmélian, considérées comme les meilleures d'Europe. Sully est nommé Grand-Maître de l'artillerie et fait passer le parc de canons de 6 au mois de janvier à 40 au mois de juin ; on fabrique des milliers de boulets, des centaines de milliers de livres de poudre, et, courant juin, Sully commence à rassembler tout ce matériel à Lyon et Grenoble, choisies comme point de départ de l'expédition — à moins que, d'ici là, le duc de Savoie n'ait fait connaître son choix.

Quand arrive, avec la fin du mois de juin, l'expiration du délai prévu, le duc ne s'est toujours pas exécuté. En fait, il compte sur le succès du complot de Biron, dont la mise au point s'accélère et qui devrait le débarrasser du Roi de France dans les prochaines semaines. Alors, Henri IV décide d'agir. Il se rend à Lyon, et met la dernière main aux préparatifs militaires. Biron est avec lui. En sa qualité de Maréchal général des camps et armées, il a de droit le commandement des troupes. Pas question de le lui enlever : ce serait lui donner l'éveil sur les soupçons que l'on a de sa conduite, et risquer de provoquer le soulèvement des officiers qui lui sont attachés. Henri IV, habilement, partage l'armée en deux corps, dont l'un est confié à Biron, l'autre au gouverneur du Dauphiné, Lesdiguières. Au surplus, il prend soin d'entourer Biron d'officiers de valeur et dont la fidélité au Roi est inattaquable.

Le duc de Savoie s'alarme et envoie à Lyon des ambassadeurs chargés de proposer l'exécution du traité. Mais il leur donne instruction en secret de soulever dans leurs discussions avec Henri IV toutes sortes de difficultés de procédure, de manière à faire traîner les choses jusqu'en hiver, saison pendant laquelle, dans un pays de montagnes comme la Savoie, les opérations militaires deviennent impossibles.

Henri IV, un moment, se laisse prendre, et ordonne à Sully de suspendre ses préparatifs. Celui-ci, plus avisé que le Roi, refuse d'obéir, et, dans les premiers jours du mois d'août, lui répond : « Sire, je vous supplie très humblement de m'excuser si je contrarie vos opinions et contreviens à vos commandements. Je sais de science que Monsieur de Savoie ne veut que tromper, à quoi beaucoup de ceux qui sont auprès de vous ne lui nuisent pas, et ne demande qu'à gagner l'hiver. C'est pourquoi j'avancerai toute chose et me rendrai près de vous dans quinze jours, bien fourni de tout ce qu'il faut pour vous empêcher de recevoir ni honte ni dommage ».

Henri IV, de son côté, ne tarde pas à se rendre compte lui aussi des manœuvres dilatoires des ambassadeurs du duc de Savoie, et lance le 11 août, de Lyon, son manifeste de déclaration d'entrée en guerre.

Tout à la préparation de sa guerre contre le duc de Savoie, Henri IV tourne cependant ses pensées vers Marie de Médicis. Marie est toujours à Florence, le mariage par procuration n'est même pas célébré, mais Henri IV pense à elle. Les termes de ses lettres se font déjà plus libres, plus vivants. Le 24 juillet 1600, il écrit à « Madame la princesse de Toscane » : « Ma maîtresse. Je viens de recevoir une lettre de vous par les mains de Juanini, qui m'a apporté beaucoup de contentement, comme seront toutes celles que je recevrai, vous priant de m'en honorer le plus souvent que vous pourrez. Le duc de Savoie a fait le fin jusques à cette heure, mais je le presse de façon qu'il est au bout de son rolet [de son rouleau]; et si dans huit jours il ne me satisfait, la première lettre que vous recevrez de moi sera datée de Chambéry. Toute son espérance est de me faire quelque méchanceté, mais Dieu m'en gardera premièrement pour vous, puis pour mes sujets ».

C'est déjà la future Reine de France qui est ainsi mise au courant des affaires du royaume.

Et voici qu'apparaît maintenant, derrière le Roi de France, le « bonhomme Henri », dont la plume familière poursuit : « J'ai pris des eaux de Pougues, de quoi je me suis très bien trouvé; j'achevai hier d'en prendre. Comme vous désirez la conservation de ma santé, j'en fais ainsi de vous et vous recommande la vôtre, afin que, à votre arrivée, nous puissions faire un bel enfant, qui fasse rire nos amis et pleurer nos ennemis ». — « Soyez enceinte », répètera le Grand-Duc de Toscane à sa nièce Marie en partance pour la France.

« Frontenac me dit, à son arrivée, que vous désiriez avoir quelque modèle de la façon que l'on s'habille en France. Je vous envoie des poupines [des poupées], et avec Monsieur le Grand [Monsieur le Grand

Écuyer] je vous enverrai un très bon tailleur. Je commence à vous écrire librement ; usez-en de même, car nous sommes liés d'un lien que la mort ne peut séparer ».

Les mœurs chevaleresques sont toujours vivantes et Henri IV est l'héritier de ces Rois-chevaliers, partant pour la guerre sous les armes de leur dame. « Résolvez-vous, ma belle maîtresse, de me faire faire une faveur, car de vous seule en veux-je porter à cette guerre. Je finirai par cette requête, que je vous supplie m'accorder, et baiserai cent mille fois vos belles mains. Ce 24e juillet, de Lyon ».

Place à la guerre ! Henri IV confie à Biron le commandement de l'armée chargée de se porter de Lyon sur Bourg-en-Bresse, et se rend à Grenoble où la seconde armée prévue, sous les ordres de Lesdiguières, a pour objectifs Montmélian et Chambéry.

L'offensive de Biron aboutit, deux jours seulement après le début de la campagne, à la prise de Bourg-en-Bresse. Biron avait en fait l'intention d'attaquer lentement et mollement, de façon à permettre au gouverneur de la ville d'organiser efficacement sa résistance ; débordé par l'impétuosité de ses troupes, il s'empare malgré lui de la place de Bourg ! Seule la citadelle, qui se prépare à soutenir un long siège, échappe à la *furia francese*.

L'armée de Lesdiguières, à laquelle le Roi s'est joint, porte le poids de l'offensive principale. Elle va remporter des succès spectaculaires. Le 17 août on enlève la ville de Montmélian. Comme à Bourg, la citadelle résiste mais Lesdiguières, sans s'attarder à en faire le siège en règle, envoie l'avant-garde de son armée, dont le Roi prend le commandement personnel, en direction de Chambéry. La surprise est totale ; la ville, le 20 août, se rend. Le château de Chambéry fait mine de résister. Il suffit de huit canons et de vingt-quatre heures pour décider la garnison, dès le lendemain 21 août, à capituler à son tour. Ces succès sèment la panique. Les deux forteresses de Conflans et de Miolans, qui défendent l'entrée de la Tarentaise, se rendent à la première sommation. Le château de Charbonnière, au sommet d'un roc inaccessible, défend l'accès de la Maurienne ; il résiste quelques jours. Mais Sully trouve le moyen de hisser douze canons sur un éperon rocheux qui domine le fort, dont la garnison, découragée, capitule le 2 septembre. Rien ne s'oppose plus à l'avance des troupes royales. La Maurienne est occupée jusqu'au Mont-Cenis, la Tarentaise jusqu'à Briançon. Dans toute la Savoie, il ne restait plus que trois places fidèles au duc : les citadelles de Montmélian et de Bourg-en-Bresse, et le fort Sainte-Catherine, construit par le duc à proximité immédiate de la République indépendante de Genève, fidèle alliée de la France.

Un mois jour pour jour après sa dernière lettre à Marie, Henri IV lui écrit à nouveau. Nous sommes le 24 août, à Chambéry, capitale de la

Savoie, emportée sans coup férir par l'armée royale. Le duc de Savoie a décampé, mais la guerre n'est pas terminée pour autant. Marie, quant à elle, a envoyé à Henri IV la faveur demandée : « Je vous remercie, ma belle maîtresse, du présent que vous m'avez envoyé ; je le mettrai sur mon habillement de tête, si nous venons à un combat, et donnerai des coups d'épée pour l'amour de vous. Je crois que vous m'exempteriez bien de vous donner ce témoignage de mon affection, mais en ce qui est des actes de soldat, je n'en demande pas conseil aux femmes. Je me porte fort bien, Dieu merci, vous aimant autant que moi-même ».

Quel ton ! C'est le Roi de France, amoureux, galant, mais impérieux, et ne laissant à personne le soin de lui dicter son attitude de Roi ! Misogyne, aussi : que les femmes soient belles, tendres, affectionnées, mais qu'elles ne se mêlent point de la guerre, privilège des hommes. C'est également le mari impatient de voir enfin sa future femme ; Henri IV a hâte maintenant que les formalités du mariage par procuration s'achèvent (le duc de Bellegarde, son Grand Écuyer, quitte précisément Lyon ces jours-ci pour apporter à Florence les documents nécessaires à la célébration des épousailles) et que Marie vienne le rejoindre : « Si vous désirez autant me voir que moi vous, vous ne séjournerez guère là, après la venue de Monsieur le Grand. Bonjour, ma belle maîtresse, je vous baise cent mille fois ».

La guerre de Savoie entre dans sa phase finale. Le duc n'espère plus qu'en Biron. Ce dernier a tous les prétextes voulus pour désirer tirer vengeance d'Henri IV : le Roi, au début de l'expédition, a partagé son commandement avec Lesdiguières, et il vient de lui refuser le gouvernement de Bourg que Biron demandait pour après l'établissement de la paix. Biron s'accorde alors avec le duc de Savoie sur l'organisation d'un attentat contre la vie du Roi. Celui-ci ayant décidé de se rendre jusqu'aux abords du fort Sainte-Catherine, il est convenu qu'un tireur d'élite de l'armée du duc se postera au point le plus avancé des murailles du fort, et, au signal de Biron, tuera d'un coup de mousquet Henri IV conduit à bonne portée par le traître. Tout se passe comme prévu, lorsqu'au moment de donner le signal, Biron, saisi de scrupule, supplie Henri IV de se retirer au plus vite des abords du fort ; comme le Roi s'attarde, il lui fait tout comprendre en quelques mots. Henri IV se met promptement à l'abri, et accorde son pardon à Biron en échange de sa promesse d'arrêter tout contact avec le duc de Savoie.

Pendant ce temps, Sully pousse les travaux du siège de la citadelle de Montmélian. Il a garni toutes les hauteurs environnantes de canons. Il y en a cinquante, qui tirent chaque jour 3 000 obus sur la citadelle. La garnison, écrasée sous ce bombardement, signe l'acte de capitulation le 16 octobre. Selon un usage fort en honneur à cette époque, il est convenu que la citadelle sera remise au Roi un mois plus tard jour pour jour si, dans l'intervalle, le duc de Savoie ne se présente pas devant la place avec une armée assez forte pour faire lever le siège. C'était d'ailleurs la seule ressource qui restait au duc après l'échec du projet d'attentat du fort Sainte-Catherine. Il lève donc une armée de 15 000 hommes et se porte au-devant de l'armée royale. Mais lui aussi est saisi par le découragement. Arrivé en présence des troupes françaises, il retourne sur ses pas et la citadelle de Montmélian se rend le 16 novembre.

Henri IV décide d'entreprendre alors le siège du fort Sainte-Catherine. Mais quand la garnison apprend la reddition de Montmélian et voit l'artillerie formidable amenée de cette ville pour réduire le fort, elle préfère capituler. Au début du mois de décembre, le duc de Savoie ne garde plus que la citadelle de Bourg de ce côté-ci des Alpes. Il se résigne à demander la paix. Les conditions sont simples et conformes aux clauses du Traité de Paris, dont le duc n'avait fait que retarder l'exécution d'un an : la France renonce à Saluces et annexe la Bresse, le Bugey, le pays de Gex et le Valromey. Le duc de Savoie abandonne au Roi de France tous les armements dont ce dernier a pu s'emparer au cours de sa campagne. Il paie le prix de ses atermoiements et de sa duplicité en versant 300 000 livres, large dédommagement pour les frais engagés par le Roi dans cette expédition. Le traité de paix est signé le 17 janvier 1601 à Lyon, où Henri IV s'est rendu depuis plus d'un mois déjà pour y rencontrer enfin sa femme.

Une noce mémorable.

Le duc de Bellegarde, qui apportait les documents nécessaires à la célébration du mariage par procuration, avait quitté Lyon le 28 août. Il débarque à Livourne le 20 septembre, accompagné d'une quarantaine de gentilshommes, la fleur de la noblesse française. Le Pape, qui avait tant fait pour ce mariage, avait un moment projeté de le célébrer lui-même. Marie de Médicis serait venue à Rome recevoir la bénédiction nuptiale des mains du Souverain Pontife. Afin de ne pas retarder la cérémonie le Saint-Père abandonne cette idée mais prend soin de choisir son propre neveu, le cardinal Aldobrandini, pour donner la bénédiction nuptiale à Florence en son nom.

Le cardinal fait son entrée dans la capitale de la Toscane le 4 octobre 1600. Le Grand-Duc avait été le recevoir aux portes de la ville. Les moines et les membres du clergé séculier marchaient en tête du cortège, ainsi qu'il convient pour faire honneur à un homme d'église. Ils étaient suivis par les hérauts de la ville, puis les gentilshommes et les officiers de la Maison du Grand-Duc, mêlés aux membres de la suite du cardinal. Derrière eux, le cardinal et le Grand-Duc chevauchant côte à côte. Le cortège se continuait avec cinquante chevaliers portant la hache d'armes, le casque et la cuirasse, des trompettes, des archers de la ville, un premier groupe de nobles florentins, les bagages du cardinal, un deuxième groupe de gentilshommes florentins, et derrière eux les prélats de l'Église, au nombre de seize, qu'accompagnaient les représentants des plus nobles familles romaines. Cinquante gentilshommes de la garde personnelle du Grand-Duc, armés de la hallebarde, fermaient la marche. On arrive ainsi aux portes de la cathédrale. Descendu de cheval, le cardinal s'agenouille sur les marches ; après avoir dans cette attitude baisé le crucifix qu'on lui tend, il entre faire une rapide prière, avant de reprendre sa place dans le cortège et de gagner le Palais Pitti, où l'attend la Cour du Grand-Duc.

Le lendemain 5 octobre est célébré le mariage. La cérémonie a lieu dans la cathédrale de Florence. Le cardinal dit lui-même la messe puis prend place à droite de l'autel sous un dais de drap d'or. Marie de Médicis qui se trouvait face au cardinal aux côtés de son oncle le Grand-Duc sous un autre dais élevé à gauche de l'autel, se lève alors et, conduite par Bellegarde, vient se placer à la droite du cardinal, tandis que le Grand-Duc se met à sa gauche. Ferdinand présente la procuration établie par le Roi de France pour lui permettre d'épouser en son nom la princesse Marie. Le cardinal pour sa part présente la procuration que lui a donnée le Pape en vue de procéder au mariage. Deux prélats lisent les textes à haute voix, afin que nul n'en ignore. Le cardinal peut alors requérir le consentement de Marie de Médicis et de Ferdinand, agissant aux lieu et place du Roi de France, et prononce les paroles sacramentelles qui les déclarent unis par les liens du mariage [9]. Dans toute la ville retentissent des salves de canon et des tirs de mousquet qui donnent le signal des réjouissances populaires.

Marie de Médicis, hier la « petite fiancée de l'Europe », va désormais affronter les tâches que le Grand-Duc, l'Espagne et le Pape réunis lui assignent : faire des enfants à Henri IV, le Roi deux fois renégat, afin d'assurer la consolidation du parti catholique en France et d'amarrer définitivement le royaume, sur le plan international, à la cause de l'Église apostolique et romaine. Le petit peuple toscan n'est pas si étranger à ces considérations de haute politique, et il acclame avec d'autant plus de chaleur cette princesse qui porte en elle les vœux que forme le Pape pour que la France mérite pleinement d'être la « fille aînée de l'Église ». Les fêtes se succèdent, plus somptueuses les unes que les autres. Deux événements passent quasi-inaperçus dans le tourbillon de festivités qui agite la capitale de la Toscane : on donne l'*Eurydice* de Péri ; c'est le

9. Rubens a représenté le moment de la cérémonie où le cardinal Aldobrandini unit les époux. Le peintre avait assisté à toute la célébration du mariage de Marie de Médicis. Ce tableau, composé à partir de ses souvenirs personnels et de croquis faits dans l'instant même, est d'une exactitude parfaite jusque dans les moindres détails.

premier opéra de l'Histoire. Le duc de Mantoue, marié à la sœur aînée de Marie, la princesse Éléonore, présente à la nouvelle Reine de France le jeune peintre flamand bourré de talent qu'il a pris tout récemment à son service : Pierre-Paul Rubens ; nul ne se doute qu'il réalisera quelque vingt-cinq ans plus tard, pour Marie de Médicis, la série triomphale des tableaux qui représentent l'histoire de sa vie.

La ville de Florence et les autorités grand-ducales se sont surpassées. Le soir de la cérémonie religieuse, le Palais Pitti est le théâtre d'un bal grandiose que suit un souper d'apparat où le raffinement est poussé à l'extrême. Les viandes avaient été apprêtées en forme d'animaux rares, éléphants, girafes, crocodiles. Les fruits sont disposés sur des oliviers et des arbustes artificiels qui croulent sous le poids des pommes, des prunes, des poires et autres fruits parmi les plus rares. Au moment du dessert, la table d'honneur se sépare en deux ; les moitiés s'écartent et laissent la place à une troisième table qui apparaît tout à coup au milieu, jaillie du sol grâce à un dispositif mécanique, débordant de fruits, de dragées et de confitures. Plus tard, cette table disparaît à son tour pour être remplacée par une autre toute resplendissante de pierreries dont l'éclat se reflète dans des miroirs. Une autre encore lui succède, chargée de fruits et ornée d'une fontaine à chaque extrémité, tandis que mille petits oiseaux sont lâchés dans la salle. Des chants célèbrent les mérites d'Henri IV et de la nouvelle Reine de France.

Les Florentins adoraient les représentations à machines, où ils étaient passés maîtres. La soirée donnée le 13 octobre 1600 frappe les imaginations. Bien plus tard, l'humaniste français Peiresc, qui assistait à ces fêtes, évoque avec Rubens, qui s'y trouvait aussi, les magnificences inouïes dont ils ont été les témoins [10] : au milieu de la salle des fêtes du Palais Pitti, une montagne était apparue, au sommet de laquelle trônait la Renommée ; un orateur déclamait les mérites du Grand-Duc ; huit personnages de chaque côté mimaient avec leurs armes les seize villes de Toscane. Tout à coup, la Renommée prend son élan et s'envole dans le ciel, tandis que les seize villes du grand-duché viennent s'incliner devant Marie. Au sommet de la montagne apparaît au même moment un lys de France au-dessus duquel se balance une couronne d'or.

Adieu Toscane !

Marie de Médicis quitte le 19 octobre Florence pour Livourne où doit avoir lieu l'embarquement à destination de Marseille. Quelques heures auparavant, un messager venu tout exprès de France lui portait

10. Lettre de Peiresc à Pierre-Paul Rubens, 25 septembre 1622.

la dernière lettre qu'elle allait recevoir d'Henri IV avant son arrivée dans sa nouvelle patrie: « Ma femme, aimez-moi bien; et ce faisant vous serez la plus heureuse des femmes ». Un cortège de plusieurs milliers de curieux s'ébranle pour faire escorte, à travers la Toscane, à Marie de Médicis, qu'accompagnent la Grande-Duchesse Christine, le secrétaire d'État du Grand-Duc (son premier ministre en quelque sorte) Belisario Vinta, quelques familiers parmi lesquels la chambrière particulière de la Reine, Léonora Galigaï, et un jeune gentilhomme florentin qui fera son chemin à Paris, Concino Concini, une suite de 2 000 personnes, et bien sûr les 350 000 écus de la dot, fortement gardés.

A Pise, les magistrats de la ville offrent à Marie le régal de belles harangues un peu pompeuses, rehaussées de citations tirées des meilleurs auteurs de l'Antiquité; les foules qui se pressent sur les berges de l'Arno goûtent également les somptueuses joutes nautiques. Le soir venu, des centaines de tables dressées en plein air s'ornent des plats les plus délicats et d'une telle abondance que les restes, soigneusement rassemblés et distribués aux pauvres, vont nourrir ceux-ci pendant plusieurs jours. Des illuminations embrasent les monuments de la ville et des feux d'artifices déroulent leurs fastes dans le ciel nocturne. Marie de Médicis apprécie tout autant que les badauds, car elle porte en elle ce goût très italien pour les feux d'artifice, qu'elle transmettra à son petit-fils Louis XIV; elle emmène d'ailleurs avec elle des artificiers florentins qui feront souche en France.

Livourne marque le terme du dernier voyage de la princesse en terre de Toscane. Au moment où Marie s'apprête à la quitter pour toujours, arrêtons-nous quelques instants sur cette principauté italienne dont elle est originaire et où elle a passé les vingt-sept premières années de sa vie.

Au risque de décevoir les amoureux de la Toscane, il faut rappeler que « florentin » est resté synonyme de duplicité et d'esprit tortueux. Machiavel n'est pas né impunément à Florence. La principauté, et particulièrement la famille de Médicis qui a réussi à s'emparer du pouvoir, offre une histoire édifiante dont la trame n'est qu'intrigues, meurtres et débauches. Le fondateur de la dynastie, Côme Ier, élu chef de la République de Florence, s'en est institué duc et a régné en tyran. A sa mort, son fils François-Marie Ier (le père de Marie) a eu comme unique objectif d'obtenir la reconnaissance de ce titre usurpé. L'Empereur, suzerain théorique de l'Italie, pouvait seul la lui conférer: François épouse une Archiduchesse, Jeanne d'Autriche, et un prêt de 100 000 ducats permet de lever les scrupules de conscience de la Cour de Vienne. L'alliance avec les Habsbourg est une nécessité politique que tous les Grands-Ducs observeront constamment, en dépit de brouilles passagères, avec une attention scrupuleuse. Ferdinand Ier de Médicis, frère de François-Marie Ier, qui lui succède en 1587, ne raisonne pas autrement; Marie de Médicis, qui n'avait guère eu la possibilité de se doter d'idées politiques personnelles et partageait les opinions de son oncle, en était elle-même convaincue : elle a toujours considéré au fond d'elle-même l'Espagne et l'Autriche comme les suzerains de droit des autres pays d'Occident.

Au demeurant, la Toscane n'est qu'un petit pays : une capitale de 100 000 habitants, dans un État d'un million tout au plus. Florence, Sienne et Pise en décadence, seul le développement de Livourne permet de maintenir l'activité économique, et donc les ressources de la principauté, à un niveau convenable. Mais ce sont surtout les affaires de la banque Médicis, c'est-à-dire la fortune privée de la famille, qui permettent à la Toscane de faire bonne figure dans le concert des nations de cette époque. Nous sommes ici dans un monde où tout s'achète, les consciences, la vie d'un ennemi, l'amitié d'un chef d'État plus puissant. Ce sont des leçons que Marie de Médicis n'oubliera pas quand la mort d'Henri IV fera d'elle la Régente du royaume de France.

Et enfin, quand rien de tout cela ne réussit, il reste l'*ultima ratio* : l'assassinat. La famille de Médicis s'honore à cet égard de références particulièrement nombreuses. L'oncle Pierre a lui-même poignardé sa jeune femme Éléonore en 1576 (Marie avait alors 3 ans) ; à quelques jours de là, c'est la tante Isabelle qui est étranglée par son mari, Paolo Giordano Orsini, duc de Bracciano. Virginio Orsini, cousin de Marie par sa mère, qui fut peut-être l'amant de Marie et prétendit l'épouser, est le fils de ce couple un peu particulier. Encore faudrait-il ajouter que c'est le Grand-Duc François-Marie Ier, le père de Marie qui, en informant le duc de Bracciano de l'inconduite d'Isabelle (sa propre sœur) l'incite à se faire une prompte justice. Quant à Bianca Capello, la maîtresse de François-Marie — devenue sa seconde femme deux mois seulement après la mort de la mère de Marie, Jeanne d'Autriche — elle se signale par un autre haut fait : soucieuse de s'attacher durablement le Grand-Duc François par la naissance d'un fils, elle achète les enfants à naître de trois femmes enceintes de Florence ; deux des nouveaux-nés sont des filles, le troisième enfant est un garçon ; Bianca fait tuer les deux filles, les trois mères, et présente le garçon à François comme son fils.

Autant d'exemples qui marquent la jeune princesse. Pour survivre dans un tel climat, la dissimulation et l'absence de scrupules sont une nécessité absolue. Voilà, beaucoup plus que l'initiation aux belles lettres et à la peinture, le véritable bagage éducatif que Marie de Médicis emporte avec elle en s'apprêtant à rejoindre cette France dont elle est la nouvelle Reine. On comprend mieux pourquoi Henri IV, passant un jour en revue avec Sully les princesses d'Europe qui pouvaient constituer un parti acceptable pour le Roi de France, manifeste tellement de réticences quand on en vient à parler de Marie : « Le duc de Florence a une nièce que l'on dit être assez belle ; mais étant d'une des moindres maisons de la Chrétienté qui porte le titre de prince, n'y ayant pas plus de soixante ou quatre-vingts ans que ses devanciers n'étaient qu'au rang des plus illustres bourgeois de leur ville, et de la même race de la Reine-Mère Catherine, qui a fait tant de maux à la France et encore plus à moi en particulier, j'appréhende cette alliance, de crainte d'y rencontrer aussi mal pour moi, les miens et l'État [11] ». Cet entretien s'est sans doute déroulé en 1598. Deux ans plus tard, la princesse de Toscane, devenue Reine de France, s'embarque à Livourne vers son nouveau pays.

De Livourne à Marseille.

Dix-huit navires, une flotte imposante, appareillent de Livourne, le 16 octobre au soir. Marie de Médicis est installée sur la *Galère Royale*, étincelante de pierres précieuses – il y en a 250 incrustées sur la coque dorée et sculptée. Les armes de France sont portées en diamant, celles de Florence en rubis. 27 rames de chaque côté du navire, maniées chacune par 5 hommes enchaînés à leur banc, permettent au navire d'avancer par temps calme à 6 nœuds – un peu moins de 10 kilomètres à l'heure. Marie de Médicis et sa suite sont installées à l'arrière du bâtiment, où des cabines ont été aménagées et somptueusement décorées – tapisseries et soieries fines sur des marqueteries d'ébène et de santal. Le pont surélevé qui sépare la princesse, sa suite et sa dot de la chiourme, est tendu d'un dais de brocart écarlate brodé d'or ; c'est là que se tient la Reine de France avec la Grande-Duchesse Christine et Belisario Vinta, Léonora Galigaï, Virginio Orsini, l'ami d'enfance et de cœur, l'intrigant Concino Concini qui fait une cour adroite à Léonora et, par ricochet, à Marie. Tout ce petit monde trompe l'ennui de la traversée en jouant aux cartes ou aux dés. On joue gros jeu : pistoles et ducats trébuchent sur les tables et des petites fortunes se font et se défont. Le soir, les cartes changent d'objet. Ce n'est plus le jeu, c'est le destin qui fait passer sur les assistants des frémissements d'angoisse ou d'espérance. On interroge l'avenir et Marie de Médicis scrute sans relâche son thème astrologique qui lui promet d'abord la gloire et la puissance, puis au soir de sa vie la solitude et le dénuement. La princesse, de temps à autre, feuillette la *Clorinde* adaptée en français d'après Le Tasse qu'on lui a mise entre les mains pour lui faire apprendre quelques mots de la langue de sa nouvelle patrie : Marie de Médicis n'a jamais étudié le français ; elle ne le parlera d'ailleurs jamais vraiment bien.

La traversée est longue. Par peur des corsaires barbaresques – ces hardis pirates musulmans qui d'Alger, de Bône, de Bougie, d'Oran, viennent régulièrement razzier les côtes italiennes et provençales – on navigue au plus près du rivage. Les escales sont multiples : Portofino,

11. Propos rapportés par Sully, *Économies Royales*, chap. LXXX.

puis Gênes, où le mauvais temps bloque huit jours durant la petite flotte, Antibes ensuite, premier port en terre française après la frontière (Nice appartient alors à la Savoie et ne se réunira à la France qu'en 1861), enfin Toulon, dernière étape avant Marseille. Parmi les dix-huit navires qui composent la flottille, les quelque dix galères de l'Ordre de Malte et du Saint-Siège ont une responsabilité particulièrement lourde : elles sont les chiens de garde du cortège. Au large de Gênes, on pense apercevoir des Turcs ; malgré les 5 000 hommes d'armes embarqués sur les navires, tout le monde a très peur. C'était heureusement une fausse alerte, et le mal de mer fit plus de ravages que les mauvaises rencontres.

Il faut dire que les Turcs sont encore les maîtres de la Méditerranée à cette époque, et qu'ils ont tendance à se sentir un peu chez eux sur les côtes du golfe de Gênes et particulièrement sur les rivages de Provence. Sans remonter jusqu'à l'époque lointaine où Saint-Tropez et La Garde-Freinet étaient des enclaves sarrasines en terre chrétienne, rappelons qu'en 1542 François Ier, aux abois face à la formidable puissance de Charles Quint, avait passé alliance avec l'un des plus célèbres corsaires barbaresques, Kaireddin Barberousse. Celui-ci, sur la demande du Roi de France, était venu à la tête d'une flotte de 174 navires participer au siège de la ville de Nice que François Ier cherchait à arracher à la Savoie ; on avait donné Toulon à Barberousse et à ses troupes pour hiverner. En 1552, 1553, 1555, 1558, la France a encore recours aux Turcs et les envoie ravager les côtes d'Italie.

Mieux vaut avoir les Turcs avec soi que contre soi, même si l'écrasante défaite qu'ils ont subie au large des côtes grecques, à Lépante, en 1571, a bien amoindri leur puissance. Car ce n'est pas la France qui serait en état de s'opposer à une éventuelle entreprise de leur part contre ses côtes et ses forts. Sous Henri III, la flotte française comprend... 4 galères en état de naviguer. Sous Henri IV, *une* et on ne la hasarde que dans des circonstances exceptionnelles : elle fait partie, à un rang modeste, de la flotte, par ailleurs entièrement italienne, qui escorte Marie de Médicis.

En cette fin de matinée du 9 novembre 1600, Marie de Médicis arrive sans déplaisir en vue de Marseille. Une ville que les marins de Florence connaissent bien, une ville plus méditerranéenne que française. Tassées autour du Vieux-Port, le Lacydon des Grecs, de hautes maisons compactes s'élèvent par degrés sur les pentes de la Montagne de la Garde. Une robuste enceinte met la ville à l'abri des coups de main du côté du plat pays ; le rempart de la mer, bordant toute la longueur du rivage et surmonté de tours de guet largement munies d'artillerie, complète le dispositif de défense et rend Marseille quasiment inexpugnable. Charles Quint n'a pu s'en emparer malgré un siège interminable où les femmes de Marseille se sont particulièrement illustrées.

Profitant des guerres de religion, la ville, par la suite, a cherché à s'ériger en République maritime indépendante, n'hésitant pas à s'allier aux Espagnols et à s'ouvrir à leurs troupes. Mais à Marseille, la fidélité au Roi est une trop ancienne tradition et la ville n'a qu'une hâte : revenir dans l'obéissance au pouvoir dès que la légitimité d'Henri IV aura été reconnue. Les Marseillais sont de fervents catholiques, l'absolution donnée par le Pape au Roi de France, le 17 septembre 1595, lève leurs derniers scrupules. Le 17 février 1596, le gouverneur de Provence aux ordres d'Henri IV fait son entrée dans la ville sans qu'un coup de feu ait été tiré ; la garnison espagnole rembarque discrètement. Bon prince, Henri IV confirme les libertés de la ville et favorise la création de la Chambre de Commerce, qui voit le jour en 1599.

L'arrivée de Marie de Médicis dans leur ville plonge les Marseillais dans une joie sans mélange. Toutes les tapisseries ont été sorties de leurs coffres pour être tendues sur les façades des maisons. Les monastères, les églises, font sonner leurs cloches à toute volée.

Les manœuvres d'accostage sont longues, et c'est seulement à cinq heures de l'après-midi que Marie de Médicis pose enfin le pied sur le sol de Marseille. Des tapis rouges ont été déroulés, pour lui faire honneur, sur le quai du port. Les premières présentations s'effectuent là. Une petite déception : le Roi n'est pas au rendez-vous. Sa présence n'était pas certaine, il est vrai, mais Marie de Médicis espérait quand même. Hélas ! la guerre contre le duc de Savoie retient Henri IV aux armées, et c'est à Lyon que se fera la rencontre entre les époux.

On se rend ensuite à l'Hôtel de Ville. (Passons sur le rituel des harangues, dont l'époque raffole. On présente à la Reine de France dans l'ordre des préséances les gentilshommes et les dames, les officiers de la Maison du Roi, les magistrats, les bourgeois. Heures interminables : les chroniqueurs nous disent que 7 000 personnes avaient envahi Marseille pour accueillir la Reine. Ce fut une réception grandiose. Dîners, bals, défilés, firent oublier à Marie l'absence du Roi.

Les affaires sérieuses n'étaient pas négligées pour autant. La Grande-Duchesse de Toscane fait officiellement remise de la princesse et de sa dot. Le tout dûment constaté par un document officiel, paraphé et scellé. La Grande-Duchesse n'a plus qu'à se rembarquer pour Livourne, avec toute la flottille d'escorte. Belisario Vinta reste, afin d'accompagner Marie jusqu'à Lyon et de discuter avec le Roi et ses ministres de l'organisation de la Maison de la Reine, ainsi que de quelques affaires politiques et financières qui tiennent à cœur au Grand-Duc de Toscane.

Le voyage de Lyon.

A Marseille aucune disposition n'avait été prise pour le logement de la Reine et de sa nombreuse suite et l'on s'entasse pêle-mêle dans les maisons que l'on trouve disponibles. Le voyage vers Lyon se poursuit dans la même confusion. A Aix-en-Provence, le Parlement vient en corps au-devant de Marie de Médicis et l'accueille avec tous les honneurs souhaitables. Mais la ville est trop petite pour héberger les 2 000 personnes de la suite. Jusqu'au milieu de la nuit, de malheureux gentilshommes errent dans la rue à la recherche d'une bonne âme qui voudrait bien leur céder un coin de paillasse. Les plus malchanceux devront se résigner à dormir à la belle étoile, dans la froide nuit d'automne, sommairement enveloppés dans leur cape.

Les désagréments du séjour à Aix n'ont heureusement pas été jusqu'à éclipser l'événement littéraire dont il donne l'occasion : le 16 novembre 1600, on présente à Marie de Médicis un poète presque inconnu du nom de François Malherbe. Il offre à la souveraine une *Ode à la Reine sur sa bienvenue en France*. Le retentissement est immédiat ; cette œuvre de 230 vers a du souffle, une rigueur nouvelle dans l'expression et la versification :

Peuples, qu'on mette sur la tête
Tout ce que la terre a de fleurs ;
Peuples, que cette belle fête
A jamais tarisse nos pleurs ;
...
La voici, la belle Marie,
Belle merveille d'Étrurie[12],
Qui fait confesser au soleil,
Quoi que l'âge passé raconte,
Que du ciel, depuis qu'il y monte,
Ne vint jamais rien de pareil.

L'hommage de rigueur à la beauté de la Reine trace d'elle un rapide portrait :

Les Grâces parlent par sa bouche ;
Et son front, témoin assuré
Qu'au vice elle est inaccessible,
Ne peut que d'un cœur insensible
Être vu sans être adoré.

Mais c'est l'appel à la fécondité de la Reine qui trouve les accents les plus heureux, écho poétique au « Soyez enceinte ! » du Grand-Duc :

Par vous un Dauphin nous va naître,
Que vous-même verrez un jour
De la terre entière le maître,
Ou par armes, ou par amour.

12. La Toscane actuelle.

Plusieurs fois publiée dans la suite, l'*Ode* contribue à créer autour du voyage de la Reine un climat de ferveur lyrique.

Après ce gracieux intermède poétique, la Reine et sa suite reprennent le chemin de Lyon. Les conditions de voyage ne s'améliorent pas. A Cavaillon, les choses prennent un tour dramatique au passage de la Durance. On franchit les gués dans la bousculade. Un laquais se noie, plusieurs personnes de qualité, parmi lesquelles l'ambassadeur de Florence Baccio Giovannini, perdent pied et sont renversées par la violence du courant. Commencée à midi, la traversée n'était pas terminée à la tombée de la nuit et le gros des bagages était resté sur la rive sud du fleuve.

Heureusement pour Marie de Médicis, la chaleur de l'accueil que lui réserve Avignon compense les émotions de la journée.

Avignon, vieille terre papale, une petite parcelle d'Italie en terre française, une ville grouillante et animée, dirigée sans excessive rigueur par des ecclésiastiques raffinés et tolérants. Les Juifs y sont acceptés et, sous la condition d'habiter un quartier réservé et de se distinguer des autres habitants de la ville par des vêtements jaunes, ils sont libres d'exercer n'importe quelle activité d'artisanat, de négoce ou de banque. Avignon est aussi une terre d'asile pour toutes sortes de ruffians.

Les Jésuites, bannis du royaume, y ont trouvé refuge. Ils sont légion en terre d'Avignon. Marie de Médicis porte leurs espérances et ils n'ont pas ménagé leur peine pour que la réception qu'ils organisent à son intention marque son voyage d'une pierre blanche.

Michelet a donné du séjour de Marie de Médicis en Avignon et de l'accueil que lui réservèrent les Jésuites une description d'une admirable malveillance : « Les Jésuites y avaient fait faire d'immenses préparatifs de réception pour elle et le Roi, qui ne put venir : théâtres, arcs de triomphe, partout des emblèmes et des devises. Selon le goût de ces pères (si fins et si sots, admirables aux choses puériles), tout était basé sur le nombre sept. Le Roi avait sept fois sept ans. Il était le neuf fois septième Roi de France depuis Pharamond. Il avait vaincu à Arques en septembre, le 21, le trois fois septième jour ; à Ivry, en mars, au jour deux fois sept, et son armée y était divisée en sept escadrons, etc. Cela parut si joli que le P. Valadier, pour en garder la mémoire, en fit un livre, que la Reine voulut elle-même offrir au Roi [13] ».

Marie de Médicis a hâte, maintenant, de gagner Lyon où le Roi doit la rejoindre. La voici à Valence. Il fait froid, et un vent glacial souffle dans la vallée du Rhône. Qu'importe. Sa bonne grâce et sa fière contenance en imposent aux dames françaises, toutes recroquevillées dans leurs manteaux. Monsieur de La Varenne, Maître général des Postes du

13. Michelet, *Histoire de France*, Paris, J. de Bonnot, 1979, T. XIII, p. 65.

Roi, arrive porteur d'une lettre d'Henri IV qui lui annonce son arrivée à Lyon pour le 9 décembre.

Le dimanche 3 décembre 1600, Marie de Médicis fait enfin son entrée solennelle dans Lyon. Portée en litière, un dais au-dessus d'elle, elle est accueillie aux portes de la ville par tous les notables : le gouverneur, les prêtres, les nobles, les magistrats, les représentants des corporations, ceux des « nations » (c'est-à-dire des étrangers établis dans cette grande place marchande de l'Europe); les maisons des gens de qualité étaient tendues de tapisseries et de draps d'or, celles des personnes de moindre condition de tapis et d'étoffes rayées. Les rues sont noires de monde.

Une foule joyeuse: une Reine et l'espoir d'un Dauphin dont la naissance mettrait un terme aux querelles de succession qui ont empoisonné la vie du pays pendant des dizaines d'années ; l'arrivée imminente d'un Roi tout auréolé des brillants succès obtenus contre le duc de Savoie (et qui repoussent loin de Lyon une frontière jusque-là toute proche).

Après les harangues, Marie de Médicis franchit solennellement les portes. La nuit tombe tôt. Spectacle féerique: lumières aux fenêtres, torches dans les rues. La Reine vient coucher à l'archevêché, où elle reçoit l'hommage des ambassadeurs présents à Lyon. On remarque particulièrement l'ambassadeur du Roi d'Espagne, Jean-Baptiste de Taxis, et le représentant personnel de l'Archiduc Albert et de l'Infante Isabelle, gouverneurs des Pays-Bas espagnols pour le compte de Madrid.

La prise du fort Sainte-Catherine met fin à la guerre de Savoie. Henri IV peut enfin regagner Lyon, en descendant le Rhône dans un bateau couvert, artistement orné — un cadeau de la ville de Lyon.

Arrivé près de Lyon, le 9 décembre au soir, il se rend chez le connétable de Montmorency, installé aux Célestins, en face de l'archevêché, sur la rive gauche de la Saône. Il y reste une heure, puis, avec trois ou quatre compagnons seulement, traverse la Saône et se glisse à l'archevêché. Il est près de huit heures du soir. Il avait envoyé en éclaireur le secrétaire d'État Loménie, pour prévenir la Reine de son arrivée imminente.

Pour l'heure, Marie de Médicis était en train de souper, n'ayant gardé auprès d'elle que don Antonio, son cousin don Virginio, le chanoine Baccio Giovannini, ambassadeur de Florence et Madame de Nemours, qui mettait la Reine au courant des mœurs françaises.

Henri IV, dissimulé derrière le Grand Écuyer, Monsieur de Bellegarde, peut apercevoir Marie sans être vu. On annonce alors sa venue. Marie se lève aussitôt de table et s'enferme dans sa chambre.

Henri IV s'avance et va frapper à la porte de la chambre en annonçant qu'il est le Roi. On lui ouvre aussitôt et Marie, au comble de l'émotion, se précipite à ses genoux. Avant qu'elle ait pu achever, Henri IV, la relevant, la prend dans ses bras, la serre contre lui et l'embrasse à plusieurs reprises « da tutti i lati della faccia » (sur tous les côtés de la figure) rapportera Baccio Giovannini, témoin de l'événement, dans la dépêche circonstanciée qu'il enverra le lendemain à son maître le Grand-Duc de Toscane.

Après ces effusions, Henri IV se fait présenter les personnes présentes : don Virginio, don Antonio (le fils que Bianca Capello s'était acheté), à qui il fait un accueil cordial, puis Baccio Giovannini. Il demande aussi à faire la connaissance de Léonora, qu'il embrasse « à la française ».

Sur ce, Henri IV déclare qu'il a soif. On s'empresse et, à côté des rafraîchissements demandés, on lui sert un souper sommaire. Tout en faisant honneur aux quelques plats qu'on lui présente, il déclare galamment à la Reine qu'elle dépasse en beauté le portrait qui lui a été envoyé ; au surplus, lui dit-il, « il lui paraît découvrir en elle des traits, une mine et une physionomie qui indiquent la fermeté et la sagesse ». Il parle aussi de la guerre qu'il vient de mener contre le « duc sans Savoie » comme il aime à le nommer, et honore les Italiens présents, à qui il adresse tour à tour la parole, de ses confidences concernant la paix qu'il va falloir maintenant établir.

Pendant toute cette scène, la Reine, qui a été invitée à s'asseoir à la table du Roi, dévore littéralement les paroles de cet époux qui lui apparaît telle qu'elle l'avait espéré, « en soldat », plein de majesté et de dignité au milieu des assistants debout et le chapeau à la main.

Le souper est terminé. Henri IV indique à Marie qu'il est fatigué et l'invite à passer dans sa chambre ; ils bavardent quelques minutes encore avec les assistants, puis on congédie tout le monde, et Henri IV reste seul avec la Reine.

Le lendemain, celle-ci confiera à Madame de Nemours et à son médecin que « les choses s'étaient finalement très bien passées ». Quant au Roi, il ne cache pas sa satisfaction. Dans la matinée, Marie de Médicis lui présente Vinta. Suivant le protocole, celui-ci embrasse le genou d'Henri IV, le salue de la part du Grand-Duc et de la Grande-Duchesse de Toscane, et le complimente sur sa santé et ses victoires, sollicitant, au terme de cette harangue, l'honneur d'être officiellement reçu pour s'acquitter de sa mission.

L'après-midi se passe en l'abbaye d'Ainay, dont Marie de Médicis visite les jardins, avant de revenir à l'archevêché où, aux côtés du Roi, elle reçoit l'hommage de la Cour et du peuple. La foule est telle que l'« on n'aurait pu jeter une miette de pain à terre » nous dit-on.

Restait à célébrer la « vraie » cérémonie de mariage, puisque celle qui avait eu lieu à Florence n'avait consacré qu'un mariage par procuration. On attendait pour cela le cardinal Aldobrandini, celui-là même qui avait célébré la cérémonie de Florence, et qui devait célébrer celle de Lyon. Il arrive le 14 décembre et fait le lendemain son entrée solennelle à Lyon. Le dimanche 17 décembre, il pouvait enfin parachever ce « mariage à épisodes ».

Écoutons Vinta raconter la cérémonie : « Dimanche, le légat a chanté dans l'église cathédrale une grand-messe solennelle où la musique du Roi s'est fait entendre ; tout le peuple de la cité était accouru. Il y avait le Grand Chancelier avec tous les Conseils (Grand Conseil, Conseil des finances, Conseil des affaires) et tous les secrétaires d'État, l'internonce du Pape, le sieur J. B. de Tassis, ambassadeur d'Espagne, le sieur Marino Cavallo, ambassadeur de Venise. Quant à celui de la Sérénissime Infante et de l'Archiduc, il ne s'y trouva point, preuve évidente qu'il n'a pas le titre d'ambassadeur, bien qu'on l'appelle de ce nom. Le légat était accompagné des cardinaux de Joyeuse, de Gondi, et de Gèvres, qui étaient en habit de cérémonie et qui siégeaient sur un banc richement tapissé au-dessous du légat, lequel était sous un dais. Si le légat n'eût pas été présent, les cardinaux se seraient tenus autour de la personne du Roi parmi les princes et les courtisans ; et on en voit, en effet, d'ordinaire, se presser un bon nombre dans le cortège du Roi.

« Le Roi et la Reine vinrent en grande pompe à cette messe, accompagnée de trompettes, de tambours et de fifres, au milieu des cris de joie et des applaudissements de tout le peuple. Le Roi faisait jeter de l'argent à la foule, et entre autres des pièces frappées exprès pour ce mariage ; j'en envoie une à Votre Altesse ; elle m'a été donnée par le Grand Chancelier.

« Le Roi et la Reine avaient leurs prie-Dieu et leurs fauteuils sous un haut dais, au milieu du chœur, en face de l'autel. Le Roi était vêtu d'un pourpoint et de haut-de-chausses entièrement blancs, costume de fiancé fort galant ; il avait une collerette parfumée, toute brodée et rabattue à l'aide d'une broche d'or, pleine de riches diamants, et il portait un petit chapeau très gracieux orné de plumes de héron et d'une foule de pierres précieuses. Sur le pourpoint était jeté un manteau de velours noir, ni trop long ni trop court, fort bien fait, et sur le tout était passé le grand collier des deux ordres de chevalerie de Saint-Michel et du Saint-Esprit. Autour de Sa Majesté se tenait un grand nombre de chevaliers de ces deux ordres, qui portaient tous également le collier d'or, ce qui était d'un grand et bel aspect. Le Roi, en somme, était tout beau et tout joyeux et rempli de dévotion, ce qui ne l'empêchait pas de montrer une amabilité et une vivacité empressées à regarder de-ci et de-là pour honorer chacun de la faveur de son salut.

« La Reine parut bien belle et bien gracieuse avec le manteau royal et la couronne en tête toute chargée de joyaux qui resplendissaient d'un noble éclat. Elle avait un corsage tout garni de dentelles, surtout sur la poitrine, qui en était tout ornée. Le reste du corsage et toute la robe étaient brodés de lys d'or, sur un fond de velours violet, de même que le manteau royal. La Reine se tenait si bien, que chacun était en admiration et qu'on se demandait si ce n'était pas sa beauté qui ajoutait de l'éclat aux ornements royaux, plutôt que les ornements royaux n'en ajoutaient à sa beauté. Elle se comporta avec tant de modestie et de dignité et en même temps d'une façon si aimable et gaie vis-à-vis de tout le monde, que chacun fut comblé de satisfaction. Quand le Roi s'avança au-devant du légat à l'offertoire, elle fit à l'autel, au Roi et au légat des révérences si accomplies qu'on ne tarissait point en éloges. La Reine était conduite par le prince de Conti et par le duc de Montpensier; la duchesse de Ventadour et la comtesse d'Auvergne tenaient la traîne du manteau, qui était relevé par beaucoup d'autres dames de plus « basse main » ; car autrement, elle n'aurait pu se mouvoir. Elle parlait avec les princes et avec les princesses, tantôt avec l'un, tantôt avec l'autre, d'une manière fort courtoise, et paraissait avoir une grande habitude de répartir les faveurs avec une gentillesse exquise, sans déroger à son rang.

« Pour ma part, je n'aurais certainement pas voulu manquer pareil spectacle pour tout l'or du monde. Il y avait là les hérauts royaux et toute la pompe du Roi de France, qui rendaient cette fête magnifique. La messe finie, le Roi et la Reine se tenant par la main s'agenouillèrent devant le légat qui prononça sur Leurs Majestés certaines prières que je ne pus entendre. Le sieur don Antonio assista à toute la cérémonie dans les rangs des princes. La solennité commença bien à trois heures après midi et finit très tard. Le légat et tous les cardinaux allèrent manger avec Leurs Majestés; mais le déjeuner se joignit au souper, et on dansa au Palais.

« Je remercie Dieu d'avoir vu la Reine conduite ici, unie à son mari et couronnée devant Dieu. Elle a encore trois fois à porter la couronne, à son entrée à Paris, au sacre à Saint-Denis et puis à sa mort; et cette dernière fois je prie Dieu qu'elle n'arrive qu'après bien et bien des années et le long cours d'une vie heureuse. Le peuple a un si grand désir qu'elle ait des enfants, que le bruit court déjà qu'elle est enceinte. Le Roi n'avait point de couronne, et on dit qu'il ne la porte que deux fois, à la cérémonie de l'onction et du sacre, et quand il est conduit à la sépulture [14] ».

Quant à Marie, épuisée mais heureuse, elle prend quelques minutes, au soir de la cérémonie, pour écrire une lettre rapide au Grand-Duc, son oncle (la première depuis son arrivée en France): « Mon voyage de Marseille à ici s'est passé sans aucune altération de ma santé, Dieu merci. Le Roi, Monseigneur, est venu il y a huit jours, après avoir reçu la capitulation du fort de Sainte-Catherine. Je ne saurais vous dire de quelles marques d'honneur et de faveur Sa Majesté m'a entourée et avec quelle bonté elle me traite en toute occasion. Le chevalier Vinta en rendra un compte particulier à Votre Altesse ».

14. Dépêche de Belisario Vinta du 18 décembre 1600, Filza XXVI, ind. I, p. 86, (Inéd.) d'après la traduction de B. Zeller, *Henri IV et Marie de Médicis*, Paris, Didier, 1877, pp. 66 à 70.

Dans la foule, parmi le petit peuple de Lyon, il n'était qu'un bruit, qu'une rumeur : la Reine est enceinte !

Au milieu des fêtes et de la liesse, la politique, cependant, ne perdait pas ses droits. Le cardinal Aldobrandini était arrivé porteur des propositions de paix du duc de Savoie. Le 17 janvier 1601, en sa présence, est signé le Traité de Lyon, par lequel Charles-Emmanuel de Savoie gardait le marquisat de Saluces, cédant en échange au Roi de France la Bresse, le Bugey, le pays de Gex et le Valromey. Lyon cessait d'être une ville-frontière. Le traité marque aussi la fin des ambitions italiennes des Rois de France. Il fut d'ailleurs accueilli avec consternation par les alliés de la France, Florence et Venise ; Vinta n'avait ménagé aucun argument, aucune pression, pour maintenir la France dans les affaires d'Italie ; ce fut peine perdue.

Dès le 21 janvier, Henri IV quitte Lyon pour Paris. Rejoignant la Loire à Roanne, il descend le fleuve jusqu'à Briare et, de là, gagne Montargis et Fontainebleau. Henriette d'Entragues l'attendait, bien décidée à lui rappeler sa promesse de mariage, et à lui demander quelques explications sur l'union avec la Florentine, qu'elle considérera toujours comme une usurpatrice. Les reproches et les récriminations, cependant, firent place à de plus tendres échanges, puisque Henriette d'Entragues devait accoucher d'un fils le 27 octobre 1601, un mois jour pour jour après que Marie de Médicis ait donné naissance au Dauphin Louis XIII, né le 27 septembre 1601.

Henri IV en 1600.

En 1600, Henri IV a 47 ans. Il n'est plus tout jeune, les combats, les chevauchées, les soucis ont fait prématurément blanchir sa barbe et ses cheveux. Petit et sec, il a, même en vêtements déchirés, sale et couvert de poussière, une majesté qui fait au premier coup d'œil reconnaître le Roi. Avec cela, doué de l'esprit de répartie et sachant remettre à leur place ceux qui croient pouvoir lui manquer de respect.

Ses propos sont parfois cinglants. Recevant un jour le duc d'Epernon, éternel rebelle : « Cousin, lui dit-il, je vous ai déjà fait part de mes désirs. Décidez-vous à m'obéir pleinement, comme un serviteur qui veut être aimé de son maître ».

Henri IV a le sens de son métier de Roi et des devoirs qu'il lui crée. Un jour, conversant avec Sully, le Roi vient à parler de lui-même et des critiques dont il est l'objet : « Est-il étonnant que j'aie contracté quelques vices, élevé comme je le fus dans la licence des camps ? Les faiblesses sont le lot commun de l'humanité ». Mais s'il reconnaît ses défauts, Henri s'indigne à l'idée qu'on le croie capable de se laisser dominer par eux :

« Ainsi ferais-je toujours, j'abandonnerais maîtresse, chasse, chiens, bâtiments, festins et plaisirs, plutôt que de perdre la moindre occasion d'acquérir honneur et gloire, et de perdre l'amour de mes serviteurs et de mes peuples, que j'aime comme mes enfants ».

Quant au fond, son caractère est très doux, et surtout très poli. Le Roi répond toujours au salut : « Serviteur, Monsieur, Serviteur ». Il ne dit « mon ami » et « Monsieur » que quand il est fâché. Henri IV est naturellement familier. Il tape sur l'épaule des gentilshommes, se mêle au peuple. Son plus grand plaisir est de parcourir la foire Saint-Germain en tous sens, s'arrêtant aux étalages, discutant avec les marchands. Un jour, au bac de Neuilly, il aborde un paysan, barbe noire et cheveux blancs, pour lui demander la raison de cette étrangeté. Le paysan lui répond : « Sire, c'est que mes cheveux sont plus vieux de vingt ans que ma barbe ». Henri IV s'esclaffe, trouve cette réponse si pleine d'esprit qu'il la répète avec délectation pendant des semaines.

Il adorait s'inviter chez les gens, à la fortune du pot, et mettait un point d'honneur à apparaître comme le boute-en-train de la soirée. Il ne craignait pas les ripostes, même crues, à ses provocations. Un jour, à la chasse, le Roi s'arrête dans une auberge de village. On lui prépare à souper, et Henri IV demande qu'on lui envoie l'homme le plus spirituel du pays pour se distraire avec lui pendant le repas. Cet homme est un nommé Gaillard. Le Roi le fait venir, l'accueille joyeusement et l'assied à sa table, puis lui demande : « Quelle différence y a-t-il entre gaillard et paillard ? » Le villageois lui répond hardiment : « Il n'y a que la largeur d'une table ». Henri IV, ravi, s'exclame en riant : « Ventre Saint Gris ! je ne pensais trouver si grand esprit dans si petit coin ! »

Son humour est célèbre. Se rendant une fois au Louvre, à pied dans les rues de Paris, avec un cortège de nobles qui le suivent, il croise une femme qui conduit une vache. Il lui en demande le prix, la femme le lui indique. Henri IV répond : « C'est trop, mais je vous en donnerai tant ». La paysanne, désignant d'un geste large sa suite chamarrée : « Vous n'êtes pas marchand de vaches, Sire, je le vois bien ». Henri IV, alors, de rétorquer : « Pourquoi ne le serais-je pas, ma commère ? Voyez-vous pas tous ces veaux qui me suivent ? »

A l'ambassadeur de Rodolphe II de Habsbourg, il demande si l'Empereur a des maîtresses. « S'il en a, répond l'ambassadeur, il les tient secrètes ». Henri IV ne se laisse pas démonter : « Il est vrai que certains hommes ont si peu de qualités qu'ils sont obligés de cacher leurs défauts ».

Sous sa constante gaieté, Henri IV dissimule parfois un rien de mélancolie. Il aime, dans son cabinet, siffloter pour lui seul. Le Roi, à l'occasion, ne dédaigne pas la solitude. Son métier de Roi ne lui pèse pas mais il a conscience des responsabilités qu'il implique pour lui. Il dit un jour que les princes « ne sont pas nés pour eux, mais pour les

États et les peuples sur lesquels ils sont constitués. Ils n'ont en cette mer autre port que le tombeau et il faut qu'ils meurent en l'action [15] ».

Henri IV est un homme cultivé. Il connaît très bien l'Histoire, parle l'espagnol et l'italien, aime la lecture. Pendant plusieurs semaines de suite, il se fait lire chaque soir quelques pages du *Théâtre d'agriculture* d'Olivier de Serres. En 1609, quand paraît l'*Astrée*, Henri IV est immédiatement passionné et s'en fait lire publiquement des pages entières pendant ses repas. Il pourrait lui-même figurer tout à fait honorablement parmi les meilleurs écrivains français avec son style alerte et nerveux, poétique parfois. La lettre qu'il adresse à sa maîtresse du moment, Corisande, le 17 juin 1586, en revenant de la petite ville de Marans, en Vendée, est un chef-d'œuvre de littérature :

« J'arrivais hier soir de Marans, où j'étais allé pour pourvoir à la garde d'icelui. Ah ! que je vous y souhaitai. C'est le lieu le plus selon votre humeur que j'aie jamais vu. C'est une île renfermée de marais bocageux, où, de cent pas en cent pas, il y a des canaux pour aller chercher le bois par bateau. L'eau claire, peu courante, les canaux de toutes largeurs, les bateaux de toutes grandeurs. Parmi ces déserts, mille jardins où l'on ne va que par bateaux. L'île a deux lieues de tour, ainsi environnée. Passe une rivière par le pied du château, au milieu du bourg, qui est aussi logeable que Pau. Peu de maison qui n'entre de sa porte dans son petit bateau. Cette rivière s'étend en deux bras, qui portent non seulement grands bateaux, mais les navires de cinquante tonnes y viennent. Il n'y a que deux lieues jusqu'à la mer. C'est un canal, non une rivière. Contre mont vont les grands bateaux jusques à Niort, où il y a douze lieues ; infinis moulins et métairies insulées, tant de sortes d'oiseaux qui chantent, de toutes sortes de ceux de mer. Je vous en envoie des plumes. De poissons, c'est une monstruosité que la quantité, la grandeur et le prix, une grande carpe trois sols et cinq un brochet. C'est un lieu de grand trafic et tout par bateaux ; la terre très pleine de blés très beaux. L'on y peut être plaisamment en paix et sûrement en guerre. L'on s'y peut réjouir avec ce que l'on aime et plaindre une absence. Ah ! qu'il y fait bon chanter ! »

Henri IV ne consacre guère que deux heures par jour à son travail de Roi, le matin, avant de se rendre à la messe. Mais il a l'esprit vif et net, et sait, dans une affaire complexe, aller droit à la solution la plus claire. Il fait l'admiration de ses ministres par la profondeur de son jugement.

Les exercices physiques sont l'un des plaisirs préférés du Roi. La guerre a été le grand moment de sa vie et, la paix revenue, il s'adonne avec passion à ses deux substituts : la chasse et les grandes chevauchées. Henri IV est celui des Rois de France qui a le mieux connu son

15. P. Matthieu, *Suite de l'histoire de France concernant la mort déplorable de Henri IV*, Genève, 1620.

royaume, pour l'avoir parcouru en tous sens. La chasse et les voyages sont pour lui comme le prolongement d'une jeunesse de luttes. Ne prêtant aucune attention à la fatigue, capable de dormir n'importe quand, dans n'importe quelles conditions, à la dure ou à la belle étoile, il fait l'admiration de Sully : « Il veillait et dormait quand et autant qu'il voulait ».

Sur le tard, cet homme infatigable connaît quelques ennuis de santé. Les excès de la table entraînent des attaques de goutte, dont les premières atteintes se manifestent en 1602. La souffrance devient bien vite intolérable. En 1605, Henri IV écrit à Sully que les douleurs sont telles que « quand il irait de la perte de la moitié de mon État, je ne serais capable de rien écouter ni même de prendre de bonnes résolutions ».

Henri IV était très sale. Souvent en habits déchirés par esprit d'économie, il accordait peu de soins à la toilette. Il n'aimait pas se faire couper les cheveux, pas plus d'ailleurs que les laver. Louis XIII ayant hérité ce goût de son père, la mode des cheveux longs finira par s'imposer et deviendra générale à partir de 1630. Ne nous étonnons pas, du coup, si le bon Roi sent mauvais. Sa maîtresse Henriette d'Entragues ne le lui envoie pas dire, lui lançant un jour qu' « il pue comme charogne ». Il passe pour avoir une terrible odeur de gousset (c'est-à-dire des aisselles). On en plaisante. Agrippa d'Aubigné ayant dit : « On connaît fort bien un gentilhomme au sentir », les familiers du Roi constatent qu'Henri IV, à cet égard, est bien le premier gentilhomme du royaume. Charles Sorel, dans son roman satirique *Francion*, prête à deux de ses héros ce petit dialogue :

> « Comme vous sentez !
> – Je sens, fit Hortensius. Ne considères-tu pas que je commence à paraître Roi ? »

Marie de Médicis, prise à la gorge par l'odeur du Roi, manifestera un intérêt prononcé pour les parfums, qui permettent au moins de la masquer, faute de pouvoir s'en défaire.

Au demeurant bon père, ayant le sens de l'amitié, facile à vivre, Henri IV est un homme plein de délicatesse, aux sentiments tendres, attentif aux égards que chacun, à son sens, est en droit d'attendre. Il a beaucoup vécu, intensément, dangereusement, avec l'usure que cela implique, mais aussi l'indulgence de celui qui en a tant vu. Il aime la vie, les femmes, les gens. Pour son malheur comme pour celui de Marie de Médicis, son caractère est aussi dissemblable que possible de celui de la princesse de Toscane, qui, à 27 ans, n'a mené qu'une existence limitée, étriquée, dans son petit univers du Palais Pitti, au milieu de ses suivantes, de ses compagnes, plus occupée aux papotages, aux discussions de chiffons, au choix de ses bijoux, qu'à orner son esprit par la lecture ou par l'expérience de la vie de tous les jours. Henri IV n'est assurément pas un modèle de vertu. Trop esclave des femmes, il est souvent le jouet de ses passions. Mais l'indulgence qu'il applique à tous les autres, pourquoi n'y aurait-il pas droit lui-même ?

Le contact est rude, pour la nouvelle Reine de France, avec ce Roi cavalier, rapide en amour, inconstant par nature et dont les contradictions sont tellement à l'image de cette France de 1600 que Marie de Médicis découvre avec étonnement.

En 1600, la France.

Le rigorisme des mœurs n'était pas plus le fort d'Henri IV que de sa Cour. Marie de Médicis allait bientôt partager l'opinion du nonce pour qui la Cour du Roi de France est « un vrai bordel ». Mieux vaut ne pas se montrer trop regardant sur le raffinement des propos. Un dialogue comme celui qu'échangent Bassompierre et le duc de Vendôme n'a rien d'exceptionnel : « Vous serez sans doute du parti de Monsieur de Guise puisque vous b... sa sœur ? » lui demande le duc. Réponse de Bassompierre : « Cela n'y fait rien : j'ai b... toutes vos tantes et je ne vous aime pas plus pour cela ».

La délicatesse de langage n'est apparemment pas l'une des spécialités de Bassompierre. Il prétendra avoir été l'amant de Marie de Médicis. Cela lui donnait, pensait-il, un titre solide pour briguer la charge de Grand Pannetier. En précisant qu'il la méritait « parce qu'on couvrait pour le Roi », il ajoutait d'ailleurs : « Il y a plus de plaisir à le dire qu'à le faire ».

Nous sommes dans un monde de soudards où l'amour ne s'embarrasse guère de formes ni de précautions oratoires. Le temps est trop court pour cela dans un siècle où la menace rode en permanence : mort subite aux causes inexpliquées, maladie contre laquelle la médecine ne sait réagir que par la purge et la saignée, violence quotidienne d'une société qui chaque matin, dans les rues de Paris, relève une quinzaine de cadavres, menace enfin du surnaturel omniprésent.

Pour se préserver du mauvais œil, pour amadouer le sort, ou tout simplement pour s'attirer les faveurs d'une belle, on recourt volontiers à la magie. Témoins ces philtres d'amour, en principe infaillibles : faire boire à l'intéressé une eau dans laquelle on a fait tremper pendant un jour et une nuit l'os d'un mort ou des mouches cantharides réduites en poussière ; porter sur soi un morceau des chaussures ou de l'habit de la personne désirée, ou mieux, des rognures de ses ongles ou quelques cheveux d'elle ; avec du jonc, fabriquer un anneau et le glisser comme en se jouant au doigt de la personne dont on recherche l'amour.

Si ces recettes s'avèrent inopérantes, on a toujours la ressource de passer un pacte avec le Diable. Cela se pratique dans le meilleur monde. Ne dit-on pas que Madame la connétable de Montmorency, Louise de Budos, a vendu son âme à Satan pour pouvoir épouser le connétable, elle qui sortait d'une famille de très petite noblesse ? Les procès de sorcellerie sont monnaie courante, et il faut vraiment un mécréant comme Henri IV pour organiser par dérision une mascarade de sorciers. Les ouvrages de démonologie, dus aux plumes les plus illustres, connaissent un vif succès. Le futur cardinal de Bérulle ne dédaigne pas de publier un *Traité des énergumènes* dans lequel il énumère les formes et les critères de la possession. Un éminent spécialiste, à force de traquer les apparitions diaboliques, a réussi à dénombrer les manifestations de Satan : il est en mesure de révéler l'existence de 72 princes des ténèbres et 7 405 926 diables « ordinaires » répartis en 111 légions comprenant chacune 6 666 suppôts. Nier la réalité du Diable est aussi grave que nier celle de Dieu : un même sentiment du sacré entoure l'un et l'autre.

De ce sentiment participe également la personne du Roi de France. Car celui-ci n'est pas un homme comme les autres, il n'est pas même un souverain comme les autres. De son essence quasi-divine et de l'onction reçue le jour de son couronnement, il tient des pouvoirs surnaturels — celui de guérir les écrouelles notamment. Il est bien plus qu'un prêtre, l'envoyé de Dieu sur terre. Sa volonté est par définition la volonté de Dieu dans le royaume de France. Quand il a parlé, tout se tait. Les foules, sur son passage, se pressent pour l'adorer, le toucher. Dans la plus humble des auberges où il descend sans crier gare, on le reconnaît à cet air de majesté qui émane de lui. Quel meilleur ciment de la nation que ce Roi chevaucheur ! La monarchie reste foncièrement itinérante. Henri IV, en se montrant dans les provinces les plus reculées, fait plus pour les progrès de l'unité française que tous les discours ou les traités.

Car il existe une idée de patrie que les intellectuels du temps ont contribué à développer. A côté des raisonnements des légistes sur la spécificité française, le sentiment d'appartenir à une nation qui ne ressemble à aucune autre est de plus en plus puissant. Pourtant que d'obstacles rencontre cette prise de conscience !

Obstacle de la langue : la moitié des sujets du Roi ne parlent pas le français mais une langue régionale. L'Édit de Villers-Cotterêts pris par François Ier en 1539 n'a pas imposé l'usage généralisé du français comme on le dit parfois, il s'est borné à le rendre obligatoire dans les actes de justice.

Obstacle des distances : sauf exception, les nouvelles circulent à la vitesse moyenne du cavalier, c'est-à-dire 40 à 50 kilomètres par jour. La poste, sous Henri IV, fait de réels progrès, mais l'envoi d'une lettre de Paris à Madrid relève du même acte de foi que le geste du naufragé qui jette une bouteille à la mer. Les 9/10 des Français ne sortiront jamais d'un horizon limité aux 5 ou 6 paroisses qui, dans un rayon de 2 lieues – 8 kilomètres – ceinturent leur village.

Quoi d'étonnant dans ces conditions si les particularismes constituent, et de loin, la force la plus importante à l'intérieur du faisceau d'influences qui s'exercent sur l'évolution de la société. L'idée que les sujets du Roi de France sont tous égaux devant la loi et devant le souverain est un véritable non-sens pour l'époque. La société est foncièrement inégalitaire et tout est privilège. Chaque habitant d'une ville, petite ou grande, s'accroche à la charte qui consigne les droits particuliers de sa commune. Chaque artisan membre d'une corporation jouit de privilèges qui le distinguent de ses collègues de la corporation voisine. Ne parlons pas des nobles et des clercs, dont le statut, par définition, est d'une autre nature que celui de la majorité de la population.

Le royaume s'est constitué par adjonctions successives et certaines provinces, surtout celles qui sont entrées tardivement dans l'ensemble national, ont conservé des privilèges et un degré élevé d'autonomie régionale. Six « pays d'États » – la Bourgogne, le Dauphiné, la Provence, le Languedoc, la Bretagne et la Normandie – continuent à s'administrer selon leurs propres usages, votent eux-mêmes les impôts royaux et, après en avoir arrêté le montant, décident des méthodes de répartition et de recouvrement de la contribution provinciale. Certains ont des prérogatives étendues à un grand nombre de questions d'intérêt local ou régional. On a même vu les États du Languedoc se réunir en 1599 pour décider s'il fallait ou non reconnaître Henri IV comme Roi légitime.

Toutes les provinces, si elles n'ont pas une égale autonomie, ont des assemblées parlementaires dont la fonction politico-administrative consiste à examiner un édit royal (on dit que l'on procède alors à sa « vérification ») avec pouvoir de l'amender ou de le rejeter. Innombrables sont les remontrances auxquelles ce droit donne lieu. Le Roi peut envoyer des « lettres de jussion », impératives en principe, mais en principe seulement. Le dernier recours consiste pour lui à faire enregistrer, c'est-à-dire approuver, l'édit contesté en se transportant au Parlement en « lit de justice » : lui présent, nul n'a le droit d'élever d'objection.

Au-dessus des assemblées provinciales, il existe une instance nationale, les États-Généraux, représentant le pays tout entier rangé selon les trois Ordres traditionnels : Clergé, Noblesse, Tiers-État. Ils sont réunis chaque fois que se posent des questions concernant l'avenir du pays ou son évolution à un moment crucial. Les Grands obligeront Marie de Médicis à convoquer les États-Généraux en 1614 pour obtenir d'eux la prolongation de sa régence, leur faire avaliser les mariages espagnols (Louis XIII avec l'Infante Anne d'Autriche, sa sœur Élisabeth avec l'Infant Philippe d'Espagne, futur Philippe IV) qui représentent un tournant dans la politique extérieure de la France, et les consulter sur la crise des finances publiques.

Les problèmes d'argent constituent en effet le point faible du gouvernement royal. La monarchie est sans cesse en quête de ressources nouvelles. Il en faut pour la diplomatie, pour les subsides distribués à des princes étrangers afin de s'assurer leur amitié et leur concours contre la Maison d'Autriche. Il en faut pour les armements, les fortifications, l'artillerie, les soldes des mercenaires et des premières troupes régulières. Il faut de l'argent pour payer les dépenses de la Cour et les pensions de la noblesse. Il en faut pour la reconstruction d'un pays dévasté par trente ans de guerres, pour rembourser les dettes contractées à cette occasion, pour l'assainissement monétaire et financier, pour les encouragements à l'agriculture. Il en faut aussi pour les interventions « modernes » de l'État : la construction de canaux et de routes, ou les subventions aux manufactures de glaces, de tapisseries, de soieries, ancêtres de la grande industrie actuelle.

Le Roi est en mesure de compter sur le dévouement d'une administration fidèle. Les charges s'achètent (c'est la vénalité des offices) et peuvent être transmises héréditairement moyennant le paiement d'un droit annuel, la paulette ; la vénalité des offices, dénoncée dès cette époque comme un abus intolérable, a cependant pour conséquence d'attacher les titulaires de charges au service royal en les soustrayant aux grandes clientèles privées comme celles des Guise et des Bourbon, les deux clans nobiliaires dont la rivalité domine l'histoire de la France à cette époque.

La structure féodale et les mentalités qu'elle véhicule restent en effet très vivaces. Pour les nobles, le Roi est un suzerain avant d'être un souverain. Ils tiennent à leurs privilèges, notamment en matière de justice : il n'y a pas moins de 24 justices seigneuriales à Paris en plus de celle de l'Hôtel de Ville. Avec ses vassaux, le Roi négocie beaucoup plus qu'il n'impose et n'ordonne. Dans les Conseils du Roi, où la présence de la noblesse est traditionnellement très forte, le monarque met les décisions aux voix. Il se réserve évidemment le dernier mot, mais on pourrait appliquer à Henri IV le propos que Pontchartrain tenait à Lord Portland sur Louis XIV : « Vous avez déjà vu la grandeur et la magnificence dont le Roi est entouré, l'engouement de tous ses sujets à lui faire la cour et à obtenir le moindre de ses regards. Eh bien ! Ce prince si grand, si majestueux, fait continuellement la cour à son contrôleur général ! » Obsession des problèmes d'argent, obligation pour l'autorité royale de louvoyer et de négocier sans cesse.

Un mélange de fermeté et de machandages, tel est le spectacle que donne le gouvernement du pays. On aurait tort de voir le régime d'Henri IV sous les traits d'un système centralisé et monarchique au sens plein du terme. Nous sommes au contraire dans un système où tout se négocie – les impôts directs avec les provinces et les trésoriers, les impôts indirects avec les financiers qui les perçoivent pour le compte du

Roi dans le cadre de contrats d'affermage ; on négocie avec les nobles pour les maintenir dans l'obéissance au souverain, avec les rebelles pour obtenir leur soumission, avec les Grands pour qu'ils modèrent leurs appétits, avec tous ceux – et c'est la majorité de la population – qui ont un bout de privilège à faire valoir ou à défendre. Prodigieuse force d'inertie opposée à toute volonté de changement trop rapide, défi perpétuel à une autorité royale qui ne peut être autre chose, dans ces conditions, que l'art du compromis poussé à l'extrême.

CHAPITRE II

Vie quotidienne d'une Reine de France

LES LOGIS.

Le Louvre.

Le 9 février 1601, tard dans la soirée, Marie de Médicis entre au Louvre pour la première fois. La colonnade actuelle qui fait face à Saint-Germain-l'Auxerrois n'existe pas encore. A la place, une grande porte moyenâgeuse comprenant deux fois deux tours accolées ménage un passage si étroit qu'un carrosse peut à peine passer et que les piétons doivent emprunter un pont-levis particulier. Tours propices aux guets-apens : c'est là que Concini sera assassiné le 24 avril 1617.

Entre Saint-Germain-l'Auxerrois et le Louvre, de multiples constructions s'entassent parmi lesquelles serpentent d'étroites ruelles. Aucune grandeur dans cette arrivée, rien qui puisse rappeler à la Reine les beaux palais italiens avec leurs abords bien dégagés, propices aux cortèges, aux processions, aux défilés. Il fait sombre, et, à la lueur des torches, Marie de Médicis découvre avec un haut-le-cœur des chambres aux meubles défraîchis et dégradés où personne n'a séjourné depuis plus de dix ans. La Reine croit d'abord à une farce, et ne parvient pas à admettre que ce palais en ruine puisse être le Louvre. Revenue visiter les lieux en plein jour, elle se rend compte que le mal est moins grand qu'il n'y paraît, et qu'il suffit de donner un bon coup de peinture et d'arranger quelques cloisons pour rendre le Louvre tout à fait habitable.

Marie de Médicis allait en définitive se trouver fort bien dans l'appartement aménagé pour elle. Situé au premier étage de ce qu'on appelait alors « le vieux corps d'hôtel », il comprend cinq pièces en enfilade qui donnent à la fois sur la cour et sur la Seine. La cour du Louvre à cette époque est bien plus petite qu'aujourd'hui : elle ne représente que le quart de l'actuelle Cour Carrée. L'appartement de la Reine existe toujours, mais les cloisons ont été abattues et il ne donne plus que sur la cour, depuis que le vieux corps d'hôtel a été doublé par la grande galerie qui longe les quais de la Seine.

La première pièce est la salle des gardes, suivie par l'antichambre où l'on range l'argenterie et qui sert de salle à manger, et par le salon. C'est là que Marie de Médicis reçoit. Le sol est carrelé et recouvert d'un tapis d'Orient commandé spécialement en Turquie par l'ambassadeur de France. Les meubles : des fauteuils, des chaises, des bibelots, des coffres en ébène, et surtout quatre chandeliers d'argent et des chenets d'argent dans la cheminée. Un huissier a la garde du salon ; pendant toute l'existence de Marie de Médicis, ce sera le même, Jean Mauderon.

Vient ensuite la chambre à coucher qui est la plus belle pièce, avec deux fenêtres ayant vue sur la cour et deux sur la Seine, donnant elles-mêmes sur un balcon. Les boiseries sont sculptées et dorées, les lambris et les plafonds ont été peints, et comme les meubles et les tapisseries avaient disparu pendant les guerres civiles, Henri IV a fait venir de Pau une partie du mobilier qui se trouvait dans le palais des Rois de Navarre. Le lit est monté sur une estrade et enveloppé de courtines, c'est-à-dire de tentures qui permettent d'isoler la Reine des regards indiscrets. Une balustrade en argent massif le sépare du reste de la pièce ; aux quatre coins de celle-ci, de magnifiques porte-flambeaux en argent. Les lambris de la cheminée sont également en argent. Sur les murs, Marie a fait accrocher des portraits de la famille Médicis. De-ci de-là dans la pièce, des bahuts, des coffres, dans lesquels la Reine conserve ses trésors les plus précieux : bijoux, boucles d'oreilles, vases d'or, etc. Ces cassettes qui constituent le trésor personnel de la Reine ouvrent avec une clé que son orfèvre attitré, Nicolas Roger, est seul à détenir. Il y a aussi un meuble rarissime, un bureau fabriqué en Chine, garni de nacre et de perles, incrusté d'argent, qui a été donné par les Jésuites à la Reine en 1608.

La dernière pièce de l'appartement est le petit cabinet; Marie de Médicis aime s'y tenir ; elle a fait installer un lit de repos sur lequel il lui arrive de passer la nuit quand Henri IV n'est pas là. Une porte donne directement dans la chambre à coucher du Roi. La pièce est envahie de bibelots, de boîtes, de miroirs, de bougeoirs ; sur la table, une grande boîte ferrée et cadenassée où la Reine garde ses papiers personnes. C'est là qu'elle fait sa correspondance. La chambre à coucher et le petit cabinet ont aussi leurs huissiers dont la fonction essentielle est de veiller sur les objets précieux qui sont là.

Tentures et tapisseries abondent. La Reine en a fait faire un grand nombre. Henri IV s'est beaucoup intéressé au développement en France de la tapisserie, qui était jusque-là une spécialité flamande. Marie de Médicis participe à ses efforts en passant des commandes et en entretenant des artisans baptisés « tapissiers de la Reine ». Elle fait rechercher dans toute l'Europe des pièces rares que l'on copie ensuite. Elle tient beaucoup à ses tapisseries, et quand on donne une comédie ou un ballet, elle fait décrocher les tentures afin d'éviter qu'elles soient abîmées par mégarde.

Une autre catégorie d'objets est également répandue à profusion dans l'appartement : ce sont les coffres. Il n'existe pas d'armoire et tous les effets personnels sont entassés dans ces grands bahuts qu'il suffit d'emporter sur des chariots quand la Reine se déplace. Ils causent beaucoup de souci au personnel chargé de la surveillance, car malgré toutes les précautions prises, des vols se produisent. C'est là que sont rangés les manteaux, les robes, les jupes, les chemises de la Reine. Il y a aussi des coffres à ceintures, d'autres pour les chaussures, les jarretières, les collerettes. Ils sont si nombreux qu'on ne sait plus où les mettre ; on finit par les entasser chez les femmes de chambre, les demoiselles d'honneur et les valets.

En 1615, Marie de Médicis doit quitter son appartement pour le laisser à la nouvelle Reine régnante, Anne d'Autriche, que son fils Louis XIII vient d'épouser. C'est en prévision de cette échéance qu'elle a décidé de se faire construire le Palais du Luxembourg, mais elle ne pourra emménager que dix ans plus tard, en 1625 ; en attendant elle annexe au Louvre une partie du rez-de-chaussée et de l'entresol.

Fontainebleau.

Henri IV et Marie de Médicis ont pris l'habitude des vacances à la campagne. Tous les ans, en septembre-octobre, ils vont à Fontainebleau et l'on profite de leur absence pour aérer et désinfecter le Louvre.

Marie aime tellement ce séjour qu'elle s'y rend également toute seule, à Pâques, en mai, et en juin. L'appartement qu'elle occupe donne sur le jardin de Diane, tout près du grand salon ovale, depuis appelé salon Louis XIII, où elle a voulu que naissent tous ses enfants. Le séjour est agréable en raison des jardins, qu'elle apprécie particulièrement. Quand Marie se promène, elle met des vêtements légers, et se protège du soleil et du grand air par des chapeaux de paille d'Italie éventuellement garnis de taffetas. En parcourant les allées, elle donne des ordres pour compléter les plantations, qui ne sont jamais achevées. Marie va volontiers dans les volières jeter quelques graines aux oiseaux, et assiste souvent à la pêche aux carpes. Le château lui-même n'est pas très commode, car il y a peu de meubles. C'est pourquoi, quand la Reine s'installe, elle se fait suivre de tous ses coffres et de ses tentures préférées. Cette absence de meubles l'empêche de recevoir autant qu'elle voudrait, et lorsqu'elle invite des amis, elle doit leur demander d'apporter leur propre mobilier.

Montceaux-en-Brie.

Quand elle n'est pas à Fontainebleau, Marie de Médicis est à Montceaux-en-Brie, un château bâti pour Catherine de Médicis par un artiste italien, le Primatice. Henri IV l'avait donné à Gabrielle d'Estrées en 1596, mais il l'a racheté après sa mort. A la naissance du petit Dauphin Louis XIII, le 27 septembre 1601, il en fait cadeau à Marie pour l'aider à oublier les douleurs de l'enfantement. Le château n'est pas grand, ce qui fait que Marie de Médicis n'y va que pour se distraire avec un minimum d'amis. Les bâtiments sont en piteux état et à partir de 1602 les maçons se succèdent. Les travaux de Montceaux constituent d'ailleurs un poste de dépenses important dans le budget de la Reine. Ce sont les Du Cerceau, architectes du Roi et de la Reine, qui dirigent d'abord les travaux. A partir de 1609, leur succède Salomon de Brosse, le futur architecte du Palais du Luxembourg, qui construit un jeu de paume et une grande écurie capable de recevoir cinquante ou soixante chevaux.

Pour meubler le château, la Reine achète des coffres et des tentures, des tables, des chaises, ainsi que du matériel de scène, car elle y fait parfois donner la comédie et le ballet. Comme à Fontainebleau, comme plus tard au Luxembourg, elle accorde un soin considérable à l'aménagement et à l'entretien de ses jardins, n'hésitant pas à faire venir d'Italie les meilleurs paysagistes et des semences sélectionnées. Marie de Médicis est venue très souvent à Montceaux-en-Brie, qui était sa maison de campagne préférée.

LA JOURNÉE DE LA REINE.

En temps normal, Henri IV dort avec Marie de Médicis. Il se lève tôt, dès sept heures du matin quand il y a Conseil, ce qui arrive trois fois par semaine les mardis, jeudis et vendredis. Les autres jours, il s'éveille un peu plus tard, et les proches de la famille royale ont le droit de rentrer dans la chambre avant qu'il soit levé. Les courtines du lit sont en général fermées, ce qui préserve l'intimité du couple ; ceux qui sont dans la chambre doivent se débrouiller comme ils peuvent en faisant du remue-ménage pour attirer l'attention du Roi et lui faire ouvrir les courtines. Marie de Médicis n'aime pas être réveillée tôt ; elle manifeste parfois sa mauvaise humeur, tourne le dos à l'intrus, fait semblant de dormir, et ne se lève que quand le Roi la pousse quasiment hors du lit. Dès que Leurs Majestés sont réveillées, on leur apporte au lit le bouillon qui tient lieu de petit déjeuner. Le Roi se lève le premier, et la personne la plus titrée lui passe sa chemise.

Henri IV regagne son appartement où se déroule la suite des cérémonies du lever du Roi. Les femmes de chambre de la Reine entrent à ce moment pour s'occuper de Marie. Elles l'aident à passer sa chemise, faite de toile brodée d'or ou parfois de soie, et lui enfilent ses bas qui sont également de soie jaune et bleue. On va chercher un jupon dans les coffres. Il y en a un très grand nombre ; on les présente à la Reine qui choisit celui qu'elle décide de porter. Elle met ensuite une veste et c'est dans cette tenue qu'elle reçoit les gens de sa Maison, l'intendant, le trésorier, le contrôleur, venus lui demander les ordres de la journée.

Elle fait alors sa toilette. Marie ne se baigne pas : le bain est une médication exceptionnelle, que l'on prend en général le soir, à l'heure du dîner. Les ablutions du matin sont plus sommaires. Un valet de chambre apporte un vase, souvent en cristal, rempli d'eau. Une bassine est posée sur une table et Marie de Médicis se lave simplement avec une éponge – mais pas n'importe quelle éponge : c'est une éponge royale, d'une taille inhabituelle ; les livres de compte précisent qu'on la paie six livres. La Reine se coiffe ensuite, soit toute seule, soit avec l'aide de Léonora Galigaï. Elle porte la coiffure haute, « à l'italienne ». C'est Léonora en général qui donne le dernier coup de peigne et asperge les cheveux de quelques gouttes d'huile de fleurs d'oranger d'Espagne pour y fixer la poudre.

Puis on choisit la robe. Marie, perplexe, regarde, compare, hésite, avant de faire son choix. Elle en a une quantité considérable confiées à la garde de Léonora. C'est Léonora qui achète les tissus pour faire de nouvelles robes et choisit les modèles. Elle détient aussi la clé des coffres où sont rangés les vêtements. Marie de Médicis a son tailleur personnel, Jacques Zoccoli, venu de Florence en 1600, et qui est également un homme de confiance souvent utilisé à des missions délicates.

La Reine se préoccupe alors des bijoux qu'elle va porter. Elle en possède des quantités, et n'a que l'embarras du choix. En général, elle prend une bague, quelques bracelets d'or, des pendants d'oreilles, une montre, et met volontiers le magnifique collier de perles que lui a donné Henri IV en cadeau de mariage.

Il faut encore choisir le parfum du jour. Marie est folle de parfums et va très souvent chez Léonora Galigaï, dans son Hôtel de la rue de Tournon, pour assister avec elle à la distillation et à la préparation de mélanges nouveaux. Elle aime particulièrement le jasmin, les roses, les pois de senteur, l'ambre, le musc, qu'elle fait répandre dans sa chevelure, sur sa gorge, et dans ses gants. Les gants parfumés sont d'ailleurs une spécialité italienne.

Maintenant, la Reine est prête. Il ne reste qu'à fixer sa collerette, faite en point de Venise, et à lui passer ses chaussures. Celles-ci viennent toutes de chez la même cordonnière : Judith Leblanc, de Loudun. C'est d'ailleurs un sujet perpétuel de récriminations de la part des cordonniers de Paris, qui sont 523 et s'étonnent que pas un seul parmi eux ne soit honoré de la clientèle de Marie de Médicis.

La journée de travail de la Reine va commencer. Marie donne audience dans le grand salon, qui est plein : des seigneurs, des amis, des étrangers, souvent quelques poètes, comme Malherbe. L'usage veut que la Reine embrasse les princes, les ducs, les officiers de la couronne. Marie n'a pas voulu s'y plier et le Roi l'en a dispensée. On s'en tient au salut, plus solennel, plus spectaculaire : à trois ou quatre pas de la Reine, on fait une grande révérence en plongeant, puis on s'avance jusqu'à ses pieds, on s'agenouille, et l'on prend le bas de la robe qu'on porte aux lèvres ; la Reine vous relève, tend sa main à baiser et dit : « Soyez le bienvenu ». Tout le monde s'accorde à reconnaître que Marie de Médicis a beaucoup de dignité dans sa tenue. Ces audiences ont une allure curieuse si on les observe avec un regard du XXe siècle : les gens discutent à haute voix, même à proximité immédiate de la Reine, on s'esclaffe bruyamment, on se bouscule, on se dispute et parfois on échange des coups ; c'est seulement là que la Reine se fâche et, criant bien fort, menace d'envoyer à la Bastille ceux qui ont ainsi profané son appartement.

C'est l'heure de la messe. Il y a messe tous les jours. La Reine va rarement à la chapelle du Louvre. Elle entend la messe, en général, à Saint-Germain-l'Auxerrois, qui est la paroisse royale, et son église préférée. Avant de partir, elle choisit un missel. Il en est d'extrêmement précieux. L'un d'eux est conservé aujourd'hui à la bibliothèque de l'Arsenal ; c'est un livre du XVe siècle, à encadrement d'or, orné de quarante miniatures. Un autre, au musée du Louvre, de petit format, a appartenu à François Ier, Catherine de Médicis, Louise de Lorraine, avant d'arriver entre les mains de Marie de Médicis ; il comprend cinquante-huit portraits de princes de la Maison de Valois, dont certains ont probablement été peints par Jean Clouet.

Au retour de la messe, il est temps de déjeuner. On ne parle d'ailleurs pas de déjeuner, mais de dîner. Marie de Médicis prend habituellement ce repas avec Henri IV, dans l'antichambre de son appartement, sauf les jours où les époux se querellent, ce qui arrive assez souvent, et dans ce cas, chacun mange chez soi. L'heure du repas est irrégulière. La Reine est souvent en retard et le Roi, qui a faim, lui fait dire de se dépêcher. Parfois, Henri IV n'y tient plus et se fait servir quelques fruits, un melon par exemple, accompagnés d'un verre de vin. Quand Marie de Médicis est enfin prête, tous deux s'installent, seuls, car personne n'a le droit de manger à leur table. Le Premier Maître d'hôtel s'approche pour annoncer que le repas va commencer. Quelques mots, toujours les mêmes, adressés au Roi : « Sire, la viande de Votre Majesté est portée ».

Le Roi puis la Reine se lavent les mains dans une aiguière de vermeil ; c'est la Reine qui tend la serviette au Roi.

Le public assiste au repas. Il y a tellement de monde que les Suisses de garde ne sont pas de trop pour éviter que l'on se bouscule jusque sur la table royale. Devant Henri IV et Marie de Médicis sont disposées, pour chacun, deux assiettes d'argent, et une nef d'argent dans laquelle se trouvent la serviette et le couvert ; le couvert comprend couteau, fourchette et cuiller provenant de l'argenterie du Roi de Navarre car la quasi-totalité de l'argenterie des Rois de France a disparu pendant les guerres de religion.

Le menu est lourd, abondant, peu varié. Il comporte quatre entrées, quatre potages, avec de la viande bouillie : pièce de bœuf, mouton, chapon, pièce de veau, poulet ; on sert aussi de la viande rôtie : mouton, chapon, gibier, veau, poulet, pigeon. Les jours maigres, la viande est remplacée par un brochet et une carpe. Henri IV mange beaucoup, vite, sans beaucoup de raffinement, il fait des taches, éclabousse la nappe, quand ce n'est pas la robe de la Reine. Il s'en excuse avec simplicité. Il n'y a pas de fromage, mais un dessert, qui consiste en confitures ou en quelques fruits comme des pommes, des oranges, des raisins, des citrons, en général venus de Provence. De temps en temps, des abricots, très appréciés, et pendant la belle saison des melons dont Henri IV mange sans mesure, se donnant des diarrhées mémorables.

Henri IV boit beaucoup. Le vin avant de lui être servi est essayé, c'est-à-dire goûté par un gentilhomme. Celui-ci ne boit pas dans le verre du Roi : il verse quelques gouttes de vin dans un autre verre, et c'est là qu'il le goûte pour s'assurer qu'il n'est pas empoisonné. Henri IV aime particulièrement le vin de muscat qu'il prend souvent en apéritif. Au cours du repas, il boit du vin clairet, c'est-à-dire du vin de Bordeaux, blanc ou rouge, plus léger que le vin de Bourgogne.

Pendant tout le temps que dure le déjeuner, les gentilshommes et les curieux parlent sans cérémonie avec le Roi. L'étiquette est stricte sur un point : défense de parler affaires. Il faut intéresser ou divertir le Roi par des anecdotes ou des propos piquants. La plus grande partie du repas se déroule en musique. L'orchestre royal fait grande impression avec ses quinze instrumentistes. Il ne joue pas tous les jours, car parfois le Roi et la Reine invitent d'autres formations musicales.

A la fin du déjeuner, Henri IV et Marie de Médicis se retirent chacun de leur côté. Le Roi va faire la sieste ou part à la chasse, la Reine se repose dans son cabinet. Elle lit un peu, très peu, parce qu'elle est myope et qu'elle n'aime guère la lecture. Elle écrit parfois. En général, elle tue le temps en faisant des loteries avec ses amis. Chaque joueur paie sa part du prix de l'objet qui est mis en enjeu : une croix d'or, des émeraudes, parfois un meuble ; une fois on joue un cabinet d'Allemagne d'une valeur de 1 656 livres. Il paraît que l'on triche quelquefois, mais la Reine, même si elle a horreur de perdre, affecte de ne jamais mettre en doute l'honnêteté de la partie. Il y a des éternels malchanceux comme Bassompierre, qui est couvert de dettes et perd presque toujours. Concini et sa femme Léonora sont généralement plus heureux.

Marie de Médicis va souvent en début d'après-midi visiter sa ménagerie. Elle a des singes, des perroquets, surtout des chiens. Sa correspondance est pleine de Bichette, de Mignonnette, de Turquette, de Roquette, avec leurs problèmes de mariages, leurs accouchements, la répartition de leurs petits. Elle a des domestiques spécialement affectés à leur nourriture, aux soins de leur toilette. Toutes les races sont représentées, depuis les petits chiens d'appartement jusqu'aux barbets pour la chasse et aux lévriers dont elle fait un grand trafic.

Quand elle ne va pas voir ses bêtes, Marie aime bien tirer les cartes en écoutant de la musique. Son instrument favori est le luth, et son joueur préféré, René Fancan, est comblé de cadeaux. On donne souvent des concerts. Ils ont lieu l'après-midi aux Tuileries ; les princesses et les dames de la Cour se bousculent pour y assister. La Reine porte un masque d'apparat. De temps à autre, on a le privilège d'écouter une troupe de musiciens venue tout spécialement d'Italie à la requête de Marie de Médicis après des mois et des mois de négociations avec son oncle le Grand-Duc Ferdinand de Toscane ou sa sœur aînée, Éléonore, duchesse de Mantoue.

Après les jeux d'intérieur, une promenade quand il fait beau. Marie de Médicis se contente souvent d'aller dans le jardin du Louvre, protégé des regards indiscrets. Ce jardin secret fait jaser, et sous la régence les mauvaises langues prétendront que la Reine-Mère s'y livre avec Concini à des ébats défendus. Parfois Marie de Médicis se rend jusqu'au jardin des Tuileries, où elle s'amuse à chasser les corbeaux.

Quand elle sort en ville la Reine utilise son carrosse, un superbe carrosse doré, tendu de velours rouge, que tirent six chevaux blancs. Des postillons, des cochers, des écuyers, mais pas de gardes. Les rues sont tellement étroites qu'une escorte ne servirait rien et provoquerait au contraire d'inextricables embouteillages. L'inconvénient c'est évidemment la sécurité, qui laisse à désirer. C'est d'ailleurs comme cela qu'Henri IV sera tué par Ravaillac. Lorsque la Reine est en carrosse, elle suit l'usage des dames de qualité qui ne se déplacent que masquées. Il faut noter que le carrosse de la Reine, comme celui du Roi, n'a aucune priorité.

Où va la Reine ? Elle possède une maison à Chaillot qu'elle aime bien. Mais, le plus souvent, elle rend visite à ses amis les Gondi, et plus rarement à Sully, chez qui elle se rend en compagnie d'Henri IV. Il y a aussi des occasions exceptionnelles, comme cette représentation que donnent sur le Pont Notre-Dame vingt-deux princes et seigneurs, porteurs des plus grands noms de France, masqués, armés de toutes pièces, simulant un tournoi à grands coups d'épées et de lances extrêmement réalistes ; Marie de Médicis est ce jour-là au premier rang des spectateurs.

La foire Saint-Germain, qui se tient sur l'emplacement du marché Saint-Germain actuel, dans le quartier de Saint-Germain-des-Prés, et dure deux à trois semaines au début du Carême, constitue un but privilégié de sortie. Il y vient des marchands de toutes les régions, et même des pays étrangers. On vend des bijoux, des étoffes, de la vaisselle, des pièces, de la faïence, des livres et publications de toutes sortes. C'est un lieu de rencontres, d'amusement, mais également d'intrigues et de débauche. Henri IV en raffole. A l'époque du grand amour avec Gabrielle d'Estrées, il venait souvent en toute simplicité, Gabrielle à son bras. Dès 1601, il y emmène Marie de Médicis et se promène avec elle, main dans la main, au milieu d'une foule si compacte qu'aucune escorte ne peut assurer leur sécurité. Le Roi d'ailleurs n'y tient pas, car il aime bavarder avec les gens, familier, discutant de choses et d'autres. Il s'y rend chaque jour pendant tout le temps que dure la foire et aucune obligation diplomatique ou gouvernementale, aucune expédition militaire ne pourraient l'en empêcher. Henri IV joue aux baraques foraines, participe aux loteries. Il perd souvent, mais le prend de bonne grâce. Marie de Médicis aussi joue avec lui, et perd un peu plus qu'à son tour. Parfois le Roi la quitte et s'en va, entre hommes, acheter des estampes licencieuses de l'Arétin que ces messieurs se montrent en riant sous cape. Marie, pendant ce temps, achète des bibelots pour les enfants et pour les parents d'Italie.

Le dimanche, le programme est un peu différent. On va généralement passer l'après-midi au château de Saint-Germain-en-Laye pour voir les enfants. On part toujours en carrosse. On en profite pour faire un tour par Poissy, ou quelquefois par Issy, où habite la Reine Marguerite, qui fait très bon ménage avec Marie de Médicis. Une fois, l'une de ces expéditions de Saint-Germain manque de se terminer en catastrophe. Henri IV et Marie de Médicis ont décidé de passer la Seine au bac de Neuilly ; nous sommes le 9 juin 1606, en fin d'après-midi ; le carrosse manque l'entrée du bac et culbute dans l'eau. La Reine disparaît. On craint qu'elle ne soit noyée, mais un gentilhomme courageux plonge aussitôt et la ramène heureusement à la surface. Tout le monde admire fort le sang-froid dont elle a fait preuve.

On rentre au Louvre vers la fin de la journée. Après quelques instants de repos, Marie de Médicis prend des fruits, une confiture, un doigt de vin, se change et fait un peu de toilette. Les audiences recommencent. Il y a grande affluence. On ne discute guère d'affaires, mais c'est le moment où l'on se fait voir dans l'entourage de la Reine. Marie reste là jusqu'à sept heures avant de passer de nouveau à table pour le dîner (qu'on appelle le souper). Le Roi et la Reine dînent seuls. Le rituel est le même qu'à midi. Le menu n'est guère différent non plus de celui du déjeuner, quoique un peu plus simple.

De temps en temps on va dîner en ville. On n'invite jamais le Roi, c'est le Roi qui s'invite aux frais de la personne qui reçoit cet honneur.

Celui chez qui on se rend le plus souvent est Zamet, le banquier florentin, vieil ami d'Henri IV, confident de ses amours avec Gabrielle d'Estrées (et celui peut-être qui a fait empoisonner Gabrielle...). Il est au mieux avec Marie et, en 1603, on le nomme Surintendant général de la Maison de la Reine. Quand Henri IV est seul à Paris, il prend très souvent ses repas chez lui, et parfois même il couche dans le superbe Hôtel qu'il possède rue Beautreillis, dans le Marais. Marie de Médicis n'est d'ailleurs pas en reste et, même quand Henri IV n'est pas là, elle rend très souvent visite à l'ami Zamet.

On va également volontiers chez Sully, qui loge à l'Arsenal, magnifiquement aménagé par ses soins. On y trouve à la fois des magasins d'armes et de munitions, une petite forge où la Reine s'amuse à voir fabriquer des canons, et un très beau jardin planté d'arbres, généralement ouvert au public pendant la journée. Sully offre au Roi et à la Reine de splendides dîners. Pendant le repas, il se tient respectueusement debout derrière la Reine. Connaissant les goûts de Marie, il lui fait fréquemment la surprise d'un concert.

Après le dîner la Reine dit bonsoir aux assistants. Si elle était en visite, elle regagne le Louvre. Quand le dîner a lieu au Louvre, tous se retirent, sauf les intimes : la princesse de Conti et la duchesse de Guise, quelques dames de qualité, et, parmi les hommes, Bassompierre, Bellegarde, Joinville. On cause, on joue aux échecs, on joue surtout gros jeu aux dés et aux cartes. Bassompierre est un joueur effréné. Il lui arrive de gagner ou de perdre – de perdre, surtout – jusqu'à 60 000 livres en moins d'une heure. On se distrait ainsi jusque vers onze heures, puis tout le monde prend congé. Marie de Médicis va dans son petit cabinet, et fait sa correspondance. Cet exercice l'ennuie un peu, et il lui arrive d'écrire pour s'excuser de la brièveté de ses lettres : « C'est maintenant l'heure de dormir et vous savez que je n'ai pas le temps d'écrire à un autre moment que maintenant ». En fait, c'est le moment tant attendu où Léonora Galigaï vient causer avec elle, et, pendant qu'on ferme les portes du Louvre, la Reine et sa confidente commencent un tête-à-tête qui peut les mener jusqu'aux petites heures du jour.

Parfois, le soir après dîner, le programme se charge d'une comédie, d'un spectacle de ballets, ou d'une soirée de danses.

La comédie se passe au théâtre de l'Hôtel de Bourgogne, qui est subventionné par le Roi. Les pièces ne sont pas toujours drôles, et il arrive qu'Henri IV s'endorme au milieu du spectacle. Marie de Médicis pour sa part a gardé une préférence pour la comédie italienne. C'est devenu un rite : tous les ans elle fait venir d'Italie une troupe qui joue au moins une fois par semaine à la Cour et les autres jours à la ville. Une année, elle trouve le moyen de faire venir la troupe d'Arlequin. C'est un événement. Elle est folle de joie, s'esclaffe à chaque réplique. Nous sommes en 1613, tout le monde ne partage pas son enthousiasme, mais les comédiens italiens joueront un rôle important dans l'évolution du théâtre en France ; Molière prendra conscience de son talent en les écoutant, et s'en inspirera avec bonheur.

La Reine aime beaucoup organiser des ballets. Ce sont des représentations coûteuses, que l'on donne dans la grande salle du Louvre ou à l'Arsenal. Le 6 décembre 1609, on inaugure avec un ballet la salle de fête à double rang de galeries qu'Henri IV a fait construire tout exprès à l'Arsenal. La Reine choisit elle-même les sujets, les faisant écrire par tel ou tel poète pensionné de la Cour. Elle tient presque toujours un rôle mais ne paraît sur scène que masquée. Les répétitions occupent ces dames pendant des semaines ou des mois. En 1609, Marie de Médicis offre un ballet somptueux : les « Nymphes de Diane » sur un argument de Malherbe. La représentation, donnée à l'Arsenal, ne se termine qu'à six heures du matin. C'est à l'occasion d'une de ses répétitions au Louvre qu'Henri IV rencontre Charlotte de Motmorency et tombe dans l'instant follement amoureux d'elle. Un autre ballet reste dans les mémoires, celui de 1614 qui a également lieu à l'Arsenal. On dit qu'il a coûté 30 000 livres. La cohue est telle que Marie de Médicis, devant la foule qui se bouscule, a un geste de mauvaise humeur et décide de rentrer. Les gardes du corps ayant fait évacuer les intrus, elle consent à revenir. On ne se séparera qu'à l'aube.

Enfin, deux fois par semaine, il y a bal chez le Roi et la Reine de France. C'est une vieille tradition. Tous les jeudis et les dimanches, avant qu'Henri IV et Marie de Médicis aient fini de dîner, on allume les flambeaux dans la grande salle et le bal commence. Dans les danses traditionnelles, que l'on appelle des branles, tout le monde danse en rond. Les airs ? Nous les connaissons ; l'un des plus populaires est tout simplement : *Sur le pont d'Avignon*. On danse aussi des danses plus savantes, comme les gaillardes ou les courantes. La Reine danse beaucoup. Son cavalier ne lui donne jamais le bras, ce serait lui manquer de respect, il la tient par le bout de sa manche pendante. En fait, ni Henri IV ni Marie de Médicis ne raffolent vraiment de ces bals, et ils organisent ces deux soirées hebdomadaires plus par habitude que par véritable plaisir.

Ainsi s'achève la journée de la Reine. Occupée, sollicitée, elle a peu de moments véritablement à elle. Au demeurant, éprouve-t-elle le besoin d'une vie personnelle ? Elle s'ennuie quand elle n'est pas avec ses amis, et, lorsqu'elle pourrait être enfin seule, vite, elle fait venir Léonora. Ces heures qu'elles passent toutes les deux sont pour Marie de Médicis les plus précieuses de sa journée. De quoi parlent-elles ? Des amis de Florence, de coiffures, de toilettes, et surtout d'affaires d'argent. Mais nous aurons l'occasion d'y revenir.

La « Maison de la Reine » : organisation et charges.

L'organisation de la Maison de la Reine est codifiée depuis près d'un siècle. Deux principes la guident : principe de fidélité d'une part, stricte spécialisation des fonctions de l'autre. Quel changement, pour Marie, entre l'aimable fantaisie qui règne à la Cour des Grands-Ducs de Toscane et la rigueur administrative de la Cour de France ! Elle qui avait passé toute sa jeunesse au Palais Pitti, dans une atmosphère plutôt bourgeoise, se retrouve à la tête d'une collectivité très structurée où chacun a des droits et des obligations strictement définis.

En France, on sert le Roi ou la Reine de génération en génération, et c'est pourquoi Marie de Médicis garde très peu d'Italiens avec elle. Chaque place dans sa Maison revient de droit à une famille qui a exercé la même fonction ou une fonction équivalente sous deux ou trois Reines avant l'arrivée de Marie. « Être à la Reine » implique une fidélité personnelle qui l'emporte sur celle que l'on peut devoir au Roi en tant que chef de l'État, même si un jour l'intérêt du Roi et celui de la Reine entrent en conflit ; l'allégeance personnelle crée des obligations plus fortes que le devoir d'obéissance au souverain. En Italie, les comportements ont déjà beaucoup évolué ; les alliances se font ou se défont au gré des intérêts et des rapports de force ; les relations sociales répondent à une vision moderne, bourgeoise : on s'associe, on se trompe, on fait la paix, comme on fait ses affaires. Dans notre pays, en revanche, la conception féodale des liens personnels de fidélité subsiste, avec en supplément la sacralisation de la personne royale et de sa famille qui, développée depuis des siècles par les légistes de la couronne de France, trouve son épanouissement le plus parfait en ce XVIIe siècle d'Henri IV à Louis XIV. Femme légitime du Roi de France Marie de Médicis participe de cette sacralisation : le couronnement de la Reine le 13 mai 1610, la veille de l'assassinat d'Henri IV, en est la plus haute manifestation.

Un contemporain, dans une adresse au Dauphin publiée en 1609, exalte ce principe de fidélité :

Pour régner bien chez vous, il faut que votre suite
Soit toute de vertu, d'honneur et de mérite
Qui craigne l'Éternel et libre sous sa loi
Cherche tout son bonheur au bonheur de son Roi.

Il en va de même de la suite de la Reine, et, à travers les accidents d'une vie mouvementée, Marie de Médicis pourra toujours compter sur le dévouement des gens de sa Maison. Qu'il s'agisse de s'évader en 1619 du château de Blois, de combattre en 1620 aux Ponts-de-Cé les armées du Roi son fils, ou de filer en 1631 de Compiègne pour se réfugier en terre espagnole, Marie de Médicis trouve au rendez-vous, fidèles et sûrs, ses écuyers, ses gardes, ses femmes de chambre, son trésorier.

Lors de la Journée des Dupes, le 11 novembre 1631, quand Marie de Médicis demande à Louis XIII la disgrâce de Richelieu, et que celui-ci apparaît soudain devant le Roi et la Reine-Mère dans la chambre où ils sont tous deux en train de discuter, que dit Marie au cardinal prosterné à ses pieds ? « Vous êtes le plus ingrat des hommes ! J'ai fait votre grandeur. Vous étiez de ma Maison. J'ai demandé au Roi de vous faire cardinal, de vous faire entrer dans son Conseil. Je vous ai donné des places, des charges, de l'or, pour vous et tous ceux de votre famille. Vous manquez aujourd'hui au devoir de fidélité ». Et Richelieu subit l'algarade, il bat sa coulpe, il proteste de sa fidélité première à l'égard de la Reine-Mère : « Je vous appartiens avant d'appartenir au Roi. Ordonnez, et j'obéirai ».

Quand Louis XIII, après un cruel débat de conscience, tranche en faveur du maintien de Richelieu dans ses fonctions, il place sa décision sous le signe d'un principe nouveau, qui devra au cours des ans l'emporter, et pas toujours facilement, sur le principe de la fidélité personnelle : le sens de l'État. « J'ai décidé de ne prendre en considération que l'intérêt de mon État » dira-t-il à Richelieu appelé en pleine nuit dans l'humble pavillon de chasse de Versailles où le Roi s'est retiré pour méditer tout à loisir.

Le règne de Louis XIII sera dominé par ce conflit entre l'intérêt de l'État et la persistance des réseaux de fidélité qui constituent la trame, la substance de la noblesse. Le soin de *sa* noblesse l'emportait sur toute autre considération aux yeux d'Henri IV. En pleine bataille d'Ivry, le 14 mars 1590, alors que la défaite des armées de la Ligue va se transformer en déroute, que dit Henri IV à ses compagnons protestants (dont la fine fleur est également noble) ? « Épargnez la noblesse de France ». Cette noblesse qui, sûre de l'impunité, traite d'égale à égale avec le Roi. C'est pourquoi nous la voyons si indocile sous Henri IV, lors de la régence de Marie de Médicis, sous Louis XIII, et jusque dans les premières années du règne de Louis XIV. Henri IV pardonne toujours. Quand Biron, convaincu de trahisons répétées, est condamné à mort, le Roi hésite ; c'est parce que les ministres le poussent à fortifier la notion de l'État qu'il laisse finalement, bien à contrecœur, trancher la tête du comploteur. Sous Louis XIII, les exécutions succèderont aux exécutions – signe s'il en fut de l'indocilité de la noblesse, tout autant que de la détermination du Roi de faire prévaloir désormais la prééminence du principe monarchique.

En temps normal, quelque 500 personnes composent l'effectif de la Maison de la Reine. En 1606, on en compte exactement 464, dont 456 sont payées et 8 accomplissent un service honorifique non rétribué. Sur ce nombre, 201 (près de la moitié) fournissent un service quotidien, tandis que les autres servent « par quartier », c'est-à-dire par roulement, chacune n'étant en service que pendant un quart de l'année. Ce système a été institué par Henri IV. Il a plusieurs avantages. D'abord, il multiplie les titulaires d'une même fonction, et permet ainsi de faire plaisir à plus de monde. D'autre part, en allégeant le temps de service, il diminue les dépenses entraînées par le service de Cour, qui sont très élevées et très imparfaitement couvertes par les salaires distribués. Enfin, Henri IV voulait empêcher, dans toute la mesure du possible, la noblesse de Cour de perdre ses attaches locales, ses racines ; en lui permettant de revenir chaque année pendant neuf mois dans ses terres, on lui donne le loisir de veiller à leur mise en valeur et de garder le contact avec le petit peuple des provinces.

Tel était l'objectif. Qu'il ait été atteint est plus douteux, car personne ne peut obliger le gentilhomme ou la dame qui ont terminé leurs obligations de service à quitter la Cour, et, tout au long du règne d'Henri IV et de la régence de Marie de Médicis, le fossé ne cesse de se creuser entre la noblesse de Cour, de plus en plus avide de dignités et d'offices, et bien placée pour monopoliser la faveur royale, et la noblesse de province, dont le mode de vie et les aspirations culturelles sont plus proches de ceux des villageois ou de la bourgeoisie locale que du style de vie raffiné qui s'impose auprès des souverains.

L'effectif de la Maison de Marie de Médicis n'a rien d'exagéré si on le compare à celui de certaines de ses devancières. Catherine de Médicis, par exemple, avait en 1583 une suite de 600 personnes. Après Marie, le nombre des emplois aura de nouveau tendance à augmenter : 512 personnes en 1640 dans la Maison d'Anne d'Autriche. Celle de Marie de Médicis a donc été constituée un peu à l'économie : Henri IV passait pour ladre, et cette réputation n'était pas entièrement usurpée ; du moins, en l'occurrence, sa ladrerie avait-elle été équitablement distribuée et ne s'imposait-elle pas uniquement à sa femme, car il avait ramené l'effectif de sa propre Maison de 1 725 personnes, chiffre qu'elle avait atteint à la fin du règne d'Henri III, à 1 041 en 1601. Notons que Louis XIII devait rester dans des limites voisines de celles que son père avait fixées, puisque sa suite, en 1632, compte 1 132 personnes.

La Maison de la Reine comprend quatre catégories de personnes : le service personnel de la Reine, le service exercé par des hommes, la domesticité au sens moderne du mot et les services administratifs.

Le service personnel de la Reine.

Il est dirigé par la *Dame d'honneur* de la Reine. En 1600, c'est Madame de Guercheville qui est nommée à cet emploi. Alors âgée de 40 ans, elle connaît depuis toujours le service des Reines de France puisque, jeune fille, elle fut attachée à la Maison de Catherine de Médicis avant de l'être à celle de Louise de Lorraine, femme d'Henri III. Henri IV lui avait fait autrefois une cour assidue à laquelle elle avait résisté avec douceur mais fermeté. Le Roi, maintenant marié à Marie de Médicis, a de l'estime pour son caractère calme et résolu, et c'est la raison pour laquelle il lui a confié la charge de Dame d'honneur de la Reine. Elle dirige la Maison de Marie de Médicis sans bruit, mais avec ordre et efficacité. Les dames et les femmes de chambre prêtent serment entre ses mains. C'est elle qui a la responsabilité financière de la Maison : elle fixe le budget, signe les dépenses, les commandes de fournitures, les marchés, les attestations ; elle est naturellement assistée par les services administratifs, dont on verra le rôle plus loin, mais elle a sur les épaules le poids de toute la machine.

Elle est le premier personnage de la suite de Marie. Dans les processions, elle a le privilège de porter la queue de la mante de la Reine. Au Louvre, où son service la retient nuit et jour, elle dispose d'un bel appartement, situé au second, juste au-dessus de l'appartement de la Reine. Son salaire est relativement important : 1 200 livres par an. Marie de Médicis le complète par des gratifications régulières : 1 600 livres d'étrennes au Nouvel An, plus une pension annuelle de 6 000 livres, sans parler des cadeaux qu'elle lui donne assez fréquemment, croix d'or garnie de diamants, boîte à bijoux, etc. Marie de Médicis n'en fera jamais sa confidente, son amie de cœur. Mais elle apprécie son autorité tranquille et sa fidélité, et elle n'aura jamais d'autre Dame d'honneur qu'elle.

Au second rang vient la *Dame d'atour*. C'est Leonora Galigaï qui remplira cette fonction quelques mois après l'arrivée de Marie de Médicis en France, et une fois réglées les quelques difficultés initiales avec Henri IV, qui avait d'abord nommé Dame d'atour une certaine Madame de Lisle. Plus personne ne délogera Léonora de la place jusqu'au « coup d'État » de Louis XIII, le 24 avril 1617, qui la mit en prison avant de la conduire sur l'échafaud. La Dame d'atour n'exerce d'autorité sur personne. Sa charge consiste à demeurer auprès de la Reine, à veiller aux soins de sa coiffure, au choix de ses parfums, au renouvellement de sa garde-robe. Cette fonction l'oblige à un service permanent, qui lui vaut la jouissance d'un appartement au Louvre ; également situé au second, il est plus petit que celui de la Dame d'honneur mais, privilège insigne, il a un accès direct et privé avec l'appartement de la Reine.

Les *demoiselles d'honneur* sont au nombre d'une dizaine. D'origine noble, elles font auprès de la Reine l'apprentissage de la Cour et du monde. Leur service se termine naturellement par un beau mariage. Elles vivent ensemble dans un appartement situé au Louvre, au rez-de-chaussée, juste au-dessous de celui de la Reine. Un personnel spécial s'occupe d'elles, avec gouvernante, sous-gouvernante, huissier, valets, femmes de chambre. Elles portent une sorte d'uniforme « de toile d'or et d'argent », et sont vêtues et nourries aux frais de la Reine, qui leur alloue en outre un salaire annuel de 200 livres. La somme n'est pas considérable, mais c'est au fond de l'argent de poche pour jeunes filles de bonne famille, dont le seul emploi est de se tenir auprès de la Reine en montrant un visage avenant et en faisant régner autour de la souveraine une gaieté de bon aloi.

Mesdemoiselles d'Urfé, de Coligny, de Saint-Nom, de Pontcourlay, s'en acquittent parfaitement et laissent le meilleur souvenir de leur passage. D'autres sortent avec moins d'honneur du service de la Reine; c'est que Marie de Médicis ne badine pas avec les écarts de conduite, et veut que la vertu de ses demoiselles soit gardée avec rigueur. Une nuit, Mademoiselle de Sagonne est surprise, dans l'appartement des demoiselles d'honneur, en compagnie du jeune baron de Termes. C'est le scandale. La gouvernante est chassée, Mademoiselle de Sagonne aussi, et Marie de Médicis demande que le jeune homme soit jugé pour rapt et condamné à la peine réservée aux gens convaincus de ce crime : la mort. Henri IV résiste aux sollicitations de sa femme, mais chasse tout de même le baron de Termes de la Cour.

Les hommes.

La Maison de la Reine comprend également des hommes, en tête desquels figurent les *aumôniers*. Louise de Lorraine, épouse d'Henri III, avait un Grand Aumônier, une vingtaine d'Aumôniers ordinaires, et quatre chapelains. La piété démonstrative de Marie de Médicis ne saurait se contenter d'un effectif aussi réduit. Le service de l'aumônerie comptera donc plus de cinquante ecclésiastiques : un Grand Aumônier, bien sûr, suivi d'un Premier Aumônier, quatre Aumôniers ordinaires (servant par quartier), trente aumôniers sans gages, un confesseur ordinaire, un confesseur du personnel, un prédicateur, un chapelain ordinaire, dix chapelains. En dehors du prédicateur, ces ecclésiastiques ont deux fonctions : dire la messe et les vêpres, bénir les repas.

La messe est prête à neuf heures du matin. Toutefois si la Reine, à midi, n'a toujours pas paru, on dit l'office sans elle. Les vêpres peuvent être récitées dès quatre heures de l'après-midi, mais on attend Sa Majesté jusqu'à six heures; au-delà, elles ont lieu en son absence. Les vendredis, samedis et dimanches, il y a une grand-messe chantée et des vêpres chantées également; tous les évêques et archevêques présents à la Cour sont tenus d'y assister. Le prédicateur de la Reine, Frère Jacques Buchon, de l'abbaye de Saint-Victor, prêche les dimanches et jours de fête. Il touche un salaire tout à fait symbolique de 10 livres par an.

Le Grand Aumônier est toujours un évêque. Il reçoit un salaire modeste, même s'il est largement supérieur à celui de l'humble Frère

Jacques Buchon – 300 livres par an –, mais il touche 4 500 livres de gratification annuelle et il est bien placé pour recevoir honneurs, bénéfices et dignités. Le premier à remplir la charge est Jean-Baptiste Bonzi, Florentin d'origine, évêque de Béziers (où il ne met jamais les pieds); Jean-Baptiste Bonzi collectionne les abbayes, case ses neveux et ses nièces, et devient cardinal en 1611. Il est remplacé le 29 mars 1615 par l'évêque de Chartres, Philippe Hurault. Le successeur de Hurault – et le dernier à remplir cette charge – n'est autre que l'évêque de Luçon, Jean-Armand du Plessis-Richelieu.

Après le service de Dieu, celui de César. La Reine, qui participe de la dignité du Roi de France, a constamment auprès d'elle un très noble personnage, le *Chevalier d'honneur*. Il n'a rien d'autre à faire que d'accompagner la Reine en tous lieux. Il loge au Louvre. Il prend la main de Sa Majesté quand elle sort seule. Dans toutes les grandes cérémonies, il se tient à sa droite. C'est un personnage vénérable et d'esprit pondéré. Marie de Médicis dit elle-même qu'il faut, pour bien remplir cette fonction, « un cordon bleu et une barbe grise » – le cordon bleu étant celui de l'Ordre du Saint-Esprit, qui n'est accordé qu'aux descendants des familles nobles les plus illustres. Le premier Chevalier d'honneur de Marie de Médicis, entre 1600 et 1604, est Jérôme Gondi. Monsieur de Châteauvieux lui succède dans cette fonction jusqu'en 1614. La Reine nomme ensuite Brûlart de Sillery, Commandeur de l'Ordre de Malte, dont elle fait l'un de ses principaux collaborateurs et hommes de confiance.

Le *Premier Maître d'hôtel* de la Reine, qui vient ensuite dans la hiérarchie, est en quelque sorte le chef du personnel. Il édicte les règlements et veille à leur application, distribue les punitions, inspecte le travail de chacun, depuis le Premier Écuyer jusqu'au dernier des « galopins » de la cuisine. Levé dès l'aube, il vient tous les matins prendre les ordres de la Reine. Il dresse chaque trimestre la liste des personnes qui servent par quartier et la soumet pour approbation à la Reine. Le 4 du mois en chaque début de quartier, il rassemble les « nouveaux », leur lit les règlements, leur rappelle leurs obligations de service : interdiction de se faire remplacer, pas d'absence sans autorisation écrite préalable (les absences sont soigneusement inscrites sur un registre spécial) ou sans certificat médical délivré par le médecin de la Reine (et par nul autre que lui). Le paiement des salaires dépend de lui, de même que l'avancement, les sanctions, rétrogradations ou révocations. La Reine décide en dernier ressort, mais elle suit pratiquement toujours son avis. Concini occupe cette fonction de 1605 à 1608. Les gages du Premier Maître d'hôtel sont bas au regard des responsabilités de la fonction : 800 livres par an. Mais les avantages indirects multiplient ses revenus par 50 ou 100.

Le Premier Maître d'hôtel est assisté par un *Maître d'hôtel ordinaire*, qui a un rôle purement honorifique, et par un *Maître d'hôtel en quartier*, qui est son véritable adjoint. Le 3 du mois qui commence un quartier, le Premier Maître d'hôtel tient conseil avec le Maître d'hôtel sortant et le Maître d'hôtel entrant. Les principaux fonctionnaires de la Maison de la Reine sont là, avec leur registres. On récapitule les consommations de nourriture, les quantités de fournitures utilisées au cours du trimestre écoulé, depuis les fagots destinés au chauffage jusqu'aux chandelles et aux ustensiles de cuisine. On dresse un inventaire complet et un arrêté de comptes détaillé, que tout le monde signe. Le Maître d'hôtel sortant reçoit quitus de sa gestion, à charge pour lui de supporter la responsabilité pécuniaire des « trous » qu'on pourrait découvrir ultérieurement. Une fois toutes ces formalités terminées le Maître d'hôtel entrant reçoit de son prédécesseur le bâton qui constitue l'insigne de sa fonction et fait le tour des locaux, procédant à une inspection minutieuse du personnel et des installations. Le Maître d'hôtel de quartier a une autre mission de confiance : c'est lui qui, midi et soir, a l'honneur d'informer la Reine que le repas est prêt et lui présente la serviette mouillée avec laquelle elle s'essuie les mains avant de commencer.

Son rôle dans le cérémonial du repas s'arrête là, le service étant assuré par des *gentilshommes servants.* Ceux-ci ont préparé la table de la Reine. Ils sont allés chercher, dans une pièce que l'on appelle le « gobelet », le couvert de Marie de Médicis. Les gentilshommes servants sont au nombre de trois : le pannetier, l'échanson et le tranchant. Le pannetier a pris dans le gobelet le vase de cristal en forme de nef de navire qui contient la serviette ; pendant le repas, il donne son pain à la Reine. L'échanson est chargé de la coupe ; son rôle consiste à la tendre sur un plateau quand la Reine a soif, non sans avoir préalablement « essayé » la boisson dans les formes qu'on a vues plus haut, pour s'assurer qu'elle n'est pas empoisonnée. Le tranchant s'occupe des couteaux ; c'est lui qui tend ses viandes à Marie de Médicis.

Outre leurs fonctions pendant la préparation de la table royale et au cours des repas, les gentilshommes servants doivent aussi faire escorte à la Reine. Celle-ci les charge de toutes sortes de corvées : ils portent des lettres, des messages, des cadeaux, parfois très loin dans Paris ou en province. Leur service les oblige à rester toujours disponibles, mais le manque de place au Louvre empêche de les installer à proximité immédiate de la Reine. Ils touchent un salaire annuel de 400 livres, ce qui est peu pour faire face aux dépenses auxquelles ils sont entraînés. La lourdeur des tâches qui pèsent sur eux explique qu'ils exercent leur fonction par quartier.

Le service domestique.

L'élite de la domesticité est constituée par les *femmes de chambre.* Il y en a une dizaine, que dirige Françoise Frugelet, demoiselle de La Renouillère, de 1601 jusqu'à sa mort en 1611. Lorsqu'elle entre au service de Marie de Médicis, elle est déjà bien vieille et n'a plus beaucoup de dents ; sa tête ridée fait peur au petit Dauphin, dont elle hante les cauchemars. Mais elle est efficace, et réalise parfaitement l'amalgame entre les femmes de chambre italiennes autorisées à rester auprès de Marie de Médicis après son mariage, et les Françaises qui, par tradition, servent les Reines de France. Deux Italiennes dominent le lot. Catherine Forzoni, « une brutale », nous dit-on, qui accompagne Marie de Médicis dans sa fuite de Blois. Et Catherine Salvagia qui organise cette fuite et sera pour cette raison arrêtée après l'évasion. Le rôle et l'influence de ces femmes, qui couchent dans la chambre de la Reine, font l'objet de discussions interminables entre Marie de Médicis et Henri IV, qui ne parviendra jamais à les accepter vraiment.

Elles reçoivent un salaire assez modeste : 120 livres par an. Mais cadeaux et gratifications traduisent en espèces sonnantes et trébuchantes la reconnaissance de la Reine à leur égard. Marie sait être généreuse. Madame Salvagia reçoit un jour une gratification de 9 000 livres – 75 fois son salaire ! En 1642, elle est toujours au service de Marie de Médicis, et assiste à ses derniers instants. Marie lui lègue un reliquaire d'or et une montre. De temps à autre, la Reine fait également don d'une charge, d'un droit : Catherine Forzoni se fait attribuer la charge de capitaine châtelain du château de Belleperche en Bourbonnais. Les femmes de chambre ont une curieuse source de revenus : elles se répartissent les biens trouvés en la possession d'étrangers résidant en France et décédés sans héritiers.

Dans l'entourage immédiat de la Reine, et presque au même rang que les femmes de chambre, on trouve un *petit personnel familier* qui vit dans l'intimité de la souveraine : un couple de nains d'origine italienne, Marguerite et Albert Zavianca ; une négresse, Madeleine, qui fait un beau mariage et que la Reine dote de 600 écus (1 800 livres) ; le bouffon Pierre Navarre ; Madeleine Maupart, lavandière entrée au service de Marie de Médicis dès l'arrivée en France de la nouvelle Reine, et qui a depuis lors la charge exclusive de blanchir le linge de corps de Sa Majesté ; Nicolas Guillois, porte-chaise ordinaire : il a le privilège de garder la « chaise d'affaires », c'est-à-dire la chaise percée, qu'il tient dans la garde-robe de la Reine, où celle-ci s'en sert généralement, mais qu'il apporte à Marie de Médicis en n'importe quel lieu suivant le commandement qu'elle lui fait. Le Roi et la Reine ont seuls le droit de se servir de leur chaise d'affaires en quelque endroit du Palais qu'ils se trouvent.

La liste du petit personnel se continue avec Gaspard, un jeune garçon chargé de soigner les oiseaux des femmes de chambre, et Mathurine, la folle, qui excite beaucoup la verve des pamphlétaires de l'époque : son nom est très souvent utilisé dans des libelles ; voici quelques titres : *La Sagesse approuvée de Madame Mathurine* (1608), *Le Feu de joie de Madame Mathurine* (1609), *La colère de Madame Mathurine contre les difformes réformateurs de la France* (1616). En 1622, la pension que lui verse le Roi s'élève à 1 200 livres.

Viennent ensuite les *huissiers*. Ils ne sont pas nobles, mais leur fidélité est exemplaire. Leur tâche est avant tout d'assurer l'ordre dans l'appartement de la Reine. Ils font des rondes, expulsent les intrus, veillent à ce que personne ne s'assoie sur les coffres posés le long des murs ou ne fasse main basse sur leur contenu, ce qui arrive parfois. Quand Sa Majesté prend ses repas, il faut faire reculer les gens, en évitant de les froisser, mais en mettant la Reine à l'abri de la presse et de la cohue. L'Huissier de Cabinet doit être doté d'une excellente mémoire et d'un don de physionomiste ; il a en effet pour mission de ne laisser accéder au Cabinet de la Reine que les personnes dont la présence sera agréable à cette dernière. L'Huissier de la Chambre voit, lui, sa vigilance mise à rude épreuve lorsque l'appartement se remplit d'une foule diverse et bigarrée ; tout le monde peut entrer dans le salon de la Reine quand elle reçoit, mais comment distinguer les gens honnêtes, grands seigneurs ou bourgeois, des aventuriers, voire des vulgaires voleurs qui trouvent là un terrain de chasse idéal ?

L'huissier préféré de Marie de Médicis est Jean Mauderon, dit Maudricart. Il avait été Huissier de Cabinet de Louise de Lorraine dès 1589. Marie de Médicis l'utilise d'abord comme Huissier de Cabinet, puis comme Huissier de la Chambre. Il sert la Reine avec dévouement, à Paris, à Blois, et jusque dans l'exil après 1631.

Les *valets de chambre* viennent après les huissiers dans l'ordre hiérarchique. Ils arrivent au Louvre à cinq heures du matin pour allumer le feu dans les cheminées en hiver et nettoyer en toutes saisons les cours, les escaliers, les chambres. Lorsque la Reine s'éveille, ils lui apportent son petit déjeuner, sans apparat, à la différence des repas de midi et du soir. On a vu qu'il consiste en un bouillon de bœuf ou de volaille. Les règlements ordonnent qu'il ne soit ni trop gras ni trop clair ; Marie de Médicis est très exigeante sur la température à laquelle il faut le lui servir – art difficile quand on doit, en plein hiver ou sous la pluie, chercher le bouillon de Sa Majesté aux cuisines qui sont situées en dehors du Louvre. Les valets de chambre ont aussi la charge de faire le lit, le soin du rangement et de l'éclairage. Ils vont chaque matin prendre livraison à la fruiterie (le magasin où sont entreposés les fruits, mais aussi les salades et le luminaire) de la quantité quotidienne de chandelles et de bougies fixée par les comptes du Maître d'hôtel ; ils les allument quand le soir tombe, s'assurent qu'elles ne fument pas et les éteignent au lever du jour.

Les *médecins* attachés au service de la Reine sont au nombre de cinq : Premier Médecin, Médecin ordinaire, trois médecins servant en quartier par périodes de quatre mois. Ils sont assistés par deux *apothicaires* – l'équivalent de nos pharmaciens actuels – chargés de la confection des drogues délivrées aux malades, ainsi que par deux *chirurgiens* et un *barbier*. Leurs salaires sont considérables : le Premier Médecin touche 7 400 livres par an, auxquelles s'ajoutent 3 700 livres de gratification, soit 11 100 livres par an ; le Médecin ordinaire, entre son salaire et les gratifications qui viennent le compléter, reçoit à peine moins : 9 000 livres. Il est vrai que ce sont de très doctes personnages, généralement professeurs en médecine diplômés de la Faculté de Montpellier, réputée la meilleure de France. La Reine fait aussi appel à des étrangers, Italiens et Espagnols, mais surtout Juifs portugais, comme Philothée Montalto ; ce personnage, dont il sera beaucoup fait état lors du procès de Léonora en 1617, reste au service de Marie de Médicis et de Léonora jusqu'à sa mort en 1616, malgré les édits de bannissement qui frappent les Juifs et leur interdisent, théoriquement, de séjourner dans le royaume de France.

Une partie du personnel de la Maison bénéficie d'une assistance médicale gratuite et permanente. Des règlements donnent la liste des ayants droit et les cas dans lesquels la gratuité des soins est assurée. Il faut que la maladie ait été contractée pendant les heures de service, et les maladies honteuses sont exclues de l'aide médicale. Les médecins ont pour obligation de prescrire uniquement les drogues strictement indispensables à la guérison. Il leur est interdit de mêler aux substances curatives d'autres produits comme « sucre, confiture, odeurs, embellissements qui pourraient être demandés de leur propre mouvement par les malades » ; les médicaments doivent comprendre « seulement ce qui sera nécessaire pour la restauration de leur santé ». Les ordonnances délivrées par les médecins sont remises aux apothicaires qui les datent et notent soigneusement les noms des bénéficiaires et leur qualité.

Marie de Médicis a une immense confiance dans ses médecins, dont elle fait des conseillers politiques après la mort des Concini. L'un d'eux, Vautier, joue un rôle déterminant dans la brouille finale entre Marie et Richelieu. Michelet a écrit quelques lignes assez sarcastiques à ce sujet : « La vieille Reine... était menée par un Provençal d'Arles, un musicien aventurier qui, pour mieux gouverner la dame, s'était fait médecin, et, pour l'assotir tout à fait, étudiait en astrologie. Dans le petit journal de Richelieu, on voit toute l'importance du docteur. Le rival du grand homme, son antagoniste en Europe, ce n'est pas Spinola, ni Waldstein [celui que nous appelons Wallenstein], ni Olivares. C'est Vautier. La Reine-Mère crie et pleure pour Vautier. La question suprême est de savoir si Vautier remplacera Richelieu, d'abord dans la Maison de la Reine-Mère, puis dans l'État, dans le gouvernement [1] ». Nous sommes alors en octobre 1630, au moment où Louis XIII tombe gravement malade. Quand Marie de Médicis, quelques semaines plus tard, lors de la Journée des Dupes, tente de faire chasser Richelieu, et échoue, Vautier est écarté du service de la Reine. Le retour de son médecin devient

1. Michelet, *Histoire de France*, Paris, J. de Bonnot, 1979, T. XIV, p. 59.

alors la revendication essentielle de Marie, la condition qu'elle pose pour une éventuelle réconciliation avec Louis XIII et Richelieu, et finalement le *casus belli* qu'elle invoque pour justifier sa fuite hors de France en juillet 1631.

Après la médecine, l'alimentation. Les cuisines sont installées hors du Louvre, autour de ce qu'on appelle la basse-cour. L'accès du public y est rigoureusement interdit : hantise du poison. La nuit, personne n'a le droit d'y demeurer ; si la Reine désire une collation, on va réveiller l'Huissier de la Cuisine qui habite non loin de là, et qui va quérir à domicile le personnel nécessaire pour la satisfaction des ordres de Sa Majesté. Les cuisines sont ainsi exilées loin du corps de logis du Palais car tout ce qui concerne la nourriture est considéré comme déshonnête, et donc indigne d'être dans la proximité immédiate du souverain.

La *cuisine bouche* s'occupe exclusivement de préparer les aliments de la Reine. Elle compte 14 personnes. Au sommet de la hiérarchie, l'*Écuyer ordinaire*, qui exerce sa fonction à l'année ; il est assisté par des écuyers en quartiers, ses adjoints, qui ont la responsabilité directe de la préparation des plats. Auprès d'eux, et dans l'ordre hiérarchique, le maître-queux est chargé des entrées, le potager confectionne les potages, le hâteux fait cuire les viandes grillées et les rôtis, le pâtissier a la responsabilité des pâtisseries, l'enfant de cuisine a la charge des brochettes, les deux galopins balaient et nettoient, les deux sommiers tournent les broches, les porteurs, également au nombre de deux, apportent l'eau et le charbon, et l'huissier garde la porte et détient les clés de la cuisine. Chacun sert par quartier.

La règle de l'avancement est la promotion sur place : le galopin deviendra enfant de cuisine, puis hâteux, puis maître-queux. Pas de diplômes ni d'examens : il n'y a pas d'école de cuisine, on se forme sur le tas. La chère ne passe d'ailleurs pas pour très bonne ni raffinée à la table du Roi ou de la Reine ; les plats sont toujours les mêmes : viandes bouillies alternant avec quelques viandes grillées, cuites sans recherche particulière ; des volailles bouillies ; les produits de la chasse ; des poissons, également bouillis, servis le vendredi et pendant la période de Carême. L'art culinaire est dans l'enfance : c'est en 1599 qu'Henri IV légalise la corporation naissante des « maîtres de cuisine » ; les premiers livres de recettes n'apparaîtront qu'à la fin du règne de Louis XIII (Crespin, *L'économie ou le vrai avis pour se faire bien servir*, en 1641) et surtout sous celui de Louis XIV (le premier grand livre de cuisine est celui de La Varenne, paru en 1658 : le *Cuisinier français, enseignant la manière de bien apprêter et assaisonner toutes sortes de viandes grasses et maigres, légumes et pâtisseries*).

L'écuyer gagne 160 livres par an, le maître-queux 140, le hâteux et le potager 120, l'enfant de cuisine 40, le galopin 30. Ce n'est pas beaucoup, mais les bons serviteurs reçoivent souvent des récompenses substantielles, tel ce potager à qui la Reine donne un jour une gratification de 60 livres – la moitié de son salaire annuel.

A côté de la *cuisine bouche*, la *cuisine commun* confectionne les repas des membres de la Maison de la Reine qui sont nourris au titre de leur emploi. Comme la *cuisine bouche*, elle compte 14 employés, avec les mêmes titres et les mêmes salaires. Mais elle a bien plus de travail, car elle doit servir chaque jour *175 personnes*! On appelle « commensaux de la Maison » ou gens ayant « bouche à Cour » ou encore « à pain et à pot chez la Reine » ces 175 privilégiés. Auprès de la table de la Reine, on dresse ainsi à tous les repas 15 tables, recevant de 5 à 22 convives. Chaque table est affectée à une certaine catégorie de personnel :

– table des gentilshommes servants, réservée aux gentilshommes servants, bien sûr, mais où prennent place également les aumôniers et les chapelains;

– table des demoiselles d'honneur, présidée comme il se doit par la gouvernante, qu'assiste la sous-gouvernante;

– table du Premier Maître d'hôtel, qui est la table la plus honorable par la qualité de ses convives;

– tables des femmes de chambre;

– tables des valets de chambre;

– table de la fourrière (la fourrière est le magasin à fagots et à paille) qui accueille aussi les gens de l'écurie;

– table de la cuisine bouche;

– table des pages.

Pendant le repas, le petit personnel mène grand tapage. Le bruit est assourdissant; valets, cuisiniers, palefreniers, pages et femmes de chambre font « un vrai vacarme avec leurs cris, leurs huées et leurs risées ».

Sur chaque table, de la vaisselle d'argent. Mais les menus varient de l'une à l'autre. En effet, le nombre des plats servis au personnel n'est pas le même suivant le rang de la table dans la hiérarchie. A la table des demoiselles d'honneur, on sert à midi trois entrées et trois potages, des viandes bouillies de bœuf, poulet, poule et mouton, ainsi que des viandes rôties (mouton, chapon, poulet); le dimanche et le jeudi s'y ajoute du gibier. A la table des valets de chambre, on ne sert que deux entrées, trois plats de viandes bouillies, deux de viandes rôties à déjeuner.

Chacun a droit au pain et au vin. La quantité de pain est la même pour tous : un pain d'une demi-livre par repas. En revanche, la ration de vin est inégale : un litre et demi pour le déjeuner et le dîner en règle générale, pouvant aller jusqu'à deux litres et demi pour les personnages les plus considérables de la Maison. La Reine, elle, a droit à sept litres et demi par jour!

Il est mal vu d'arriver en retard; quand c'est le cas, on prend le train en marche en essayant de ne pas se faire remarquer, mais pas question de faire revenir les plats qui ont déjà été présentés. Défense, également, de rien emporter de la table une fois le repas terminé. Les restes sont soigneusement rassemblés par les serveurs ; ils sont destinés au *serdeau*, un service particulier qui les accommode en plats revendus au public. Ainsi, rien ne se perd, en principe, d'une quantité de nourriture impressionnante par sa masse : une journée de la Maison de la Reine représente 46 livres (23 kilos) de bœuf, 5 moutons entiers, 2 veaux et demi, 12 chapons, 8 poules, 30 poulets, 4 pièces de gibier, 4 livres (2 kilos) de graisse, 32 livres (16 kilos) de lard, sans compter les œufs. Il se distribue chaque jour 323 litres de lait et 505 pains d'une demi-livre, soit plus de 125 kilos de pain. Des bordereaux journaliers tiennent un compte exact de chaque denrée consommée, avec son prix ; ainsi, la dépense de nourriture de la Maison de la Reine est très précisément suivie et contrôlée : pour le mois de janvier 1610, par exemple, elle s'élève à la somme de 14 182 livres 4 sous 6 deniers.

Un détail, pour finir, sur la cuisine : tout est cuit au charbon. On paie le charbon 16 sous le quintal pris sur place, aux mines du Languedoc qui en sont le grand fournisseur : Carmaux, Graissessac, La Grand-Combe. Le bois est réservé au chauffage domestique ; chaque personne de la suite a droit à une certaine quantité, strictement réglementée, et qui dépend de son rang ; le total pour une journée d'hiver représente 186 bûches et 193 fagots.

Les *écuries* sont, comme les cuisines, installées hors du Louvre ; situées près de l'église Saint-Germain-l'Auxerrois, elles abritent 30 chevaux de carrosse, 10 chevaux de selle et 20 mulets. Les bêtes viennent du haras de Mehun, en Sologne, ou d'achats auprès des marchands de chevaux établis à Paris. Le Roi et la Reine ont un droit de préemption sur toutes les ventes de chevaux qui se font dans la capitale : aucune bête ne peut être cédée avant d'avoir été d'abord proposée aux écuries du Roi et de la Reine.

Marie de Médicis dispose normalement de 7 carrosses : le « carrosse ordinaire », garni de velours rouge, tiré par 8 chevaux, de même que le « carrosse riche », garni de velours rouge et rehaussé d'or ; le carrosse d'apparat, garni de velours incarnat en broderie d'or et d'argent, tiré par 4 chevaux ; les 4 carrosses de la suite de la Reine, qu'on attelle de 6 chevaux.

Le personnel de l'écurie comprend 4 palefreniers assistés de 6 aides, 8 cochers, 5 postillons, des valets de pied, et 3 muletiers (les mulets portent la litière de la Reine), sans compter les aides et les « garçons » chargés de l'entretien du matériel. Ils sont tous habillés aux couleurs de la Reine, en bleu et blanc. Les cochers ont un costume en velours, couvert de broderies d'or, avec des aiguillettes et une ceinture d'or, des bas blancs et un grand chapeau. Les valets de pied qui, au nombre de deux par voiture, montent au derrière des carrosses, sont également en velours bleu et blanc, et portent aiguillettes et ceintures d'or, mais ils n'ont pas de chapeau.

Toute cette petite troupe est commandée par le *Premier Écuyer*, obligatoirement de sang noble, qui exerce son emploi de façon permanente ; comme le Premier Maître d'hôtel, il a des adjoints qui l'assistent par quartier et qui portent le titre d'Écuyers ordinaires. Concini, après avoir été Premier Maître d'hôtel de 1605 à 1608, exerce les fonctions de Premier Écuyer de 1609 à 1611 ; il est remplacé par Brûlart de Sillery avant que celui-ci devienne Premier Gentilhomme de la Reine. Après Sillery, on trouve Monsieur de Bressieux, puis le comte de Brenne et le marquis de Bréauté.

Viennent enfin les *pages*. Douze jeunes garçons de bonne famille, confiés à un « aumônier précepteur » chargé de leur éducation morale et religieuse, à un « écuyer cavalcadour » qui leur enseigne l'art de l'équitation, et à un maître à danser, sans compter les domestiques, le barbier et le lavandier. Destinés à tenir à la Cour leur rang de jeunes nobles accomplis, ils semblent avoir à cœur, pendant leur temps de service dans le corps des pages, de justifier l'exécrable réputation dont jouit celui-ci : blasphèmes, jeux de cartes, injures aux femmes, bousculades dans les couloirs et autres désordres ; il faut demander aux gardes du Palais de sévir rudement contre ces garnements, qui ne craignent ni les punitions ni le fouet. Quand ils sont à cheval, en revanche, quel maintien, quelle allure, quel ordre parfait ! Ils sont habillés, eux aussi, aux couleurs de la Reine ; montés sur de beaux chevaux, ils ont pourpoint de satin, chausses de velours, bas de soie blanche et l'épée au côté ; une jupe de velours aux bords relevés les jours ordinaires ; des bottes de prix ou des souliers de maroquin selon les circonstances.

Ainsi s'achève la liste du personnel domestique de la Reine. Quelques mots encore sur une catégorie un peu particulière, qui n'apparaît pas sur les états réguliers de la Maison, mais dépend quand même de la Reine : l'équipage de sa galère. Arrivant en France, Marie s'est fait offrir par Henri IV une galère ! Caprice de princesse, où l'on reconnaît son origine florentine, puisque la Toscane dispose, pour protéger son commerce, d'une flotte de guerre respectable qui fait largement jeu égal avec celle des Turcs. Pour la Reine de France, c'est une fantaisie sans objet : Marie de Médicis ne mettra jamais les pieds sur *La Régine*. Cette belle et élégante galère, armée par une cinquantaine de forçats turcs razziés par le Grand-Duc de Toscane et offerts par ses soins à Marie de Médicis, pourrit lentement dans les eaux du Vieux-Port à Marseille. La Reine s'en désintéresse bientôt à un point tel qu'elle laisse les frais d'entretien et de réparation à la charge du capitaine : quand celui-ci abandonne ses fonctions en 1611, il a dépensé 22 500 livres de sa poche et finit par hypothéquer la galère pour se faire rembourser. Celle-ci n'aura servi qu'une seule fois : en 1608, elle conduit à Cività-Vecchia, port des États de l'Église sur la côte méditerranéenne de l'Italie, une délégation de diplomates français emmenée par le duc de Nevers et un capucin, le Frère Ange.

Les services administratifs.

La Maison de la Reine est l'équivalent d'une entreprise de bonne taille. Avec ses quelques centaines d'employés rétribués, ses achats, ses dépenses d'entretien, elle a besoin de gestionnaires et de comptables. Le chef des services administratifs est le *Surintendant* ou *Intendant général de la Maison et finances de la Reine.* Le premier à porter le titre est Sébastien Zamet, le banquier, avec qui Marie de Médicis entretient les meilleurs rapports. Il sera suivi par d'Attichy puis, en 1614, par Claude Barbin et à partir de 1619, par Richelieu.

Dans la pratique, la direction des services administratifs est aux mains du *Secrétaire des commandements* ; cette fonction est exercée par Phélippeaux de Villesavin, un homme intelligent, actif, entreprenant, dont le pouvoir est pratiquement sans limites jusqu'à la nomination de Barbin aux fonctions de Surintendant en 1614 ; Richelieu, en 1619, le fera chasser. C'est le Secrétaire aux commandements qui prépare les lettres de la Reine. La correspondance de Marie de Médicis est abondante : avec sa famille en Toscane, avec les Cours d'Europe ; lettres de circonstance, instructions au gouverneur du Dauphin, recommandations diverses, missives adressées aux Parlements du royaume, aux gouverneurs, aux maires des grandes villes. Phélippeaux a du pain sur la planche, et il s'acquitte consciencieusement de son travail avec l'aide de deux commis.

Pour les problèmes juridiques, la Reine dispose d'un *Chancelier.* Marie de Médicis n'en aura eu qu'un seul, Potier de Blancmesnil, un président à mortier du Parlement de Paris. Il joue un rôle de liaison utile entre la Reine et ce Parlement, ainsi qu'auprès de tel ou tel de ses collègues de province. Une fois par mois, il dirige une réunion à laquelle participent le Trésorier de la Reine, son Avocat général, et deux ou trois autres Conseillers, pour faire le point des actions judiciaires ou des procès en cours. Les procès sont en effet nombreux, à la mesure de l'étendue des domaines de la Reine et de l'esprit chicanier de l'époque. Pour les suivre, Marie de Médicis dispose d'un *Procureur général* ; de 1601 à 1616, cette fonction est exercée par Louis Dolé, un homme capable et influent, qui joue un certain rôle politique auprès de la Reine. Mais il y a aussi un *Solliciteur général des affaires*, un *Avocat général,* un *Avocat ordinaire,* un *Solliciteur pour la Chambre des Comptes* et un *Rapporteur pour la Chambre des Comptes.*

Comme tout ce petit monde ne suffit pas à la tâche, on demande souvent une consultation ou une aide occasionnelle à des personnalités extérieures. On leur donne le titre de *Maîtres des requêtes de la Reine* ou de *Secrétaires ordinaires de la Reine*, et un salaire très symbolique — de 10 à 50 livres par an —, sauf lorsqu'une affaire les mobilise durablement, ce qui leur vaut alors une gratification proportionnelle à l'importance du dossier. Être Maître des requêtes de la Reine ou Secrétaire ordinaire de la Reine est une faveur recherchée par le petit monde de la robe, à Paris comme en province. Marie de Médicis, de son côté, a tout intérêt à s'attacher les services de membres éminents des grandes dynasties de la robe. Le nombre de ses maîtres des requêtes passe de 17 en 1601 à 66 en 1630, celui de ses secrétaires ordinaires de 26 à 68. Dans la liste, on trouve un Colbert et un Bossuet.

Le *Trésorier général* ne vient qu'après le Chancelier dans l'ordre hiérarchique, mais il a une importance beaucoup plus grande, surtout pour une Reine toujours à court d'argent comme c'est le cas de Marie de Médicis. Le premier titulaire de cette charge est Florent d'Argouges, un trésorier de France choisi par Henri IV en raison de sa rigueur. En 1615, son fils lui succèdera dans ses fonctions. Il dirige la comptabilité de la Reine et règle les dépenses au moyen des sommes que le Trésorier de l'Épargne (qui est en quelque sorte, le directeur du Trésor royal) lui remet tous les mois. Ce n'est pas lui qui effectue les paiements : ce soin est laissé au Caissier de la Reine, qu'on appelle le *Maître de la Chambre aux deniers* ; mais aucun versement ne peut être fait par ce dernier sans un ordre écrit, une « ordonnance de paiement » signée par Monsieur d'Argouges.

A côté du Maître de la Chambre aux deniers, le *Contrôleur général* est le chef de la comptabilité. Il relève bien entendu du Trésorier général. Son rôle est de tenir à jour les états quotidiens, mensuels et annuels des dépenses de la Reine, poste par poste. Ayant en main le budget de la Reine tel qu'il a été préparé pour l'année en cours, il doit veiller à ce qu'il soit exécuté de manière aussi proche que possible des prévisions et, en tout cas, éviter les dépassements. Il collationne et vise chaque soir les bordereaux de fournitures : les viandes, le vin, les fagots, les chandelles dont nous avons vu les quantités impressionnantes qui se consomment à la Maison de la Reine — et c'est de lui que dépend le paiement des fournisseurs ; pour s'assurer que les livraisons sont conformes aux commandes en quantité et en qualité, il a des commis qui contrôlent les arrivages aux cuisines et aux différents services de la Maison.

Ainsi apparaît, dans son organisation minutieuse, la mécanique bien huilée de la Maison de la Reine. On réalise mal, de nos jours, la complexité et, dirions-nous, ce petit degré de perfection auquel était arrivée l'administration française dès le début du XVIIe siècle — tant il est vrai que le gouvernement des bureaux avec ses règles et ses hiérarchies, ses vertus et ses lourdeurs, ne date ni d'aujourd'hui ni d'hier.

Gestion financière.

Le budget annuel de Marie de Médicis avait été fixé, au moment de son mariage, à 400 000 livres. Somme considérable, si on le compare au budget d'Anne de Bretagne, un siècle avant, qui ne s'élevait qu'à 65 796 livres.

Il est vrai que le train de vie de la Cour n'avait cessé de croître depuis lors.

Les 400 000 livres ainsi mises à la disposition de la Reine ne peuvent pas être dépensées sans contrôle. Depuis le Moyen Age la comptabilité publique est soumise, en France, à des règles extrêmement strictes, et Rois et Reines doivent se plier à ses procédures rigoureuses.

Le règlement de comptabilité des Reines de France, qui fixe les modalités de la gestion du budget de Marie de Médicis, a été établi en 1585. Chaque dépense est prévue à l'avance. Les charges de l'« Hôtel de la Reine » sont ventilées entre différents postes. Il faut ainsi préciser « bien exactement, par le menu, et par chapitres séparés, pain, vin, chair, poisson, bois, rôt, pâtisserie, épicerie, fruit, herbes, sel, cire, chandelle » et le nombre de bouches à nourrir doit être détaillé jour par jour. Le personnel ne peut pas être augmenté librement : il existe un « état général des officiers de la Maison » et seuls peuvent être payés ceux qui figurent sur ce document.

Le budget d'une année est arrêté en décembre de l'année précédente. Il a été élaboré par une escouade de bureaux, chacun chargé d'un poste particulier de dépenses — la présentation budgétaire en comporte douze.

C'est le Trésorier général, Florent d'Argouges, qui supervise cette opération. Lorsque son projet de budget est prêt, il le soumet à la Reine, qui le vise et le signe, puis l'adresse au Conseil des Finances, qui s'assure de la sincérité de chaque article et vérifie l'équilibre entre recettes et dépenses prévisionnelles : on ne peut pas présenter un budget en déficit. Le Conseil peut modifier le projet. Une fois qu'il a arrêté le budget il le transmet au Roi qui, après approbation, le renvoie au Trésorier de l'Épargne. Le budget est désormais exécutoire et le Maître de la Chambre aux deniers de la Reine recevra à la fin de chaque mois un douzième de son montant annuel. Chaque chef de service reçoit une copie du chapitre du budget qui le concerne, et dont il doit suivre l'exécution ; toutes les dépenses, si minimes soient-elles, sont enregistrées, le total en est tenu à jour quotidiennement et à la fin de chaque mois on procède à un arrêté de compte qu'on appelle l'*écrou*.

Le budget prévisionnel de Marie de Médicis ne varie pas beaucoup, d'une année sur l'autre, dans ses grandes masses.

En voici la composition :

Dépenses de la Maison de la Reine comprenant les dépenses de bouche pour la Reine et sa suite, et les fournitures matérielles (chapitre dénommé : « Dépenses de la Chambre aux deniers »)	156 000 livres
Gages du personnel	72 213 livres
Gages des gens de l'écurie	14 264 livres
Gages des gens de musique	9 000 livres
Écurie (chevaux, carrosses, fournitures)	60 000 livres
Habits, costumes, réceptions (chapitre dénommé « Argenterie ordinaire et argenterie pour la parure de la Reine »)	28 000 livres
Voyages	17 500 livres
Pension de la Dame d'honneur	6 000 livres
Pension de la Dame d'atour	6 000 livres
Pension du Chevalier d'honneur	2 400 livres
« Épices » de Messieurs de la Chambre des Comptes chargés de l'examen de la comptabilité de la Reine	1 446 livres
Menues dépenses personnelles (c'est l'argent de poche de la Reine)	36 000 livres

On accepte sans difficulté certains transferts d'un chapitre à l'autre. Marie de Médicis peut ainsi prélever sur le budget des voyages et sur celui de l'écurie des sommes destinées à être données comme gratifications ou récompenses. Cela apportait un peu de souplesse à un dispositif très rigide.

L'équilibre du budget et la concordance absolue entre budget prévisionnel et budget exécuté sont évidemment impossibles. S'il y a un excédent en fin d'année, ce qu'on appelle des « deniers revenants bons », il est affecté au renouvellement du mobilier. Mais, avec Marie de Médicis, cette situation ne se réalise jamais, et ce sont au contraire des dépenses inattendues qui se présentent.

Marie de Médicis, grosse dépensière, n'arrivera à équilibrer son budget qu'une seule fois, en 1602 !

En 1601, le déficit avait été de 74 000 livres. En 1603, il est de 35 000 livres, passe à 157 000 en 1604, revient à 29 000 en 1605 et passe à 318 000 livres en 1606. Il y a, dans l'évolution de ces déficits, une sorte de mouvement pendulaire : après un fort déficit, l'année suivante présente un déficit moindre, soit que la Reine ait manifesté une plus grande prudence dans ses dépenses, soit que Henri IV et Sully aient rogné d'autorité sur celles-ci. Mais la tendance est quand même à l'augmentation continue : en 1607, 61 000 livres ; en 1608, 222 000 livres ; en 1609, 141 000 livres ; en 1610, 470 000 livres. Le total cumulé des déficits du budget annuel de la Reine entre 1600 et 1610 atteint la coquette somme de 1 507 000 livres. En dix ans, Marie de Médicis aura dépensé, en plus de son budget annuel de 400 000 livres, près de 4 fois le montant de celui-ci !

Quelle était la raison de ces dépassements ? D'où venait que Marie n'ait jamais eu un sou en poche et que, pour faire l'aumône dans la rue, à l'entrée d'une église, elle ait toujours dû prier quelqu'un de sa suite de lui avancer une pièce ? Jusqu'en 1610, les chapitres ordinaires du budget de la Maison de la Reine n'augmentent pas. Les dépenses de personnel, les dépenses pour l'écurie, les frais de nourriture restent constants. Propriétaire du château de Montceaux, Marie de Médicis doit faire face à des dépenses de réparation et d'entretien, mais Henri IV lui alloue une recette spéciale à cette fin. Ce qui la ruine, ce qui la jette dans des embarras sans fin, c'est son goût immodéré pour les bijoux. On reviendra plus loin sur ce point, et sur les conséquences de cette folle passion.

Devant ces dépassements perpétuels, Henri IV n'entend à aucun prix augmenter le budget de 400 000 livres alloué à Marie. Alors, comment combler les dettes ? La solution simple de la gratification, Henri IV n'en veut pas en règle générale. Tout au plus fait-il cadeau au début de 1605 de 30 000 livres à la Reine. Mais c'est tout à fait exceptionnel, et Marie a raison quand elle écrit un jour à Florent d'Argouges : « Vous savez mieux que nul autre les grandes sommes dont je suis redevable, les grandes peines et presque l'impossibilité que j'ai de tirer des gratifications ou bienfaits du Roi, Monseigneur, pour y satisfaire ». Dans ces conditions, Marie de Médicis n'avait que deux possibilités : solliciter la création de recettes exceptionnelles qu'elle aurait ensuite à recouvrer, ou se faire « donneur d'avis » en imaginant des ressources nouvelles pour l'État, moyennant une récompense.

Parmi les recettes que Marie de Médicis pouvait se faire attribuer, il y en avait une que la tradition reconnaissait normalement aux Reines de France, c'étaient les droits perçus à l'occasion de la délivrance des lettres de maîtrise. Le système est très simple. Chaque fois qu'un apprenti termine son apprentissage et devient apte à se voir reconnu comme maître, il sollicite du Roi la délivrance de lettres de maîtrise, qui donne lieu à la perception d'un droit variant entre 8 et 20 écus (24 et 60 livres). Le nombre des maîtrises est fixé par le Roi, et il suffit d'en créer une ou deux de plus dans chaque métier pour que le montant des droits correspondants atteigne des sommes très importantes. Au moment de son mariage, Marie se voit ainsi gratifier de deux maîtrises nouvelles. Il y en a quatre lors de la naissance du Dauphin, une à l'occasion de la naissance de chacune des trois filles, deux pour la naissance de Gaston d'Orléans en 1608. En dehors de ces joyeux événements la Reine a droit à une maîtrise dans chaque ville où elle fait son entrée solennelle ; elle avait intérêt à multiplier ses visites officielles et n'y manqua pas.

Mais vient le moment où la poule aux œufs d'or commence à donner des signes d'essoufflement. Les corporations se plaignent d'une inflation de créations, qui diminue, disent-elles, la valeur des maîtrises, et, comme elles contrôlent la source, c'est-à-dire le nombre des apprentis et la durée de l'apprentissage, elles s'arrangent pour que les maîtrises créées en excès ne soient pas pourvues avant de longs délais. Henri IV, sous leur pression, finit en 1608 par supprimer un grand nombre de maîtrises vacantes.

Marie de Médicis recourt systématiquement au « don d'avis ». Couramment pratiqué, il constitue pour certains nobles et pour toute une catégorie un peu interlope d'intermédiaires, un moyen normal d'arrondir les revenus de fin de mois. Sully avait le plus grand mépris pour ceux qui exerçaient ce genre d'activité : « Oh ! le ramas de ces canailles et sangsues, gens d'affaires, rapporteurs, dénonciateurs, mouches de Cour et donneurs d'avis pour trouver de l'argent à la surcharge du peuple ». Sa réprobation englobait la Reine, et Marie de Médicis se montrait avec lui particulièrement humble, voire obséquieuse : « Je n'entends pas que cette affaire se passe autrement que selon ce que vous en ordonnerez et le trouverez à propos », lui écrit-elle un jour. Ce qui ne l'empêche pas de se répandre auprès du Roi en imprécations furieuses contre son ministre préféré. Cela dit, la réprobation de Sully ne pouvait interdire au système des avis de se développer, produisant taxes et charges nouvelles, tant et si bien que les États-Généraux de 1614 demanderont expressément au Roi « de faire défense à toutes personnes de quelque qualité et condition qu'elles puissent être, de proposer et poursuivre aucune nouvelle création ou rétablissement d'office ».

La liste des propositions faites par Marie de Médicis est considérable — à la mesure de ses besoins d'argent. En 1604, Henri IV accepte d'instituer à sa demande deux charges de receveurs, deux de payeurs, et deux de contrôleurs de rentes en Normandie. L'année suivante, il s'agit de créer deux charges de conseillers au Parlement de Rennes. Le Roi est d'accord, mais le Parlement de Bretagne, lui, ne l'est pas du tout ; les conseillers en titre, craignant que la création des deux charges supplémentaires ne diminue la valeur des leurs, mettent près de deux ans avant d'enregistrer l'édit. Cette même année 1605, Henri IV rend un édit qui autorise sur l'ensemble du territoire de la Normandie deux personnes par paroisse à se libérer une fois pour toutes de certains impôts par le versement d'une somme forfaitaire. Proposition alléchante, et qui doit, à n'en pas douter, fournir des recettes appréciables ; celles-ci sont destinées à la Reine. La contribution instituée par l'édit est affermée. Un premier candidat se présente, Leclerc, qui offre 80 000 livres ; mais un deuxième fait une forte surenchère, doublant la somme : 160 000 livres ;

ce nouveau candidat, Nicolas Pallier, emporte l'affermage. Pour Marie de Médicis, c'est une aubaine.

Une autre excellente affaire est l'attribution à son profit du produit des amendes infligées aux personnes qui se seront rendues coupables de fraude dans le versement du droit « de soixante et quarante sols » payable, dans l'étendue de la province du Languedoc, sur chaque quintal de sel. Marie de Médicis en tire 120 000 livres. L'idée, en fait, n'était pas d'elle ; le donneur d'avis, un certain Coberet, touche une commission de 2 000 livres.

Mais le coup de maître, c'est la création d'offices de « Secrétaire ordinaire de la Chambre du Roi » : 600 000 livres en une fois, qui permettent de renflouer sérieusement les finances de la Reine ! Henri IV signe l'édit de création de ces charges quinze jours avant sa mort, le 29 avril 1610.

A côté de ces grosses affaires, quel génie inventif et surtout quelle somme de prières et de relances représentent les décisions obtenues par Marie de Médicis pour « les deniers provenant de la recherche des quatre cas réservés par les lettres d'abolition qu'il [le Roi] a octroyées à ses officiers en l'année 1607, et aussi de la rétention des deniers faits par les officiers et autres commis au recouvrement et recettes d'iceux, de quelque nature qu'ils fussent », les deniers « laissés ès-fonds tant des recettes générales que particulières du domaine, des aides, tailles, taillons, décimes, clergé, gabelles, traites et impositions foraines ou domaniales », les deniers provenant « des exempts dits francs topins », ceux procurés par les « nouveaux acquets et recherches de l'administration des levées et révision des comptes des receveurs des diocèses du Languedoc ».

Rien n'échappe à la vigilance des donneurs d'avis : on pense même attribuer à la Reine les « hardes, meubles, or et argent monnayé ou non monnayé » qu'on enlèverait aux centaines de milliers de Morisques qui, expulsés d'Espagne en 1609, traversent le Midi de la France. Il faut bien que la Reine vive. Comme le disent les édits relatifs à ces attributions de droits, ces recettes lui sont affectées « pour aider à fournir aux dépenses de [sa] Maison », voire « pour lui donner moyen d'acquitter certaines dettes de son écurie et de son argenterie attendu que ses états ordinaires suffisent à peine aux dépenses de sa Maison ».

Cela dit, rien n'est jamais facile, et Marie de Médicis doit bien souvent subir, après les admonestations de Sully, les rebuffades de la Cour des Aides, du Conseil d'État, voire des Parlements. L'idée consistant à détrousser les Morisques, par exemple, ne sera pas mise à exécution en raison de l'opposition du Parlement de Toulouse. Mêmes difficultés avec cette Cour lorsque le Roi décide en 1604 de créer quatre charges de Conseillers aux requêtes au Parlement de Toulouse pour aider la Reine à subvenir aux réparations de son château de Montceaux. Le Parlement refuse, malgré les ordres impératifs du Roi exprimés par lettres de jussion ; celles-ci se succèdent sans résultat. En 1608, on en est à la huitième lettre. Marie de Médicis écrit de son côté à chacun des présidents et conseillers du Parlement ; elle n'a pas plus de succès. En 1612, deux ans après la mort d'Henri IV, l'affaire n'était toujours pas réglée.

Parfois, le Roi est de connivence avec la Cour récalcitrante : de guerre lasse devant l'insistance de sa femme, il signe un édit qui lui donne théoriquement satisfaction ; mais en sous-main, il encourage les Parlements concernés à ne pas l'enregistrer. Avec Sully, il avait mis au point un code prévoyant que les Cours n'enregistreraient aucun édit, même si elles recevaient lettre de jussion sur lettre de jussion, aussi longtemps qu'elles n'auraient pas une lettre spéciale *autographe* d'Henri IV ou de Sully, et d'eux seuls, leur donnant « le mot du guet » — en somme, le « mot de passe ».

Marie de Médicis tombe dans un traquenard de ce genre avec l'édit signé en 1605 par Henri IV aux termes duquel elle se voit attribuer toutes les recettes à provenir « des rachats, sous-achats, lods et ventes, aubaines et confiscations et autres droits seigneuriaux à échoir en Bretagne durant neuf années ». Le Parlement de Nantes refuse d'enregistrer l'édit. Henri IV envoie des lettres de jussion ; sans succès. Marie de Médicis prend alors sa plus belle plume et écrit quinze lettres — à chacun des présidents et conseillers de la section spécialisée du Parlement (la « Chambre des Comptes ») chargée d'enregistrer l'édit : « Avant moi d'autres ont joui de ce privilège qui n'étaient pas de ma qualité et n'avaient point plus de considération ni de mérite que j'en ai ». Nantes maintient son refus. Marie récrit une nouvelle série de quinze lettres. Le Parlement reste insensible. La Reine revient à la charge : « Cet argent n'est pas destiné à mon usage personnel, mais doit me permettre de donner des gratifications à des personnes qui m'ont bien servie ». L'argument ne touche pas davantage les conseillers. Les lettres de jussion d'Henri IV alternent avec les lettres suppliantes de Marie de Médicis. Rien n'y fait : l'édit ne sera pas enregistré, Henri IV n'ayant jamais envoyé le « mot du guet ».

CHAPITRE III

Les amours de Marie

LES ENFANTS.

Le XVIIe siècle n'aime pas l'enfance. Les marmots l'ennuient. Il en naît beaucoup, beaucoup meurent en bas âge. La vie et la mort vont si vite en besogne qu'on n'a guère le temps de s'attacher aux tout-petits. Le baptême n'intervient que vers 6-7 ans, quand la mortalité infantile a bien éclairci les rangs et que les survivants ont désormais de bonnes chances d'arriver à l'âge adulte. Celui-ci, au demeurant, commence très tôt, dès 15-16 ans. A cet âge on est déjà apte à beaucoup de choses : le travail, la procréation, le maniement des armes, une figuration honorable dans la société et à la Cour. C'est le moment où les attachements se précisent, où l'esprit de famille se manifeste avec force.

Marie de Médicis semble résumer, dans ses rapports avec ses enfants, tous les caractères de son siècle. Prolifique : 6 enfants, elle a la chance de n'en perdre qu'un en bas âge, le premier duc d'Orléans, Nicolas, souffreteux et malingre, qui disparaît à 4 ans. Les autres : 2 garçons et 3 filles, n'ont qu'une faible part dans ses affections, exception faite du cadet, Gaston, duc d'Anjou, plus tard duc d'Orléans, qui devient, et pour longtemps, le préféré de Marie. Les trois filles, elles, ne sont guère plus qu'une marchandise : dès leur plus jeune âge, matière à tractations matrimoniales, elles expriment, par la qualité de leur mariage, la puissance du chef du clan.

On songe irrésistiblement, devant le comportement de Marie de Médicis, au stéréotype de la Mamma. En elle, c'est toujours la mère ou la belle-mère qui se porte en avant. Henri IV vient d'être assassiné ; Marie, qui ne le sait pas encore, devine un grand malheur : « Mon fils ! » s'exclame-t-elle ; sa première pensée est pour le fils, le Dauphin. En 1631, définitivement brouillée avec cet ingrat de Louis XIII, réfugiée aux Pays-Bas espagnols, elle invoque la solidarité de ses autres enfants en faveur de la Mère si injustement traitée. On fait appel au cher Gaston, on requiert l'aide de Messieurs les Gendres, qui ne sont autres que le Roi d'Espagne, le Roi d'Angleterre et le duc de Savoie. Redoutable Reine-Mère, qui remplit les correspondances diplomatiques, justifie les missions les plus diverses, et tisse inlassablement la toile d'incessantes conspirations.

Les relations entre Marie de Médicis et Louis XIII qui défient la chronique de trente ans d'histoire de l'Europe, revêtent une dimension épique. Ce n'est plus une querelle de famille parmi d'autres, c'est à la fois le thème essentiel de la politique française et une affaire qui prend des proportions de drame à l'échelle européenne. On croit revivre la tragédie des Atrides, d'Œdipe et de Médée réunis. Les dissentiments entre Marie de Médicis et Louis XIII deviennent les « Guerres de la Mère et du Fils ». A tout bout de champ, l'opinion est prise à témoin du respect ou de l'irrespect dont on a témoigné à l'égard d'une Mère si digne, si sainte, qui par ses sacrifices, etc., gardienne du souvenir du Roi Henri, etc.

On est tenté d'invoquer les mânes de Freud dans ce drame. Louis XIII, c'est Louis le Mal-Aimé. Il a été adulé par Henri IV, un père qui, exceptionnellement pour l'époque, aimait ses enfants, et particulièrement le petit Dauphin ; mais ce père meurt quand le Dauphin n'a que 8 ans 1/2, et Louis est surveillé strictement par une mère qui, à son égard, se montre sèche et sans cœur. Henri IV avait noté les signes de la mésentente future entre la mère et le fils ; ne prévoyant pas d'être assassiné avant que celui-ci ait atteint sa majorité, il s'en amusait plus qu'il ne s'en inquiétait, mais confiait malgré tout à Sully qu'il trouvait l'indifférence de la Reine « étrange » et l' « accusait de peu de sentiments envers ses enfants ».

Les lettres de Marie de Médicis au Dauphin ou à son sujet sont aussi banales que protocolaires. Elle écrit à la Grande-Duchesse de Toscane, sa tante : « Pour mon fils, il n'est pas croyable combien il est grand, gros et fort, et je m'assure que si vous l'aviez vu vous l'admireriez. Il reconnaît déjà très bien Monseigneur, moi et tous ceux qui ont coutume de l'approcher, entend fort bien ce qu'on lui dit et se fait entendre de tout ce qu'il désire, tellement que l'on reconnaît déjà en lui un jugement extraordinaire pour son âge ». Louis XIII a 8 ans, il envoie à sa mère un petit panier de cerises cueillies dans les jardins de Saint-Germain : « Mon fils, je vous remercie des cerises que vous m'avez envoyées », lui répond Marie de Médicis ; « elles m'ont été bien agréables, venant de votre part ; je vous aime bien parce que l'on m'a dit que vous êtes toujours bien sage[1] ». Quelle chaleur, quelle effusion !

En 1609, le Dauphin est retiré « des mains de femmes » et on le confie

1. B N, Cinq Cents Colbert 87, foi. 346, r°.

à un gouverneur, Monsieur Gilles de Souvré. Mais rien ne change dans l'attitude froide et conventionnelle de la Reine :

« J'ai été bien aise, mon fils, de voir que vous vous portez bien et de savoir que vous êtes toujours bien sage et que vous étudiez et faites bien vos exercices. Continuez toujours et obéissez à ce que vous dira Monsieur de Souvré afin qu'il ait l'occasion de me confirmer toujours en cette bonne opinion ». Un seul principe d'éducation : fermeté, discipline ; le fouet pour tout manquement : « J'ai été bien aise, Monsieur de Souvré », écrit-elle par exemple au gouverneur, « d'apprendre des nouvelles de la santé de mon fils ; mais je vous prie de le tenir toujours en son devoir, lui faisant faire ses exercices ordinaires ; et s'il se voulait émanciper, vous savez le remède qu'il faut apporter pour le ramener à la raison ; vous le lui ferez ressentir, s'il vous en donne l'occasion ; je vous le recommande ».

Le second fils, Nicolas, premier duc d'Orléans, tient quant à lui une place des plus réduites dans les préoccupations de Marie de Médicis. Né en 1607, au terme d'une grossesse rendue difficile par la multiplication des orages domestiques dans le ménage royal, il était malingre et chétif. Les astrologues avaient tiré de son horoscope les promesses d'un avenir resplendissant. Le malheureux, doté d'une tête énorme sur un corps misérable, était toujours malade. En novembre 1611, il est pris de convulsions violentes qui durent une dizaine de jours, et suivies d'une prostration totale ; il meurt dans la nuit du 16 au 17 novembre, après quelques convulsions. Marie de Médicis s'accommode sans trop de peine de cette disparition : « Le Roi Henri IV ne faisait pas état qu'il dût vivre », écrit-elle peu après, « connaissant bien qu'il n'était de la forte et robuste complexion dont est, grâce à Dieu, le Roi Monsieur mon fils » (c'est-à-dire Louis XIII).

Elle conservait heureusement Gaston, duc d'Anjou, né le 25 avril 1608, et qui reçut, en 1626, le titre de duc d'Orléans sous lequel il est resté dans l'Histoire. Le prénom de Gaston est inusité : il avait été choisi par Henri IV en souvenir de son ancêtre Gaston de Foix. Marie de Médicis s'attache surtout à lui après la mort du premier duc d'Orléans : n'est-il pas l'héritier du trône en cas de disparition de Louis XIII ? Au surplus, sa gentillesse et l'amabilité de son caractère contrastent agréablement avec le caractère ombrageux de son frère aîné, et Marie établit bien vite avec lui des rapports de complicité affectueuse qui iront jusqu'à la conspiration ouverte contre Louis XIII. Il avait comme parrain le cardinal de Joyeuse, frère de Madame de Montpensier, l'une des meilleures amies de la Reine. Sa marraine était Marguerite de Valois, la première femme de son père, qui s'entendait à merveille avec Marie, et c'était à qui gâterait le plus le petit garçon.

Quand il s'agit de lui donner une suite, on constitue sa Maison sur un pied magnifique : son budget est de plus de 200 000 livres (alors que le budget de la Maison de la Reine s'élève à 400 000 livres). Comme gouverneur, on lui choisit en 1611 (le prince n'a que 3 ans) l'un des meilleurs serviteurs de l'État, Monsieur de Brèves, ambassadeur à Rome ; son sous-gouverneur est Monsieur de Mansan, capitaine aux gardes-françaises, qui commande les troupes responsables de la sécurité et du service d'honneur des enfants royaux au château de Saint-Germain – un homme de toute confiance, par conséquent ; c'est un cousin de Monsieur de Brèves, de même d'ailleurs que Puylaurens, son précepteur, qui sera son âme damnée. Gaston d'Orléans mourra en 1660.

Les trois filles, on l'a dit, ont une existence tout à fait virtuelle. Dès leur naissance, on suppute le mariage qu'on leur fera faire et leur destinée se décide ainsi au hasard des rapprochements ou des brouilles entre la Maison de France et les grandes familles régnantes de l'Europe.

Elisabeth, l'aînée, a un an de moins que le Dauphin. Celui-ci l'aime bien. « Madame » est sa compagne de jeux, bien que le petit garçon, très vite imbu de son essence supérieure de mâle, lui signifie un jour qu'elle est exclue, en tant que fille, des jeux brutaux des garçons. C'est une nature douce et aimable. Mariée au fils du Roi d'Espagne en 1615, elle quitte la France, pour toujours, à l'âge de 13 ans.

Christine, la seconde, est née en 1606. Elle épousera en 1619 le prince de Piémont, Victor-Amédée, qui devient duc de Savoie à la mort de son père. Le mariage se négocie alors que Marie de Médicis est exilée à Blois. La Reine est ulcérée d'avoir été tenue à l'écart des pourparlers, et c'est l'une des raisons qu'elle invoque pour justifier son évasion du château de Blois.

La troisième fille, Henriette, est d'un caractère effacé et indécis. Née en 1609, elle n'a que 8 ans quand la chute de Concini chasse sa mère de la Cour. Marie de Médicis aurait voulu l'avoir avec elle dans son exil de Blois, mais Louis XIII s'y est opposé. Elle a 10 ans à peine quand les négociations commencent avec Londres pour la marier au prince de Galles. Épousant Charles Ier d'Angleterre, Henriette quitte la France en 1625. Elle y retournera quelques mois en quête d'une aide pour permettre à son mari de faire face à la Révolution qu'il affronte. Après le procès et l'exécution du Roi en 1649, Henriette viendra finir ses jours en France, recueillie à la Cour par son neveu Louis XIV.

La petite troupe des enfants royaux loge au château de Saint-Germain-en-Laye. Les enfants de Marie de Médicis n'y sont pas seuls : Henri IV a décidé, en effet, que ses enfants naturels y seraient élevés également. La Reine avait voulu s'insurger, comme Henriette d'Entragues, et puis toutes deux ont dû céder. A côté des enfants légitimes, on trouve ainsi cinq enfants naturels : les trois enfants d'Henri IV et Gabrielle d'Estrées : César, duc de Vendôme, Alexandre de Vendôme, chevalier de Malte et Grand-Prieur de France, et Catherine-Henriette de Vendôme, future duchesse d'Elbeuf; et les deux enfants d'Henri IV et d'Henriette d'Entragues, marquise de Verneuil : le marquis de Verneuil, qui devient évêque de Metz, et Gabrielle de Verneuil, qui épousera le marquis de La Valette, fils du duc d'Épernon.

Les lois de l'hérédité ont joué un curieux tour à ces enfants : les deux fils de la douce Gabrielle d'Estrées ont un caractère impérieux, acariâtre et, pour tout dire, insupportable ; au contraire, les enfants de la hautaine et sèche Henriette d'Entragues sont aussi gentils et affectueux que possible à l'égard de Marie de Médicis. Celle-ci s'attache d'ailleurs aux deux jeunes Verneuil, ses « neveux » comme elle les appelle, et notamment le petit marquis de Verneuil, compagnon de jeux préféré de Louis XIII, qui le surnomme familièrement « féfé Verneuil » et voudra être son parrain bien qu'il ait juste 1 mois de plus que lui !

La Cour appelle ces enfants « le troupeau ». Henri IV adorait venir les voir. Il jouait avec eux, et c'étaient alors de grands rires, des bousculades, des espiègleries. On connaît l'anecdote de l'ambassadeur d'Espagne suffoqué d'être reçu en audience par un Henri IV à quatre pattes, portant deux enfants sur son dos. Quand il couchait à Saint-Germain, le Roi ne manquait jamais de prendre avec lui dans son lit un ou deux de ses enfants.

On s'amuse beaucoup à Saint-Germain. De temps à autre les enfants organisent de petites fêtes auxquelles assistent le Roi, la Reine et quelques privilégiés. Au soir du premier jour de Carême 1608, le duc de Vendôme donne à Henri IV et Marie de Médicis le spectacle d'un ballet de son cru. Les personnages, qui évoluent sous sa direction, sont le Dauphin, Madame Élisabeth, le chevalier de Vendôme, Mademoiselle de Vendôme, le marquis de Verneuil, Mademoiselle de Verneuil, et quatre ou cinq garçons de leurs amis. Les choses ont été préparées avec le plus grand soin, à grand renfort de décors, musiciens, machines. Le spectacle coûte la bagatelle de 1 500 livres.

En 1610, c'est au tour du Dauphin de prendre l'initiative d'un spectacle analogue. Celui-là coûtera 4 fois plus : 6 000 livres. Quelques mois plus tard, Henri IV est assassiné, et Marie de Médicis décrète un deuil de deux ans. Mais voici que Madame Élisabeth souhaite, comme ses aînés, donner une fête. Nous sommes en 1611 : Marie de Médicis veut bien y consentir. Mais à deux conditions : « Qu'elle emploie bien le temps à servir Dieu et à faire ses exercices ordinaires », et qu'elle sache bien son rôle ; Marie de Médicis y insiste en écrivant à la gouvernante de Madame Élisabeth : « Je veux bien volontiers accorder à ma fille aînée la permission qu'elle désire pour réciter sa comédie, mais elle doit bien apprendre les vers ; j'ai l'intention d'aller dans peu de jours à Saint-Germain pour voir si elle s'en acquittera bien et si elle les aura bien retenus ».

Presque tous les enfants participent à cette fête, une représentation de la comédie à la mode *Bradamante,* de Garnier : Élisabeth, bien sûr, Christine à qui on a donné un petit bout de rôle, Gaston, Vendôme, les deux petits Verneuil, et une douzaine de jeunes garçons et jeunes filles de la meilleure noblesse. La fête a lieu le 2 août 1611. Marie de Médicis, Reine-Régente, préside ; c'est un événement, la salle de bal du château est archi-comble. A deux pas de la Reine, Marguerite de Valois, inséparable de Marie dès qu'il s'agit des enfants. Les princes du sang, les princesses, les Grands, le Chancelier, les présidents du Parlement. Les invitations ont été lancées pour une heure de l'après-midi mais le rideau ne se lèvera qu'à trois heures. La Reine a promis un spectacle de qualité : « De ma part et de celle de toute la compagnie des comédiantes, je vous prie de venir voir leur comédie ; elle sera demain récitée à une heure après dîner. Le plaisir que vous aurez à les entendre surpassera la peine et l'incommodité que vous pourrez recevoir par les chemins ». La fête est donc, par définition, une réussite, et la Reine-Mère affiche « beaucoup de satisfaction et contentement ». A en croire Malherbe, cependant, le pauvre Gaston fut victime d'un incident de parcours, s'étant empêtré dans son costume, et Tallemant des Réaux affirme que les acteurs furent pitoyables [2].

Marie de Médicis a très tôt songé à l'établissement de ses enfants. Le mariage du Dauphin est l'une de ses toutes premières préoccupations. Dès 1602 l'idée se fait jour de le marier avec la petite Infante Anne d'Autriche, fille aînée de Philippe III d'Espagne, qui a presque le même âge que Louis. Le Pape y est très favorable : ne serait-ce pas là le moyen d'unir dans la Catholicité les deux principaux royaumes de l'Occident chrétien, en mettant fin à des dizaines d'années de luttes fratricides ? Marie de Médicis y est toute disposée, et voit dans le mariage espagnol un moyen d'assurer la mission qui lui a été donnée : ramener la France dans le giron de la cause catholique et ultramontaine. La réalisation de cette union, en 1615, constitue le triomphe de sa politique. Entreprise difficile, d'ailleurs, qui heurte une fraction importante de l'opinion hostile à l' « inclination toute espagnole de Marie et de ceux qui la gouvernaient », selon l'expression de Saint-Simon [3].

Le mariage des deux plus jeunes fils n'est pas oublié pour autant. Le premier duc d'Orléans était destiné à épouser Mademoiselle de Montpensier, fille du duc de Montpensier et de Madame de Montpensier, née Henriette-Marie de Joyeuse, la plus riche héritière du royaume. Le contrat de mariage entre Marie de Montpensier, née en 1605, et le jeune

2. Tallemant des Réaux, *Historiettes,* T. I, p. 157.
3. Saint-Simon, *Parallèle des trois premiers Rois Bourbons,* Éd. M. P. Faugère, Paris, Hachette, 1880, p. 20.

Nicolas, né en 1607, est signé dès le 14 janvier 1608 ! Il énumère les possessions de la famille de Montpensier-Bourbon qui vont ainsi échoir au deuxième fils du Roi : duché de Montpensier, duché d'Auvergne, Combrailles, Dombes, Beaujolais, duché de Saint-Fargeau, etc.

Le duc de Montpensier, père de Mademoiselle de Montpensier, meurt un mois plus tard. En 1611, dans la nuit du 16 au 17 novembre, c'est le duc d'Orléans qui disparaît à son tour. Qu'à cela ne tienne : la lettre même dans laquelle Marie de Médicis annonce la mort du petit duc aux tuteurs de Mademoiselle de Montpensier (ses oncles : le cardinal de Joyeuse et le duc d'Épernon), contient une demande de mariage en bonne et due forme pour Gaston, duc d'Anjou, le troisième fils. Tant d'opiniâtreté sera récompensée, et les noces célébrées à Nantes, en 1626, quand Mademoiselle de Montpensier aura atteint ses 21 ans. C'est à cette occasion que Gaston d'Anjou devient Gaston d'Orléans, le duché d'Orléans lui ayant été donné en apanage.

La main d'Élisabeth sera un enjeu politique. Mariage savoyard ou mariage espagnol ? C'est seulement dans les premiers jours de 1612 que Marie de Médicis annonce publiquement le double mariage espagnol : Louis XIII avec Anne d'Autriche, Élisabeth avec le prince des Asturies, futur Roi d'Espagne sous le nom de Philippe IV. Il faudra batailler durement contre les princes pour procéder à la conclusion effective du mariage en 1615.

En revanche, Marie de Médicis n'eut guère de part aux mariages de Christine avec le prince de Piémont, héritier du duché de Savoie, et d'Henriette avec le Roi Charles Ier d'Angleterre. Il en avait vaguement été question en 1611-1612, mais c'est beaucoup plus tard que furent engagées les négociations décisives, et la Reine-Mère était alors en exil.

Les favoris : Léonora.

C'est à Lyon que Vinta et Sully discutèrent du problème de la Maison de la Reine, qui était mentionné dans le contrat de mariage, mais n'avait pas encore été réglé dans le détail. Il y avait, avec Marie de Médicis, toute une troupe d'Italiens qui espéraient trouver en France honneurs et fortune, et la discussion promettait d'être âpre avec Sully, qui tenait à limiter le plus possible le nombre des Italiens admis à rester dans le service de la nouvelle Reine de France en tant que membres de sa Maison. Une seule personne, en fait, comptait vraiment pour Marie : la jeune Léonora Galigaï.

Baccio Giovannini, aumônier de Marie de Médicis, dit à Henri IV qui elle est : « La Reine a amené avec elle une jeune fille nommée Léonora qui l'a suivie continuellement depuis le temps du Grand-Duc François son père ; nulle autre qu'elle ne lui a jamais touché la tête, ni ne l'a assistée en ce qui concerne le soin de sa personne ; la Reine désire qu'elle continue à lui rendre les mêmes services ». Vinta demande pour elle le titre de Dame d'atour. Henri IV accepte la présence de Léonora auprès de la Reine : « Nous voulons qu'elle coiffe la Reine et que nulle autre qu'elle ne lui touche la tête, notre intention est qu'elle soit la première dans sa chambre, nous la favoriserons, la comblerons de bienfaits, la ferons grande. Si la Reine a à s'arranger les cheveux à la française, je veux que ce soit encore Léonora qui la coiffe ; elle se le fera apprendre. En somme, nous voulons ce que veut la Reine ». A une réserve près : le Roi refuse de lui donner l'emploi de Dame d'atour, dont il a déjà disposé au profit d'une Française, la vicomtesse de Lisle : « Pour ce qui est de lui donner le titre de Dame d'atour, outre que je l'ai donné à une autre, je ne le puis faire. Mais elle aura la réalité et les attributions de l'emploi ».

Cette réponse jette la consternation dans l'entourage de Marie de Médicis. Vinta revient alors à la charge auprès de Henri IV : Léonora ne pourrait-elle devenir Dame d'atour, en remplacement de Madame de Lisle, que l'on dédommagerait de la perte de cette dignité ? C'est impossible, répond Henri IV, car Léonora n'est ni mariée ni noble. Léonora, il est vrai, projette d'épouser le sieur Concino Concini, qui est de noble famille florentine. Mais est-elle noble dame elle-même ? Vinta répond qu'elle est *Cittadina*, terme que le financier Zamet, appelé à la rescousse, traduit par *Bourgeoise,* à la colère de Vinta.

D'ailleurs, ce dernier finit par s'agacer, et faisant valoir que la Dame d'atour a avant tout pour fonction, quand elle accompagne la Reine, d'emporter avec elle les rubans et les fleurs nécessaires aux soins de la coiffure royale, il demande si cet emploi exige que l'on soit tirée « della costola di Adamo » (de la côte d'Adam). Mais Henri IV refuse de céder et menace, si l'on insiste, de renvoyer Léonora à Florence.

Qui était donc cette Léonora Galigaï dont la présence et le statut provoquaient dans le ménage royal la première d'une longue série de querelles ? Voici comment Michelet[4] la décrit au moment où Henri IV, venu à la rencontre de Marie de Médicis le 9 décembre 1600 à Lyon, entend exercer ses droits d'époux : « Donc il entra dans sa chambre. Il faut savoir qu'à la porte de cette chambre, à toute heure, si tard, si matin qu'on y vînt, on trouvait une sorte de naine noire, avec des yeux sinistres comme des charbons d'enfer. Cette figure, peu rassurante, n'était pourtant pas un diable. C'était au fond, le personnage important de cette Cour, la sœur de lait de la Reine, la signora Lénora Dosi, fille d'un charpentier, qui se parait du noble nom em-

4. Michelet, *Histoire de France,* Paris, J. de Bonnot, 1979, T. XIII, pp. 67-68.

prunté de Galigaï. Elle avait beaucoup d'esprit, gouvernait la princesse comme elle voulait, remuait à droite et à gauche cette pesante masse de chair ».

C'est en 1584 que la petite Léonora, fille de Catherine Dosi (ou Dori) et de Jacques de Bastein, était entrée au service de la princesse Marie, alors âgée de 11 ans. Jacques de Bastein était effectivement charpentier, et, quant au nom de Galigaï, qui était celui d'une illustre famille de Florence (son nom est mentionné dans le *Paradis* de Dante), il sera tout simplement acheté vers 1607 ou 1608 au dernier rejeton, ruiné, de cette famille. Née le 19 mai 1568, Léonora avait donc cinq ans de plus que Marie et, tout de suite, elle avait pris sur elle un très grand ascendant.

On a vu avec quelle obstination elle avait fait en sorte que sa maîtresse refuse tous les partis qui s'étaient proposés, jusqu'à ce que le Roi de France se déclare. Quand on mit au point la liste des femmes qui accompagneraient Marie de Médicis en France, Léonora était évidemment du nombre.

Auprès de Marie, elle est spécialement préposée aux soins de sa coiffure, mais elle s'occupe aussi, comme nous l'avons vu, du choix de ses parfums et de sa garde-robe. Son service auprès de la Reine est discret et intime. Nul ne la voit circuler dans les couloirs du Louvre, car l'appartement de trois pièces dont elle dispose dans le Palais communique directement avec celui de la Reine. Léonora vit modestement. Elle a à sa disposition un superbe carrosse garni de velours cramoisi bordé d'or, mais ne s'en sert pratiquement jamais. Finalement nommée le 5 avril 1601 Dame d'atour de la Reine, elle reçoit à ce titre une pension de 6 000 livres par an, à laquelle s'ajoutent 972 livres par an « pour son entretènement [c'est-à-dire son entretien] et dépenses de bouche ordinaires ».

En fait, Léonora est devenue richissime grâce à la faveur de Marie. Après leur arrivée en France, la Reine avait pris l'habitude de tête-à-tête quotidiens, le soir après dîner, en général dans la chambre de la Reine, parfois dans l'appartement de Léonora quand celle-ci était malade. La Galigaï profitait de ces heures de conversation en liberté et sans témoin pour diriger l'esprit de la Reine, la conseiller, et l'aider à faire ses affaires.

Peu à peu, l'argent afflue dans les caisses de Léonora. Il se transforme en belles tapisseries, qui vont orner l'appartement du Louvre. Il serait fastidieux d'énumérer toutes celles qui seront saisies le 24 avril 1617, lors de l'arrestation de Léonora : pièces rares valant chacune entre 1 700 et 2 000 écus, qui mettent en valeur chaises et fauteuils recouverts de velours cramoisi avec des bandes de toiles d'or, cabinets de bois d'Inde, miroirs d'ébène ou de bois de rose. Vingt coffres alignés dans les dégagements contiennent encore des tapisseries, des tapis et des courtepointes. Les robes et les chemises se comptent par douzaines, de même que les pièces d'argenterie et les bijoux, pour lesquels Léonora éprouve une passion sans limites.

Léonora loue bientôt, rue de Tournon, l'Hôtel de Picquigny, qu'elle finit par acheter en 1607 pour 14 000 écus (42 000 livres). L'Hôtel est somptueusement reconstruit par l'architecte italien Francesco Bordoni. Léonora aimait à s'y reposer quand la Reine n'était pas à Paris ; son grand plaisir était d'entendre de petits concerts de musique italienne. Peu après, elle achète la terre et le château de Lésigny, dont elle comptait faire soit une maison de campagne, soit une retraite pour ses vieux jours. Elle dépensa plus de 100 000 écus (300 000 livres) pour l'acquisition et pour les travaux qu'elle y fit entreprendre, mais n'y résidera pratiquement jamais.

Henri IV, malgré ses préventions à l'égard de Léonora, lui accorde à diverses reprises des gratifications. En 1609, il accepte de lui donner la disposition de charges de finances nouvellement créées. Il ignorait sans doute la valeur de ce cadeau, car, en apprenant peu après qu'elles allaient rapporter à Léonora environ 90 000 livres, il déclara publiquement « qu'elle n'y revînt de quatre ans et qu'il ne lui donnerait plus rien. »

La pauvre Léonora a une santé déficiente. En novembre 1604, elle souffre beaucoup et l'on craint qu'il ne s'agisse d'une hydropisie. Marie de Médicis fait dire des prières pour elle dans les églises de Paris. En 1609, Léonora va prendre les eaux à Forges et en revient en meilleure santé, mais au début de 1611 la voici de nouveau fort malade. En mai de cette année, l'ambassadeur de Florence, Ammirato, écrit : « Madame Concino n'est pas encore guérie du mal qui la tient depuis plusieurs semaines ; car ses évanouissements se reproduisent encore fréquemment, et, bien qu'il n'y ait pas un danger manifeste, sa mauvaise complexion ne laisse aucune sécurité et, comme le disait le marquis Concino, qui m'a fait l'honneur de m'inviter à déjeuner samedi, cette pauvre femme est la martyre des médecins ». Au cours de l'été, elle retourne à Forges. Elle va mieux et Marie de Médicis s'en réjouit. Hélas, l'amélioration reste passagère. Découragée, Léonora forme alors le projet de quitter la France, dont l'air lui est si manifestement funeste, pour rentrer à Florence. A partir de 1612, c'est chez elle une idée fixe que Concini s'efforce de combattre car il sait bien que, sans Léonora, c'en est fini du rôle qu'il joue à Paris.

Avec son mari, les disputes deviennent incessantes. Richelieu, qui doit au ménage Concini les premières étapes de son ascension, parle dans ses *Mémoires* de ces scènes de plus en plus pénibles, qui amènent le couple, en fait, à se séparer : « Il cessa de la voir plus que fort rarement, lorsque tant de fâcheuses humeurs de sa femme lui donnèrent lieu de prendre crédit de soi-même en l'esprit de la Reine dont elle pensa désespérer, et vint à ce point de fureur vers lui, et lui, vers elle, qu'ils ne se parlaient plus qu'avec imprécations mutuelles ». Concini reconnaissait qu'il devait son extraordinaire réussite à sa femme, mais ajoutait « qu'elle le lui faisait bien payer ». Un moment, il pense la faire enfermer au château de Caen comme folle ; le médecin de Léonora, Montalto, l'en dissuade, mais il reprend son projet après la mort du médecin survenue en février 1616, et, dès lors, « elle [Léonora] échappait presque aux injures et leurs dernières visites [avec Concini] eurent besoin de l'intervention de la Reine pour empêcher les dernières extrémités. » Lors de son procès, en 1617, Léonora déclarera : « Tout le monde sait que son dit mari ne dînait, soupait, ni couchait avec elle il y a [c'est-à-dire depuis] quatre ans ».

La Reine elle-même n'est pas épargnée par l'humeur de plus en plus sombre de Léonora. Écoutons encore Richelieu : « Toutes ces traverses, et domestiques avec son mari, dont les désirs étaient si contraires aux siens, et publiques, donnèrent une telle atteinte à son corps qu'elle en perdit toute santé, et à son esprit qu'il s'en troubla en quelque manière ; de sorte qu'elle se mit en imagination que tous ceux qui la regardaient l'avaient ensorcelée ; dont elle devint si chagrine que non seulement elle se tirait de la conversation de tout le monde, mais même elle ne voyait quasi plus sa bonne maîtresse ; et quand elle la voyait ce n'étaient que paroles d'injures, l'appelant *despietata, ingrata*, et quand elle parlait d'elle l'épithète la plus ordinaire qu'elle lui donnait était celle de *balourde* ». On prétend que lors de son procès, en 1617, interrogée sur les raisons de l'empire qu'elle avait eu sur la Reine, elle se serait écriée : « J'ai eu le pouvoir qu'a une habile femme sur une balourde ! » Toutes les archives du procès ont été conservées, et cette phrase n'y figure nulle part. La question relative à son pouvoir sur la Reine a été posée, et voici la vraie réponse de Léonora : « J'ai eu l'honneur d'être aimée de la Reine pour l'avoir suivie dès sa jeunesse ; j'ai acquis sa bienveillance en la bien servant, comme j'ai fait, en me rendant très diligente à la suivre et faire ce qui était de sa volonté ».

Le vrai pouvoir de Léonora était dans l'ascendant que peut exercer une femme à l'intelligence vive et déliée sur une autre un peu fainéante, peu apte aux exercices de l'esprit, au fond crédule — et très intéressée. Quoi d'étonnant si Léonora en a largement profité et, avec elle, son mari, le sieur Concino Concini, dont elle fit la carrière et la fortune ?

Les favoris : Concino Concini.

A la différence de Léonora, Concino Concini est de noble origine. Une note du Grand-Duc de Toscane transmise à Henri IV lors des discussions sur la liste des Italiens qui seraient autorisés à rester aux côtés de Marie de Médicis, désormais Reine de France, l'établit formellement : « Concino Concini, des comtes de la Penna, est un jeune homme rempli de bonnes qualités, issu d'une Maison qui a bien mérité du Grand-Duc et de la Reine ; son père est auditeur suprême, et Monsieur Côme, son frère, est ambassadeur résident du Grand-Duc auprès de Sa Majesté Impériale. En somme, il appartient à une famille très bien vue de Leurs Altesses et il voudrait se fixer en France et y servir avec fidélité et diligence, pour gagner les bonnes grâces de Sa Majesté et avoir sa place parmi les gentilshommes qu'elle entretient pour la suivre et la servir en tous lieux et même à la guerre ; et Son Altesse serait vraiment tout à fait reconnaissante qu'il soit bien et favorablement accueilli ».

Concino Concini a fait de bonnes études à l'Université de Pise, mais il a eu une jeunesse dissolue. Bassompierre, dans ses *Mémoires*, rapporte une conversation qu'il aurait eue avec lui quelques mois avant sa mort : « Si vous ne m'aviez connu en ma bassesse [Bassompierre avait séjourné à Florence en 1596-1597] je tâcherais de vous la déguiser ; mais vous m'avez vu à Florence débauché et *scapillate* [dissolu], quelquefois en prison, quelquefois banni, le plus souvent sans argent, et incessamment dans le désordre et la mauvaise vie. Je suis né gentilhomme et de bons parents ; mais quand je suis venu en France, je n'avais pas un sou vaillant et devais plus de huit mille écus [soit 24 000 livres] ».

L'oncle de Concini, le sieur Vinta, était en 1600 secrétaire d'État du Grand-Duc de Toscane. Il était tout-puissant. C'est lui qui avait négocié le mariage français. Il avait donc a priori le poids nécessaire pour imposer son neveu dans la suite de Marie de Médicis. Imposer, le mot n'est pas trop fort, car le Grand-Duc y était foncièrement hostile, et Vinta dut gagner à sa cause la Grande-Duchesse Christine. Concini promit de ne jamais revenir s'établir à Florence et jura qu'il allait en France pour « faire fortune, ou mourir ». Ce dernier argument eut raison de la résistance du Grand-Duc.

Baccio Giovannini fut chargé de présenter Concini à Marie de Médicis ; Giovannini connaissait la France, il avait servi chez les Concini et il devait accompagner Marie dans sa nouvelle patrie. Le jeune Concini avait une belle prestance, des manières, et beaucoup d'esprit. Il existe un portrait de lui, peint par Du Moustier, qui nous le montre portant barbe en pointe et moustache retroussée, les cheveux couvrant les oreilles : l'homme était séduisant, et il savait que le voyage en France représentait pour lui la dernière chance de se refaire. Pendant la traversée, il égaie les longs moments d'ennui. Ayant vite saisi l'importance de la position de Léonora auprès de Marie, il lui fait une cour assidue. Léonora tombe amoureuse de lui et, lorsqu'ils touchent terre, le 9 novembre 1600, à Marseille, ils se considèrent déjà comme fiancés.

Malheureusement, Henri IV ne l'entendait pas de cette oreille. Sans doute mis en garde contre Concini par certains membres florentins de la suite de la Reine, il ressent à son encontre, dès l'abord, une méfiance profonde qui ne tarde pas à se transformer en aversion. Baccio Giovannini l'avait également pris en grippe, et le dessert doublement, auprès d'Henri IV et auprès du Grand-Duc. Le Roi, ayant appris à Lyon le projet de mariage entre Léonora et Concini, manifeste son opposition avec vigueur en déclarant que, si elle veut rester en France, Léonora doit épouser un Français. Entre le couple menacé et Baccio Giovannini, c'est la guerre. Léonora interdit pratiquement à Giovannini toute possibilité de voir Marie. Giovannini riposte en écrivant au Grand-Duc qu'Henri IV impose à Marie la présence de sa maîtresse Henriette d'Entragues pour se venger de l'insistance avec laquelle la Reine soutient le projet de mariage de Léonora et Concini.

C'est précisément d'Henriette que va venir le salut pour nos deux amoureux. Léonora et Concini ne tarderont guère à comprendre qu'il faut se faire une alliée de la toute-puissante maîtresse du Roi. Léonora convainc celle-ci qu'elle est seule en mesure d'inciter Marie à accepter sans murmure sa présence à la Cour. Henriette promet son appui à Léonora. Dès lors, les choses ne traînent pas. Henri IV nomme, le 5 avril 1601, Léonora au poste envié de Dame d'atour, autorise le mariage avec Concini, et promet à ce dernier le titre de gentilhomme de la Chambre du Roi. Il exprime à Vinta ses regrets d'avoir marqué si longtemps de la réserve à l'égard de son neveu, « mais il était excusable, parce qu'il ne le connaissait pas et qu'on lui avait dit de lui beaucoup de mal. Mais maintenant qu'il était détrompé, il voulait que le marquis suivît toujours sa personne. »

En réalité, Henri IV ne débordera jamais d'estime à l'égard du couple. De Léonora, il dit : « Elle n'est bonne qu'à faire pleurer ma femme ». Et il prétend que c'est à cause de Concini qu'il mesure chichement les ressources allouées à Marie de Médicis, confiant un jour à Vinta : « Je ne veux pas donner un sou à la Reine parce que tous iraient dans la bourse du signor Concini ». S'il a cédé, ce n'est certes pas par un regain de sympathie, mais parce qu'il ne refuse pas grand-chose à l'impérieuse marquise de Verneuil.

Le 12 juillet 1601, Léonora et Concini se marient discrètement à Saint-Germain-en-Laye. Dans les semaines qui suivent, Giovannini est renvoyé en Italie, où vont bientôt le rejoindre la quasi-totalité des Italiens qui avaient été admis à rester en France avec la Reine. Les Concini sont maîtres du terrain, c'est-à-dire de l'esprit influençable de Marie. Reconnaissants à l'égard d'Henriette d'Entragues, ils jouent les conciliateurs entre la Reine et la maîtresse du Roi, et s'entremettent pour éviter les éclats.

L'ascension des Concini commence. L'homme est devenu Premier Maître d'hôtel de la Reine après son mariage avec Léonora. En 1602, le couple reçoit d'Henri IV une gratification de 1 000 écus (3 000 livres). A partir de 1603, Marie de Médicis fait donner à Concini une pension annuelle de 25 000 livres. Cette même année 1603, le 8 juin, Marie de Médicis est la marraine du fils nouveau-né des Concini, Henri, dont le comte de Soissons est le parrain.

Henriette s'étant compromise en 1604 avec toute sa famille dans la conspiration d'Entragues, c'est la guerre déclarée entre Marie de Médicis et la maîtresse du Roi. Ce dernier ne peut éviter de rompre avec Henriette en raison de la gravité des charges qui pèsent sur elle, et le ménage royal, pendant quelques mois, se ressoude. Du coup, les Concini apparaissent moins suspects à Henri IV. Quand la Reine, en 1606, confie une mission en Italie à Concini, présenté par Marie comme « son conseiller et premier majordome », le Roi donne une lettre de recommandation pour le Grand-Duc de Toscane, à charge pour Concini d'informer ce dernier « de ce qui se passe en ce royaume, de quoi je vous prie de le croire comme moi-même ».

Concini reste en Italie de mars à septembre 1606. Lorsqu'il rentre rien ne va plus entre Henri IV et Marie, car le Roi a de nouveau succombé au charme pervers d'Henriette. Concini va tirer parti de la situation : Henri IV, pour s'en faire un allié et obtenir qu'il prêche l'apaisement à Marie de Médicis, multiplie à son égard les faveurs et les témoignages de considération. En autorisant Concini à acheter la charge de Premier Écuyer de la Reine, il flatte sa vanité : Concini a désormais le privilège, comme un prince du sang, d'entrer dans la cour du Louvre à cheval ou en carrosse.

Tout se monnaie. Henri IV veut obtenir de Marie qu'elle ne s'oppose pas au retour d'Henriette d'Entragues à la Cour. Il fait à Concini l'honneur de monter dans son carrosse, et de se rendre à dîner, avec la Reine, dans son Hôtel de la rue de Tournon ; aux yeux de tous, Concini est donc un familier du Roi. On pense un moment lui confier les fonctions d'ambassadeur du Roi de France à Florence. Le 20 mars 1608, une petite fille naît chez les Concini ; on la prénomme Marie. A son baptême, elle a la princesse de Condé comme marraine ; quant à son parrain, il n'est autre que le Roi de France, Henri IV en personne. Du moins Concini a-t-il, à l'égard du Roi, la reconnaissance du ventre et, dans toute la mesure du possible, il fera pression sur Marie de Médicis, de concert avec Léonora, pour ramener un minimum de paix dans le ménage royal.

Une telle réussite ne peut que provoquer l'envie voire la haine. Le Grand-Duc de Toscane, le premier, s'irrite de l'influence exercée par Concini, qui restreint le rôle qu'il aurait voulu jouer lui-même dans les affaires de France en dirigeant à sa guise l'esprit de sa nièce. Les Grands supportent très mal le Florentin, en qui ils voient un rival dans la faveur du Roi et de la Reine. Il semble qu'en 1607, Concini ait même été l'objet d'une tentative d'assassinat.

Les amies de la Reine.

En dehors de Léonora, Marie de Médicis n'avait aucune amie de Florence dont elle ait voulu se faire accompagner en venant en France. Elle n'allait pas tarder à se lier d'amitié, dans sa nouvelle patrie, avec trois dames parmi les plus en vue du royaume : la duchesse de Guise, la princesse de Conti, et Madame de Montpensier.

La duchesse de Guise est la meilleure amie de la Reine après Léonora. C'est une vénérable douairière, la veuve d'Henri le Balafré, duc de Guise, assassiné à Blois par l'ordre d'Henri III. Les souvenirs de la Ligue ne pèsent ni sur elle ni sur ses relations avec Henri IV et Marie de Médicis. Elle est vive et enjouée, et le Roi l'aime en raison de son esprit caustique et des souvenirs piquants de la Cour des derniers Valois qu'elle sait raconter à merveille. Dans l'entourage du Roi et de la Reine, tous ne trouvent pas du meilleur goût cette amitié pour la vieille ligueuse. Saint-Simon s'en fait l'écho : « Il n'est pas aisé de justifier Henri IV de l'amitié et de la confiance qu'il prit pour Madame de Guise [5] ». Il est juste de dire que le Roi n'a aucune confiance dans sa discrétion, et la soupçonne fort de jouer double jeu entre Marie de Médicis et Henriette d'Entragues. La Reine et lui décident un jour de lui tendre un piège : Marie confie à la duchesse de Guise sous le sceau du secret qu'elle a l'intention de faire enlever la marquise de Verneuil au bac d'Argenteuil, et lui donne tous les détails sur le prétendu projet. La duchesse promet le silence le plus absolu, et, le soir même, avertit la marquise [6].

La compagnie de la duchesse de Guise n'était pas toujours de tout repos. En 1613, Marie étant Régente, le chevalier de Guise, fils de la duchesse, tue un gentilhomme dans un simulacre de duel. Marie de Médicis veut sévir, tandis que la duchesse défend évidemment son fils. Très vite, la discussion s'anime ; la duchesse « en vint aux grosses paroles et s'emporta tellement que la marquise de Guercheville, l'avertissant de prendre garde à ce qu'elle disait et que la Reine était sa mai-

5. Saint-Simon, *Parallèle des trois premiers Rois Bourbons*, Éd. M. P. Faugère, Paris, Hachette, 1880, p. 120.

6. Richelieu, *Mémoires*, Éd. Michaud et Poujoulat, Paris, Firmin Didot, 1837, T. I, p. 16.

tresse aussi bien que des autres la mit en plus de furie que devant ; elle lui répondit une chose qui fut fort remarquée comme sentant la Ligue : qu'elle n'avait point d'autre maîtresse que la Vierge Marie [7] ».

Marie de Médicis l'aime bien cependant et, pour la retenir le plus possible à ses côtés, lui fait attribuer un appartement dans le Palais du Louvre, au second étage, juste au-dessus du sien.

La princesse de Conti occupe dans l'amitié de la Reine une place presque égale à celle de la duchesse de Guise, dont elle est la fille. Louise Marguerite de Guise s'est mariée tardivement, en 1605, à l'âge de 28 ans, avec le prince de Conti, cousin germain d'Henri IV, sourd, horriblement bègue et généralement considéré comme stupide. Richelieu résume ainsi l'opinion générale : « Le prince de Conti était si bègue qu'il était quasi muet et n'avait pas plus de sens que de parole [8] ». Le ménage n'a eu qu'une fille, morte en bas âge. Quant au prince de Conti, il a le bon goût de mourir en 1614, laissant sa femme libre de poursuivre une carrière amoureuse commencée depuis bien longtemps. Henri IV avait eu un faible pour elle, et il avait un moment été question de mariage. La chose aurait d'ailleurs été assez piquante : Henri IV épousant la fille du duc de Guise assassiné par l'ordre de son prédécesseur Henri III. Aussi bien le projet n'eut-il pas de suite. Mais la princesse de Conti devait être assez bien renseignée sur le compte du Roi puisqu'elle publia en 1652 *Les Amours du Grand Alcandre*, plus tard réédité sous le titre d'*Histoire des Amours de Henri IV* qui contient une mine d'indications fort précises – et souvent scandaleuses – sur la vie privée du Bon Roi Henri.

Au moment du mariage d'Henri IV avec Marie de Médicis, la princesse de Conti avait décidé de s'établir dans les bonnes grâces de la nouvelle Reine. Pour cela, elle était allée l'accueillir dès son arrivée à Marseille, et avait tout fait pour gagner sa confiance. « Elle n'avait eu qu'a user des moyens qui assurèrent longtemps son succès : amabilité constante, dévouement délicat et discret de tous les instants, art prudent d'être toujours de l'avis de la Reine et de prendre perpétuellement son parti : la sympathie de Marie était gagnée [9] ».

Elle a aussi son appartement au Louvre. Il est situé à l'entresol, très près de celui de la Reine. Celle-ci aime que la princesse vienne lui tenir compagnie le soir en lui faisant quelque lecture. Madame de Conti apprécie les gens de lettres, les protège, raconte à la Reine leurs derniers potins. Cultivée, elle participe au mouvement de renouveau littéraire

7. Fontenay-Mareuil, *Mémoires*, p. 65.

8. Richelieu, *Mémoires*, Éd. Michaud et Poujoulat, Paris, Firmin Didot, 1837, T. I, p. 72.

9. Louis Batiffol, *La vie intime d'une Reine de France au XVIIe siècle, Marie de Médicis,* Paris, Calmann-Lévy, 1931, T. II, p. 6.

que connaît la France en ces premières années du XVIIe siècle. Les poètes de l'époque le lui rendent bien, et Malherbe, en particulier, lui marque une grande considération. Bon observateur des choses de la Cour, il écrit un jour : « La princesse de Conti gouverne la Reine », opinion qu'Henri IV n'est pas loin de partager pour s'en inquiéter. Comme la princesse servait de secrétaire à la Reine pour écrire, sous sa dictée, les lettres les plus personnelles, il avait entrepris de la faire surveiller et, à la fin de son règne, il l'avait carrément prise en grippe, trouvant qu'elle exerçait une détestable influence sur Marie et « qu'elle empoisonnait l'esprit de celle-ci ».

Madame de Montpensier n'a pas les défauts des dames de Guise. Henriette-Catherine de Joyeuse est une femme très douce, très aimable. Elle n'a pas la vitalité des deux autres, et sa correspondance avec Marie de Médicis est remplie du récit de ses maladies ou indispositions. Mariée au duc de Montpensier, de la lignée des Bourbon, elle n'a qu'une fille, Mademoiselle de Montpensier, née en 1605. C'est la plus riche héritière de France et, dès la naissance de la petite, Marie de Médicis, qui lui témoigne une affection aussi vive qu'excessive, décide de la marier à son deuxième fils, le premier duc d'Orléans, né en 1607 : celui-ci étant mort à l'âge de 4 ans à peine, en 1611, Marie de Médicis, on l'a vu, décide de faire épouser Mademoiselle de Montpensier à son troisième fils Gaston, duc d'Anjou, qui deviendra le deuxième duc d'Orléans au moment de son mariage.

Madame de Montpensier est très proche de Marie. A chacun de ses accouchements, la Reine demande que son amie soit présente, pour l'assister de sa douceur et de son calme. Le jour de l'assassinat d'Henri IV, c'est avec Madame de Montpensier que Marie était en train de se reposer dans son appartement au Louvre lorsqu'on ramena le corps du Roi que Ravaillac venait de poignarder.

Perles, diamants et affairisme.

Lors de la cérémonie du baptême du Dauphin, à Fontainebleau, en 1605, Marie de Médicis portait une robe sur laquelle on avait cousu *32 000 perles et 3 000 diamants*. Ces chiffres ne sortent pas de l'imagination d'un mémorialiste affabulateur ou mal renseigné : ils figurent dans le procès-verbal officiel de la cérémonie. Des témoins de l'événement nous disent d'ailleurs que la robe était tellement lourde que Marie de Médicis ressemblait à une tour et se déplaçait avec la plus grande difficulté. Mais la Reine était resplendissante — on le serait à moins.

Aucune Reine de France n'a eu le goût des pierres précieuses poussé à ce degré. Il est vrai que Marie a de qui tenir puisque la famille Médicis se signale par une passion sans frein pour les pierreries et les perles. Il est vrai aussi que les pierreries sont appréciées dans toutes les Cours royales, princières ou seigneuriales de l'époque, car elles constituent le moyen le plus commode pour emporter dans un minimum de temps et de volume des sommes importantes en cas de nécessité. La cassette de bijoux tient une place considérable dans les aventures politiques ou sentimentales du temps. S'évadant du château de Blois en 1619, Marie de Médicis n'a garde d'oublier les précieuses cassettes ; l'une d'entre elles tombe d'ailleurs malencontreusement, on la retrouvera le lendemain dans les fossés du château. Quelques années plus tard, Marie de Médicis puise abondamment dans ses trésors et les convertit en espèces sonnantes et trébuchantes afin de financer l'expédition militaire de son fils Gaston d'Orléans, qui vient échouer lamentablement à Castelnaudary le 1er septembre 1632. Il n'y a donc là, en soi, rien d'anormal a priori. Mais, comme l'écrit son biographe Louis Batiffol, « Marie de Médicis a passé la mesure, et des précautions, et des nécessités princières[10] ».

Henri IV avait lui-même donné à sa femme de magnifiques bijoux au moment de leur mariage. Lors de l'entrée de Marie de Médicis à Lyon, au début du mois de décembre 1600, Monsieur de Roquelaure a été spécialement envoyé au-devant de la Reine par Henri IV retenu par sa guerre contre le duc de Savoie pour lui offrir, de la part du Roi, un extraordinaire collier de perles que les chroniqueurs contemporains appellent un peu irrévérencieusement « le grand carcan ». Il a coûté au Roi la bagatelle de 150 000 écus (450 000 livres) – le quart de la dot de Marie de Médicis ! En 1602, Henri IV fait venir à Paris les joyaux de la couronne de Navarre pour permettre à sa femme d'en disposer. Mais Marie est insatiable. Elle se fait faire un bracelet constitué d'un ovale de diamants entouré de quatre gros diamants, qui coûte 360 000 livres. C'est la plus grosse dépense du règne en matière de bijoux. A côté de celle-ci, que de dépenses plus modestes – tout est relatif – dont l'addition représente au bout du compte des sommes colossales.

Marie ne résiste pas à la tentation, et les joailliers le savent ; on croirait presque qu'ils se passent le mot. La liste des fournisseurs de la Reine retrouvée dans les comptes de la Maison de Marie de Médicis comprend pratiquement tous les orfèvres et joailliers établis sur la place de Paris : François Dujardin, Pierre Courtois, Jean Subtil, Mathieu Lescot, Claude Bourdon, Jean Chancel, Nicolas Chrestien, Paul Louvigny, Paris Turquet, Claude de Cambrai, Martin Bachelier, Corneille Roger, François Le Prestre. La Reine fait aussi appel à des joailliers étrangers, qui ont d'ailleurs très souvent un correspondant à Paris : Hélie Fruit le Flamand, Georges Langraf, Jean Pitten, Gilbert Hessing,

10. Louis Batiffol, *La vie intime d'une Reine de France au XVIIe siècle, Marie de Médicis*, Paris, Calmann-Lévy, 1931, T. II, p. 86.

Hottman, qui sont Allemands ; et puis l'Anglais Nicolas James, le Florentin Andrea Fioravanti, et l'Italien de Prague Jean Castruccio, peut-être l'un des plus habiles orfèvres du temps. On achète des bijoux tout montés, ou des pierres isolées que l'on fait ensuite sertir sur des bracelets, des boîtes à parfum, des cadres de portraits, des boucles d'oreilles, etc. Pour suivre ses achats, surveiller les opérations de montage, et garder un œil sur les précieuses cassettes, Marie de Médicis a un orfèvre à demeure, Nicolas Roger, qui la conseille, travaille à sertir les pièces nouvelles, entretient les bijoux, et conserve par devers lui les clefs des coffres.

La vraie passion de Marie de Médicis, ce sont les diamants. Il existe un dossier, soigneusement tenu à jour pendant toute la période où elle a vécu en France, c'est-à-dire jusqu'en 1631, intitulé « États relatifs aux achats de diamants faits par la Reine ». On possède ainsi le relevé de toutes les acquisitions qu'elle a faites. A travers ce document, on sent une femme que saisit parfois une véritable frénésie d'achats. Un jour, par exemple, l'orfèvre Hélie Fruit lui propose deux diamants de 21 000 livres. Elle les achète. Le lendemain, le même Hélie Fruit revient avec quatre autres diamants « taillés à facettes pour servir de pendeloques » ; prix : 30 300 livres. Le trésorier de la Reine, Florent d'Argouges, prévient Marie de Médicis que la Chambre des Comptes n'acceptera pas ces dépenses répétées sans murmurer ; la Reine passe outre, prend les diamants, et signe un acte ordonnant à la Chambre des Comptes de régler le prix ; ces messieurs de la Chambre ne se laissent apparemment pas impressionner puisque, un an plus tard, les diamants n'étaient toujours pas payés.

La Reine est la terreur des particuliers qui possèdent quelque beau diamant : elle les harcèlera jusqu'à ce qu'ils lui cèdent la pierre tant convoitée, mais bien heureux ceux qui seront payés sans histoires. Jean André Lumagne, par exemple, qui est le banquier habituel de la Reine, détient un magnifique diamant taillé ; en 1612 les pressions de Marie sont devenues telles que Lumagne finit par le lui vendre pour 18 000 livres ; en 1614, après mille difficultés, il parvient à se faire payer à peu près la moitié de cette somme ; il ne sera jamais remboursé du solde. En 1615, Sébastien Zamet remet à la Reine un diamant de 15 000 livres ; il ne sera jamais payé. Cette même année 1615, Zamet reçoit après dix ans d'efforts le règlement d'un diamant énorme qu'il avait vendu à Marie de Médicis pour 75 900 livres en 1605 !

Il faudrait des pages pour noter tous les menus achats : boutons d'or garnis de diamants d'un prix de 1 953 livres, bouquet de diamants de 300 livres, guirlandes de fleurs d'or émaillé, pendants d'oreille, boîtes de portraits enrichis de diamants, œuvres sorties des mains expertes de Jean Subtil, Charles Godin ou Paris Turquet, sans parler de la bague en or portant les portraits de Louis XIII et d'Anne d'Autriche recouverts d'un large diamant taillé que Marie de Médicis achète pour 1 050 livres à Gilbert Hessing en 1613.

A côté des diamants, les autres pierres précieuses intéressent beaucoup moins la Reine. Elle fait monter en bague par Nicolas Roger un rubis de 600 livres. Elle charge l'ambassadeur de France à Constantinople de lui acheter des turquoises non taillées qu'on trouve, paraît-il, en abondance et à bon compte dans l'Empire turc. Un joaillier allemand vend pour 240 livres une pierre de jacinthe taillée. Marie de Médicis fait également monter par Jean Pitten dix émeraudes sur une croix d'or, et par Jean Subtil un énorme saphir sur une bague en or. Mais ces acquisitions sont beaucoup moins nombreuses que celles qui portent sur des diamants.

Que sont devenues toutes ces pierres ? On n'en sait trop rien. Il est possible que certaines figurent dans les pièces conservées au Musée du Louvre, mais la quasi totalité ont quitté le pays quand Marie de Médicis s'est enfuie de Compiègne en 1631, et elles ont été dispersées au hasard de ses errances pour lui permettre de faire face à ses besoins d'argent. Un certain nombre ont été données en gage ou vendues à Amsterdam pour financer l'expédition de Gaston d'Orléans dans le Midi de la France en 1632, comme on l'a dit plus haut. Les autres ont été écoulées au fil des ans pour permettre à la Reine-Mère de soutenir un train de vie très dispendieux et qui n'avait plus que de lointains rapports avec l'état de ses ressources.

Marie de Médicis n'avait pas l'argent nécessaire pour tous ces achats, mais l'amour des diamants l'emportait sur toute autre considération, et elle n'a pas hésité à recourir à des expédients. C'est là que Léonora Galigaï, l'obligeante camérière, l'amie d'enfance, la confidente des bons et des mauvais jours, rentre en scène. Le principe de base de ces expédients est très simple : chaque fois qu'une charge, un contrat, un marché avec l'État sont attribués, la Reine prélève sa commission. Vous souhaitez obtenir la perception des gabelles dans telle province ? Allez voir Léonora et accordez-vous avec elle. Vous êtes l'objet de poursuites pour avoir un peu friponné l'État ? Un bon compromis vaut mieux qu'un vilain procès : Madame Concini vous arrangera cette affaire honorablement, moyennant le petit dédommagement d'usage. Le reste à l'avenant : offices de surintendant, de receveur, de président de Parlement, il n'est rien qui échappe à la vigilance de Léonora ; elle connaît l'art et la manière pour faire argent de tout, au profit de sa bonne maîtresse – sans oublier, évidemment, le sien propre au passage.

Le procès de Léonora en 1617 révèle quelques-unes de ces prévarications. Quinze affaires rapportent au total 2 millions de livres : de quoi s'offrir pas mal de diamants ; rappelons, à titre de comparaison, que le budget annuel de la Reine est de 400 000 livres, et que le budget annuel de la France est d'environ 20 millions de livres ; c'est dire l'importance des sommes ainsi ramassées. Un sieur Duret donne 100 000 livres pour qu'on lui continue le bail de l'ancien domaine de Navarre. Le sieur d'Hureau 100 000 livres aussi, de même que le sieur Choisy, de Caen. Monsieur Jean de Lyon donne 104 000 livres, messieurs Tartier et Joly 84 000, Monsieur Martin de Bordeaux 30 000, etc.

Mais l'histoire la plus significative est celle d'Antoine Allory, sieur de La Bornerie. Cet homme est un financier important sur la place de Paris qui afferme la perception des principaux impôts du royaume. En octobre 1613, Antoine Allory est adjudicataire de la perception des « cinq grosses fermes », pour la somme respectable de 886 000 livres. L'adjudication a eu lieu dans les formes légales, au Louvre, devant un public nombreux, en Conseil du Roi présidé par Marie de Médicis, et c'est la Reine elle-même qui « à l'extinction de la chandelle » a prononcé l'attribution du contrat. L'adjudication terminée, Antoine Allory donne au Président Jeannin, Contrôleur général des finances, les noms de ses associés et cautions, et rendez-vous est pris pour signer le contrat, dès le lendemain matin, en Conseil des Finances.

Le lendemain, à l'heure dite, Antoine Allory se présente au Louvre, accompagné de tous ses associés. Il n'a malheureusement pas de chance : c'est un samedi, et il a pris fantaisie à la Reine-Régente d'aller avec le Roi son fils et tous les membres du gouvernement passer la fin de semaine à Fontainebleau. Mais qu'à cela ne tienne, Antoine Allory n'a qu'à se rendre lui aussi, avec ses associés et cautions, à Fontainebleau pour qu'on lui signe son contrat.

La scène se déplace à Fontainebleau et, là, les choses commencent à se gâter. Signer le contrat ? Mais quel contrat ? Un peu embarrassé, le Président Jeannin dit à Antoine Allory que la signature n'aura pas lieu, « qu'il avait pitié de lui, qu'on voulait de force lui ôter l'adjudication du bail et que la Reine-Mère voulait en gratifier un homme que la marquise d'Ancre [c'est-à-dire Léonora] lui avait présenté ». Très ému, Allory va voir le Chancelier qui s'exclame dès qu'il l'aperçoit : « Ah ! Monsieur de La Bornerie, mon ami, je vois bien qu'on veut vous traiter mal et vous ôter ce que nous vous avons adjugé. Mais il ne faut pas vous laisser faire ; il faut parler à la Reine et employer vos amis ».

Sitôt dit, sitôt fait. Allory connaît bien le duc de Guise, et obtient de lui qu'il le présente, à la première occasion, à Marie de Médicis. Le mardi suivant, la Cour est toujours à Fontainebleau, il fait beau, Marie de Médicis a décidé de se promener dans les jardins du château, et le duc de Guise l'accompagne. Allory s'approche sur un signe du duc, qui s'adresse alors à la Reine : « Madame, voici un de mes amis qui me prie de le présenter à Votre Majesté, je vous prie de l'ouïr ». Allory explique son problème, et se fait répondre par Marie de Médicis : « Voyez la marquise, et accordez cela avec elle ».

Voici donc Allory chez Léonora, à qui il a fait annoncer « qu'il venait pour apprendre [d'elle] ce qu'elle pouvait désirer ». Léonora évalue le bénéfice du contrat dont Allory est adjudicataire à 200 000 écus par an – 600 000 livres (alors qu'il s'engage, rappelons-le, à verser 886 000 livres dans les caisses de l'État : on voit que le métier de fermier des impôts de l'État pouvait être fort lucratif) et lui demande de proposer une commission en proportion. Allory se récrie, conteste le chiffre, jure ses grands dieux que le bénéfice est beaucoup plus petit qu'elle ne semble le croire, et offre 10 000 écus, soit 30 000 livres, « pour ses épingles » – expression consacrée pour désigner le pot-de-vin lorsqu'on est entre gens de qualité. C'est au tour de Léonora de s'indigner : la somme est dérisoire, la marquise en colère dit à Allory que « c'était se moquer d'elle » et le met à la porte. Allory n'a plus qu'à regagner Paris pour examiner la situation avec ses associés.

Sur le conseil du Président Jeannin, il retourne voir la Reine, introduit cette fois par Monsieur de Montbazon, un important personnage lui aussi. Allory relate sa conversation avec Léonora à la Reine qui lui répond sans s'engager « qu'elle verrait et qu'elle en parlerait à la marquise ». Allory insiste, soulignant « que la justice qu'il poursuivait importait grandement à l'honneur du Roi, à celui de son Conseil et de la Reine-Mère qui avait prononcé l'adjudication ». Marie de Médicis, qui commence à s'agacer, lui redit d'un ton froid « qu'elle verrait, qu'elle parlerait à la marquise ».

Quelques jours plus tard, Antoine Allory apprend que le contrat qu'il avait obtenu vient d'être attribué à un certain Pierre de La Sablière, commis et prête-nom d'un financier italien, le Florentin Giovannini. Fort marri d'avoir été ainsi berné, Allory intente un procès. En Conseil du Roi, il fait opposition au bail. Mais il demande aussi à revoir Léonora, qui le reçoit et lui apprend que Giovannini, plus compréhensif que lui, a donné « pour ses épingles » 20 000 écus (60 000 livres) payables à la signature du contrat, plus 10 000 livres par an pendant toute la durée du bail. Allory se décide à faire un petit effort, et, révisant son offre antérieure, propose à Léonora 12 000 écus (36 000 livres) comptant et 20 000 écus de plus (60 000 livres) sur ses bénéfices à venir. Mais cette offre reste inférieure à celle de Giovannini, et Allory se fait une fois de plus éconduire par la marquise. Ivre de fureur, il va se répandre dans les couloirs en promettant qu'il ne se laissera pas faire et « qu'il donnerait un coup de pistolet en la tête de celui qui lui ôtait son bail, vu la justice qu'il y avait et la dépense qu'il avait faite ».

L'affaire s'ébruite et, n'étant guère à l'honneur de la Reine, elle contrarie Marie de Médicis, qui charge le Président Jeannin de revoir Allory et de lui conseiller de s'arranger avec Giovannini. Ce dernier propose à Allory un dédommagement de 4 000 écus (12 000 livres).

Allory refuse : il veut la moitié du bail, offrant de prendre à sa charge la moitié de la commission promise à Léonora par Giovannini, soit, par conséquent, 10 000 écus (30 000 livres) comptant plus 5 000 livres par an pendant toute la durée du contrat. C'est au tour de Giovannini de ne plus être d'accord. Dans ces conditions, il ne reste plus qu'à plaider.

Allory obtient bientôt gain de cause devant la Chambre des Comptes, qui casse le contrat signé avec Giovannini, et attribue le bail à Antoine Allory. La morale est-elle enfin sauve ? Ce serait mal connaître Léonora : le 12 décembre 1613, à son instigation, la Reine fait rendre un arrêt par le Conseil du Roi « en forme de jussion » par lequel la Chambre des Comptes se voit signifier « de passer outre à la vérification du bail, nonobstant toute opposition contraire ».

Giovannini avait le dernier mot grâce à Léonora : déni de justice ou pas, elle avait tenu bon et, contre vents et marées, contre l'obstination d'Allory et ses amis, visiblement bien introduits, contre les magistrats de la Cour des Comptes, contre certains membres du gouvernement, elle avait fait soutenir son choix jusqu'au bout par Marie de Médicis.

Il y a peu d'affaires aussi spectaculaires, mais il y en a eu beaucoup, peut-être plus feutrées, moins explosives qui, s'ajoutant les unes aux autres, ont fini par jeter le discrédit sur le régime. Malgré le laxisme des mœurs de l'époque, cela n'était nullement pour arranger la réputation de Marie de Médicis. Le procès de Léonora, en 1617, en démontant au grand jour les mécanismes de certaines de ces affaires, comme celle d'Antoine Allory, éclabousse fâcheusement la Reine-Mère et achève de détruire une image qui n'avait cessé de se ternir au fil des ans.

Marie et les maîtresses du Roi.

L'histoire, qui tient comptabilité de tout, dote Henri IV de 56 maîtresses homologuées. Le Vert Galant avait, à n'en pas douter, un faible pour les femmes, et sa réputation bien établie de gaillardise était l'un de ses titres de gloire.

Au milieu des aventures diverses et multiples, il y a eu les grands embrasements — Corisande, pendant les guerres de religion, puis Gabrielle d'Estrées, la belle Gabrielle, que le Roi enlève à son compagnon et ami Bellegarde, un jour de novembre 1590, et qu'il projette d'épouser. Sa mort, survenue le 10 avril 1599, dans les conditions que nous avons décrites plus haut, laisse le champ libre aux négociations du « mariage florentin » et accélère la conclusion de l'accord avec le Grand-Duc de Toscane pour l'union avec Marie de Médicis. Mais si rapides qu'aient été les négociations, elles ne peuvent empêcher le cœur du Roi de se faire prendre à nouveau dans les filets de l'amour.

Après la mort de Gabrielle, Henri IV porte le deuil pendant trois mois. Sa tristesse est profonde et, croit-il, définitive ; il écrit : « La racine de mon cœur est morte et ne rejettera plus ». A Fontainebleau, où il séjourne, l'atmosphère est des plus moroses, jusqu'à ce qu'en ce début d'été 1599, le Roi jette soudain à ses courtisans : « Messieurs, montons à cheval ; j'ai envie de manger cet été des melons de Blois ». La route de Fontainebleau à Blois passe non loin du château de Malesherbes. Le seigneur des lieux, François de Balzac d'Entragues, est surnommé le Roi d'Orléans, comme successeur de Charles IX, dont il a épousé la maîtresse, Marie Touchet, native d'Orléans, et unique amour du Roi qui donna l'ordre du massacre de la Saint-Barthélemy. Marie Touchet avait eu de Charles IX un fils, le comte d'Auvergne. Elle avait de Monsieur d'Entragues deux filles dont l'aînée, Henriette, était alors âgée de 18 ans. Plus jolie que belle, d'ailleurs, mais avec un esprit acéré, mordant et une gaieté rieuse, elle enchante Henri IV dès les premiers instants. La princesse de Conti, qui ne l'aime pas, lui rend hommage : « Fort belle fille, pas si belle que Gabrielle, mais plus jeune et beaucoup plus gaie [11] ».

François d'Entragues, constatant l'inclination du Roi pour sa fille, exploite sa passion. Le 11 août 1599, il se fait donner le marquisat de Verneuil. Quelques jours plus tard, il fait monter les enchères : 100 000 écus, ou le Roi n'aura pas sa fille. Le Roi s'exécute. Mais ce n'est pas encore assez : il faut qu'Henri IV promette d'épouser Henriette si elle accouche d'un garçon. Et, le 1er octobre 1599, Henri IV signe la promesse suivante : « Monsieur d'Entragues nous donnant à compagne Mademoiselle Henriette sa fille, en cas que dans six mois elle devienne grosse et accouche d'un fils, alors et à l'instant nous la prendrons pour femme. De Malesherbes, 1er octobre 1599. Henry ». Pour plus de sûreté, Monsieur d'Entragues demande à deux ministres de contresigner cet acte. Sully, qui négocie alors le « mariage florentin », affirmera plus tard qu'ayant appris l'existence de cette promesse, il parvient à mettre la main sur elle et à la déchirer, mais qu'il ne peut empêcher Henri IV de la refaire. Cette promesse en tout cas, refaite ou pas, a bien existé, puisqu'elle est parvenue jusqu'à nous.

Pourquoi ce délai de six mois ? A cause du projet de mariage florentin. Henri IV laissait en somme à Henriette une chance d'aller plus vite que les négociateurs pour peu qu'elle donne le jour à un fils. Dans cette étonnante course contre la montre, le temps semble d'abord se mettre du parti d'Henriette d'Entragues : elle est enceinte. Mais les Dieux sont pour Marie : la foudre tombe dans la chambre d'Henriette et celle-ci accouche prématurément d'un enfant mort-né : c'était un garçon. Henri IV aime Henriette, mais il laisse faire les négociateurs de son mariage

11. *Histoire des Amours de Henri IV*, 1664, p. 62.

avec Marie de Médicis – qu'il n'ose pas annoncer à sa maîtresse. Une véritable conspiration du silence s'est établie autour de ces négociations. Sully qui en est l'artisan, l'âme, dit à l'envoyé florentin Baccio Giovannini : « Il faut ici du secret afin que cette écervelée d'Entragues ne pénètre rien, car elle en serait furieuse et pourrait inspirer quelque dégoût à Sa Majesté ».

Quand la nouvelle du mariage est rendue publique, le 19 octobre 1600, il faut bien l'annoncer à Henriette. Celle-ci rentre dans une colère terrible – si terrible qu'Henri IV fait mine de céder et envoie le même jour à Rome un capucin nommé Travail avec pour mission de démontrer au Pape que l'existence de la promesse à Henriette d'Entragues lui interdit d'épouser Marie de Médicis ; mais, en sous-main, il fait retarder l'étrange mission, suffisamment longtemps pour que le mariage avec Marie soit célébré.

Réalisant qu'elle a été dupée, Henriette, cependant, ravale sa colère. Consciente de l'hostilité à son égard des ministres unanimes, consciente de l'absolue nécessité où Henri IV s'est trouvé de contracter ce mariage d'intérêt, qui lui procure l'argent dont il avait besoin pour sa guerre contre la Savoie et l'alliance avec le Pape indispensable à sa paix avec les catholiques, consciente de la popularité de la princesse de Toscane dans l'opinion publique, elle attend son heure.

En droit – certains des juristes qu'elle a consultés le lui ont confirmé – la promesse de mariage dont elle bénéficie peut rendre nul le mariage avec Marie de Médicis. Henriette a dès lors trois possibilités : attaquer en Cour de Rome le mariage d'Henri IV et de Marie ; faire valoir ses droits et ceux de ses enfants à la mort du Roi ; ou enfin, Marie de Médicis mourant providentiellement du vivant d'Henri IV, revendiquer le bénéfice de la promesse et devenir Reine de France.

Encore fallait-il qu'elle ait un fils. Pour sa chance, Henri IV ne tarde pas à y pourvoir. Ayant au soir du 9 décembre 1600 exercé ses droits conjugaux dans le lit de Marie de Médicis avant de l'épouser en grande pompe à la cathédrale de Lyon le 17 décembre, il quitte Lyon le 21 janvier 1601. Le 28, il est à Paris, et se précipite auprès d'Henriette, qu'il ne quitte plus jusqu'à l'arrivée de Marie de Médicis le 4 février. Le 8 février, Henri IV écrit au connétable de Biron que la Reine est enceinte. Un mois plus tard, il est en mesure d'annoncer qu'Henriette d'Entragues l'est aussi.

En février 1601, Marie de Médicis vient juste d'arriver à Paris. Elle séjourne à l'Hôtel de Gondi où Henri IV lui présente les personnalités de la Cour. Après les princes du sang, voici les Grands, puis les principaux titulaires d'offices et les représentants les plus notables de la robe parisienne. Alors que s'achève le long défilé processionnel de tous ces messieurs et de toutes ces dames venus baiser la main de la Reine et lui faire la révérence, c'est la surprise : appuyée sur le bras de la vieille duchesse de Nemours, une grande jeune femme dans tout l'éclat de ses 20 ans apparaît devant la Reine. C'est Henriette d'Entragues. Le Roi s'avance et dit à la Reine d'un ton badin : « Celle-ci a été ma maîtresse ; elle veut être votre particulière suivante ». Henriette ne s'inclinant pas assez au gré du Roi, Henri IV, d'une poigne rude, la force à se baisser jusqu'au bas de la robe de la Reine pour la baiser. La présentation de la Cour se termine dans la gêne. Les ambassadeurs se hâtent de faire rapport à leurs gouvernements respectifs sur un incident qui, aussitôt connu dans Paris, est mis au passif du Roi.

Pauvre Henri IV ! Il n'avait pas eu conscience de mal faire : tout ce qu'il demandait c'est que les deux femmes vivent en bonne intelligence, étant entendu que l'épouse légitime avait le pas sur l'autre.

Enceintes à peu de temps l'une de l'autre, elles accoucheront à un mois d'intervalle. Marie de Médicis donne le jour le 27 septembre 1601 au Dauphin, le futur Louis XIII. Le 27 octobre 1601, c'est au tour d'Henriette de donner naissance à un garçon, le petit Gaston-Henri de Verneuil. Henri IV s'écrie : « Il me naît un maître et un valet ».

Désormais, Henriette d'Entragues poursuit Marie de Médicis d'une haine inexpiable. La seule excuse qu'elle concède à Henri IV pour s'être marié, c'est l'énormité de la dot : dans sa bouche Marie de Médicis est « la Florentine », « la banquière » – « votre grosse banquière », dit-elle ordinairement au Roi en parlant de sa femme. Mais, au vrai, qui est la femme légitime ? « C'est une concubine que votre Florentine » dit-elle à Henri IV, « je suis, moi, votre vraie femme ». Du coup le Dauphin n'est pas le vrai Dauphin, ce titre revient au fils d'Henriette. Quant le Roi décide de faire élever les enfants d'Henriette à Saint-Germain-en-Laye avec ceux qu'il a de Marie, c'est Henriette qui proteste le plus violemment en refusant de se soumettre à la volonté royale : « Que la Florentine garde son bâtard et moi je garderai mon Dauphin, je ne veux pas que mon fils soit élevé avec des bâtards ».

Henri IV lui-même, par ses attitudes ambiguës, n'a-t-il pas laissé le champ libre à Henriette ? Obsédé par l'idée du complot et de l'attentat, ne s'est-il pas dit que, si le Dauphin mourait, il aurait en Gaston-Henri de Verneuil un Dauphin de rechange ? Il avait été ému, mieux même, transporté de joie à la naissance du Dauphin, et l'on a vu comment il accueillit celle du petit Verneuil. Mais allant voir celui-ci à peu de temps de là, il aurait eu un comportement d'un goût douteux au témoignage de son valet Pierre de L'Estoile : « Madame la marquise de Verneuil accoucha d'un fils que le Roi baisa et mignarda fort, l'appelant son fils et disant plus beau que celui de la Reine, sa femme, qu'il disait ressembler aux Médicis étant noir et gros comme eux ; de quoi on dit que la Reine étant avertie pleura fort [12] ».

12. Pierre de L'Estoile, *Journal*, T. VII, p. 321.

Aux larmes de la Reine faisaient écho la satisfaction et la fierté d'Henriette. Le malheur d'Henri IV fut de ne pas pouvoir se passer de cette femme impérieuse et sèche. Son amour pour Henriette était peut-être moins délicat que celui qu'il avait porté à Gabrielle d'Estrées, mais il le dévorait d'une flamme aveugle. Tous les contemporains ont été frappés par la faiblesse à cet égard d'Henri IV, si maître par ailleurs de son intelligence et de son esprit. Fontenay-Mareuil témoigne de « cette furieuse passion qu'Henri IV avait pour les femmes, laquelle ayant commencé à l'obséder dès la jeunesse, continua toujours depuis, de telle sorte que ni son second mariage, ni rien n'y apportèrent quelque changement ». Richelieu renchérit en observant que « l'excès de la passion le rendait tellement faible qu'encore qu'il eût bien témoigné en toutes rencontres être prince d'esprit et de grand cœur, il paraissait dénué de jugement et de force en celle-là[13] ».

Pendant l'été 1604, au moment où éclate l'affaire de la conspiration d'Entragues, Henri IV, sans doute pour oublier la marquise de Verneuil, se met à courtiser Jacqueline de Bueil, parente de la princesse de Condé. Cette dernière, l'ayant remarqué, fait en sorte de quitter la Cour avec Jacqueline. Henri IV furieux convoque le jeune prince de Condé, à qui il ordonne de dire à sa mère de revenir à la Cour en y ramenant Mademoiselle de Bueil. La princesse et l'intéressée ne peuvent que s'exécuter. On s'indigne de la paillardise du Roi, et il se trouve des nobles pour dire très haut qu'ils n'hésiteraient pas à tirer l'épée contre Henri IV s'il leur fallait défendre leurs filles contre sa lubricité. L'opinion, généralement portée à l'indulgence à l'égard des frasques d'Henri IV, n'apprécie pas beaucoup le recours à la menace pour forcer le consentement d'une femme.

Certains ministres estiment cependant que, tout compte fait, une liaison entre le Roi et Mademoiselle de Bueil pourrait être la bienvenue dans la mesure où elle aiderait Henri IV à se détacher d'Henriette d'Entragues. Tel est le sens des conseils qui sont désormais prodigués à Jacqueline pour la décider à céder. L'intéressée n'y est pas opposée, à condition que le Roi s'occupe d'abord de son établissement. On la marie, Henri IV lui donne 150 000 livres, le titre de comtesse de Moret et obtient ses faveurs. De cette liaison devait sortir un fils, le comte de Moret ; très ami avec son demi-frère Gaston d'Orléans, il mourra dans la petite armée de ce dernier lors de la bataille de Castelnaudary.

Henri IV se lasse rapidement de la comtesse de Moret et revient à ses amours avec Henriette d'Entragues, dont le règne, si l'on peut dire, se poursuit jusque vers 1608. La marquise devra cependant partager

13. Richelieu, *Mémoires*, Éd. Michaud et Poujoulat, Paris, Firmin Didot, 1837, T. I, p. 9.

désormais les faveurs du Roi avec une autre femme : Charlotte des Essarts, qui aura deux filles d'Henri IV.

Au début de 1605, l'entourage féminin d'Henri IV s'enrichit d'un nouveau personnage, que l'on ne peut à proprement parler compter parmi ses maîtresses puisqu'il s'agit de la Reine Marguerite, sa première femme. Son retour à la Cour procède d'une bonne intention : après les remous causés par la conspiration d'Entragues, sa présence auprès du Roi ôte aux comploteurs un prétexte éventuel pour contester la validité du remariage d'Henri IV avec Marie de Médicis.

En février 1605, Marguerite fait du Dauphin son héritier, puis va rejoindre Henri IV et Marie de Médicis, dans le courant du mois de juillet, à Montceaux-en-Brie. Elle s'installe ensuite près de Paris dans le petit château de Madrid. Henri IV met Chenonceaux à sa disposition pour en faire sa villégiature. Autour d'elle se reforme une petite Cour qui, avec moins de faste qu'autrefois, mais autant de raffinement et de goût, constitue une réplique de l'ancienne Cour des Valois. Les gens de lettres la fréquentent assidûment.

Marguerite de Valois, qui est maintenant une grosse dame au visage couperosé et aux cheveux filasse, brille par les charmes de l'esprit et poursuit sa carrière amoureuse. Avec Marie de Médicis, elle entretient les meilleurs rapports, et manifeste à l'égard des enfants royaux une affection profonde qui ne se démentira pas jusqu'à sa mort survenue en 1615.

Un ménage désuni.

En arrivant en France, Marie de Médicis, dûment informée de l'existence d'Henriette d'Entragues, était décidée à supporter patiemment la faveur dont celle-ci jouissait auprès d'Henri IV. Elle pense sans doute qu'elle parviendra, à force d'attentions, à le détacher progressivement de la marquise, et multiplie à l'égard d'Henri IV les témoignages de sollicitude et d'affection, en cherchant à lui plaire par un comportement doux, patient et soumis. Mais les propos tenus par Henriette sur la validité de son mariage mettent à mal la patience de la Reine.

A partir de 1603, les choses se dégradent, malgré les efforts déployés par les Concini à la demande d'Henri IV pour disposer Marie à une attitude conciliante. Sully aussi donne des conseils, car il voudrait bien voir le Roi se débarrasser de sa passion pour Henriette qu'il n'a cessé de juger funeste aux intérêts de la France.

Marie de Médicis ne trouve malheureusement pas le ton qu'il faudrait pour convaincre Henri IV. Les considérations qu'elle développe tour à tour sur la nécessité pour le Roi de ménager sa santé, de sauvegarder sa réputation, ou de mettre fin à un scandale public préjudiciable à la stabilité de son règne, ont le don d'irriter Henri IV. Ce dernier incrimine les mauvais conseillers de la Reine, et insinue qu'elle n'a peut-être pas elle-même une réputation sans tache. Des ragots sur Virginio Orsini et sur l'amour de jeunesse qu'il y a eu entre Marie et lui l'amènent à exiger son renvoi. Mais la jalousie, feinte ou réelle, d'Henri IV ne se considère pas comme satisfaite, et le Roi porte successivement sur Bellegarde, Gondi, Concini, des soupçons qui sont très vraisemblablement sans aucun fondement.

Le Roi fait grief à la Reine des reproches qu'elle lui adresse. Une lettre qu'elle lui envoie est « la plus impertinente qu'il soit possible ». Il considère qu'elle manque de tendresse à son égard et que si elle l'avait « recherché, caressé et entretenu de discours agréables témoignant une grande amour, il n'eut jamais eu d'autres femmes ». Au début de 1604, exaspéré par les remontrances de Marie et l'affirmation qu'on lui rapporte, aussitôt répétée, qu'elle entend se venger, il quitte brusquement la Cour et s'en va rejoindre Henriette.

L'émotion est considérable et le Grand-Duc de Florence est informé que le Roi pourrait bien décider de lui renvoyer Marie. Sully écrit à Henri IV en termes prudents pour lui faire observer que les ministres et la Cour lui donnent tort, qu'il a de la chance d'avoir une épouse bonne et prudente, et qu'il ferait mieux de revenir vivre auprès d'elle. Au bout de quelques semaines, le Roi reparaît comme si de rien n'était et fait bonne figure à Marie. Mais il entend obtenir qu'elle change de comportement à son égard, et demande à Sully de lui en faire part.

La conversation qu'il a avec son ministre à ce sujet nous instruit de la comparaison qu'il établit entre les deux femmes. Marie de Médicis : elle grogne et rechigne presque toujours lorsque, « revenant de la ville, il la voulait baiser, caresser, rire et s'éjouir avec elle » ; elle témoigne d'une très grande animosité à l'égard de ses enfants naturels, même ceux qui sont nés avant leur mariage — allusion aux enfants qu'il a eus de Gabrielle d'Estrées ; elle dépense trop, est toujours à court d'argent, fait une confiance excessive aux Concini et à la clique italienne qui l'entoure. Henriette d'Entragues : « elle est d'agréable compagnie, de plaisante rencontre » ; elle a toujours « quelque bon mot pour le faire rire, ce qu'il ne trouvait pas chez lui, ne recevant de sa femme ni compagnie, ni réjouissance, ni consolation ».

Sully s'acquitte avec autant de doigté que possible de la mission que lui a confiée le Roi en profitant d'une des demandes d'argent que vient lui présenter Marie. Celle-ci l'écoute sans l'interrompre, mais dès qu'il a fini de détailler les griefs du Roi elle explose littéralement. C'est Henri IV qui a commencé avec ses « amourettes ». En tolérant les insolences de la marquise de Verneuil, il ne se rend pas compte qu'il l'encourage à nouer des intrigues qui mettent en péril la vie du Roi en même temps que la sienne et celle de leur fils le Dauphin. Sully a beau lui démontrer qu'elle jouit de la confiance d'Henri IV puisque le Roi, quelques mois auparavant, a décidé de lui donner place au Conseil, Marie de Médicis ne désarme pas. Elle vient, au surplus, de découvrir l'existence de la promesse de mariage autrefois accordée par Henri IV à la marquise de Verneuil, et estime qu'en la lui laissant, c'est comme s'il « mettait un couteau dans la main d'autrui pour couper la gorge à son fils ». Non seulement elle n'a pas l'intention de se taire devant cette « poutane » d'Henriette, mais elle adjure au contraire Sully de joindre tous ses efforts aux siens pour guérir le Roi d'une folle et criminelle passion.

Sully, malgré la peur qu'il a des réactions d'Henri IV, s'acquitte ponctuellement de cette mission, et rapporte au Roi, en parlant « entre ses dents », les propos de Marie. Henri IV prend très mal les observations de sa femme, d'autant plus mal qu'il sait qu'il est dans son tort. Il adresse à l'ambassadeur du Grand-Duc de Toscane à Paris une lettre où il se plaint de Marie de Médicis en des termes particulièrement vifs. Cette démarche fait l'effet d'une bombe : dans les derniers jours de mars 1604, tout le monde s'attend au renvoi prochain de Marie à Florence. Henriette d'Entragues savoure son triomphe, compare son fils au Dauphin, constatant qu'il est plus beau que lui, plus fort, plus vigoureux. Elle se voit déjà Reine de France. Début avril, pour précipiter les choses, elle se pose même en victime de Marie, qui parle de se venger de la marquise et se répand effectivement en menaces à son encontre. Henriette, craignant pour sa sécurité et pour celle de ses enfants, demande des gardes et des places fortes. Elle est presque sur les marches du trône.

Mais Henriette va payer l'erreur qu'elle a faite en entrant avec son père et son demi-frère, le comte d'Auvergne, dans un complot contre la vie du Roi dont nous parlerons plus loin : la conspiration d'Entragues. Au mois de juillet 1604, Henri IV, qui a obstinément refusé d'y croire malgré les indices qui s'accumulent, est finalement forcé de se rendre à l'évidence et d'autoriser les poursuites contre les trois animateurs du complot. La marquise de Verneuil est placée en résidence surveillée. C'en est fini, pense-t-on, d'une orageuse liaison de quatre ans, et Marie triomphe à son tour, bien que le Roi, impénitent, et ne pouvant vivre sans maîtresse, se soit empressé de remplacer Henriette par Jacqueline de Bueil.

La Reine ne jouira pas bien longtemps de son succès : en février 1605, Henri IV pardonne à Henriette et retombe dans ses filets. Ce pardon, qui témoigne du pouvoir que la marquise exerce toujours sur le Roi, est par ailleurs une faute politique, car Henriette se sent autorisée à recommencer impunément ses intrigues en vue de faire reconnaître son propre fils comme héritier légitime de la couronne aux lieu et place du Dauphin. Mais les réactions de Marie, une fois de plus, sont maladroites. Dans sa colère, elle en veut à la terre entière, accuse les ministres de dissimulation, et se plaint tout particulièrement de Sully, qui est pourtant le dernier qu'on puisse suspecter d'une quelconque complaisance à l'égard d'Henriette. Elle écrit un jour au Grand-Duc de Toscane que tous les Français sont des traîtres ; le Grand-Duc lui répond avec vivacité qu'elle est folle d'insulter un peuple dont elle est Reine, et l'accuse de n'avoir aucune espèce de jugement. Les scènes entre Marie de Médicis et Henri IV sont maintenant devenues incessantes. Voilà Sully promu au rôle de Monsieur Bons Offices. Il fait la navette entre le mari et la femme, qui boudent chacun de leur côté et se répandent en reproches véhéments l'un contre l'autre. Combien de fois le Roi et la Reine refusent-ils de prendre leur repas ensemble ! Combien de fois les propos plus ou moins exactement répétés d'un courtisan qu'Henri IV ou Marie de Médicis ont honoré d'une confidence sur leurs malheurs conjugaux ne provoquent-ils pas de nouvelles brouilles, de nouvelles fâcheries !

Richelieu écrira plus tard qu'aux dires de Sully le ménage royal, jusqu'à la mort d'Henri IV, n'aura jamais passé huit jours sans se quereller. Des scènes particulièrement violentes se déroulent en 1606. Marie se précipite un jour sur le Roi le poing tendu. Sully a juste le temps de s'interposer et retient son bras avec une telle rudesse que la Reine lui reproche de l'avoir frappée. Sully est tout pâle : « Êtes-vous folle, Madame, il peut vous faire trancher la tête en une demi-heure ». Henri IV quitte la pièce tandis que Marie en larmes hurle que Sully a porté la main sur elle.

Le Roi est cette fois décidé à la renvoyer sans plus tarder et Sully ne parvient à l'en dissuader qu'après de longs et patients efforts pour lui montrer quelle faute ce serait : de quelle autorité disposera plus tard le Dauphin si, le jour où il accède au trône, sa mère se trouve en exil à Florence, répudiée, humiliée, déconsidérée ? Cet argument retient Henri IV de mettre sa menace à exécution, mais plus d'une fois, excédé par le comportement de la Reine, il repense à la séparation. Après chaque scène un peu violente, Sully ou d'autres vont expliquer à la Reine que la situation ne peut plus durer, qu'il faut se calmer, mettre de l'eau dans son vin, dompter un tempérament colérique et vindicatif. Piètres ambassades, car Marie a désormais pris le pli de vivre dans l'aigreur permanente.

Tel est le climat des relations conjugales pendant les quatre ou cinq dernières années de vie commune du couple royal. C'est lui que l'Histoire a retenu pour établir sur cette base une condamnation sans appel de Marie de Médicis. Si elle relève quelques charges contre Henri IV, c'est pour avoir fait preuve d'une faiblesse coupable à l'égard d' « une épouse infime, altière, fougueuse qui ne l'aimait point, qu'il n'aimait pas davantage, qui faisait son malheur domestique, et qui l'abattit au point de connaître tout le péril où le mettait cette lie italienne qu'elle avait amenée, qui la dominait, amalgamée à une autre lie française, dont il sentait les menaces, l'avidité, l'insolence, les complots, l'intérêt de dominer sous la régence de leur maîtresse, avec qui il n'eut jamais la force de se montrer le maître, et de se défaire d'une si dangereuse et fâcheuse canaille, sous laquelle enfin il succomba [14] ».

Quelle sévérité pour Marie de Médicis ! Le récit qui précède montre pourtant qu'il faudrait au moins nuancer ce jugement en tenant compte du caractère et du comportement d'Henri IV. Qu'il prodigue les témoignages d'une affection qui se veut absolue à deux femmes en même temps sans se sentir le moins du monde infidèle ni coupable, passons. Qu'il puisse à quelques heures d'intervalle envoyer à Henriette d'Entragues un message tendre du genre de : « Bonjour, mon cœur, je te donne le bonsoir et mille baisers » et écrire à Marie de Médicis : « J'ai vu ce que vous me mandez de cette dame jaune et maigre [c'est d'Henriette d'Entragues qu'il s'agit] ; ce n'est plus marchandise pour ma boutique, car je ne me fournis que de blanc et gras [15] », ce n'est pas très élégant, mais passons encore. Henri IV est sans doute sincèrement amoureux de Marie et d'Henriette, et son plus cher désir serait que l'entente règne à l'intérieur de ce que certains ont appelé le harem royal. Le malheur est que, si l'une et l'autre sont peut-être prêtes à l'accepter au plan de la morale, l'une est Reine tandis que l'autre, qui ne l'est pas, prétend avoir suffisamment de droits pour lui ravir sa place. Et cela change tout. La rivalité entre Marie de Médicis et Henriette d'Entragues n'est pas une simple rivalité amoureuse, c'est un problème politique autour de la succession au trône.

Confrontée à cette situation, Marie de Médicis, Reine de France, jouissant de tous les privilèges attachés à la fonction, chef d'une Maison abondante, fidèlement entourée par ses amis et confidents, plus jeune que le Roi de vingt ans, attirée par l'argent et par le pouvoir, démontre qu'elle n'a nullement l'intention de se laisser déposséder sans combattre de ses prérogatives et de ses droits. Les conditions mêmes dans lesquelles elle avait épousé Henri IV l'ont mise au centre d'un parti, le parti de la cause catholique ultramontaine et pro-espagnole et c'est à travers les intérêts de ce parti que va se poser le problème des relations entre Marie de Médicis et Henri IV, et de la position de Marie comme Reine de France pendant les dernières années de leur vie commune.

14. Saint-Simon, *Parallèle des trois premiers Rois Bourbons*, Éd. M. P. Faugère, Paris, Hachette, 1880, pp. 67-68.
15. Lettre d'Henri IV à Marie de Médicis, 19 octobre 1605.

CHAPITRE IV

Le parti de la Reine

Catholiques et protestants.

Le 13 avril 1598, Henri IV signe l'Édit de Nantes qui met fin aux guerres de religion. C'est un édit de tolérance, qui reconnaît l'existence de la religion protestante en autorisant en tous lieux l'exercice privé du culte au nom de la liberté de conscience. L'exercice public du culte, en revanche, n'est pas assuré partout : il est admis dans les châteaux des seigneurs hauts-justiciers, en deux endroits par circonscription administrative (bailliage et sénéchaussée) et dans toutes les localités où il était pratiqué en août 1597. En principe, aucun temple ne doit être édifié à moins de cinq lieues (20 kilomètres) de Paris, mais Henri IV laissera ouvrir un temple à Ablon, puis à Charenton, aux portes de la capitale.

Les huguenots, qui jouissent des mêmes droits civils que les sujets catholiques du Roi de France, se voient offrir par ailleurs des garanties en matière de justice par l'institution, dans les Parlements, de chambres mixtes de catholiques et de protestants. Ils ont le droit de réunir des assemblées politiques sur autorisation préalable du Roi, et se voient accorder, pour une durée de huit ans à partir de 1599, la disposition de places fortes, les « places de sûreté », dont les garnisons et l'entretien sont payés par les finances publiques ; parmi les quelque 200 places que l'Édit accorde ainsi aux réformés, La Rochelle, Montauban et Montpellier sont les plus importantes. Henri IV reportera par la suite à 1611 l'expiration du délai fixé pour la détention de ces places de sûreté.

Henri IV fait faire, peu après la signature de l'Édit de Nantes, un recensement des effectifs protestants qui donne les chiffres suivants : 694 églises publiques, 257 églises de seigneurs hauts-justiciers, 800 pasteurs constituent l'ossature des églises réformées. Le nombre de familles pratiquant le culte protestant est évalué à 274 000, dont 2 468 familles nobles, soit environ 1 250 000 personnes. Ainsi un Français sur dix est un adepte de la religion réformée. L'implantation des huguenots est surtout solide au sud de la Loire, en Aquitaine, dans le Poitou, dans le Languedoc, avec un certain nombre de points forts dans le Dauphiné, le Val de Loire et la Basse-Normandie. Les protestants disposent de places de sûreté, munies de garnisons protestantes, commandées par des gouverneurs protestants. Mais le manque de continuité territoriale interdit la délimitation de régions qui seraient de confession uniquement protestante, face à des régions uniquement catholiques.

Protestants et catholiques sont donc bien forcés de cohabiter dans les mêmes provinces, dans les mêmes villes. L'idée de dualité religieuse que cela implique est celle-là même qui inspire l'Édit de Nantes : dans le préambule de l'Édit, Henri IV exprime le souhait que Dieu soit adoré et prié « d'une même intention » faute de pouvoir le faire « en une même forme et religion ». Mais l'aspiration à l'unité reste la base des comportements religieux, et cela chez les fidèles des deux confessions. Le terme même de « tolérance », qui est sorti des guerres de religion, indique que le dualisme est seulement un pis-aller que l'on « tolère » faute de pouvoir réaliser l'unité dans l'immédiat. Et cela explique que le protestantisme, au début du règne d'Henri IV, se trouve en situation défensive.

Les réformés avaient un moment espéré devenir la majorité de la population ou détenir en tout cas les leviers de commande. Il y a eu une époque où le protestantisme était à la mode, notamment chez les Grands, dans la noblesse, et dans la bourgeoisie parlementaire. Des journées étonnantes se déroulent du 13 au 16 mai 1558 au Pré-aux-Clercs, qui jouxte le faubourg Saint-Germain à Paris ; 4 000 protestants sont réunis là pour chanter des psaumes sous la conduite d'Antoine de Bourbon, Roi de Navarre, père du futur Henri IV ; les plus grands noms de la noblesse de France sont représentés. Quelques années plus tard, le Roi Charles IX lui-même, sous l'influence de l'amiral de Coligny, incline vers le protestantisme au cours des semaines qui précèdent la Saint-Barthélemy. Le plus jeune de ses frères, le duc d'Alençon, est fortement attiré par la religion nouvelle et, après son évasion de la Cour en 1575, prend ouvertement la tête du parti réformé ; ses ambitions le portent ensuite vers les Pays-Bas, où, pendant trois ans, il lutte contre les Espagnols à la tête des calvinistes révoltés. Henri de Navarre devenant l'héritier de la couronne de France, les adeptes de la religion réformée ont pu croire que le royaume allait grâce à lui se ranger sous les lois d'un souverain protestant.

La conversion du Roi montre qu'Henri IV s'est vite rendu à l'évidence et a considéré ne pouvoir accéder au trône qu'en embrassant le catholicisme, religion de la grande majorité des Français. S'il ne s'est pas converti plus tôt, c'est sans doute par souci de ne pas s'aliéner les huguenots français et les princes européens de confession protestante dont l'appui lui est alors indispensable. En fixant sur la carte les positions garanties au protestantisme par l'Édit de Nantes, il trace en même temps ses limites, et cela au moment où sa conversion amorce un premier recul de la religion réformée dans les familles nobles les plus proches du souverain.

Le protestantisme donne ainsi l'impression de se figer sur ses lignes de défense, et cela est vrai non seulement dans le domaine politique mais également en matière religieuse. Les théologiens protestants précisent la doctrine avec une raideur croissante. Le rigorisme entraîne inévitablement des affrontements, et peu s'en faut qu'on ne voie instruire de véritables procès pour hérésie à l'intérieur du monde réformé français, comme cela se passe au même moment chez les calvinistes hollandais et les protestants anglais.

Le catholicisme, au contraire, connaît une mutation profonde qui comporte en même temps un spectaculaire renouveau de la foi et une combativité accrue sur le plan politique. Laissant là les querelles théologiques, le monde catholique met désormais l'accent sur le sentiment et la vie dans l'adhésion à la foi et dans la pratique religieuse. L'approche du dogme évolue. Le catholicisme exerce sur un nombre croissant de protestants un réel pouvoir d'attraction : la disparition d'un certain nombre des abus dénoncés par Luther et Calvin n'autorise-t-elle pas le retour dans le giron de l'Église catholique ? Elle le facilite en tout cas incontestablement, et la force de l'idéal unitaire ressenti chez tous les chrétiens, pousse plus d'un réformé à se convertir dans la paix de son âme au catholicisme dès lors que celui-ci apparaît comme épuré, rafraîchi, renouvelé. En revenant sur le terrain du quotidien, le catholicisme fait pénétrer l'idéal religieux dans les divers aspects de la vie de tous les jours et vient « occuper les positions qui, au XVIe siècle, avaient fait la force du protestantisme, alors que les réformés français subissaient maintenant le cléricalisme de pasteurs autoritaires [1] ».

Le réveil catholique est la grande réalité du début du XVIIe siècle. Il se manifeste par la floraison de la littérature de la foi qui l'emporte sur la traditionnelle apologétique : le problème paraît moins, désormais, d'affûter ses arguments en vue de pourfendre l'hérésie que de vivre l'expérience de la foi et de la faire partager à tous les fidèles. L'élan qui s'empare des supérieurs d'ordres monastiques pour conduire ceux-ci dans la voie d'une réforme profonde des règles et des modes de vie constitue l'un des signes de l'aspiration de la communauté catholique à une religion plus authentique, tandis que la floraison des grandes figures de la foi a valu au XVIIe siècle le nom de « siècle des Saints ».

Parmi ces saints, l'un des tout premiers, l'un des plus importants par son rôle historique, est Saint François de Sales. Natif des États du duc de Savoie, il vient pour la première fois à Paris en 1602, après la cession par le duc au Roi de France du pays de Gex ; cette région dépend en

1. Émile G. Léonard, *Histoire du protestantisme*, Paris, PUF, 1960, p. 81.

effet du diocèse de Genève dont François de Sales est le coadjuteur. Il s'agissait, en venant à Paris, d'obtenir d'Henri IV les facilités nécessaires pour travailler à la conversion des protestants de Gex. François de Sales y séjourne pendant neuf mois, prêchant le Carême au Louvre et se faisant entendre dans plusieurs églises. Le Roi le prend en affection et exprime le souhait de le garder à la Cour, ce que François de Sales refuse, malgré les offres alléchantes que lui fait Henri IV. Avant de repartir, il obtient une certaine aide pour l'action catholique dans le pays de Gex : le Roi autorise l'ouverture de trois lieux de culte, et permet à quelques ecclésiastiques de se rendre dans la région afin de prêter leur assistance à François de Sales.

En 1604, François de Sales est à nouveau dans le royaume pour prêcher le Carême à Dijon. Au cours de ce séjour, il fait la connaissance de Jeanne de Chantal, dont il devient le directeur spirituel et qui prendra rang plus tard dans les grandes figures du catholicisme au XVIIe siècle. L'évêque de Genève revient en Bourgogne en 1608 ; il parcourt la province en tous sens, obtient quelques conversions spectaculaires et entretient une correspondance suivie avec Henri IV et Marie de Médicis. Il joue un rôle considérable dans le développement d'une religion faite de douceur et de piété tranquille qu'il met à la mode dans les classes dirigeantes de la société.

Une autre personnalité marquante du catholicisme pendant le règne d'Henri IV est Madame Acarie. C'était une dame qui pratiquait avec une vive piété les bonnes œuvres à Paris, et s'intéressait à toutes les formes du renouveau de la foi. L'ordre des Carmélites, fondé en Espagne par Sainte Thérèse d'Avila, exerce sur elle une particulière attirance, et Madame Acarie rêve de l'implanter en France. Elle y travaille avec persévérance, et, en 1603, parvient à établir à Paris un premier couvent, qui s'installe au faubourg Saint-Jacques, grâce notamment à l'aide matérielle fournie par Marie de Médicis. Le succès est tel que, dès 1605, on installe un second monastère à Pontoise. Les Maisons du Carmel se multiplient dès lors à un rythme tel que le royaume en comptera 62 à la fin du XVIIe siècle.

Les années 1600-1610 coïncident ainsi avec les débuts du réveil catholique qui va se poursuivre en s'affirmant et en s'amplifiant sous le règne de Louis XIII. Ce réveil n'est ni l'effet du hasard ni le résultat d'une simple addition d'initiatives spontanées : il correspond à une volonté de reconquête extérieure (la conversion des protestants) et intérieure (l'approfondissement et le renouveau de la foi) dont la source remonte au Concile de Trente ; c'est dès le siècle précédent, aussi, qu'ont été forgés les instruments essentiels de l'entreprise de reconquête, comme la Compagnie de Jésus.

Il reste qu'il a fallu, pour la réussite de cette action, qu'elle bénéficie des facilités nécessaires, de l'aide constante, de l'appui sans défaillance de quelqu'un de bien placé au cœur de l'institution royale, tant il est vrai que rien ne peut se faire sans la volonté de celui qui détient les leviers du pouvoir monarchique ; ce quelqu'un, c'est Marie de Médicis. Que ce soit pour obtenir le rappel des Jésuites ou pour les défendre contre les attaques dont ils sont l'objet, que ce soit pour aider le Père de Bérulle à implanter en France l'œuvre de l'Oratoire destinée à améliorer la formation des prêtres ou pour donner au parti catholique les appuis de nature politique qu'il réclame, Marie de Médicis est toujours aux avant-postes, inébranlablement fidèle à la mission de défenseur privilégié du catholicisme en France qui, dès l'origine, a été la sienne.

Les Jésuites.

Contre le protestantisme, la milice de la reconquête est par excellence la Compagnie de Jésus. La Compagnie tire sa substance, ses méthodes, les raisons de son succès, de deux textes essentiels : les *Exercices Spirituels*, rédigés par Ignace de Loyola en 1526, et la *Ratio Studiorum*, mise en forme en 1584. Les *Exercices* sont le bréviaire de la direction de conscience, genre dans lequel les Jésuites se montrent très vite sans rivaux ; habiles, sachant s'adapter aux exigences des fidèles, les confesseurs venus de la Compagnie de Jésus attirent à eux à la fois les meilleurs et les moins convaincus. La direction de conscience, en devenant une véritable spécialité des Jésuites, est aussi le moyen et le gage de leur puissance. La *Ratio Studiorum*, pour sa part, propose aux enfants des classes dirigeantes une éducation moderne, qui permet aux Jésuites, en se rendant maîtres des générations nouvelles, de façonner les esprits qui vont assurer le triomphe de la Contre-Réforme.

Quel dommage, pourront parfois penser les souverains, qu'avec tant de mérites et tant de vertus, la Compagnie ait une tare – mais quelle tare ! –, son ultramontanisme rigide, cette obéissance sans concession ni compromis à l'égard du Pape. La Compagnie de Jésus, c'est le parti romain à Paris, à Madrid, à Vienne, obéissant aux mêmes impulsions et uniquement attentif aux intérêts de la Papauté. La caractéristique essentielle des Jésuites est en effet leur absolue soumission au Pape. Les « Constitutions des Jésuites », c'est-à-dire les statuts de la Compagnie, le disent sans ambiguïté : outre les trois vœux traditionnels d'obéissance, de pauvreté et de chasteté, le Jésuite « fait un vœu exprès au Souverain Pontife, comme au Vicaire actuel et permanent de Notre Seigneur Jésus Christ ; c'est de partir sans alléguer d'excuse, sans demander rien pour les frais du voyage, pour quelque partie de la terre qu'il plaise à Sa Sainteté de nommer, parmi les fidèles ou les infidèles, pour des affaires qui ont un rapport au culte Divin ou aux intérêts de la Religion Chrétienne ».

L'ultramontanisme des Jésuites leur a valu d'être bannis d'une partie du royaume de France à la suite de l'attentat de Jean Chatel contre Henri IV en 1594. Dans la stratégie du Pape, le mariage du Roi de France avec la princesse de Toscane constitue une occasion exceptionnelle pour ramener la Compagnie en France. Le rappel des Jésuites constitue la première et, dans l'immédiat, la seule tâche politique dont Marie de Médicis ait été chargée en arrivant en France.

Une grande part de responsabilité morale dans le geste de Jean Chatel incombait à ses maîtres Jésuites du Collège de Clermont. En mettant en lumière les dangers pour l'autorité royale que constituent l'obéissance absolue au Pape professée par les membres de la Compagnie et l'emprise qu'ils exercent sur la jeunesse dans les collèges contrôlés par eux, l'attentat avait profondément ému l'opinion et la classe parlementaire. L'opinion publique reproche aux Jésuites la participation de certains d'entre eux aux plus sanglants événements de la Ligue. La classe parlementaire réagit pour sa part avec une exceptionnelle rapidité : deux jours après l'attentat de Chatel, les collèges des Jésuites sont fermés, les membres de la Compagnie bannis à perpétuité du ressort du Parlement de Paris, lequel, pour faire bonne mesure, condamne l'un des Jésuites dont Jean Chatel avait été l'élève à être pendu, deux autres à l'exil. Les Parlements de Rouen et de Dijon imitent celui de Paris en chassant les Jésuites de leur ressort. Ceux de Bordeaux et de Toulouse, en revanche, les retiennent.

Le Pape prend très mal l'expulsion des Jésuites, et fait de leur retour en France le gage d'une réconciliation sincère entre Henri IV et le Saint-Siège. Il avait même décidé, pendant quelque temps, de lier cette affaire à l'octroi de l'absolution plénière au Roi après sa conversion, et il avait fallu toute l'obstination du Grand-Duc de Toscane pour l'amener à assouplir son attitude. Mais le Pape, maintenant, s'impatiente. L'absolution date de septembre 1595, et Henri IV ne paraît toujours pas disposé à faire le geste qu'on attend de lui. Pourtant, inlassablement, le nonce revient à la charge ; sans résultat.

Le Pape et la Compagnie de Jésus placent désormais tous leurs espoirs en Marie de Médicis. Nous avons vu comment les Jésuites d'Avignon se mettent en frais lors du passage de Marie dans cette enclave pontificale en novembre 1600. Le cardinal Aldobrandini, qui vient à Lyon célébrer la cérémonie solennelle de confirmation du mariage, renouvelle, en présence de la Reine, la prière instante du Pape au sujet du retour de la Compagnie. La naissance du Dauphin, le 27 septembre 1601, permet à Marie de Médicis de marquer un point : l'heureux événement survenu à la Cour de France montre l'efficacité des appels à la bienveillance divine formulés par l'Église et par les Jésuites ; et n'imagine-t-on pas, pour mieux reconnaître le rôle de Dieu dans cette naissance, de demander au Pape d'être le parrain du futur Louis XIII ?

Nouveau progrès en 1602-1603, à la faveur des maladies répétées du Roi (en juillet 1602 : une grave dysenterie ; en mai 1603 : une crise de rétention d'urine ; en septembre 1603 : une nouvelle dysenterie) que Marie de Médicis met en relation directe avec le retard apporté au rétablissement des Jésuites en France ; pendant toute cette période, la Reine accable Henri IV d'une sollicitude inquiète jusqu'à ce que ses prières emportent l'accord du Roi.

Il est juste de dire que les prières de Marie de Médicis n'ont par elles-mêmes qu'une part dans la décision du Roi d'accepter finalement le retour des Jésuites ; il a fallu, pour que cette décision intervienne, que le Roi adopte un raisonnement politique qui le persuade des avantages de la mesure qu'on le pressait de prendre. Au fond de lui-même, Henri IV n'a pas de prévention particulière contre la Compagnie. Mais il ne prend sa décision que le jour où la conviction s'établit en lui que les Jésuites peuvent constituer un facteur de modération. Le rappel des Jésuites devient dans son esprit une sorte d'assurance contre le risque d'attentat. Henri IV n'ignore pas les soupçons qui pèsent sur la sincérité de sa conversion et dont rien ne pourra jamais le laver. Mais il se dit qu'en gagnant les Jésuites par une attitude bienveillante, il s'en fera des alliés sinon des amis.

Sans dévoiler ses intentions, le Roi pose la question au Conseil. Sully se montre le plus farouche adversaire du rappel des Jésuites ; à ses yeux, ils sont gens « non seulement habiles, mais pleins de ruses et merveilleux artifices, étant une fois remis en pleine liberté sans aucunes limites ni restriction ». Il voit en eux les fauteurs d'une guerre civile qui se rallumerait entre catholiques et protestants dans le seul but d'affaiblir le royaume de France pour le plus grand bénéfice de l'Espagne et cherche à faire partager au Roi la crainte qu'ils « n'excitent des aigreurs, haines et animosités entre vos sujets et serviteurs de différente religion, par le moyen de leurs familières conversations, propos déceptifs, prédications, confessions et pénitences ».

Alors, Henri IV dit sa façon de voir les choses et, tout en prenant en considération l'avertissement lancé par Sully, déclare qu'à ses yeux les avantages du retour des Jésuites l'emportent sur ses inconvénients. Les maintenir au-dehors du royaume, c'est s'en faire des ennemis irréconciliables et les pousser à multiplier les attentats contre la vie du Roi. Les admettre en France, c'est s'en faire des alliés. Au surplus, leur retour ne présente guère de risque étant donné l'état d'esprit du Parlement de Paris, à qui l'on peut faire confiance pour les surveiller d'un œil soupçonneux et se mobiliser contre eux à la première incartade. L'argumentation d'Henri IV finit par convaincre Sully et les autres membres du Conseil. Lors du séjour du Roi à Verdun et à Metz, villes situées en dehors du ressort du Parlement de Paris, au début de l'année 1603, les Jésuites qu'il a rencontrés lui ont donné des assurances formelles sur le désir de la Compagnie de se comporter avec un loyalisme sans faille.

Au mois de septembre 1603, les Jésuites obtiennent enfin des lettres de rétablissement qui sont portées aux Parlements de Paris, de Rouen et de Dijon.

La partie n'était pas gagnée pour autant. Le Parlement de Paris, en effet, au terme d'un examen scrupuleux du problème, adresse le 24 décembre 1603 de sévères remontrances au Roi. C'est son premier Président, Monsieur de Harlay, qui vient en personne les présenter à Henri IV. Tous les reproches qu'on peut faire aux Jésuites sont passés en revue ! leur soumission absolue au Pape, qui l'emporte sur leurs devoirs de sujets du Roi de France ; leur adhésion à la doctrine qui autorise le Pape à excommunier les Rois et à délier leurs sujets du serment de fidélité ; leur prétention à diriger l'esprit de la jeunesse. Le Président de Harlay conclut par conséquent à l'annulation des lettres de rétablissement et à la confirmation de la décision de bannissement prise neuf ans plus tôt. Henri IV, après avoir chaleureusement et sincèrement remercié le Parlement de Paris, répond qu'il faut parfois faire un pari sur l'avenir, et qu'il entend le faire en l'occurrence : « Laissez-moi conduire cette affaire », déclare-t-il, « j'en ai manié d'autres bien plus difficiles ». Sur son ordre, le Parlement de Paris enregistre l'édit de rétablissement le 2 janvier 1604. Les Parlements de Rouen et de Dijon en font autant dans les semaines qui suivent.

Les Jésuites peuvent donc désormais résider légalement en France. Leurs activités restent cependant enfermées dans certaines limites. Ils peuvent ouvrir leurs collèges dans treize villes : Dijon, La Flèche, Toulouse, Béziers, Auch, Rodez, Bordeaux, Périgueux, Limoges, Tournon, Aubenas, Le Puy et Lyon. Partout ailleurs, et notamment à Paris, l'enseignement reste confié aux Universités, sauf permission expresse accordée par le Roi cas par cas. Les Jésuites exerçant en France sont obligatoirement de nationalité française. L'un des leurs est astreint à résider en permanence à la Cour afin d'assurer la liaison avec le gouvernement pour tout ce qui concerne la Compagnie ; il devra en outre répondre du comportement de ses collègues. Henri IV avertit enfin les Jésuites que toute infraction aux conditions posées par l'édit de rétablissement entraînera automatiquement l'annulation de l'autorisation qui leur est ainsi accordée.

Ne voulant pas s'en tenir uniquement à cette attitude restrictive et sévère, Henri IV fait à l'égard des Jésuites un certain nombre de gestes destinés à se les attacher. Il prend à sa charge le coût du Collège de La Flèche, qui s'élève à la somme respectable de 300 000 livres. Il promet de léguer son cœur à la Compagnie pour y être déposé dans l'église de ce collège. Enfin, il accepte de suivre un usage de plus en plus répandu parmi les souverains catholiques, en prenant un Jésuite pour confesseur personnel.

Du retour des Jésuites en France jusqu'à la mort d'Henri IV, on constate qu'il n'y a plus eu un seul attentat contre le Roi. Ce n'est peut-être qu'une coïncidence, mais elle donne à penser. La main des Jésuites était certainement présente, à un titre ou à un autre, dans la plupart des attentats commis avant 1603 ; en revanche, une fois revenus en France, il semble clair qu'ils ont parfaitement tenu le rôle de modérateurs qu'Henri IV attendait d'eux.

Le retour des Jésuites se fait dans la plus totale discrétion. Pas de manifestations fracassantes, pas de proclamations vengeresses. Mais les Jésuites sont présents partout, et leurs collèges constituent une arme essentielle dans la reconquête des esprits. Leurs cibles sont la noblesse et la grande bourgeoisie, qui fournissent au pays ses dirigeants et ses cadres. Les Jésuites visent à l'efficacité et se désintéressent d'une action en profondeur dans la masse de la population : cela, c'est l'affaire de l'Église et de ses curés. Pour éviter le retour des conflits entre les souverains européens et le Pape, qui ont favorisé la Réforme et profondément ébranlé les bases territoriales de l'Église catholique, il faut s'assurer de la fidélité au Saint-Siège du personnel politique, façonner l'opinion publique à travers ses leaders, faire de l'ultramontanisme une doctrine de bon ton et du catholicisme une religion avouable et policée.

La piété que prônent les Jésuites est particulièrement apte à servir ces objectifs. Que demande la noblesse ? Des principes religieux qui servent ses intérêts en affirmant l'origine divine de son autorité hiérarchique sur les populations non nobles qui dépendent d'elle. Trouver dans la foi un auxiliaire et non un adversaire pour la religion du « point d'honneur » qui constitue la colonne vertébrale du comportement nobiliaire dans les actes importants de la vie. Ne pas être gênée dans son existence quotidienne par un rituel accaparant, tâtillon et pesant. A cet égard, les Jésuites ont admirablement réussi. Ils prêchent une religion aimable et souriante, indulgente aux peccadilles, gardienne bienveillante des devoirs dus à Dieu et au Roi. Loin de rebuter, la piété selon Saint Ignace se montre attirante, séduisante. Les Jésuites déterminent des vocations, ravivent la foi, participent à l'élan de piété qui va s'amplifiant tout au long du XVIIe siècle.

L'action de la Compagnie en matière d'éducation constitue son chef-d'œuvre. Le régime de l'internat substitué à la pratique coûteuse du précepteur offre tellement plus de garanties pour la formation des âmes ! Les jeunes nobles qui entrent au collège à l'âge de 8-9 ans ressentent durement, au début, les contraintes de la vie en collectivité ; c'est ce que veulent les Jésuites : il faut briser les caractères, les rendre dociles à la volonté des maîtres. Mais le collège, ensuite, n'est pas que contrainte ; il dispense une formation attrayante : culture humaniste, à base de latin et de belles lettres, apprentissage du bien parler, acquisition des arts mondains que sont l'équitation et la danse, sans oublier, bien entendu, le maniement de l'épée. Du système d'éducation jésuite sort l'idéal de l'honnête homme. L'attachement de ses anciens élèves à ce système, l'épanouissement du nouvel humanisme qui fleurit en France à partir des années 1630, montrent l'ampleur et la profondeur du succès remporté par la Compagnie de Jésus dans la France du XVIIe siècle.

La piété de Marie de Médicis.

Marie de Médicis a toujours été pieuse. Jeune fille, à Florence, elle se signale déjà par ses dévotions et par une pratique très exacte de ses devoirs religieux. Les choses de la religion ont beaucoup d'importance pour elle, et la peur de la damnation est l'un des moteurs d'une piété probablement plus formaliste que profonde.

La Reine entend la messe tous les jours, soit au Louvre, soit dans une autre église. Elle se rend assez souvent à Saint-Germain-l'Auxerrois, qui est la paroisse royale. C'est dans cette église qu'elle fait chaque année ses Pâques avec une exemplaire régularité. Le jour de la Fête-Dieu, elle écoute la messe dans la chapelle du Petit-Bourbon et se joint ensuite dans la cour du Louvre à la procession traditionnelle, qu'elle suit à pied, avec toutes les apparences de la ferveur. Le dimanche de Quasimodo, elle tend le pain béni dans l'église des Cordeliers, accompagnée par deux écuyers et quatre dames.

Marie de Médicis a ses saints préférés. En tête nous trouvons Saint Jean-Baptiste, le saint protecteur de Florence. Il est suivi par Saint François d'Assise, dont Marie porte le cordon, puis Saint Dominique, Sainte Thérèse, Sainte Madeleine, Saint Louis de Gonzague, Saint Jérôme, Sainte Catherine, Sainte Cécile et Sainte Ursule. Toutes ces dévotions datent de Florence. Après la mort d'Henri IV, une dévotion nouvelle vient s'ajouter aux précédentes : celle de Saint Louis ; les arrière-pensées politiques sont évidentes dans ce choix : Louis IX doit servir de modèle à Louis XIII, Marie de Médicis se référant par conséquent à Blanche de Castille, la mère de Saint Louis, qui avait également eu à exercer la régence pendant la minorité de ce Roi. Afin que nul n'en ignore, Marie de Médicis faisait d'ailleurs circuler des articles et des libelles dans lesquels on relevait les similitudes entre les deux régences.

Quand elle se déplace, Marie de Médicis ne manque jamais de visiter les églises et les couvents. Ces visites revêtent à l'époque un caractère protocolaire : on se rend alors dans les couvents de la même manière que les femmes de nos chefs d'État ou chefs de gouvernement visitent des hôpitaux et des crèches. Mais Marie de Médicis ne s'en tient pas à ses obligations officielles, et, chaque fois que c'est possible, elle s'efforce de visiter *toutes* les églises des villes par où elle passe. Le caractère formaliste de la piété de Marie apparaît bien dans cette attitude et trahit la préoccupation de la Reine d'accumuler le plus de titres possibles à la bienveillance divine.

Les donations tiennent une place importante dans le budget de la Reine. Pendant la Semaine Sainte, 120 livres pour le couvent des Quatre Mendiants, 224 livres pour les églises dans lesquelles Marie va faire ses stations le Jeudi-Saint, 42 livres pour les pauvres qui demandent l'aumône à la porte des églises, 426 livres à distribuer entre différentes paroisses pour les pauvres honteux, 109 livres pour les treize jeunes filles dont Marie de Médicis lave les pieds le Jeudi-Saint. Pour la période de Carême, la Reine remet 600 livres au Grand Aumônier qui est chargé de les distribuer à raison de 15 livres par jour pendant chacun des quarante jours. La période de Noël coûte de même 2 400 livres que Marie de Médicis distribue en aumônes diverses.

Les hôpitaux reçoivent aussi les marques de la bonté de la Reine. L'hôpital de la Charité, fondé au faubourg Saint-Germain par les frères de Saint-Jean-de-Dieu, est largement soutenu de ses deniers. La Reine, assez stricte sur les mœurs, fonde en 1612 avec le concours de Marguerite de Valois trois maisons où l'on enferme les vagabonds hommes et femmes. Elle s'en occupe beaucoup et s'intéresse avec une particulière attention au projet de fondation d'« œuvres de miséricorde » destinées à recueillir les gueux et les filles perdues et à les réhabiliter par le travail.

Marie de Médicis prend également sous sa protection des étudiants sans fortune : il faut qu'ils soient, bien sûr, de bonne moralité, et, par ailleurs, la Reine aide de préférence les étudiants en théologie et les élèves les plus méritants des collèges de Jésuites. De la même manière, elle attribue des dots pour le mariage et l'établissement de jeunes filles pauvres. Le choix des jeunes filles bénéficiaires des libéralités de la Reine est toute une affaire. Le Grand Aumônier de la Reine se fait envoyer des propositions de tous les curés de la capitale et même d'ailleurs. Après avoir fait un premier tri lui-même, il remet à la Reine une liste dans laquelle Marie de Médicis choisit les heureuses élues, au nombre de treize chaque année. Une fête spéciale a lieu le 15 août ; les sommes, qui tournent généralement autour de 300 livres par bénéficiaire, sont remises, en présence de la Reine, par une dame Dujardin aux jeunes filles, qui remercient Marie de Médicis et lui promettent de prier pour elle.

La Reine a de même pour habitude de faire délivrer des prisonniers détenus pour dettes. Leur nombre varie de 50 à 70 selon les occasions : Semaine Sainte, ou accouchement de la Reine. Chacun d'eux reçoit une somme qui peut aller jusqu'à 25 livres, et s'engage en sortant de prison à se rendre à Notre-Dame de Paris afin de prier Dieu pour Marie de Médicis. Il en coûte chaque fois un total de 3 000 à 5 000 livres.

Certains couvents de femmes bénéficient de l'aide régulière de Marie de Médicis. La Reine affectionne particulièrement les Carmélites et les

Ursulines. Elle leur donne de l'argent pour leur premier établissement, leur verse des rentes annuelles. Quand elle devient Régente, elle favorise le développement et la multiplication des couvents avec un tel zèle que les États-Généraux de 1614 feront de discrètes remontrances; mais l'esprit de défense et de propagation de la Foi est trop profondément enraciné chez Marie de Médicis pour qu'elle s'y arrête.

Gagner des âmes à la religion catholique n'est-il pas l'un des moyens les plus tangibles, les plus dénombrables, de se créer des créances sur la Grâce divine? A Florence déjà, Marie de Médicis s'était fait gloire d'avoir elle-même converti une de ses femmes de chambre, une jeune fille turque, capturée dans une razzia sur les côtes barbaresques. Elle avait dû prendre goût à ce type d'œuvres car, devenue Reine de France, elle entreprend de se faire envoyer régulièrement par l'ambassadeur du royaume à Constantinople des familles turques qui acceptent de venir en France pour se convertir; on leur assure un honnête viatique, et un emploi dans les ateliers de broderies à l'orientale que la Reine aménage spécialement pour elles. Quand Marie achète l'Hôtel de Luxembourg, elle utilise plusieurs pièces pour y installer ces jeunes filles dont le travail fait l'admiration de la Cour.

Le parti catholique.

Autour de Marie de Médicis, les gardiens de la religion ont leurs représentants attitrés. Parmi eux certains sont plus concernés par les aspects religieux de la défense du catholicisme, d'autres se rangent plutôt parmi les politiques.

Dans la première catégorie, le plus important est sans conteste Pierre de Bérulle, futur cardinal, protecteur des Carmélites, et plus tard fondateur de l'Oratoire. Né le 15 février 1575, au château de Sérilly, à la limite de l'Orléanais et de la Bourgogne, il est un représentant typique de ces nouvelles générations dans lesquelles le sang de la noblesse de race accueille les apports des parvenus de la robe: son père, Claude de Bérulle, était le dernier descendant d'une vieille lignée d'hommes d'épée, sa mère, Louise Séguier, d'une famille de conseillers au Parlement, est la tante du futur Chancelier Séguier, qui s'illustrera sous Louis XIV. Orphelin de père à l'âge de 7 ans, le futur cardinal est éduqué par sa mère dans une atmosphère de précoce dévotion. Élève des Jésuites, il termine ses études de théologie à la Sorbonne et publie, dès 1597 — il a 22 ans — sa première œuvre de spiritualité: *Brefs discours de l'abnégation intérieure*. Le rétablissement des Jésuites, dont Bérulle apparaît comme une sorte d'agent officieux à Paris, favorise son entrée dans l'entourage de Marie de Médicis.

Bérulle s'attache alors à une nouvelle entreprise, qui accapare toutes ses forces, toutes ses énergies : la fondation en France de Carmels suivant la règne de Sainte Thérèse d'Avila. Bérulle n'a pas l'initiative du projet, qui revient à Madame Acarie, comme on l'a vu plus haut. Mais il est celui qui, en se consacrant totalement à sa réalisation, permet d'en assurer la réussite. Quelques mois seulement s'écoulent entre les premières réunions qui se tiennent en 1602, autour de Madame Acarie, avec François de Sales, Bérulle, et d'autres pieuses personnes, pour préparer l'établissement des Carmélites à Paris, et la décision pontificale obtenue le 13 novembre 1603. Le 6 février 1604, Bérulle part en Espagne avec mission de ramener les religieuses espagnoles destinées à fonder le premier Carmel français. En septembre 1604, il repasse la frontière avec sept d'entre elles, qui, quelques jours plus tard, s'enferment à Paris au monastère de l'Incarnation. Bérulle voit reconnaître son rôle par sa nomination comme Supérieur du Carmel.

Il fréquente maintenant les allées du pouvoir ; ami du Père Cotton, le confesseur du Roi, il déploie une activité soutenue en vue d'obtenir la conversion de gentilshommes protestants de la Cour. Il en obtient d'éclatantes, et, en 1606, se voit proposer les fonctions de précepteur du Dauphin, qu'il refuse. En 1608, Bérulle commence à vivre en communauté avec quelques prêtres, préludant ainsi à la fondation de l'Oratoire qui s'effectuera en 1611. Il est devenu l'un des familliers de Marie de Médicis. La Reine a pour lui une vive amitié, et ne refuse jamais son aide quand il vient la solliciter. Son action en faveur des Jésuites l'a remplie d'aise, de même que l'intérêt qu'il porte à l'œuvre de l'Oratoire, fondée par le Florentin Philippe de Néri : il est significatif que les seules canonisations que Marie de Médicis ait appuyées soient celles de Saint Ignace de Loyola et Saint François-Xavier, les deux premiers saints Jésuites, et celle de Saint Philippe de Néri ; toutes trois seront proclamées en 1622.

Dans l'entourage de la Reine, Bérulle a de précieux auxiliaires en la personne des Marillac. Nous parlerons plus loin [2] de la personnalité et du rôle politique de Louis et Michel de Marillac comme chefs du parti catholique face à Richelieu en lutte avec l'Espagne. Indiquons seulement ici que Louis de Marillac, en 1607, épouse une fille d'honneur et parente de Marie de Médicis, Catherine de Médicis, pour qui la Reine a la plus grande affection, tandis que son frère Michel, maître des requêtes ordinaire de l'Hôtel du Roi depuis 1595, fréquente assidûment lui aussi l'entourage de Marie de Médicis dont il finit par devenir également l'un des familiers. Leur nièce Louise de Marillac, qui sera l'amie de Saint Vincent de Paul et l'une des fondatrices des Filles de la Charité en 1633, est la femme d'un Secrétaire aux commandements de la Reine, Antoine Le Gras. Cette active famille de Marillac entoure ainsi Marie

2. Voir ci-après Chapitre XIV.

de Médicis de son zèle, de sa ferveur, de ses dévotions, et l'incite en toute circonstance à manifester son intérêt pour la religion catholique et à mettre son influence au service de cette cause.

Quelques étrangers, qui ont leurs entrées chez la Reine, la poussent également dans la même direction. Parmi eux les ambassadeurs de Toscane et le nonce du Pape. Les premiers ont évidemment un accès privilégié à Marie de Médicis. Le Grand-Duc Ferdinand compte bien que le mariage de sa nièce avec le Roi de France lui rapporte quelques avantages. Ceux-ci sont d'ordre matériel et concernent au premier chef la banque Médicis. Mais il s'y ajoute également les intérêts de la Catholicité : Marie a été donnée en mariage à Henri IV afin de le ramener à la Foi catholique et d'obtenir de lui tous les avantages possibles pour le développement des activités de l'Église à l'intérieur du royaume de France. Les ambassadeurs de Toscane, comme le nonce, se chargent régulièrement de rappeler Marie de Médicis au sens de ses obligations à cet égard.

Les objectifs de ces hommes se situent avant tout dans le domaine de la politique extérieure de la France : il s'agit d'œuvrer pour le rapprochement entre le Roi de France et les chefs de file de la cause catholique en Europe, le Pape au plan spirituel, la Maison de Habsbourg au plan temporel. Rude tâche, en vérité, car la France est sortie des guerres de religion avec une invincible méfiance à l'égard des ingérences étrangères, et la fierté de son indépendance retrouvée contre l'Espagne et contre ses séides. Henri IV exprime beaucoup plus que son sentiment personnel quand il passe, en 1608, cette sévère algarade à Henriette d'Entragues : « Je trouvai, ce matin, à la messe, des oraisons en espagnol entre les mains de notre fils ; il m'a dit que vous les lui aviez données. Je ne veux pas qu'il sache seulement qu'il y ait une Espagne ».

Il fallait bien du courage dans ces conditions pour défendre auprès d'Henri IV l'idée, avancée dès 1602 par le Pape, d'un mariage du futur Louis XIII avec la fille aînée du Roi d'Espagne, l'Infante Anne d'Autriche. Le mariage espagnol, même si Henri IV ne dédaigne pas d'y songer plus d'une fois, est davantage, jusqu'à la mort du Roi, un jalon planté pour l'avenir que l'objet d'une véritable négociation destinée à aboutir.

Marie de Médicis apparaît ainsi, en quelque sorte, comme la vestale du Temple sacré face à un Roi dont les comportements passés et la conduite présente ne suscitent que réserve chez les vrais défenseurs de la cause catholique : « Ce prince à peine arraché aux erreurs de l'hérésie » confie en 1607 le Pape Paul V au jeune évêque de Luçon, futur cardinal de Richelieu, « s'abandonne à toutes les tentations des sens et se livre à tous les plaisisirs. Ne pouvons-nous pas craindre justement qu'une pareille conduite ne l'éloigne de la voie droite et ne le rejette vers ses anciennes erreurs ? [3] » A la Reine d'y veiller.

Attentats et complots.

Henri IV, plus d'une fois, s'irrite de cette vigilance incessante dont il se sent l'objet. Vingt fois il se plaint à Sully de l'espionnage auquel la Reine soumet tous ses faits et gestes avec l'aide de ses familiers. Il dénonce l'existence d'un véritable réseau dont les Concini seraient les antennes parisiennes, les ducs de Florence et de Mantoue les plaques tournantes, Rome et Madrid le véritable cerveau. Et l'on parle de « faire passer la mer à quatre ou cinq personnes et les monts à quatre ou cinq autres ».

Henri IV est constamment dans la hantise du complot. Il a vécu les guerres de religion et leur cortège de meurtres. Il a connu l'assassinat du duc de Guise et celui d'Henri III. Contre sa personne, les tentatives ont été, jusqu'à une certaine époque, innombrables.

Marqué par l'empoisonnement du prince de Condé à Saint-Jean-d'Angély le 5 mars 1588, il écrit le 17 mars à Corisande : « Les prêcheurs romains prêchent tout haut par les villes d'ici-autour, qu'il n'y en a plus qu'un à avoir, canonisent ce bel acte et celui qui l'a fait, admonestent tous bons catholiques de prendre exemple à une si chrétienne entreprise ». Devant Paris assiégé en 1590, le même sentiment l'assaille : « Il n'est pas croyable les gens que l'on met après moi pour me tuer », écrit-il le 14 mars à Corisande.

Le 27 décembre 1594, Jean Chatel porte au Roi un coup de couteau qui lui fend la lèvre et brise une dent. Chatel n'avait que 19 ans. Élève dans un collège de Jésuites, il avait cru comprendre que l'assassinat du Roi lui rapporterait une remise des peines que ses débauches devaient lui valoir en enfer. Jean Chatel est exécuté et le Parlement de Paris, on l'a vu, décide en représailles de bannir les Jésuites du royaume.

L'exécution de Jean Chatel ne décourage pas les émules, bien au contraire. Les rigueurs du supplice des parricides — le coupable est lié à une roue, nu, face au ciel, puis tenaillé, ses plaies brûlées à l'huile bouillante ou au plomb fondu, avant d'être écartelé — semblent aiguillonner le zèle des candidats au régicide et au martyre.

En 1596, un avocat d'Angers, Jean Guédon, tente de tuer le Roi. En 1597, c'est le tour d'un tapissier de Paris, qui déclare que si Chatel a manqué son coup, lui ne ratera pas le sien. En 1598, il est imité par un moine chartreux de Nantes, Pierre Ouin ; l'enquête permettra d'éta-

3. Propos rapportés par l'Abbé de Pure, *Vie de Richelieu*, p. 24.

blir qu'il avait été payé par un agent espagnol. En 1598, deux moines jacobins du couvent de Gand prennent le relais : Ridicoux et Augier, qui avaient reçu des instructions et de l'argent de Bruxelles, de Rome, de Madrid ; le capucin Langlois, du diocèse de Toul, cherche à réussir là où ils ont échoué ; tous trois sont exécutés le même jour, le 3 avril 1599. Puis, en 1600, c'est le tour de Nicole Mignon, qui essaie d'empoisonner le Roi. En 1602, Julien Guédon, frère de Jean, tente de poignarder Henri IV ; l'affaire est grave car elle révèle l'existence d'un réseau de complicités ; Julien Guédon avait confié son secret à l'un des plus hauts dignitaires de l'évêché d'Angers, le grand pénitencier, qui n'avait pas cru devoir en faire part aux autorités. En 1603, ce sont un prêtre et un gentilhomme de Bordeaux qui se sont associés pour assassiner le Roi ; ils projettent de l'abattre d'un coup d'arbalète ; le complot manque, et, comme leurs devanciers, ses auteurs sont exécutés.

La liste, on le voit, est longue, et fait mieux comprendre la hantise d'Henri IV devant un danger qu'il sent rôder en permanence autour de lui. Le style des entreprises menées contre sa vie se modifie : à partir de 1603, les attentats s'arrêtent, tandis que les complots et les conspirations se multiplient.

Le premier grand complot est celui du maréchal duc de Biron. Disposant de vastes ramifications, il s'appuie à l'étranger sur l'aide fournie par le duc de Savoie et par l'Espagne. Les premières menées du duc de Biron remontent à l'année 1595. Peu d'hommes autant que Biron ont été comblés par la faveur royale : amiral de France, maréchal de France, Lieutenant général des armées, gouverneur de Bourgogne, duc et pair, il trouve pourtant que les effets de la bienveillance d'Henri IV sont insuffisants à distinguer ses mérites.

Biron n'a guère d'idées politiques. Il est surtout animé par le désir de se constituer en prince indépendant. En 1599, il signe avec le duc de Savoie et avec l'Espagne un traité aux termes duquel il s'engage à faire éclater un vaste soulèvement en France. En échange, le duc de Savoie lui promet la main d'une de ses filles, et lui reconnaît, conjointement avec l'Espagne, la souveraineté sur la province de Bourgogne qui serait rendue indépendante du royaume de France, et sur la Franche-Comté dont l'Espagne se dessaisirait à son profit.

La crédibilité de Biron est telle, aux yeux de ses partenaires, qu'elle pousse le duc de Savoie, comme nous l'avons vu, à l'intransigeance dans ses négociations avec Henri IV sur la restitution du marquisat de Saluces. Le soulèvement annoncé n'éclate pas assez vite, cependant, pour éviter au duc de Savoie le déclenchement des hostilités à l'été 1600. Le remords ultime du traître, qui, devant le fort Sainte-Catherine où un tireur d'élite guette Henri IV imprudemment avancé, sauve la vie du Roi à l'instant décisif, oblige le duc de Savoie à signer la paix en janvier 1601. Henri IV, informé du complot, a accordé son pardon à Biron.

Mais ce dernier, incorrigible, récidive et pendant que s'échangent les signatures au bas du traité de paix entre la France et la Savoie, les ambassadeurs du savoyard proposent à Biron de passer avec le duc de Savoie un nouveau traité conforme à celui de 1599. Biron accepte, et recommence ses intrigues.

Il s'allie cette fois au duc de Bouillon et au comte d'Auvergne, demi-frère d'Henriette d'Entragues. Le plan des conjurés est simple. Il s'agit de nier la légitimité du mariage d'Henri IV avec Marie de Médicis, et par conséquent celle du Dauphin, pour reconnaître comme héritier de la couronne le jeune Verneuil, né un mois jour pour jour après le Dauphin. Le duc de Bouillon, chef éminent du parti réformé en France, souverain indépendant de la principauté de Sedan, disposant de nombreuses amitiés aux Provinces-Unies et chez les princes protestants d'Allemagne, ouvrira la frontière orientale du royaume aux troupes étrangères. Biron de son côté soulèvera la Bourgogne et fera entrer dans cette province les armées de la Savoie et de l'Espagne. Le traité qui lie les comploteurs est définitivement mis au point au début de 1602.

Un voyage que Biron fait en Angleterre où Henri IV l'a envoyé comme ambassadeur extraordinaire auprès de la Reine Elisabeth ne le détourne pas de son projet : Elisabeth, qui se doute de quelque chose et qui en a averti Henri IV, montre à Biron la tête de son ancien amant, le comte d'Essex, qui s'est laissé aller à comploter contre elle et qu'elle a fait décapiter. Biron regarde, écoute, opine, mais persiste. De retour en France, il arrive à point nommé pour recueillir les fruits de l'agitation provoquée dans les premiers mois de l'année 1602 en Limousin, en Poitou, et en Guyenne, par un impôt sur les transactions s'élevant à un sou par livre. Cet impôt, que l'on avait surnommé la pancarte, avait été institué en 1597, mais, au fil des ans, il apparaissait de plus en plus vexatoire et insupportable. Le 25 mai, Henri IV est à Poitiers où il calme les esprits. Des commissaires royaux rétablissent l'ordre à Limoges, la Guyenne se soumet.

De Venise, Henri IV reçoit maintenant des détails accablants sur les négociations menées par Biron avec l'Espagne et la Savoie. Il appelle alors son vieux compagnon d'armes à le rejoindre à Fontainebleau, contre l'avis de ses conseillers qui craignent que le Roi ne cède, comme la fois précédente, à la tentation de lui pardonner. Henri IV d'ailleurs ne s'en cache pas, annonçant sans détour qu'il entend passer l'éponge en échange d'aveux complets et de l'expression d'un repentir véritable : « S'ils pleurent, je pleurerai avec eux ; ils me trouveront aussi plein de clémence qu'ils sont vides de bonnes affections. Je ne voudrais pas que le maréchal de Biron fût le premier exemple de la sévérité de ma justice ». Mais Biron ne sait pas saisir la perche tendue. Aux questions pressantes que lui adresse Henri IV au cours de plusieurs entretiens successifs en tête-à-tête, le maréchal n'oppose que des protestations véhémentes.

De guerre lasse, le Roi l'abandonne à la justice. L'enquête, menée par le Parlement, accable Biron. Deux de ses collaborateurs, en échange de leur pardon, ont dévoilé toute l'intrigue. Ils sont confrontés avec Biron et produisent des preuves : des lettres, des instructions écrites de sa main, qui rendent toute dissimulation impossible. Biron, se voyant découvert, prend le parti de tout reconnaître mais prétend que le pardon accordé par le Roi l'année précédente vaut pour lui absolution complète de ses actes. Les juristes du Parlement lui rétorquent que le pardon efface toutes les intrigues antérieures, mais ne peut s'appliquer à celles qui ont été menées depuis.

Le Parlement, à l'unanimité de ses 127 membres siégeant en formation de justice, déclare Biron coupable de conspiration contre la personne du Roi et d'intelligence avec les ennemis de l'État et le condamne à avoir la tête tranchée en Place de Grève. Sa famille demande que l'exécution n'ait pas lieu en public mais dans l'enceinte de la Bastille où le maréchal est détenu. Henri IV y consent volontiers, car la popularité de Biron lui fait craindre des mouvements de foule en sa faveur. Biron est décapité le 31 juillet 1602.

La mort de Biron ne décourage pas la poursuite des complots. Passons sur les menées du prince de Joinville, fils du duc de Guise, qu'une rivalité amoureuse avec Henri IV conduit à signer avec l'Espagne et la Savoie un traité d'alliance. Le prince est très jeune, il passe pour avoir l'esprit un peu confus et le Roi se borne à l'exiler quelque temps.

La conspiration d'Entragues, en revanche, est beaucoup plus grave. Elle s'appuie sur la fameuse promesse de mariage accordée par Henri IV à la marquise de Verneuil. En droit, cette promesse est nulle, mais aux yeux du public, elle peut donner à penser que la marquise de Verneuil possède plus de titres que Marie de Médicis à être l'épouse du Roi, et, par conséquent, que le petit Gaston-Henri de Verneuil est l'héritier légitime de la couronne. Marie est suffisamment consciente des risques que présente cette situation pour exiger d'Henri IV qu'il se fasse restituer le précieux document. Par la pression et la menace, Henri IV obtient que le comte d'Entragues, père d'Henriette, le lui rende le 2 juillet 1604. Mais cette manifestation d'énergie de la part du Roi arrivait bien tard, car toute la famille d'Entragues s'était compromise dans une grave conjuration.

Le comte d'Entragues, Henriette, son demi-frère le comte d'Auvergne, avaient mis au point un vaste complot en accord avec l'Espagne. Leur plan consistait à emmener les enfants d'Henriette dans l'une des possessions espagnoles les plus proches de Paris, soit les Pays-Bas (la frontière est sur la Somme, à cent kilomètres à peine de la capitale), soit la Franche-Comté, pendant que des complices assassineraient le Roi. Le comte d'Auvergne, dernier représentant des Valois en sa qualité de fils naturel de Charles IX, proclamerait le petit Verneuil Roi de France, entraînant la reconnaissance de l'Espagne, du duc de Savoie, et du prince de Bouillon. Un certain nombre de Grands avaient plus ou moins promis de prêter leur concours aux conjurés : le duc d'Épernon à Metz, le duc de Montmorency en Languedoc, Bellegarde en Guyenne, les gouverneurs du Dauphiné, du Poitou, quelques autres encore.

Deux tentatives contre la vie d'Henri IV échouent et donnent l'éveil au Roi. Celui-ci parvient à s'emparer du comte d'Auvergne, que l'on emprisonne à la Bastille, et fait arrêter Henriette et son père. On trouve dans les papiers saisis sur ce dernier des lettres du Roi d'Espagne explicitant l'accord pris avec les conjurés et promettant de reconnaître le fils de la marquise de Verneuil comme Roi de France.

Sur la proposition du Chancelier de Bellièvre, le Conseil demande qu'on coupe la tête aux trois conjurés. Le comte d'Entragues est à la Conciergerie, Henriette sous surveillance dans un Hôtel du faubourg Saint-Germain. Mais le Roi hésite à saisir la justice. Henriette, toujours sûre de son pouvoir sur les sens d'Henri IV, se vante de le tenir « au poing ». Le Roi trouve toutes les raisons possibles pour ne rien faire. Comme le note l'ambassadeur de Florence, « l'amour qui le ronge l'entretient dans le désir de se retrouver avec elle et il attache plus de prix à ne point exciter son ressentiment qu'à sauver sa propre vie et son honneur[4] ».

Voyant qu'ils n'arrivent point à convaincre le Roi de sévir, les ministres font agir Marie de Médicis. Ce n'est pas l'épouse outragée qui s'exprime cette fois, mais la mère du Dauphin. Elle montre les troubles inévitables dans le cas d'une disparition prématurée du Roi, la noblesse et le pays partagés en deux camps opposés, les uns reconnaissant le Dauphin comme souverain légitime, les autres tenant pour Gaston-Henri de Verneuil. Marie obtient d'Henri IV que les coupables soient enfin déférés au Parlement et jugés. La sentence ne faisait aucun doute : le 1er février 1605, le comte d'Entragues et le comte d'Auvergne sont condamnés à mort, la marquise de Verneuil à la réclusion perpétuelle. La comtesse d'Auvergne, dès que le jugement est prononcé, se précipite auprès du Roi pour lui demander la grâce de son mari. « Si je vous octroyais ce que vous me demandez », lui répond Henri IV, « il faudrait que ma femme que voilà fût déclarée putain, mon fils bâtard, et mon royaume en proie[5] ».

La ferme résolution d'Henri IV durera quatre jours – c'est le temps qu'il lui faut pour céder à son désir fou de revoir Henriette. Se jetant à ses pieds, il la supplie d'accepter sa grâce. La marquise de Verneuil manœuvre avec habileté. Elle est remise en liberté, son père est grâcié. Seul le comte d'Auvergne reste emprisonné, mais Henri IV commue sa

4. Dépêche de Baccio Giovannini du 13 juillet 1604.
5. Pierre de l'Estoile, *Journal*, T. VIII, p. 169.

condamnation à mort en une peine de prison à vie ; il va rester enfermé à la Bastille jusqu'en 1616 ; plus heureux, le comte d'Entragues et la marquise de Verneuil ne tardent pas à reparaître à la Cour.

L'amnistie quasi-complète accordée par le Roi détruit l'effet dissuasif de l'exécution de Biron. Le duc de Bouillon, comploteur impénitent, se sent les coudées franches pour relancer ses entreprises. De sa principauté de Sedan, il anime les intrigues de tout un parti d'agitateurs qui travaillent les provinces méridionales et les principales régions d'implantation protestante. Le Limousin, le Périgord, le Languedoc, la Provence, s'émeuvent à nouveau de l'accroissement de la fiscalité. Des gentilshommes locaux, le sieur de Meyrargues, les frères Lucquisses, projettent de livrer aux Espagnols, à la faveur des troubles qui se développent, les villes de Marseille, Toulon, Narbonne, Béziers. Au mois de juillet 1605, l'assemblée générale des protestants réunie à Châtellerault envisage de confier au duc de Bouillon la direction politique et militaire d'une organisation autonome. Le Poitou, le Limousin, le Périgord, le Quercy, le Dauphiné sont en pleine effervescence.

Henri IV réagit avec vigueur. Il fait arrêter les frères Lucquisses au milieu du mois de juillet, envoie Sully présider lui-même l'assemblée de Châtellerault à la fin de ce mois, et désarme l'inquiétude des protestants en accordant le 4 août le renouvellement pour quatre ans des places de sûreté dont la possession leur avait été reconnue par l'Édit de Nantes. Le 15 septembre 1605, Henri IV quitte Paris à la tête d'une armée de 7 000 hommes. A Limoges, une juridiction exceptionnnelle, la « Chambre des Grands Jours », instruit le procès des agitateurs. Six gentilshommes sont décapités, sept autres condamnés à mort par contumace. Le Parlement de Toulouse condamne de son côté les frères Lucquisses et leurs complices. Meyrargues, lui, est jugé par le Parlement de Paris, condamné à mort et exécuté le 19 décembre.

Il restait à obtenir la soumission du duc de Bouillon, prudemment terré dans sa principauté de Sedan pendant que la répression s'abattait sur ses complices. En février 1606, Henri IV ordonne à Sully de préparer le siège de la place. Avant la fin du mois de mars, cinquante canons sont acheminés vers la ville, que Sully se fait fort de réduire dans un délai d'un mois. C'était sans doute aussi l'opinion de Bouillon, qui, sans plus attendre, se soumet le 6 avril, remettant sa principauté à la discrétion d'Henri IV. Le Roi fait son entrée dans Sedan et reçoit les clés de la citadelle dont il confie la garde à l'un de ses fidèles. En regagnant Paris, le Roi emmène avec lui le trop remuant duc de Bouillon.

Les Grands Jours de Limoges et la reddition de Sedan font une forte impression. Pendant trois ans, les complots s'arrêtent et le Roi semble avoir gagné son pari. Jamais la prééminence du principe monarchique n'a paru aussi forte. Mais l'apparence est trompeuse. La guerre imminente contre l'Espagne et l'Empire jette le trouble dans l'esprit d'un certain nombre de Français catholiques, déchirés entre la fidélité au Roi et leurs sentiments religieux. Entre les conceptions d'un Henri IV défenseur de l'indépendance nationale et de l'équilibre européen contre la Maison de Habsbourg, et celles du parti pro-espagnol dont Marie de Médicis est le porte-drapeau et qui donne en toutes circonstances la priorité à la cohésion des princes catholiques autour des Habsbourg et de Pape, l'opposition est irréductible.

CHAPITRE V

Demain la guerre

La situation politique de l'Europe.

Un vitrail de la cathédrale de Gand montre Charles Quint, souverain suprême de l'Europe, entouré comme de vulgaires vassaux par les principaux Rois de la Chrétienté : son frère Ferdinand, Roi des Romains, futur Empereur d'Allemagne, maître de l'Autriche, de la Bohême et de la Hongrie ; son fils Philippe, futur Roi d'Espagne sous le nom de Philippe II, maître de l'Angleterre par son mariage avec la Reine de ce pays ; son beau-frère François Ier, Roi de France ; le Roi de Portugal, également son beau-frère.

Après la mort de Charles Quint, le fabuleux assemblage de royaumes, de possessions et de dignités rassemblé sur sa tête se divise : à Ferdinand la dignité impériale et le soin de fonder la branche des Habsbourg de Vienne ; à Philippe II l'Espagne, le Milanais, les Pays-Bas espagnols, l'Empire d'Amérique, auxquels viendra plus tard s'ajouter le Portugal. La séparation de la Maison de Habsbourg en deux branches n'entame pas l'unité de fait qui s'est établie entre ses princes. Une même volonté de maintenir la prépondérance de la Maison en Europe, une même identification à la cause militante du catholicisme, rapprochent leurs vues, coordonnent leurs politiques. L'harmonie qui règne entre les Cours de Vienne et de Madrid contraste avec les déchirements du monde chrétien et apparaît à beaucoup comme le gage de la réalisation dans les faits, au profit de l'Église catholique, d'un idéal unitaire qui anime aussi bien les fidèles du Pape que les adeptes de la religion réformée.

La rupture de l'unité religieuse de l'Europe chrétienne est en effet l'autre donnée majeure de la situation politique dans les premières années du XVIIe siècle. Depuis 1555 et la Paix d'Augsbourg, la confession luthérienne a obtenu en Allemagne sa reconnaissance sur la base d'un partage territorial entre États catholiques et États protestants. Une nouvelle variété de la religion réformée, le calvinisme, progresse en Allemagne, gagne la Suisse, la Hollande, et conquiert de solides positions en France. L'Angleterre bascule elle aussi dans le camp protestant. L'Église catholique, malgré le recul qu'elle a subi, est loin d'être inactive. Forte des progrès accomplis dans le domaine de la doctrine et de sa cohésion retrouvée depuis le Concile de Trente, elle s'emploie à reconquérir les positions perdues. La puissance de la Maison de Habsbourg, la résistance qu'elle a manifestée à l'égard de l'hérésie, la désignent tout particulièrement pour être le glaive du Saint-Siège dans cette entreprise.

Contre les prétentions des Habsbourg appuyés sur l'alliance avec la Papauté, deux États réagissent de manière originale en exprimant l'émergence d'un sentiment national face à des tentatives ressenties comme étrangères, même si elles se parent du manteau de la communauté de religion : l'Angleterre et, à moindre degré, la France. Le désastre de l'Invincible Armada envoyée en 1588 par Philippe II pour ramener l'Angleterre à la foi catholique fortifie le sentiment national anglais, même chez les catholiques, contre l'Espagne. En France, l'échec final de la Ligue confirme la force atteinte par un sentiment national qui a mis plus de temps pour se trouver qu'en Angleterre, mais qui finit par voir les plus catholiques proclamer qu'en aucun cas la couronne de France ne peut échoir à un souverain d'origine étrangère.

Il est normal, et pour ainsi dire inévitable, que la Maison de Habsbourg se fixe dès lors comme objectif de réduire l'indocilité de ces deux royaumes. Que ce soit sous le règne de la Reine Elisabeth ou celui de Jacques Ier qui lui succède en 1603, Madrid échafaude d'incessantes combinaisons pour rétablir la prépondérance catholique en Angleterre. Vis-à-vis de la France, le Traité de Vervins signé en 1598 n'est ressenti par l'Espagne que comme une sorte de trêve qui ne saurait interrompre les efforts de Madrid pour obtenir, par d'autres moyens que la lutte armée, le retour de la fille aînée de l'Église dans une stricte soumission au Pape et à la prééminence des Habsbourg.

Cette double ambition se heurte cependant à des difficultés croissantes. Non seulement l'Angleterre et la France manifestent, sous Jacques Ier et Henri IV, une capacité de résistance insoupçonnée, mais un abcès s'est creusé dans la partie la plus septentrionale des possessions espagnoles avec la rébellion des sept Provinces-Unies, rassemblées par la communauté de religion (ses habitants sont, dans une écrasante majorité, calvinistes) contre une suzeraineté espagnole de plus en plus haïe. Les vains efforts de Madrid pour réduire la rébellion épuisent les ressources mobilisables de l'immense empire.

La lutte contre les Provinces-Unies met en lumière les inconvénients du manque de cohésion entre les différents territoires qui dépendent de la couronne espagnole. Manque de cohésion géographique : il faut des

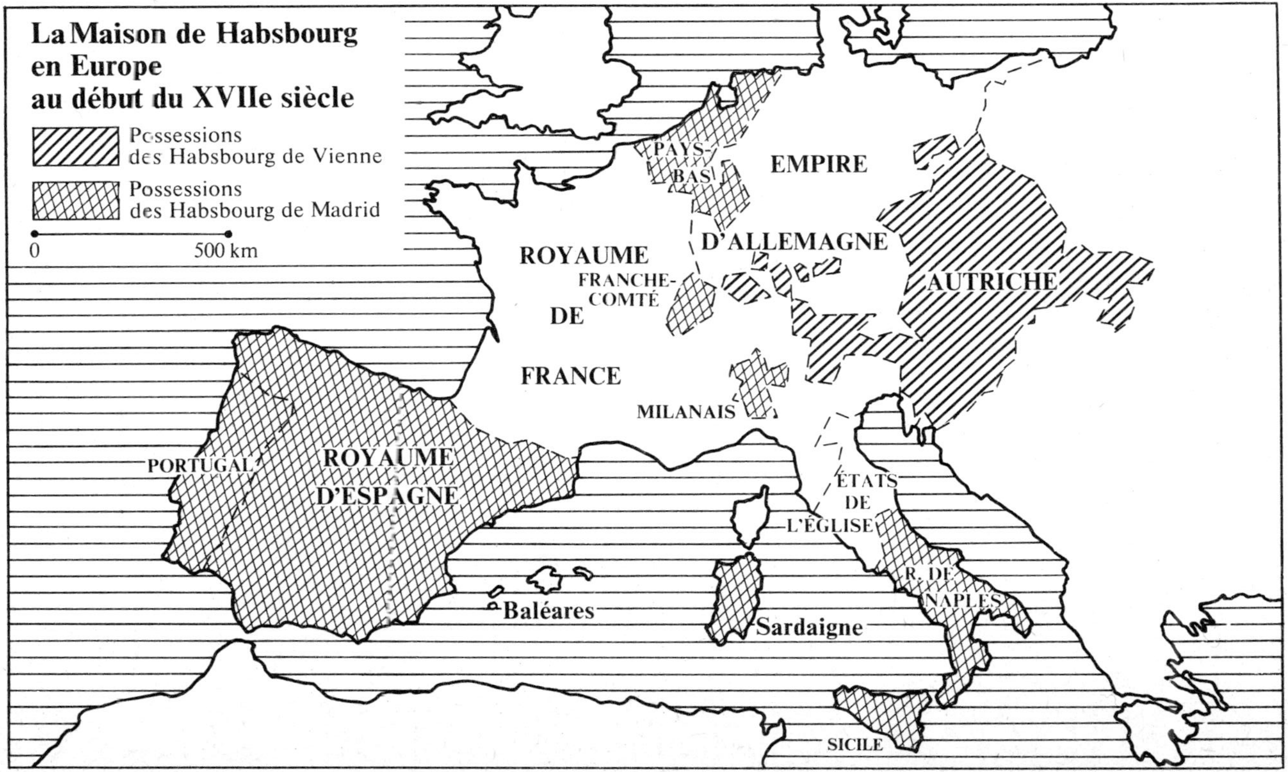
La Maison de Habsbourg
en Europe
au début du XVIIe siècle
Possessions
des Habsbourg de Vienne
Possessions
des Habsbourg de Madrid
0
500 km
PAYS-
BAS
EMPIRE
D'ALLEMAGNE
ROYAUME
FRANCHE-
COMTÉ
DE
FRANCE
AUTRICHE
MILANAIS
PORTUGAL
ROYAUME
D'ESPAGNE
ÉTATS
DE
L'ÉGLISE
R. DE
NAPLES
Baléares
Sardaigne
SICILE

mois pour acheminer des troupes de la péninsule ibérique vers le Milanais, du Milanais vers la Franche-Comté ou les Pays-Bas. Manque de cohésion politique : les besoins de la guerre contre la Hollande et les contributions qu'elle oblige Madrid à demander aux différentes communautés qui constituent l'Empire espagnol font ressortir la permanence et la force des particularismes nationaux ou régionaux ; les provinces catholiques des Pays-Bas restées fidèles à l'Espagne bénéficient d'une quasi-autonomie sous le gouvernement de l'Infante Isabelle et de son mari l'Archiduc Albert ; le Portugal, uni à l'Espagne par le mariage de Philippe II avec Marie de Portugal, ne se résigne pas à la perte de son indépendance ; à l'intérieur même de ce qui est aujourd'hui l'Espagne, la Catalogne et l'Aragon jouissent de privilèges qui distinguent leur statut de celui de la Castille et leur esprit d'autonomie les conduit parfois jusqu'à la révolte ouverte.

Ces difficultés constituent pour Henri IV autant d'atouts dans la réalisation des deux objectifs qu'il s'est fixés : rompre le péril d'encerclement que fait courir à la France la présence sur ses frontières nord, est et sud de blocs compacts de territoires espagnols, et substituer au régime de la prépondérance espagnole une forme d'équilibre entre puissances européennes de taille moyenne dont aucune ne pourrait par ses seules forces menacer l'existence des autres. On a rempli des volumes sur le fameux « Grand dessein » d'Henri IV, dont les éléments nous sont uniquement connus par ce qu'en a rapporté Sully : réorganiser l'Europe en douze États ou rassemblements d'États, de confessions différentes, mais gouvernés par une sorte d'organisme fédéral.

Qu'une idée de ce genre ait pu germer dans l'esprit d'Henri IV n'est pas impossible, mais trop d'invraisemblances existent dans le projet lui-même tel que le présente Sully pour qu'on puisse voir dans le « Grand dessein » le reflet fidèle d'un véritable projet politique. Ce qui est sûr, en revanche, c'est qu'Henri IV était passé maître dans l'art de jouer des clivages politiques ou confessionnels pour miner sans cesse les forces de l'Empire espagnol et combattre ses efforts en vue d'établir sur des bases inexpugnables sa prépondérance en Europe : aides en argent, envoi de volontaires, interventions diplomatiques, sont les armes qu'utilise quotidiennement le Roi de France, à l'exclusion jusqu'en 1610 du recours à la lutte ouverte.

Trois terrains de manœuvre privilégiés s'offrent à l'activité d'Henri IV : les Pays-Bas, l'Italie, l'Allemagne.

Aux Pays-Bas, il s'agit tout d'abord d'obliger Madrid à reconnaître l'indépendance des calvinistes hollandais. Mais Henri IV ne s'en tient pas là ; la conquête de l'Artois et l'agrandissement du territoire national au nord demeurent l'une de ses préoccupations majeures.

En Italie, la politique d'équilibre que le Roi cherche à réaliser à l'échelle européenne rencontre localement un certain nombre de circonstances favorables. La République de Venise, largement entourée par les possessions des deux branches de la Maison de Habsbourg, s'appuie traditionnellement sur l'alliance avec la France et avec les Cantons Suisses en majorité protestants. Le Grand-Duc de Toscane, agent actif de la reconquête catholique et prince fortement dépendant des Habsbourg de Vienne et de Madrid, n'en est pas moins soucieux de voir maintenir en Italie un certain équilibre. Le Pape lui-même, qui réagit au plan européen en allié fidèle des Habsbourg, regarde d'un œil soupçonneux tout développement excessif de leur puissance dans la péninsule ; il ne se comporte plus alors en chef spirituel du monde catholique, mais comme un prince italien, animé des mêmes soucis et des mêmes préoccupations que ses collègues.

L'Allemagne propose au génie inventif d'Henri IV les possibilités les plus grandes. Trois confessions se partagent désormais son territoire : la catholique, la luthérienne et la calviniste, mais seules les deux premières ont fixé les règles de leurs rapports respectifs ; le développement du calvinisme représente un germe de déstabilisation dont le Roi ne peut manquer de profiter à l'occasion. D'autant plus que l'Empire d'Allemagne est électif : quatre princes laïques et trois princes ecclésiastiques, les sept Électeurs, ont le pouvoir de conférer la dignité impériale ; celle-ci peut revenir à n'importe quel prince, allemand ou non, de leur choix. Le rapport des confessions parmi les Électeurs s'établit à quatre voix catholiques (les trois princes ecclésiastiques et le Roi de Bohême) contre trois Électeurs protestants (trois des quatre Électeurs laïques) ; le bloc catholique est donc par principe assuré de la majorité, mais les rivalités qui opposent les Électeurs les uns aux autres ouvrent de vastes possibilités à des actions diplomatiques se donnant pour but de faire sortir la couronne impériale de la famille de Habsbourg qui la détient en fait mais non en droit.

Maintenir l'équilibre européen est une idée qui ne peut manquer de rencontrer l'adhésion, en Europe, de tous ceux chez qui l'idée nationale l'emporte sur l'idéal impérial, de tous ceux qui souhaitent défendre leur spécificité religieuse contre l'ultramontanisme incarné par le Pape et par les deux branches de la Maison de Habsbourg. En ces premières années du XVIIe siècle, l'Europe des nations n'existe pas plus que l'Europe des États, et la structure politique et mentale des populations qui la composent reste généralement très proche de ce qu'elle était au Moyen Age. Nous avons vu pour la France la force des liens de type vassalique, et la France est pourtant l'un des pays européens dans lesquels la centralisation et le développement d'un esprit national ont fait le plus de progrès. Il n'en demeure pas moins qu'en se plaçant sur le terrain qu'il a choisi, Henri IV avait misé sur les éléments les plus porteurs d'avenir.

Une préparation minutieuse.

Après le Traité de Vervins, Henri IV n'avait cessé de fortifier les alliances traditionnelles de la France contre la Maison de Habsbourg. Il y avait Venise, la Savoie, l'Angleterre, les Provinces-Unies, et les princes protestants d'Allemagne. Que ce soit pour des raisons religieuses ou par attachement à leur indépendance, tous avaient des raisons de s'unir contre le Roi d'Espagne et l'Empereur d'Allemagne. Persuadé que la Maison de Habsbourg ne renoncerait pas, à moins d'y être contrainte, à ses rêves d'hégémonie en Europe, Henri IV préparait avec soin la reprise d'une guerre qu'il jugeait inéluctable.

Avec les Vénitiens, le Roi entretenait une vieille complicité. Les ambassadeurs de la République Sérénissime étaient parmi les plus considérés à la Cour de France. Dans les temps difficiles, Venise avait aidé le Roi par des subsides et par les ressources de sa diplomatie. La République était jalouse de son indépendance et s'appliquait à préserver l'équilibre à ses frontières, veillant à limiter au sud la puissance du Pape dans les États de l'Église, à l'ouest celle de l'Espagne, propriétaire du Milanais, au nord, celle de l'Autriche, étroitement alliée à l'Espagne par les liens dynastiques. En 1606, Venise avait donné l'exemple d'un esprit d'indépendance sourcilleux en allant jusqu'à rompre avec le Pape, à encourir une excommunication générale, et à se préparer à une guerre contre les forces réunies du Pape, de l'Espagne, et de l'Autriche. Les Vénitiens, forts de l'appui des Suisses, avaient fait appel à l'alliance de la France. Mais Henri IV, plutôt que d'intervenir dans une affaire qui n'était pas des plus limpides, préféra proposer sa médiation qui aboutit à réconcilier Venise et le Pape et à renforcer l'amitié entre la France et la République Sérénissime.

Le duc de Savoie avait été, on s'en souvient, un adversaire particulièrement difficile pour Henri IV dans les toutes premières années du siècle. Résigné à la perte de la Bresse, du Bugey, du pays de Gex et du Valromey consentie en 1601, le duc Charles-Emmanuel, rejeté vers l'Italie, partageait les préoccupations de Venise à l'égard de l'Espagne, puissance dominante en Italie du Nord. A partir de 1605, un rapprochement s'esquisse avec la France, qui se poursuit par des négociations de plus en plus actives en vue d'une alliance offensive et défensive entre la France et la Savoie ; elles aboutissent le 25 avril 1610 à la signature du Traité de Brussol entre Charles-Emmanuel et Henri IV. Le traité prévoyait qu'en cas de guerre entre le duc de Savoie et l'Espagne, la France interviendrait par des subsides et par un important concours militaire.

Pour compléter la mise en place d'un verrou solide entourant à l'ouest, au nord et à l'est, les possessions italiennes du Roi d'Espagne, Henri IV pouvait compter sur l'amitié des Suisses. Il était loin le temps où François Ier, à Marignan, remportait contre des mercenaires suisses à la solde de Madrid une victoire spectaculaire – et inutile – dans le conflit qui l'opposait à Charles Quint. Depuis lors les Suisses, malgré toutes les intrigues et l'or espagnols, avaient décidé de ne plus prêter leur concours à la Maison d'Autriche, et s'étaient alliés au Roi de France. Le 31 janvier 1602, la Confédération Suisse et les Ligues Grises (qui n'appartiennent pas encore à la Confédération : elles y adhèreront plus tard sous le nom de Canton des Grisons) renouvellent à Soleure l'alliance avec la France. Le traité prévoit d'en fixer la durée à la vie du Roi et à celle de son successeur.

L'alliance entre la Suisse et la France devait rester pendant bien des années l'une des pierres angulaires de la politique extérieure du royaume. Elle permettait au Roi de faire peser sur le Milanais une menace permanente, de puiser abondamment dans un réservoir de soldats solides et disciplinés, de bloquer si nécessaire les possibilités de passage entre les possessions italiennes et les possessions allemandes de la Maison de Habsbourg, sauf accord conjoint des Suisses et de la France.

Pour le moment, cependant, ce n'était pas en Italie que se trouvait le point le plus vulnérable de la monarchie espagnole mais aux Pays-Bas en raison de la révolte des Provinces-Unies. Le Traité de Vervins en 1598, qui met fin à la guerre entre la France et l'Espagne, comporte l'obligation pour les deux pays de cesser toute aide et asssistance à leurs ennemis réciproques. Henri IV, qui voyait la main de l'Espagne dans les entreprises du duc de Savoie comme dans les complots et les attentats perpétrés contre sa personne, et constatant en outre que le successeur de Philippe II, le Roi Philippe III d'Espagne, n'avait pas encore trouvé le temps au mois de mai 1601 de jurer le Traité de Vervins, s'autorise de cette situation pour poursuivre son aide en armements, en argent et en hommes à la Hollande en guerre. A partir de 1601, l'engagement de la France au côté des rebelles est de plus en plus massif, et contribue fortement aux défaites répétées de l'Espagne. La politique d'Henri IV maintient ainsi, au flanc nord des possessions espagnoles, une plaie ouverte où Madrid engloutit les forces vives de son immense empire. Le 23 janvier 1608, le Roi de France passe un accord de ligue défensive avec les Provinces-Unies par lequel il les prend sous sa protection, s'engage à leur fournir un minimum de 10 000 hommes, des subsides, des munitions, et promet de s'entremettre avec Madrid pour trouver les bases d'une paix équitable.

Philippe III d'Espagne se rend alors à l'évidence, et, constatant l'inutilité au moins provisoire de ses efforts pour réduire la rébellion, accepte la médiation française et se résigne à signer le 9 avril 1609 une trêve conclue pour douze ans. L'Espagne, sans reconnaître formellement l'indépendance hollandaise, promet d'arrêter toute action contre ses anciennes possessions et contre leurs habitants, autorise le commerce néerlandais avec les Indes espagnoles, et se soumet à une sorte de surveillance conjointe exercée par la France et par l'Angleterre sur le respect des clauses de la trêve. Le 17 juin 1609, le Roi de France et le Roi d'Angleterre signent un acte solennel par lequel ils déclarent garantir l'exécution du traité. L'alliance du 23 janvier 1608 entre la France et les Provinces-Unies est confirmée, et Henri IV favorise la signature, le 26 juin 1609, d'un traité d'alliance conclu sur des bases analogues entre la Hollande et l'Angleterre.

Dans la politique anti-espagnole du Roi, l'Angleterre tient une place de choix. La Reine Élisabeth avait été l'un des plus fidèles alliés d'Henri IV lancé à la reconquête de son trône. L'argent distribué largement, les secours importants et répétés en hommes, avaient contribué de façon parfois décisive aux succès du Roi. La mort de la Reine d'Angleterre le 4 avril 1603 avait provoqué chez lui un réel chagrin. Autant que l'alliée c'était l'amie qui disparaissait, le modèle d'une action tout entière tournée vers le renforcement de l'autorité de l'État. Le successeur d'Elisabeth est Jacques Stuart, Roi d'Écosse, qui réunit en un seul royaume l'Angleterre et l'Écosse[1]. Grâce à cette union dynastique, le Roi Jacques Ier est d'emblée beaucoup plus puissant que sa devancière, et pèse d'un poids d'autant plus lourd dans les affaires européennes.

Dès son avènement, Henri IV lui envoie une ambassade dirigée par Sully qui signe, le 30 juillet 1603, le Traité de Hampton-Court entre la France et l'Angleterre. L'Angleterre s'engage à fournir à la Hollande un secours permanent de 6 000 soldats, en partie financé par la France. Si l'un des deux pays est attaqué par l'Espagne, l'autre promet un secours de 6 000 soldats. S'ils sont tous les deux attaqués, la France promet d'entretenir une armée de 20 000 hommes, l'Angleterre de mobiliser deux flottes et une armée de terre d'au moins 6 000 hommes. Après avoir un moment essayé de trouver un accommodement avec Madrid, Jacques Ier, au mois d'octobre 1605, propose à Henri IV de transformer l'alliance défensive en une alliance offensive et de l'étendre à la branche autrichienne des Habsbourg. En 1609, le Roi de France et le Roi d'Angleterre conviennent de marier le prince de Galles, héritier de la couronne d'Angleterre, avec la seconde fille d'Henri IV.

En Allemagne, enfin, Henri IV avait entrepris d'édifier un vaste réseau d'alliances avec les princes protestants. Depuis plusieurs années, la France négocie avec les souverains de Danemark et de Suède, qui possèdent des territoires dans l'Empire allemand, pour les encourager à la lutte contre l'Autriche. En 1609, chacun d'entre eux s'engage à intervenir avec une armée de 8 000 fantassins, 1 500 cavaliers et 8 canons ; le Roi d'Angleterre entre dans la coalition en promettant de fournir des

1. Elisabeth Ière d'Angleterre n'ayant jamais été Reine d'Écosse les nationalistes écossais contestent à l'actuelle Reine Elisabeth II le droit de s'appeler Elisabeth II en Écosse.

forces égales. Depuis 1600 d'autre part, l'union des princes protestants d'Allemagne avait décidé de recourir à l'assistance du Roi de France dans les différends pouvant opposer ces princes à l'Empereur.

Cet ensemble d'alliances auquel Henri IV a même réussi à intéresser le Pape en sa qualité de souverain italien, représente une formidable menace pour l'Espagne – et aussi une lourde charge pour les finances de la France. Les subsides accordés s'élèvent à près de 4 millions par an. Depuis 1602, les sommes payées aux Suisses représentent 1 200 000 livres par an. En 1607, les subsides payés à la Hollande atteignent un montant énorme : 2 millions de livres. L'alliance avec la Savoie coûte 300 000 livres. Ainsi, la France dépense quelque 20 % de son budget annuel pour financer la mobilisation de ses alliés contre l'Espagne et l'Autriche.

La succession de Clèves et de Juliers.

En 1609, la succession de Clèves et de Juliers fournit l'occasion de mettre à l'épreuve la solidité des alliances et de passer du branle-bas de combat à l'ouverture effective d'un conflit majeur. Le 25 mars 1609, la mort sans héritier direct du duc de Clèves et de Juliers, Jean-Guillaume, pose le problème du devenir des six principautés qu'il détenait : les duchés de Juliers, de Clèves et de Berg, les comtés de la Mark et de Ravensberg, la seigneurie de Ravenstein. Six riches principautés, qui occupent une position stratégique à proximité immédiate de la France, de la Hollande, des Pays-Bas espagnols, et de l'Allemagne Rhénane. L'équilibre entre protestants et catholiques en Allemagne dépendait de l'attribution qui en serait faite à l'un ou l'autre des principaux prétendants. Parmi ceux-ci, l'Électeur de Saxe, protestant mais dévoué à la Maison d'Autriche, l'Électeur de Brandebourg et le Comte Palatin de Neubourg, également protestants, mais, eux, jalousement attachés à l'indépendance des princes contre les prétentions hégémonistes de l'Autriche.

S'agissant d'une question de suzeraineté, l'Empereur Rodolphe, comme on pouvait s'y attendre, évoque l'affaire et prononce, à titre conservatoire, le séquestre des six principautés composant la succession. La procédure était régulière et ne pouvait prêter à contestation. Mais en envoyant pour occuper ces territoires des troupes hors de proportion avec les risques qu'ils pouvaient courir, l'Empereur prête le flanc au soupçon de vouloir s'emparer de la succession pour son propre compte. L'Électeur de Brandebourg et le Comte Palatin décident alors de s'allier pour chasser les troupes impériales. La France et la Hollande, avec un certain nombre de princes allemands, prennent parti en leur faveur et les aident à se rendre entièrement maîtres des six principautés avant la fin de l'année 1609.

Le 30 janvier 1610, les princes allemands qui s'étaient associés à cette action prennent l'engagement de s'opposer en commun et par la force si nécessaire à toute tentative de la Maison d'Autriche pour remettre en cause la situation acquise sur le terrain. Le 3 février, ils concluent à cet effet une alliance militaire connue sous le nom d'Union de Halle, dont la direction est confiée à l'Électeur Palatin (à ne pas confondre avec le Comte Palatin de Neubourg; l'Électeur Palatin a donné son nom à la région actuelle du Palatinat, qui s'étend depuis la frontière française jusqu'au Rhin et dont la ville principale est Trêves). L'un des meilleurs généraux dont disposent les princes protestants, Christian von Anhalt, est nommé commandant en chef. Le 11 février, l'Union de Halle signe avec la France un traité d'alliance offensive qui prévoit pour mars et avril l'ouverture des hostilités par les princes allemands contre la Maison d'Autriche, en mai l'intervention des forces françaises. Les seuls subsides fournis par la France aux princes allemands, indépendamment bien entendu des frais que représente l'entretien des armées françaises, s'élèvent à 400 000 livres.

La France avait ainsi rassemblé des forces considérables contre les branches espagnole et autrichienne de la Maison de Habsbourg.

En Italie, l'armée française destinée à intervenir aux côtés du duc de Savoie et placée sous le commandement de Lesdiguières comprend 12 000 fantassins, 2 000 cavaliers et 10 canons. La République de Venise lève 14 000 hommes (12 000 fantassins et 2 000 cavaliers) et fournit 10 canons; les frais de la campagne étaient à la charge de la France. Une troisième armée, placée sous les ordres du duc de Savoie et financée elle aussi par la France, devait porter le poids principal de la guerre contre le Milanais; elle comptait 18 000 fantassins, 2 000 cavaliers, et 18 canons.

En Allemagne, la France doit intervenir directement avec une puissante force rassemblée en Champagne, dont le Roi lui-même prévoit de prendre le commandement, et qui comprend 25 000 Français dont 5 000 cavaliers, 8 000 Suisses et 4 000 mercenaires Wallons, plus une imposante artillerie de 30 canons. Chacun des royaumes d'Angleterre, de Danemark et de Suède fournit, conformément aux engagements pris, 8 000 fantassins, 1 500 cavaliers et 8 canons. L'Union de Halle mobilise 25 000 fantassins, 10 000 cavaliers et 40 canons, et promet de les maintenir sous les armes pendant une durée minimum de trois ans. Les Hollandais interviennent avec 14 000 hommes (12 000 fantassins et 2 000 cavaliers) appuyés par 10 canons. Enfin, l'on attend 14 000 hommes et 10 canons d'une armée levée parmi les protestants de Hongrie, de Bohême et d'Autriche.

Henri IV devait aussi ouvrir un troisième front contre l'Espagne en attaquant la péninsule ibérique elle-même. Une armée de 25 000 hommes, sous le commandement du maréchal de La Force, gouverneur du Béarn et de la Navarre française, doit envahir l'Espagne par Saint-Sébastien. Il est prévu d'autre part qu'une seconde armée, composée de soldats fournis par la province de Languedoc et les provinces voisines, attaquera le Roussillon et Perpignan, terres espagnoles [2] avec un effectif de 25 000 hommes également.

AMOUR ET POLITIQUE : LES DERNIÈRES FRASQUES D'HENRI IV.

En cette fin d'année 1608, le cœur d'Henri IV est comme un désert. Henriette d'Entragues en a tant fait que son royal amant s'est lassé; le demi-exil où se morfond la marquise de Verneuil depuis qu'elle s'est compromise dans la conspiration d'Entragues a fini par réussir ce que ni les raisonnements, ni les prières n'avaient pu obtenir : l'amour du Roi pour Henriette, peu à peu, s'est éteint. Que c'est triste de vivre sans amour.

Marie de Médicis aurait-elle enfin sa chance ? Le Roi semble vouloir s'en persuader. Aussi souvent qu'il le peut, il s'échappe pour voir la Reine, se confier à elle, lui faire part de ses projets, de ses doutes. Il lui donne son sentiment sur les affaires d'Allemagne, les relations avec Madrid, la trêve qu'il travaille à établir entre les Provinces-Unies et l'Espagne. Même Sully, à qui l'unit une complicité vieille de trente-six ans bientôt, n'est pas à l'abri des confidences du Roi à sa femme : Henri IV fait part à Marie de Médicis des doutes qu'il éprouve sur l'honnêteté du Surintendant des finances ; elle saura s'en souvenir le moment venu quand la mort du Roi l'aura faite Régente. Le rapprochement des époux provoquera la naissance d'un sixième enfant dans le couple royal : Henriette, qui vient au monde le 24 novembre 1609 au château de Fontainebleau.

Mais le Roi ne trouve pas pour autant la sérénité qu'il recherche. L'ombre de la marquise de Verneuil est toujours là, et Marie n'est pas disposée à manifester de l'indulgence à l'égard des plus récentes passades du Roi. Jacqueline de Bueil, comtesse de Moret, cette « ruffiane », est la cible privilégiée de ses attaques. Les attentions du Roi à l'égard de sa femme, loin de la désarmer, font entrevoir à Marie la possibilité d'obtenir de son mari une reddition sans condition, tant sur le plan de sa vie personnelle qu'en ce qui concerne les affaires catholiques. Plus de maîtresse, alignement sur l'Espagne, ainsi pourraient se résumer les condi-

2. Le Roussillon et Perpignan tomberont en 1642 aux mains de Louis XIII. Leur rattachement à la France sera reconnu par le Traité des Pyrénées en 1659.

tions de la Reine. Si, sur le premier point, Henri IV est prêt à promettre tout ce qu'on veut, quitte à ne pas tenir, dans le domaine politique, il veut bien faire part à la Reine de ses intentions, prendre son avis, et discuter avec elle, mais il n'entend pas renverser ses alliances et remettre le royaume dans les mains de la Maison de Habsbourg.

L'âge cependant commence à faire sentir ses effets. A 55 ans, Henri IV est déjà un vieil homme, tandis que Marie de Médicis, dans toute la plénitude de ses 35 ans, Reine depuis huit ans, et mère de 5 beaux enfants, bientôt 6, est parfaitement consciente de ses droits et décidée à les faire valoir. L'éventualité d'une mort prématurée du Roi n'est plus un sujet tabou, et la Reine, pour la première fois, avance l'idée qu'il serait peut-être adroit de la couronner solennellement afin de renforcer son prestige pour le cas où elle aurait à assumer la responsabilité et la charge d'une régence.

On en est là quand, en janvier 1609, Marie de Médicis décide, ainsi qu'elle le fait régulièrement, d'organiser un ballet. Malherbe, poète officiel de la Cour, est chargé d'écrire l'argument. On jouera « Les Nymphes de Diane », prétexte à toilettes pseudo-antiques et à moitié dévêtues, qui mettront en valeur les beautés de la Cour. Car ce sont les dames et demoiselles de l'entourage des souverains qui tiennent les rôles et, déjà, les intrigues et les manœuvres se développent pour avoir le privilège d' « en être ». C'est à Marie de Médicis qu'incombe le redoutable honneur d'arrêter la liste des heureuses élues. On imagine le casse-tête — les précautions quasi-politiques, les problèmes de préséance, le dosage indispensable entre les différents clans qui se partagent la Cour. La liste est enfin prête, et le Roi admis à en prendre connaissance. Marie de Médicis la lui communique un soir, dans sa chambre, en précisant pour chacune des dames et demoiselles qu'elle se propose de retenir le rôle qui lui serait attribué. Dans la liste ne figurent ni la marquise de Verneuil, ni la comtesse de Moret — une petite vengeance de l'épouse outragée. Sur l'absence de la première, le Roi ne dit rien. Mais il entend que Jacqueline de Bueil, qui passe pour jolie femme, soit incluse dans la liste. Marie de Médicis ne veut rien entendre. Henri IV, excédé, sort en claquant la porte et promet, à titre de représailles, de bouder les répétitions auxquelles il assistait toujours rituellement.

Chacun reste sur ses positions. Le Roi se claquemure dans son cabinet quand les répétitions ont lieu. La Reine n'a rien changé aux dispositions prises. Pas de comtesse de Moret, et tant pis pour l'humeur royalement massacrante de son époux.

Un soir, le Roi sort de son cabinet pendant que de jeunes nymphes aux charmes à peine dissimulés se hâtent vers l'appartement de la Reine. L'apparition subite d'Henri IV jette l'émoi dans la petite troupe. L'une de ces demoiselles cependant, sans se démonter, braque par manière de jeu en direction du Roi la flèche dorée qu'elle tenait en main, accessoire obligé de toute nymphe digne de ce nom. Le Vert Galant en est comme foudroyé. L'imprévu de la situation, le peplum transparent, la grâce de la demoiselle, dressée sur une seule jambe tandis que l'autre prolonge l'élan de la chasseresse, submergent le Roi sous l'émotion. Henri IV est éperdument amoureux. Et de qui, s'il vous plaît ? D'une gamine de 14 ans, Charlotte de Montmorency.

On entraîne le Roi qui se trouve mal, les nymphes se hâtent vers leur répétition. Dans l'heure qui suit, tout le monde au Louvre est au courant. Marie de Médicis aussi, bien sûr, car les bonnes langues l'ont aussitôt avertie, et parce que dès le lendemain Henri IV se présente aux répétitions. Il n'en manquera pas une seule, et le trouble où le jette Mademoiselle de Montmorency apparaît à l'œil le moins prévenu.

Le Barbon amoureux d'un tendron ! A la Cour, on jase, on se moque. Mais il est le Roi, et cela ne suffit-il pas à l'emporter sur toute autre considération ? Charlotte de Montmorency est incontestablement flattée par les attentions et les galanteries du souverain. Amoureuse ? Sans doute pas ; mais amusée, certainement. Les parents, eux, n'ont pas voix au chapitre. Le Roi, cependant, a des principes. Cette demoiselle n'est pas mariée, il faut donc commencer par lui trouver un époux, complaisant bien entendu. Or, il y a un petit problème : Charlotte est déjà fiancée, mais la personnalité du promis gêne Henri IV ; il s'agit en effet de François de Bassompierre, l'un de ses meilleurs amis — c'est un premier obstacle — et l'un des plus grands séducteurs de la Cour — c'est le deuxième.

Dans l'entourage du Roi, on se passionne pour le problème, et chacun expose au souverain, cloué sur son lit par une attaque de goutte, la solution qu'il a imaginée. La lumière vient du duc de Bouillon : il suggère de faire rompre les fiançailles de Charlotte de Montmorency avec Bassompierre pour la marier au prince de Condé. Ce parti offrait tous les avantages. Condé n'avait pas de fortune. Porteur d'un des plus grands noms de la noblesse de France, il était né en prison, où sa mère était détenue pour avoir empoisonné son père. Fils posthume, il passait pour n'être pas du sang des Condé : on le disait tantôt fils d'un gentilhomme gascon, tantôt fils d'Henri IV lui-même pour qui sa mère avait eu des bontés. D'humeur sombre et farouche, il n'avait rien d'un séducteur. Et enfin, suprême avantage, il était homosexuel.

Henri IV est ravi de l'idée. Il ne lui reste plus qu'à la mettre en pratique. Dès le lendemain, il fait chercher Bassompierre. Le Roi est dans son lit. La goutte, les affres de l'amour, l'impatience, lui ont fait passer une fort mauvaise nuit. Il parle à Bassompierre sans détours. Charlotte de Montmorency sera la consolation de ses vieux jours ; dans ce but, on la donnera au jeune Condé, qui n'aime pas les femmes ; quant à Bassompierre, le Roi lui offre Mademoiselle d'Aumale et le titre de duc.

Bassompierre s'incline sans rechigner – Charlotte de Montmorency avouera plus tard un certain étonnement devant la facilité avec laquelle son fiancé renonçait à elle.

Le 2 mars 1609, le contrat de mariage avec Condé est signé, mettant le prince en possession de la dot plus que convenable de Mademoiselle de Montmorency. Le Roi a ajouté, de son chef, quelques libéralités supplémentaires. Le 17 mai, le mariage est célébré dans l'intimité, à Chantilly. Henri IV offre 18 000 livres de pierreries à Charlotte. Tout se passe donc comme prévu? Pas tout à fait. Car le prince de Condé, même s'il s'intéresse fort peu aux femmes, et à la sienne en particulier, n'entend nullement jouer le rôle qu'on lui assigne. Après le mariage, il ne se presse guère de revenir à la Cour, et veille sur Charlotte avec un soin jaloux.

Alors commence pour Henri IV une période où le romanesque le dispute au ridicule. Pour rejoindre sa belle, l'entrevoir seulement, le Roi chevauche pendant de longues heures, sous les déguisements les plus fantaisistes. Bûcheron, valet de chiens, vagabond.

Un jour, prévenu d'une promenade en forêt que doit faire Charlotte, Henri IV, dans un carrosse anonyme, se lance à sa poursuite, se penche à la portière quand il arrive à la hauteur de la jeune femme et, soulevant un énorme emplâtre qu'il s'est mis sur l'œil pour déguiser sa physionomie, se fait reconnaître de sa belle tandis que les deux carrosses roulent côte à côte. La petite princesse de Condé est au comble de la joie et de l'exaltation. Séquestrée par son mari, soumise à la surveillance jalouse de sa belle-mère, elle envoie à son royal soupirant des messages, des appels au secours, des propositions de rendez-vous secrets, et même son portrait, qui redouble chez le Roi les tourments d'une passion délicieusement contrariée. Un soir, Charlotte apparaît, pour lui, au balcon du château de Breteuil, entre deux flambeaux, ses longs cheveux dénoués flottant autour d'elle.

Henri IV convoque le prince et lui fait reproche de bouder la Cour. Condé éclate à son tour, en se plaignant des noirs desseins du Roi. Le ton monte et, quand le prince parle de l'honneur de son nom, Henri IV lui dit sur le mode sarcastique qu'il est prêt à lui faire voir quand il voudra son père dans Paris, allusion peu délicate aux ragots relatifs aux origines du prince. La Cour, d'ailleurs, s'égaie fort d'une situation que certains dépeignent comme une rivalité amoureuse entre le père et le fils. Quoi qu'il en soit, les Condé reparaissent à Fontainebleau à la fin juin 1609, car Marie de Médicis est enceinte d'Henriette de France (qui naîtra en novembre) et l'étiquette impose aux princes et princesses du sang de tenir compagnie à la Reine pendant le temps de sa grossesse. Mais les ardeurs d'Henri IV, stimulées par la présence de Charlotte, ne désarment pas et le prince quitte brusquement Fontainebleau avec sa femme pour se réfugier dans ses terres. La Cour retentit des plaintes du

Roi. Malherbe, en sa qualité de poète officiel, avait été invité à célébrer la joie du souverain lors du retour de la belle à la Cour :

Revenez, mes plaisirs, ma dame est revenue,
Et les vœux que j'ai faits pour revoir ses beaux yeux,
Rendant par les soupirs ma douleur reconnue,
Ont eu grâce des cieux!

Le voilà obligé de tremper à nouveau sa plume dans l'encrier pour exhaler à tous vents, maintenant, la plainte d'Henri IV :

Depuis que le soleil est dessus l'hémisphère
Qu'il monte ou qu'il descende, il ne me voit rien faire
Que plaindre et soupirer;
Des autres actions j'ai perdu la coutume,
Et ce qui s'offre à moi, s'il n'a de l'amertume,
Je ne puis l'endurer.

Excédé, le prince de Condé, dans une conversation avec Villeroy, parle de divorce. Henri IV saute sur l'occasion, mande au prince qu'il n'y voit aucun inconvénient, et fait aussitôt ouvrir les négociations à cet effet. Charlotte, d'ailleurs, demandait elle aussi le divorce. Sur ces entrefaites, un coup de théâtre se produit : le 29 novembre, à quatre heures du matin, sous prétexte d'aller rendre visite à des amis, Condé fait monter sa femme dans un carrosse qui les emmène à vive allure jusqu'aux Pays-Bas espagnols où le prince demande asile à l'Archiduc Albert et à l'Infante Isabelle.

Le Roi, très vite informé, tente sans succès de les faire intercepter à la frontière. Charlotte le supplie de venir à son secours. Henri IV fait demander aux Archiducs par la voie diplomatique le renvoi en France du prince et de la princesse. Consultée, la Cour de Madrid donne instruction aux Archiducs de repousser cette requête en accordant asile au prince victime des entreprises dirigées par le Roi contre son honneur. Condé, laissant sa femme à la garde du gouvernement de Bruxelles, rejoint au printemps de 1610 l'armée espagnole de Lombardie.

L'affaire a pris maintenant une tournure politique; le premier prince du sang, réfugié en terre espagnole, prêt à prendre les armes contre son Roi, la situation est d'autant plus déplaisante que, dans le branle-bas de combat qui agite en ce moment toute l'Europe, Madrid a beau jeu de prétendre que l'expédition militaire que prépare Henri IV prend pour prétexte le règlement de la succession de Clèves et de Juliers et ne vise en fait qu'à servir les projets lubriques du Roi de France. En avril 1610, Henri IV, instruit du départ de Condé pour la Lombardie, tente de faire enlever Charlotte, mais le commando conduit à Bruxelles à cet effet par Annibal d'Estrées, marquis de Coeuvres, échoue dans sa mission : Henri IV avait arrêté les derniers détails de l'opération lors d'une réunion tenue dans la chambre de Marie de Médicis ; la Reine, jalouse, avait aussitôt alerté l'ambassadeur d'Espagne à Paris qui, à son tour, prévenait les Archiducs.

La mission de commando du marquis de Coeuvres accréditait l'idée répandue par la propagande espagnole d'un Henri IV prêt à mettre l'Europe à feu et à sang pour satisfaire une passion de vieillard. Écrivant plusieurs dizaines d'années plus tard son *Parallèle des trois premiers Rois Bourbons,* Saint-Simon relève comme une faute ce mélange des genres ; il ne serait pas éloigné lui-même d'épouser les thèses espagnoles : « Son dernier projet pensé et préparé de si loin et qu'il allait exécuter sur l'ouverture de la succession de Clèves et de Juliers paraît admirable ; mais il le déshonora par le premier usage qu'il voulut et qu'on ne sut que trop qu'il allait faire de son armée pour satisfaire sa passion à son âge, et enlever en personne à main armée la princesse de Condé à son époux, et à l'Archiduchesse chez qui ce prince l'avait réfugiée [3] ».

Sombres prédictions.

Henri IV ne voulait prendre aucune précaution particulière et, professant qu'un Roi est à son peuple, il laissait venir à lui quiconque voulait lui parler, s'en remettant à Dieu de sa protection. Il se mêlait en toutes circonstances à la foule, s'attablant dans les auberges de village, s'arrêtant en plein rue pour discuter du prix des vaches, courant les attractions de la foire Saint-Germain au bras de sa femme comme il l'avait fait autrefois avec Gabrielle d'Estrées, ignorant délibérément les précautions les plus élémentaires.

Mais il pressentait qu'il ne mourrait pas dans son lit. Henri IV dérangeait trop de monde. Bien que converti au catholicisme, il savait la méfiance qu'il inspirait à l'Espagne, au Pape et à tous ceux qui, en France, restaient attachés aux sentiments du temps de la Ligue. Les apologies du régicide qui justifiaient l'assassinat d'un Roi suspect d'infidélité à l'égard de la religion catholique avaient libre cours.

En 1607, à la foire de Francfort, on vend des livres d'astrologie annonçant que le Roi de France mourra dans sa cinquante-neuvième année, c'est-à-dire en 1610, tué de la main des siens et ne laissant que des bâtards. Ces livres sont diffusés à Paris. Pierre de L'Estoile, valet de chambre d'Henri IV, les a vus avant que le Parlement ne les fasse saisir.

Durant cette même année 1607, un prieur de Montargis trouve plu-

3. Saint-Simon, *Parallèle des trois premiers Rois Bourbons,* Éd. M.P. Faugère, Paris, Hachette, 1880, p. 324.

sieurs fois sur l'autel de son église des écrits anonymes annonçant la mort prochaine du Roi ; il en fait l'aveu au Chancelier. Le côté troublant de l'affaire est que Montargis n'est pas loin du château de Malesherbes, propriété de la famille d'Entragues.

En 1609 enfin, un docteur en théologie espagnol, Oliva, dans un livre dédié au Roi d'Espagne Philippe III, annonce pour 1610 la mort d'Henri IV.

Bref, comme l'écrit Michelet, « on pouvait prédire qu'il serait tué. Chacun le croyait, le pensait et s'arrangeait en conséquence. La prédiction, en réalité, préparait l'événement ; elle affermissait les fanatiques dans l'idée et l'espoir d'accomplir la chose fatale qui était écrite là-haut [4] ».

Depuis 1603, il n'y a plus eu un seul attentat, et il arrivait au Roi de se féliciter d'une situation qu'il attribuait à l'influence modératrice des Jésuites et à la décision qu'il a prise de les autoriser à revenir s'établir en France au début de 1604. Mais en 1609-1610, l'atmosphère est de nouveau détestable. Le Roi d'Espagne a envoyé à Paris un ambassadeur extraordinaire, don Pedro, pour proposer au Roi une union matrimoniale entre Paris et Madrid, et tenter de détacher Henri IV de l'alliance avec la Hollande. La mission de don Pedro n'obtiendra pas les résultats escomptés : Henri IV déclare que les mariages espagnols ne constituent pas une fin en soi, et fait mine de chercher en Lorraine une femme pour le Dauphin, en Savoie un mari pour Madame Elisabeth. Pour ce qui concerne la Hollande, la fermeté du Roi oblige l'Espagne, résignée à la perte, au moins provisoire, des sept provinces qui ont fait sécession sous le nom de « Provinces-Unies », à s'accommoder avec elles par la Trêve de Douze Ans, signée le 9 avril 1609 sous la pression d'Henri IV.

Dans la capitale, l'atmosphère est houleuse. Les temps de la Ligue semblent revenus. L'attitude d'Henri IV est, en général, sévèrement jugée par l'opinion parisienne. Le Roi le sait, il perçoit autour de lui une sourde hostilité. Le jour de l'entrée solennelle de don Pedro à Paris, Henri IV, dans son carrosse, ayant auprès de lui sa femme, assiste au défilé traditionnel quand, tout à coup, se fait un grand mouvement de foule. Le Roi croit voir briller une lame et se jette de côté, manquant de précipiter Marie sur le plancher de la voiture. C'était sans doute une fausse alerte : la seule victime de l'affaire est Marie de Médicis, dont la toilette est toute en désordre et qui, pendant quelques jours, va arborer au front quelques égratignures provoquées par les pointes de la parure de diamants qu'elle portait dans les cheveux.

A peu de temps de là, un prédicateur jésuite, le Père Gontier, tonne en chaire en l'église Saint-Germain contre les huguenots et contre le Roi lui-même qu'il accuse de protéger « ces vermines, ces canailles ». Les

4. Michelet, *Histoire de France*, Paris, J. de Bonnot, 1979, T. XIII, pp. 139-140.

protestants sont insultés, lapidés. Les pamphlets se multiplient, appelant les catholiques à se mobiliser, mettant constamment en cause la « complicité » du Roi avec les réformés.

Les avis deviennent plus précis sur l'agitation qui se développe. Il est clair qu'un nouveau complot est en préparation. Un gentilhomme normand, qui avait combattu les Turcs et revenait en France en passant par l'Italie, sait des choses et demande à être reçu par le Roi pour lui en faire part. Le sieur de Lagarde rapporte à Henri IV ce qu'il a vu à Naples. Hébert, l'ancien secrétaire de Biron, est installé là avec tout un parti d'anciens ligueurs réfugiés. Un soir, un envoyé du duc d'Épernon se présente chez Hébert. Il est reçu, fêté, logé, nourri. Lagarde dîne une fois en sa compagnie. L'homme dit que, rentré en France, il tuera le Roi. Lagarde demande le nom de cet homme. On le lui donne : c'est « Monsieur Ravaillac, qui appartient à Monsieur le duc d'Épernon, et qui apporte ici ses lettres ».

Lagarde lui-même est l'objet de pressantes sollicitations pour se joindre à un complot. Un Jésuite, le Père Alagon, qui n'est pas le premier venu, car c'est l'oncle du premier ministre espagnol, l'engage à tuer le Roi à l'occasion d'une partie de chasse. Le Père Alagon répartit les rôles : « Ravaillac frappera à pied, et vous à cheval... » Chacun son arme et son emploi. Rentrant à Paris, Monsieur de Lagarde reçoit en chemin une lettre de Naples, qui l'exhorte en termes pressants à accepter cette mission divine. Lagarde montre la lettre au Roi qui lui répond : « Mon ami, tranquillise-toi, garde bien ta lettre ; j'en aurai besoin. Quant aux Espagnols, vois-tu, je les rendrai si petits qu'ils ne pourront nous faire du mal ».

Malgré cette belle insouciance, le Roi prend quand même quelques précautions. Il demande à Sully de lui préparer à l'Arsenal, dont il est gouverneur, un appartement de quatre pièces. « Ainsi ce prince redouté de toute l'Europe en était à ne plus coucher dans sa propre maison », s'indigne Michelet[5]. Le Roi, si gai d'ordinaire, devenait de plus en plus sombre à mesure que se développaient les préparatifs de l'expédition de Juliers. Henri IV sent bien que la rue est inquiète, que l'opinion se demande où l'entraîne sa politique ; la perspective d'une guerre dont les raisons profondes sont assez peu perceptibles pour le grand public, trouble un pays qui savait gré à Henri IV de lui avoir rendu la paix. Le Roi doute un moment de lui, de la légitimité de sa démarche, de sombres pensées l'assaillent. Pour ajouter aux pressentiments qui l'agitent, voici que vers février-mars 1610 Marie de Médicis rêve plusieurs nuits de suite que le Roi est tué de deux coups de couteau. Henri IV se contente de lui dire qu'il ne faut pas croire aux songes, mais le sentiment du destin en marche l'accable.

Il avait longtemps résisté aux sollicitations de Marie qui voulait se

5. Michelet, *Histoire de France,* Paris, J. de Bonnot, 1979, T. XIII, p. 143.

faire couronner Reine de France. Henri IV opposait un refus rigoureux aux demandes répétées de sa femme, alléguant le calendrier chargé de ses occupations, la dépense superflue en ces temps de restriction. En réalité, le sacre de la Reine avait pour seul intérêt de conforter son pouvoir dans l'éventualité d'une régence, et l'idée même d'une régence était insupportable au Roi. Accepter qu'elle puisse survenir, c'était à ses yeux admettre la probabilité d'une mort prématurée, creuser en quelque sorte sa propre tombe. Or, voici que le Roi accepte de faire sacrer la Reine. Même, il précipite les préparatifs du couronnement. Son départ pour l'armée, fixé au 19 mai, lui impose de toute façon de donner les pouvoirs civils à Marie, qui dirigera le gouvernement du pays pendant son absence. Alors, régence pour cause de départ à la guerre, ou régence pour cause de décès, qu'importe... Après plusieurs reports successifs, la date du couronnement de Marie de Médicis est définitivement fixée au 13 mai 1610.

LE SACRE DE LA REINE.

Pour Marie de Médicis, c'est peut-être le plus beau jour de sa vie. « Je voudrais bien que tu l'eusses vue », dira-t-elle après la mort du Roi à l'ambassadeur extraordinaire du Grand-Duc de Toscane « parce que ce fut une des plus belles choses que l'on puisse faire en France ». Et la Reine, encore sous le coup de la profonde impression d'émerveillement qu'elle a conservée de son sacre, d'ajouter : « Oui, précisément, c'était comme le Paradis. N'est-il pas vrai, Messieurs, que la cérémonie de mon couronnement a été semblable en beauté à l'ordre divin du Paradis ? »

Dans la basilique Saint-Denis, 19 rangées de gradins ont été installées. Ont pris place successivement, suivant un ordre de préséance immuable, les princes du sang, les princesses du sang, les cardinaux, les évêques, les officiers de la couronne. Dans une tribune, le Roi assiste à la cérémonie. Jusqu'au dernier moment, il a été en proie au doute. La veille encore, pris d'un ultime regret, il confie à Sully sa certitude que le couronnement de la Reine débouchera sur le deuil et le sang. Mais aujourd'hui, Henri IV est presque gai. On le croirait au spectacle. Il s'amuse de l'équilibre précaire de la couronne de la Reine, qui, mal fixée sur sa tête, manque de tomber tout à coup au début de la cérémonie. Dans une autre tribune, Marguerite de Valois, qui a si bien su se faire accepter par Marie que celle-ci a trouvé parfaitement naturel de lui permettre de venir aujourd'hui.

Divers incidents, pourtant, viennent troubler la solennité de la circonstance.

Dès avant le sacre, une querelle de préséance a opposé des ambassadeurs représentant deux puissances amies de la France : l'ambassadeur de Toscane et les représentants des Provinces-Unies. Ces derniers ayant manifesté leur intention d'avoir le pas sur le premier, l'ambassadeur du Grand-Duc les traite avec mépris d' « animaux aquatiques ». Le gouvernement français doit s'entremettre pour éviter que les choses ne dégénèrent, faire retirer l'insulte sans que l'ambassadeur de Florence perde la face, et rétablir un semblant d'harmonie entre l'envoyé du Grand-Duc et ses collègues hollandais.

Pendant la cérémonie elle-même, un autre incident éclate pour des raisons aussi futiles que le premier. L'ambassadeur d'Espagne prétendait à l'appellation d'Excellence. L'ambassadeur de Venise l'ayant salué en l'appelant simplement : « Monsieur l'Ambassadeur », le représentant de la Cour de Madrid lui donne un violent coup de chapeau sur la figure. Son collègue de Venise réplique à coups de poing. Les deux éminents ambassadeurs se prennent alors au collet avec une simplicité pas très diplomatique, et si peu appropriée au lieu et aux circonstances que les gardes du Roi interviennent sans ménagement pour les séparer.

Mais il y a plus grave que ces querelles, pour désagréables qu'elles soient, et les assistants se remémoreront par la suite d'autres événements qui marquent d'autant de pierres noires la cérémonie du sacre. Recevant l'ambassadeur extraordinaire de Florence, Andrea Cioli, un mois plus tard, Marie de Médicis en énumérait trois qui l'avaient particulièrement frappée. Peu avant que la cérémonie débute, la dalle qui ferme la crypte royale se brise; on se hâte de sceller l'ouverture à la chaux. Pendant le sacre lui-même, la chute de la couronne, évitée in-extremis, prend après coup la signification d'un présage funeste. Dans la nuit qui suit, une chouette fait sans relâche entendre sa plainte, voletant autour des fenêtres de l'appartement royal.

Le Roi lui-même tient sa partie dans cette série de signes. Prenant le Dauphin dans ses bras au cours de la cérémonie, il le montre aux assistants en leur disant : « Messieurs, voilà votre Roi ». On se souviendra aussi qu'à sept ou huit reprises au cours du mois précédent, il avait, comme par mégarde, appelé la Reine : « Madame la Régente[6] ».

6. Richelieu, *Mémoires*, Éd. Michaud et Poujoulat, Paris, Firmin Didot, 1837, T. I, p. 23.

CHAPITRE VI

Le couteau de Ravaillac

HENRI IV ASSASSINÉ.

Henri IV appréhendait la nuit du 13 au 14 mai 1610 qui, dans les prédictions astrologiques, lui était présentée comme infiniment dangereuse et funeste.

Toute la nuit du 13 il cherche en vain le repos.

Le 14 au matin, un vendredi, il reçoit la visite de son fils Vendôme. Celui-ci est inquiet. Un certain Labrosse prédit qu'Henri IV mourra aujourd'hui même. Le Roi affecte d'en rire. Vendôme parle de ses craintes à Marie de Médicis et supplie le Roi de ne pas sortir.

La matinée s'écoule ainsi, languissante. Henri IV marche de long en large. Il est irrésolu, désœuvré. Le repas de midi s'apprête. Le Roi fait bonne chère, mais son esprit est ailleurs. Distrait, il participe à peine aux conversations, aux propos qui s'échangent.

Henri IV se lève de table, recommence à faire les cent pas, puis s'étend sur son lit. Va-t-il faire une sieste ? Non, le sommeil ne veut pas de lui. Il demande l'heure. « Quatre heures », lui dit un garde. En ce jour de mai, l'air est doux, le printemps éclate. Et ce même garde lui conseille d'aller faire un tour dehors. « Tu as raison », lui répond le Roi », « qu'on apprête mon carrosse ». Il décide d'aller voir Sully, malade, à l'Arsenal.

Mais à peine a-t-il donné l'ordre d'atteler qu'il se ravise. Il ne peut se résoudre à partir. « Je ne sais ce que j'ai », dit-il à Marie, « mais je ne puis sortir d'ici ». Et le duc de La Force qui rapporte le propos ajoute : « La Reine fit tout ce qu'elle put pour le retenir [1] ». Trois fois il dit adieu à Marie en l'embrassant, et trois fois il revient, troublé. La Reine, le voyant dans cet état, cherche à le retenir : « Vous ne pouvez pas sortir d'ici de la sorte ; demeurez, je vous supplie, vous parlerez demain à

1. Duc de La Force, *Mémoires*, T. I, p. 221.

Monsieur de Sully ». Mais Henri IV répond « qu'il ne dormirait point en repos s'il ne lui avait parlé et ne s'était déchargé de tout plein de choses qu'il avait sur le cœur ».

Le carrosse sort enfin du Louvre. Henri IV n'a pas voulu de gardes pour ne pas attirer l'attention. A peine au-dehors, changement de destination. On ne va plus à l'Arsenal, ou du moins pas tout de suite. Quelle mouche a piqué le Roi ? Une tradition affirme qu'il lui avait tout à coup pris fantaisie, avant d'aller chez Sully, de rendre visite à la fille du financier Paulet, une rousse d'une beauté superbe, surnommée la Lionne : il voulait en faire la maîtresse de son fils Vendôme, dont l'homosexualité chagrinait fort le Vert-Galant.

Par ce beau temps, le carrosse est ouvert. Le Roi se tient au fond, au milieu de la banquette, entre Monsieur de Montbazon et le duc d'Épernon. Ce dernier lui a tendu une lettre qu'il est en train de lire au moment où le carrosse arrive rue de la Ferronnerie. Il faut s'arrêter : une voiture de foin et une voiture de vin se sont accrochées, c'est l'embouteillage l' « embarras » dit-on à l'époque.

Un homme suivait le Roi depuis le Louvre. C'était Ravaillac. L' « embarras » lui permet de rattraper le carrosse. Ravaillac monte sur une borne et frappe Henri IV d'un coup de couteau.

« Je suis blessé ! » crie le Roi, en levant le bras. Réflexe fatal : Ravaillac lui porte un second coup qui, passant sous le bras, atteint le cœur et le transperce. Henri IV meurt sur-le-champ. D'Épernon le couvre d'un manteau, et, criant à la cantonade que le Roi n'est que blessé, fait faire demi-tour au carrosse pour regagner le Louvre.

Vers quatre heures et demie, on arrive au Louvre et on monte le corps d'Henri IV dans sa petite chambre à coucher, au premier.

Nul ne s'est encore soucié de prévenir la Reine. Après le départ du Roi, Marie de Médicis souffrant d'une migraine, était allée se reposer dans ses appartements et s'était étendue sur un « lit d'été » — une sorte de chaise longue — dans son petit cabinet. Elle est là, en compagnie de Madame de Montpensier ; toutes deux bavardent tranquillement. Ce petit cabinet communique par une double porte avec la chambre à coucher du Roi.

En entendant des bruits de pas précipités, les échos d'un remue-ménage insolite, Marie demande à Madame de Montpensier d'aller voir ce qui se passe dans la chambre de son mari. Madame de Montpensier ouvre la double porte, et, comprenant d'un regard ce qui est arrivé, la referme violemment. Devinant un grand malheur, la Reine s'exclame aussitôt « Mon fils ! » et, se levant d'un bond, se précipite vers la porte. Madame de Montpensier cherche à la repousser, en lui disant simplement « Votre fils n'est pas mort ! ». Mais Marie de Médicis l'écarte brutalement et entre dans la chambre du Roi ; elle bute littéralement sur Monsieur de Praslin, capitaine des gardes, qui lui dit : « Madame, nous sommes perdus ». Elle l'écarte aussi violemment qu'elle a écarté Madame de Montpensier et, alors seulement, aperçoit le corps d'Henri IV, étendu sur le lit ; déjà le cisage du Roi a pris la couleur de la cire. Marie de Médicis manque de s'évanouir.

Madame de Montpensier, avec l'aide d'une des femmes de chambre de la Reine, Catherine Forzoni, accourue au bruit, prend Marie dans ses bras et la ramène, la traîne plutôt, jusque sur le « lit d'été » qu'elle avait quitté quelques instants plus tôt.

Le duc d'Épernon la suit, s'agenouille devant la Reine, et lui dit que le Roi n'est peut-être pas mort. Catherine Forzoni retourne dans la chambre du Roi, et demande de l'aide ; Bassompierre, le duc de Guise, le Grand Écuyer Bellegarde, se précipitent auprès de la Reine. Bassompierre raconte la scène : « Nous nous mîmes tous trois à genoux et lui baisâmes l'un après l'autre la main ». Le Chancelier et Villeroy arrivent à leur tour. Marie éclate en sanglots : « Son cœur était percé de douleurs, elle fondait en larmes et rien ne la soulageait et ne la pouvait consoler ».

Mais il faut maintenant se ressaisir. Le Chancelier, Villeroy, Jeannin arrivé également sur ses entrefaites, lui suggèrent les ordres à donner, les dépêches à dicter, les mesures à prendre.

Ceci est une version. Il y en a une autre. On raconte que Marie de Médicis apprit la nouvelle par un désinvolte « È ammazzato ! » (On l'a assassiné !) jeté par Concini à travers la porte de sa chambre. Quant à Saint-Simon, il affirme que « personne n'ignore avec quelle présence d'esprit, avec quel dégagement, avec quelle indécence, la Reine et ceux qui la possédaient reçurent une nouvelle si funeste et qui devait les surprendre et les accabler [2] ».

Le Roi a été tué entre quatre et cinq heures de l'après-midi. En faisant faire demi-tour au carrosse pour regagner le Louvre, d'Épernon avait crié qu'Henri IV n'était que blessé. Jusqu'à neuf heures on fera dire partout que le Roi est seulement blessé.

D'Épernon, en sa qualité de Colonel général de l'infanterie, met le Louvre en défense. Il place des gardes au Pont-Neuf et aux abords du Palais de Justice. Demandant au duc de Guise de l'accompagner, il se rend au Parlement. L'heure de Marie de Médicis va sonner.

Le petit Dauphin a été prévenu vers six heures du soir. L'assassinat d'Henri IV le fait Roi. Il sera Louis, Treizième du nom. Son médecin, Héroard, dans son journal quotidien, nous rapporte la douleur de Louis en apprenant la mort de son père : « Monsieur le Dauphin, l'ayant su, en pleura et dit : “ Ha ! si j'y eusse été avec mon épée, je l'aurais tué. ” » Un peu plus tard, Marie de Médicis l'envoie chercher pour le faire coucher

2. Saint-Simon, *Parallèle des trois premiers Rois Bourbons,* Éd. M. P. Faugère, Paris, Hachette, 1880, p. 8.

dans sa chambre. Son fils est auprès d'elle et tout est calme dans Paris stupéfait.

Demain, Marie sera Régente.

RAVAILLAC.

François Ravaillac est né à Angoulême en 1578 ou 1579. Son père était solliciteur de procès dans cette ville. Lui-même est d'abord valet d'un conseiller au Parlement, avant de reprendre la profession paternelle. Ravaillac, qui a des sentiments religieux souvent exaltés, se fait admettre un moment dans un couvent de Feuillants. Mais ses propos illuminés et parfois incohérents, les visions qu'il dit avoir, le font prier d'en partir au bout de quelques mois. Entre-temps, ses parents étaient séparés et son père ruiné; Ravaillac, pour leur venir en aide, arrondit ses fins de mois en donnant pension à des écoliers, tout en continuant à exercer la profession de solliciteur.

A Angoulême, on le considère comme un personnage. En règle générale, son comportement est extrêmement doux, en totale contradiction avec sa mine patibulaire : Ravaillac est très grand et très fort, vigoureusement bâti, avec des mains énormes; ses cheveux drus et sa barbe fournie, d'une même couleur noire à reflet roux, encadrant un visage émacié dans lequel brille un regard ardent, lui donnent un air satanique. Son physique le dessert au point qu'on l'accuse un jour d'un meurtre qui vient d'être commis à Angoulême. Tenu en prison pendant un an, il en sort lavé de tout soupçon, son innocence reconnue. Mais il est couvert de dettes, et ne tarde pas à revenir en prison pour ce motif.

Il profite de ce nouveau séjour dans les geôles du Roi pour étudier la théologie. Ses visions continuent; pendant ses moments d'illumination, il écrit des vers mystiques. Un jour, un sarment de vigne apparu sous ses yeux se transforme en une trompe sacrée d'archange. Une question l'obsède et peu à peu toutes ses préoccupations se concentrent sur elle : dans quelles conditions un chrétien a-t-il le droit de tuer un Roi ennemi du Pape? Il étudie les auteurs qui ont écrit à ce sujet. Lors de son procès, il fera l'étonnement des juges par sa profonde connaissance des thèses du Jésuite Mariana.

A sa sortie de prison, Ravaillac est devenu une célébrité locale. Le duc d'Épernon, gouverneur d'Angoulême, se le fait présenter, s'intéresse à son sort, et l'envoie à Paris pour solliciter dans un procès que le duc avait dans la capitale. Au passage, on le charge d'aller au château de Malesherbes, qui appartient au comte d'Entragues. Le comte lui confie des lettres. Henriette, marquise de Verneuil, se trouve là également et, elle aussi, confie à Ravaillac des messages à remettre à Paris. Les d'Entragues lui donnent, pour l'accompagner jusque dans la capitale, l'un de leurs valets de chambre, qui le fait héberger par une ancienne dame de compagnie d'Henriette, la d'Escoman.

La d'Escoman le loge et le nourrit ainsi pendant deux mois. Que fait Ravaillac pendant son séjour à Paris ? Il s'occupe au Palais du procès du duc d'Épernon, ainsi que d'une petite affaire que lui confie la dame d'Escoman. Mais cela lui laisse bien des loisirs, et Ravaillac se promène, visite les églises, flâne, bref s'immerge pendant deux mois dans ce Paris remuant et prompt aux émotions. Nous sommes en 1608. De quoi parle-t-on dans les rues de la capitale ? On commente les ambassades extraordinaires qui se succèdent, venues d'Espagne et de Hollande pour rechercher l'arbitrage du Roi dans l'interminable conflit qui oppose Madrid à ses sujets calvinistes révoltés contre son autorité. Certains approuvent l'attitude d'Henri IV favorable à la Hollande protestante. D'autres se scandalisent de l'aide accordée par un Roi de France qui se dit catholique à cette nation d'hérétiques contre l'Espagne catholique.

L'affaire du Temple de Charenton trouble les esprits. L'Édit de Nantes, en 1598, avait interdit aux huguenots de célébrer leur culte en public à moins de cinq lieues (20 kilomètres) de la capitale. Le Roi avait déjà un peu triché sur la distance en autorisant l'ouverture d'un temple protestant à Ablon, qui se trouve seulement à quatre lieues (16 kilomètres). Mais il avait ensuite autorisé l'ouverture d'un temple à Charenton, aux portes mêmes de Paris. Beaucoup de gens sont scandalisés. Pour eux, c'est une violation caractérisée de l'Édit de Nantes, et le fait que le Roi lui-même en soit l'auteur leur paraît excessivement grave. Le Parlement de Paris, ému, envoie une députation au Roi pour lui adresser une ferme remontrance. Henri IV, prenant la chose d'un air badin, se borne à déclarer que, par décret royal, Charenton se trouve désormais situé à cinq lieues de Paris. Une telle désinvolture exaspère. Dans les églises, les prédicateurs se déchaînent. Ravaillac pourra dire plus tard qu'il a été poussé à attenter à la vie du Roi par « les sermons que j'ai ouïs, auxquels j'ai appris les causes pour lesquelles il était nécessaire de tuer les Rois ».

Ravaillac quitte Paris et se rend à Naples, toujours pour le compte du duc d'Épernon. Il loge chez un Français réfugié dans cette ville, le sieur Hébert, ancien secrétaire de Biron. Ceux qui le rencontrent le trouvent extrêmement préoccupé par les problèmes de la politique internationale de la France. Les princes protestants d'Allemagne resserrent leur alliance avec la France. Dans les négociations entre la Hollande et l'Espagne, Paris pèse de tout son poids pour obliger Madrid à reconnaître, au moins dans les faits, l'indépendance des Provinces-Unies. A Naples, on est également informé des traités d'alliance que la France s'apprête à conclure avec les souverains protestants de Suède et du Danemark, et qui ne peuvent être tournés que contre l'Empereur d'Autriche et les intérêts du parti catholique en Allemagne. Enfin, on commente sévèrement le peu d'enthousiasme manifesté par Henri IV à l'égard du projet de mariage du Dauphin avec l'Infante Anne d'Autriche.

Pour la première fois, Ravaillac évoque la nécessité de tuer le Roi ; un soir, il déclare à Hébert qu'il est, pour sa part, tout prêt à le faire.

Il regagne ensuite Paris, où il se trouve en juin et juillet 1609. Il ne loge plus chez la d'Escoman, mais il la revoit à plusieurs reprises. Il lui confie son intention de tuer Henri IV, mais lui avoue en même temps ses scrupules de conscience et ses doutes. Il parle de Naples, du duc d'Épernon, de l'Espagne, évoque des échanges de lettres. Ainsi, un an avant son crime, Ravaillac est déjà décidé, et prêt, quoi qu'il lui en coûte, à remplir la mission divine qui lui est assignée.

Ravaillac suit les déplacements du Roi. Un jour que celui-ci passe près du Cimetière des Innocents, il l'aborde. « Au nom de Notre Seigneur et de la Très Sainte Vierge, Sire, que je parle à vous ! » Les gardes le repoussent. Lors de son procès, Ravaillac dira qu'il voulait non pas tuer le Roi ce jour-là (il n'était pas armé) mais seulement lui demander s'il était vrai qu'il voulait faire la guerre au Pape, et que les huguenots préparaient le massacre des bons catholiques. Pour être en paix avec sa conscience, il lui fallait entendre de la bouche du Roi l'aveu de ses mauvaises intentions, avant de se résoudre à le tuer.

Faute de pouvoir parler à Henri IV, il est sur le point de renoncer, et songe à nouveau à se faire Feuillant ; mais son étrangeté le fait repousser une fois de plus. Il frappe à la porte des Jésuites, qui l'éconduisent de la même façon. Ravaillac sollicite un conseil, une indication sur ce qu'il doit faire. Il va voir un prêtre à qui, en confession, il demande : « Un homme qui voudrait tuer un Roi devrait-il s'en confesser ? » Le prêtre élude la question et répond de manière évasive.

A l'approche de Pâques 1610, Ravaillac décide de retourner à Angoulême, où se trouve sa paroisse, pour communier. Il revoit sa mère. Mais ses pensées homicides l'empêchent de trouver la paix de l'âme. Il sent une force surnaturelle le rejeter en arrière chaque fois qu'il approche de l'autel. Alors, il ne doute plus, et sa résolution devient définitive : le meurtre du Roi par l'ordre de Dieu peut seul le faire rentrer dans la communion de l'Église. C'est sans doute à ce moment qu'un chanoine d'Angoulême lui donne un morceau de la Vraie Croix.

Ravaillac n'a plus qu'une idée : revenir à Paris, pour accomplir sa mission. Nous sommes en avril 1610. Dans une auberge, il dérobe un couteau. Au moment d'agir, il hésite encore et reprend le chemin d'Angoulême. Il n'ira pas au-delà d'Étampes : un calvaire, aux portes de la ville, le rappelle à son devoir. Il rebrousse chemin, et revient dans la capitale. Le 14 mai 1630 vers quatre heures de l'après-midi, François Ravaillac, devant la boutique à l'enseigne du « Cœur couronné percé d'une flèche », rue de la Ferronnerie, à Paris, se jetait sur le Roi et le tuait de deux coups de couteau.

Ravaillac avait-il été manipulé ? Son geste était-il celui d'un fou isolé, ou faisait-il partie d'un plan concerté ? Ces questions sont sur les lèvres de chacun dans les heures qui suivent l'assassinat du Roi, et chacun a son opinion sur les réponses à leur apporter avant même que l'enquête ne commence.

Beaucoup, en tout cas, s'accordent à voir dans l'acte de Ravaillac un coup des Jésuites.

LES JÉSUITES ACCUSÉS.

En fait, les Jésuites ne sont pas accusés, comme après l'attentat de Jean Chatel en 1594, d'avoir armé le bras de Ravaillac. Mais leur complicité morale dans le crime est largement proclamée et dénoncée.

Le dimanche 23 mai, plusieurs curés de Paris, notamment un père cordelier et le curé de Saint-Barthélemy et Saint-Paul, prêchent en chaire contre les Jésuites coupables d'avoir provoqué la mort du Roi par leurs théories sur le pouvoir souverain du Pape et la légitimité du régicide. Un livre est particulièrement visé, le traité du Jésuite espagnol Mariana sur le Roi et l'autorité royale, publié quelques mois auparavant en latin sous le titre *De rege et regis institutione.* Le Parlement de Paris saisit la Sorbonne par arrêt du 27 mai – le jour du supplice de Ravaillac – en lui demandant de confirmer ses positions antérieures sur le sujet. Le 4 juin, les docteurs de la Sorbonne rendent un décret conforme à celui que la Faculté avait rendu près de 200 ans plus tôt (quelle continuité !) le 13 décembre 1413, dans lequel ils condamnent formellement la thèse de la légitimité du régicide. Ils décident en outre de faire obligation désormais aux docteurs et bacheliers en théologie d'inclure ce point de doctrine dans leur enseignement. S'appuyant sur le décret de la Sorbonne, le Parlement de Paris, dès le 8 juin, ordonne que le livre de Mariana soit brûlé par la main du bourreau et fait interdiction de l'imprimer et de le vendre dans le royaume.

Les thèses de Mariana n'engageaient pas la Compagnie de Jésus, mais, pour l'opinion, la condamnation de son livre constitue la condamnation des Jésuites dans leur ensemble, et les passions se déchaînent. Le Père Cotton, confesseur de la Reine, monte en lice pour expliquer, preuves à l'appui, que les Jésuites français s'étaient désolidarisés dès 1606 des thèses de leur collègue espagnol et que la Compagnie faisait siennes les positions contenues dans le décret rendu en 1413 par la Sorbonne.

Afin de ne pas laisser l'opinion publique sur des impressions défavorables à leur endroit, les Jésuites passent à l'offensive en sollicitant l'autorisation de donner un enseignement public de théologie dans leur Collège de Clermont à Paris. Marie de Médicis, qui ne peut rien leur refuser, leur accorde la permission souhaitée le 26 août. C'était une façon éclatante de montrer que la Régente les considérait comme totalement étrangers à l'assassinat du feu Roi. En leur faisant remettre le cœur d'Henri IV dans les jours qui avaient suivi la mort du Roi, elle leur donnait un autre témoignage public de confiance et une sorte de brevet de loyalisme à l'égard de la monarchie.

Mais le peuple reste obstinément attaché à l'idée que l'assassinat du Roi est l'œuvre d'une conjuration dans laquelle les Jésuites ont eu leur part. Et, comme pour mieux s'en persuader, il rapporte et commente avec fièvre les indices surnaturels ou naturels sur lesquels s'appuie cette conviction.

SIGNES.

Des signes étranges ont accompagné la mort du Roi. Richelieu, dans ses *Mémoires* [3], les rapporte avec minutie.

Une religieuse de l'abbaye de Saint-Paul près de Beauvais relevant de l'Ordre de Saint-Benoît, se trouve dans sa chambre le 14 mai à l'heure du déjeuner. Sœur de Villars-Houdan, c'est son nom, appartient à une bonne famille de la noblesse militaire ; son frère a servi le Roi dans toutes ses guerres. A 42 ans, ce n'est ni une jouvencelle, ni une vieille hystérique. Ne la voyant pas apparaître au réfectoire, l'abbesse, selon la coutume des monastères, envoie, dès que le déjeuner est fini, l'une des sœurs dans la chambre de Mademoiselle de Villars-Houdan pour connaître la raison de son absence. Elle trouve la religieuse en larmes, encore sous le choc d'une vision qu'elle vient d'avoir et qui lui annonçait la mort imminente du Roi. La sœur s'en retourne voir l'abbesse qui pense qu'une bonne purge débarrassera Mademoiselle de Villars-Houdan de ses idées noires. A l'heure des vêpres, celle-ci n'apparaît toujours pas. On se rend de nouveau dans sa chambre, où une scène identique s'offre aux yeux des bonnes sœurs, la religieuse en transes affirmant cette fois qu'elle vient de voir assassiner le Roi à coups de couteau.

Ce même 14 mai, dans un couvent de Capucines, l'une des sœurs entend tout à coup sonner les cloches et, fondant en larmes, dit aux

3. Richelieu, *Mémoires*, Éd. Michaud et Poujoulat, Paris, Firmin Didot, 1837, T. I, p. 24.

autres religieuses accourues auprès d'elle que ces cloches sonnent la mort du Roi. Toute la troupe se précipite à l'église du couvent : la cloche du monastère était effectivement en train de sonner, sans qu'aucune présence apparente permît de savoir qui avait pu la mettre en branle.

Troisième coïncidence troublante : une jeune bergère de Patay (entre Châteaudun et Orléans) qui gardait ses moutons, entend le jour du crime une voix lui annoncer que le Roi vient d'être tué. La pauvrette, qui a 14-15 ans, ne sait même pas ce que c'est que le Roi et, dès son retour à la maison, interroge son père, qui lui explique que c'est « celui qui commande à tous les Français ». La jeune bergère devait ultérieurement entrer dans les ordres et devenait, peu de temps après, Supérieure du couvent des Petites-Hospitalières de Paris.

Ces diverses visions de bonnes sœurs ou de bergères, où le peuple voit la preuve d'un complot, ne signifient évidemment rien à cet égard. L'opinion commune des gens éclairés de l'époque les interprète comme des signes envoyés par la Providence, et c'est sous cet angle que Richelieu les considère. Mais l'affaire du prévôt de Pithiviers, en revanche, ne relève pas du tout du même type de phénomène.

Le prévôt de Pithiviers.

Le jour de l'assassinat du Roi, cet estimable personnage était en sa bonne ville de Pithiviers en train de regarder une partie de boules. L'un des joueurs réalise un coup superbe. Tout le monde se récrie, le félicite. Le prévôt lui aussi admire le coup, et ajoute de l'air entendu du monsieur qui sait beaucoup de choses : « Il s'en fera aujourd'hui un bien meilleur encore ». Les spectateurs le regardent, se regardent interloqués, mais nul ne comprend ce qu'il a voulu dire. La partie reprend. Le prévôt est toujours là. A un moment donné, il demande l'heure à l'un de ses voisins et, quand il a le renseignement, déclare à haute voix : « Cela ne peut pas tarder beaucoup maintenant, si ce n'est déjà fait ».

Lorsque l'on apprend la mort du Roi, trois ou quatre personnes qui s'étaient trouvées aux côtés du prévôt lors de la partie de boules établissent un lien entre l'événement qui bouleverse le royaume et les propos du prévôt. Celui-ci, dénoncé au Chancelier, est convoqué, interrogé et renvoyé chez lui sans autre forme de procès.

Mais d'autres accusateurs se présentent, et les plus graves soupçons pèsent désormais sur l'homme de Pithiviers. D'après les échos recueillis à ce sujet par Richelieu, il aurait, le 14 mai, sur le coup de quatre heures de l'après-midi, dit tout à trac à ses voisins : « Le Roi vient d'être tué ». Comment pouvait-il connaître cette nouvelle s'il n'avait pas été au courant des intentions de Ravaillac ? Le Chancelier, pour en savoir un peu plus long, donne l'ordre de le faire appréhender et incarcérer à Paris. Le lendemain de son arrestation, le prévôt est retrouvé mort dans sa prison, pendu par ses lacets à une poutre.

La négligence du Chancelier, qui n'a pas cru devoir l'interroger dès son arrestation ni le faire surveiller vingt-quatre heures sur vingt-quatre, est sévèrement jugée. L'ambassadeur florentin Andrea Cioli en fait rapport, le 26 juin 1610, au Grand-Duc : « L'on en est maintenant à se rendre compte que ledit prévôt avait deux fils jésuites et qu'il était en relations avec le barbier de Monsieur d'Entragues et du frère de Madame de Verneuil, circonstances qui devaient particulièrement éveiller l'attention du Chancelier ». D'aucuns n'hésitent pas à accuser ce dernier d'avoir fait supprimer le prévôt pour empêcher qu'il ne parle. C'est l'opinion de Pierre de L'Estoile, qui ne mâche pas ses mots : « Au bout, un homme mort ne parle point (qui est ce qu'on demandait) ; car s'il eût parlé, comme il avait bien commencé, il en eût à la fin trop dit pour l'honneur et profit de beaucoup que l'on n'avait point envie de fâcher. C'est pourquoi on a eu opinion que d'autres gens que le diable avaient mis la main à cette exécution[4] ».

En attendant, l'homme était mort sans rien dire, et plus personne n'y pouvait rien. Les révélations de Jacqueline d'Escoman, elles, étaient beaucoup plus graves, car si on fit taire la dame en question, elle avait eu le temps, au préalable, de porter de graves accusations ; l'affaire d'Escoman pose la question de la complicité éventuelle de Marie de Médicis dans un complot contre la vie du Roi son mari.

Marie compromise ?

Marie de Médicis était-elle au courant d'un complot ourdi contre Henri IV ? Informée de ce qui se préparait, a-t-elle laissé faire — ce qui est déjà fort grave ? ou bien, plus compromise encore que cela, a-t-elle participé au « montage » du complot et pris une part active à la mise au point de l'assassinat ?

La question a été posée par les contemporains dès la mort du Roi, et certains n'ont pas hésité à mettre en cause Marie de Médicis.

Sully affirme que, pendant l'été 1609, Henri IV serait venu à l'Arsenal lui dire « que Concini négociait avec l'Espagne, que la Passitéa, mise par Concini auprès de la Reine, la poussait à se faire sacrer, qu'il

4. Pierre de L'Estoile, *Journal,* T. X, p. 283.

voyait très bien que leurs projets ne pouvaient réussir que par sa mort, qu'enfin il avait un avis précis qu'on devait l'assassiner[5] ».

Le 8 mai 1616, la Reine-Mère et le jeune Louis XIII signent avec les princes révoltés la Paix de Loudun ; l'un des articles du traité prévoit la réouverture de l'enquête sur la mort d'Henri IV. Cela prouve d'abord que l'on ne considérait pas celle qui avait été menée en 1610 comme satisfaisante, et telle était en effet l'opinion de beaucoup de gens dans le pays. Mais fallait-il une guerre civile pour imposer à Marie de Médicis la décision de reprendre l'examen de cette affaire ? Qui voulait-elle couvrir ? Avait-elle des motifs personnels de s'inquiéter ? L'enquête en question ne fut jamais rouverte.

En mai 1617, Léonora Galigaï comparaît devant ses juges après la mort de son mari. On l'interroge sur les opérations financières qu'elle a menées dans son intérêt et dans celui de la Reine, sur son ingérence dans la conduite des affaires de l'État et, tout à coup, voici que les juges mettent sur le tapis la question de la mort du Roi. On presse Léonora de répondre : n'avait-elle pas été informée d'un complot contre la vie d'Henri IV ? Est-il exact qu'elle ait sciemment pris sur elle de n'en rien dire à la Reine ? N'a-t-elle pas, avec son mari, souhaité à plusieurs reprises la mort du Roi ? On verra plus loin que la défense de Léonora fut habile et ne permit pas aux juges d'en savoir davantage. Mais il est clair, quand on voit l'insistance mise par ces Messieurs du Parlement de Paris, sept ans après l'assassinat d'Henri IV, à chercher dans l'entourage le plus immédiat de la Reine l'un des fils qui permettraient de remonter aux vrais responsables, qu'un immense soupçon pesait sur Marie de Médicis.

A l'époque moderne, c'est Michelet qui a le plus contribué à populariser cette thèse. Michelet n'aimait pas Marie de Médicis. Écrivant quelque deux siècles et demi après les faits, il récrit toute cette époque avec passion, une passion où l'emporte la haine viscérale du parti italo-espagnol et ultramontain dont Marie de Médicis lui apparaît la pièce maîtresse et pour ainsi dire le cheval de Troie auprès d'Henri IV. Le Bon Roi n'avait plus son habituelle lucidité de jugement quand les femmes étaient en cause. Par sa femme, on pouvait donc presque tout oser : le retour des Jésuites, les mariages franco-espagnols, l'abandon des princes protestants d'Allemagne, le retour inconditionnel dans le giron de l'Église d'une France plus docile que jamais.

Henri IV donne-t-il des signes d'indépendance, voire de complaisance à l'égard des réformés ? Au printemps 1610, la guerre n'est-elle pas là, imminente, la France prête à soutenir sa part des combats aux côtés des princes protestants contre la Maison de Habsbourg ? La vigilance du clan ne sera pas prise en défaut, et l'assassinat du Roi permet

5. Sully, *Économies royales,* chapitres 189, 180.

de tout arranger : Marie Régente, c'est la certitude d'une politique étroitement alignée sur celle de l'Espagne et rigoureusement conforme aux vues du Pape.

Thèse cohérente, qui s'appuie sur des indices concordants plus que sur des preuves, et qui se fonde avant tout sur le vieil adage « Is fecit cui prodest ». A qui profite le crime ? A l'Espagne, au Pape, et à Marie de Médicis.

Dans cette « étrange mort de Henri IV[6] » il y a donc, à côté du procès de Ravaillac, un autre procès à instruire : celui de Marie de Médicis.

Le dossier de base de l'accusation ressort de l'affaire d'Escoman. Jacqueline d'Escoman est cette ancienne dame de compagnie d'Henriette d'Entragues, établie à Paris, à qui l'on a demandé d'héberger Ravaillac lors de son premier séjour dans la capitale en 1608.

Quand Ravaillac revient à Paris après son voyage à Naples, en 1609, il revoit la dame Escoman. Il a maintenant pris la décision de tuer le Roi. Voici l'Ascension, puis la Fête-Dieu. Ravaillac s'exalte. Sa conscience, cependant, le torture de doutes et il parle de son projet avec la d'Escoman dont il fait sa confidente. Jacqueline d'Escoman, alarmée, décide de faire prévenir Henri IV. Elle court au Louvre, fait demander audience à la Reine par une des femmes de chambre de Marie. Il s'agit, dit-elle, de la vie du Roi. Et elle parle d'un complot, de lettres qui doivent partir pour l'Espagne. Marie de Médicis fait répondre qu'elle la recevra dans trois jours ; quand Jacqueline revient au jour dit, elle apprend que Marie vient de quitter Paris.

La d'Escoman cherche alors à parler au Père Cotton, ce Jésuite confesseur du Roi. Ne sachant comment le joindre, elle s'adresse à la maison mère des Jésuites rue Saint-Antoine. Elle voit le Père procureur qui lui promet d'informer le Père Cotton ; il y va du salut du Roi, dit-elle, agitée, impatiente. Devant la sérénité qu'elle trouve excessive du Père procureur, elle finit par s'emporter, elle menace ; on lui promet alors d'aller dès le lendemain à Fontainebleau, où le Père Cotton a suivi la Cour, pour lui transmettre le message de la d'Escoman. Le lendemain, la d'Escoman est arrêtée, emprisonnée. On ne sait si le Père Cotton avait été avisé, aucun juge ne l'ayant jamais entendu sur ce point.

De sa prison, Jacqueline d'Escoman cherche encore à joindre Marie de Médicis et trouve le moyen d'avertir l'apothicaire de la Reine. Cette démarche n'a pas davantage de succès.

Quelle insouciance chez Marie de Médicis ! On veut lui parler d'un complot qui met en péril la vie de son mari, et voilà avec quelle désinvolture elle reçoit cet avis ! Est-il possible que les démarches répétées de

6. Titre d'un livre de Jacques Erlanger, paru à la Librairie académique Perrin en 1964 (réédité en 1969). Bonne mise au point également chez Roland Mousnier, *L'assassinat d'Henri IV*, Paris, Gallimard, 1964.

Jacqueline d'Escoman l'aient à ce point laissée insensible ? Bien pire encore, si la d'Escoman est arrêtée, n'est-ce pas parce que quelqu'un prend peur de ce qu'elle sait et qu'elle pourrait dire ? Comme l'écrit Michelet, qui croit au complot et à une particiation, au moins passive, de Marie, « ceux qui donnèrent l'ordre [d'arrêter la d'Escoman] étaient dont bien appuyés de la Reine, ou bien sûrs que le Roi mourrait avant que l'affaire vînt à ses oreilles ? [7] »

Arrêtée, Jacqueline d'Escoman est jugée pour abandon d'enfant et incarcérée.

Au début de 1611, à peine libérée, elle demande à être reçue par la Reine Marguerite. Elle la voit longuement le 15 janvier, lui parle avec chaleur, donnant des dates, des faits précis, accusant le duc d'Épernon et Henriette d'Entragues d'avoir organisé la mort du Roi. Marguerite de Valois lui demande de revenir le surlendemain. Le 17 janvier, Jacqueline d'Escoman reprend son récit, développe son argumentation. Marguerite avait prévenu Marie de Médicis et le duc d'Épernon. Le duc est caché derrière une tenture, avec le Président Jeannin et quelques envoyés de la Reine, pendant que la d'Escoman, sans se douter de leur présence, parle à Marguerite. Le duc d'Épernon, à la fin, bondit dans la pièce. La d'Escoman, nullement décontenancée, lui tient tête, et réitère ses accusations. Arrêtée, elle est conduite à la Conciergerie et immédiatement interrogée.

Elle accuse Henriette d'Entragues d'avoir fait tuer le prévôt de Pithiviers dans sa cellule, puis parvient à prouver qu'elle a hébergé chez elle Ravaillac à la demande d'Henriette, et que la marquise de Verneuil avait reçu l'assassin du Roi au château de Malesherbes. Le Président de Harlay, premier Président du Parlement de Paris, qui mène personnellement l'enquête, convoque Henriette d'Entragues et l'entend pendant cinq heures d'affilée le 30 janvier. La Reine lui fait demander son sentiment. « Vous direz à la Reine que Dieu m'a réservé de vivre en ce siècle pour voir et entendre des choses étranges que je n'eusse jamais cru pouvoir voir, ni ouïr de mon vivant » répond-il à l'envoyé de Marie de Médicis. Le duc d'Épernon lui rend visite. Il ne dissimule pas son inquiétude, et, au nom de leur amitié, demande au Président de Harlay des indications sur les charges qui pourraient peser sur lui : « Je n'ai rien à vous dire, je suis votre juge » lui répond froidement le magistrat. Le duc va se plaindre à la Reine, qui demande à Monsieur de Harlay de le traiter avec plus de considération.

Tout le mois de février s'écoule ainsi en interrogatoires et en enquêtes. La d'Escoman parvient à prouver qu'Henriette d'Entragues et le duc d'Épernon se sont rencontrés, une nuit, en l'église Saint-Jean de Grève à Paris ; que des courriers partaient du château de Malesherbes vers l'Espagne ; que le duc d'Épernon connaissait personnellement

7. Michelet, *Histoire de France,* Paris, J. de Bonnot, 1979, T. XIII, p. 152.

Ravaillac et qu'il lui avait confié diverses missions – notamment celle qui l'avait conduit à Naples. En revanche, elle est incapable de montrer le billet par lequel Henriette lui aurait demandé de recevoir Ravaillac – et qui n'a sans doute jamais été écrit, mais dont elle avait affirmé l'existence. A Paris on se divise ; une majorité dans l'opinion croit à la véracité des dires de la dame ; d'autres, autour du duc d'Épernon, font des gorges chaudes de chacune des inexactitudes ou contradictions qu'on peut relever dans les déclarations de la d'Escoman pour tourner celle-ci en ridicule.

Le 5 mars 1611, le Parlement de Paris décide d'ajourner l'affaire « vu la qualité des personnes » sur qui pèsent les accusations de la d'Escoman, qui est maintenue en prison en attendant que l'on ait statué sur son sort. Le 29 mars, le Président de Harlay est mis à la retraite et remplacé par le Président de Verdun : « Les autres présidents du Parlement sont très jaloux de cette nomination, mais les bons catholiques en louent la Reine », écrit le nonce le même jour.

Quatre mois plus tard, un arrêt est enfin rendu en ce qui concerne la d'Escoman. Malgré les pressions du duc d'Épernon qui voudrait la voir condamner à mort pour faux témoignage, on la condamne, par 9 voix contre 9, à la prison perpétuelle. Après l'assassinat de Concini, Luynes la fera passer de la Conciergerie au couvent des Filles-Repenties, où elle mourra au fond d'une loge murée, à l'abri des regards.

A quelque temps de là, Henriette d'Entragues faisait sa rentrée à la Cour, où Marie de Médicis la reçut avec beaucoup de bienveillance. En 1618, les archives de l'affaire d'Escoman disparaissaient dans un incendie qui ravagea une partie du Palais de Justice. En 1622, Gabrielle-Angélique de Verneuil, fille d'Henriette d'Entragues et d'Henri IV, épousait Bernard de Nogaret, marquis de La Valette, fils du duc d'Épernon, dans la cathédrale de Lyon, en présence de Marie de Médicis.

Voilà bien des présomptions, dira-t-on. Prouvent-elles pour autant que Marie de Médicis ait été réellement impliquée dans une conjuration nouée entre le duc d'Épernon et la marquise de Verneuil ? Même Saint-Simon, pourtant si hostile à Marie, n'ose pas aller jusque-là, et garde à ce sujet un doute prudent : « On a prétendu que Marie de Médicis, furieusement jalouse et poussée étrangement par cette lie domestique [ce sont les Concini] qui soupirait après la régence, se laissa aller à une union avec cette cruelle maîtresse, l'une et l'autre toutes espagnoles et gouvernées par ce qui était attaché à l'Espagne, et que Henri IV en fut enfin la victime [8] ».

8. Saint-Simon, *Parallèle des trois premiers Rois Bourbons*, Paris, Hachette, 1880, T. I, p. 66.

Procès et supplice de Ravaillac.

D'Épernon avait donné ordre qu'on ne tue pas Ravaillac, mais qu'on s'assure de sa personne. L'assassin, d'ailleurs, s'était laissé arrêter sans mot dire, hébété, les bras ballants. On avait d'abord pensé le conduire au Louvre, mais d'Épernon préfère l'installer à l'Hôtel de Retz qui est contigu. On vient en foule le voir, lui parler. Le Père Cotton lui rend visite, se bornant à lui dire : « Mon ami, prenez bien garde de faire inquiéter les gens de bien ». La tradition rapporte que Ravaillac en rit, assurant le Père qu'il pouvait se fier à lui.

Ravaillac avait maintenant retrouvé le calme, la sérénité. Il commence à parler, s'exalte en évoquant sa mission. L'ambassadeur florentin Matteo Botti, comme des dizaines de gens qui défilent pour voir le régicide, se rend avec l'un de ses amis dans la pièce où celui-ci est détenu. Ayant échangé quelques mots en italien avec son ami, il s'entend dire à sa grande surprise par Ravaillac : « Si tous les Français parlaient la langue que vous parlez, vous autres, je n'aurais pas été contraint de faire ce que j'ai fait ». Surprise de Botti qui demande à Ravaillac ce qu'il a voulu signifier par là. Écoutons la suite telle que l'ambassadeur florentin nous la rapporte : « Aux questions que nous lui adressâmes, il [c'est de Ravaillac qu'il s'agit] répondit que si tous les Français étaient catholiques, comme le sont les Italiens, il n'aurait pas tué le Roi. Je lui demandai si, n'ayant pas tué le Roi, il recommencerait. Et il me répondit que si c'était la volonté de Dieu qu'il le fît, il le ferait encore, les mêmes causes subsistant. Puis, il laissa clairement entendre quelles étaient ces causes : le Roi voulait aller contre le Saint-Père et contre les catholiques et il voulait protéger les hérétiques ; il s'en était, disait-il, parfaitement éclairci auprès de maints soldats des gardes qui l'avaient confirmé dans son opinion. Et là-dessus il s'emporta, disant que les princes ne peuvent exiger ni par force ni par commandement de leurs sujets quoi que ce soit au préjudice de leur âme, comme par exemple d'aller à cette guerre, et il appuya son dire d'une sentence de l'Écriture[9] ».

D'Épernon s'avise alors que le prisonnier est bien bavard. Il l'enlève de l'Hôtel de Retz le lendemain du crime et l'installe chez lui. Le 17 mai, Ravaillac est transféré à la Conciergerie pour les nécessités du procès, confié au Parlement de Paris.

Le procès de Ravaillac est instruit par une commission placée sous la présidence de Monsieur de Harlay. Les interrogatoires, qui alternent avec les tortures, durent treize jours. Les faits étant suffisamment éta-

9. Matteo Botti, dépêche du 3 juin 1610.

blis, les interrogatoires avaient essentiellement pour but de déterminer si Ravaillac avait eu des complices et s'il avait été poussé par une volonté étrangère à commettre son acte criminel. Ravaillac affirmera constamment avoir agi seul : « Personne ne m'a induit à ce faire, que le commun bruit des soldats qui disaient que si le Roi voulait faire la guerre contre le Saint-Père, ils lui assisteraient et mourraient pour cela : à laquelle raison je me suis laissé persuader à la tentation qui m'a porté à tuer le Roi, parce que faisant la guerre contre le Pape, c'est la faire contre Dieu ; d'autant que le Pape est Dieu, et Dieu est le Pape ».

A maintes reprises les juges reviendront à la charge. Torturé au moyen des brodequins qui le laissent à demi-mort, Ravaillac continue de nier avoir été conseillé par qui que ce soit. On le menace de faire périr sous ses yeux son père et sa mère. Il répond que cela n'est permis ni par les lois divines, ni par les lois humaines, et répète « que jamais étranger, français ni autre, ne l'avait conseillé, persuadé, ni ne lui avait parlé, comme lui, accusé, n'en avait parlé à personne ». Les juges insistent toujours, font intervenir un prêtre à qui il s'était confessé, le menacent de la damnation. A ces pressions, Ravaillac répète invariablement « que s'il avait été induit par quelqu'un de France ou par étranger, et qu'il fût tant abandonné de Dieu que de vouloir mourir sans le déclarer, il ne croirait pas être sauvé, ni qu'il y eût de Paradis pour lui ».

Dix-sept procès-verbaux d'interrogatoires sont établis, sans que Ravaillac revienne sur ses dénégations.

Enfin, les juges renoncent à en tirer autre chose, et, le 27 mai au matin, Ravaillac est convoqué une dernière fois. A genoux, un cierge dans la main, il entend la lecture de l'arrêt de la Cour qui le condamne à mort et précise les conditions dans lesquelles il va être exécuté. On lui demande une dernière fois de dénoncer ses complices. Il répète qu'il n'en a pas eus. De nouveau soumis à la torture des brodequins, il maintient ses affirmations et se borne à demander pardon au Roi, à la Reine-Mère, à ses juges. A trois heures de l'après-midi, on l'extrait de la Conciergerie, pour le faire monter dans le tombereau à ordures qui doit le mener jusqu'à la Place de Grève (aujourd'hui Place de l'Hôtel de Ville) où doit avoir lieu le supplice.

Quand Ravaillac apparaît, la foule se précipite pour le mettre en pièces, hurlant à la mort, et les gardes ont la plus grande peine à le dégager. Le régicide est d'abord conduit à Notre-Dame pour faire amende honorable, en chemise, un cierge à la main. De là, on le mène à la Place de Grève.

La foule est tellement dense, tellement hostile, qu'il faut plus d'une heure pour franchir la courte distance. Arrivé sur la place au milieu des cris de haine, Ravaillac est étendu et ligoté sur une claie. On lui brûle au soufre fondu le poing qui avait tenu le couteau. On le tenaille ensuite : cela consistait à déchirer les chairs à l'aide de tenailles rougies au feu ;

les juges avaient décidé qu'il serait tenaillé à la poitrine et aux cuisses, en huit endroits différents. Ce sont les seuls moments où l'on entend gémir Ravaillac. Ses plaies sont arrosées d'un mélange brûlant de cire, de soufre et de plomb fondu.

En entendant la foule hurler de joie à chaque nouvelle étape du supplice, Ravaillac, qui semble enfin réaliser l'impopularité de son geste, s'écrie : « Si j'eusse pensé de voir ce que je vois, et un peuple si affectionné à son Roi, je n'eusse jamais entrepris le coup que j'ai fait, et je m'en repens de bon cœur. Mais je m'étais fortement persuadé, vu ce que j'en oyais [c'est-à-dire j'en entendais] dire, que je ferais un sacrifice agréable au public et que le public m'en aurait de l'obligation ; où au contraire je vois que c'est lui qui fournit les chevaux pour me déchirer ». En effet, l'un des chevaux prévus pour écarteler Ravaillac ayant l'air chétif, un spectateur offrait le sien pour le remplacer.

Ravaillac demande au peuple de chanter le *Salve Regina*. Le greffier accède à la demande, les prêtres qui assistent le condamné se découvrent et se mettent à chanter. La foule entre alors en transes et couvre l'hymne de ses hurlements, « disant qu'il ne fallait prier pour un tel méchant parricide, et qu'il était damné comme un Judas ». Ravaillac demande l'absolution au confesseur qu'on lui avait donné, un docteur en Sorbonne, réputé comme l'un des plus sages et des plus savants. Le confesseur refuse, lui disant qu'il n'est habilité à le faire que si Ravaillac consent à révéler les noms de ses complices. Le criminel une nouvelle fois soutient qu'il n'en a point ; le prêtre alors lui dit qu'à son grand regret il ne peut lui donner l'absolution. Ravaillac, dans une ultime tentative, lui suggère de lui donner une absolution conditionnelle, la condition étant qu'il ait vraiment agi sans complices. « Je le veux » lui dit le confesseur « mais à cette condition qu'au cas qu'il en soit ainsi, votre âme, au sortir de cette vie que vous allez perdre, s'en va droit en Enfer et au Diable, ce que je vous dénonce de la part de Dieu comme certain et infaillible ». Et Ravaillac : « Je l'accepte et la reçois à cette condition ».

Ravaillac est alors détaché de la claie, et lié aux quatre chevaux qui doivent maintenant l'écarteler. C'est la phase finale du supplice. Elle va durer une demi-heure. En raison de l'incroyable résistance de Ravaillac, peut-être aussi de la lassitude des chevaux qui attendent depuis des heures au milieu des cris déchaînés de la foule, rien ne se passe ; des gentilshommes montent alors sur les chevaux pour les stimuler, d'autres s'attellent aux cordes pour aider à tirer. Enfin, les articulations de Ravaillac cèdent et les membres disjoints sont aussitôt happés par la foule qui s'en empare, les coupe en morceaux et, pour finir, les brûle.

Proclamation de la régence.

Quelques jours avant de partir pour l'armée, Henri IV avait pensé instituer un Conseil de régence de quinze personnes placé sous la présidence de Marie de Médicis. Mais rien n'avait été décidé formellement, le Roi se réservant vraisemblablement d'arrêter définitivement ses intentions entre le couronnement de la Reine à Saint-Denis et son départ de Paris, dont la date avait été en principe fixée au 19 mai. Le Roi mort, aucune disposition n'avait été prise, par conséquent, pour les conditions dans lesquelles la régence allait devoir s'exercer.

Dans ces circonstances incertaines, tout dépendait de l'esprit de décision dont saurait faire preuve l'entourage. Le rôle principal, c'est le duc d'Épernon qui le tient. Un mois plus tard, Marie de Médicis, recevant l'ambassadeur extraordinaire du Grand-Duc de Toscane, Andrea Cioli, venu lui présenter les condoléances de son maître, est toujours éperdue de reconnaissance : « D'Épernon se conduisit admirablement dans ces circonstances, sortit immédiatement pour aller par la Cité calmer le peuple qui commençait à se soulever ; le duc de Guise en fit autant et tous les deux affirmèrent que le Roi n'était pas mort et que ce ne serait rien. Ils mirent aussi des gardes à la Bastille et partout où il en était besoin, et cela fut promptement fait. Avec l'aide de Dieu, et grâce à ces prudentes et opportunes mesures, tout rentra dans l'ordre[10] ».

Aussitôt ces dispositions prises, le duc d'Épernon se rendait au Parlement. Prenant la parole devant les magistrats, il leur expose que le Roi avait exprimé plusieurs fois l'intention de confier la régence à sa femme en partant pour l'armée. Il rappelle aussi qu'en 1603, alors qu'il se trouvait au plus mal à la suite de violentes coliques dont il avait pensé mourir, Henri IV avait déjà fait savoir à Villeroy et aux autres ministres présents que, s'il venait à disparaître prématurément, sa femme devrait être déclarée tutrice du Dauphin et Régente du royaume.

Pendant que le duc d'Épernon faisait cette harangue, le Président de Harlay, que la goutte retenait chez lui, avait été prévenu de la présence du duc et se faisait transporter au Parlement. Prenant la présidence de la séance, il intervient dès que le duc d'Épernon s'est tû, déclare approuver sans réserve les raisons par lesquelles on propose de confier la régence à Marie de Médicis, et fait immédiatement rédiger un arrêt l'instituant Régente de France pendant la minorité du Roi. Le texte exact de l'arrêt précise que la Reine-Mère se voit confier « l'administration du

10. Andrea Cioli, dépêche du 18 juin 1610.

royaume pendant le bas âge dudit seigneur son fils, avec toute puissance et autorité ».

On a dit beaucoup de choses sur l'initiative du duc d'Épernon. Lui appartenait-il vraiment de se rendre au Parlement ? Le fait qu'il y soit venu la main sur l'épée et les éperons aux pieds ne donne-t-il pas à son entreprise un petit parfum de coup d'État ? C'est la thèse défendue par Michelet et par tous les historiens qui, à sa suite, considèrent l'assassinat du Roi comme le résultat d'un complot où Marie de Médicis et le duc auraient trempé. Une telle interprétation n'est ni nécessaire, ni conforme à la réalité. Le duc d'Épernon, Colonel général de l'infanterie, était à ce titre chargé du maintien de l'ordre ; nous venons de voir qu'il avait su exercer ses responsabilités à cet égard avec autorité et esprit de décision. D'où l'épée et les éperons, qu'il n'avait pas pris la peine de retirer en se rendant au Parlement. Au surplus, il était le seul témoin des derniers instants du Roi avec Bassompierre et le duc de Guise. Or, ni Bassompierre, ni le duc de Guise (qui l'accompagne, d'ailleurs, au Parlement), n'avaient de responsabilités civiles ou militaires comparables aux siennes.

A défaut du duc d'Épernon, seuls le Chancelier Sillery ou Villeroy auraient eu l'autorité suffisante pour se rendre au Parlement. Mais, à la même heure, tous deux étaient au Louvre, rédigeant les dépêches aux gouverneurs des provinces, aux autorités municipales et aux chefs de l'armée, et réconfortant Marie de Médicis dans ces termes, qu'elle rapportait un mois plus tard à Andrea Cioli : « Madame, ce n'est pas le moment de pleurer, mais il faut prendre courage car nous sommes tous ici pour vous qui avez maintenant à être homme et Roi[11] ».

Le lendemain, 15 mai 1610, le petit Louis XIII, que l'on a réveillé dès six heures et demie, est mené à la messe, puis conduit au Parlement siégeant au couvent des Augustins (situé sur la rive gauche de la Seine, au débouché du Pont-Neuf). Monté sur une petite jument blanche, il est accompagné d'un grand nombre de princes, de ducs, d'évêques et de gentilshommes. La foule, très dense sur son passage, l'acclame aux cris répétés de « Vive le Roi ». Dans la grande salle du couvent, 124 Conseillers, représentant toutes les chambres du Parlement, sont réunis. Avec eux, les cardinaux, évêques et pairs présents dans la capitale. L'arrivée du Roi va permettre d'ouvrir la séance du lit de justice — c'est le nom qu'on donne aux réunions du Parlement tenues sous la présidence effective du souverain.

Louis XIII prend place sur l'estrade qui a été hâtivement aménagée dans l'un des angles. Sa mère l'a précédé de quelques instants. Elle est habillée en grand deuil, un voile de crêpe accroché à sa coiffure et mas-

11. Andrea Cioli, dépêche du 18 juin 1610.

quant son visage. Quand Louis XIII parvient au pied de l'estrade, Marie de Médicis lui fait la révérence : désormais, il est le Roi. Tout le monde se lève dans la salle, sauf le duc de Mayenne, assis au premier rang, que la goutte a rendu presque impotent et oblige à garder constamment une jambe allongée ; à 56 ans, c'est un bien vieil homme.

Louis XIII gagne le trône installé au sommet de l'estrade, tandis que deux princes du sang prennent place sur les degrés les plus élevés juste en dessous du Roi : le prince de Conti et le duc d'Enghien, un enfant de 6 ans, le fils du comte de Soissons ; son père, qui boudait en dehors de Paris en raison d'une querelle de préséance, n'a pas encore eu le temps de regagner la capitale, où il n'arrivera que le 17 mai ; le dernier prince du sang, Henri de Condé, mari de Charlotte de Montmorency, est en fuite à l'étranger depuis la fin novembre 1609. L'absence de Paris des princes de Soissons et de Condé au moment de la proclamation de la régence, si elle a facilité celle-ci, pèsera très lourd par la suite sur le gouvernement de Marie de Médicis et sur la tranquillité du royaume. Un peu plus bas sur l'estrade viennent le duc de Guise, le connétable de Montmorency, le duc de Montbazon et le duc de Sully ; encore un peu plus bas, les maréchaux de France.

Marie de Médicis prend la parole la première. Son discours est bref. Le texte, rédigé par les membres du gouvernement, a été pesé avec le plus grand soin : « Messieurs, ayant plu à Dieu, par un si misérable accident, retirer à soi notre Bon Roi, Monseigneur, je vous ai amené le Roi mon fils pour vous prier tous d'en avoir le soin que vous êtes obligés, par ce que vous devez à la mémoire du père, à vous-mêmes et à votre pays ; je désire qu'en la conduite de ses affaires, il suive vos bons avis et conseils ; je vous prie de les lui donner tels que vous aviserez en votre conscience pour le mieux ».

C'est le tour de Louis XIII. Il récite sans se tromper les quelques phrases que son précepteur, Monsieur de Souvré, lui a fait apprendre par cœur sur l'ordre de Marie de Médicis : « Messieurs, Dieu ayant retiré à soi mon seigneur et père, je suis venu en ce lieu par l'avis et conseil de la Reine ma mère, pour vous dire à tous qu'en la conduite de mes affaires, je désire suivre vos bons conseils, espérant que Dieu me fera la grâce de faire mon profit des bons exemples et instructions de mon seigneur et père. Je vous prie donc de me donner vos bons avis, et délibérer présentement sur ce que j'ai commandé à Monsieur le Chancelier de vous représenter ». Il a 8 ans et 1/2, c'est sa première apparition publique de Roi et le pauvre Louis XIII, tout en dominant un léger bégaiement, ânonne un peu et bute parfois sur un mot. Sans égards pour lui, les assistants commencent à papoter et le brouhaha couvre progressivement la voix du petit Roi.

Le silence se rétablit quand le Chancelier Sillery succède à Louis XIII pour exposer les raisons qui justifient la remise de la régence entre les mains de Marie de Médicis, et demander au Parlement de confirmer l'arrêt rendu la veille.

Le Président de Harlay vient ensuite à la tribune et se livre à un vibrant éloge d'Henri IV et de Marie de Médicis. Lui aussi conclut qu'il convient de remettre à Marie la régence du royaume. L'Avocat général Servin, enfin, intervient pour rappeler l'arrêt pris la veille au soir par le Parlement ; il propose que le lit de justice le confirme et en décide la publication dans tous les bailliages et sénéchaussées.

Le Chancelier revient alors à la tribune et l'on procède au vote. Pas de bulletins, pas de vote à main levée. Le rituel veut que le Chancelier demande à chacun des assistants son suffrage. Il s'approche protocolairement du petit Louis XIII en premier ; après lui, c'est à la Reine-Mère qu'il demande de lui donner sa voix, et, dans l'ordre hiérarchique, il interroge chaque assistant. La procédure s'étire ainsi pendant de longs moments. Ce n'est qu'une fois que tous ont été amenés à faire connaître leur vote au Chancelier que celui-ci, revenu au pied du trône, en proclame le résultat : le vote a été acquis à l'unanimité. L'arrêt de régence est ainsi libellé : « Le Roi séant en son lit de justice confie le royaume à sa mère pour avoir soin de l'éducation et nourriture de sa personne et administration des affaires du royaume pendant son bas âge ». L'édit est aussitôt enregistré. Il sera expédié dans ces termes à toutes les circonscriptions administratives de France : provinces, villes, bailliages et sénéchaussées.

Durant ces heures de péril que connaît le royaume, il règne au Couvent des Augustins une atmosphère de ferveur inquiète. C'est l'union sacrée. Le duc d'Epernon et Sully, qui étaient brouillés, se jettent dans les bras l'un de l'autre. Le duc de Mayenne et le maréchal de Brissac, qui ne se parlaient plus depuis l'entrée d'Henri IV dans Paris en 1594 (Brissac avait alors rendu la ville au Roi, tandis que le duc de Mayenne n'avait négocié sa soumission qu'au début de 1596) se réconcilient avec éclat. Le duc de Guise, sans doute poussé par les souvenirs que pourrait évoquer le nom qu'il porte, fait une déclaration solennelle de dévouement au Roi et à l'État[12].

Le Président de Harlay, après avoir remercié les assistants et présenté ses vœux à Louis XIII et à la Reine-Régente, lève la séance.

Le lit de justice est maintenant terminé. Marie de Médicis s'en retourne au Louvre où les Parisiens défilent devant le corps d'Henri IV. Le petit Roi est conduit à Notre-Dame ; sur son trajet, dans l'immense nef de la cathédrale, sur le chemin du retour encore, il est follement acclamé par des dizaines de milliers de bourgeois, d'artisans et de petites gens aux cris de « Vive le Roi ! » Après la détresse qui avait saisi

12. Pierre de L'Estoile, *Journal*, T. X, p. 236.

chacun à la nouvelle de la mort d'Henri IV, les Français se rassurent en serrant les rangs autour du petit Roi vivant, symbole de la permanence monarchique.

Derrière ce frêle symbole, Marie de Médicis a les coudées franches pour gouverner. La voilà Régente ! C'est pour elle un moment d'exaltation sans pareille. Quelle revanche sur les humiliations reçues de la marquise de Verneuil, les avanies abondamment dispensées par cette bête de Sully ! Marie de Médicis va pouvoir diriger le pays à sa guise — « A nous deux la France ! » pourrait-elle presque dire. Devant elle, près de sept années de quasi-règne sans partage l'attendent.

Marie de Médicis déjà prenait en main les rênes du gouvernement avec l'aide des anciens ministres de son mari, Villeroy, Sillery et le Président Jeannin. Sully, après être resté une journée entière barricadé à l'Arsenal, vient se jeter aux pieds de la Reine pour reprendre son service. A l'étonnement général, la vie continue comme avant. Le gouvernement fonctionne, les actions engagées par le Roi se poursuivent comme si de rien n'était, les préparatifs de l'expédition militaire de Clèves et de Juliers se terminent normalement. Marie de Médicis, dès les premiers instants, exerce le pouvoir sans que personne ne trouve quoi que ce soit à y redire.

Il est vrai qu'aux yeux de certains, elle ne fait pas preuve de beaucoup d'émotion après la mort brutale d'Henri IV : est-ce la satisfaction de se trouver investie des destinées du royaume qui la console aussi rapidement ?

Un contemporain remarque que le jour où le corps du feu Roi quitte le Louvre pour être inhumé à Saint-Denis, Marie, regardant d'une fenêtre le départ du convoi funèbre, ne manifeste que « peu de douleur [13] ».

Le deuil de la Reine.

Vis-à-vis de l'extérieur, en tout cas, Marie de Médicis observe toutes les formes convenues du deuil.

Elle fait envoyer des dépêches à tous les souverains, princes ou parents pour les informer personnellement de la mort du Roi : « Ma douleur et désolation sont telles que je ne puis encore recevoir aucune consolation », écrit-elle à la duchesse de Mantoue. « Je me trouve tellement outrée de douleur qu'en cette extrême affliction j'ai tout besoin de la consolation de mes bons amis. Vous participerez avec moi à cette

13. BN, Ms. fs., 3445, folio 46 v°.

désolation ! » ; voilà pour la duchesse de Bouillon. On dit que pendant neuf jours de suite elle ne put dormir ; neuf jours d'insomnie dus à l'émotion et à la tension consécutives au drame.

Marie de Médicis se condamne à rester quarante jours sans sortir du Louvre et sans voir d'autres personnes que celles que ses obligations de chef de l'État lui imposent de recevoir. Pendant ces quarante jours, on assure le service du Roi défunt comme s'il était encore vivant, en présentant les honneurs accoutumés à une effigie de cire.

On s'avise alors que la dépouille d'Henri III n'avait toujours pas été inhumée à Saint-Denis. Depuis plus de vingt ans, elle attendait de rejoindre sa sépulture définitive. Une vieille prédiction avait en effet annoncé à Henri IV qu'il serait enterré à Saint-Denis huit jours après son prédécesseur. Méfiant, il avait donc conservé le corps d'Henri III à Compiègne. Le gouvernement de Marie de Médicis décide de faire transporter celui-ci dans la crypte de la basilique royale.

Le transfert est d'ailleurs l'occasion d'un de ces incidents tragiques et burlesques à la fois comme l'histoire de cette époque nous en offre tant d'exemples. Le duc d'Épernon, ancien mignon d'Henri III, était tout désigné pour aller chercher la dépouille du dernier des Valois à Compiègne et la ramener à Saint-Denis. Il se met en route le 19 juin afin de s'acquitter de cette mission, et conduit le corps jusqu'aux abords de la basilique. Mais là, les moines refusent de le prendre en charge. La raison ? Comme il n'y avait pas d'obsèques officielles, la basilique ne recevrait pas les libéralités accoutumées en la circonstance et, par dépit, ils avaient décidé de laisser les valets du duc porter le corps jusque dans l'église. Tout ceci ne se passe pas sans d'interminables palabres, pendant lesquelles la suite du duc d'Épernon était allée se rafraîchir (avec le cercueil) au cabaret de l' « Épée Royale ». Quand la discussion se termine enfin, le duc ordonne à ses valets de reprendre le corps pour l'amener jusqu'à l'intérieur de la basilique ; mais ils sont tellement ivres que le cercueil leur échappe des mains et tombe à grands fracas au beau milieu de l'église.

Henri III maintenant à Saint-Denis, rien ne s'oppose plus à l'enterrement de son successeur. Huit jours séparent les deux inhumations. La prédiction s'accomplissait.

Les obsèques d'Henri IV.

Le 10 juin, dans une salle du Louvre, l'effigie de cire d'Henri IV est placée sur son cercueil, lui-même posé sur un catafalque. Une foule immense défile respectueusement. Le vendredi 15 juin, après la messe, Louis XIII se rend en cortège dans la salle où est toujours placée la dépouille de son père et jette de l'eau bénite sur le cercueil. Sans une larme, sans rien qui trahisse son émotion. Ses deux petits frères, Nicolas et Gaston (les jeunes ducs d'Orléans et d'Anjou) pleurent tout au long de la cérémonie. Le lendemain, les membres du Parlement et des différents corps de magistrats, puis les ambassadeurs, accomplissent le même rite.

Le 29 juin, le cercueil est porté du Louvre à Notre-Dame. L'évêque de Paris escorte l'effigie du Roi, placée dans une litière, qu'il a arrachée de haute lutte à Messieurs du Parlement de Paris qui la revendiquaient. On a même braqué les arquebuses sur les parlementaires les plus excités pour que force reste à l'évêque. On se bat d'ailleurs dans le cortège entre les membres de la Cour des Aides et ceux de la Chambre des Comptes : « Les gourmades et les horions donnèrent la préséance à ceux qui surent mieux s'aider des pieds et des mains » conclut joliment L'Estoile[14]. Ces divers pugilats durent environ une demi-heure, sous l'œil impassible de Louis XIII. A six heures et demie du soir, le cortège s'ébranle. Il arrivera sans autre incident vers neuf heures à Notre-Dame, au milieu d'une foule considérable et recueillie. Toute la nuit, la dépouille du Roi est veillée par les chanoines de la cathédrale, les bourgeois de Paris, et les pauvres gens.

Le lendemain 30 juin, le cortège se reforme pour gagner la basilique de Saint-Denis. En tête vont les archers, suivis des prêtres de toutes les paroisses de Paris, de l'Université, des membres des diverses juridictions et Cours de la capitale autres que le Parlement, précédant le corps devant lequel un gentilhomme à cheval porte l'enseigne de la Maison du Roi. Derrière viennent les gardes du corps, les pages en grande tenue, les écuyers portant sur des coussins le casque, le bouclier, les gants, les éperons et la cotte de mailles d'Henri IV. Puis les abbés, les aumôniers, 14 évêques portant la mitre, les ambassadeurs de Savoie, de Venise et d'Espagne (qui, cette fois, se saluent sans en venir aux mains), le nonce du Pape, les cardinaux, d'autres dignitaires encore. Les membres du Parlement de Paris précèdent la litière portant l'effigie du Roi qu'escorte, comme la veille, l'évêque de Paris. Derrière, les princes du sang, les ducs, des dizaines de gentilshommes, puis encore des pages, et, fermant la marche, quatre compagnies de gardes du corps.

De la cathédrale, on gagne la rue Saint-Denis, puis la rue du Faubourg Saint-Denis. Les façades des maisons sont tendues de noir. Devant chaque porte, une torche allumée, alternant avec des écussons aux armes de France et de la Ville de Paris. D'après Pierre de L'Estoile, la foule était si dense qu'on s'entretuait. A la porte Saint-Denis, les restes d'Henri IV sont remis aux moines de Saint-Denis ; le Roi a quitté sa capitale pour toujours. Le cortège se disloque. Les uns reviennent à Paris, d'autres vont coucher à Saint-Denis pour être à pied d'œuvre le lendemain, jour de l'inhumation du corps.

14. Pierre de L'Estoile, *Journal,* T. X, p. 291.

Le mercredi 1er juillet se déroule la phase finale des obsèques du Roi. La pompe, la magnificence de la cérémonie, sa grandeur, font très vive impression sur les assistants. Après la messe chantée se déroule le rituel de l'inhumation. Au milieu du chœur de l'église, on dépose le corps du Roi dans la tombe béante. Un héraut d'armes descend à son tour dans la fosse, à côté du cercueil. D'une voix forte, il appelle les insignes royaux ; un à un, ceux qui les portaient défilent devant la tombe, et les jettent sur le cercueil du Roi. Puis les officiers de la Maison du Roi et les officiers de la Guerre, à l'appel de leur nom, viennent un par un jeter les masses d'armes et les bâtons, insignes de leurs charges. Alors le héraut, par trois fois, crie de la tombe où il se tient toujours : « Le Roi est mort ! Le Roi est mort ! Priez Dieu pour son âme ! » Les assistants, bouleversés, pleurent ou retiennent à grand-peine leurs larmes. Quelques instants s'écoulent encore, et le même héraut, d'une voix pleine d'allégresse, crie trois fois : « Vive le Roi Louis XIII, par la grâce de Dieu Roi de France et de Navarre ! » Du fond du chœur, une autre voix lui répond en écho, tandis que retentissent les trompettes et les tambours. Un tonnerre d'acclamations retentit sous les voûtes de la basilique. Le héraut d'armes sort de la tombe, que l'on referme. La basilique se vide. Les obsèques sont terminées.

Les officiels se dirigent vers une grande salle de l'abbaye de Saint-Denis où un déjeuner d'apparat est servi aux assistants rangés dans l'ordre des préséances. Henri IV est bien mort, mort et enterré, Marie de Médicis, Reine-Régente, exerce le pouvoir au nom de son fils Louis XIII.

La Veuve.

Pendant les deux années qui suivent la mort du Roi, Marie de Médicis observe les contraintes du grand deuil. Ni fêtes, ni réceptions, ni divertissements. Ses vêtements : uniquement du noir. L'appartement ? également tendu de noir. Des étoffes noires partout, sur les murs, les parquets, les glaces ; une seule fantaisie dans cette symphonie en noir : quelques broderies d'argent figurant des larmes et des crânes, réminiscence du goût morbide qui s'exprime dans tant de cimetières et d'ossuaires italiens.

A chaque anniversaire de la mort d'Henri IV, Marie de Médicis fait dire des messes pour le repos de l'âme du feu Roi ; elle y consacre des sommes importantes : 300 livres par an[15].

Le cœur du Roi, comme il l'avait promis, est remis aux Jésuites pour être inhumé dans la chapelle de leur Collège de La Flèche. Les Jésuites,

15. BN, Cinq Cents Colbert, 92, fol. 6 et 78, r°.

auxquels la foule imputait une part de responsabilité dans le crime, donnent un éclat exceptionnel aux cérémonies d'inhumation de cette précieuse partie du corps d'Henri IV. A côté de l'urne contenant le cœur du Roi, une autre, vide, attendait celui de sa femme : il viendra y prendre sa place trente-trois ans plus tard. Réunis dans la mort comme ils ne l'avaient jamais été dans l'existence, les cœurs d'Henri IV et de Marie de Médicis sont toujours là.

CHAPITRE VII

12 millions de Français

Le legs d'Henri IV.

Henri IV laisse à sa mort un royaume plus étendu que celui qu'il a reçu d'Henri III. La guerre de 1600-1601 contre la Savoie permet, grâce à l'annexion de la Bresse,du Bugey, du pays de Gex et du Valromey, de donner un peu d'air à Lyon, jusque-là ville-frontière. Mais, même ainsi agrandi, le royaume de France représente seulement les 4/5 du territoire actuel de la France.

Au sud manque le Roussillon – Perpignan et sa région – qui appartient à l'Espagne, et se sent plus proche de la Catalogne ibérique et de Barcelone que de Paris.

Au sud-est, Nice et la Savoie sont terres étrangères ; la frontière passe aux portes d'Antibes. Diverses enclaves coupent la vallée du Rhône entre Lyon et Marseille : Avignon et le Comtat-Venaissin sont propriété du Pape ; la principauté d'Orange appartient à la famille de Nassau (future famille régnante de Hollande).

La Corse est une colonie génoise. Au centre-est, la Franche-Comté (Besançon et sa région) est espagnole. L'Alsace est terre d'Empire, comme la Lorraine indépendante sous la souveraineté de ses ducs. Les « Trois Évêchés » de Metz, Toul et Verdun sont des enclaves françaises dans des terres alors étrangères.

Au nord, la frontière du royaume passe le long de la Somme, laissant à l'Espagne, en continuité avec la Belgique actuelle, toute la région du Nord et l'Artois.

Le centre de gravité de la France se situe ainsi plus à l'ouest qu'aujourd'hui. La façade atlantique est plus vivante ; Nantes et la Bretagne, les Charentes, l'Aquitaine, le Midi toulousain sont des régions actives et industrieuses, remuantes parfois, agitées par les querelles religieuses ; les protestants y sont nombreux et disposent là de leurs meilleures positions, avec leur fleuron, La Rochelle, l'une des quatre ou cinq villes les plus riches du royaume. Mais la frontière de l'est, si proche et si vulnérable, obsède Henri IV, comme elle obsèdera Louis XIII et Louis XIV. Ces Rois n'auront de cesse d'avoir élargi le « pré-carré » et donné de l'air à Paris, si dangereusement exposée aux attaques venues du nord ou du nord-est.

Sur ce territoire plus réduit qu'aujourd'hui vit une population bien moins nombreuse – douze millions de sujets, sans doute. Une population hétéroclite et individualiste, dont le sentiment unitaire n'est assurément pas le sentiment dominant.

La France d'Henri IV est encore la France médiévale des « nations » – c'est-à-dire de groupes soudés par leur langue ou leur patois, fiers de leur parler et de leurs coutumes, et qui se sentent davantage Bretons, Picards, Normands ou Cévenols que membres d'une entité française qui reste pour eux bien abstraite. L'usage de la langue française dans les actes de procédure et dans les cours de justice n'est obligatoire que depuis l'Édit de Villers-Cotterêts pris par François Ier en 1539 ; soixante-dix ans plus tard, une bonne moitié de la population du royaume continue à ignorer le français comme langue de tous les jours.

Comment d'ailleurs pourrait-on se sentir membre d'une communauté nationale alors que s'enchevêtrent les statuts les plus différents ? Il y a le peuple des villes et celui des campagnes, des pays d'États et des pays d'élections, des provinces qui ne sont entrées dans le royaume qu'en conservant leurs privilèges ; les juridictions des seigneurs hauts-justiciers dessinent sur la carte une véritable marqueterie de territoires qui échappent à la loi commune ; les villes ont leurs franchises ; ici les protestants ont des garanties religieuses et politiques, tandis qu'ailleurs l'exercice public du culte leur est strictement interdit.

On se marie tard à cette époque – 25 ans pour les hommes, 26 ans pour les femmes ; en épousant Henri IV à l'âge de 27 ans, Marie de Médicis n'était certes plus une jeunesse, mais elle ne convolait guère plus tard que la plupart de ses contemporaines. L'homme doit en effet avoir de quoi subvenir aux besoins d'une famille, et comme, d'autre part, les naissances se succèdent avec une régularité d'horloge année après année, le mariage tardif de la femme permet de limiter plus ou moins le nombre des naissances – Français et Françaises sont en général chastes avant le mariage ; Henri IV a donné l'exemple d'une parfaite indifférence à l'égard des lois sacrées de l'hymen, mais si la dame de ses pensées n'est pas mariée, il s'occupe d'abord de lui trouver un époux complaisant. Une seule exception : Henriette d'Entragues – parce que le Roi avait promis de l'épouser lui-même.

La mortalité infantile est considérable, et l'on ne vit pas bien vieux. Quand Marie de Médicis rencontre Henri IV pour la première fois à Lyon, le 9 décembre 1600, le Roi de France est, à 47 ans, un person-

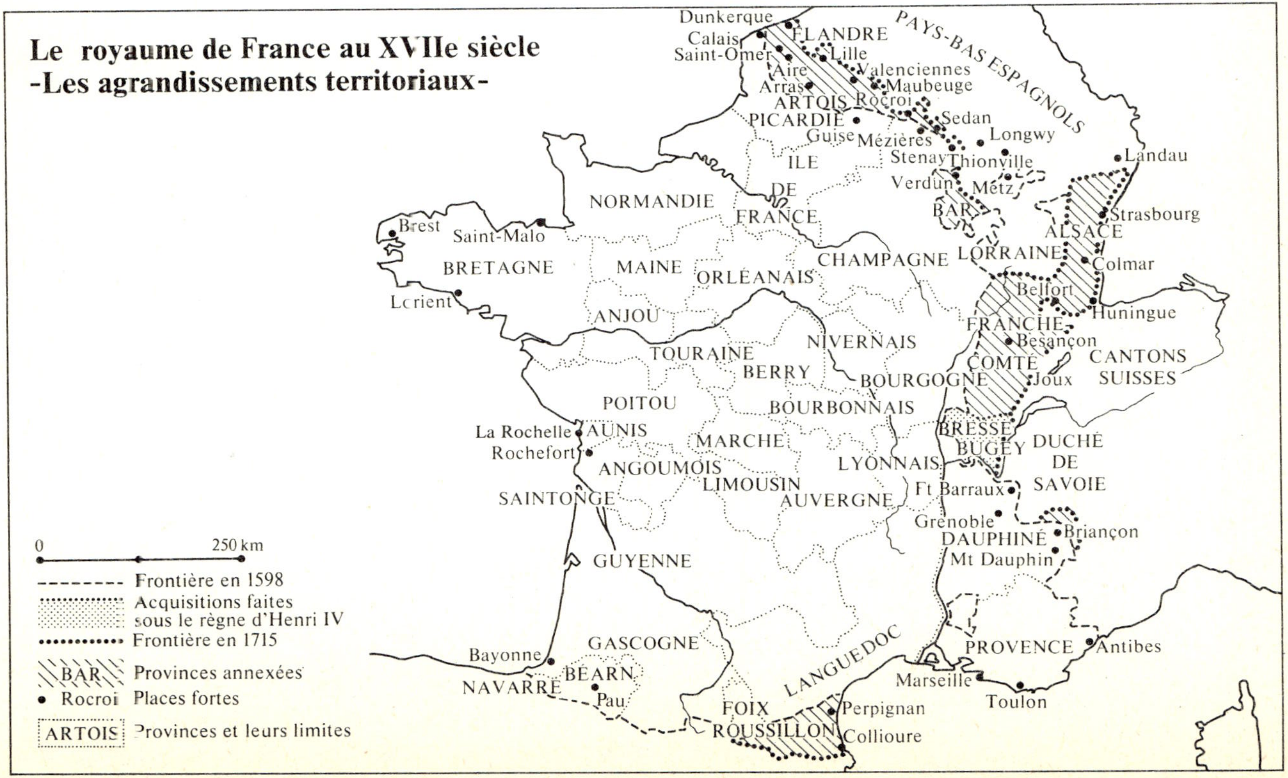
Le royaume de France au XVIIe siècle
-Les agrandissements territoriaux-
Dunkerque
Calais
Saint-Omer
FLANDRE
Lille
Aire
Valenciennes
Maubeuge
Arras
ARTOIS
Rocroi
PICARDIE
Guise
Mézières
Sedan
Longwy
PAYS-BAS ESPAGNOLS
Landau
Stenay
Thionville
ILE
DE
FRANCE
Verdun
Metz
BAR
NORMANDIE
Brest
Saint-Malo
Strasbourg
ALSACE
BRETAGNE
MAINE
ORLÉANAIS
CHAMPAGNE
LORRAINE
Colmar
Lorient
Belfort
ANJOU
Huningue
FRANCHE
Besançon
COMTÉ
Joux
CANTONS
SUISSES
TOURAINE
NIVERNAIS
BERRY
BOURGOGNE
POITOU
BOURBONNAIS
La Rochelle
AUNIS
Rochefort
MARCHE
BRESSE
BUGEY
DUCHÉ
DE
SAVOIE
ANGOUMOIS
LYONNAIS
LIMOUSIN
Ft Barraux
SAINTONGE
AUVERGNE
Grenoble
DAUPHINÉ
Briançon
Mt Dauphin
0
250 km
GUYENNE
Frontière en 1598
Acquisitions faites
sous le règne d'Henri IV
Frontière en 1715
GASCOGNE
PROVENCE
Antibes
Bayonne
LANGUEDOC
BAR
Provinces annexées
BEARN
Marseille
NAVARRE
Pau
Toulon
Rocroi
Places fortes
FOIX
Perpignan
ARTOIS
Provinces et leurs limites
ROUSSILLON
Collioure

nage peu ragoûtant et déjà fort avancé en âge. Quand il meurt sous le couteau de Ravaillac, c'est un vieillard : il n'avait pourtant pas 57 ans !

Dans cette France encore si médiévale, l'économie cependant a commencé à bouger.

Oh, certes, par bien des aspects, elle reste très primitive. De nombreuses régions sont incultes : marécages d'entre Loire et Garonne, Landes de Gascogne, vastes déserts humains dans les franges nord-est du royaume, la Picardie, la Champagne, balayées par le passage incessant des troupes. Mais la terre de France est, à juste titre, considérée comme l'une des plus riches de l'époque. Elle produit le blé, qui s'exporte, le seigle et le sarrasin. La vigne est prospère en Champagne, dans la vallée de la Loire, sur les coteaux de la Saône, dans le Bordelais, le long de la Garonne, et sur tout le littoral méditerranéen.

On fait appel à des Flamands et des Hollandais (le plus connu de ceux-ci est l'ingénieur Bradley) pour dessécher des marais, et gagner des polders sur la mer, en Vendée, dans les Charentes, dans la région de Bordeaux, à l'embouchure de la Seine.

Le retour de la sécurité et l'amélioration des routes ont permis aux échanges de se développer. Certaines régions se spécialisent. La Normandie abandonne la vigne et développe la culture du pommier. Le sel voyage mieux ; du coup, les clients se montrent plus difficiles : les pêcheurs du nord préfèrent le sel du sud de la Bretagne au sel gemme venu de Lorraine. Des courants d'échanges se créent : blé contre tissus de Normandie et d'Anjou, blé encore contre châtaignes du Limousin, noix du Périgord, cerises et prunes d'Aquitaine. Les cordages de chanvre sont vendus aux marines étrangères, les toiles bretonnes ou vendéennes vont fournir de voilures les navires espagnols.

La richesse du pays s'accroît. Les prix atteints par les charges d'officiers montrent qu'il y a de l'argent en France. Il est vrai qu'il ne s'investit pas assez dans des activités productives. Henri IV a cherché à stimuler le développement agricole et encouragé la création de manufactures en donnant des monopoles aux entrepreneurs : ainsi se sont créés des ateliers de tissage de la soie et du satin, des cristalleries, les manufactures de tapisseries des Gobelins et de la Savonnerie de Chaillot.

Mais les résultats atteints en 1610 restent fragiles et précaires, et ce ne sont pas les troubles de la régence de Marie de Médicis, puis les guerres civiles de Louis XIII, qui vont faciliter la poursuite des efforts engagés par le feu Roi.

Les classes sociales.

Dans l'organisation des classes sociales comme en matière économique, la France, encore engoncée dans les structures héritées du passé, s'en dégage peu à peu et commence à prendre sa physionomie moderne.

La noblesse.

Il n'y a pas une noblesse mais deux : les Grands, véritables potentats, féodaux avides et belliqueux, gorgés d'argent, de domaines et de charges, et qui, pour un oui pour un non, complotent ou entrent en dissidence ; la petite noblesse, hobereaux désargentés, ruinés par le retour de la paix et la fin des gains faciles, partagée entre la misère dans ses châteaux délabrés et l'entrée dans la clientèle du Roi ou d'un puissant personnage. Entre eux, un abîme, celui que creuse la fortune fabuleuse des uns comparée aux véritables drames que vivent parfois les autres. Mais aussi un point commun : la fierté des origines, et le sens de l'honneur ; cet honneur qui pousse tant de nobles à se battre en duel : 2 000 d'entre eux meurent ainsi pendant la seule année 1606 !

Rien n'est plus instructif que le comportement des nobles à l'égard du Roi. Certains ont rallié Henri de Navarre alors qu'il courait à la conquête de son royaume – un Biron, un Sully. Biron se sentait des droits sur Henri IV en raison du concours dévoué qu'il lui a apporté, et lui, le fidèle entre les fidèles, il s'est mis à comploter une fois la paix venue. Il l'a payé de sa tête, et nous avons vu quel sentiment de scandale a soulevé dans la noblesse une exécution qu'Henri IV s'est laissé imposer par le Parlement et le gouvernement plutôt qu'il ne l'a réellement voulue. Mais, au cœur de la procédure contre Biron, il y avait deux dénonciateurs. Quelques jours avant la mort de Biron, le plus important d'entre eux, en plein Paris, entouré d'une troupe nombreuse d'hommes en armes, est attaqué par une vingtaine de spadassins du parti de Biron, et mortellement blessé – preuve, s'il en est besoin, de la puissance que conservent, même du fond de leurs prisons, ces grands féodaux.

Sully, pour sa part, a toujours eu vis-à-vis d'Henri IV un comportement de la plus exemplaire loyauté, mais cela ne l'empêchait pas d'être, comme tous ses pareils, extrêmement chatouilleux sur le point d'honneur. Un jour, en plein Conseil, sous le regard du Roi, il est sur le point d'en venir aux mains avec le duc d'Épernon à la suite d'un mot qui a déplu à ce dernier :

« Monsieur », dit d'Épernon, « quand il vous plaira de considérer que ma condition n'est pas si abjecte qu'elle m'oblige d'aller chez vous si bon ne me semble, vous ne me tiendrez pas ce langage ».

« Je suis gentilhomme », répond Sully, « et fort homme de bien ; je ne le cède à homme de France qui ne porte autre titre ; je suis même des plus anciennes Maisons de ce royaume.

– Avouerez-vous qu'il y a de la différence entre vous et moi ?

– Il n'y en a point, que celle que les Rois y ont mise.

– Si y a-t-il celle-là, celle que mon épée y a mise et y pourra mettre ! »

Henri IV s'interpose et calme les esprits.

Les querelles de préséance tiennent une place considérable. Le comte de Soissons, prince du sang, a quitté la Cour avec fracas juste avant le sacre de Marie de Médicis – c'est la raison pour laquelle il ne se trouve pas à Paris au moment de la mort d'Henri IV et de la proclamation de la régence. La cause de cet éclat, la voici, elle est d'importance : Henri IV avait autorisé la femme du duc de Vendôme, l'un des fils naturels qu'il avait eus de Gabrielle d'Estrées, à porter au couronnement de la Reine une robe semée de fleurs de lys, privilège qui n'appartient qu'aux princesses du sang. L'outrage ainsi fait à la comtesse de Soissons était insupportable. Le Roi s'entêtant, il ne restait aux Soissons ulcérés qu'à s'en aller digérer l'affront sur leurs terres. Une autre querelle va bientôt opposer leur fils, le jeune comte de Soissons, au prince de Condé – son cousin germain : à qui revient l'honneur de présenter la serviette au Roi quand il est à table ? Les cousins se brouillent à mort et vont, pour ce motif, se ranger dans des camps différents.

On ne se débarrasse pas en quelques années d'un comportement que les siècles ont contribué à forger. Marie de Médicis, en 1610, se heurte à une France encore profondément féodale.

Il s'en est fallu de peu que tel ou tel des Grands, pendant les guerres de religion, ne se fasse élire Roi. Guise, puis son frère Mayenne, ont été tout proches du trône. Henri IV a bien plus payé sa couronne qu'il ne l'a conquise à la pointe de l'épée. Mais un d'Épernon, ancien ligueur, animateur du parti dévot, aux colères implacables, homme habile et dissimulé, n'est qu'un rallié de circonstance ; si les intérêts de la religion lui paraissent l'exiger, il ne reculera pas devant le régicide – et on a vu les responsabilités qui paraissent peser sur lui dans l'assassinat du Bon Roi.

C'est pourquoi Henri IV n'a pas hésité, en temps de paix, à puiser largement dans sa cassette afin d'acheter la tranquillité – et Marie de Médicis sera forcée d'en user de même. En 1611, 4 millions de livres – le cinquième du budget ! – sont consacrés au service des pensions versées aux Grands. Henri IV a également pris l'habitude de satisfaire leur faim insatiable en nommant des membres de leur famille titulaires de bénéfices ecclésiastiques. Une abbaye, un évêché, en viennent à faire partie du patrimoine familial. La famille de Richelieu « possède » ainsi l'évêché de Luçon, « le plus misérable et crotté de France » comme dira de lui le grand cardinal ; il n'empêche : tout crotté qu'il soit, il doit rester dans la famille, et c'est la raison pour laquelle le jeune Armand du Plessis renonce à la carrière des armes qu'il se préparait à embrasser et, entré dans les ordres ecclésiastiques, devient évêque de Luçon en 1606. Il ne sera pas d'ailleurs l'un des plus mauvais évêques de son époque.

Les hobereaux et les nobliaux de province sont moins immédiatement dangereux pour la monarchie. Atteints de plein fouet par le moindre rendement des fermages (10 à 20 % des paysans sont morts, les terres ravagées sont devenues moins productives), ils n'ont plus la possibilité de « se refaire » par les heureux coups de main des temps de guerre et de rapine. Ils en sont réduits à végéter dans leurs manoirs qui se délabrent et subsistent du mieux qu'ils peuvent en pressurant les manants qui leur restent. Quand ils n'en peuvent plus, ils vendent subrepticement un droit, un privilège – ce que, dans le langage du temps on appelle une censive. C'est grâce à cela que les paysans, peu à peu, se libèrent du servage ou du demi-servage qui était leur condition ordinaire, et deviennent des propriétaires libres.

Quand on a épuisé les possibilités qu'offre la vente des droits seigneuriaux, on doit se résoudre à vendre la terre elle-même. Une alliance familiale permet parfois à la noblesse désargentée de maintenir son rang sans recourir à cette solution extrême. Faire entrer ses enfants par le mariage dans une famille noble vaut bien des sacrifices financiers pour un riche marchand soucieux de l'avenir de sa lignée. Pour l'héritier pauvre d'un nom illustre, c'est une chance à saisir que le mariage avec une demoiselle bourgeoise richement dotée.

Henri IV a tenté l'impossible pour retenir la noblesse française dans ses terres ou l'y ramener. Inutile pour un hobereau de venir chercher fortune à la Cour : le Roi fait bon visage, mais reste intraitable ; ni pension ni prébende, même pour ceux qui l'ont fidèlement servi.

Le calcul du Roi se comprend, mais on se demande s'il n'est pas à double tranchant : on réalise certes des économies, mais, retirée dans ses châteaux, la petite noblesse rurale s'ennuie. Une fois qu'elle a fini de donner les ordres pour la gestion de ses terres – dont s'occupe en général un intendant – et que l'on s'est rendu entre châtelains voisins les politesses nécessaires, quelle occupation reste-t-il pour tous ces nobles désœuvrés ? La chasse, pratiquée avec passion, a ses limites. Alors, dans les quelque 70 000 châteaux semés sur le territoire de la France, on cherche à tromper l'inaction comme on peut. Certains s'engagent sous la bannière d'un prince étranger ; des milliers de seigneurs plus ou moins huguenots vont ainsi guerroyer au service des Provinces-Unies contre l'Espagne; d'autres voleront avec enthousiasme au secours du duc de Mantoue en butte aux entreprises du duc de Savoie soutenu par l'Espagne. Quand Gaston d'Orléans prend les armes contre son frère, il se trouvera des centaines de gentilshommes pour s'enrôler dans ses régiments; ses griefs contre Louis XIII et le cardinal de Richelieu ne sont pour eux qu'un prétexte à chevauchées glorieuses.

Parfois, les occupations des nobles se font moins avouables; combien de seigneurs brigands dans l'histoire du temps! Un sieur de Hautcastel, dans la région de Bordeaux, en a tant fait que le Parlement de cette ville le condamne enfin à avoir la tête tranchée. Même dans l'euphorie de la célébration de son mariage avec Anne d'Autriche (nous sommes en novembre 1615) Louis XIII ne peut accepter de le grâcier. Mais l'esprit de corps nobiliaire est si fort que l'archevêque de Bordeaux, le cardinal de Sourdis, enfonce les portes de la prison pour faire évader le criminel.

A la longue, cette noblesse perd peu à peu ses vertus. Maintenir son rang devient une obsession. Les privilèges nobiliaires les plus visibles sont farouchement défendus: le port de l'épéc, le droit de garder son chapeau dans presque toutes les circonstances, le privilège de bâtir un pigeonnier près de son château. Parfois, il faut se battre pour les rétablir: avoir le premier banc à l'Église, et dans certains cas celui d'entrer à cheval dans la Maison du Seigneur, sont des usages, souvent tombés en désuétude lors des guerres de religion, que l'on remet en honneur. La défense de ses prérogatives l'emporte sur toute autre considération, et même les qualités guerrières de la noblesse française s'abâtardissent. Les bons soldats, ce sont désormais les mercenaires qui les fournissent — des mercenaires solides recrutés en Allemagne, en Belgique ou en Suisse. Il n'est pas rare de voir la proportion des étrangers dépasser 80 % dans les armées royales.

La noblesse est la classe à problèmes de la société française. Désœuvrée, désargentée et batailleuse, elle va littéralement empoisonner la régence de Marie de Médicis et le règne personnel de Louis XIII par son agitation perpétuelle, les ruines qu'elle occasionne et les dépenses qu'elle provoque.

La bourgeoisie.

La bourgeoisie est animée par une gigantesque soif d'apprendre. Le goût de l'étude et du savoir, mis à la mode chez les nobles par l'humanisme de la Renaissance, l'a gagnée à son tour. Des serruriers, des charpentiers, des merciers, des colporteurs, se saignent aux quatre veines pour faire faire des études à leurs enfants. On couche à trois ou quatre par chambre mais on enverra le fils chez les Jésuites, la fille chez les Ursulines.

Le diplôme chèrement acquis ne donne pas droit automatiquement à un emploi. Le débouché normal est le service du Roi. Mais les charges s'achètent, souvent fort cher, et il n'en existe pas un nombre infini.

Du système d'enseignement tel qu'il fonctionne alors, sortent des lettrés et des juristes, dont les énergies et les capacités s'orientent vers les emplois de judicature et des finances (autrement dit, l'administration) au détriment des métiers productifs. On voudrait que davantage de jeunes s'orientent vers les arts mécaniques, les métiers artisanaux et les emplois qui commencent à se créer dans les manufactures ; hélas, on est obligé d'importer des spécialistes et des ouvriers qualifiés d'Italie, de Hollande ou d'Allemagne. Une plume autorisée, dans le journal quasi-officiel qu'est à l'époque le *Mercure Français*, stigmatise cette ruée vers l'enseignement : « La trop grande fréquence des collèges occasionne de quitter le commerce, l'exercice de l'agriculture et autres arts nécessaires à la vie et à la société politique pour se se précipiter aux écoles sous l'espérance que chacun a d'accroître et augmenter sa condition en portant une robe plus longue qu'à l'ordinaire[1] ».

Quelques personnalités remarquables émergent. Mais à côté de réussites exceptionnelles, que de ratés : pédants de collège, écrivaillons faméliques, faux médecins, juristes d'occasion qui hantent les couloirs des palais de justice. Ravaillac est un exemple de ces fils de la petite bourgeoisie qui ont une instruction certaine, réfléchissent, étudient, et n'arrivent pas à se dégager de l'anonymat et de la médiocrité ; le raté qui se signale à l'attention du monde en assassinant le Roi : l'analyse psychologique du « cas Ravaillac » n'est pas très difficile à faire.

Mais Ravaillac ne représente pas, loin de là, la masse de cette bourgeoisie travailleuse et avide de réussite intellectuelle et sociale. Dans leur ensemble, les classes moyennes sont éprises d'ordre et de tranquillité. Elles constituent une part notable de l'opinion publique, que les hommes politiques du temps s'efforcent de gagner à leur cause. Leur vocabulaire est celui de l'intérêt public. La bourgeoisie veut la paix et la justice. Elle est soucieuse de clarté et n'entend donner son adhésion qu'en connaissance de cause. Elle n'est pas inaccessible aux sentiments, notamment ceux qui procèdent de la nature comme l'amour filial ou la solidarité entre parents et alliés. Mais elle met au-dessus de tout le raisonnement, l'argument, la démonstration.

Elle a ses intérêts de classe, et les attaques contre la vénalité des offices la touchent dans ses prérogatives les plus chères. Elle a conscience, d'ailleurs, de constituer une classe, et ses membres monopolisent la représentation du Tiers Ordre aux États-Généraux ou dans les

1. *Les Universités de France au Roi*, « Mercure Français », T. X, p. 432.

Assemblées de Notables. Mais elle sait faire coïncider la défense de ses aspirations avec celle de l'autorité souveraine du Roi et, contre les Grands, trublions de la paix civile, contre la rapacité des nobles, coureurs de pensions, elle fait bloc avec le pouvoir monarchique, garant d'un intérêt public qui, par tant de côtés, rejoint ses intérêts propres. Le prestige et le développement de l'administration en constituent l'un des éléments essentiels. Quelle prolifération de charges, où l'avantage financier de la royauté rejoint la pression des candidats, avides d'entrer dans le service du Roi, si bien considéré et fort honorablement rémunérateur ! Le nombre des procureurs au Parlement passe ainsi, à Paris, de 293 en 1606 à 380 en 1627[2]. Les avantages immédiats de la multiplication des emplois administratifs étaient évidents, mais quel danger, à la longue, par la stérilisation d'énergie et d'argent qu'elle entraîne !

Le petit peuple.

Les préoccupations et les aspirations du petit peuple des villes rejoignent, à bien des égards, celles de la bourgeoisie. Il est d'ailleurs en continuité avec elle. La géographie de l'habitat n'a encore entraîné aucune ségrégation entre les artisans-maîtres et leurs compagnons, entre le monde des métiers et celui du négoce ou du service du Roi. On vit dans les mêmes maisons ; en bas les échoppes, au-dessus l'étage noble ou l'étage bourgeois, surmonté d'un ou deux autres étages dont le standing diminue à mesure que l'on s'élève ; tout en haut, dans les galetas, les ouvriers du bas de l'échelle sociale, les manouvriers, et la domesticité. Côtoyant tous les jours la bonne bourgeoisie, le petit peuple des villes — savetiers, cordonniers, menuisiers, charpentiers, cardeurs, peigneurs, merciers, porte-paniers, crocheteurs, etc., a fatalement acquis les mêmes idéaux. Il est comme elle attaché au bien public, comme elle monarchiste, et comme elle hostile aux fauteurs de désordres. Mais il est plus émotif, plus prompt à prendre parti. Dans les premiers temps de la Réforme, beaucoup de huguenots, parmi les plus conscients et les plus instruits, se sont recrutés en son sein. Des clivages sont apparus par la suite, et dans bien des grandes villes — Paris, Lyon, Toulouse, Rouen, par exemple — les artisans ont fourni le gros de ses troupes à la Ligue catholique et ultramontaine.

Une forte solidarité s'exprime à travers les organisations professionnelles que sont les corporations, unissant dans la défense des mêmes intérêts les maîtres, les compagnons et les apprentis. Structure quasi-patriarcale, très éloignée des formes de relations sociales qu'imposera bien plus tard une grande industrie alors tout à fait balbutiante. Solidarité religieuse et charitable, aussi, par le moyen des confréries religieuses, dont la force et la cohésion inquiètent quelque peu le pouvoir

2. Babeau, *Le village sous l'Ancien Régime,* p. 208.

royal, non sans raison quand on constate le rôle qu'elles ont joué pendant la période des guerres de religion.

Mais le petit peuple des villes, même s'il est parfois batailleur, frondeur et cabochard, est passionnément attaché à la personne du Roi et à l'idée de patrie qu'elle incarne. Farouchement nationaliste, il se veut et se sent bon Français, attaché à la spécificité nationale, à ce qui distingue le coq gaulois de ses voisins espagnol, italien, allemand, flamand ou anglais. Mais il est également primesautier et versatile, à l'image d'une nation que l'on dit légère et inconstante dans ses convictions et ses fidélités.

Ces défauts sont moins apparents à la campagne. Les artisans de village sont gens sérieux, avares de paroles inutiles. Ils savent souvent lire, et poussent leurs enfants vers l'étude. Certains de leurs ateliers sont des centres de vie et d'animation dans les bourgades. Celui du forgeron, par exemple, un personnage que l'on révère pour sa technique précieuse, mais qui est aussi un homme de savoir, souvent versé dans l'art d'utiliser les plantes médicinales et parfois un peu sorcier. Il est celui chez qui arrivent en premier les nouvelles de la ville ou des provinces lointaines qu'apportent les voyageurs et les colporteurs dont la hotte recèle toujours, à côté des almanachs, quelques exemplaires des derniers libelles ou pamphlets.

Quand il aura amassé suffisamment d'écus, l'artisan de village achètera un office subalterne pour son fils qui, s'il suit l'exemple des vertus ancestrales, saura s'en servir comme d'un tremplin vers de plus hautes destinées. Il utilise aussi une partie de ses économies pour acquérir de la terre ou prêter à des paysans dans le besoin moyennant de solides garanties. Conservant ainsi ses racines terriennes, il regarde en même temps vers la ville et les séductions des trésors de savoir qu'elle renferme.

Car il est avide d'apprendre et de comprendre. Il parle peu, mais réfléchit beaucoup. Le sentiment d'appartenir à la patrie française se répand dans cette élite rurale. Les guerres de religion, puis les voyages plus pacifiques mais incessants du Bon Roi Henri, forgent peu à peu la conscience nationale et le sentiment loyaliste. Combien de déceptions en résulteront pour les factieux qui verront les petites villes leur fermer leurs portes, ou ne les ouvrir que devant la contrainte pour se remettre aussitôt après leur passage dans l'obéissance au Roi.

Tous ne sont pas aussi fidèles, cependant, et certaines révoltes paysannes naissent en vérité à la ville. Un notaire de petite envergure, un solliciteur de procès, un menuisier, fourniront souvent les cadres de la rébellion. Mais ce peuple, même quand il se soulève, reste monarchiste et, tout en pourchassant les collecteurs d'impôts, demeure au fond de lui-même profondément attaché à l'institution royale.

Les paysans.

La paysannerie a largement profité du règne réparateur d'Henri IV. Une seule guerre, en 1600: encore se déroule-t-elle hors des frontières du royaume, en Savoie. Les labours peuvent de nouveau s'effectuer normalement, et l'élevage se développe; les animaux fournissent du fumier, qui enrichit la terre, et leur force de travail permet d'étendre l'usage de la charrue. Les rendements augmentent: trois fois la semence dans le Midi, quatre ou cinq fois au bas mot dans les plaines du Bassin Parisien. Des surplus importants deviennent disponibles pour l'exportation vers d'autres provinces ou même à l'étranger ; en libérant le commerce du grain, en améliorant l'infrastructure des voies de communication, Henri IV fait peu à peu entrer les campagnes dans le cycle des échanges.

Les esprits s'éveillent au souffle du grand large. Le paysan n'est plus aussi attaché à la glèbe que par le passé. Ses fils accèdent avec une certaine facilité à une condition sociale supérieure. Richer, qui devient recteur de la Sorbonne et défend les libertés de l'Église gallicane contre l'ultramontanisme des Jésuites, a travaillé la terre jusqu'à l'âge de 18 ans, avant de devenir domestique à Paris et de conquérir à la force du poignet tous ses grades universitaires.

Les nouvelles de la ville parviennent très vite à la campagne; il n'a pas fallu 48 heures pour que l'annonce de l'assassinat d'Henri IV arrive jusqu'aux frontières les plus reculées du royaume. Le paysan, en général, reste sur son quant-à-soi et garde une méfiance de principe à l'égard de ce qui vient de l'extérieur; parlant peu, répondant par monosyllabes aux questions que lui pose le noble voyageur, il y gagne aux yeux des gens de la ville une solide réputation de stupidité. Parfois, cependant, la sérénité le quitte lorsque le touche l'annonce de nouvelles mesures fiscales... Alors, c'est l'émotion populaire, mouvement de foule à l'occasion d'une foire, qui gagne cinq ou dix paroisses, et puis s'apaise de lui-même. D'autres fois, les choses sont plus graves, et débouchent sur une jacquerie, une révolte organisée, généralement encadrée par quelques paysans instruits ou des gens de la ville; la fin du règne de Louis XIII verra la révolte s'installer de façon endémique, s'apaisant dans une province pour se rallumer dans une autre; à l'origine, ce sont toujours les mêmes raisons qui justifient la colère paysanne: le fisc et les exigences sans cesse croissantes des finances royales.

En 1610, pourtant, le gouvernement, sous l'impulsion de Sully et d'Henri IV, s'était engagé dans une direction différente. Fait sans précédent, la taille, qui pèse essentiellement sur les paysans, est descendue de 20 millions de livres en 1598 à un minimum de 13 millions en 1606; elle remonte légèrement en 1608-1609 sans pour autant dépasser 16 millions. Les besoins d'argent de la monarchie après 1610 font échec à ces bonnes résolutions et la pression fiscale ne va plus cesser d'augmenter. La régence de Marie de Médicis lance le mouvement ; il faut bien financer les libéralités accordées aux Grands, les largesses dont bénéficie Concini, les diamants de la Reine, et les frais des armées que l'agitation des princes oblige le pouvoir à mettre sur pied. Après la régence, la poursuite des guerres civiles, la reprise des guerres religieuses et le déclenchement de la guerre étrangère poussent Louis XIII et Richelieu dans la même voie ; le problème se trouvera dramatiquement posé en 1629-1630 : faut-il relâcher la pression sur la population en abandonnant les objectifs d'indépendance nationale et de renforcement de l'autorité de la monarchie, ou maintenir ces objectifs en acceptant leur contrepartie de misères et de révoltes ? Pour la paix extérieure, Marie de Médicis, Marillac, Bérulle ; pour la guerre, Richelieu soutenu par Louis XIII.

Toutes les régions ne sont pas également touchées. Certaines provinces sont relativement protégées par leurs privilèges ; aussi la lutte du pouvoir royal contre les bastions de l'autonomie régionale est-elle l'un des aspects de la politique financière du régime : la centralisation progresse pour faciliter la satisfaction des besoins d'argent du Roi. La révolte du duc de Montmorency, gouverneur du Languedoc, en 1632, déclenchée pour des motifs purement personnels, trouve un terrain favorable dans une province agitée par la décision du pouvoir central de modifier le régime d'assiette et de perception des impôts en le confiant, dans ce pays d'États, à des agents royaux, les élus.

La guerre sur place est cependant la cause principale des souffrances de la paysannerie. A la différence du règne d'Henri IV, celui de Louis XIII, d'abord sous la régence de sa mère, et ensuite sous son autorité directe, voit les opérations militaires se multiplier en France même. Les révoltes des princes pendant les sept années d'exercice du pouvoir par Marie de Médicis touchent l'Ile-de-France, la Champagne, la Picardie, le Poitou, la vallée de la Loire, le Berry, l'Aunis et la Saintonge, la Guyenne, la Gascogne, pour ne parler que des provinces les plus directement concernées. Sous le règne personnel de Louis XIII, la Normandie à son tour est parcourue par des armées de toutes obédiences, ainsi que le Perche et l'Anjou ; les régions qui ont connu les guerres de la régence sont de nouveau ravagées, et d'autres viennent les rejoindre dans cette triste liste : le Bourbonnais, l'Auvergne, et l'immense Languedoc, marqué par de dures campagnes. Les paysans doivent travailler de nuit pour échapper aux exactions, se réfugier dans les bois ou dans des caches hâtivement aménagées en attendant que les hommes d'armes soient repartis. La disette reparaît et la misère paysanne, incontestablement, s'étend.

L'acharnement et la persévérance, cependant, constituent l'une des caractéristiques de la classe paysanne. Obstinément, elle remet en culture les terres dévastées. Si les pauvres deviennent plus pauvres encore, l'aristocratie des laboureurs augmente en nombre et en puissance. Certes, il convient de cacher soigneusement sa relative aisance afin de donner le change au collecteur d'impôts ou au soldat. Mais cette aisance existe. Elle explique que le gouvernement royal ait pu porter le prélèvement qu'il effectue sur le pays à quelque 80 millions de livres après 1635, soit 4 fois le montant qu'il avait atteint vingt-cinq ans plus tôt, à la fin du règne d'Henri IV.

Ce sont les forces vives de la paysannerie, du petit peuple des villes et de la bourgeoisie, qui vont permettre à la France de s'offrir le luxe de pensionner sa noblesse et de mener tant de guerres tout en finançant l'essor des villes et de Paris en tout premier lieu, l'éclosion d'une architecture magnifique, le développement des œuvres pieuses, et la maturation de la grande civilisation classique. Un pays riche, par conséquent, qui n'est pas l'un des plus importants d'Europe, face notamment à la puissance écrasante des deux branches de la Maison de Habsbourg, mais un pays qui, même à travers ses épreuves, forge peu à peu sa personnalité et ses traits spécifiques.

Le réveil catholique.

Amorcé sous le règne d'Henri IV, le réveil du catholicisme est une réalité quand commence la régence de Marie de Médicis. Une piété plus vive, moins sèche, imprègne les actes de la vie quotidienne et inspire les pratiques de la charité. Il n'est famille qui ne participe, dans les catégories les plus favorisées de la population, au renouveau de la foi tandis que, parallèlement, se développe une action persévérante en vue de mieux former le clergé.

L'effort d'approfondissement de la piété entrepris sous le règne d'Henri IV se poursuit et s'amplifie sous la régence. En 1610, une douzaine de Carmels existent déjà, à l'exemple du Carmel de Paris fondé grâce à Madame Acarie et à Bérulle en 1604 ; leur nombre fait plus que doubler pendant les quelques années de l'exercice du pouvoir par Marie de Médicis. *L'introduction à la vie dévote*, publiée en 1608 par François de Sales, connaît de nombreuses rééditions et imprègne la pratique et l'expression de la foi dans une grande partie de la noblesse et de la bourgeoisie urbaine. En 1615, François de Sales prêche à Lyon et dirige les consciences de personnalités éminentes de la ville. Après deux années de prédication à Grenoble, il se rend en 1618 à Paris, avec la mission diplomatique qui vient demander la main de Christine de France pour le prince de Piémont, héritier du duc de Savoie. L'accueil de la capitale est plus que chaleureux. De nombreux fidèles sollicitent l'honneur de sa direction de conscience. L'évêque est invité à animer, par sa présence, des réunions de piété. A l'occasion de l'une d'entre elles, il fait la connaissance de Vincent de Paul, dont il oriente la vocation et qu'il choisit comme premier Supérieur des Filles de la Visitation que Jeanne de Chantal vient d'établir rue Saint-Antoine.

Le mouvement lancé par François de Sales commence maintenant à porter ses fruits. La réforme qui lui doit le moins, bien qu'elle soit liée à sa prédication, est celle des Cisterciennes de Port-Royal. On en connaît l'histoire. La mère Marie-Angélique Arnauld, nommée abbesse à l'âge de 11 ans après avoir pris l'habit à 8, est touchée à 17 ans par la grâce : un capucin dévoyé vient un jour prêcher en l'église de Port-Royal, et parle avec tant de bonheur de la vie religieuse et de la beauté de la règle de Saint Benoît, qui s'impose en principe aux religieuses cisterciennes, que Marie-Angélique Arnauld décide sur-le-champ d'appliquer cette règle dans toute sa rigueur. Elle renouvelle ses vœux, ne porte plus qu'une chemise de serge, couche sur une paillasse, remplace la murette de terre qui entoure les bâtiments monastiques par une solide clôture de pierre et, par la simple persuasion, sans jamais employer la contrainte, parvient en cinq ans à ramener toute la communauté dans la stricte obéissance à la règle de Saint Benoît. Après des siècles de compromissions et d'abandons successifs, le retour à ses principes essentiels : la communauté de biens, le jeûne, l'abstinence de viande, le silence, la veille de nuit, paraissait scandaleux à une large fraction de l'opinion. Le propre père de Marie-Angélique Arnauld n'accepte que par la force, au début, l'obligation qui lui est faite désormais de ne plus voir sa fille qu'à travers un guichet.

L'action de Mère Marie-Angélique fait bientôt tache d'huile. On l'appelle dans d'autres couvents de Cisterciennes pour y prêcher par l'exemple et les ramener à l'application stricte de la règle. Elle se rend ainsi à Maubuisson, l'un des plus célèbres couvents de l'Ordre, dont l'abbesse, sœur de Gabrielle d'Estrées, avait mené une vie si scandaleuse qu'il avait fallu la suspendre de ses fonctions et l'interner à Paris chez les Filles Pénitentes.

Mère Marie-Angélique est également appelée au Lys, à Saint-Aubin, pendant que sa sœur, Mère Agnès Arnauld, et d'autres de ses religieuses, vont réformer Saint-Cyr, Gomer-Fontaine, Tard, et d'autres monastères encore.

François de Sales a eu un rôle beaucoup plus direct voire déterminant dans la fondation de l'Ordre de la Visitation par Jeanne-Françoise Frémiot de Chantal. Fille d'un président au Parlement de Dijon, Jeanne-Françoise avait épousé à l'âge de 20 ans le baron de Chantal, de la Maison de Rabutin, vieille famille noble de Bourgogne. Un accident de chasse ayant coûté la vie à son mari, elle se retrouve veuve avec quatre enfants à sa charge. François de Sales vient prêcher à Dijon en 1604. Madame de Chantal, très impressionnée, lui demande de devenir son directeur de conscience et se rend à plusieurs reprises en Savoie pour prendre conseil du saint évêque. Ce dernier lui suggère un jour de constituer une congrégation de filles consacrée aux œuvres de charité. Jeanne de Chantal accepte sans hésiter et, laissant sa fortune à ses enfants, quitte Dijon pour Annecy où, avec deux dames savoyardes, elle entre en communauté selon la règle que leur donne François de Sales. Dix autres recrues se joignent bientôt à elles. L'année d'après, l'afflux est tel que la congrégation commence à essaimer. Un couvent est établi à Lyon par Jeanne de Chantal, d'autres suivent à Moulins, Grenoble et Bourges. En 1619, enfin, Madame de Chantal vient fonder à Paris, au faubourg Saint-Michel, un couvent de la Visitation dont Vincent de Paul, comme nous l'avons vu, devient le Supérieur.

Une troisième congrégation de femmes apparaissait bientôt et connaissait très vite un extraordinaire développement, l'Institut des Ursulines. L'Ordre avait été créé en 1537 en Italie à l'initiative de la Bienheureuse Angèle de Brescia. En 1594, une demoiselle d'Avignon, Françoise de Bermont, fonde dans cette ville une association rattachée aux Ursulines italiennes, et vouée comme elles à l'éducation des jeunes filles. Une parente de Madame Acarie, Madame de Sainte-Beuve, parvient à convaincre Françoise de Bermont de créer une maison à Paris, au faubourg Saint-Jacques. L'arrivée des Ursulines dans la capitale est accueillie avec une extrême faveur. Marie de Médicis participe financièrement à leur installation, et obtient de ses amies qu'elles s'associent à ses efforts. Les candidatures affluent, provenant en grande majorité de jeunes filles que le Carmel avait tentées mais qui n'avaient pu en supporter les rigueurs. Les Ursulines de Paris, qui gardent de leurs origines leur vocation à s'occuper de l'éducation des filles, posséderont à la fin du XVIIe siècle 80 Maisons auxquelles s'ajoutent celles qui dépendent des Ursulines d'Avignon, au nombre de 74, et les établissements des Ursulines de Bordeaux, soit plus d'une centaine.

Grâce aux Ursulines et aux nombreuses institutions analogues qui se créent à leur exemple, l'effort des Jésuites en matière d'éducation des garçons trouve ainsi son pendant avec quelques années de retard pour l'éducation des filles. Des milliers de jeunes esprits seront désormais façonnés selon les mêmes principes, préparant une évolution profonde des mœurs et de la vie sociale.

Le deuxième volet de l'action entreprise pour asseoir sur des bases solides le réveil catholique concerne les prêtres. Il y avait certes de bons évêques et des curés conscients de leurs responsabilités. Mais il est difficile de ne pas souscrire au jugement global formulé par Richelieu dans son *Testament politique* : « Je me souviens que j'ai vu dans ma jeunesse, des gentilshommes et autres personnes laïques posséder, par confidence [3], non seulement la plus grande part des prieurés et abbayes, mais aussi des cures et des évêchés... On ne trouvait en ce temps-là que des scandales et de mauvais exemples en la plupart de ceux où l'on devait chercher de l'édification [4] ». La famille de Richelieu elle-même offre un exemple peu édifiant : elle disposait depuis cinquante ans des revenus de l'évêché de Luçon et c'est pour garder l'évêché dans la famille qu'Armand du Plessis de Richelieu, le futur cardinal de Richelieu, entra dans les ordres, son frère Alphonse ayant décidé de se faire Chartreux ; n'ayant pas l'âge canonique au moment de sa nomination, il dut aller à Rome rechercher la dispense nécessaire.

Henri IV n'était d'ailleurs pas trop regardant en général sur ces questions d'âge. Il donne ainsi l'évêché de Metz à son bâtard Gaston-Henri de Verneuil, qui n'a que 6 ans, et l'évêché de Lodève à Charles de Lévis, fils du duc de Ventadour, alors tout juste âgé de 4 ans. Cynique, il écrit le 24 octobre 1605 à Marie de Médicis : « Je ferai la Toussaint où je me trouverai. Monsieur de Lodève est mon confesseur ; jugez si j'aurai l'absolution à bon marché ». Il a certes un soudain prurit de réformation quand Monsieur de Souvré, l'un de ses amis pourtant, demande l'évêché de Comminges pour un de ses enfants : « Souvenez-vous », lui répond-il, « de ce que vous m'avez ouï dire que je suis résolu dorénavant de ne donner plus les évêchés qu'à personnes qui les puissent desservir et non les faire desservir par autrui [5] ». Mais quand l'évêque de Verdun s'avise un beau jour de se marier et épouse Mademoiselle de Vatan, Henri IV, sarcastique, se borne à noter dans un billet adressé à Marie de Médicis : « Je vais monter à cheval pour aller coucher à Vatan, où je verrai la femme de l'évêque de Verdun, qui sera la première princesse ecclésiastique que j'aie jamais vue [6] ». Si telles étaient les pratiques dans l'épiscopat, que dire de la situation du bas clergé !

C'est précisément pour améliorer la condition morale et la formation des prêtres que Pierre de Bérulle établit en France la congrégation de l'Oratoire. Après avoir demandé l'avis de François de Sales, Pierre de Bérulle s'associe avec quatre prêtres animés des mêmes intentions que lui et, le 10 novembre 1611, s'installe en l'Hôtel du Petit Bourbon, rue Saint-Jacques. Le 10 mai 1613, le Pape Paul V approuve le nouvel ordre sous le nom de « Prêtres de l'Oratoire » ; à la fin de l'année, le nombre des prêtres a dépassé la trentaine et Bérulle se préoccupe de trouver un local plus grand : il s'établira dans l'Hôtel du Bouchage, rue Saint-Honoré, à proximité immédiate du Louvre.

La création de l'Oratoire, que favorise Marie de Médicis à la prière

3. La confidence, en droit canonique, représente une promesse, secrète ou non, faite par le bénéficiaire d'un prieuré, d'une abbaye, d'une cure, d'un évêché, de donner partie ou totalité de ses revenus à une tierce personne.

4. Richelieu, *Testament politique*, Éd. Louis André, Paris, Laffont, 1947, p. 151.

5. Lettre de Henri IV à Monsieur de Souvré, 20 septembre [1602].

6. Lettre de Henri IV à Marie de Médicis, 28 octobre 1605.

de François de Sales, ne va pas cependant sans difficultés. La volonté de Bérulle de donner à ses prêtres une solide formation théologique l'amène à marcher sur les brisées de la Sorbonne et des Jésuites. Au début, un certain nombre de docteurs en Sorbonne ont accepté de faire partie de l'Oratoire mais, à la suite d'une ardente polémique, on a dû décider que les deux institutions resteraient séparées. Cette scission a des conséquences fâcheuses : la scolarité à l'Oratoire se déroule en vase clos, sans aucun contact avec la Sorbonne ; celle-ci de son côté, coupée de la pratique quotidienne du métier de prêtre, dispense un enseignement de plus en plus théorique et desséchant. Les Jésuites aussi voient dans les Oratoriens des rivaux ; pendant de nombreuses années, ils leur disputeront les tâches d'enseignement et de direction de conscience dans les classes dirigeantes de la société.

A tout prendre, ces rivalités n'ont pas que de mauvais côtés. Elles témoignent en effet de la force de l'élan de renouveau qui traverse alors l'Église et le monde catholique en France, et qui va conférer à la vie de société, à la vie intellectuelle de la France du XVIIe siècle, un grand nombre de ses caractéristiques essentielles.

ENFIN MALHERBE VINT.

En 1600, l'ère de la Pléiade, le règne de Ronsard et du Bellay, sont à peu près terminés. Certains poètes de la génération de la Pléiade, comme Desportes, continuent d'écrire, mais leur inspiration a changé : on répudie maintenant les audaces inutiles, les fantaisies grammaticales, les néologismes gréco-latins, bref, tout ce qui, dans l'apport de la Pléiade, apparaît aujourd'hui comme excessif et outrancier.

Desportes est alors le poète en vogue. Il écrit une langue douce, en vers fluides et agréables. C'est le prototype du poète de Cour. Dans sa manière d'écrire, dans le style des images, l'influence de l'Italie et de l'Espagne est de plus en plus nette. Les voyages en Italie se sont multipliés dans les dernières années du XVIe siècle à la faveur des missions envoyées à Florence et à Rome pour demander de l'argent, solliciter des grâces pontificales, négocier le mariage d'Henri IV avec la princesse de Toscane. L'arrivée de Marie de Médicis est l'occasion d'une véritable invasion italienne. Henri IV y a mis le holà, et un certain nombre des quelque 2 000 Florentins qui avaient suivi Marie dans sa nouvelle patrie ont plus ou moins rapidement repassé la frontière. Mais d'autres sont restés en France, y ont fait souche, et ont importé des habitudes de vivre différentes et de nouvelles façons de s'exprimer.

L'un des plus éminents représentants du goût italien est Marini, le Cavalier Marin, qui séjourne en France de 1615 à 1623 et, à la Cour de

Louis XIII, va jouer un rôle non négligeable dans la formation du courant précieux. Les excès de la préciosité devront beaucoup à l'imitation, peut-être maladroite, de l'Espagnol Gongora ; la recherche systématique du trait et du piquant feront alors sombrer dans le ridicule un louable effort d'affinement des mœurs et de l'expression littéraire. Malgré les excès, l'apport de Marini, de Gongora, de leurs imitateurs et admirateurs, reste important dans la mise en forme du goût littéraire qui s'effectue alors, et qui va régenter la France pendant deux siècles, jusqu'à la fin de l'Ancien Régime, jusqu'à l'explosion romantique.

La première tâche, après le bouillonnement désordonné de la Renaissance humaniste et de la Pléiade, consiste à fixer les règles. Celles-ci viennent des Italiens et, à travers eux, d'Aristote, leur maître à tous. Elles sont codifiées dans des traités: Vauquelin de La Fresnaye, un ancien de la Pléiade, publie en 1605 un *Art poétique*; en 1610, Deimier fait paraître son *Académie de l'Art poétique*, tandis que La Mesnardière donne une *Poétique.* Les traités ne sont pas tout ; les règles s'imposent grâce à la pratique littéraire, aux conversations, aux lettres, aux controverses qui agitent la Cour et la Ville. Il leur manque cependant un animateur, un guide, voire un dictateur. A point nommé, Malherbe va jouer le rôle de cet homme providentiel.

Qui ne se souvient des vers célèbres de Boileau [7]:

> *Enfin, Malherbe vint, et, le premier en France,*
> *Fit sentir dans les vers une juste cadence,*
> *D'un mot mis en sa place enseigna le pouvoir*
> *Et réduisit la muse aux règles du devoir.*

Les débuts de Malherbe dans la littérature sont tardifs: en 1587, les *Larmes de Saint Pierre*, adressées au Roi Henri III, constituent la première production d'un poète âgé de 32 ans déjà. *L'Ode à Marie de Médicis sur sa bienvenue en France*, offerte en hommage à la Reine lors de son passage à Aix-en-Provence, connaît un retentissement considérable, et consacre la gloire de Malherbe. En septembre 1605, il vient s'installer à Paris ; il a 50 ans. *L'Ode à Marie de Médicis* l'entoure d'une réputation flatteuse, et quand son ami Vauquelin des Yveteaux (futur précepteur de Louis XIII) le présente à Henri IV, le Roi en fait aussitôt son poète officiel. Désormais, Malherbe va jouer un rôle considérable dans l'évolution de la littérature française, bien au-delà même de sa mort survenue en 1628.

Sur le plan poétique, Malherbe est loin d'être l'un des plus grands. L'homme est un orgueilleux, un personnage au cœur sec, sans lyrisme et

7. Boileau, *Art Poétique*, T. I, vers 131-134.

incapable d'élan véritable. La *Consolation à Monsieur Du Périer sur la mort de sa fille*, composée vers 1600, est dénuée d'émotion :

Ta douleur, Du Périer, sera donc éternelle,
Et les tristes discours
Que te met en l'esprit l'amitié paternelle,
L'augmenteront toujours !

Le malheur de ta fille au tombeau descendue
Par un commun trépas,
Est-ce quelque dédale où ta raison perdue
Ne se retrouve pas ?

Quel manque de chaleur dans ces deux strophes ! Heureusement, Malherbe sait le secret d'un beau vers, qui, de temps à autre, rachète la platitude formelle de l'ensemble :

Mais elle était du monde où les plus belles choses
Ont le pire destin,
Et rose elle a vécu ce que vivent les roses,
L'espace d'un matin.

Ou encore :

La mort a des rigueurs à nulle autre pareilles ;
On a beau la prier,
La cruelle qu'elle est se bouche les oreilles
Et nous laisse crier.

Le pauvre en sa cabane, où le chaume le couvre,
Est sujet à ses lois ;
Et la garde qui veille aux barrières du Louvre
N'en défend point nos Rois.

Malherbe avait une haute idée de sa propre valeur, – on connaît le vers célèbre « Ce que Malherbe écrit dure éternellement » – mais les générations qui l'ont suivi ont mis bien au-dessus de la qualité de sa production personnelle le rôle déterminant qu'il a joué pour la mise au point des règles de l'expression littéraire. Ses idées, qui ne se trouvent contenues dans aucun traité, sont essentiellement exprimées dans les annotations qu'il a portées sur les œuvres de Desportes.

Le poète répudie l'admiration servile des Anciens. Il ne fait guère d'exception, dans son florilège du goût, que pour Horace et Ovide, mais s'il les aime, il ne les considère pas pour autant comme des modèles. Ronsard et Desportes sont l'objet de ses railleries privilégiées. Invité par Desportes qui souhaite une réconciliation, il a un mot féroce en lui disant qu'il trouve son potage meilleur que sa poésie.

Malherbe veut une rigueur logique dans l'expression. Il fixe ainsi un certain nombre de règles de grammaire essentielles : l'accord des participes, la distinction entre les participes et les gérondifs.

Il veut aussi et surtout une clarté absolue. Les mots doivent être immédiatement intelligibles, et l'ambition de Malherbe est d'être compris de tous, y compris des « crocheteurs du Port-au-Foin » qu'il présente comme ses maîtres ès-langue française au grand dam des beaux esprits. Pas de mots précieux forgés artificiellement, pas de diminutifs mièvres, attention aux mots vulgaires : il ne faudra pas écrire « pouls » parce que « pou », ni « poitrine » parce que « poitrine de veau ». Et si la rigueur logique qu'il prône par ailleurs apparaît contraire à la pratique usuelle, il faut choisir la pratique usuelle.

La poésie a ses règles particulières. Malherbe, en 1612, décide que la strophe de 6 alexandrins doit être partagée en deux parties égales de 3 vers chacune. Il réglemente le rejet et l'enjambement, proscrit le hiatus, et impose davantage de rigueur dans la rime : « glace » et « masse » ne peuvent rimer ensemble car l'une est une brève, l'autre une longue ; de même « contenance et sentence riment comme un four et un moulin ».

La méthode de Malherbe apparaît dans ses commentaires sur les œuvres de Desportes.

Voici un vers de Desportes : « Si la foi plus certaine en une âme non feinte »

Commentaire de Malherbe : *N'en, nu, n'a*

Un autre exemple. Desportes : « Madame, Amour, Fortune et tous les éléments »

Malherbe : *Ma, da, ma, mou*

Et encore : « O songe, ange divin »
Gean, ge

Ou : « O mort, contente-toi, ton char est honoré »
Ten, te, toi, ton

Les sonorités ne sont pas le seul objet de la chasse menée par Malherbe ; le sens des mots et des expressions, la correction grammaticale sont également pesés avec soin. En voici trois exemples, toujours empruntés aux annotations sur les œuvres de Desportes :

Desportes : « Sans yeux je vois ma perte, et sans langue je crie »
Malherbe : *Sottise imitée de Pétrarque*

Desportes : « Ah ! qu'Amour m'a fait tort »
Malherbe : *Il faut dire : qu'Amour m'a fait de tort*

Desportes : « Je sais brûler de loin et geler auprès d'elle »
Malherbe : *Sottise*

Balzac a sans doute le mieux résumé son apport : « Malherbe apprit à la France ce que c'était que la poésie, et parvint à contenter l'oreille, ce juge délicat et sévère. Il inventa l'art d'écrire avec pureté et bienséance, montra que l'éloquence prend sa source dans le choix des pensées et des paroles, et prouva que souvent l'heureux arrangement des choses et des mots est préférable aux choses et aux mots eux-mêmes[8] ».

Jointe à l'action d'affinement des mœurs entreprise dans les salons qui se créent, l'influence de Malherbe déborde du domaine littéraire sur celui de la vie en société, participant ainsi, avec les précieux, avec les Jésuites, avec les influences italiennes et espagnoles, à l'élaboration de l'idéal de l'« honnête homme » qui va s'imposer à partir de 1660.

Paris : un monde, une capitale.

Charles Quint, en traversant la France, y avait vu cinq choses dignes de remarque :

« Une Maison, La Rochefoucauld ; un pays, le Poitou ; un jardin, la Touraine ; une ville, Orléans ; et un monde, Paris ».

La capitale du royaume méritait sans aucun doute ce jugement. Dès la première moitié du XIVe siècle, la population de Paris avait atteint le chiffre de 200 000 habitants. Les guerres de religion l'ont sans doute portée à 300 000 habitants. En proie à une fièvre permanente de croissance, la ville voit périodiquement éclater les corsets de pierre de ses murailles. De longues files de maisons s'égrènent le long des routes qui conduisent aux portes ; les constructions grignotent les terrains libres et font peu à peu déborder l'espace urbain au-delà de ses limites administratives.

Les murailles sont fortes, sans plus. Elles comportent deux rangées parallèles de 2 mètres d'épaisseur et de 12 mètres de haut, construites en moellons soigneusement appareillés, et précédées d'un fossé. Elles sont renforcées de tours ; on en compte une tous les 40 mètres environ. La ville a 12 entrées principales, solidement fortifiées et fermées à clé la nuit. L'enceinte s'étend sur environ 16 kilomètres de tour (le boulevard périphérique qui ceinture aujourd'hui le Paris des 20 arrondissements a 48 kilomètres). Des chaînes tendues d'une rive à l'autre permettent en principe de barrer la Seine aux points où les murailles rejoignent le fleuve.

Il y a en fait, non pas une ville, mais trois : le Paris de la rive droite, le plus vaste, le plus peuplé, où se situe le centre de l'activité économique, et qui connaît la pression la plus forte de la croissance urbaine ;

8. Balzac, *Lettres*.

l'île de la Cité, berceau de la ville, centre de la vie religieuse et de l'activité judiciaire ; le Paris de la rive gauche, voué à l'Université, à l'agitation estudiantine et à l'activité intellectuelle.

La rive droite est la *Ville* par excellence. C'est la partie de Paris qui s'est le plus développée. S'étendant sur 2,5 kilomètres le long de la Seine (la voie express rive droite en compte 13 aujourd'hui) elle dessine un demi-cercle à peu près régulier. L'enceinte dite de Charles V, bâtie de 1356 à 1383, commence à l'est face à l'île Saint-Louis actuelle, et file vers le nord pour s'appuyer sur l'imposante forteresse de la Bastille en englobant l'Arsenal. Elle s'infléchit ensuite en arc de cercle selon un tracé qui correspond à la ligne des actuels grands boulevards : boulevards Beaumarchais, des Filles-du-Calvaire, du Temple, Saint-Martin, Saint-Denis. On rencontre ainsi successivement la porte Saint-Antoine, la porte du Temple, la porte Saint-Martin et la porte Saint-Denis. Puis, par la porte Montmartre et la porte Saint-Honoré, en se rabattant vers le sud-ouest et le sud, l'enceinte rejoint le Louvre à la hauteur des guichets actuels.

A peu près au centre de la ligne de rivage qui longe la Seine, deux grands bâtiments : le Châtelet et l'Hôtel de Ville. Le Châtelet est le siège de la police et de la justice municipales. Son ancienne fonction de citadelle a disparu, mais les bâtiments abritent des cachots qui ont beaucoup servi pendant les guerres de religion, et sont toujours utilisés pour renfermer les criminels les plus dangereux. Chacun possède un nom ; il y a les *Chaînes*, les *Boucheries*, la *Grièche*, la *Barbarie*, les *Oubliettes*, la *Chausse d'Hypocras* où les prisonniers ont les pieds dans l'eau et ne peuvent se tenir ni assis ni debout (on y devient en principe fou au bout de 15 jours), la *Fosse* dans laquelle on descend les détenus par une corde, et la *Fin d'aise* remplie d'ordures et de reptiles. Plus à l'est, l'Hôtel de Ville, superbe bâtiment de style gothique, dont la construction s'est achevée en 1605 seulement.

Devant l'édifice et jusqu'à la Seine, la Place de Grève (l'actuelle Place de l'Hôtel de Ville) descend en pente douce jusqu'au fleuve — les quais n'existent pas encore : la construction du premier, entre l'Arsenal et la Place de Grève, est entreprise en 1604 et s'achèvera un an après la mort d'Henri IV, en 1611. Sur cette place, entre les barques fort nombreuses que l'on tire sur le rivage, se tiennent tous ceux qui cherchent du travail : l'expression « faire la grève », quelque peu dévoyée de son sens initial, est née de cette tradition. La Place de Grève a aussi des usages moins pacifiques ; c'est le lieu privilégié des exécutions publiques, qui attirent toujours beaucoup de monde.

Le Châtelet et l'Hôtel de Ville sont longés au nord par une grande artère est-ouest qui va de la Bastille à la porte Saint-Honoré. Elle comporte d'abord la rue Saint-Antoine, puis se prolonge dans la rue des

Balais, la rue du Roi-de-Sicile, la rue de la Verrerie, la rue des Lombards, la rue de la Ferronnerie (où a lieu l'assassinat d'Henri IV), la rue Croix-du-Trahoir puis la rue Saint-Honoré. La plupart de ces rues existent toujours, mais la grande circulation les a délaissées depuis l'ouverture de deux nouvelles voies est-ouest, la rue de Rivoli au XIXe siècle, la voie express rive droite dans les années 1970. Ce grand axe forme la croisée de Paris, avec deux autres artères qui le coupent perpendiculairement dans le sens nord-sud : la rue Saint-Martin, qui débouche au Pont-Notre-Dame, et la rue Saint-Denis qui arrive au Pont-au-Change.

Depuis 1135, sous le règne de Louis VI le Gros, le centre nerveux des approvisionnements de Paris est établi au lieu-dit « Les Champeaux » – que l'on n'appelle plus que « Les Halles » à l'époque d'Henri IV. A côté de l'église Saint-Eustache, tout un quartier se développe autour d'une place triangulaire ouverte à l'arrière de la pointe Saint-Eustache. Les rues évoquent les noms des commerces qu'elles abritent : rues de la Toilerie, de la Cordonnerie, de la Friperie, de la Poterie. Le pilori des Halles où l'on expose les fraudeurs et les banqueroutiers rappelle a contrario aux commerçants les mérites d'un honnête exercice de leur activité.

Non loin de là, l'immense Cimetière des Innocents, dont la surcharge commence à poser un sérieux problème de salubrité.

La *Cité*, cœur historique de la monarchie, abrite toujours l'ancien Palais des Rois de France devenu le Palais de Justice, et la cathédrale Notre-Dame où se concentre la ferveur religieuse de la Ville.

Le Palais a la forme d'un quadrilatère qui s'étend d'une rive à l'autre de l'île de la Cité. Sur la rive nord, il présente un aspect qui nous est familier avec la tour carrée de l'Horloge et les deux tours rondes de la Conciergerie. Vers l'est, le Palais comporte une rangée de maisons et de boutiques dans laquelle sont ménagées deux portes flanquées de tours ; c'est par elles qu'on accède à la cour carrée où s'élève la Sainte-Chapelle construite par Saint Louis. Au sud, le Palais se prolonge par un bâtiment assez banal qui abrite la Cour des Comptes. Il a disparu au XVIIIe siècle.

Le Parlement occupe le dernier côté du quadrilatère, vers l'ouest, c'est-à-dire vers la Place Dauphine, ainsi qu'une partie des locaux adossés à la Conciergerie qui sont la partie la plus ancienne du Palais. C'est là que se trouve la grande salle gothique du Palais, considérée comme l'une des merveilles de l'Europe par ses dimensions ; au milieu se dressait la fameuse Table de Marbre, symbole de la suzeraineté du Roi de France sur toute la pyramide des vassaux qui composent son royaume. En bordure de la salle s'ouvrent les pittoresques boutiques qui constituent la « galerie du Palais » – Corneille donnera son nom à l'une de ses pièces. Elle accueille essentiellement des orfèvres, des vendeurs d'articles de luxe (lingerie fine, rubans, dentelles, éventails) et les professions du livre ; les libraires se regroupent là ainsi que les vendeurs d'estampes. Tout en faisant emplette d'élégances, on trouve dans la galerie les dernières nouvelles du jour, le *Mercure Français*, les libelles, les pamphlets, les lettres ouvertes, les ouvrages de controverse. Nobles seigneurs et nobles dames discutent ici sur le ton d'une conversation de bon aloi des événements et des sujets qui agitent la ville. C'est dans la galerie du Palais que se forme l'opinion de la partie la plus éclairée de la Cour et de la Ville.

De vieilles maisons, là où s'élève depuis Haussmann la Préfecture de Police, séparent le Palais de Notre-Dame. Le parvis actuel n'existe pas ; le long de la façade, une place étroite borde un lacis de ruelles autour desquelles, sur des soubassements gallo-romains (la construction du parking sous le parvis a donné l'occasion de les retrouver et permis d'en assurer remarquablement la mise en valeur), se pressent des rôtisseries, des boutiques de changeurs, des commerces de volailles, de papier, de parchemin, etc.

Le reste de l'espace est occupé par l'antique Hôtel-Dieu où les malades sont entassés à quatre, voire six par lit. On y meurt en masse et les épidémies ont souvent là leur foyer d'origine.

L'île de la Cité est reliée à la rive gauche par le Pont Saint-Michel et le Petit-Pont, à la rive droite par le Pont-au-Change et le Pont Notre-Dame. Les 68 maisons construites sur le Pont Notre-Dame selon un plan uniforme ont le privilège depuis 1507 de porter des numéros : c'est la première expérience de numérotage des maisons de Paris.

Trois îles s'égrènent derrière l'île de la Cité en allant vers l'est : l'île Notre-Dame, l'île Louviers et l'île aux Vaches. Elles ne comportent que des terrains vagues où sont installées des guinguettes ; on s'y rend le dimanche en empruntant les fragiles passerelles qui les relient aux deux rives. A partir de 1614 va naître l'île Saint-Louis, par la réunion en une seule de l'île aux Vaches et de l'île Notre-Dame, la réalisation du Pont-Marie (du nom de l'entrepreneur à qui elle est confiée) et du Pont de la Tournelle, et la construction de beaux quais de pierres. L'île Louviers sera en partie rattachée à la rive droite, en partie détruite pour élargir le chenal navigable.

La rive gauche est par excellence le quartier de l'*Université.* D'une superficie beaucoup plus réduite que la rive droite, elle est protégée par l'enceinte de Philippe Auguste, remaniée et renforcée sous le règne de Charles V. A l'est, l'enceinte part du Pont de la Tournelle et décrit, jusqu'à la Tour de Nesle, face au Louvre, un demi-cercle à peu près parfait ; sept portes s'ouvrent dans la muraille : de l'est à l'ouest, ce sont les portes Saint-Bernard, Saint-Victor, Saint-Marcel, Saint-Jacques, Saint-Michel, Saint-Germain et de Buci. Une seule grande artère draine le quartier : la rue Saint-Jacques, prolongement sur la rive gauche de la branche nord-sud de la croisée de Paris ; partant du Petit-Pont, elle emprunte une ancienne voie romaine reconnaissable à son tracé rectiligne, qui escalade la Montagne Sainte-Geneviève et, de là, s'élance en direction d'Orléans.

Les collèges occupent une grande partie de la superficie du quartier : ils accueillent des étudiants, boursiers en général, et offrent aux maîtres les plus illustres de l'époque des salles où ils viennent donner leurs leçons publiques. Bien que le prestige de l'Université de Paris ait beaucoup décliné depuis la Ligue en raison des palinodies de la Sorbonne pendant la période des troubles, ils conservent une réputation certaine : les collèges d'Harcourt, du Cardinal-Lemoine, de Navarre, de Beauvais, de Bourgogne, de Sainte-Barbe, des Écossais ou de Cluny, parmi tant d'autres, continuent d'attirer les écoliers les plus doués et les plus ambitieux de Paris et de province.

D'immenses espaces prolongent le quartier universitaire au-delà des murailles. Les faubourgs s'étendent, tentaculaires, le long des routes principales. Au faubourg Saint-Marcel se sont installées des toileries et des peausseries, attirées par les eaux claires et rapides de la Bièvre. Le faubourg Saint-Germain dispose encore de vastes espaces peu bâtis, entre les enclos de nombreux monastères. Sitôt passée la Tour de Nesle, le Pré-aux-Clercs accueille les promeneurs avec ses vastes pelouses réservées aux jeux, aux amusements et aux réunions publiques, un peu comme le sont actuellement la pelouse de Reuilly dans le bois de Vincennes et le parc de La Courneuve au nord de Paris. En avant de l'île de la Cité, en direction de l'ouest, une longue île étroite, reliée à la rive gauche par un pont de bois, abrite les ébats des écoliers ; elle répond au nom évocateur d'île Maquerelle ; c'est aujourd'hui l'île aux Cygnes.

Sur la rive droite aussi l'extension des faubourgs témoigne de la croissance urbaine de la capitale. Entre le Louvre et les Champs-Élysées actuels, un quartier nouveau sort de terre. La construction du Palais des Tuileries, à l'initiative de Catherine de Médicis, a donné l'impulsion à un développement si rapide que, dès 1633, Louis XIII fera enclore ces espaces récemment bâtis dans l'enceinte nouvelle dite des « Fossés Jaunes » depuis le Pont de la Concorde actuel jusqu'à la porte Saint-Denis. En 1610, la physionomie d'ensemble du quartier est encore agreste, et les jardins des Tuileries, que prolonge le Cours-la-Reine planté par Catherine de Médicis, restent un lieu de promenade ; mais leur caractère campagnard s'estompe ; on vient moins souvent y chasser les corbeaux à l'arbalète, et davantage assister à des concerts de musique italienne.

Le Paris d'Henri IV est encore une ville médiévale avec son extraordinaire fouillis de maisons qui s'entassent et s'agglutinent, et d'où émergent seulement les clochers des nombreuses églises et les tours des ouvrages fortifiés. Tout l'espace utilisable est bâti. Beaucoup de rues

Paris au XVIIe siècle

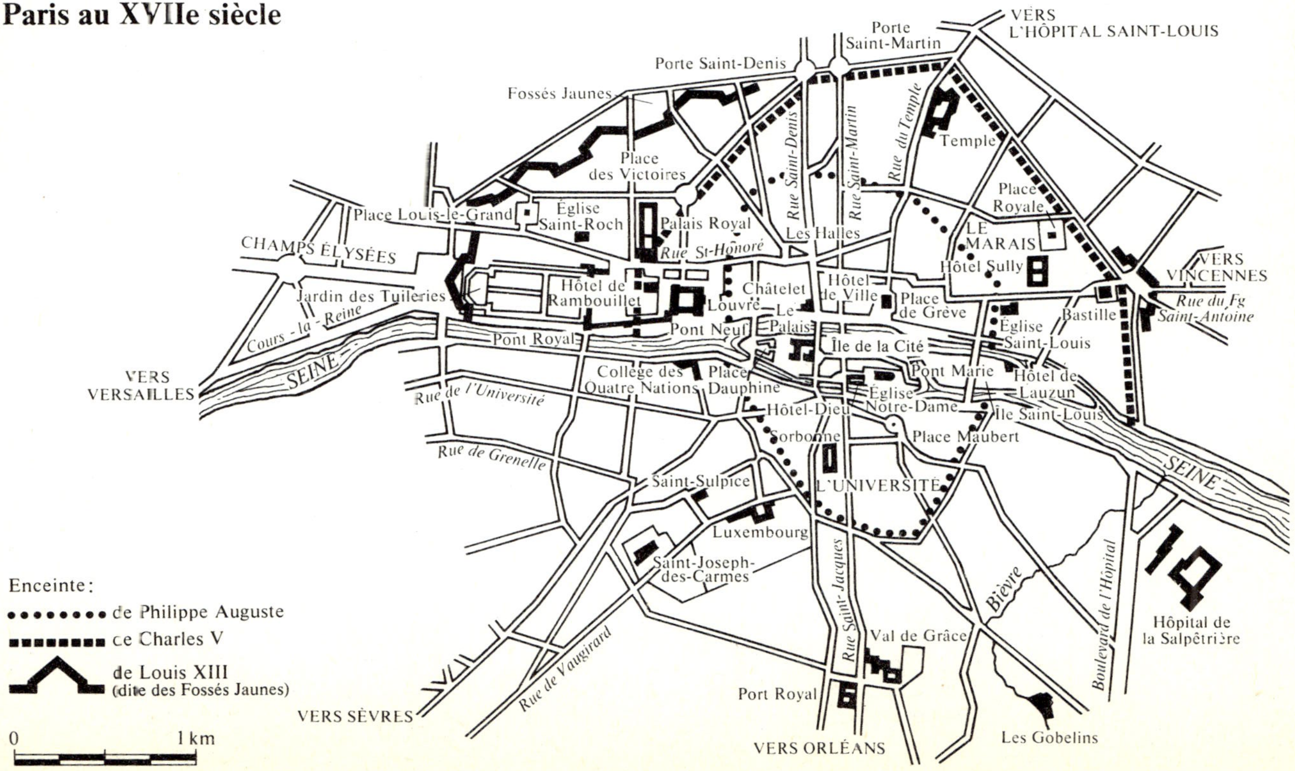

n'ont pas plus de 6 pieds de large – 2 mètres ! Deux carrosses ne peuvent s'y croiser. La circulation est une gageure, dans l'enchevêtrement des cavaliers, des porteurs d'eau, des colporteurs chargés de hottes et de paniers, des matériaux de construction. Se déplacer est une expédition. Pas de trottoirs ; la rue est parcourue en son milieu par un ruisseau qui charrie les immondices, les déchets et le contenu des latrines – véritable égout à ciel ouvert. Comment éviter d'être éclaboussé par les cavaliers et les voitures ? Tenir « le haut du pavé », c'est-à-dire la partie de la chaussée la plus relevée, le long des maisons, est une nécessité avant d'être un signe de considération et la marque d'un statut social éminent.

Le ramassage des ordures est organisé et codifié ; les riverains doivent rassembler leurs déchets pour permettre aux tombereaux municipaux de les enlever plus commodément. Mais l'encombrement des rues complique la tâche des éboueurs, qui reste souvent problématique. Dès que la chaleur s'en mêle, de terribles épidémies se répandent par la ville et font des hécatombes dans la population.

Paris est également à la merci des incendies. Le manque d'eau limite les possibilités d'intervention des pompiers. Quand le feu se déclare, on peut tout au plus s'efforcer de le circonscrire dans l'îlot où il est né ; il a tôt fait de dévorer des constructions qui laissent encore une large part au bois.

La construction en pierre, cependant, se répand, et les maisons en torchis se font plus rares. Les immeubles ont meilleur aspect qu'autrefois. Les façades sont plus pimpantes, les fenêtres munies de vitres, et les Parisiens y mettent volontiers des fleurs ; ils ont, paraît-il, une préférence pour les œillets, le romarin et la marjolaine : ces plantes parfumées les aident à combattre la puanteur de l'air.

La nécessité d'accueillir pendant les troubles une population plus nombreuse, sur un espace resserré, a favorisé la construction en hauteur. Les maisons de 4 étages ne sont plus rares. On a par ailleurs multiplié les encorbellements, qui permettent de gagner quelques pieds de plancher aux dépens de la rue. Ils ont l'avantage d'abriter le passant de la pluie, mais dérobent l'air et la lumière à des rues sombres et encaissées. En 1607, Henri IV les fait interdire.

D'innombrables enseignes contribuent à l'encombrement des rues. En bois ou en métal, suspendues à l'extrémité d'une potence perpendiculaire à la façade, elles sont, dès que souffle le vent, aussi bruyantes que dangereuses. L'opinion se divise à leur sujet ; on est farouchement pour ou contre les enseignes ; un septain du XVe siècle évoque ces controverses :

Ne faudrait voir que tu te plaignes
De tous ces grincements d'enseignes
Dessus ta tête au vent branlant

Toujours, en tous temps, à toute heure,
Ne les maudis point trop pourtant
Tu sais par elles, dans l'instant,
Où la boisson est la meilleure[9].

Pas d'éclairage public. Des ordonnances successives font obligation aux riverains de maintenir une chandelle éclairée à l'une des fenêtres du premier étage de chaque maison entre neuf heures du soir et minuit. La répétition même de ces ordonnances montre qu'elles ne sont guère suivies d'effet. Les patrouilles des archers ne peuvent être partout à la fois. La nuit appartient aux rôdeurs et aux malandrins.

Après la fin des guerres civiles, la population est redescendue aux alentours de 250 000 habitants. Ce chiffre place Paris en tête des villes de l'Europe chrétienne et en fait, de très loin, le premier centre urbain du royaume. Aux phénomènes traditionnels qui expliquent la croissance de la capitale de la France s'ajoutent des facteurs nouveaux propres à accélérer cette croissance et à creuser dans l'avenir le fossé entre Paris et les autres villes de province.

En 1610, Paris n'a éclipsé ni Lyon, ni Bordeaux, ni Toulouse, ni Marseille, ni Nantes. Chacune de ces villes a, comme Paris, une activité commerciale intense. Les distances préservent nécessairement le maintien d'un degré élevé d'autonomie aussi bien en matière administrative, voire politique, que dans le domaine économique. Paris est certes un marché de consommation plus important par sa masse, et possède une Université prestigieuse et importante, mais, jusqu'au début du XVIIe siècle, rien de tout cela n'apparaît de nature à hâter vraiment le processus moderne de concentration urbaine en faveur de la capitale. Le règne d'Henri IV marque l'apparition d'un phénomène nouveau, de très grande portée : la Cour et le gouvernement royal se fixent à Paris.

Les quelques milliers de personnes qui constituent la Cour et gravitent autour d'elle, avec leurs familles, leurs clients, leurs domestiques, représentent beaucoup de monde. Elles consomment, elles achètent, il leur faut des habits, des bijoux, des armes de luxe, des carrosses, de beaux logis, une alimentation raffinée. Les pensions distribuées pendant la dernière année du règne d'Henri IV représentent 3 millions de livres ; c'est beaucoup d'argent, dont les marchands et les artisans parisiens reçoivent en définitive la plus large part. La capitale attire les ouvriers les plus capables.

Les opérations d'urbanisme qui « fixent » la grande noblesse et l'élite de la bourgeoisie parisienne, les travaux entrepris par Henri IV au Louvre et aux Tuileries, qui sédentarisent la monarchie encore un peu

9. Cité par Jacques Hillairet, *Dictionnaire historique des rues de Paris*, Paris, Les Éditions de Minuit, 1964 (2e édition), T. I, p. 32.

plus et créent au Louvre un puissant foyer d'activité artistique, vont dans le même sens et contribuent à doter Paris des principaux équipements urbains nécessaires à l'exercice de ses fonctions de capitale ; ils favorisent aussi la centralisation et jettent les bases de la future hypertrophie parisienne.

Le premier urbaniste de Paris.

Dans ce Paris médiéval, la partie « utile » du règne d'Henri IV, entre 1598 à 1610, marque, malgré sa brièveté, le point de départ de l'évolution du Paris moderne. Le Bon Roi est incontestablement, au regard de l'histoire, le premier urbaniste de Paris.

Le Pont-Neuf constitue, pour les contemporains d'Henri IV, la réalisation la plus spectaculaire du règne. Les travaux, à la vérité, ont débuté en 1578 sous le règne précédent, mais les guerres civiles les ont interrompus et quand Henri IV décide d'achever la construction de l'ouvrage, les piles ne s'élèvent encore que de deux mètres au-dessus des fondations. Deux arches sont terminées mais l'abandon du chantier en fait ébouler les pierres. Une technique originale a été utilisée pour réaliser les piles : on a entouré l'emplacement prévu pour chacune d'elles d'une sorte de muraille étanche en planches, que l'on appelle un batardeau, et qui permet aux ouvriers de travailler au sec. Les guerres ont arrêté le chantier, mais les batardeaux ont résisté aux injures du temps, aux inondations et aux sièges. La reprise des travaux est décidée en 1599 et le chantier redémarre en 1601. Le 20 juin 1603, Henri IV inaugure le pont. Sa blancheur étincelante, les dimensions de ses arches (12,48 mètres de diamètre), l'ampleur de l'ouvrage qui enjambe les deux bras de la Seine en prenant appui sur la pointe de l'île de la Cité, son tablier entièrement dégagé – c'est le premier pont qui ne porte pas de maisons – frappent les imaginations.

Le Pont-Neuf devient l'une des artères les plus fréquentées de Paris. Un proverbe dit qu'il n'est pas possible de le traverser sans rencontrer trois choses : un moine, une fille, un cheval blanc. Le pont regorge en tout cas de charlatans et de vendeurs en plein vent ; on y rencontre des montreurs d'ours, des baladins, des diseurs de bonne aventure, des marchands de plantes médicinales, des tireuses de cartes ; les éventaires d'orfèvres voisinent avec ceux des tondeurs de chiens, des arracheurs de dents et des crieurs de libelles. Badauds et passants font le bonheur des filous. On applaudit Tabarin et Gautier-Garguille. La farce triomphe et les auteurs comiques viennent mettre à l'épreuve du public leurs idées de gags. C'est aussi le paradis des chansonniers, pas toujours indulgents à l'égard du pouvoir, et brocardant les puissants du jour. Pendant deux siècles, le Pont-Neuf va être l'un des creusets de l'opinion populaire de la capitale.

A l'image de toutes les rues de Paris, la chaussée du Pont est d'une saleté repoussante ; un rimeur de l'époque prétend qu'elle compte « plus d'étrons que de pavés », et l'ordure s'entasse jusque sur le socle où doit s'élever la statue équestre d'Henri IV (commandée en 1604, à l'initiative de Marie de Médicis, au célèbre sculpteur italien Jean de Bologne, elle sera installée en grande pompe en 1614).

La construction du Pont-Neuf donne lieu à une vaste opération de remodelage du quartier avoisinant qui se situe dans la pointe de l'île de la Cité, entre le pont et la façade arrière du Palais de Justice. Il y avait là des terrains appartenant au domaine royal qui, boueux et mal drainés (les quais n'existaient pas), étaient seulement couverts de constructions précaires occupées par une population misérable. La réalisation du pont valorise ces terrains, de même qu'elle valorise les terrains situés au voisinage du pont sur chaque rive. En mars 1607, Henri IV apprend que des constructions s'édifient au débouché du Pont-Neuf sur la rive gauche, entre la tête du pont et la porte de Buci. Il donne aussitôt instruction à Sully de les soumettre à un plan d'ensemble. C'est l'origine de la rue Dauphine. Henri IV a alors l'idée d'étendre cette contrainte d'urbanisme aux terrains qui appartiennent à la couronne dans la pointe de l'île de la Cité.

La décision est très vite prise. Le 6 avril 1607, le Roi fait enregistrer au Parlement le permis de construire d'une place, la Place Dauphine, de forme triangulaire et bordée de maisons construites selon un plan uniforme. En hommage au Parlement, son premier Président, Achille de Harlay, se voit concéder le droit de construire sur un terrain d'environ 3 120 toises carrées (soit quelque 12 000 mètres carrés) un ensemble harmonieux dont l'axe s'ouvre sur la statue équestre du Roi. Les maisons, hautes de 4 étages et coiffées de toits « à la française » recouverts d'ardoises gris-bleu d'Anjou, sont construites en briques avec des chaînages de pierres assemblées en biseau. Habiter Place Dauphine est de bon ton, notamment dans la magistrature parisienne, qui apprécie de pouvoir ainsi allier le prestige du cadre à la commodité d'une localisation si proche à la fois du Palais de Justice et du Louvre.

L'aménagement de la place entraîne d'autres travaux ; à partir de 1603, le Roi fait entreprendre la construction du Quai des Orfèves et du Quai de l'Horloge, qui assainissent le sol et mettent le quartier à l'abri des inondations de la Seine.

Une autre grande opération d'urbanisme donne naissance à la Place Royale, construite sur des terrains dépendant de l'Hôtel des Tournelles, ancien séjour des Rois de France situé sur la rive droite, que Catherine de Médicis avait abandonné : elle avait pris ce séjour en horreur car, après le tournoi qui s'était déroulé en 1559 rue Saint-Antoine et au cours duquel Henri II avait été blessé, le Roi était venu agoniser là. En 1604, Henri IV fait don des terrains qui bordent au nord la future place à une association de cinq manufacturiers, tisseurs d'or et de soie, Messieurs Sainctot, Moisset, Lumagne, Camus et Parfaict, pour leur permettre d'y construire des ateliers de tissage ainsi que des logements attenants pour leurs ouvriers. Ainsi s'élève un vaste bâtiment, que le Roi admire fort quand il vient le visiter peu de temps après son achèvement. Cela lui donne l'idée de lancer d'autres constructions en continuité avec cet édifice, et de réaliser une place publique qu'il décide de nommer la Place Royale.

Trois bandes de terrain sont ainsi délimitées tout autour d'un espace carré de 72 toises (144 mètres) de côté, et proposées « à cens et à rentes » (c'est-à-dire en location perpétuelle) à des candidats à la construction acceptant d'y édifier à leurs frais des pavillons qui respectent un cahier des charges rigoureux, sans doute élaboré par l'architecte Louis Métezeau. La construction est uniformément prévue en briques avec chaînages de pierre ; les maisons comporteront 4 étages surmontés de hautes toitures d'ardoises ; un pavillon comprend au rez-de-chaussée 4 arcades larges de 8 pieds et demi chacune et hautes de 12, et 4 fenêtres qui leur correspondent à chaque étage. Pour lancer le mouvement, Henri IV fait bâtir à ses frais le pavillon du Roi et le pavillon de la Reine, et tout un côté de la place dont les 9 pavillons sont revendus à des familles de la noblesse et de la magistrature. Le programme comporte la réalisation de 37 pavillons au total.

Comme les clients ne se bousculaient pas au démarrage de l'opération, Henri IV finit par imposer plus ou moins à ses familiers l'achat d'un lot ; le Président Jeannin, Sully, Isaac Arnauld, Intendant des Finances, figurent parmi les premiers attributaires. Mais le mouvement une fois lancé, il ne sera plus besoin de pressions pour inciter les acquéreurs à se manifester, et la Place Royale, dont la construction s'achève dès 1612, sera sous Louis XIII l'un des quartiers les plus chics de la capitale. Entre-temps, d'ailleurs, les cinq manufacturiers propriétaires du bâtiment situé sur la bordure nord de la place se dirent qu'il y avait sans doute mieux à faire de leur terrain que de l'utiliser pour des ateliers et des logements d'ouvriers. Prétextant de mauvaises affaires, ils obtiennent l'autorisation de démolir l'édifice existant et de le remplacer par d'élégants hôtels construits sur le modèle imposé pour les trois autres côtés de la Place Royale. Celle-ci prenait sa physionomie définitive, que venait compléter, en 1639, l'érection d'une statue équestre de Louis XIII[10].

En interdisant la revente par étages des pavillons bâtis autour de la place, Henri IV garantissait le maintien de son caractère aristocratique.

10. Fondue à la Révolution, elle a été remplacée en 1818 par la statue actuelle.

Par attraction, tout le quartier avoisinant du Marais se couvre de beaux hôtels construits par les plus grands noms de la noblesse et de la bourgeoisie parlementaire. Il faudra la Révolution, qui chasse les anciens occupants de la Place Royale et donne à celle-ci son nom actuel de Place des Vosges [11], pour modifier la composition sociologique de la population. Il est à cet égard piquant de songer que la place avait commencé par accueillir les HLM de l'époque.

En 1610, quelques semaines avant d'être assassiné, Henri IV avait donné son accord à la réalisation d'un troisième ensemble monumental, la Place de France. Vaste place de forme semi-circulaire, adossée au mur d'enceinte du boulevard du Temple, elle devait être desservie par huit avenues rayonnantes portant les noms des principales provinces du pays. Les troubles de la régence et des premières années du règne personnel de Louis XIII ne devaient pas se révéler favorables au développement envisagé et c'est seulement en 1626 que débute, avec l'autorisation de lotir donnée à l'entrepreneur Charlot, la réalisation de ce quartier neuf desservi par les actuelles rues Charlot (ex-rue d'Anjou), de Poitou, de Saintonge, de Bretagne, de Picardie, du Forez, du Perche, de Beauce et de Normandie.

Rentré à Paris en mars 1594, Henri IV, dès le mois de septembre, fait entreprendre au Louvre et aux Tuileries des travaux qui ne s'achèveront qu'à la veille de sa mort.

Après avoir abandonné l'Hôtel des Tournelles, Catherine de Médicis s'était installée au Louvre, mais souhaitant avoir une résidence bien à elle, elle avait entrepris la construction du Palais des Tuileries, au-delà de l'enceinte, à 500 mètres environ à l'ouest du Louvre. Le chantier était arrêté depuis sa mort en 1589. Catherine de Médicis avait prévu de relier le Louvre aux Tuileries par un passage couvert le long de la Seine permettant de franchir la distance discrètement et à l'abri des intempéries. Une partie de cette « galerie du bord de l'eau » avait été réalisée, ainsi que la petite galerie perpendiculaire à la Seine qui la reliait au vieux Louvre.

Henri IV commence par surélever les bâtiments entrepris par Catherine, qui comprennent désormais 4 niveaux : un rez-de-chaussée voûté, un entresol et deux niveaux d'étages. Il prolonge ensuite la galerie du bord de l'eau jusqu'au Palais des Tuileries qu'il complète par le Pavillon de Flore. Ainsi se trouve réalisé un ensemble d'environ 600 mètres, dont quelque 500 mètres en ligne droite. La galerie la plus longue et la plus spectaculaire d'Europe est inaugurée le 1er janvier 1608. Henri IV en fait peu après les honneurs à l'ambassadeur d'Espagne ; ayant appris

11. En 1800, pour honorer le département qui a, le premier, acquitté ses impôts.

qu'à Madrid on spécule beaucoup sur son état de santé et sur la goutte qui, dit-on, le handicape fortement, il retient l'ambassadeur pendant cinq heures d'affilée, allant et venant dans la galerie tout en discourant des affaires de la France et de l'Europe, jusqu'à ce que l'Espagnol épuisé supplie le Roi de mettre fin à cette audience-marathon.

La petite galerie, alors appelée galerie des Rois (elle ne prendra qu'à la fin du XVIIe siècle son nom actuel de galerie d'Apollon) permet de mieux aménager les appartements de la Reine et, par contrecoup, libère dans le vieux Louvre des locaux que l'on affecte à l'activité gouvernementale. Dans la grande galerie, le rez-de-chaussée accueille des hommes d'armes, donnant ainsi le moyen de renforcer en cas de besoin le dispositif de défense du Palais. Les préoccupations de sécurité ne sont du reste pas absentes de la construction de la galerie elle-même, et certains contemporains insinuent qu'elle n'a pas d'autre objet que de permettre au Roi de filer commodément de la capitale en cas d'émeute ou de soulèvement dans les rues de Paris.

La galerie a cependant aussi des utilisations plus pacifiques. A l'entresol et au premier étage en effet, Henri IV installe des artisans et des artistes, auxquels il offre ainsi un atelier, un logement, et le voisinage quotidien de la clientèle la plus choisie qui puisse se trouver à Paris. Les artisans parisiens, comme on pouvait s'en douter, s'irritent d'une situation qui les prive, disent-ils, d'une partie des commandes royales, mais ils ne parviennent pas à détourner Henri IV de la réalisation de son projet. Bien plus, le Roi décide en 1609 que les apprentis qui auront travaillé cinq ans dans la galerie du Louvre recevront automatiquement, passé ce délai, des lettres de maîtrise leur permettant de s'établir n'importe où dans le royaume pour y exercer leur métier.

Le dernier étage de la galerie reste libre. Henri IV l'utilise pour se dégourdir les jambes tout en parlant, selon son habitude. Il y fait accrocher des œuvres d'art, les meilleures productions des artistes qui logent aux étages inférieurs, ainsi que les tableaux, statues, tapisseries, commandés à l'extérieur et que le Roi propose ainsi à l'admiration de la Cour et de ses visiteurs. Inutile de souligner l'importance de la grande galerie pour la formation du goût. Notons simplement qu'elle contribuait également par là à renforcer la prééminence de Paris et à consolider l'alliance entre la capitale et les progrès de l'institution royale.

*

Le règne d'Henri IV a vu le développement d'un grand nombre d'actions et d'efforts pendant les quelque douze années de son règne qui vont de 1598, année du Traité de Vervins et de l'Édit de Nantes, à 1610, date de sa mort.

Le Louvre et les Tuileries sous Henri IV

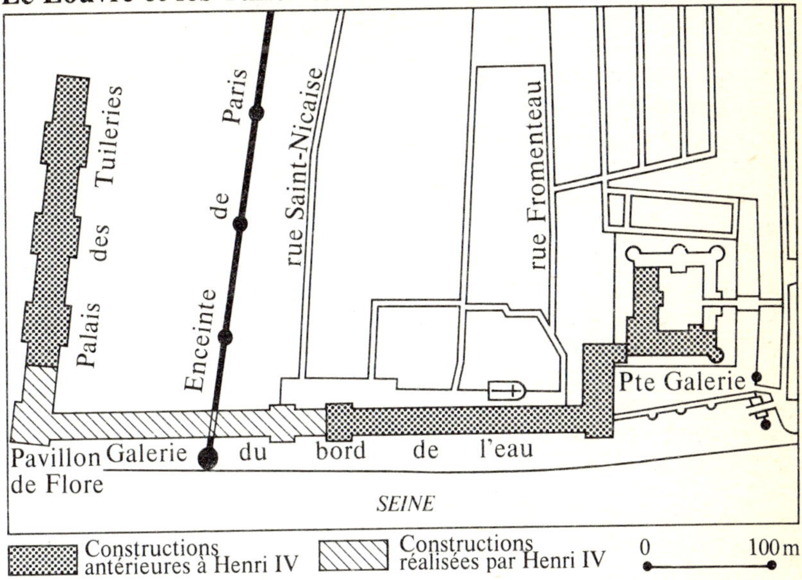

Le Vieux Louvre

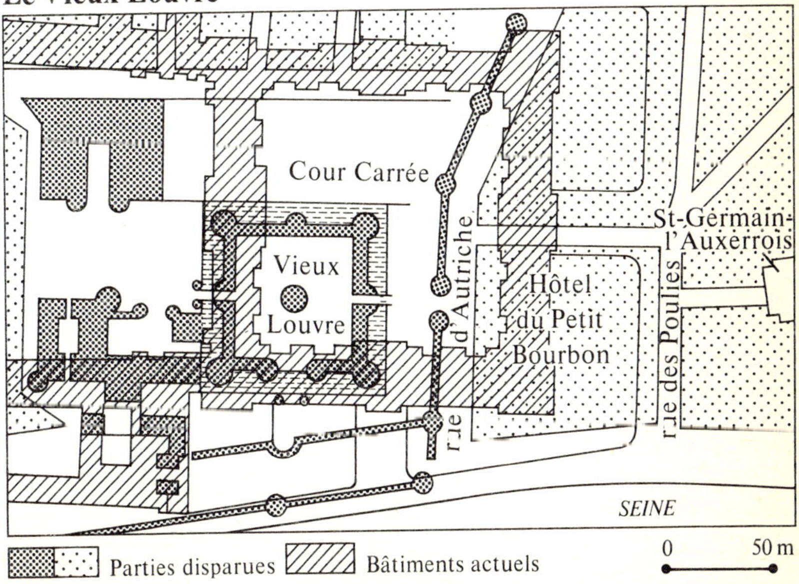

C'est bien peu, douze ans. Et pourtant, que de choses accomplies !

Henri IV a laissé le royaume plus vaste qu'il n'était à son avènement et surtout, incomparablement plus fort ; d'un pays meurtri et divisé, il a fait une puissance honorable avec laquelle les « superpuissances » du temps que sont les Habsbourg de Madrid et de Vienne doivent apprendre à compter.

Il a jeté les bases d'une économie plus solide, fondée sur une agriculture modernisée, sur le développement du commerce intérieur et extérieur, et sur une politique d'encouragement à la création de manufactures.

La société française sous son règne voit s'affirmer les caractères qui seront les siens pendant plusieurs générations : déclin de la noblesse, ascension de la bourgeoisie, du petit peuple des villes et des artisans, consolidation de la propriété paysanne.

Le sentiment d'appartenance à une communauté nationale s'est incomparablement renforcé. L'identité française a progressé, et la notion de patrie fait son chemin dans les consciences.

La France qui sort du règne d'Henri IV, c'est la France de l'Ancien Régime, la France des XVIIe et XVIIIe siècles, de ces deux cents ans qui ont précédé la Révolution et préfigurent, à bien des égards, la France actuelle. Par la rupture avec le Moyen Age et la consolidation des acquis les plus prometteurs de la Renaissance, ce règne marque l'entrée du pays dans l'âge moderne.

Et Marie de Médicis dans cette évolution ? Avant de se trouver investie, durant sept années, de la responsabilité suprême, Marie participe aux côtés d'Henri IV aux transformations de la France. Elle donne un appui sans défaillance à tous ceux qui œuvrent pour le réveil du catholicisme ; la France des saints lui doit beaucoup à cet égard. Elle apporte à Henri IV la caution des Jésuites et du Saint-Siège ; à sa demande, le Pape accepte d'être le parrain du Dauphin. Cette contribution est loin d'être inutile pour aider le royaume à se réinsérer dans le concert des nations après les déchirements des guerres de religion. En ouvrant la France, par ailleurs, aux influences italo-espagnoles dans le domaine culturel, elle participe à la maturation qui va donner lieu, deux générations plus tard, à l'éclosion de l'idéal de l'honnête homme et à l'épanouissement de la civilisation classique.

CHAPITRE VIII

« Le Bon Gouvernement de la Régence » *(1610-1614)*

C'est le titre de l'un des tableaux de l' « Histoire de la vie de Marie de Médicis » peinte, de 1622 à 1625, par Rubens. La réputation que l'on a faite à Marie de Médicis est tellement détestable que ce titre prend aujourd'hui valeur de dérision.

En effet, les historiens se sont apparemment donné le mot pour rivaliser dans la sévérité et la dureté. Saint-Simon stigmatise « la terrible humeur de la Reine », l'audace des « âmes viles et mercenaires qui la gouvernaient » et mettront son autorité à profit pour s'enrichir et confisquer le pouvoir[1]. Berthold Zeller de son côté, écrit : « Marie de Médicis sembla toujours préoccupée de modeler sa régence sur celle de Catherine; elle ne réussit qu'à en faire le plus souvent une misérable parodie![2] » Fichtre : quand on pense aux guerres de religion qui ont marqué la régence de Catherine de Médicis! D'ailleurs, ce n'est pas à la régence de Catherine que Marie de Médicis aimait faire référence, mais à celle de Blanche de Castille.

Quand Marie de Médicis devient Régente, elle trouve en face d'elle deux puissants clans : celui des Guise et celui des Bourbon, autour desquels gravitent quelques nébuleuses de moindre importance, comme les Montmorency et la famille d'Épernon. Ces clans ont été assez forts pour contribuer à faire naître et entretenir plus de trente ans de guerres de religion et de guerres civiles. Henri IV ne les a ni amoindris, ni détruits. Ils ont des droits, des fidèles, des ressources, un prestige considérable, et s'appuient sur l'héritage légué par mille ans de tradition féodale. Et l'on voudrait que Marie, une femme, étrangère de surcroît, dans

1. Saint-Simon, *Parallèle des trois premiers Rois Bourbons,* Éd. M. P. Faugère, Paris, Hachette, 1880, p. 7.

2. Berthold Zeller, *La minorité de Louis XIII. Marie de Médicis et Sully (1610-1612),* Paris, Hachette, 1892, Introduction, p. XI.

un monde à la fois misogyne et un tantinet xénophobe, puisse d'un revers de main en faire table rase ? Que la paix civile ait en gros survécu, c'est déjà un beau résultat.

Sur le plan religieux, la France est un pays désuni. L'Édit de Nantes est un compromis, critiqué aussi bien par les protestants que par les catholiques. Chaque camp, en fait, aspire à reconstituer à son profit l'unité du monde chrétien. Face aux catholiques animés de l'esprit de la Contre-Réforme, les protestants, sur la défensive, observent avec une vigilance exacerbée tout ce qui pourrait constituer une atteinte à leur position de minorité protégée. Aucun pays, à cette époque, ne connaît pareille situation avec la coexistence, sur le même territoire, dans les mêmes provinces, dans les mêmes villes, de deux religions différentes, également reconnues, également pratiquées. Que la paix religieuse ait subsisté, c'est, là aussi, un beau résultat.

Évidemment, il y a le revers de la médaille, avec la ruine des finances publiques et le règne des favoris. Mais, ici encore, il faut examiner d'un peu plus près les griefs adressés à Marie de Médicis.

Dans les dépenses du gouvernement de la Reine, il faudrait distinguer d'abord les libéralités consenties aux princes pour acheter leur tranquillité, et les sommes affectées au paiement des troupes constituées pour assurer leur obéissance ; ce sont des dépenses normales, inévitables, même si on peut les estimer parfois excessives : en constatant plus d'une fois l'heureux effet des accès de fermeté de Marie de Médicis (et il y en a eu souvent) on se prend à regretter que l'exercice de l'autorité par le gouvernement de la Reine-Mère n'ait pas été plus constant, plus soutenu.

D'autres largesses sont moins justifiables : ce sont celles qui ont été dispensées aux favoris, Léonora et Concino Concini. Il est vrai que Concini a cherché à servir fidèlement la Reine et qu'en diverses circonstances son habileté comme négociateur n'a pas été inutile. Mais n'était-ce pas cher payé, et les mouvements de colère et de révolte provoqués par la fortune insolente du favori ne condamnent-ils pas le comportement de la Reine ? Nous croyons, là encore, qu'il faut savoir faire preuve, plus que d'indulgence, d'un certain sens de la réalité historique ; à l'exception d'Henri IV (et encore, Sully n'a-t-il pas tenu en partie ce rôle ?) chaque prince, chaque grand seigneur du temps, a son favori ; si les Concini n'avaient pas existé, la faveur de la Reine aurait distingué Villeroy, les Guise, peut-être Condé. Auraient-ils coûté moins cher au pays ? Cela reste à prouver.

C'est donc avec un regard impartial qu'il convient d'aborder l'histoire du « règne » de Marie de Médicis qui, sous l'autorité nominale de son fils Louis XIII, va se dérouler pendant près de sept ans sans contrôle ni partage.

LE GOUVERNEMENT DE LA FRANCE.

En 1610, quand meurt Henri IV, la Reine a 37 ans. C'est une femme de bonne stature. Elle a toujours cet embonpoint qui plaisait au Roi quand il l'a épousée, et le teint très blanc, mais elle sourit rarement. La mort du Roi ne semble pas provoquer en elle une douleur immodérée, et certains, à la Cour, s'en offusquent. Les usages, cependant, sont strictement respectés : pendant deux ans, la Reine ne s'habillera qu'en noir et toutes les fêtes seront supprimées, sauf les réceptions officielles et, à titre exceptionnel, les fêtes des enfants.

Cela n'empêche pas la Reine de s'amuser de temps à autre de façon innocente. Tel jour, par exemple, elle part en promenade en carrosse, avec toute sa suite, dans la direction de Saint-Denis. Sur le chemin du retour, la Reine fait arrêter le cortège, abandonne son carrosse, monte à cheval et galope joyeusement jusqu'aux portes de Paris. Elle remonte alors sagement en voiture et regagne le Louvre avec la gravité qui convient à son état de veuve.

Dans ses premières actions, Marie de Médicis s'attache à maintenir toutes les formes en usage du temps du feu Roi. Il y a même chez elle une sorte de mimétisme à l'égard d'Henri IV. Le gouverneur de Lyon, Monsieur d'Alincourt, fils de Villeroy, confie par exemple à l'ambassadeur florentin Andrea Cioli : « La Reine est devenue toute différente ; elle paraît bien être le Roi. Elle est pleine de gravité, elle s'occupe personnellement des affaires, donne des audiences et elle a, toutefois, fermé l'entrée à toutes protestations des princes [3] ».

Mais très vite, il apparaît qu'à la différence d'Henri IV, la Reine ne sait pas dire non. Elle qui a toujours donné avec tant de libéralité des cadeaux somptueux, des bijoux, des colliers, des souvenirs précieux, la voici qui, Régente, continue à donner ; mais ce sont cette fois des pensions, des charges, des bénéfices qu'elle distribue à l'aveuglette, au détriment du Trésor royal et de la stabilité du gouvernement.

Dès le mois de juin 1610, elle décide, pour faire plaisir au comte de Soissons, de lui donner le gouvernement de la Normandie et d'attribuer celui du Dauphiné à son fils, en ajoutant à ces libéralités un supplément de pension de 15 000 écus (45 000 livres) par an.

Si elle croyait s'attacher ainsi Monsieur de Soissons, elle se trompait lourdement, car la facilité avec laquelle elle lui avait fait ces cadeaux de grande importance ne pouvait qu'aiguiser son appétit. Elle avait d'autre part excité la jalousie des autres princes, aussi avides de gouvernements

3. Lettre d'Andrea Cioli du 7 juin 1610.

et de pensions que le comte de Soissons. Les solliciteurs ne tardent pas à se manifester. Avant même la fin du mois de juin, le frère aîné de Soissons, le prince de Conti, se souvient tout à coup que le gouvernement de Normandie lui avait été autrefois promis. Il apostrophe la Reine avec rudesse, et un jour, en pleine cour du Louvre, il en vient aux mains avec son cadet. Les Grands aussitôt se partagent. Le duc de Guise, beau-frère du prince de Conti, prend fait et cause pour lui et voici tout le clan des Guise qui s'indigne de la faveur imméritée, injuste, accordée à Monsieur de Soissons.

L'importance des Guise était beaucoup plus grande que celle de Monsieur de Soissons. La Reine ne pouvait pas l'ignorer. Elle tente d'abord de résister, et pour montrer qu'elle n'a pas l'intention de s'en laisser imposer, elle renforce la garde du Louvre qui finit par compter jusqu'à 4 000 hommes. Mais au bout de six semaines, lasse de ce climat de récriminations perpétuelles, elle décide de donner au duc de Guise et au prince de Conti des compensations. Le prince reçoit le gouvernement de Lyon et le duc de Guise une indemnité considérable.

Ces débuts laissaient mal augurer de la suite du gouvernement de la Reine. Auprès d'elle, en effet, ce ne sont pas les anciens ministres d'Henri IV qui peuvent s'opposer aux princes ni défendre la Reine contre ses propres faiblesses.

Tout le gouvernement d'Henri IV est resté en place. Il comprend toujours Sully, Villeroy, le Président Jeannin, Châteauneuf. Mais leur position n'est plus la même. Seules les apparences subsistent : « La Reine », écrit Ammirato, secrétaire de l'ambassade de Florence à Paris, « n'a pas une heure de repos, car, outre le Conseil d'État qui a lieu trois fois par semaine, le mardi, le jeudi et le samedi et auquel elle assiste toujours, il y a encore ceux de la Guerre et des Finances où elle se trouve aussi quelquefois. Dès le matin, elle est à peine levée que sont déjà auprès d'elle les princes et les ministres. En somme, on peut dire qu'elle ne se repose que quand elle dort, ce qu'elle fait beaucoup moins qu'auparavant et véritablement au grand étonnement de tous [4] ». Si la Reine passe tellement de temps en Conseil, c'est qu'elle en a ouvert toutes grandes les portes et que les réunions de travail rapides et efficaces que tenait Henri IV se sont transformées en d'interminables parlotes d'où ne sort jamais une décision. Tous les princes entrent au Conseil : le prince de Conti, le comte de Soissons, le cardinal de Joyeuse, le duc de Guise, le duc de Mayenne, le duc de Nevers. On ne pouvait exclure non plus le connétable de Montmorency ni le duc d'Épernon ni les maréchaux de France : Messieurs de Brissac, de La Châtre, et de Boisdauphin. Mais comment écarter, dès lors, le duc de Bouillon, le Grand Écuyer et le cardinal du Perron ? Le prince de Condé y a évidemment aussi sa place,

4. Lettre de Scipion Ammirato, 19 juin 1610.

ainsi que le duc de Nemours, le maréchal de Lesdiguières et combien de seigneurs de moindre rang.

Cette espèce de petit parlement prend le nom de Conseil d'État. Son inutilité est telle que, pour faire réellement avancer les affaires, on est obligé de créer en supplément des Conseils officieux. Ce sont les ministres qui prennent, les premiers, l'habitude de solliciter de la Reine des audiences particulières pour lui parler en confidence et préparer avec elle les sujets qui vont être ensuite discutés en Conseil. Cette façon de procéder n'est pas pour déplaire à Marie de Médicis, qui montre du goût pour les réunions discrètes, « les petits Conseils », où elle fait venir qui elle veut. On voit ainsi émerger des personnes qu'on ne s'attendrait pas à voir jouer un rôle dans les affaires de l'État : le médecin de la Reine ou son avocat. Or, si Dolé, avocat de la Reine, a du talent et du jugement, et mérite la faveur dont il jouit, on ne peut en dire autant de son médecin Duret, cervelle instable et possédée du démon de l'intrigue.

La fragilité du système éclate. L'indécision foncière de la Reine en fait une proie facile pour les beaux parleurs, ceux qui sauront retenir l'attention de Marie de Médicis au moment décisif. La position des ministres devient extrêmement délicate. Villeroy, l'un des plus fidèles pourtant, éprouve plusieurs fois la désagréable surprise d'être désavoué publiquement. Vis-à-vis des ministres, d'ailleurs, les princes ne s'embarrassent pas de finesse. Le duc de Nevers, un beau jour, en plein Conseil, prend Villeroy à partie et menace de le traiter à coups de pied. La Reine ne dit rien. Du coup, le comte de Soissons renchérit et lors de la réunion suivante, promet au malheureux des coups de poignard. Le duc de Guise, toujours à l'affût d'une occasion de s'opposer au comte de Soissons, s'indigne de ces propos, déclare qu'il prend sous sa protection personnelle le ministre insulté et propose qu'on lui donne une garde pour assurer sa sécurité. On se croirait revenu au temps de la Ligue.

Le plus exposé dans ce climat était Sully. C'était le principal ministre d'Henri IV, celui en qui le Roi avait le plus de confiance. Mais c'était un homme raide, qui avait accumulé contre lui les inimitiés et les rancœurs, et avec qui Marie de Médicis avait un compte personnel à régler en raison des humiliations qu'il lui avait fait subir chaque fois qu'elle était à court d'argent — et on a vu que c'était en quelque sorte son état permanent.

Le 14 mai 1610, jour de l'assassinat d'Henri IV, Sully avait eu une attitude curieuse. Il était à l'Arsenal, attendant la visite du Roi, lorsqu'on lui annonça que ce dernier venait d'être victime d'un attentat. Son premier mouvement est de courir au Louvre, accompagné de quelques gentilshommes. Mais, arrivé rue Saint-Antoine, il se ravise et revient vers l'Arsenal où il s'enferme après avoir raflé tous les vivres qu'il peut trouver dans les boutiques du voisinage. C'est seulement le lendemain qu'il se décide à se rendre auprès de la Reine pour lui offrir ses services.

D'emblée, Sully se plaçait ainsi sur la défensive. Bien qu'il ait repris dès le 17 mai sa place au Conseil, les jours qui suivent sont remplis de rumeurs relatives à la prochaine diminution des pouvoirs dont il disposait. Du temps d'Henri IV, il n'avait jamais soumis ses comptes à approbation : le Roi le laissait faire, considérant que les résultats dispensaient Sully de se soumettre à un contrôle formel. Avec la régence, le vent tourne, et certains conseillers suggèrent à la Reine de procéder à une révision des comptes depuis la prise de fonction de Sully, c'est-à-dire depuis 1598. La Reine ne va pas jusque-là, mais elle commence à rappeler perfidement que le Roi n'avait pas une confiance absolue dans l'honnêteté de Sully sur le plan financier : « Cet homme n'a pas les mains totalement nettes », lui aurait souvent dit le Roi dans les derniers mois de son règne. Concini de son côté fait ouvertement campagne contre le ministre : « Comment, Monsieur de Sully pense donc gouverner les affaires de France comme du temps du feu Roi ? Or, c'est ce qu'il ne doit nullement car la Reine, étant Reine, c'est à elle de disposer de tout : et pour sûr je ne lui conseille pas de rien tenter contre sa volonté [5] ».

L'un des principaux adversaires de Sully est le duc de Bouillon, protestant comme lui, et qui brigue la direction du parti réformé. Marie de Médicis, en le faisant entrer au Conseil, introduit dans cette assemblée un intrigant, un jaloux, qui ne tarde pas à tailler des croupières à Sully. Dès les premiers jours de juin 1610, Bouillon cherche querelle à Sully au sujet des dépenses de l'artillerie. En plein Conseil, le ton monte, les adversaires en viennent aux mains et les Grands se divisent en partis antagonistes. Le duc d'Épernon se range du côté de Bouillon tandis que Sully reçoit l'appui des Guise. La Reine est obligée d'intervenir et obtient que les adversaires se réconcilient, au moins en apparence ; le duc de Bouillon effectue une visite d'excuses à l'Arsenal et l'on fait semblant de tourner la page. Mais la blessure d'amour-propre a été si vive pour Sully qu'il songe un moment à quitter la Cour, et seules les instances du duc de Guise le déterminent finalement à rester. Marie de Médicis, quant à elle, comprend qu'il n'est pas de son intérêt de le pousser à bout, au moins dans l'immédiat, et manifeste un peu plus d'égards pour lui.

L'attitude du duc de Guise n'est d'ailleurs pas un élément négligeable dans l'évolution de son état d'esprit. Au début du mois de juillet, le duc vient signifier à la Reine le soutien qu'il a décidé d'apporter à Sully, et les conséquences qu'il faudra éventuellement en tirer : « Madame, en échange de tout ce que j'ai fait, et de tout ce que je serais toujours prêt à faire, pour le service de Votre Majesté et du Roi son fils, Monseigneur... je ne supporterais jamais quoi qu'il puisse arriver, qu'il soit fait

5. Propos rapportés par Sully dans *Économies Royales*, p. 391, Col. 2.

le moindre déplaisir à Sully qui est mon ami, et auquel j'ai les plus grandes obligations [6] ».

Cependant les insinuations répétées de Bouillon et de Concini sur l'honnêteté de Sully, et les besoins d'argent grandissants provoqués par les appétits de la Reine, de ses favoris, et des princes finissent par avoir raison de la patience du ministre. Le 26 janvier 1611, Sully se démet de ses fonctions de Surintendant des finances. Sa retraite laisse théoriquement le pouvoir aux mains des trois autres anciens ministres d'Henri IV : le Président Jeannin, Villeroy qui se voit chargé des finances laissées par Sully et le Chancelier Brûlart de Sillery. Mais leur position est précaire, et le départ de Sully, loin de les renforcer, les expose maintenant en première ligne aux allégations malveillantes. On parle de chasser Sillery après l'avoir fait comparaître en justice pour cause de prévarication au détriment du Trésor public. Le grand âge de Villeroy est l'objet d'incessantes railleries. Quant au Président Jeannin, il choisit la voie de l'insignifiance, toujours d'accord avec la Reine ou, si la Reine ne dit rien, avec le dernier qui a parlé. L'effacement de Sully consacre en fait l'abaissement de l'autorité gouvernementale face aux princes et à l'étoile montante des Concini.

LE RÈGNE DES CONCINI.

C'est un curieux phénomène que celui des favoris. La France, pendant les guerres de religion, avait vu leur puissance sous Henri III. En Espagne, le règne de Philippe II s'était confondu avec celui du duc de Lerme. Le Roi d'Angleterre Jacques Ier, « théologien couronné », laisse le soin du gouvernement de son royaume à Robert Karr, duc de Somerset, et à Georges Villiers, devenu duc de Buckingham, qu'il « lèguera » à son fils Charles Ier. Un signe du favori fait et défait les réputations, décide de la faveur et de la disgrâce, bref, met en jeu des intérêts considérables. Ce sont ceux de la religion, de la politique étrangère, de l'administration interne du pays, et, dans combien de cas, ceux de l'argent. Du favori dépendent les pensions et les fortunes. Son pouvoir est immense mais fragile, perpétuellement attaqué, jalousé, insidieusement sapé. Il faut être toujours sur la brèche, savoir plaire, mais sans lasser la patience du maître. Seul de tous les souverains d'Europe, Henri IV s'était tenu à l'abri d'un tel système. Roi conquérant, parvenu à la pointe de l'épée à faire consacrer ses droits à la couronne de France, il savait prendre les conseils chaque fois que cela lui paraissait utile, mais ne s'était inféodé à personne. Sully lui-même n'avait jamais été que le premier de ses serviteurs, un compagnon parfois incommode, mais dont la volonté s'inclinait toujours en dernier ressort devant celle du Maître.

Marie de Médicis, au contraire, donne le spectacle d'une volonté

6. Propos rapportés par Andrea Cioli, lettre du 13 juillet 1610.

totalement dépendante, asservie, mise en tutelle. Chez cette princesse au tempérament indolent, les actions et les décisions résultent soit de l'impulsion, soit de l'orientation que leur imprime un conseil savamment dispensé. Or, depuis l'âge de 11 ans, Marie de Médicis vivait sous la coupe de Léonora Galigaï. Nous avons vu comment Léonora l'avait conseillée durant les interminables négociations de mariage de la princesse de Toscane, et comment, quand celle-ci fut devenue Reine de France, elle prit en main ses affaires financières. Maintenant que Marie de Médicis est Reine-Régente de France, et théoriquement toute-puissante en ce royaume, Léonora, toujours propriétaire de l'esprit de la Reine, va utiliser ce pouvoir à son propre profit et à celui de son mari.

Le règne des Concini commence. Seul le coup d'État du 24 avril 1617, l'assassinat de Concino Concini, perpétré avec l'assentiment de Louis XIII si ce n'est à son instigation, mettra fin à une véritable mainmise des favoris sur le gouvernement et les finances de la France. On n'avait jamais vu jusque-là dans ce pays un aussi grand pouvoir, exercé pendant tant d'années (sept ans : 1610-1617), avec une telle absence de scrupules, et de surcroît par un couple d'origine étrangère. Que les attaques contre les Concini aient trouvé un aliment dans la xénophobie est bien évident. Mais les abus, le comportement, les méthodes, des favoris, de l'homme surtout, suffisent largement à expliquer le courant de haine qui est né, très précocement, puis s'est développé avec tant de force, avant de les balayer – emportant avec eux la réputation et l'autorité de Marie de Médicis.

Richelieu a fort bien décrit et analysé la manière dont s'édifie la fortune des Concini dans les semaines et les mois qui suivent l'établissement de la régence. Tout repose sur Léonora. Toute-puissante, on l'a vu, sur l'esprit de la Reine, elle sait en user avec une parfaite habileté : « Elle se gouvernait avec cette modestie en sa faveur, qu'elle ne se souciait pas que l'on crût que le principe en fût en son mari ou en elle, bien qu'elle en fût l'âme et le lien, tant pour ce que c'était elle que la Reine aimait, que pour ce que le feu de l'ambition de son mari le faisait aller si vite et avec si peu de précaution en sa conduite envers la Reine qu'il manquait de l'adresse nécessaire pour en obtenir quelque chose, où elle au contraire, par la sienne, venait à bout de ce que la Reine par son inclination ne voulait pas[7] ».

Le premier effet de la faveur du couple est l'attribution de l'abbaye de Marmoutiers au frère de Léonora, au début du mois de juin 1610. Le nouvel abbé de Marmoutiers était menuisier de son état. D'après L'Estoile, « c'était un grand personnage, lequel apprenant à lire depuis quatre ans, n'y pouvait encore mordre[8] ».

7. Richelieu, *Mémoires*, Éd. Michaud et Poujoulat, Paris, Firmin Didot, 1837, T. I, pp. 169-170.
8. Pierre de L'Estoile, *Journal*, T. X, p. 500.

A la fin du mois d'août, Léonora achète le marquisat d'Ancre – avec de l'argent donné par la Reine à cette fin. Au début du mois de septembre, le même scénario se renouvelle pour l'acquisition du gouvernement de Péronne, Roye et Montdidier – les trois principales places fortes de la frontière de Picardie – vendu pour 40 000 livres par le duc de Créqui. La Reine demande à Villeroy de régler la somme; le ministre fait mine de refuser mais ne tarde pas à céder. Quelques jours après l'acquisition du marquisat d'Ancre, Léonora, qui en était personnellement propriétaire, se trouvait exemptée de tous les droits et impôts qui pouvaient être dus pour cette terre. Le premier Président de la Chambre des Comptes, Monsieur Nicolaÿ, proteste contre cette décision qui est contraire à toutes les ordonnances royales. La Reine lui fait répondre « qu'elle n'entendait qu'il fût dérogé à l'ordonnance que cette seule fois » et, comme Villeroy, le Président Nicolaÿ s'incline.

Le 13 septembre, le nouveau marquis d'Ancre prêtait serment de fidélité au petit Roi Louis XIII pour son gouvernement de Péronne, Roye et Montdidier. Le 27 septembre, le voici de nouveau devant lui : il prête serment maintenant pour la charge de Premier Gentilhomme du Roi. Une affaire : pour 64 000 écus (192 000 livres), une fois de plus donnés par la Reine, Concini a maintenant l'une des places les plus en vue de toute la Cour; il est le second, juste derrière le Grand Écuyer. Il a le droit d'entrer à cheval au Louvre, et quand on le raccompagne, il faut l'escorter jusqu'à la rue. Il porte le titre d'« illustrissime » et, comme il a une revanche à prendre sur sa Florence natale, il exige du Grand-Duc de Toscane qu'il ne lui écrive plus désormais qu'en l'appelant ainsi. La charge de Premier Écuyer de la Reine, qu'il détenait jusque-là, n'offre plus d'intérêt pour lui; il la cède au chevalier de Sillery, frère du Chancelier – procédé commode pour se créer des fidélités.

Concini avait peut-être de l'humour si l'on en croit Malherbe qui raconte à son sujet l'anecdote suivante : « Hier il bouffonnait avec Monsieur de Guise de son marquisat d'Ancre, et disait que cela s'était rencontré fort à propos à cause qu'en Italie il est descendu des comtes de la Plume (Della Penna). Monsieur de Guise lui répondit que, avec un comté de plume et un marquisat d'Ancre, il ne lui fallait plus qu'un duché de papier pour assortir tout l'équipage ».

Le favori n'avait aucunement l'intention de s'arrêter en chemin : le 9 février 1611 il est nommé Lieutenant général de Picardie, c'est-à-dire chef militaire de cette province pour le compte du Roi. Le mois de juin 1611 le voit devenir gouverneur d'Amiens; il y fait une entrée fastueuse le 12 août. Maître de la Picardie tout entière (sauf la fonction de gouverneur de la province, qui appartient au jeune duc de Longueville), maître de ses places fortes, maître des armées du Roi dans cette province-frontière d'une particulière importance, Concini est l'égal des princes. Il ne lui a fallu qu'un an depuis la mort d'Henri IV pour devenir l'un des premiers dans la noblesse de France. Une ascension qui donne le vertige et suscite bien des inimitiés.

A côté des honneurs, le pouvoir financier. Au début du mois de juillet 1610, Concini se fait nommer membre du Conseil d'État et des Finances. Sa première mission : le renouvellement du bail de la ferme du sel. Une belle affaire, qui rapporte au nouveau conseiller un pot-de-vin considérable. Peu de temps après, se présente une nouvelle occasion, le bail passé pour l'affermage d'un certain nombre de charges nouvellement créées ; plus de 350 000 livres tombent dans l'escarcelle de Concini.

Le pouvoir politique, Concini le détient aussi. Le Conseil du Roi, transformé en une assemblée trop nombreuse, perd son efficacité : Sully l'appelle avec dérision le « Conseil de mine et de faste ». Pour gouverner, la Reine s'est dotée de conseils officieux. Le plus important est le « Conseil secret caché » comme l'appelle Sully, ou « Conseil de la petite écritoire » ainsi qu'on le dénomme plus couramment. Autour de la Reine-Mère, il rassemble d'abord les intimes : Léonora, Concini, et le médecin Duret. S'y ajoutent les trois ministres : Villeroy, le Chancelier Sillery et le Président Jeannin. Deux employés de la Maison de la Reine en font également partie : Arnauld d'Andilly et l'Avocat général de la Reine, Louis Dolé. Et puis, trois personnages qu'on ne s'attend pas à trouver dans cette compagnie, mais dont la présence donne la clé de la politique de Marie de Médicis : le nonce, l'ambassadeur d'Espagne, et le Père Cotton, le confesseur jésuite de la Reine. La cause de l'Église, le couple Concini : tels sont les deux pôles autour desquels s'organise le gouvernement de la France.

Un si grand pouvoir provoque les ragots. Sully affirme que Concini est l'amant de la Reine. Une chansonnette court les rues :

Si la Reine allait avoir
Un poupon dans le ventre
Il serait bien noir
Car il serait d'Ancre.

Le sacre de Louis XIII.

Le problème de Sully, malgré son acuité, n'avait cependant pas détourné la Reine des questions de fond. La plus importante consistait à consolider le pouvoir du jeune Louis XIII, en consacrant sa légitimité à la face des Français et des Cours d'Europe. Le temps n'est pas si éloigné où la couronne de France était mise à l'encan par les chefs de la Ligue ; et la famille d'Entragues, peut-être responsable de l'assassinat du Roi, continuait pour sa part à faire peser de lourdes menaces sur la légitimité du mariage d'Henri IV avec Marie de Médicis. Si la promesse de mariage autrefois consentie à Henriette d'Entragues était reconnue valable, le jeune Verneuil, son fils, pouvait être déclaré Roi aux lieu et place de Louis XIII ; il fallait donc aller vite pour couper court aux intrigues éventuelles d'Henriette.

Dans les tout premiers jours qui avaient suivi la mort d'Henri IV, Marie de Médicis s'était préoccupée de rencontrer la marquise de Verneuil. La Reine se portant garante de la sécurité d'Henriette, cette dernière promettait en échange de s'abstenir de tout complot, de toute intrigue. Mais quelle confiance pouvait-on avoir dans les promesses de la marquise ? Seul le sacre était de nature à mettre le jeune Roi hors d'atteinte des critiques touchant à sa légitimité.

Dès le mois de juillet 1610, Marie de Médicis fait commencer les préparatifs tandis que les ambassadeurs affluent à Paris. On reçoit ainsi le 17 juillet le comte de Bucquoy, ambassadeur extraordinaire des Pays-Bas espagnols. En même temps que lui arrivent le comte de Collalto, représentant de l'Archiduc Ferdinand d'Autriche, futur Empereur d'Allemagne, et le duc de Deux-Ponts, représentant des princes protestants d'Allemagne. Ces ambassadeurs s'épient mutuellement afin de découvrir les signes du maintien ou d'un infléchissement de la politique étrangère d'Henri IV. D'autres diplomates les suivent : les représentants du duc de Bavière, de l'Électeur de Brandebourg, du Roi d'Espagne et du Roi d'Angleterre.

L'arrivée à Paris du duc de Féria, ambassadeur extraordinaire de Philippe III d'Espagne au début de septembre, est un événement. Philippe III lui avait confié une mission capitale : proposer officieusement à Marie de Médicis la conclusion d'un double mariage, celui de Louis XIII avec sa fille aînée Anne d'Autriche, celui d'Élisabeth de France fille aînée d'Henri IV et de Marie de Médicis avec l'Infant Philippe, héritier de la couronne d'Espagne.

C'est le 8 septembre 1610 que le duc de Féria fait son entrée à Paris. Il est accompagné d'une suite de 200 personnes dont l'aspect fait grande impression. Si le duc de Féria lui-même est « grand, fort et beau », les Espagnols montés sur de petits chevaux, la tête engoncée dans des fraises énormes et lourdement empesées, paraissent « des nains, presque des nègres et fort laids[9] ». Le duc de Montbazon étant venu rejoindre l'envoyé de Madrid avec également 200 cavaliers à une lieue de la ville, 400 Espagnols et Français franchissent ainsi les portes de Paris, en bon ordre, pour la plus grande joie des curieux accourus en foule.

Le duc de Féria descend dans un Hôtel du faubourg Saint-Germain, tout près de la résidence de Concini, rue de Tournon. Le cortège passe d'ailleurs sous ses fenêtres. Le 11 septembre, Louis XIII donne audience au duc. On a fait la leçon au jeune Roi, et il la récite parfaite-

9. Dépêche d'Andrea Cioli, 12 septembre 1610.

ment, faisant une vive impression sur l'ambassadeur et ses compagnons : « Je remercie le Roi d'Espagne, mon frère, de la souvenance qu'il a de moi et le prie de s'assurer que j'aurai envers lui la même affection qu'a eue le feu Roi mon père ». Cette protestation de bonne volonté n'était pas exempte d'une pointe d'ironie, quand on pense à ce qu'avaient été les relations d'Henri IV avec l'Espagne. Le médecin de Louis XIII, Héroard, témoin de la scène, constate que les Espagnols émerveillés font des signes de croix ; deux d'entre eux, originaires de la Navarre, dont le royaume avait été autrefois détenu par la famille d'Henri IV, se traînent quasiment à plat ventre jusqu'aux pieds du Roi et lui étreignent la cuisse avec ferveur[10].

Quelques jours plus tard, l'ambassadeur extraordinaire d'Angleterre, Lord Watton, arrive à son tour à Paris. On le loge à deux pas du duc de Féria, dans l'Hôtel de Luxembourg que Marie de Médicis affectionne tellement qu'elle va s'en rendre propriétaire quelques mois plus tard. Lui aussi s'est fait accompagner de 200 cavaliers ; un nombre égal de Français vient à une lieue de la ville l'accueillir sous la conduite du prince de Joinville. Reçu en audience par le Roi, il lui fait trois révérences, et lui annonce qu'il lui apporte l'Ordre de la Jarretière. Lord Watton ne parlant que l'anglais, l'ambassadeur ordinaire à Paris sert d'interprète. Louis XIII fait l'admiration de tous par la sagacité de ses réponses. Le surlendemain il invite l'ambassadeur à déjeuner avec lui et, le 21 septembre 1610, signe un traité d'alliance offensive et défensive avec l'Angleterre. C'est le premier de son règne.

Le départ de la Cour pour Reims avait été initialement fixé au 30 septembre mais on avait dû le reporter en raison de la pluie. D'après les ambassadeurs du Grand-Duc de Toscane, le mauvais temps n'était pas seul responsable de ce retard : le 2 octobre était en effet la date anniversaire du jour où Marie de Médicis avait quitté Florence après son mariage par procuration avec Henri IV, et, superstitieuse, la Reine n'était pas mécontente de fixer à cette date le départ pour Reims. Louis XIII, au matin du 2 octobre, se lève à cinq heures, plein d'allégresse et d'impatience. Quittant Paris à huit heures moins le quart, il déjeune à Livry, et va coucher à Fresnes. Le lendemain, par la route de Meaux, il gagne le château de Montceaux-en-Brie, où la Reine a décidé de passer quelques jours. Louis XIII s'y amuse beaucoup ; il se promène dans le parc, chasse, et participe à un concours de tir à l'arbalète. On s'extasie beaucoup devant l'adresse de l'un des invités, l'Italien Spini, qui se montre capable d'abattre une tête d'épingle et atteint d'une balle de son arbalète une seconde balle tirée par une autre personne – pour la vraisemblance de ces exploits dignes de Zorro, rappelons tout de même

10. Héroard, *Journal,* Éd. Soulié et Barthélemy, Paris, Firmin Didot, 1868, T. II, p. 21.

que la vitesse de tir de l'arbalète du XVIIe siècle n'a rien à voir avec celle des armes modernes.

Après ces quelques jours d'entracte, la Cour se rend à Reims, où les cérémonies, commencées le 14 octobre, se poursuivent jusqu'au 19. Le petit Roi, qui vient tout juste de fêter ses 9 ans, fait plus que jamais l'admiration par la dignité de son maintien et la conscience qu'il a de sa fonction de Roi, des obligations qu'elle lui crée, des responsabilités qu'elle implique. La foule est énorme. On n'avait pas revu de sacre à Reims depuis celui d'Henri III (Henri IV avait dû organiser le sien à Chartres). Les estrades dressées à l'intention des spectateurs sont prises d'assaut. Les curieux se hissent jusqu'aux fenêtres pour voir quelque chose, et, dans la bousculade, plusieurs vitraux sont brisés. Le sacre proprement dit, c'est-à-dire l'onction du Roi par l'huile contenue dans la Sainte-Ampoule, a lieu le 17 ; le 18, Louis XIII reçoit l'ordre du Saint-Esprit.

La sérénité des cérémonies est cependant gâchée par les querelles qui opposent, pour des questions futiles, les principaux princes entre eux. Le cardinal de Joyeuse se dispute avec le prince de Condé sur une question de préséance, et finit même par renoncer à participer aux cérémonies. Le duc de Guise et le duc de Nevers trouvent aussi un sujet de querelle. Concini, qui vient d'être fait marquis d'Ancre, s'oppose de son côté à Bellegarde, Grand Écuyer de France ; leur dispute s'enfle, et donne occasion au duc d'Épernon d'intervenir : il prend parti pour Bellegarde contre Concini. L'agitation des princes est déjà en germe dans ces querelles de préséance, ainsi que le rôle croissant de Concini, qui ajoute un motif supplémentaire de discorde à ceux qui existent déjà.

Ainsi, le sacre ne résout rien. Les problèmes intérieurs se manifesteront avec une gravité croissante, rejetant au second plan les problèmes extérieurs et consacrant l'effacement, pour plusieurs années, de la présence française sur la scène internationale. Passé le règlement de la succession de Clèves et de Juliers, les armes françaises vont cesser de compter en Europe.

L'EXPÉDITION DE JULIERS.

L'expédition de Juliers, décidée par le Roi avant sa mort, était sur le point de débuter au moment de l'assassinat d'Henri IV. Une armée importante avait été rassemblée en Champagne, avec Juliers comme objectif ; elle comprenait 10 000 hommes. Une deuxième armée, sous les ordres de Lesdiguières, devait partir du Dauphiné en direction de la Savoie et du Piémont ; ses 8 000 hommes avaient pour mission de créer une forte diversion dans les possessions italiennes de l'Espagne, dissuadant ainsi ce pays d'intervenir en Allemagne. La mort du Roi semblait tout remettre en question ; Marie de Médicis, dont on connaissait l'attachement à la cause catholique, n'allait-elle pas décommander une expédition dirigée contre les deux principaux soutiens de cette cause en Europe, l'Empereur et le Roi d'Espagne ?

Un tel raisonnement était en fait prématuré et la Reine, pendant les premières semaines de la régence, s'applique à ne rien changer à la politique d'Henri IV. Même le projet des mariages espagnols n'était pas suffisant pour la dissuader de poursuivre l'exécution des décisions arrêtées par son mari. Villeroy peut répondre au nonce venu offrir ses bons offices que cette guerre « était une guerre politique et non religieuse », ajoutant : « On dit qu'il est question de proposer des mariages entre les enfants de France et ceux d'Espagne pour nous endormir, mais tenez pour certain que cela ne plaira pas et que ce sera peine perdue [11] ».

Le débat ayant été tranché en faveur de l'intervention, restait à désigner le chef de l'armée de Champagne, dont Henri IV s'était réservé le commandement. Le duc de Bouillon était candidat, mais ses qualités militaires ne suffisent pas à contre-balancer les inconvénients d'un caractère remuant et inquiet, et le fait que, protestant, il contribuerait à donner à l'intervention un caractère de guerre de religion que l'on veut à tout prix éviter. C'est pourquoi l'armée est finalement confiée au maréchal de La Châtre, de religion catholique, et d'un tempérament calme et posé.

La lutte était dirigée contre les forces de la Ligue Catholique dont le chef est Maximilien de Bavière ; le Roi d'Espagne et l'Empereur étaient, en théorie, étrangers au conflit. Restait à savoir cependant quelle attitude ils adopteraient lorsque l'armée française se présenterait aux frontières du Luxembourg (relevant de la couronne d'Espagne au titre des Pays-Bas espagnols) et de l'Allemagne pour se diriger vers Juliers. Après avoir d'abord fait mine de refuser le passage, ils changèrent d'avis et donnèrent leur autorisation.

A la fin du mois de juillet, les forces de l'union protestante commandées par le prince d'Anhalt avaient entamé le blocus de Juliers en attendant les troupes françaises. L'arrivée du maréchal de La Châtre à la fin du mois d'août donne le signal de l'assaut qui aboutit, le 3 septembre, à la chute de la place. Le succès avait été rapide et peu coûteux en hommes. La courte promenade militaire des armes françaises satisfaisait la vanité de Marie de Médicis, qui fera de la prise de Juliers l'un des principaux sujets de l' « Histoire de sa vie » par Rubens. Elle marquait aussi, dans les faits, la première étape de la liquidation de la politique étrangère d'Henri IV.

En même temps, en effet, que Juliers se rend, Marie de Médicis décide d'annuler le projet d'intervention aux côtés de la Savoie en Italie

11. Dépêche de l'ambassadeur de Venise Foscarini, 18 juin 1610.

du Nord. Le gouverneur espagnol de Milan, Fuentès, étant mort, Marie de Médicis saisit cette occasion pour donner l'ordre au maréchal de Lesdiguières de ne pas bouger. C'était une violation caractérisée des dispositions du traité d'alliance passé avec la Savoie. Le duc de Savoie, inquiet, multiplie les sollicitations et les mises en garde, fait valoir que la mort de Fuentès n'a pas supprimé pour autant la présence militaire espagnole dans le Milanais, et presse la Reine de tenir les engagements souscrits par le feu Roi. On lui envoie un ambassadeur extraordinaire chargé de lui expliquer que la France n'était plus en mesure de poursuivre son alliance offensive, qu'on l'aiderait s'il était attaqué, mais que par ailleurs les versements de subsides promis par la France devaient, hélas, s'interrompre.

Il y avait plus grave. Henri IV avait promis de donner sa fille aînée Élisabeth en mariage au prince de Piémont, fils aîné du duc de Savoie et héritier du trône. Or, Madrid proposait maintenant une union entre Élisabeth et l'héritier de la couronne d'Espagne : pouvait-on sérieusement mettre en balance l'amitié de la Savoie et celle de l'Espagne ? L'ambassadeur extraordinaire n'était pas chargé de développer ce raisonnement en termes aussi brutaux, mais Marie de Médicis lui donnait pour instruction d'exposer au duc que le mariage projeté lui paraissait prématuré, et de l'engager à rechercher pour le prince de Piémont la main de l'une des filles du Roi d'Espagne. Cela revenait on ne peut plus clairement à rejeter le duc de Savoie dans l'orbite de Madrid !

Ajoutons que Maris de Médicis rompait l'accord avec la Savoie sans avoir rien obtenu au préalable de l'Espagne : ni retrait des forces espagnoles du Milanais, qui achevaient leurs préparatifs de guerre contre la Savoie, ni promesse formelle de mariage entre Élisabeth et le fils aîné du Roi d'Espagne. Le gouvernement de Madrid voulait du duc de Savoie une reddition sans conditions. Avant d'en passer par là, le duc tente une ultime démarche. Son envoyé se présente à la Reine pour connaître le dernier mot de ses intentions : Marie de Médicis, contre toute vraisemblance, contre la réalité des faits, proteste de sa volonté de donner suite au projet de mariage, mais plus tard, et de sa fidélité à l'alliance avec la Savoie – mais de quelle alliance pouvait-il s'agir si ses dispositions essentielles étaient délibérément violées par la France ? Quand l'ambassadeur de Savoie propose de publier le projet de mariage, Marie de Médicis répond qu'il faudra probablement consulter les États-Généraux, et qu'on ne peut donc rien annoncer pour le moment.

L'ambassadeur cherche à peser sur l'opinion de la Reine par l'intermédiaire de Villeroy : il ne pouvait pas savoir que ce dernier, ancien ligueur, et au surplus gagné par les riches présents du duc de Féria (c'est en tout cas ce que laissent entrevoir les dépêches de ce dernier à Madrid, expliquant que les dépenses considérables faites au profit de Villeroy révèleront bientôt leurs heureux effets), avait décidé de déserter la cause de l'alliance savoyarde pour se jeter à corps perdu dans la politique des mariages espagnols et l'alignement sans faille sur les positions du parti catholique dirigé par le Pape et la Maison de Habsbourg.

Toutes les objurgations du duc de Savoie n'y pouvaient rien. Il ne lui restait plus qu'à s'humilier devant l'Espagne. Son fils Philibert se rend à Madrid, et, le 22 janvier 1611, à genoux devant Philippe III d'Espagne, lui tend un document par lequel le duc de Savoie se proclamait entièrement soumis aux volontés du Roi d'Espagne et le suppliait de ne pas porter la guerre aux frontières de ses États. Philippe III le lit soigneusement puis le déchire en morceaux d'un geste théâtral en déclarant à Philibert que, compte tenu de sa démarche et eu égard à l'intercession du Pape, il consent à ne pas faire la guerre au duc de Savoie.

Bon prince à l'égard de Marie de Médicis, Philippe III lui payait dans les jours qui suivirent le prix du lâchage de la Savoie en lui confirmant officiellement son désir de réaliser le double mariage proposé entre la famille royale de France et la famille royale d'Espagne. Marie de Médicis, à cette nouvelle, bondit littéralement de joie et courut en rendre grâces à Dieu ; elle devait peu après déclarer aux ambassadeurs qu'elle était d'ores et déjà amoureuse de l'Infante Anne d'Autriche, et follement impatiente de l'accueillir comme sa propre fille.

Il faudra cinq ans pour réaliser le double mariage espagnol, cinq années consacrées, par Marie de Médicis et son clan pro-espagnol, à vaincre les résistances d'une opinion beaucoup plus attachée à la politique extérieure d'Henri IV que la Reine ne l'avait probablement soupçonné. Les mariages espagnols vont en effet se trouver au centre des problèmes de politique intérieure de la France et donner aux princes un prétexte commode pour dissimuler un appétit de puissance, d'intrigue et d'argent qui grandit désormais de jour en jour.

Le retour des princes.

La proclamation de la régence s'était faite sans heurt grâce au duc d'Épernon, en l'absence de deux princes parmi les plus importants : le prince de Condé, le comte de Soissons. Dans les semaines qui suivent, les querelles ont commencé et nous avons vu comment le sort de Sully intéressait, en des camps opposés, le duc de Bouillon et le duc de Guise. Mais c'est le retour du prince de Condé qui allait véritablement marquer le début de la période des troubles.

Dès la mort d'Henri IV, le prince avait écrit à Marie de Médicis qu'il désirait regagner la France et venir se ranger sous l'obéissance de la Régente. Auprès de la Reine, la princesse de Condé, sa mère, commentait les lettres de son fils « avec passion et humilité »[12]. La Reine-Mère finit par se laisser convaincre et donne son accord pour le retour de Condé. De Milan où il se trouvait au moment de la mort du Roi, le prince gagne la Flandre où Charlotte de Montmorency, sa femme, avait été confiée aux bons soins de l'Archiduc Albert et de l'Infante Isabelle. Ses relations avec elle défraient d'ailleurs la chronique. Il déclare par exemple à l'Archiduc qu'« il espérait bien que ni le Roi d'Espagne ni Son Altesse [il s'agit de l'Archiduc] ni davantage en France Sa Majesté, ne le violenteraient pour retourner avec la princesse, affirmant qu'il ne se réconcilierait jamais avec elle et qu'il ne la voulait plus pour femme ». Mais un autre jour, la princesse ayant menacé de demander le divorce, Condé déclare : « Une Sainte Thérèse et les plus religieuses vierges du monde eussent succombé à tant de persuasion ; ce qui fait que je pardonne librement à sa simplicité, et ne veux laisser pour cela de l'aimer et chérir comme Dieu et la raison nous commandent ».

L'opinion générale est que le prince finira par s'accommoder avec Charlotte car il y trouve son intérêt : une brouille persistante ne peut que lui mettre à dos le père de sa femme, le connétable de Montmorency, avec toute sa famille et ses nombreux alliés. Déjà, cependant, ces irrésolutions et ces contradictions successives dépeignent le caractère d'un prince dont l'inconstance, alliée à la rudesse et à un immense appétit d'argent, forme la trame.

Comment Marie de Médicis n'aurait-elle pu attendre les pires difficultés du retour à Paris d'un prince aussi fantasque ? Le nom qu'il porte, l'espèce d'auréole de martyr qu'il s'est donnée à travers ses démêlés avec Henri IV, font rechercher son alliance par les autres princes. Le comte de Soissons est le plus rapide : il envoie l'un de ses gentilshommes à Bruxelles pour l'inviter à loger chez lui quand il serait rentré à Paris. Le prince de Conti et le duc de Guise lui écrivent pour lui proposer de venir le rencontrer à la frontière. Le gouvernement de Marie de Médicis s'inquiète de tant d'émulation et offre 300 000 livres à Condé pour l'aider à subvenir à ses besoins à condition qu'il se tienne en dehors des intrigues. Le prince semble comprendre la nécessité d'une prudente réserve, et, sitôt franchie la frontière le 12 juillet 1610, il envoie un secrétaire à la Reine-Mère pour lui faire savoir qu'il n'a l'intention de s'engager dans aucun autre parti que celui de la fidélité à la Régente. Le 16 juillet, deux mois après l'assassinat d'Henri IV, le prince de Condé faisait son entrée dans Paris.

Quelque 200 cavaliers s'étaient portés à sa rencontre, parmi lesquels le duc de Bouillon, le duc d'Épernon, le duc de Montbazon, le duc de Bellegarde. Même Sully, malgré le déplaisir que la Reine en éprouve, se rend au-devant de lui. La foule était agitée, inquiète. Des astrologues avaient prédit qu'il y aurait du sang le jour du retour du prince. Les cu-

12. Dépêche de l'ambassadeur de Florence Botti, 19 juin 1610.

rieux qui assistent à son entrée dans la capitale lui font un accueil dénué d'enthousiasme. On aurait cru que le petit peuple sentait à quel point l'arrivée du prince allait donner le signal des intrigues et des séditions. Condé, vêtu de noir, mordillant sa barbe, arborait un air sinistre. Il n'était manifestement pas à son aise, et appréhendait la réception que lui réserverait la Reine. Arrivé au Louvre, il met pied à terre. On le conduit dans la chambre de la Reine où Marie l'attend avec le Roi, le comte de Soissons, les cardinaux présents à Paris, et une vingtaine de grands seigneurs. Condé s'agenouille devant Louis XIII qui le relève et le serre contre lui. Il s'agenouille ensuite devant la Reine-Mère qui lui adresse quelques paroles bienveillantes et l'assure de son affection. L'entrevue dure à peine un quart d'heure et le prince de Condé va prendre possession de l'Hôtel de Gondi que Marie de Médicis a mis à sa disposition et dont elle lui fera bientôt cadeau[13].

Les jours qui suivent donnent aux Parisiens l'impression de revivre le temps des troubles. Les princes vont et viennent dans Paris, accompagnés de cent, cent cinquante, deux cents cavaliers à la mine farouche. Les milices sont mises sur le pied de guerre. Chaque soir, des gens qui sentent leur sécurité menacée appellent à la garde, demandent la protection des troupes. Le prince de Condé cède lui-même à cette psychose dont il est en fait l'un des responsables : le 24 juillet à minuit, il fait venir le Prévôt des Marchands, s'inquiète des rondes que font dans les rues les bourgeois de Paris, et l'envoie au Louvre pour réveiller la Reine et l'informer de ses alarmes. Marie de Médicis demande au Prévôt de porter à Condé l'assurance qu'il ne risque rien. Elle fait aussi chercher Concini pour qu'il aille à l'Hôtel de Gondi joindre ses assurances à celles que le Prévôt des Marchands est chargé de donner à Condé. Cependant, la panique a gagné d'autres Grands. Sully rassemble 300 hommes qui veillent toute la nuit. Le duc d'Épernon en fait autant, ainsi que le duc de Guise, tandis que Bouillon prétend n'être en sécurité qu'auprès de Condé et va se réfugier chez lui. On dit dans Paris qu'il se prépare une réédition de la Saint-Barthélemy et nombre de protestants quittent la capitale dans les heures qui suivent.

Marie de Médicis, exaspérée par cette agitation gratuite, réplique en donnant aux bourgeois de Paris la responsabilité du maintien de l'ordre dans les rues de la ville. La mesure est accueillie avec satisfaction par la population de la capitale : ce que voulait le peuple de Paris, c'était la tranquillité et on entend dire par les maisons et les boutiques que si les princes et les Grands, perturbateurs du repos public, font le moindre mouvement, on tombera sur eux à bras raccourcis. La Reine-Mère se retourne alors vers les Grands et fait savoir qu'elle supprimera les pen-

13. C'est dans cet Hôtel, on s'en souvient, que Marie de Médicis avait logé en arrivant à Paris après son mariage. La demeure de Condé a donné son nom à la rue où était situé l'Hôtel, à proximité de la place actuelle de l'Odéon.

sions de tout gentilhomme qui, attaché au service du Roi, irait faire cortège à quelque autre personnage. Dans les jours qui suivent, Condé et les princes, provisoirement ramenés au calme, s'attachent à répondre aux désirs de la Reine-Mère.

Pour bien montrer son adhésion sans réserve au gouvernement de la Régente, Condé reprend au Parlement sa place de premier prince du sang, et fait revenir sa femme auprès de lui. Tout paraît aller pour le mieux dans le meilleur du monde. Mais la Régente avait mis le doigt dans un engrenage fatal : la réconciliation entre Condé et Conti à laquelle elle tenait beaucoup, s'était accompagnée d'une augmentation de 72 000 livres de la pension versée à Conti et de la promesse de se voir concéder le premier gouvernement vacant. Le prince de Condé et sa mère reçoivent pour leur part une pension de 240 000 livres par an.

Une vague de libéralités déferle sur les Grands ravis. Il suffit de demander pour obtenir ! Le comte de Soissons reçoit de Marie de Médicis un don de 500 000 livres pour l'indemniser de prétentions qu'il tenait de sa femme sur une seigneurie italienne occupée par le duc de Savoie ; Henri IV, sollicité par Soissons quelques mois auparavant, lui avait ri au nez. La Régente cède, malgré l'opposition de Sully et du Conseil des Finances. Sully prétend même que la Reine-Mère, renonçant à obtenir l'enregistrement de ce cadeau démesuré, aurait fini par faire apposer sur la donation une fausse signature d'Henri IV et une antidate, de la main de Concini.

C'est le moment où Concini se fait attribuer les sommes qui lui permettent d'acheter le marquisat d'Ancre et les places fortes de Péronne, Roye et Montdidier. Les princes s'assombrissent en voyant la concurrence que leur fait dans les largesses de la Reine-Mère son favori italien et, se donnant le mot, ils quittent les uns après les autres leur place à la Cour, en laissant entendre qu'ils ne reviendront que si Marie de Médicis sait faire preuve de quelque générosité. Le duc de Bouillon s'en retourne à Sedan, Condé se promène en Normandie et en Bourgogne, le duc de Guise menace de se rendre en Provence. Quant au duc de Nevers, il se retire dans son gouvernement de Champagne ; l'ambassadeur de Florence Ammirato écrit ingénument à son sujet : « Le duc de Nevers qui est dans son gouvernement de Champagne demande paraît-il à Sa Majesté une bonne somme pour payer ses dettes ; on ne sait si on la lui donnera. Mais il n'est pas étonnant qu'il s'émeuve à ce sujet, car il n'a rien eu et l'on a donné à tout le monde ».

Un problème de régime.

Une vaste coalition était en train de s'ébaucher : le clan des Bourbon, avec ses chefs de file Condé et Soissons, et le clan des Guise, paraissaient désormais d'accord pour unir leurs forces dans une même entreprise. Dans quel but ? Jusqu'ici occupés à se disputer les faveurs de la Reine-Régente, ils se sont livrés à une surenchère de revendications et de demandes d'argent. Or, à la fin de l'année 1610, ils lancent tous ensemble à Marie de Médicis un défi beaucoup plus grave : le problème qu'ils posent est un problème de régime, c'est celui de la légitimité de la régence. Marie de Médicis se trouve ainsi une nouvelle fois plongée dans le cauchemar qu'elle vivait à l'époque où Henriette d'Entragues s'appuyait sur la promesse de mariage que lui avait consentie Henri IV pour mettre en doute la validité de l'union du Roi avec la princesse de Toscane. L'attaque à laquelle elle est soumise aujourd'hui ne se fonde plus sur le même argument ; Louis XIII a normalement succédé à son père, et le sacre a rendu la situation en quelque sorte définitive. Mais ce sont les pouvoirs de Marie de Médicis en qualité de Régente, et les conditions mêmes dans lesquelles elle a été nommée à cette fonction, qui font l'objet de critiques de plus en plus vigoureuses.

Aucune procédure n'a jamais été définie, dans le royaume de France, en vue de préciser qui détient l'autorité pendant la minorité du Roi. La force de la cellule familiale donne en principe à la mère les meilleures chances de se voir confier la responsabilité de mener le jeune souverain à l'âge d'homme tout en gérant ce patrimoine que constitue pour lui son royaume. Mais l'autorité qu'elle exerce, la détient-elle de manière plénière ou la partage-t-elle avec d'autres personnes constituées autour d'elle en Conseil de régence ? La cellule familiale, au XVIIe siècle, confère un rôle privilégié aux plus proches parents mâles du mineur. Transposée dans le domaine de la succession royale, cette notion conduit à donner une place éminente aux princes du sang.

En 1610, par conséquent, Marie de Médicis, au moment de la mort d'Henri IV, aurait très bien pu se voir contrainte de partager la régence avec les plus proches parents du jeune Roi, c'est-à-dire les trois princes du sang Condé, Conti et Soissons. Mais une douzaine d'autres princes étaient également bien placés pour demander à participer eux aussi à l'exercice du pouvoir, et on aurait eu à choisir entre un Conseil restreint de quatre membres – Marie de Médicis, Condé, Conti et Soissons – et un Conseil élargi d'une quinzaine de membres, l'un et l'autre se trouvant de toute manière présidés par la Reine-Mère. Or, Condé et Soissons se trouvaient pour leur malheur éloignés de Paris et l'esprit de décision du duc d'Épernon et des principaux ministres d'Henri IV, comme nous l'avons vu plus haut, a fait proclamer Marie seule Régente du royaume par le Parlement de Paris réuni en lit de justice. Marie de Médicis bénéficie aujourd'hui du fait accompli, mais les princes, revenus de leur premier moment de surprise, se sont maintenant ressaisis et cherchent à remettre en cause la légitimité de la Régente.

En dehors des raisons qu'ils peuvent tirer, par analogie, du fonctionnement de la cellule familiale tel que nous venons de l'évoquer, les princes peuvent également se prévaloir de deux autres arguments. Le premier résulte de l'attitude d'Henri IV au cours des derniers mois de son existence ; on prête au Roi des propos aux termes desquels il s'inquiétait du peu de jugement politique de sa femme et manifestait de ce fait une réticence assez sensible à l'idée de lui voir conférer la régence sans partage. L'argument a une certaine force, mais il n'a qu'une valeur limitée : Henri IV, au fond de lui-même, ne voulait pas aborder la question de la régence car il lui semblait que ce serait une manière de hâter sa propre disparition ; il n'a donc jamais vraiment explicité sa position et ses intentions profondes restent hypothétiques. C'est là que les princes peuvent placer leur deuxième argument. Quand on se trouve devant un vide juridique alors que sont en cause les intérêts fondamentaux du pays ou les principes de ses institutions, il est de tradition de faire appel, dans l'esprit des vieilles coutumes féodales, au peuple assemblé, c'est-à-dire à son émanation la plus haute que sont les États-Généraux. En mai 1610, observent-ils, les États-Généraux n'ont pas été consultés, la Reine se bornant à faire reconnaître sa qualité de Régente par le Parlement de Paris. La revendication des princes consiste dès lors, en déniant au seul Parlement de Paris la capacité nécessaire pour prendre une telle décision, à demander la convocation des États-Généraux afin de trancher ce qui constitue véritablement à leurs yeux un problème constitutionnel de toute première importance.

Face au défi que les princes jettent ainsi à son autorité en cette fin d'année 1610, Marie de Médicis bénéficie d'un certain nombre d'atouts.

A l'intérieur, le pays est calme ; les protestants, qui constituent la seule force politico-militaire bien organisée, ne manifestent aucune velléité de s'agiter. A l'extérieur, le gouvernement de la Reine poursuit la politique d'Henri IV tout en amorçant un rapprochement avec l'Espagne. Ce rapprochement, à la longue, est évidemment de nature, s'il s'accentue, à inquiéter les protestants, mais dans l'immédiat, il offre l'intérêt tactique de couper court aux manœuvres des princes et à d'éventuelles tentatives de leur part pour chercher à Madrid un appui et une aide dans leurs intrigues contre la Reine.

Avec cela, Marie de Médicis est servie par la chance et par l'efficacité de l'équipe qui la seconde. De la chance, il en faut toujours quand on gouverne. Or, elle n'a pas fait défaut jusqu'ici à Marie de Médicis. Au moment de l'établissement de la régence, Condé et Soissons se sont trouvés tous deux absents de Paris lors de la mort du Roi ; la chance sera encore au rendez-vous en 1612 avec la mort subite de Soissons, le plus intelligent et le plus dangereux des princes. Quant à l'équipe, nous en connaissons déjà les contours : les anciens ministres d'Henri IV, d'où Sully disparaît tandis que Villeroy prend rapidement la première place, l'ambassadeur de Florence, et le nonce, auxquels se joint bientôt – ce qui aurait été inconcevable sous Henri IV – l'ambassadeur d'Espagne. Concini, qui n'est pas sans habileté, sert fidèlement la Régente contre ceux qui s'attaquent à son pouvoir, tout en assouvissant ses propres appétits.

Forte de ces divers éléments, Marie de Médicis pourrait, en théorie du moins, mener une politique de fermeté, et le fait est que, dès les premiers mois de sa régence, elle se montre capable d'agir avec rapidité et esprit de décision. Mais très tôt se manifestent aussi les effets de son impréparation et de l'irrésolution qui sont partie intégrante de son caractère ; devant certaines insolences, elle ne sait pas parler avec la hauteur, voire la brutalité, qui s'imposeraient. Marquée sans doute par ses origines florentines, elle biaise devant l'obstacle si elle ne se sent pas sûre de sa force, et, évitant l'assaut frontal, elle a pour réflexe de chercher à acheter l'adversaire faute de pouvoir réduire son opposition. A tout prendre, Henri IV n'avait pas procédé autrement lors de la phase finale de la soumission de la Ligue, mais la grande différence entre son comportement et celui de Marie de Médicis résulte du manque de jugement de Marie – ce manque de jugement que le Grand-Duc de Toscane et Henri IV avaient si bien vu : Marie ne sait pas doser ses libéralités, car elle n'a pas le sens des vrais rapports de force.

Aussi longtemps qu'elle se sentira adossée aux caisses pleines du trésor de guerre de la Bastille patiemment constitué par Sully tout au long du règne d'Henri IV, Marie de Médicis, avec le sentiment trompeur que les réserves sont quasi-inépuisables, paiera les dévouements d'un prix si élevé et à un rythme si rapide que les finances de l'État vont se trouver rapidement exsangues. Contrainte alors de faire preuve de fermeté, car elle n'a plus rien à donner, elle saura se comporter avec énergie – mais par à-coups, et à condition que la tension que lui demande l'exercice de l'autorité ne vienne pas trop bousculer ses habitudes d'indolence. Avec l'humeur impérieuse que tous les observateurs lui reconnaissent, elle montrera un réel esprit de décision, et les actions de force qu'elle entreprend dans ces conditions sont en général couronnées par la réussite – prouvant ainsi qu'un peu plus de constance dans l'autorité lui aurait sans doute épargné bien des ennuis.

Au début de décembre 1610, Condé, revenu à Paris, prétend se faire payer immédiatement 800 000 livres, montant de la dette morale que la couronne a, d'après lui, envers sa famille pour la peine que ses aïeux ont prise dans les guerres de religion. Il revendique en outre la dignité de connétable à la mort de son détenteur actuel, le duc de Montmorency, et exige le droit de nommer des officiers de son choix dans toute l'étendue de son gouvernement de Guyenne. Aussi longtemps que ses demandes ne seront pas satisfaites, il n'assistera plus au Conseil. Le Chancelier déploie toute son éloquence, la Reine insiste, en vain, car Condé ne veut pas en démordre. Bien plus, il lance une véritable campagne en vue de la convocation des États-Généraux pour leur soumettre le problème constitutionnel de la régence.

Les autres Grands ne peuvent demeurer en reste. Le 10 décembre, le duc d'Épernon brave lui aussi la Reine. Il veut entrer en carrosse dans la cour du Louvre, privilège réservé aux princes. La garde s'y oppose et le duc est obligé de descendre. Le lendemain, il revient en force et cherche à nouveau à entrer en carrosse dans la cour du Palais. Les gardes, cette fois, mettent la pointe de leurs hallebardes sur la poitrine des chevaux. Le duc est obligé comme la veille de gagner le Louvre à pied. Il se rend chez la Reine, à qui il fait le récit de ce qui vient de se passer, en ajoutant qu'Henri IV lui avait accordé autrefois, par respect pour son âge (il a 57 ans) et en considération de ses rhumatismes, le droit d'accéder à la cour du Louvre en carrosse pendant la nuit; Marie de Médicis, par esprit d'apaisement, accorde au duc le droit d'entrer désormais en carrosse jour et nuit, tout en lui demandant de ne pas tenir rigueur aux gardes d'avoir tout simplement voulu respecter la consigne. Cinq jours plus tard, le duc d'Épernon fait rosser l'officier qui lui avait refusé le passage. La Reine, à cette nouvelle, se laisse aller à une vive colère, mais ne fait rien pour châtier l'insolence du duc qui vise bien plus sa propre autorité que le malheureux officier de sa garde.

L'impunité dont jouit le duc d'Épernon constitue un exemple qui n'est pas perdu pour tout le monde. Le 17 décembre, le prince de Condé, sans dire un mot, quitte Paris pour se retirer dans ses propriétés de Bourgogne. Sa femme le suit le lendemain. Quant au comte de Soissons, qui avait fini, à contre-cœur, par annoncer son retour à Paris, il fait dire maintenant à la Reine qu'il entend rester en Normandie pour inspecter l'état des fortifications et des approvisionnements des places fortes de cette province.

L'excès même de ces comportements et l'outrage qu'ils constituent pour l'autorité royale provoquent l'indignation de l'opinion. On critique la faiblesse de la Reine et l'impudence des Grands. Les plus proches de Marie, les Guise, se détachent alors de cette espèce de coalition qui s'était constituée pour contester sa légitimité de Régente. Le 19 décembre, avec son oncle le duc de Mayenne, le vétéran de la Ligue, chef de la Maison des Guise, le duc de Guise vient assurer la Reine du loyalisme absolu de leur famille. Mayenne donne même à la Reine le conseil d'envoyer Condé rejoindre à la Bastille le comte d'Auvergne.

La rupture du front des princes est consommée. Il ne reste plus à Condé et à Soissons qu'à en prendre acte. Marie de Médicis fait dire à Soissons de regagner Paris immédiatement : dès le 23 décembre, il revient dans la capitale présenter ses excuses à la Reine. Quant à Condé il rentre à Paris le 29 décembre sans autre forme de procès et en ne soufflant plus mot d'une éventuelle convocation des États-Généraux.

En cette fin d'année 1610, la fermeté s'est donc révélée payante. La Reine-Régente saura-t-elle retenir la leçon et faire preuve, désormais, d'un minimum d'autorité ?

1611.

Dès les tout premiers jours de 1611, Marie de Médicis va malheureusement perdre le bénéfice de l'énergie qu'elle avait su montrer en décembre précédent. Le 3 janvier, dans le cabinet même du Roi, une violente querelle oppose le duc de Bellegarde, Grand Écuyer, à Concini devenu Premier Gentilhomme de la Chambre du Roi, sur la question de savoir qui couchera dans la pièce la plus proche de celle où dort Louis XIII. Le ton monte, Concini lance un défi au duc de Bellegarde ; la Reine aussitôt mise au courant s'emploie à empêcher le duel, fait arrêter Bellegarde séance tenante et rechercher Concini qui s'était glissé hors du Louvre après avoir défié son adversaire. On finit par retrouver Concini en pleine nuit, et le lendemain le comte de Soissons réconcilie solennellement les deux antagonistes. Mais entre-temps, toute la Cour avait pris feu et flammes pour l'un ou pour l'autre, et les esprits sont fort montés.

Condé en profite pour présenter une nouvelle fois ses revendications. Le 5 janvier, Marie de Médicis décide de les satisfaire. Elle ramène les 800 000 livres qu'il demandait à 600 000 payables en trois ans, mais en compensation elle lui fait cadeau du comté de Clermont et lui donne le commandement de deux compagnies de soldats de métier, l'une de 100 hommes d'armes, l'autre d'un nombre égal de chevau-légers. Condé, qui se prétendait victime d'une petite indisposition, se trouve miraculeusement guéri lorsqu'on lui annonce la nouvelle, et se précipite aux pieds de la Reine pour lui exprimer sa reconnaissance et l'assurer d'un dévouement sincère et éternel. Le même jour, aux petites heures du matin, avait été célébré le mariage du duc de Guise avec Madame de Montpensier, l'une des amies les plus proches de Marie de Médicis, qui apportait une dot véritablement princière ; l'autorisation de la Reine avait été accordée en pleine nuit. En satisfaisant à la fois les Guise et Condé, Marie de Médicis espérait clore le chapitre des revendications. Elle ne faisait que déclencher une nouvelle vague de demandes.

Les faveurs consenties au duc de Guise excitent la jalousie du comte de Soissons, les largesses dont vient de bénéficier Condé provoquent la colère du prince de Conti. Soissons demande pour son fils la promesse d'épouser Mademoiselle de Montpensier ; nous avons eu l'occasion de voir que la main de celle qu'on considérait comme la plus riche héritière du royaume avait été promise au petit duc d'Orléans, fils cadet d'Henri IV et de Marie de Médicis. La Reine ne pouvait consentir à déposséder son propre fils. Soissons affecte alors de vouloir se venger sur le duc de Guise du refus de Marie. Le duc de Guise, pris d'une saine émulation, prétend de son côté faire annuler la promesse de mariage entre Mademoiselle de Montpensier et le duc d'Orléans au profit d'une union avec un prince de sa propre famille.

Le prince de Conti se trouve peu après à l'origine d'un incident violent qui manque dégénérer en émeute. Le prince ne décolérait pas des satisfactions accordées par la Reine à Condé, et son humeur était des plus maussades. Au matin du 11 janvier, tandis qu'il grommelait au fond de son carrosse, son cocher, en essayant, rue Saint-Honoré, de dépasser un carrosse qui le gêne, se prend de querelle avec l'autre conducteur. On se menace du fouet, on saisit les rênes des chevaux adverses. Bien que presque sourd, Conti entend les échos de l'altercation, met la tête à la portière, et se met à vociférer autant qu'il lui est possible – il était également bègue. Il s'aperçoit à ce moment-là que le carrosse adverse porte les armoiries du comte de Soissons, son frère, qui se trouve d'ailleurs là tranquillement assis au fond de sa voiture en se divertissant de la querelle des cochers. Devant la colère de Conti, Soissons descend de voiture et prie son frère d'excuser son cocher. Qu'il l'ait entendu ou pas, Conti se contente de crier par la portière de son carrosse : « A demain, pourpoint bas ! »

Soissons, que toute l'affaire amuse plutôt et qui ne prend guère au sérieux le défi lancé par son frère, prévient quand même Marie de Médicis qui demande au duc de Guise de se rendre en ambassade auprès de Conti pour le calmer ; rappelons que la princesse de Conti est la sœur du duc de Guise. En se rendant à l'Hôtel de Conti, Guise, qu'escortent une soixantaine de gentilshommes, passe tout près de l'Hôtel de Soissons. Le bruit qu'il fait avec sa troupe ne plaît pas au comte qui jure que le duc de Guise le provoque et qu'il va en tirer raison. Il fait prévenir Condé et ses amis, qui rassemblent plus de 200 cavaliers et défilent longuement dans les rues de Paris, en signe de défi à l'égard du duc de Guise, avant de se rendre au Louvre où la Reine entend longuement Soissons et Condé exposer leurs doléances respectives. C'est à qui se plaindra avec le plus de véhémence des insolences des Guise ; toute l'histoire de la Ligue y passe, et la chaîne des vendettas semble près de s'enrichir de quelques nouveaux maillons. Les Bourbon contre les Guise : la Cour se passionne et se divise. Le duc de Nevers, le duc de Vendôme, le duc de Bellegarde, le duc d'Épernon, Sully, Rohan, prennent parti pour les Guise. Concini rejoint le camp de Soissons et Condé. L'agitation est telle qu'on double la garde du Louvre et qu'on donne l'ordre à la milice parisienne de prendre les armes et de tendre des chaînes en travers des rues. Pendant les deux jours qui suivent, d'interminables heures s'écoulent en palabres infructueuses. Le Conseil réuni autour de Marie de Médicis s'évertue à mettre au point des formules d'accommodement qui sont tour à tour repoussées par l'un et l'autre camp.

Et puis, le troisième jour, soudain tout se calme. Le duc de Mayenne joue le rôle de père noble et prononce des paroles d'apaisement, sans oublier de réaffirmer sa loyauté et celle de sa famille à l'égard de la Reine.

Le prestige de Marie de Médicis sort renforcé du règlement de cette affaire. Les Parisiens, qui avaient répondu à l'agitation des Grands par toutes les manifestations d'une vive hostilité, tiennent eux aussi à réaffirmer leur fidélité à l'égard de la Reine. Marie de Médicis triomphe sans modestie, mais prend tout de même la précaution de rapprocher de Paris quelques centaines d'hommes d'armes destinés à intervenir à tout hasard, si de semblables incidents devaient se reproduire.

Sur le plan intérieur, le calme ne sera plus guère troublé jusqu'à la fin de l'année. Publié à l'instigation du duc de Mayenne, un ouvrage intitulé *De la Monarchie aristocratique* soutient que les femmes ne peuvent être admises au gouvernement de l'État. La Reine-Mère fait saisir le livre, mais juge à propos de pardonner à l'auteur.

Les protestants se réunissent à Saumur. Malgré quelques tentatives sans beaucoup d'élégance de Sully pour faire de ses rancœurs personnelles contre la Reine une querelle des protestants contre les catholiques, la majorité des réformés garde son calme. Le 24 juillet, la Reine leur accorde d'assez larges satisfactions : les places de sûreté qu'ils occupent leur sont garanties pour une nouvelle durée de cinq ans, les sommes consacrées aux salaires des pasteurs sont augmentées de 45 000 livres à condition que leur nomination soit soumise à l'agrément de la Reine. Le 12 septembre 1611, l'assemblée de Saumur se sépare, dans l'ensemble satisfaite.

La puissance de Concini se renforce régulièrement. Le jeu de bascule entre les clans obtient de bons résultats et l'on n'entend plus parler pour le moment de la réunion des États-Généraux que les princes réclamaient avec tellement d'ardeur à la fin de l'année 1610.

Quand, dans les derniers jours de novembre 1611, la Reine fait dire qu'elle compte sur la présence des princes à Paris pour les fêtes de Noël, tout le monde obtempère sans murmurer. Deux deuils frappent la Cour : au début du mois d'octobre meurt le duc de Mayenne ; un mois plus tard, c'est le tour de Nicolas duc d'Orléans. Aucune de ces deux disparitions n'affecte outre mesure la Reine, qui compte profiter du grand rassemblement des princes à Paris pour leur faire avaliser les premiers infléchissements sensibles qu'elle apporte à la politique étrangère d'Henri IV.

PUBLICATION DES MARIAGES ESPAGNOLS.

Pendant les fêtes de Noël et jusqu'au début du mois de janvier 1612, des centaines, des milliers de gentilshommes affluent à Paris. C'est l'époque en effet où l'on arrête le budget de l'année suivante, et notamment le montant des pensions. Plus de 6 000 gentilshommes se pressent à la Cour dans cette perspective, chacun cherchant par sa présence à obtenir au minimum le maintien des avantages acquis et si possible, bien entendu, une augmentation. Au milieu d'une telle foule aux appétits exacerbés, des incidents, voire des rixes, ne peuvent manquer de survenir encore plus souvent qu'à l'accoutumée. Une fois de plus, des bagarres éclatent entre des gentilshommes appartenant aux Guise et d'autres du parti des Bourbon. Une fois de plus, on fait prendre les armes aux milices bourgeoises de la capitale et l'on fait tendre des chaînes en travers des rues.

Afin de montrer aux Grands les limites de leur puissance, Marie de Médicis fait entrer dans Paris une partie des troupes cantonnées aux abords de la capitale et, les 22 et 23 janvier, le jeune Louis XIII se rend à la chasse avec une impressionnante escorte de plusieurs centaines de chevau-légers. Cette démonstration de puissance précède immédiatement l'annonce officielle des mariages espagnols qui a lieu le 26 janvier 1612.

Marie a convoqué le Conseil en annonçant à ses membres qu'il donnerait lieu à une importante communication. Tous les ministres sont là, les princes du sang, les principaux officiers de la Cour. La Reine donne la parole au Chancelier, qui rappelle pour commencer l'ancienne politique d'union avec la Savoie marquée par le Traité de Brussol et le projet de mariage entre le fils du duc et l'aînée des enfants de France, destiné à prolonger l'alliance politique par une alliance matrimoniale. Les conditions ayant changé, ajoute-t-il, la Reine avait été conduite à reprendre la parole autrefois donnée par Henri IV et à envisager pour Madame Élisabeth une autre union plus conforme aux impératifs du moment. La Reine n'ayant d'autre souci que de remettre entre les mains de son fils devenu majeur un royaume paisible au-dedans et au-dehors, le mariage d'Élisabeth avec l'héritier de la couronne d'Espagne lui paraît dans cette perspective le moyen le plus propre à assurer la tranquillité publique.

Quelques jours plus tard, on s'arrange pour que l'ambassadeur d'Espagne rencontre, apparemment par hasard, dans un couloir du Louvre, Marie de Médicis en compagnie de sa fille. Don Inigo de Cardenas s'agenouille devant Madame Élisabeth, et lui baise la main comme à sa future Reine. Le prince de Condé, Soissons, d'Épernon, le duc de Guise, la plupart des ministres, un grand nombre d'autres personnages importants qui faisaient escorte à la Reine, assistent à la scène, qui fait grande impression. Les uns – les Guise et leurs amis – s'en réjouissent ; les autres – Condé et Soissons – se rembrunissent devant l'évidente détermination que manifeste la Reine.

Condé exprime sa mauvaise humeur en s'en prenant à Concini, qu'il accuse de soutenir ouvertement les Guise et leur politique pro-espagnole. Concini, qui ne brille certes pas par le courage, prend très au sérieux les manifestations de mécontentement de Condé, et, croyant ou feignant de croire sa sécurité menacée, s'entoure d'une garde nombreuse. Condé s'en offense, déclare qu'il n'est pas homme à pratiquer l'assassinat politique, et quitte Paris.

De son côté, Soissons réclame la communication du compte des dépenses de l'État pour l'année écoulée. Marie de Médicis lui permet d'en prendre connaissance, mais au Louvre, et en présence des membres du gouvernement. A cette réponse, Soissons éclate en déclarant qu'il ne demande pas une faveur, mais l'exécution d'un droit, affirmant que les ministres ont vis-à-vis des princes du sang, collectivement tuteurs avec la Reine du jeune Roi mineur, une obligation permanente de rendre compte. « Vous voyez cependant, ajoute-t-il, que quand nous allons au Conseil, on ne nous montre que trois ou quatre méchantes lettres, et la gazette et tout le reste qui est important se fait en secret, sans qu'on nous dise quoi que ce soit jusqu'au moment où les choses sont acquises. Voyez ce qui se passe quand des gouvernements importants sont vacants : on nous dit après coup qu'on les a donnés à untel et untel... On marie le Roi et on nous en rend compte après coup ; le Grand Chancelier doit s'occuper des affaires de Justice, et Villeroy doit donner des conseils et écrire ce qu'on lui commande ; les ministres n'ont pas à prendre des décisions et à agir de leur propre mouvement ; et si la Reine est Régente, je ne sais pas de quelle manière elle l'est, car je ne sache pas que les États-Généraux se soient réunis pour l'élire ; je ne sache pas que le Roi Henri ait laissé des instructions par testament, et encore moins que le Parlement ait autorité pour l'élire ; je sais fort bien le contraire. Et si cependant Sa Majesté prétend être Régente en vertu des testaments d'autres Rois, qu'elle regarde comment se gouvernait l'État à l'époque de ces Rois, quand rien, absolument rien ne se décidait et ne se faisait jamais sans le conseil des princes et officiers de la couronne [14] ». Soissons refuse de se rendre au Louvre et, peu après, quitte Paris pour rejoindre Condé. Les deux princes se promettent de coordonner étroitement leur action et de refuser tout consentement aux mariages aussi longtemps que leurs revendications n'auront pas été satisfaites.

14. Dépêche de Matteo Botti, 26 février 1612.

Pour empêcher Condé et Soissons d'ouvrir la crise de régime à laquelle ils se préparent, Marie de Médicis ne voit pas d'autre solution que la fuite en avant. De grandes fêtes sont prévues à l'occasion du Carnaval pour provoquer dans l'opinion publique un mouvement d'adhésion à l'égard des mariages espagnols. Peu avant ces fêtes, l'ambassadeur d'Espagne reconnaît officiellement Madame Élisabeth comme sa souveraine. Il ne s'agit plus d'un hasard quelque peu arrangé, mais d'un geste délibéré, soigneusement préparé, ayant le caractère d'une manifestation symbolique à laquelle on entend donner le plus d'éclat possible. Le 25 mars, à dix heures du soir, dans la grande galerie du Louvre archi-comble, en présence des Grands, des princes – sauf les Bourbon – des ministres, des maréchaux de France, des grands dignitaires de la Cour, don Inigo de Cardenas, après avoir fait sa révérence au Roi, s'agenouille devant Madame Élisabeth, habillée à l'espagnole, d'une robe de toile d'argent couverte d'une garniture d'or. Le chapeau à la main, l'ambassadeur s'adresse à elle avec tous les termes du respect et du dévouement, restant selon l'usage espagnol constamment agenouillé à ses pieds pendant tout le temps de sa harangue. Cette fois, ce n'est plus la surprise qui se marque comme deux mois auparavant sur la figure des assistants, mais le contentement, et un mouvement de fierté. Pour les uns, c'est une grande satisfaction de voir la France s'unir à la nation la plus catholique d'Europe. Pour d'autres, c'est une sorte de revanche sur l'Histoire de contempler le représentant de Madrid à genoux devant la fille aînée d'Henri IV.

La volonté de donner un éclat particulier au Carrousel prévu Place Royale a compliqué les préparatifs, et on a dû reculer la date des festivités. Le 5 avril, enfin, tout est prêt, et la fête commence. Elle va durer trois jours. Le thème en est la lutte pour s'emparer d'un château dénommé le « Château de la Félicité ». Un parti de chevaliers le garde, un autre prétend s'en emparer. Les Guise, les Grands de la Cour, y participent au premier rang. Un prince du sang est là, le prince de Conti, mais sa femme est une Guise ; en revanche l'absence de Condé et de Soissons est abondamment commentée. Chaque soir, on illumine les rues de Paris, et le Roi et la Reine-Mère, suivis d'une escorte nombreuse, défilent dans la capitale sous les applaudissements et les acclamations de la foule. Un seul ambassadeur participe à ces réjouissances à la place d'honneur, l'ambassadeur d'Espagne évidemment. Le dernier soir, la fête s'achève en apothéose par l'embrasement du Château de la Félicité au milieu d'un feu d'artifice grandiose.

Dans les jours qui suivent, Louis XIII est un peu souffrant et doit garder le lit. Son état de santé s'aggrave, et le 12 avril la petite vérole se déclare. L'inquiétude, l'émotion, sont considérables, mais il apparaît très vite que la maladie est bénigne, et au bout de quelques jours le Roi est guéri et de nouveau sur pied. Marie de Médicis peut alors se consacrer à ce qui est devenu maintenant son objectif numéro un : le retour de

Condé et de Soissons. Les tractations avec les princes du sang n'avaient évidemment pas cessé, mais aucune des nombreuses tentatives effectuées n'avait abouti jusque-là. Après la réussite des fêtes de la Place Royale et la guérison du Roi, la Reine reprend ses efforts avec la ferme intention cette fois d'aboutir. Sa position est plus forte qu'avant : les fêtes ont montré la popularité immense du Roi, et les Bourbon, en laissant le champ libre aux Guise, peuvent légitimement s'inquiéter de voir leurs vieux rivaux en bonne position pour exploiter à leur seul profit le succès de la politique pro-espagnole dont ils restent les fervents propagandistes.

Marie de Médicis charge Concini de la négociation, avec le concours de deux membres du gouvernement, Villeroy et le Chancelier Sillery. Ils finissent par obtenir la conclusion d'un accord avec les princes, le Pacte de Montigny, signé le 23 mai 1612. Condé et Soissons acceptent de donner leur signature aux traités de mariage, en échange de deux concessions de la Reine : la promesse de ne plus rien faire à l'avenir sans leur participation et leur consentement, et l'octroi pour chacun d'eux d'une place de sûreté.

Le 31 mai, Condé et Soissons entrent dans Paris avec une suite de 700 à 800 cavaliers et deux jours plus tard, ils gagnent Fontainebleau où se rend la Cour. Marie de Médicis s'attache à obtenir sans retard la signature des princes. En petit Conseil, on lit les contrats de mariage, dont le préambule énonce clairement que les trois princes du sang nommément désignés, Soissons, Conti et Condé donnent leur accord après en avoir pris connaissance. Les princes acquiescent, mais ils insistent pour obtenir au plus vite les places de sûreté promises par le Pacte de Montigny et, dans la foulée, réclament des faveurs supplémentaires : Soissons veut toujours marier son fils à Mademoiselle de Montpensier, et Condé renouvelle son souhait de devenir connétable à la mort du duc de Montmorency. En ce qui concerne la demande de Soissons, Marie de Médicis, de guerre lasse, finit par accepter et décide d'en parler aux tuteurs de la jeune fille, le duc d'Épernon et le cardinal de Joyeuse ; ce sont eux qui, froissés, s'y opposent : si Mademoiselle de Montpensier a été jugée digne d'épouser le frère du Roi, n'est-ce pas déchoir que de vouloir la marier maintenant à un simple prince ? Pour ce qui est de la connétablie, les ministres font répondre qu'il n'est pas possible d'en disposer avant la majorité du Roi.

Marie de Médicis, sans accorder satisfaction aux demandes de Condé et de Soissons, s'était cependant comportée avec suffisamment de bonne volonté à leur égard pour que l'un et l'autre décident de rengainer leurs revendications, et de renouveler leur promesse de signer les contrats lors de la cérémonie publique prévue pour la fin août.

En juillet, le duc du Maine et le secrétaire d'État Puisieux partent pour Madrid avec l'un des exemplaires du projet de contrat. De son côté, un ambassadeur extraordinaire du Roi d'Espagne, le duc de Pastrana, quitte Madrid et se dirige vers Paris porteur d'un autre exemplaire. Le 13 août, il fait dans la capitale française une entrée fastueuse. Le 16 août, il est officiellement présenté à Louis XIII, à Marie de Médicis et aux enfants royaux. Le 25 août 1612, jour de la Saint Louis, le contrat est solennellement signé.

La cérémonie a lieu dans la chambre du Roi, dans la deuxième partie de l'après-midi. Les participants sont relativement peu nombreux : le Roi et la Reine-Mère bien sûr, Madame Élisabeth et Madame Christine, la Reine Marguerite, les princes du sang, les princesses, les maréchaux de France, quelques grands seigneurs, et les membres du gouvernement. Deux ambassadeurs aussi : le nonce et l'ambassadeur du Grand-Duc de Toscane, qui ont pris une grande part à la réussite de l'affaire. On fait entrer le duc de Pastrana et don Inigo de Cardenas ; ils saluent Louis XIII et Marie de Médicis, et s'agenouillent devant Madame Élisabeth, bientôt Reine d'Espagne. Villeroy donne lecture du contrat, qui est ensuite signé par Louis XIII, Marie de Médicis, Madame Élisabeth, Marguerite, les deux ambassadeurs espagnols, le nonce, l'ambassadeur de Florence, les princes du sang et les quelques autres grands seigneurs qui avaient assisté à la cérémonie. Puis tout le monde se retire. Marie de Médicis a gagné.

Elle marque son triomphe en offrant des fêtes fastueuses en l'honneur de Pastrana. Le 26 août, Marguerite de Valois donne un bal dont la somptuosité frappe vivement les imaginations. Les gazettes s'extasient sur l'habillement de Louis XIII, ses chausses plissées en broderie d'or sur fond vert, la chaîne de diamants qui fait deux fois le tour de sa taille, la toque de velours noir ornée d'une plume blanche et les gros boutons de diamants qui ornent ses bas de soie et le cordon de l'Ordre du Saint-Esprit. La Reine est toujours vêtue de noir bien que son deuil soit officiellement terminé depuis le 14 mai. Madame Élisabeth est resplendissante, avec sa robe de satin vert couverte de broderies d'or et prolongée d'une traîne royale, et une infinité de diamants semés sur sa tête et son corset. Quant à l'hôtesse, la Reine Marguerite, elle porte une robe de drap d'argent semée de diamants assemblés en forme de roses du plus heureux effet.

Quelques jours plus tard, le duc de Pastrana reçoit de Madrid une dépêche lui annonçant que la signature par le Roi Philippe III, son fils aîné le prince des Asturies (le futur Philippe IV), l'Infante Anne d'Autriche, et les grands officiers de la couronne d'Espagne, du contrat qu'avaient emporté le duc du Maine et Monsieur de Puisieux est intervenue le 22 août. Le 9 septembre 1612, l'ambassadeur extraordinaire prend congé du Roi et de la Cour, et quitte Paris le 11, non sans avoir reçu de Marie de Médicis de magnifiques présents pour une valeur estimée à 60 000 livres.

L'ambassade s'achevait cependant dans un climat plutôt lourd. Des froissements s'étaient produits entre Espagnols et Français. Trop de raideur chez les premiers de l'avis des Français, trop de laisser-aller et de légèreté chez les seconds aux yeux des Espagnols. Puis, de Madrid on recevait la nouvelle que le duc du Maine s'était conduit auprès des dames espagnoles avec une galanterie dont Philippe III lui avait fait reproche. Les ambassadeurs français, en quittant l'Espagne, emportaient des cadeaux dont ils raillaient le mauvais goût et le peu de valeur.

Au demeurant, l'opinion publique, prenant connaissance du contrat de mariage, s'aperçoit qu'il ne comporte aucune clause d'alliance entre les deux royaumes. L'union matrimoniale ne se prolonge pas dans les textes par un accord politique, fût-il même à l'état d'ébauche. Chaque princesse renonce à ses droits sur les États de la couronne dont elle est originaire, chacune est dotée d'une même somme de 500 000 écus d'or, et l'on se promet au surplus, verbalement, de se porter secours en cas de besoin. Plus que le contenu des contrats, c'est l'effet psychologique des mariages espagnols qui compte, et leurs conséquences politiques n'allaient pas tarder à se traduire dans un premier temps par de sérieux problèmes aussi bien sur le plan international que sur le plan intérieur.

DIFFICULTÉS AVEC LA SAVOIE. LE MARIAGE ANGLAIS.

C'est avec la Savoie qu'éclatent les premières difficultés. Le duc de Savoie ne se résigne pas à ne pas obtenir l'exécution de la promesse qui avait été faite du temps d'Henri IV d'accorder Madame Élisabeth à son fils aîné le prince de Piémont. Profitant de l'attitude de Condé et de Soissons, il s'efforce, dès les premiers jours de l'année 1612, d'obtenir leur appui contre la politique des mariages espagnols. A la suite du Pacte de Montigny, comprenant que ses tentatives pour ruiner de l'intérieur la négociation entre Marie de Médicis et l'Espagne sont vouées à l'échec, il cherche désormais à faire pression sur la Reine-Mère en l'inquiétant dans sa politique étrangère. La manœuvre consiste à ouvrir des négociations avec d'autres Cours étrangères en vue du mariage de son fils, en espérant ramener ainsi le gouvernement français au respect de l'accord conclu entre Henri IV et le duc de Savoie ou, à défaut, lui faire chèrement payer la rupture de cet accord.

On voit ainsi le duc demander pour son fils la main de l'Infante Anne d'Autriche. Le gouvernement espagnol se gausse de cette prétention, ce qui n'empêche pas le duc de persister dans sa demande. En fait, il ne devait guère beaucoup compter sur la réussite de cette négociation car il entreprend au même moment, beaucoup plus sérieusement, de discuter avec l'Angleterre. Le Roi Jacques Ier, en effet, a une fille, la princesse

Élisabeth, que le duc de Savoie verrait bien mariée avec son fils. Une telle alliance ne déplairait pas au Roi d'Angleterre, mais le duc de Savoie cherche à l'entourer d'un certain nombre de conditions dirigées contre la France : rupture de l'alliance entre l'Angleterre et la France, et rupture des négociations amorcées entre Paris et Londres pour marier le fils aîné de Jacques Ier, Henri, prince de Galles, à la deuxième fille de Marie de Médicis, la princesse Christine.

Les discussions du duc de Savoie avec l'Espagne ne peuvent pas aboutir à un résultat concret sur le plan matrimonial. Philippe III a trop le sens de sa dignité et de celle de sa famille pour donner l'une de ses filles à un prince de seconde zone. Même quand le duc de Savoie abandonne ses prétentions à l'égard d'Anne d'Autriche et demande pour son fils la main de n'importe laquelle des filles du Roi d'Espagne, Philippe III continue d'opposer le refus le plus ferme. Mais Madrid trouve dans ces demandes répétées du duc de Savoie une excellente occasion pour obliger ce dernier à rentrer de plus en plus dans une alliance politique avec l'Espagne. C'était le moyen pour Madrid, même en prenant acte du rapprochement avec la France, de compléter le système d'encerclement territorial du royaume sur sa frontière sud-est, tout en s'assurant un moyen de passage garanti en toutes circonstances entre ses possessions du Milanais et des Pays-Bas espagnols, via la Franche-Comté.

Avec l'Angleterre, le duc de Savoie se croit un moment bien près de réussir. L'ambassadeur de Jacques Ier à Paris a pris un vif ombrage de la politique de rapprochement de Marie de Médicis avec l'Espagne. Certes, l'hostilité de l'Angleterre, ou du moins de son gouvernement, à l'égard de Madrid n'est plus du tout ce qu'elle était du temps de la Reine Élisabeth : Jacques Ier a décidé de normaliser ses relations avec l'Espagne, et l'idée d'un mariage entre le prince de Galles et l'une des filles de Philippe III a même été examinée avec attention par son gouvernement. Mais l'Angleterre entend garder l'initiative dans la voie d'une amélioration de ses rapports avec l'Espagne et s'inquiète de voir la France l'y précéder. L'ambassadeur d'Angleterre à Paris multiplie donc les mises en garde et boude ostensiblement les manifestations et les réjouissances qui accompagnent l'annonce officielle des mariages espagnols. Cette attitude décide la Reine-Mère à faire un gros effort pour presser le projet de mariage entre le prince de Galles et sa fille Christine. Presser est du reste une façon de parler car, si le prince héritier de la couronne d'Angleterre a 18 ans, Madame Christine n'a encore que 5 ans et demi !

La Reine envoie alors à Londres un ambassadeur extraordinaire, un protestant, un prince parmi les plus importants du royaume, le duc de Bouillon. Il est chargé d'informer officiellement la couronne d'Angleterre du projet de signature des contrats relatifs au double mariage espagnol. Il emporte même une copie du texte des contrats, afin de le montrer au Roi d'Angleterre et de lui faire constater sur pièces que, contrairement à ce qu'on entend dire de-ci de-là, le projet de mariage ne comporte aucune clause politique. Le duc de Bouillon quitte Paris le 22 avril 1612. Il n'était que temps car on apprend sur ces entrefaites qu'un ambassadeur extraordinaire du Roi d'Espagne, porteur d'une proposition de Philippe III offrant la main de sa seconde fille au prince de Galles, se rend également à Londres. Paris ou Madrid, tel était le choix qui s'offrait au Roi d'Angleterre. Le duc de Savoie pour sa part multiplie les pressions pour que l'Angleterre se détourne en tout cas du mariage français et, comme si tout cet imbroglio n'était pas suffisamment compliqué, il complète l'offre de mariage entre son propre fils et la fille de Jacques Ier par une proposition d'union entre le prince de Galles et l'une de ses filles. Au double mariage franco-espagnol aurait ainsi répondu un double mariage anglo-savoyard !

L'alliance avec l'Espagne posant trop de problèmes de politique intérieure, et l'union avec la Savoie n'offrant pas sur le plan extérieur un attrait suffisant, Jacques Ier, tout bien pesé, opte pour le mariage français. Dès le mois de juin, le duc de Bouillon revenu d'Angleterre peut rendre compte à la Reine du succès quasi assuré de sa mission. Au mois de septembre, Londres fait connaître officiellement son accord de principe pour mener à terme les discussions relatives au mariage entre le prince de Galles et Madame Christine. Le duc de Savoie pour sa part essuie un échec total car la fille de Jacques Ier, la princesse Élisabeth, est donnée en mariage au fils de l'Électeur Palatin, l'un des princes protestants d'Allemagne les plus en vue.

Renversant ses batteries, le duc de Savoie effectue alors une nouvelle démarche à Paris, pour demander cette fois la main de Madame Christine : on lui avait promis la fille aînée d'Henri IV et de Marie de Médicis, mais il veut bien accepter la seconde ; il considère en tout cas qu'il a sur le Roi d'Angleterre un droit d'antériorité. Voici du coup le gouvernement français bien perplexe. Le raisonnement du duc de Savoie n'est pas sans valeur, et la plupart des ministres pensent qu'il faut éviter de s'aliéner un prince dont le caractère retors est universellement connu et qu'Henri IV s'était donné beaucoup de mal pour ramener d'une attitude de franche hostilité à une étroite alliance avec la France. Mais Marie de Médicis ne l'entend pas de cette oreille. D'abord, elle considère les intrigues menées par le duc de Savoie à Madrid et à Londres au cours des derniers mois comme autant d'offenses personnelles. La Reine-Mère est vindicative, surtout quand elle estime que sa dignité est en jeu. D'autre part, ce n'est pas au moment où elle vient de conclure le mariage de sa fille aînée avec l'héritier de la couronne d'Espagne qu'elle envisagera de donner la seconde à un prince notoirement connu comme l'un des plus pauvres de la Chrétienté. Sa fille Christine sera Reine d'Angleterre, ainsi en a décidé la Reine-Mère. Le Conseil ne peut qu'entériner cette position et hâter désormais la conclusion de l'accord avec l'Angleterre.

Un ultime marchandage s'engage alors entre Paris et Londres. Les Anglais, sachant maintenant que Marie de Médicis n'envisage pas d'autre union pour sa fille que celle avec le prince de Galles, font monter les enchères. La dot de Madame Élisabeth était de 1 500 000 livres, les Anglais veulent que celle de Madame Christine s'élève à 2 700 000. A la fin du mois d'octobre, Villeroy va trouver l'ambassadeur d'Angleterre pour lui faire part de l'accord de principe de la Reine-Mère : officiellement, on ne peut pas donner plus que ce qu'on a donné à Madame Élisabeth, mais en sous-main et à condition que cela ne se sache pas, on est tout à fait disposé à compléter la somme.

La bonne nouvelle est transmise à Londres, qui s'apprête à donner son accord définitif lorsque le prince de Galles, ayant pris froid au cours d'une promenade à cheval, tombe malade et meurt le 16 novembre 1612. Un nouveau prince de Galles succède à Henri, le jeune Charles, son frère cadet. Né en 1600, il est donc seulement âgé de 12 ans : la différence d'âge avec Christine est moindre que pour son frère aîné, mais Jacques Ier préfère remettre à plus tard le projet de mariage.

Les négociations s'arrêtent, et ne reprendront plus que sporadiquement jusqu'à l'éviction de Marie de Médicis du pouvoir. La Reine-Mère n'aura guère de part ensuite aux discussions menées sous l'égide de Luynes puis de Richelieu qui conduiront au mariage de Christine avec le fils du duc de Savoie, et à celui de la troisième et dernière fille de Marie, Madame Henriette, avec le prince Charles, devenu entre-temps le Roi Charles Ier d'Angleterre.

Puissance des Guise.

Marie de Médicis, pendant qu'elle fait échec avec bonheur aux intrigues du duc de Savoie, se sent assez forte pour tenir la dragée haute aux princes du sang. Maintenant qu'ils ont signé le contrat du double mariage espagnol, Condé et Soissons demandent l'application du Pacte de Montigny, notamment en ce qui concerne l'octroi d'une place de sûreté pour chacun dans son gouvernement respectif. Le prince de Condé, gouverneur de la Guyenne, a réussi à faire élire comme Maire de Bordeaux un homme à sa dévotion. Mais il lui manque la clé de la ville, le Château-Trompette, qui est aux ordres d'un gouverneur dépendant directement de la Reine. Il demande donc comme place de sûreté cette citadelle, qu'il avait d'ailleurs déjà revendiquée à diverses reprises auparavant. Marie de Médicis ne réserve pas un meilleur accueil à la demande qu'il formule maintenant en arguant de l'accord de Montigny, mais ne se presse pas pour autant de lui faire une contre-proposition. La Régente se montre aussi ferme à l'égard du comte de Soissons. Déjà gouverneur de la Normandie, il a jeté son dévolu sur la citadelle de Quillebœuf, située près de l'embouchure de la Seine, et qui commande l'accès de Rouen à la mer ; les pourparlers qu'il a entrepris avec le gouverneur de la place sont prêts d'aboutir lorsque Marie de Médicis s'interpose, fait arrêter les discussions, et rachète elle-même la charge de gouverneur de Quillebœuf, en s'empressant d'y envoyer une garnison de Suisses totalement dévoués à la couronne. Le comte de Soissons boude juste le temps qu'il faut, et regagne Paris lorsque la Reine manifeste l'intention de se fâcher.

L'autorité retrouvée est manifeste. La tante de Marie de Médicis, la Grande-Duchesse Christine de Toscane, auprès de qui on vante les succès remportés par la couronne de France, répond agacée qu'ils sont davantage dus aux effets de la Providence Divine qu'à la sagacité de sa nièce. Lorsqu'on rapporte le propos à Marie de Médicis, l'ambassadeur de Florence à Paris est immédiatement convoqué, vertement semoncé, et sommé d'obtenir de la Grande-Duchesse une rétractation écrite. La Grande-Duchesse ne peut faire autrement que de s'exécuter.

Les mariages espagnols ont considérablement grossi les prétentions de la famille de Guise. Marie de Médicis qui s'en inquiète multiplie les petites vexations destinées à montrer à cette famille altière que le pouvoir ne lui appartient pas. Du coup, le duc de Guise se rend dans son gouvernement de Provence, tandis que son ami Bellegarde part en Bourgogne.

Les protestants ne sont pas mieux traités. Ils font mine de convoquer sans la permission de la Reine une assemblée politique pour le 20 octobre à La Rochelle. C'est évidemment la conséquence du rapprochement avec l'Espagne, qui remplit de crainte les chefs du parti réformé et les pousse à envisager de nouveau, comme à l'époque d'Henri IV dans les mois qui avaient précédé l'Édit de Nantes, la mise sur pied d'une organisation militaire. La Reine réagit avec rapidité : elle fait commandement aux protestants d'annuler leur convocation, resserre les liens avec les municipalités des principales villes réformées, satisfaites dans le fond d'une régence qui maintient la paix contre les menées des Grands, et gagne le duc de Rohan, le seul prince protestant ayant de réelles qualités militaires et susceptible d'inquiéter le gouvernement royal.

Le nouveau langage de Marie de Médicis, s'il fait impression, ne supprime pas pour autant les causes profondes du bouillonnement perpétuel des esprits depuis les premiers jours qui ont suivi l'établissement de la régence. Il y a toujours en effet l'épineuse question de la légitimité même de la régence. Il y a aussi les appétits des Grands, les rivalités entre le clan des Bourbon et le clan des Guise, qui créent une surenchère perpétuelle dans la revendication et la menace. Il y a enfin le problème du parti protestant, qui voit ses positions inexorablement grignotées par les progrès de la Contre-Réforme.

Comme la critique, même si elle prend d'autres formes, ne peut jamais désarmer complètement, on reproche maintenant à Marie un comportement trop brutal, des manifestations d'autorité excessives. Le comte de Soissons, revenu à Paris par ordre de la Reine, adopte un ton pleurnichard qui tranche sur celui de la revendication hautaine qu'il avait adopté jusque-là : on lui a fait tort dans l'affaire de Quillebœuf, on veut dépouiller sa famille de ses droits, on l'a joué à Montigny en lui faisant des promesses que l'on n'avait pas l'intention d'honorer. Les amis de Soissons, des mécontents de toute sorte, se regroupent autour de lui. Sur ces entrefaites, il tombe malade et, le 31 octobre 1612, meurt brutalement de la petite vérole.

Cette mort providentielle libérait la Reine d'un éternel trublion, que sa qualité de prince du sang rendait quasiment intouchable. Marie s'attribue immédiatement le gouvernement de Normandie qu'avait Soissons et en profite pour diminuer les pensions dont il bénéficiait sous le prétexte que son fils unique, âgé de 8 ans seulement, n'a pas les mêmes besoins d'argent pour soutenir son train de vie. Le clan des Bourbon perd avec le comte de Soissons son véritable chef : le prince de Condé, au demeurant sans enfant, est un homme plus colérique que véritablement intelligent ; du prince de Conti, qui n'a pas d'enfant non plus, on a déjà vu ce qu'il en était. L'inconvénient de cette disparition, c'est la force nouvelle qu'elle donne à la famille des Guise. Le duc de Guise le comprend si bien qu'à peine arrivé en Provence, il tourne bride et regagne Paris où il arrive le 29 décembre.

Le danger de la puissance excessive des Guise n'allait pas tarder à se manifester dès le début de l'année 1613. L'un des jeunes frères du duc, le chevalier de Guise, épouse la querelle de la famille contre le baron de Luz, lieutenant du Roi en Bourgogne, qu'on accuse (ce qui n'était pas faux) d'avoir été placé là pour faire respecter les intérêts supérieurs de la couronne fût-ce contre le duc de Bellegarde, gouverneur de la province. A ce premier grief s'en ajoute un second : il paraît que le baron de Luz est dans une certaine mesure à l'origine de l'assassinat à Blois, sur l'ordre d'Henri III, d'Henri le Balafré, duc de Guise, père de l'actuel duc de Guise et du chevalier – vingt-cinq ans auparavant ! Le chevalier de Guise provoque le baron de Luz en pleine rue et le tue au premier engagement. Le simulacre de duel a eu lieu devant une foule considérable, rue Saint-Honoré ; le chevalier ne cherche ni à se cacher ni à fuir, vaque tranquillement à ses occupations et, le soir venu, rentre simplement chez lui. C'est de la provocation ! C'est ainsi, du moins, que le ressent la Reine.

Marie de Médicis, en apprenant la nouvelle, manifeste aussitôt un très vif mécontentement. Le duc de Guise, immédiatement accouru pour excuser son jeune frère et s'efforcer d'apaiser la Reine, reçoit une violente algarade. Avec la duchesse douairière, son amie, Marie échange des propos si vifs que la duchesse va rester plusieurs jours sans reparaître auprès d'elle. La princesse de Conti, sœur du duc et du chevalier de Guise, n'est pas mieux traitée. Marie de Médicis crie que la famille médite de la supplanter, accuse les Guise de briguer la couronne comme à l'époque de la Ligue, se plaint du nombre excessif de gentilshommes armés qui entourent le duc. Ce dernier d'ailleurs, en apprenant le reproche que lui adresse la Reine et afin de lui ôter ce motif de mécontentement, s'empresse de renvoyer séance tenante tous ses gardes et ses amis.

La Reine fait ouvrir une information judiciaire contre le chevalier de Guise. Mais sa fermeté, au lieu de lui valoir, comme on aurait pu s'y attendre, l'appui des Bourbon, ressoude au contraire l'entente des princes dans un mouvement de solidarité unanime contre l' « autoritarisme » de la Reine. D'innombrables tractations se déroulent, et Marie de Médicis, se rendant compte de son isolement, commence à s'amadouer quelque peu lorsqu'un nouvel et tragique incident vient à point nommé lui permettre de clore cette malheureuse affaire. Le fils du baron de Luz, trouvant pour sa part la justice trop lente, provoque en duel le chevalier de Guise. Cette réédition du premier duel a lieu le 31 janvier 1613 et se solde par la mort du jeune baron de Luz.

L'opinion se porte immédiatement en faveur du vainqueur, le chevalier de Guise, car, pour tout le monde, il est dans son droit, suivant les règles du code d'honneur de la noblesse ; étant d'une famille princière, il n'était pas obligé de répondre au défi d'un simple gentilhomme, et le jeune baron de Luz n'avait pas à chercher ce moyen de se faire justice lui-même alors qu'une information judiciaire était ouverte. Ce deuxième duel lave en quelque sorte le chevalier de Guise des reproches que lui avait attirés le premier. Le duc d'Épernon, qui était pratiquement le seul à avoir soutenu la Reine, prend cette fois le parti du chevalier et persuade Marie, malgré son amertume, de faire sa paix avec les Guise. Elle publie le 5 février un Édit contre les duels et laisse l'enquête du Parlement se perdre dans les sables, tout en observant avec mélancolie la consolidation de la puissance des Guise.

Dans les semaines qui suivent, celle-ci semble ne plus connaître de limites. Au commencement du mois de mars 1613, deux hommes du clan, le duc de Nevers et le duc du Maine, quittent la Cour pour des raisons futiles ; le 4 mai, ils sont de retour à Paris, ayant obtenu complète satisfaction. Marie de Médicis, d'abord disposée à la fermeté, avait fini par se laisser persuader par Concini qu'elle n'était pas en état de tenir tête aux Guise et qu'il valait mieux s'accommoder.

Au fond, le calme régnait mais à quel prix ! Les pensions avaient atteint dès 1611 le chiffre considérable de 4 millions de livres, en 1612 celui de 5 millions. Le problème des finances du royaume commencerait à se poser avec acuité quand les réserves constituées par Henri IV seraient épuisées. Or on pouvait prévoir qu'à la fin de l'année 1613, si les dépenses continuaient au même rythme, les caisses se trouveraient vides.

Les nouvelles revendications auxquelles le prince de Condé croit opportun de se livrer alors tombent donc on ne peut plus mal. D'ailleurs, de graves événements se déroulent en Italie du Nord ; l'ouverture de la succession de Mantoue accapare brusquement toute l'attention de la Reine, et les manœuvres de Condé laissent Marie indifférente ; une fois de plus réfugié dans ses terres de Bourgogne, le prince s'attend à être rappelé d'un jour à l'autre ; certains de ses amis le rejoignent, on parle d'un parti qui regrouperait autour de lui le duc du Maine, Vendôme, Bouillon ; on agite de nouveau la menace d'une demande de convocation des États-Généraux ; bref, Condé pense retirer de ce nouveau chantage faveurs et largesses. Mais rien ne se passe ; de Paris, pas un signe. Marie de Médicis ne s'intéresse plus qu'à Mantoue.

La succession de Mantoue (1613).

En mars 1612, Vincent de Gonzague, duc de Mantoue, beau-frère de Marie de Médicis, était mort. Son fils François lui succédait normalement. Quelques menaces étaient bien apparues pour la sécurité du duché, du fait du duc de Savoie qui avait des revendications sur le Montferrat, dépendant de Mantoue. Rien de bien grave cependant, et le nouveau règne semblait commencer sous d'heureux auspices lorsque le duc François meurt à son tour subitement le 22 décembre 1612. Il laisse une veuve, Marguerite, fille du duc de Savoie, et une fillette de 4 ans, Marie. Son frère, le cardinal Ferdinand de Gonzague, vient assurer la régence du duché en attendant que l'on sache si Marguerite, qui se dit enceinte, donnera le jour à un garçon ou à une fille. Dans le premier cas, Ferdinand se bornerait à participer à la régence aux côtés de Marguerite, dans le deuxième il deviendrait duc de Mantoue.

A la fin du mois d'avril 1613, la situation évolue brusquement. La princesse Marguerite avoue qu'elle n'est pas enceinte, et se déclare en même temps prête à épouser Ferdinand, ce qui faciliterait évidemment les choses. Mais elle manifeste aussi l'intention d'aller d'abord en Savoie auprès de son père, ce que Ferdinand accepte un peu imprudemment car, dans les derniers jours d'avril, le duc de Savoie attaque brusquement le Montferrat et se saisit de ses villes principales, à l'exception de la citadelle de Casal, position de très grande importance dans les plaines d'Italie du Nord. Dès que les nouvelles du Montferrat sont connues à Paris, le Conseil se réunit pour examiner la situation.

A la vérité, Marie de Médicis et le gouvernement français sont pris de court. Personne ne s'attendait à l'attaque brusquée du duc de Savoie. La Reine réagit comme souvent en pareil cas, c'est-à-dire avec passion. Ferdinand est son neveu, et Marie, qui a l'esprit de famille, entend le secourir. Mais le gouvernement, Villeroy en tête, lui montre le danger d'une intervention militaire hâtive au regard de la nouvelle politique espagnole de la France : si le duc de Savoie a agi de son propre chef, rien ne s'oppose à une intervention ; si au contraire il a reçu l'accord de Madrid il faudra réfléchir car ce n'est pas le moment de se mettre mal avec l'Espagne et de prendre le risque de compromettre les mariages, qui constituent une affaire autrement plus importante que le sort du duc de Mantoue.

Le 5 mai arrive un courrier du gouverneur espagnol de Milan, qui informe la Reine-Régente que l'action du duc de Savoie a été menée totalement à son insu, et qu'il mobilise ses troupes pour remettre les choses en l'état antérieur. Cette dépêche remplit d'aise le gouvernement français : elle lui fournit en effet une excellente excuse pour ne pas intervenir. Malgré les démarches de l'ambassadeur du duc de Mantoue, malgré les demandes d'aide envoyées par le duc de Nevers, qui, membre de la famille de Gonzague et donc apparenté au duc Ferdinand, est déjà en route pour l'Italie, la thèse officielle de Paris est qu'il n'y a pas lieu de bouger, et l'on se borne à quelques mesures de précaution en vue de faire face à toute éventualité : on écrit au gouverneur de Milan pour le remercier de ses bons offices et l'informer qu'on va mobiliser des troupes afin de venir en aide au duc de Mantoue si ses efforts sont infructueux ; on écrit au duc de Nevers pour lui recommander de bien tenir Casal ; on écrit à Lesdigières, gouverneur du Dauphiné, pour lui dire de se préparer à une éventuelle démonstration militaire contre la Savoie.

La politique suivie par le gouvernement ne satisfait pas la Reine, et l'on note un décalage certain entre l'attitude de Marie de Médicis et celle de Villeroy. La Reine-Mère, très préoccupée par cette affaire qui touche les intérêts de sa famille, soucieuse pour sa crédibilité et celle de la France d'honorer les termes de l'alliance qui existe entre le duché de Mantoue et le royaume, suit avec beaucoup d'inquiétude les développements de la situation et se montre désireuse d'intervenir de vive force. Villeroy au contraire, appuyé sur le parti des Guise, souhaite à tout prix maintenir la paix, à la fois pour sauvegarder le rapprochement avec l'Espagne et pour éviter de nouvelles dépenses qui ne manqueront pas de mettre à mal les réserves de l'État.

Le souci de maintenir la paix pendant la durée de la minorité du Roi est un argument auquel la Reine est sensible et Villeroy ne se fait pas faute de l'utiliser sans relâche. Toutes les raisons possibles sont données à Marie de Médicis pour lui faire prendre patience : on ne sait pas quelle est exactement la situation militaire dans le Montferrat, on ne sait pas quel jeu jouent vraiment les Espagnols et s'ils sont prêts à risquer le double mariage franco-espagnol pour quelques misérables conquêtes territoriales en Italie du Nord; on discute sur la question de savoir qui aurait le commandement de l'éventuelle armée de secours envoyée en Italie. Concini, en émettant la prétention de la commander, fournit involontairement à Villeroy une aide précieuse car cette candidature soulève l'hostilité de la Cour unanime, brouille les esprits, et fait un moment oublier la raison même de cette expédition militaire, c'est-à-dire la défense des droits du duc de Mantoue, allié de la France.

En définitive, cette dernière considération est celle qui l'emporte sur toute autre dans l'attitude de la noblesse. Les prétentions de Concini sont balayées et, en fait, ce n'est pas cela qui intéresse les gentilshommes français, mais l'occasion qui leur est donnée d'en découdre au bénéfice d'une juste cause. En dehors des Guise, tout à coup bien isolés, une sorte d'union sacrée se manifeste en faveur de l'intervention à Mantoue. Marie de Médicis se souvient brusquement que le vieux rival des Guise, Condé, est en train de se morfondre dans l'exil volontaire où il s'était sottement enfermé. Elle le rappelle. Condé n'attendait que cela et arrive le 28 mai au soir à Fontainebleau sans avoir rien demandé ni rien obtenu. Le lendemain, il se précipite au-devant de la Reine, qu'il salue bien bas et qui le reçoit avec des transports de joie.

Le Conseil convoqué pour le jour suivant voit Condé soutenir la position de fermeté préconisée par Marie. L'intervention du prince finit par emporter l'adhésion de la majorité du Conseil, qui adopte le principe d'une expédition militaire de 20 000 fantassins et 2 000 cavaliers répartis en trois armées placées sous les ordres du maréchal de Lesdiguières, du chevalier de Guise et du duc de Bellegarde. Le choix de ces trois généraux est significatif : Lesdiguières est protestant et sa nomination ne peut que satisfaire le parti réformé; le chevalier de Guise et le duc de Bellegarde font partie du clan pro-espagnol et leur présence à la tête de deux des trois armées d'intervention les met dans une situation inconfortable, entre leur fidélité à la couronne et leur attachement à la politique pro-espagnole. En ne demandant rien pour lui, le prince de Condé fait preuve d'un apparent désintéressement qui lui vaut toutes les louanges. Le plus heureux sans doute de la décision du Conseil est le jeune Louis XIII : « Madame, je suis bien aise, il faut faire la guerre[15] ».

Villeroy et ses amis ne s'avouent cependant pas battus. Pendant que la noblesse s'excite, qu'un nombre croissant de gentilshommes quitte

15. Héroard, *Journal,* Éd. Soulié et Barthélémy, Paris, Firmin Didot, 1868, T. II, p. 122.

chaque jour la Cour pour aller secourir Mantoue, le gouvernement objecte à la Reine le manque d'argent. On a besoin d'un million de livres, où trouver cette somme ? Condé est d'avis d'aller la prendre à la Bastille mais les ministres s'y opposent, et suggèrent à la Reine de chercher le million nécessaire dans des créations d'offices. Condé discerne bien la manœuvre qui consiste par ce moyen à dresser l'opinion parlementaire et la bourgeoisie contre le projet d'intervention, mais il ne parvient pas à faire partager son point de vue à Marie. Celle-ci, aussi joyeuse que son fils à l'idée de la guerre, n'entend pas se préoccuper des problèmes d'intendance et se montre beaucoup plus appliquée à monter contre le duc de Savoie une vaste coalition rassemblant autour de la France les forces de la Toscane, de Venise, et, pourquoi pas, du Saint-Siège.

Faute d'argent, Marie de Médicis ne parvient pas à envoyer vers la frontière plus que quelques compagnies de cavaliers et de fantassins. L'afflux des gentilshommes français à Mantoue ne faisait en revanche que s'amplifier ; la tradition batailleuse de la noblesse du royaume semblait pouvoir trouver là une excellente occasion de s'exprimer. L'Espagne, alors, se décide brusquement à bouger et une lettre de son Roi, arrivée à Paris le 19 juin, informe Marie de Médicis qu'il a donné l'ordre au gouverneur de Milan d'intervenir militairement contre le duc de Savoie si ce dernier refuse de rendre au duc de Mantoue les places qu'il lui a prises.

Quelques mois plus tard un traité sera effectivement signé, aux termes duquel la Savoie abandonne les places du Montferrat, non pas à la vérité en les restituant directement au duc de Mantoue, mais en les remettant provisoirement à la garde du gouverneur de Milan en attendant qu'une décision de justice intervienne au sujet du bien-fondé de ses prétentions sur le Montferrat.

Lorsque cet accord est conclu, Condé et l'ambassadeur du duc de Mantoue tentent d'expliquer à la Reine qu'elle s'est fait jouer et que la grande bénéficiaire de toute l'affaire est l'Espagne ; mais elle préfère écouter Villeroy et les Guise qui déclarent, eux, que la seule crainte de se brouiller avec la France a suffi à mobiliser le Roi d'Espagne aux côtés du gouvernement de Marie de Médicis contre le duc de Savoie. En protestant contre cette interprétation des faits, Condé ne réussit qu'à agacer la Régente. Marie de Médicis ne supporte plus la contradiction. Ce qu'elle croit être un succès dans l'affaire de Mantoue l'amène à manifester à tout propos une autorité cassante et entière. Elle préside elle-même tous les jours le Conseil — les mauvaises langues prédisent qu'elle ne tardera pas à s'en lasser. Concini, qui a cru habile de se rapprocher de Condé, est au bord de la disgrâce : il est prié de se rendre dans son gouvernement d'Amiens et de ne plus en bouger jusqu'à nouvel ordre. Toutes les faveurs de la Reine vont à la Maison de Guise.

Condé, voyant à nouveau la fortune s'écarter de lui, quitte en juillet le Conseil et la Cour. Ses deux plus fidèles alliés, le duc de Vendôme et le duc du Maine, agissent de même et gagnent, l'un sa province de Bretagne, l'autre sa résidence de Soissons. Le 7 août, Marie de Médicis va se reposer dans son château de Montceaux-en-Brie. Seuls les Guise y ont été invités. Les femmes de la famille déjeunent et dînent tous les jours à la table de la Reine, contrairement à l'étiquette de la Cour de France qui fait obligation de n'admettre personne à la table royale. Concini, ayant vu d'où venait le vent, s'empresse de s'unir étroitement au duc de Guise, ce qui lui permet de regagner aussitôt la faveur de Marie de Médicis.

A peu de temps de là, Condé tombe malade et l'on craint pour sa vie. Les fièvres, en cet été 1613, font d'ailleurs de nombreuses victimes. La Reine Marguerite tombe elle aussi malade, comme le prince de Conti, comme un peu plus tard les enfants royaux, Gaston et Christine. Ces différentes maladies provoquent d'incessantes allées et venues entre Montceaux, Fontainebleau, Saint-Maur résidence de Condé, Paris. La Reine se montre du coup moins attentive à la conduite des affaires du pays ; finies les réunions quotidiennes du Conseil sous sa présidence ! Toute son énergie est maintenant accaparée par les travaux qu'elle entreprend au Palais du Luxembourg où elle compte s'installer à la fin de sa régence.

La reprise de l'agitation intérieure et la dégradation de la situation à Mantoue la rappellent à de dures réalités.

A l'intérieur, la faveur retrouvée de Concini met le feu aux poudres et donne aux Grands un nouveau prétexte pour reprendre l'agitation. La mort du maréchal de Fervacques rend sa dignité de maréchal disponible. Elle est immédiatement conférée à Concini, qui prête serment le 19 novembre 1613. Toute la noblesse est une fois de plus bouleversée. Tous ceux qui avaient des revendications à faire valoir se sentent personnellement frustrés. On arrive d'ailleurs, en cette fin d'année 1613, à la situation que l'on redoutait depuis plusieurs mois : les caisses sont vides. Il reste bien l'argent de la Bastille, mais la Reine se garde d'y toucher pour le moment. Le renouvellement des pensions, ce moment si impatiemment attendu par les nobles, se présente donc on ne peut plus mal. Aux demandes de subsides ou de faveurs diverses, le gouvernement répond par la nécessité de l'austérité. C'est un langage que la noblesse n'aime pas entendre et que l'insigne faveur accordée à Concini lui paraît démentir.

Les choses ne vont pas mieux à Mantoue, où le duc réclame l'aide de la France pour lui permettre de récupérer les places du Montferrat. La situation est confuse sur le terrain, et l'on a quelque peine à démêler si le duc de Savoie a vraiment remis ses conquêtes entre les mains du gouverneur du Milanais, ou s'il les a en fait conservées par-devers lui avec la complicité de l'Espagne. La Cour de Madrid, quand on l'interroge, répond invariablement qu'il importe de procéder au plus tôt à la célébration des mariages. Voilà qui semble donner raison à Condé et démontrer que ces mariages sont un piège. Mais Marie de Médicis paraît fermée à toute critique sur ce qu'elle considère comme la grande pensée de sa régence. Elle pare ces mariages de toutes les vertus. Si la paix règne dans le royaume, c'est grâce aux mariages. Si les protestants sont tranquilles, c'est grâce aux mariages. Si nul n'attente à la vie du Roi, c'est encore et toujours grâce aux mariages.

Le trésor est à sec, mais on trouve 450 000 livres pour offrir à l'Infante Anne d'Autriche un magnifique bracelet de diamants.

La prise de Mézières et le Traité de Sainte-Ménehould (15 mai 1614).

Le 13 janvier 1614, Condé quitte une fois de plus la Cour. Il est bientôt imité par le duc de Nevers, le duc de Longueville, le duc du Maine, le duc de Bouillon. Seuls restent les Guise et le duc d'Épernon qui est dans les meilleurs termes avec eux. Le duc de Vendôme aurait bien voulu imiter Condé, mais il est retenu à Paris, quasiment prisonnier. Cette nouvelle bouderie des princes, qui semble reproduire un scénario déjà bien connu, apparaît cependant comme plus grave que les précédentes. En effet, avant de partir, les Grands tiennent une réunion générale qui prend un certain nombre de résolutions. On y retrouve les habituelles doléances sur le fait de n'avoir pas une part suffisante au gouvernement du pays. Mais il y a plus. D'abord, Marie de Médicis a vaguement parlé de faire proroger sa régence ; les mécontents saisissent la balle au bond : si une telle décision doit être prise, c'est à Condé, premier prince du sang, que revient normalement la Lieutenance générale du royaume, et de toute façon rien ne peut être décidé en dehors des États-Généraux. D'autre part, on estime que la politique étrangère est trop ouvertement inféodée à l'Espagne, l'on souhaite à cet égard un changement d'équipe ministérielle et la consultation, là encore, des États-Généraux sur un problème qui met en jeu le devenir même de la nation.

Ces résolutions sont portées à la Reine, qui manifeste un vif mécontentement, et parle de lever 6 000 Suisses. Cette force, s'ajoutant à un nombre égal de Français, est destinée à permettre d'assurer en toute sécurité le voyage de Louis XIII, de Marie de Médicis et de Madame Élisabeth vers Bordeaux et la frontière espagnole où doit s'effectuer l'échange des princesses. L'annonce de ce voyage et des dispositions qui l'accompagnent provoque la crainte des huguenots, qui appréhendent de voir cette petite armée utilisée contre eux. A la fin janvier d'ailleurs, le projet de voyage doit être reporté, car Anne d'Autriche est atteinte assez gravement de la petite vérole, et bien qu'on apprenne quelques jours plus tard qu'elle est heureusement guérie et que la maladie ne laissera pas de trace fâcheuse pour sa beauté, on convient de ne pas procéder au mariage avant le mois de septembre.

Va-t-on pour autant renoncer à lever les troupes prévues ? Les nouvelles en provenance de Mézières reçues à Paris le 18 février, loin de faire ajourner l'exécution des décisions prises, l'accélèrent au contraire, et la France semble tout à coup à la veille de basculer dans la guerre civile.

Le duc de Nevers, qui était gouverneur de la ville de Mézières, avait décidé d'entrer dans la citadelle, dont le commandant relevait directement du Roi. Ce commandant avait des ordres très stricts de ne laisser pénétrer personne sauf autorisation expresse du Roi, et cette interdiction s'appliquait au duc de Nevers comme à quiconque. Le duc, devant l'affront qui lui était ainsi infligé, n'avait pas hésité à faire tirer le canon pour obtenir qu'on lui ouvre les portes de la forteresse. Sitôt fait, il s'était avisé de la gravité de son geste et s'était hâté d'écrire à la Reine qu'il avait des doutes sérieux sur la fidélité du commandant, et qu'il n'avait donc agi de la sorte que dans l'intérêt du Roi.

En recevant cette lettre, Marie de Médicis entre dans une colère épouvantable et annonce qu'elle se met en campagne au plus vite, avec toutes les troupes que l'on aura pu rassembler. Elle attribue le commandement de l'expédition au duc de Guise, assisté du duc d'Épernon, et l'on envoie immédiatement l'un des gentilshommes de la Reine auprès du duc de Nevers pour l'inciter à faire sa soumission avant qu'on ne vienne le mettre à la raison par les armes. Marie de Médicis écrit aux gouverneurs pour leur ordonner de mettre immédiatement en alerte toutes les forces dont ils disposent. Elle fait prévenir les ambassadeurs présents à Paris. Elle envoie le frère de Sully, Monsieur de Béthune, en mission auprès des principaux chefs protestants pour les dissuader de se joindre au rebelle.

Mais le duc de Nevers ne manifeste aucune intention de rendre la place. On franchit au contraire un nouveau pas dans l'escalade quand le prince de Condé fait remettre à la Reine-Mère, le 21 février, une lettre qu'il présente comme conforme à l'opinion d'une grande majorité des princes. C'était un catalogue des revendications habituelles, débouchant sur deux demandes bien précises : la réunion des États-Généraux et la suspension des mariages. En publiant sa lettre en même temps qu'il la fait remettre à Marie de Médicis, Condé brave directement la Reine-Mère.

Comment va réagir celle-ci ?

Tout en poursuivant la concentration de ses troupes en Champagne, Marie désamorce habilement la crise. Au lieu de repousser dédaigneusement les demandes contenues dans la lettre de Condé, comme le prince s'y attendait, elle lui répond deux jours plus tard en acceptant la réunion des États-Généraux. Bien plus, elle affirme la désirer particulièrement, et annonce son intention de la convoquer dans les plus brefs délais.

La raison de cette attitude est facile à comprendre. La majorité du Roi doit être proclamée lorsqu'il aura atteint l'âge de 13 ans, donc le 27 septembre 1614, dans sept mois. Marie de Médicis ne voit aucun intérêt à risquer une guerre civile au sujet de la légitimité d'une autorité qu'elle ne détient plus que pour un laps de temps aussi bref. En revanche, elle songe de plus en plus à faire prolonger ses pouvoirs sous une autre forme après la déclaration de majorité du Roi. Il n'y a pour ce faire aucun précédent, et Marie de Médicis peut s'attendre à une crise sérieuse si elle ne se fait pas investir par une instance indiscutable ; or rien ne peut être supérieur à cet égard aux États-Généraux.

Encore faut-il, objectera-t-on, que les États accèdent effectivement aux désirs de la Reine. Marie de Médicis, pour sa part, n'a guère de doute à ce sujet, car à travers toutes les brouilleries des princes, elle a pu mesurer l'impopularité de leur parti et la force de l'attachement profond de la population à la monarchie.

Apprenant que Condé, qui se trouvait à Sedan, chez le duc de Bouillon, au moment de la prise de Mézières, venait de rejoindre le duc de Nevers, elle envoie le Président de Thou en ambassade extraordinaire auprès des princes pour leur porter directement sa réponse et les inviter à la rencontrer à Soissons afin de discuter de cette affaire avec elle.

Il était quand même temps d'agir, car le mouvement des princes commençait à prendre de l'ampleur. Le 29 février, le duc de Vendôme faussait compagnie à ses gardiens et gagnait la Bretagne dont il était gouverneur. Une fois arrivé dans sa province, Vendôme écrit, comme l'avait fait le duc de Nevers, qu'il ne poursuit pas d'autre but que le service du Roi, mais en même temps lève des troupes et, par son comportement, manifeste son intention d'entrer en dissidence. Condé et Bouillon de leur côté entreprenaient de recruter 6 000 mercenaires allemands, et intriguaient auprès de la Confédération des Cantons Suisses pour demander l'arrêt de tout envoi de soldats au gouvernement de la Reine-Mère. Pour Marie de Médicis, le problème était toujours le même : comment financer une guerre éventuelle ? Début mars, elle se résout à retirer un million de livres du trésor de la Bastille. La Reine a aussi de longs conciliabules avec l'ambassadeur d'Espagne pour examiner les formes d'assistance que son gouvernement pourrait lui apporter si la situation devait se dégrader sérieusement.

Les princes ayant accepté l'offre transmise par de Thou de se réunir à Soissons avec la Reine, tout le monde s'approche de cette ville, les uns venant de Mézières, les autres de Paris. Chaque camp se fait accompagner par des troupes importantes et Soissons, au début du mois d'avril, prend l'allure d'une sorte de camp retranché autour duquel se répartissent les contingents des deux armées antagonistes. Marie de Médicis, devant cette situation, préfère rester à Paris, envoyant à sa place le Président Jeannin.

La conférence de Soissons entreprend ainsi le 8 avril 1614 l'examen des demandes des princes. Nous les connaissons déjà pour l'essentiel : réunion des États-Généraux et report des mariages espagnols que les princes proposent d'ajourner à un an ; ils en ajoutent cependant une nouvelle : le désarmement de l'armée royale. Marie de Médicis accepte sans difficulté les deux premières ; mais elle ne peut admettre le licenciement de l'armée, qui constitue une atteinte à l'autorité et à l'honneur du Roi.

L'ennui pour Marie de Médicis, c'est que la situation évolue à son désavantage. La duchesse de Nevers trouve le moyen de s'emparer par la ruse de la citadelle de Nevers. Monsieur de Soubise, frère du duc de Rohan, lève deux régiments protestants dans le Poitou destinés à s'opposer éventuellement par la force à la célébration des mariages espagnols.

Marie de Médicis doit faire recruter des troupes supplémentaires qu'elle passe elle-même en revue, aux portes de Paris, en compagnie du Roi. La foule des curieux venus assister au spectacle acclame Louis XIII, qui a fière allure avec son armure et son casque. La Régente, constatant une fois de plus la force du sentiment populaire en faveur de la monarchie, mobilise aussi la religion en faisant dire des messes spéciales de jour et de nuit dans toutes les églises de la capitale.

Alors, tout à coup, les princes font connaître à la Reine qu'ils acceptent ses conditions, c'est-à-dire la satisfaction de leurs deux premières demandes et le maintien sur le pied de guerre de l'armée royale. Le 16 avril, Paris pavoise en apprenant la reculade des princes, bien que rien ne soit encore définitivement réglé.

Concini entre en lice. Bon négociateur, il s'entend à merveille à amadouer les uns tout en abusant les autres, et provoque l'apparition de lézardes dans le camp apparemment monolithique des princes. Il semble favoriser Condé en lui proposant de lui faire donner 360 000 livres d'indemnité alors qu'il n'en avait demandé que 300 000. Mais Condé avait aussi demandé la place d'Amboise : Concini offre de remettre cette place entre les mains de tous les princes réunis. Le duc de Vendôme, lui, ne se voit rien proposer, bien au contraire, car on fait mine de s'apprêter à attaquer les fortifications qu'il a élevées. Quant au duc de Bouillon, d'adroites promesses l'amènent à se rapprocher de la Cour, dont il devient même en quelque sorte l'agent contre Condé.

Deux négociations se déroulent ainsi parallèlement, l'officielle dirigée par le Président Jeannin, et la secrète que mène Concini avec l'assentiment, bien entendu, de Marie de Médicis. On arrive ainsi à un joyeux imbroglio, dans lequel plus personne ne sait au juste ce qui est censé avoir été promis et ce qui ne l'est pas. Le jeune Louis XIII, en intervenant au Conseil alors que personne ne l'attendait, pour demander qu'on ne donne pas Amboise à Condé, faillit faire tout échouer. Finalement, on signe le 15 mai 1614 le Traité de Sainte-Ménehould. Le duc de Nevers enlève de Mézières la garnison qu'il y avait mise, à l'exception de cent hommes, invités à prêter serment de fidélité au Roi. L'armée des princes est licenciée. Condé reçoit 400 000 livres et, par une clause secrète, le gouvernement d'Amboise. En revanche, pas un mot sur les mariages espagnols.

Tout le monde se disait satisfait mais la fronde des princes avait coûté très cher aux finances royales, tant par les sommes qu'il avait fallu dépenser pour la mise sur pied de l'armée royale que par les indemnités que le traité obligeait à payer à Condé. On est obligé de retirer encore 500 000 livres de la Bastille, afin de donner le plus rapidement possible satisfaction au prince. Le 15 juin, Condé a reçu son argent, pris possession d'Amboise et licencié ses troupes. Pleinement satisfait, il promet même son aide au gouvernement de la Régente pour faire rentrer le duc de Vendôme dans l'obéissance.

Le voyage de Nantes.

Mais le caractère fantasque du prince ne le maintient pas bien longtemps dans ces bonnes dispositions et Condé, se rendant en Poitou, adopte de nouveau un comportement menaçant. Marie de Médicis avait fait mettre en marche 3 000 Suisses en direction de la Bretagne pour venir à bout de la résistance du duc de Vendôme. Elle prend alors une résolution hardie : le 2 juillet 1614, elle leur fait rebrousser chemin et revenir dans la direction de Paris, en leur donnant ordre de se rendre à Orléans. Le 4 juillet, Louis XIII annonce au Parlement et à la municipalité de Paris son intention d'aller à Orléans prendre lui-même le commandement de ses troupes pour mater la rébellion de Vendôme. L'entrée du Roi à Orléans est prévue pour le 8 juillet. En ajoutant aux 3 000 Suisses les gardes du Roi, les troupes de la province d'Orléans et les quelques régiments des provinces voisines qu'on était en train de rameuter, Louis XIII se trouvait à la tête d'une armée fort respectable de 20 000 hommes. C'était beaucoup plus qu'il n'en fallait pour ramener les factieux à l'obéissance. Le duc de Vendôme s'empresse d'envoyer une lettre de soumission, et Condé se précipite à Orléans pour faire acte d'allégeance auprès du Roi et de la Reine-Mère. Mais Marie de Médicis décide de ne pas s'en tenir là.

En fait, elle garde le secret sur ses intentions véritables, et la présence auprès d'elle de Madame Élisabeth alimente tout à coup les rumeurs : le but véritable du voyage ne serait-il pas Bordeaux et la frontière espagnole ? Les ministres prennent peur devant ce qui serait considéré à leur avis comme une véritable provocation par les princes et par les protestants, et tentent de faire revenir Marie de Médicis sur ses pas ou, au moins, d'obtenir qu'elle renvoie Madame Élisabeth à Paris. Du coup, le parti des Guise, le duc d'Épernon et leurs amis s'emploient au contraire à encourager la Reine à se diriger vers Bordeaux.

Le 14 juillet, on quitte Orléans pour Chambord, Blois et Tours où l'on arrive le 19. L'accueil enthousiaste de la ville renforce la Reine dans sa détermination et la rend insensible aux raisonnements de ceux qui voudraient la voir arrêter son voyage. Le jeune Roi respire l'ivresse d'une promenade militaire sans grand risque, et de toutes les provinces de l'ouest et du sud-ouest affluent des centaines de gentilshommes enthousiasmés par la perspective d'une belle chevauchée conduite par le Roi en personne. Au bout de quelques jours, on part de Tours pour se rendre à Châtellerault puis à Poitiers. Quelle sera la prochaine étape ? Bordeaux ? C'est ce que souhaitent les Guise. Peut-être La Rochelle ? C'est également une hypothèse que certains catholiques militants mettent en avant. Marie de Médicis, qui n'a jamais montré une aussi belle détermination, fait preuve d'un sens bien florentin du secret. Et c'est à la surprise générale qu'elle quitte Poitiers six jours plus tard avec le Roi, l'armée, Madame Elisabeth, et quelque 5 000 gentilshommes en direction de Loudun et Saumur, pour gagner de là, par bateau, Angers, Ancenis, et Nantes où l'on arrive le 12 août 1614.

Il s'agissait donc bien, finalement, de réprimer la rébellion du duc de Vendôme qui ne s'était guère hâté de donner un tour concret à la lettre de soumission envoyée début juillet à Orléans. Quant au prince de Condé, eh bien, tout simplement, on n'en parle plus. Il s'est littéralement évanoui dans la nature. De temps en temps, on signale sa présence dans l'une de ses résidences, mais c'est aussitôt pour apprendre qu'il en a disparu vers une destination inconnue. Ses faits et gestes n'intéressent d'ailleurs plus personne, et nul ne doute un seul instant désormais du succès du voyage de Nantes.

La ville réserve un accueil enthousiaste au jeune Roi et les États de Bretagne, mis en quelque sorte en demeure de choisir entre le fils légitime du Roi Henri et son bâtard le duc de Vendôme, n'hésitent pas longtemps sur le sens de leur devoir. Comprenant qu'il a perdu la partie, le duc remet aux forces royales toutes les places qu'il occupait en Bretagne. Le 26 août, il vient se présenter à l'heure du déjeuner devant le Roi. Louis XIII le salue avec froideur tandis que Vendôme lui débite son compliment : « Sire, je n'ai voulu faillir à venir trouver Votre Majesté aussitôt que j'en ai reçu le premier commandement, et pour l'assurer que je n'ai point d'autre volonté que d'être son très humble et très obéissant serviteur, désirant de le témoigner par le sacrifice de ma vie ». Le Roi, blanc de colère, se contenant avec peine, lui répond : « Servez-moi mieux pour l'avenir que vous n'avez fait par le passé et sachez que le plus grand bonheur que vous ayez au monde c'est d'être mon frère ».

Les États de Bretagne avaient supplié Marie de Médicis de retirer son gouvernement au duc de Vendôme. La Régente, après quelques hésitations, et désireuse de ne pas ressouder par maladresse la coalition des princes, décide de conserver au duc son gouvernement et ses charges. La Reine-Mère et le Roi n'avaient plus qu'à repartir à Paris tandis que la Bretagne faisait un don de 400 000 livres à Louis XIII, de 50 000 à Marie.

Le voyage de retour dure dix-huit jours. Par Ancenis, Ingrandes et Angers, Louis XIII gagne les Ponts-de-Cé, La Flèche, Le Mans, La Ferté-Bernard, Nogent-le-Rotrou, Chartres, se rend ensuite à Limours, Chilly-sur-Longjumeau (aujourd'hui Chilly-Mazarin), et Bourg-la-Reine. C'est de là qu'il part pour faire son entrée solennelle dans Paris, et, quelques jours plus tard, voir déclarer sa majorité.

La régence de Marie de Médicis va bientôt s'achever : le 27 septembre 1614, Louis XIII atteint sa majorité. La Reine n'a eu qu'une obsession : maintenir la paix. Elle a en gros réussi à tenir son pari, contre les Grands, contre les protestants, contre ceux qui auraient voulu la voir entraîner la France dans une politique plus active à l'extérieur. Le prix qu'elle a dû payer est élevé, qu'il s'agisse de l'épuisement du trésor de la Bastille et de la ruine des finances de l'État, qu'il s'agisse de l'effacement croissant de la France de la scène européenne.

Mais Marie a pris goût au pouvoir. De toute façon, que signifie cette majorité légale à 13 ans ? Son fils n'est pas en état de régner seul, sans être conseillé, guidé. Et la Reine-Mère doit encore franchir deux obstacles, et non des moindres, avant de savourer vraiment la satisfaction du devoir accompli : la réunion des États-Généraux, la réalisation des mariages espagnols.

CHAPITRE IX

Les États-Généraux de 1614
Les mariages espagnols

Le 15 septembre 1614, Marie de Médicis est à Paris. Elle tient à superviser elle-même les derniers préparatifs de l'entrée solennelle de son fils dans la capitale, prévue pour le lendemain. En donnant le plus d'éclat à cette cérémonie, la Reine-Mère entend faire de l'entrée de Louis XIII dans sa bonne ville de Paris, à la fois une manifestation de puissance vis-à-vis des princes et un témoignage de loyalisme monarchique de la part du peuple. Ces deux objectifs vont être atteints au-delà de toute espérance.

On avait sorti tous les canons de l'Arsenal, distribué des armes aux milices, invité le peuple à se porter en masse pour voir défiler le Roi et participer aux réjouissances de la fête. Louis XIII, tout de blanc vêtu, à cheval, entouré d'une suite nombreuse, marche en tête de quelque 2 000 gentilshommes également à cheval. Derrière, les régiments des gardes et les compagnies de cavalerie, 5 à 6 000 hommes en ordre de bataille. Pendant ce temps, les canons tonnent, et les décharges de mousqueterie viennent donner à ce défilé un petit air martial qui enthousiasme la foule. La Reine avait tout lieu d'être satisfaite.

Quelques jours plus tard, une nouvelle occasion d'échauffer les sentiments loyalistes de la ville se présente avec la mise en place de la statue équestre d'Henri IV sur le Pont-Neuf. On avait confié au sculpteur florentin Jean de Bologne l'exécution de cette œuvre qui arrivait de Toscane après avoir contourné l'Espagne par Gibraltar et remonté la Seine depuis Rouen. Les incidents n'avaient pas manqué et le bateau, en remontant la Seine, s'était échoué sur un banc de sable. Mais le précieux chargement avait été dégagé et la statue, aux yeux émerveillés de la Reine et d'une foule immense, était érigée sur la partie du pont qui s'appuie sur l'île de la Cité, à peu près au milieu de l'ensemble de l'ouvrage [1].

1. La statue actuelle n'est pas la statue de Jean de Bologne : celle-ci, fondue en 1792 à la Révolution, a été remplacée en 1818.

Louis XIII atteignait sa majorité le 27 septembre 1614, à 13 ans révolus, selon les lois du royaume. Aucune déclaration officielle n'était nécessaire mais Marie de Médicis souhaitait donner le plus grand retentissement à cet événement. Au surplus, un problème juridique se posait : arrivant à sa majorité, Louis XIII n'était plus soumis à la tutuelle de sa mère, et la régence prenait fin en de ce jour. Si Marie de Médicis devait conserver le pouvoir – et elle y était bien décidée – il fallait un acte solennel à cet effet.

Déclaration de majorité de Louis XIII.

Le 2 octobre 1614 au matin, le Roi quitte le Louvre. Ses vêtements tissés d'or sont couverts de diamants. Son chapeau est également constellé de diamants et il porte un collier d'une valeur de 900 000 livres que l'on a fait faire pour l'Infante Anne d'Autriche, sa future femme. Derrière lui, Gaston, duc d'Anjou, son jeune frère, puis un certain nombre de princes du sang, en particulier Condé, arrivé le 29 septembre au soir, et qui a pu mesurer dans les rues de Paris son impopularité. Suivent les ducs et pairs, les maréchaux de France, les officiers de la couronne et plus d'un millier de cavaliers, revêtus d'habits magnifiques, tout couverts d'or et de joyaux, montés sur de superbes chevaux splendidement harnachés. Le Roi arrive au Palais de Justice et met pied à terre devant l'escalier d'honneur de la Cour de Mai où l'attend sa mère. Ils se rendent tous deux à la Sainte-Chapelle pour y entendre la messe et, de là, dans la salle dorée du Palais.

Le Parlement au complet est réuni, avec le Chancelier, le Conseil d'État, et les membres du gouvernement. Le Roi prend place sur un trône édifié dans un angle de la salle et constellé de fleurs de lys, sous un dais également fleurdelysé. Sur les degrés qui mènent au trône s'asseoit d'abord la Reine, à droite du Roi, mais un peu plus bas ; Gaston est à côté d'elle ; on trouve ensuite, dans l'ordre, le prince de Condé, le comte de Soissons, le duc de Guise, les ducs et pairs de France parmi lesquels Sully, sorti pour quelques jours de sa retraite, et les maréchaux de France. Sur la partie gauche de l'estrade se tiennent les cardinaux : Messieurs de Sourdis, de La Rochefoucauld, du Perron et Bonzi. Au milieu, juste aux pieds du Roi, le duc du Maine, Grand Chambellan, et une chaire qu'entourent le Prévôt des Marchands et les évêques. En face du trône, le long des murs de la salle, s'alignent plusieurs rangées de sièges sur lesquels se sont installés les membres du Parlement, les conseillers d'État et les ministres.

La cérémonie commence. La Reine, s'agenouillant en face du Roi, déclare lui remettre la charge de la régence. Louis XIII, d'une voix haute et ferme, lui répond en la remerciant de son bon gouvernement et de la sagesse avec laquelle elle a administré la France pendant le temps de sa minorité. Il déclare qu'il prend désormais le gouvernement de son royaume et nomme sa mère chef de son Conseil, entendant bien qu'elle continue à l'assister comme elle l'avait fait jusqu'à ce jour. La Reine se lève et salue le Roi avant de regagner sa place.

C'est maintenant le tour du Chancelier qui prend place dans la petite chaire édifiée au pied du trône et répète les propos de la Reine et du Roi, ajoutant quelques phrases de son crû sur les orientations du gouvernement du pays : conserver la paix dans le royaume, administrer une bonne justice, interdire les duels, réprimer le blasphème, défendre aux sujets du Roi d'accepter, sauf permission expresse, des pensions d'un prince étranger, renouvellement de l'Édit de Nantes. On rédige aussitôt un arrêt contenant ces dispositions, dont un conseiller, succédant au Chancelier, donne ensuite lecture.

Marie de Médicis se lève à nouveau et, rendant grâces à Dieu d'être arrivée à ce jour où son fils est en mesure de prendre le gouvernement de son royaume, se félicite de laisser les affaires dans un état bien plus pacifique que celui où elles se trouvaient lorsqu'elle en a reçu la charge. Dès qu'elle a fini de parler, le Chancelier s'adresse à chacun des assistants dans l'ordre hiérarchique, en commençant par la Reine et en terminant par le dernier nommé des conseillers, pour lui demander s'il approuve les termes de la déclaration mise en forme d'arrêt. Nul n'a d'objection à formuler, et le Chancelier constate l'unanimité du vote. La Reine, qui était restée debout pendant tout ce temps, se tourne vers le Roi, le remercie de l'avoir nommée chef de son Conseil et va se rasseoir.

La séance, commencée depuis plus de deux heures, n'est pas encore terminée. L'Avocat général du Roi et le premier président prennent tour à tour la parole. C'est à qui l'emportera dans le véritable concours de flatteries auquel ils se livrent à l'égard de Marie de Médicis. Sa régence surpasse en mérites celle de Blanche de Castille, mère de Saint Louis. D'infinies difficultés ont été surmontées grâce à sa prudence. Contre ceux qui voulaient troubler la paix civile, elle a su faire prévaloir l'autorité royale. Le royaume qui retentissait de bruits de bottes au moment de la mort d'Henri IV, est en paix avec ses voisins, son indépendance est respectée et la voix de la France entendue avec considération. Les assistants remarquent que l'évocation des trublions n'est pas du goût de tout le monde, et que le prince de Condé, en particulier, ne dissimule pas son mécontentement.

La cérémonie est maintenant finie. On ouvre les portes et l'on publie la déclaration royale. Louis XIII se retire, remonte dans son carrosse et rentre au Louvre. Tous les canons de l'Arsenal tirent en même temps et, pendant toute la nuit, la ville reste illuminée de feux de réjouissance tandis que la foule danse et fait honneur aux guinguettes où se distribuent saucissons, pâtisseries et force cruches de vin. La régence continue en fait comme avant mais, en droit, la source du pouvoir est passée dans les mains du Roi. Louis XIII s'en souviendra le 24 avril 1617, quand, faisant abattre Concini, il décidera de reprendre des mains de Marie de Médicis la responsabilité du gouvernement. Mais nous n'en sommes pas là, et, dans l'immédiat, la Reine se préoccupe de gagner contre les princes la bataille des États-Généraux.

Réunion des États-Généraux.

La réunion des États-Généraux, qui avait été retardée en raison du voyage de Bretagne puis de la déclaration de majorité de Louis XIII, avait été finalement décidée pour le 22 octobre 1614. Les préparatifs n'étant pas achevés à temps, la séance solennelle d'ouverture est fixée au 27. Mais, dès les premiers jours d'octobre, les députés affluent à Paris et commencent officieusement leurs travaux le 14 au Couvent des Augustins. Le Couvent offrait de vastes salles de réunion et c'est la raison pour laquelle on avait rassemblé là les députés, en attendant que soient terminés les travaux de mise en état des salles qu'on avait prévu d'affecter aux États-Généraux, à l'Hôtel de Ville pour le Tiers-État, au Couvent des Cordeliers pour la Noblesse, seul le Clergé devant siéger aux Augustins. Mais les députés, provisoirement réunis aux Augustins, trouvent très commode de siéger dans un même ensemble de bâtiments pour la rapidité des communications entre les trois Ordres, et l'une de leurs premières délibérations est prise dans ce sens. Les députés parisiens du Tiers-État maugréent un peu car ils auraient bien voulu que les séances de leur Ordre se tiennent comme prévu à l'Hôtel de Ville ; les représentants de la province l'emportent cependant sans trop de peine. Cette réunion des trois Ordres semble évoquer la décision révolutionnaire des États-Généraux de 1789 de se constituer en Assemblée Nationale : il n'y a entre les deux aucun point commun ; en 1614, les trois Ordres siègent dans des locaux voisins mais en assemblées séparées sauf quand le Roi convoque des réunions plénières.

Le désir des députés des trois Ordres de rester au Couvent des Augustins est bien accueilli par Marie de Médicis, qui pense pouvoir disposer ainsi d'un moyen pour contrôler plus efficacement les travaux des assemblées.

Les premières délibérations et la désignation des bureaux de chacune des assemblées permettent de prévoir que les États-Généraux se montreront d'une docilité exemplaire. En fait, la Reine-Mère avait gagné la partie dès le stade des élections. Celles-ci se déroulaient par circonscription, chaque baillage et chaque sénéchaussée désignant en principe un représentant du Clergé, un représentant de la Noblesse et un représentant du Tiers-État. Parmi les députés élus (140 pour le Clergé, 132 pour la Noblesse et 192 pour le Tiers-État) la plupart l'avaient été conformément aux recommandations du gouvernement. On avait vu fleurir les candidatures officielles. L'ambassadeur florentin Bartolini nous dit ingénument que « Sa Majesté la Reine-Régente a pris précaution de tenir la main à ce que fussent élus des sujets capables par-dessus tout, et particulièrement au sein des États, d'exécuter leurs commissions ; qui fussent désintéressés et aussi peu indépendants que possible des gouverneurs et lieutenants de leurs provinces, mais avant tout serviteurs de leur Roi, parce que, avec ces qualités requises, il ne leur arriverait pas de sortir des matières qu'ils avaient à traiter et ne cesseraient de s'attacher au service de Sa Majesté, lequel consistait uniquement dans le bien et le repos de ses sujets ». La dépêche du 5 novembre 1614 qui contient ces détails conclut en ces termes : « Les choses s'étant passées de cette manière selon la bonne et droite intention de la Reine, on ne peut faire sur l'issue des événements un autre jugement si ce n'est que tout se passera pour le mieux et qu'on tirera de ces États le fruit qu'en espèrent tous les gens de bien ».

Les députés règlent rapidement les problèmes de procédure. Les Ordres ne délibèrent jamais en commun ; or le vote de chaque résolution en des termes identiques par les trois assemblées est indispensable pour qu'elle soit considérée comme adoptée ; il faut donc procéder par ambassades réciproques entre les trois Ordres afin d'assurer le succès de ce que le langage parlementaire d'aujourd'hui appellerait une navette. On parvient à un accord sur la forme de ces ambassades. Quand le Tiers-État doit porter une communication au Clergé, il lui envoie cinq membres qui sont reçus et reconduits jusqu'à la porte de la salle des délibérations du Clergé par trois députés membres de cette assemblée, un évêque et deux non-évêques. Quand le Clergé porte une communication au Tiers-État, il lui envoie trois députés qui sont reçus en grande cérémonie par cinq députés du Tiers-État. La Noblesse envoie au Clergé quatre députés qui sont reçus à quelques pas en avant de la porte de la salle par deux évêques et deux non-évêques. Les députés du Clergé envoyés à la Noblesse, également au nombre de quatre, devaient être accueillis bien avant la porte de la salle et reconduits de même. Toutes ces dispositions nous paraissent futiles. Elles avaient une importance considérable à l'époque.

Il était temps de passer aux travaux eux-mêmes. Un jeûne général est ordonné pour les 22, 24 et 25 octobre. Il est suivi par une procession fixée au dimanche 26 octobre, à laquelle participent le Roi, la Reine et tous les Grands de la Cour, et, le 27 octobre, par l'ouverture solennelle des États-Généraux. Celle-ci se déroule dans la grande salle de l'Hôtel de Bourbon, situé entre le Louvre et l'église Saint-Germain l'Auxerrois (démoli en 1660 par ordre de Louis XIV, il occupait l'emplacement de la partie sud de l'actuelle colonnade du Louvre et de la rue du Louvre, entre la place du Louvre et la Seine). Des estrades et des gradins avaient été disposés pour les députés et pour les invités officiels, que des barrières en bois séparaient du public. Mais l'affluence est telle que le service d'ordre ne peut contenir les badauds. Les barrières sont forcées et les gradins envahis par tout un chacun. L'un des députés, Florimond Rapine, nous prend à témoins de la mauvaise humeur qu'il ressent en trouvant sa place indûment occupée : « Bientôt toutes les loges, tant hautes que basses de ladite salle, étaient remplies d'hommes et de femmes, comme aussi le parterre de ladite salle ; ce qui apportait une grande confusion de voir que toute sorte de personne était là reçue indifféremment, au lieu qu'il n'y devait seulement avoir que les députés et autres personnes servant l'État. Cependant tout était plein de dames et de damoiselles, de gentilshommes et autres peuples, comme si l'on se fût transporté là pour avoir le divertissement de quelque comédie. La plupart des députés étaient mécontents de ce désordre et disaient que la France était incapable d'ordre ».

La bousculade qu'engendre cette confusion provoque disputes et bagarres. Le Grand-Maître des Cérémonies, excédé par les récriminations, gifle l'un des députés de la Noblesse venu se plaindre de n'avoir pu gagner sa place ; il se trouve que c'était l'un de ses cousins, mais les relations de parenté n'empêchent pas les antagonistes de s'empoigner comme des chiffonniers. Condé sépare les adversaires et leur impose de se réconcilier avant l'arrivée du Roi. Les archevêques et les évêques, pour ne pas demeurer en reste, entrent en conflit avec les conseillers d'État. Plusieurs évêques occupent de vive force les sièges assignés aux conseillers et, là aussi, on échange gifles et coups de poing. Les députés devaient avoir tous gagné leurs sièges pour midi. Quand le Roi et la Reine entrent à une heure dans la salle, ils y trouvent le spectacle d'une effroyable confusion. La bataille entre les évêques et les conseillers d'État fait toujours rage et le Roi est prié d'arbitrer séance tenante le conflit. Il consulte le Grand-Maître des Cérémonies, les secrétaires d'État, les principaux dignitaires et rend un jugement à la Salomon qui apaise les esprits.

La réunion peut enfin commencer. Le Grand-Maître des Cérémonies, d'une voix tonnante, ordonne le silence, et fait mettre chapeau bas à l'assistance. Le Roi se tient sur un trône couvert d'un dais semé de fleurs de lys, au sommet d'une estrade à degrés. Le protocole est immuable : la Reine-Mère un peu en dessous du trône, au plus haut des degrés, sur la droite ; à gauche, Gaston. Un peu plus bas, la Reine Marguerite, que Marie de Médicis avait conviée de bonne grâce ; puis Élisabeth, Christine, les princesses du sang, les princes du sang, les ducs, les maréchaux de France, les cardinaux et les grands dignitaires. Tout en bas de l'estrade une petite tribune où se succèderont les orateurs.

Le Roi ouvre la séance : « Messieurs, j'ai désiré de vous cette grande et notable assemblée au commencement de ma majorité pour vous faire entendre l'état présent des affaires, pour établir un bon ordre par le moyen duquel Dieu soit servi et honoré, mon pauvre peuple soulagé, et que chacun puisse être maintenu et conservé en ce qui lui appartient sous ma protection et autorité. Je vous prie tous et vous conjure de vous employer comme vous devez pour un si bon œuvre ; je vous promets saintement de faire observer et exécuter tout ce qui sera résolu et avisé en cette assemblée ; vous entendrez plus amplement ma volonté par ce que vous dira Monsieur le Chancelier ».

Le Chancelier Sillery se lève alors et, après avoir salué le Roi et la Reine-Mère, s'installe à la tribune qu'il va occuper pendant une heure et demie. On l'entend à peine. Il s'exprime d'une voix basse et monocorde, que le bruit des conversations particulières vient couvrir. On devine par bribes qu'il parle des mariages espagnols, des affaires d'Italie, et qu'il complimente Marie de Médicis des heureux effets de sa régence, en y ajoutant tous ses vœux pour le succès de sa nouvelle mission de chef du Conseil. Aux députés, il donne l'assurance que le Roi est disposé à les écouter et à satisfaire leurs demandes pourvu qu'elles soient justes et conformes au bien du royaume. Le Chancelier se tourne alors vers le Roi et lui demande s'il souhaite compléter ce propos. Dans le brouhaha général, un bref conciliabule se déroule sur l'estrade entre Sillery, Louis XIII et Marie de Médicis. Le Chancelier revient à la tribune et, reprenant la parole, déclare que, par ordre du Roi, les États doivent rédiger des cahiers de doléances généraux faisant la synthèse des propositions contenues dans les cahiers de doléances des provinces. Une fois ce travail effectué, le Roi s'engage à écouter les suggestions des États-Généraux et à en tenir le plus grand compte.

Après le Chancelier, chacun des orateurs choisis par les trois Ordres défile à la tribune.

L'orateur du Clergé est Monsieur de Marquemont, archevêque de Lyon, Primat des Gaules [2]. Il prononce son discours debout, les yeux constamment fixés sur le Roi. Après avoir souligné les avantages que l'on doit attendre de la tenue des États-Généraux, il fait l'éloge de Marie de Médicis. Quelle éloquence ! « Une veuve gouverne heureusement les peuples, une veuve envoie les armées, une veuve choisit les capitaines, une veuve marche en campagne, une veuve ordonne les triomphes ». Il aborde ensuite les problèmes politiques ; en fait, un seul domine tous les autres : le rétablissement de l'ordre et de la paix civile dans le royaume. Si les princes attendaient des États-Généraux un appui pour leurs intrigues, le discours de l'archevêque leur signifie qu'ils n'auront pas celui du Clergé : « Votre royale autorité appliquée avec effet aux plaintes et supplications des États sera un baume très excellent dont

2. L'archevêque de Lyon porte encore ce titre de nos jours. Il est protocolairement le premier dans l'Église de France.

l'odeur et la fragrance [c'est-à-dire le parfum] fera courir et redoubler l'amour et l'obéissance de vos sujets et la vertu guérira et consolidera toutes les plaies et blessures que les troubles et désordres passés ont laissées encore en votre État. La saison ne fut jamais si opportune à bien faire ; car, Dieu merci, cette assemblée n'est pas comme ont été quasi toutes les précédentes, un remède nécessaire à la violence d'un grand et pesant mal. C'est plutôt un bon vent qui arrive à une douce et tranquille navigation, ajoutant les effets à l'espérance, la constance au bonheur et la sûreté au repos ». Après un appel rituel à la croisade, l'orateur du Clergé regagne sa place et laisse la tribune au représentant de la Noblesse.

Celui-ci est le baron du Pont-Saint-Pierre. Il parle également debout, tourné vers le Roi. Dans le discours ampoulé où l'orateur s'empêtre, mélangeant les feuillets de son texte et suscitant les rires de l'assemblée, aucune considération politique : « Vous êtes, Madame, cette seconde Reine Blanche, mère de Saint Louis, qui par votre prudence et sage conduite, vous êtes si dignement acquittée de la régence qui vous avait été commise, que vous avez mérité comme elle d'être nommée sans contredit la plus sage princesse de votre siècle ». Les louanges à la Reine-Mère s'achèvent sur une belle image de rhétorique : « Ces belles fleurs de lys qui vous avaient été baillées comme en dépôt n'ont point flétri en vos mains. Vous les rendîtes l'autre jour, aussi fraîches et aussi verdoyantes qu'elles furent jamais ». Le baron du Pont-Saint-Pierre concluait sa harangue par quelques propos désobligeants à l'égard du Tiers-État et une promesse de fidélité de la Noblesse, faisant au Roi le don « de son cœur, de son courage, de son zèle, de ses biens, de ses armes, de son sang et de sa vie ».

Le porte-parole du Tiers-État est Robert Miron, Prévôt des Marchands. Il prononce son discours à genoux, mais ses propos sont sévères pour le gouvernement. Après s'être rapidement acquitté de l'éloge rituel de la Reine-Mère et de l'inévitable évocation de Blanche de Castille, l'orateur s'en prend aux abus : les exactions des hommes d'armes, celles des financiers, le comportement de trop de nobles, les exemptions d'impôts abusives, les pensions exorbitantes accordées aux Grands, l'impunité des fauteurs de troubles, le règne des favoris. Qui porte la responsabilité de cet état de choses ? Robert Miron n'hésite pas à désigner le coupable : la faiblesse du gouvernement, c'est-à-dire de la Reine. La conclusion de son discours est habile mais nette : « Qui croira ce paradoxe, trop véritable néanmoins, que les vertus aient engendré les vices et que l'excès de la bonté, facilité, et clémence de Votre Majesté, ait causé, par importunité, l'audace, l'impunité et l'impiété, et, à leur suite, une infinité de maux, une contravention publique à toutes ordonnances divines et humaines, et enfin un dévoiement général de toutes règles en tous les ordres et professions de ce royaume ? »

Robert Miron se relève, le Chancelier met fin à la séance. Il est six heures passées, l'obscurité envahit la salle que ses occupants évacuent dans un désordre indescriptible. Tout le monde est content. Les assistants ont le sentiment d'avoir vécu un événement historique. Dehors, la foule qui s'est agglutinée depuis le début de la matinée cherche à mettre des noms sur les visages de ceux qui sortent maintenant de l'Hôtel de Bourbon, ovationne le Roi, et rentre se coucher, satisfaite de cette journée.

Après la réunion solennelle d'ouverture, le Roi ne devait plus recevoir les États-Généraux en séance plénière que pour la clôture de leurs travaux avec la remise des cahiers de doléances généraux. D'ici là, il appartenait aux assemblées des trois Ordres de fixer elles-mêmes leur programme de travail. Dans les délibérations confuses qui se déroulent après le 27 octobre, les mémoires que l'on s'adresse d'un Ordre à l'autre, les incidents, les navettes, les malentendus, les intrigues, on peut distinguer trois orientations principales : le problème des rapports entre le Roi et le Pape, la vénalité des charges, et les finances de l'État.

Les travaux des États-Généraux.

La question des rapports entre le Pape et le Roi était le legs d'un bon millier d'années de débats sur les rapports entre le temporel et le spirituel dans les pays de l'Occident chrétien. Les guerres de religion et la rupture de l'unité du monde chrétien avaient crûment remis en lumière le problème de la prééminence éventuelle de l'un de ces pouvoirs sur l'autre. Dans le monde catholique, les théologiens admettaient que les sujets puissent être déliés par le Pape ou le Concile de leur serment de fidélité à leur souverain si ce dernier était reconnu coupable de félonie ou d'hérésie. Le Concile de Trente [3] ne s'était pas prononcé sur ce point, qui demeurait donc ouvert à la libre discussion des fidèles.

Le Clergé de France, qui tenait à son indépendance à l'égard de Rome mais reconnaissait la suprématie du Pape, avait sur ce sujet une position souple : admettant que le Roi ne tenait sa couronne que de Dieu seul et qu'il était, suivant l'expression consacrée, « Empereur en ses États », le Clergé considérait cependant comme inadmissible pour la conscience des catholiques français l'hypothèse d'un Roi protestant. Le Tiers-État de son côté observait une doctrine rigide aux termes de laquelle « aucune puissance en terre, quelle qu'elle soit, ne pouvait priver du royaume les personnes sacrées de nos Rois ». Il soupçonnait l'Église de France d'ultramontanisme, tandis que celle-ci s'opposait à la rigueur gallicane du Tiers. Le Clergé voulait faire passer l'adoption

3. Le Concile de Trente a siégé, avec des interruptions diverses, de 1545 à 1563.

comme loi du royaume des décrets du Concile de Trente afin de favoriser les progrès du catholicisme ; le Tiers-État ne voulait y consentir qu'à la condition que soit établie l'indépendance absolue du pouvoir temporel.

Le 5 janvier 1615, l'assemblée du Clergé est en émoi. On y donne lecture d'une proposition d'article arrêtée par le Tiers-État, qui prétend même en faire l'article Ier des cahiers de doléances. En voici le texte : « Pour arrêter le cours de la pernicieuse doctrine qui s'introduit depuis plusieurs années contre les Rois et puissances souveraines, établies de Dieu, par des esprits séditieux, qui ne tendent qu'à les troubler et subvertir, le Roi sera supplié de faire arrêter en l'assemblée de ses États, pour loi fondamentale du royaume, qui soit inviolable et notoire à tous, que, comme il est reconnu souverain en son État, ne tenant sa couronne que de Dieu seul, il n'y a puissance en terre, quelle qu'elle soit, spirituelle ou temporelle, qui ait aucun droit sur son royaume, pour en priver les personnes sacrées de nos Rois, ni dispenser ou absoudre leurs sujets de la fidélité et obéissance qu'ils lui doivent, pour quelque cause et prétexte que ce soit. Que tous les sujets, de quelque qualité et condition qu'ils soient, tiendront cette loi pour sainte et véritable, comme conforme à la parole de Dieu, sans distinction, équivoque ou limitation quelconque ; laquelle sera jurée et signée par tous les députés des États et dorénavant par tous les officiers et bénéficiers du royaume, avant que d'entrer en possession de leurs bénéfices et d'être reçus en leurs offices ; tous précepteurs, régents, docteurs et prédicateurs, tenus de l'enseigner et publier ; que l'opinion contraire, même qu'il soit loisible de tuer ou déposer nos Rois, s'élever et rebeller contre eux, secouer le joug de leur obéissance, pour quelque occasion que ce soit, est impie, détestable, contre vérité et contre l'établissement de l'État de la France, qui ne dépend que de Dieu ».

Cette déclaration, connue sous le nom d'« Article du Tiers », déchaîne les passions. Le Clergé supplie le Roi de la faire supprimer des cahiers du Tiers, et parvient à associer la Noblesse à sa démarche. Le Pape, qui est directement concerné par l'affaire, adresse le 31 janvier des félicitations aux assemblées du Clergé et de la Noblesse. Mais le Tiers-État s'entête, et envoie des députés au Roi pour lui demander d'entériner comme loi du royaume sa proposition. Le gouvernement, dont les membres sont en totalité originaires de la robe, ne demande pas mieux. Marie de Médicis, prise entre le souci d'enlever toute base légale à des actions collectives ou individuelles contre le Roi au nom de la religion catholique, et son attachement à la cause pontificale, s'en tire par un artifice de procédure. Elle obtient du Tiers qu'il n'inscrive pas le fameux article dans ses cahiers : la place de l'article Ier restera donc en blanc dans ses registres. Mais elle promet que le Roi, qui accepte qu'on lui en remette le texte, l'étudiera avec soin et y apportera ultérieurement la réponse appropriée.

Pour se venger de l'attitude du Clergé, le Tiers-État repousse la reconnaissance des décrets du Concile de Trente comme loi du royaume. Les deux assemblées avaient en quelque sorte fait match nul, mais c'était au préjudice de la crédibilité des États-Généraux. D'ailleurs, l'affaire n'en reste pas là, car les ressentiments qu'elle provoque troublent la bonne harmonie des débats sur la deuxième question importante : la vénalité des charges.

Gratuites à l'origine, les charges étaient devenues pour la monarchie française, toujours à court d'argent, une ressource des plus lucratives. Le gouvernement d'Henri IV avait franchi un pas décisif conduisant de la vénalité à l'hérédité des offices avec l'Édit de Paulet qui donnait la possibilité aux titulaires d'offices d'échapper, en payant un droit annuel, à la « clause des quarante jours » prévoyant que l'office devenait vacant si son titulaire mourait moins de quarante jours après l'avoir résigné (c'est-à-dire cédé à quelqu'un d'autre sous réserve de l'agrément du Roi). Ce droit annuel, surnommé la paulette en hommage à son inventeur, permettait la transmission héréditaire des charges et offices. Henri IV avait longuement hésité avant d'accepter l'Édit de Paulet, mais il avait trop besoin d'argent : bon an mal an, le droit annuel produisait entre 1 500 000 livres et 1 800 000.

A la fin de 1614, la paulette fait l'objet d'un assaut général. Le 18 septembre 1614, les États de Normandie réclament sa suppression et, d'une manière générale, celle de toute la vénalité des offices. Le 13 novembre, l'assemblée de la Noblesse aux États-Généraux demande à son tour que l'on suspende son application pour l'année 1615 en attendant une décision définitive. Le 5 décembre, le Roi lui donne satisfaction.

Le Tiers-État était bien embarrassé. La suppression de la paulette portait un coup sensible à la valeur des charges, et par conséquent à la fortune des gens de robe. A l'inverse, il était difficile de nier que le droit annuel, en rendant les offices héréditaires, avait augmenté leur valeur au point de les rendre inaccessibles à beaucoup de personnes de qualité, notamment aux gentilshommes, et fermait la porte aux hommes nouveaux en leur interdisant de s'élever dans la hiérarchie sociale. Le système avait également un autre aspect condamnable : les salaires et appointements attachés aux charges n'ayant pas augmenté, les acquéreurs d'offices étaient en quelque sorte poussés à prévariquer afin de se rembourser du prix très élevé qu'ils avaient dû payer pour s'en rendre propriétaires. L'assemblée du Tiers-État finit donc par se rallier, comme le faisait de son côté l'assemblée du Clergé, à la proposition de la Noblesse.

La suppression de la paulette conduisant à réduire sensiblement les recettes de l'État, on cherche les postes de dépenses qui pouvaient être comprimés. Il n'était pas nécessaire d'aller bien loin ! les pensions versées à la Noblesse et surtout aux Grands atteignaient des sommes gigantesques, finissant par représenter quelque 30 % du budget de l'État. L'assemblée du Tiers se met aisément d'accord sur la nécessité d'abolir les pensions, et envoie l'un de ses meilleurs orateurs, le Président Savaron, défendre ce projet devant le Roi. Le discours de Savaron est un beau morceau d'éloquence. Il fait forte impression sur le Roi quand il évoque la misère du peuple, suggérant qu'une comparaison entre le règne d'Henri IV et les premières années de celui de Louis XIII ne tournerait pas à l'avantage du second : « Sire, ce ne sont pas des insectes et vermisseaux qui réclament votre justice et miséricorde ; c'est votre pauvre peuple ; ce sont des créatures raisonnables ; ce sont des enfants desquels vous êtes le père, le tuteur et le protecteur ; prêtez-leur votre main favorable pour les relever de l'oppression sous le faix [c'est-à-dire le fardeau] de laquelle ils ploient continuellement. Que diriez-vous, Sire, si vous aviez vu dans vos pays de Guyenne et d'Auvergne les hommes paître de l'herbe à la manière des bêtes ? Cette nouveauté et misère inouïe en votre État ne produirait-elle pas en votre âme royale un désir digne de Votre Majesté pour subvenir à une calamité si grande ? »

Louis XIII est réellement ému. Après la description des misères, Savaron propose le remède : la suppression des pensions, qu'il rattache à l'abolition éventuelle de la paulette : « On vous demande, Sire, que vous abolissiez la paulette, c'est-à-dire que vous retranchiez de vos coffres seize cent mille livres que vos officiers vous payent tous les ans ; mais l'on ne vous parle point de supprimer l'excès des pensions qui sont tellement effrénées qu'il y a de grands et puissants royaumes qui n'ont pas tant de revenu que celui que vous donnez à vos sujets pour acheter leur fidélité. N'est-ce pas ignorer et mépriser la loi de Nature, de Dieu et du royaume, de servir son Roi à prix d'argent ?... Quelle pitié qu'il faille que le pays fournisse par chacun an cinq millions six cent soixante mille livres à quoi se monte l'état des pensions qui sortent de vos coffres ! »

La Noblesse réagit aux propos de Savaron, dans lesquels elle trouve des insinuations injurieuses. Savaron prétendrait-il que la Noblesse sert le Roi uniquement par intérêt ? On exige des excuses. Savaron s'y prête de bonne grâce. Une délégation du Tiers-État se rend à cet effet auprès de la Noblesse. Mais l'explication tourne à l'aigre. L'un des orateurs du Tiers ayant soutenu que les trois Ordres sont « trois frères, enfants de leur mère commune, la France », une partie de la Noblesse s'indigne, et quelques-uns de ses membres déclarent « qu'il n'y avait aucune fraternité entre eux-mêmes et les membres du Tiers ; qu'ils ne voulaient pas que des enfants de cordonniers et de savetiers les appellassent frères et qu'il y avait autant de différence entre eux et les autres comme entre le Maître et le Valet ». Seule l'intervention du Roi permet un apaisement de façade.

Au milieu des dissentiments, on cherche un terrain de rencontre ; les trois assemblées se retrouvent d'accord pour réclamer la mise en place de commissions d'enquête et de juridictions spéciales destinées à examiner les comptes des financiers ayant conclu des marchés avec l'État au cours des dernières années, et juger ceux qui se seraient rendus coupables de détournements. Marie de Médicis est fort embarrassée. Il est bien évident que la chaîne des abus rend tout le monde solidaire. Le jour où l'enquête remonterait à Concini, le pas serait vite franchi pour une mise en cause personnelle de la Reine-Mère.

L'assemblée de la Noblesse se montre particulièrement véhémente. On lui envoie le Chancelier qui vient expliquer que l'attribution des marchés a toujours été d'une régularité parfaite. La Noblesse, qui en doute, maintient sa demande d'une révision de tous les comptes des trésoriers et des financiers. Marie de Médicis réagit, comme dans l'affaire de l'Article du Tiers, avec une incontestable habileté. Elle réorganise l'administration des finances en supprimant le « Conseil de Direction » qui constituait l'instance suprême de cette administration et en le remplaçant par un « Conseil des Finances » dont les princes du sang seront membres de droit. C'était un moyen, tout en conservant au sein du gouvernement la réalité du pouvoir financier, de donner aux princes une satisfaction de pure forme et, plus insidieusement, de les rendre complices des abus que le Conseil des Finances serait amené à couvrir.

La Reine-Mère commençait à trouver que les États-Généraux avaient assez duré. Sur ces entrefaites, un violent incident, en passionnant la Cour et la ville, vient à point nommé pour détourner l'attention des travaux des assemblées et hâter la clôture des États-Généraux. Au centre de l'affaire, le prince de Condé. Un gentilhomme nommé Marsillac, au service de Condé et très lié avec Monsieur de Rochefort, favori du prince, est démasqué comme une sorte d'agent du Roi : tout ce que lui confiait Rochefort sur les propos et les pensées de Condé était fidèlement rapporté au Roi. Condé renvoie Marsillac, et s'offense de voir Louis XIII lui donner aussitôt une place de gentilhomme ordinaire aux appointements de 2 400 livres par an, et le nommer capitaine dans une compagnie de ses gardes. Il déclare qu'il va faire bâtonner Marsillac. La menace étant venue à la connaissance de la Reine, celle-ci fait mettre en garde le prince de Condé. Deux jours après, le 5 février 1615, Rochefort, accompagné de 2 ou 3 gentilshommes et de 5 ou 6 laquais, tombait sur Monsieur de Marsillac en pleine rue Saint-Honoré et le faisait rouer de coups.

Le lendemain, le prince, convoqué par la Reine en présence du Roi, revendique hautement le mérite de cette action. Malgré son jeune âge, Louis XIII veut intervenir mais la Reine l'en empêche, à son grand déplaisir. Quand le prince se retire en claquant la porte, le Roi, au bord des larmes, s'écrie : « Ah, Madame ! vous m'avez fait grand tort de m'avoir empêché de parler. Si j'eusse eu mon épée, je la lui eusse passée au travers du corps ». Condé comprend bien vite qu'il est allé trop loin et cherche à s'accommoder. Mais Marie de Médicis a intérêt à exploiter l'affaire pour discréditer le prince. Elle charge le cardinal de Sourdis d'enquêter sur les faits. Sourdis dresse un procès-verbal qu'il remet à la Reine et dont celle-ci donne communication aux présidents des trois Ordres convoqués à cet effet : il est accablant pour Condé. Le prince, piqué au vif, a l'idée malencontreuse de saisir le Parlement ; ce dernier, flatté d'être ainsi pris à témoin, prend une décision que ne prévoyait certainement pas Condé en ordonnant l'arrestation de Rochefort ! Les autres princes, qui un moment avaient paru faire corps avec Condé, se désolidarisent maintenant de lui.

Voyant les choses aussi mal engagées, Condé se résout à solliciter Louis XIII et Marie de Médicis de lui accorder la grâce de Rochefort et le pardon de toute l'affaire. Reçu par le Roi, le prince s'entend dire au terme de l'entretien : « Mon cousin, à l'avenir, conduisez-vous mieux ». Auprès de Marie de Médicis, Condé s'excuse de ce qui s'est passé tout en rejetant l'entière responsabilité sur Marsillac. La Reine-Mère a le mot de la fin : elle lui conseille de mieux garder son calme dans le futur, en constatant que s'il fallait bâtonner tous ceux qui disent du mal de lui, le nombre en serait vraiment trop grand !

Clôture des États-Généraux.

L'affaire Rochefort avait détourné l'attention des travaux des trois Ordres, qui passaient d'ailleurs beaucoup plus de temps à commenter les péripéties de l'incident qu'à poursuivre la rédaction des cahiers de doléances. Les Parisiens commençaient à se lasser, et faisaient observer la disproportion entre la dépense que représentait l'entretien de tous ces députés et la minceur des résultats obtenus. Mais Marie de Médicis pouvait craindre, à l'inverse, que la prolongation de la réunion des États ne finisse par mettre en lumière les abus incontestables du régime. Elle fait donc demander aux États de hâter la rédaction de leurs cahiers et s'entend dire avec satisfaction vers la mi-février que ceux-ci sont prêts à être présentés au Roi.

La séance de clôture prévue à cet effet est fixée au 23 février 1615. Comme la séance d'ouverture, elle se déroule dans la grande salle de l'Hôtel de Bourbon. Elle ressemble d'ailleurs beaucoup à ce qu'avait été la séance du 27 octobre précédent : même disposition des lieux, même désordre, même bousculade. L'arrivée du Roi et de la Reine-Mère ne suffit pas à calmer les esprits, au point que Marie de Médicis menace de quitter la salle si l'on ne rétablit pas un minimum d'ordre. Sillery, Villeroy, s'en mêlent et finissent par obtenir un semblant de calme qui permet à Louis XIII d'ouvrir la séance en donnant la parole au Chancelier.

Le discours du Chancelier Sillery est bref : il ne s'agit pas aujourd'hui d'introduire les débats mais d'entendre les propositions de chaque Ordre présentées par les soins de leurs orateurs respectifs.

Le protocole fait venir en premier à la tribune le représentant du Clergé. Ce n'est plus l'archevêque de Lyon, mais un jeune évêque qui s'est fait remarquer pendant les travaux tenus par l'assemblée de son Ordre ; il a été choisi par le vœu unanime de ses collègues et avec l'agrément de Marie de Médicis pour représenter le Clergé en cette séance solennelle de clôture. Ce jeune prélat est l'évêque de Luçon, Monseigneur de Richelieu, le futur cardinal et premier ministre de Louis XIII.

En ce jour, rien ne manque à la gloire de Richelieu. Son éloquence coule limpide et claire. La cause de l'Église de France est présentée avec talent. La critique des abus enveloppe dans une même réprobation la vénalité des offices et le niveau excessif des pensions. Le Roi est prié de donner l'exemple de la conformité aux principes de l'Église en conférant les charges ecclésiastiques aux plus dignes, en évitant les cumuls de bénéfices, et en protégeant l'autorité ecclésiastique contre les empiètements du pouvoir civil. Richelieu demande enfin l'application en France des décrets du Concile de Trente. Avant de remettre au Roi le cahier de doléances des États-Généraux, il avait su trouver les mots qu'il fallait pour glisser, au nom du Clergé et en son nom personnel, un adroit compliment à l'intention de Marie de Médicis : « Heureux le Roi à qui Dieu donne une mère pleine d'amour envers sa personne, de zèle envers son État et d'expérience pour la conduite de ses affaires ! Entre une infinité de grâces que Votre Majesté a reçues du Ciel, une des plus grandes dont vous lui soyez redevable est le don et la conservation d'une telle mère ; et entre toutes vos actions, la plus digne et la plus utile au rétablissement de votre État est celle que vous lui aurez faite lui en commettant la charge ».

Le baron de Senecey, député de la Bourgogne, lui succède au nom de la Noblesse. Il parle brièvement, s'attardant sur les louanges qu'appelait le gouvernement de la Reine, insistant en particulier sur l'importance des mariages espagnols et leur utilité pour la France. Au nom de son Ordre, il remet lui aussi au Roi un exemplaire du cahier de doléances général, en tous points semblable à celui qu'a déjà déposé Richelieu.

Reste à entendre l'orateur du Tiers. C'est toujours Robert Miron ; il parle, comme lors de la séance d'ouverture, à genoux. Son discours est beaucoup moins élogieux que les précédents. Il se débarrasse bien vite des compliments rituels à la Reine-Mère, et décrit avec vigueur les misères du peuple : « Le pauvre peuple travaille incessamment, ne pardonnant ni à son corps, ni quasi à son âme, c'est-à-dire à sa vie, pour nourrir l'universel du royaume. Il laboure la terre, l'améliore, la dépouille, met à profit ce qu'elle rapporte : il n'y a saison, mois, semaine, jour ni heure, qui ne requière son travail assidu : en un mot, il se rend ministre et quasi médiateur de la vie que Dieu nous donne et qui ne peut être maintenue sans les biens de la terre ». Robert Miron admoneste sans précaution oratoire superflue la Noblesse, le Clergé, et la Reine : « La nourriture de Votre Majesté, de tout l'état ecclésiastique, de la Noblesse, du Tiers-État, est assignée sur ses bras. Sans le labeur du pauvre peuple, que valent à l'Église les dîmes ; les grandes possessions à la Noblesse, leurs belles terres, leurs grands fiefs ; au Tiers-État leurs maisons, leurs rentes et leurs héritages ?... Qui donne à Votre Majesté les moyens d'entretenir la dignité royale, fournir aux dépenses nécessaires de l'État, tant dedans que dehors le royaume ? Qui donne le moyen de lever les gens de guerre ? Qui ? Le laboureur... »

Le Roi reçoit avec froideur l'exemplaire du cahier de doléances que Robert Miron lui présente au nom du Tiers et lève la séance après quelques mots de remerciement aux députés des États-Généraux pour le mal qu'ils se sont donné dans l'intérêt du royaume : « Messieurs, je vous remercie de vos tant bonnes volontés. Je ferai paraître par les réponses qui vous seront faites le désir que j'ai de servir Dieu et soulager mon peuple, de protéger un chacun, de rendre la justice à tous mes sujets et de faire en sorte que vous soyez tous contents ».

La plupart des députés regagnent leurs foyers mais les États-Généraux n'étaient pas tout à fait terminés. Après l'examen des propositions contenues dans les cahiers de doléances, le gouvernement royal devait dire quel sort il leur réservait. Les assemblées des trois Ordres laissaient à Paris les membres de leurs bureaux, à charge pour ces derniers de rester en contact avec la Cour et d'entendre du Roi les décisions qu'il lui plairait d'arrêter. Le 24 mars 1615, un mois après la séance de clôture, le Roi convoque les représentants des trois Ordres et s'engage devant eux à supprimer la paulette, abolir la vénalité des charges, diminuer les pensions, faire juger les financiers prévaricateurs et mettre les autres problèmes à l'étude. Ceci fait il congédie les députés, et les autorise à rentrer chez eux.

Dans la nuit du 24 au 25 mars, mourait Marguerite de Valois. Louis XIII l'aimait beaucoup. Elle gâtait énormément les enfants de Marie de Médicis. Depuis plusieurs années déjà elle était devenue très laide mais restait toujours aussi galante et attirait autour d'elle les beaux esprits et les gens de lettres. Avec elle s'éteignait la famille de Valois. Elle léguait toute sa fortune à Louis XIII. On la savait malade depuis quelque temps et l'on avait remarqué son absence lors de la cérémonie de clôture des États-Généraux du 23 février. Mais sa disparition surprit tout le monde et fut accueillie avec une réelle émotion par Louis XIII et Marie de Médicis.

Plus personne ne songeait aux États-Généraux. Les semaines qui suivirent devaient balayer les résolutions affichées le 24 mars. On s'avisa tout à coup que des dispositions antérieures ne permettaient pas de supprimer dans l'immédiat le droit annuel et la vénalité des charges : un Édit du 13 mai 1615 les confirmait pour trois ans, au grand soulagement de la bourgeoisie de robe et des Parlements, qui se retrouveront d'autant plus dociles aux ordres du gouvernement royal. Les actions judiciaires contre les financiers se perdront dans les sables. Pour ce qui est de la diminution des pensions, on verrait bien : cela dépendait avant tout du comportement des Grands. Ainsi, de toutes ces réunions, de tous les incidents qui avaient traversé les délibérations des États-Généraux de 1614, que restait-il ? En apparence, pas grand-chose.

Les contemporains, comme les historiens par la suite, ont jugé sévèrement la réunion de ces États-Généraux qui furent les derniers avant ceux de 1789. Pourtant, ils ont laissé une référence historique, fait éclater la profondeur des antagonismes entre les Ordres, consacré le rôle éminent du Clergé et l'importance pour la monarchie du soutien de la bourgeoisie. Et puis, un homme s'était mis en vedette grâce à eux : Richelieu, futur ministre de la Reine, et plus tard premier ministre de Louis XIII.

Dans l'immédiat, les États-Généraux auront permis à Marie de Médicis de se tirer du piège qu'avaient cru lui tendre les Grands. Elle était désormais plus forte pour s'opposer à eux et mener à son terme, malgré eux, la politique des mariages espagnols.

POUR OU CONTRE LES MARIAGES ESPAGNOLS.

Le prince de Condé avait tout lieu d'être mécontent du résultat des États-Généraux. L'approbation des mariages espagnols et la confirmation des pouvoirs de Marie de Médicis constituent pour lui un échec sévère. Disposant parmi les membres du Parlement de Paris d'un certain nombre d'amis sûrs, parmi lesquels le plus en vue, le Président Le Jay, est un homme intelligent et influent, il s'efforce de regagner dans cette assemblée le terrain perdu par ailleurs. La manœuvre est simple : elle consiste à rendre le Parlement de Paris juge de l'exécution par le gouvernement des promesses faites aux députés des États-Généraux. On insiste en particulier pour obtenir au plus vite le détail de l'ensemble des dépenses effectuées depuis la mort d'Henri IV ; il s'agit en principe de préparer par là les poursuites promises contre les prévaricateurs, mais le véritable but de l'opération est d'embarrasser le gouvernement. Le prince mène également une active campagne de porte à porte et de contacts. Il se promène à pied dans les rues, serre des mains, entre familièrement chez les commerçants pour bavarder de leurs affaires et défendre ses objectifs. Pas de jour où il ne déjeune et ne dîne chez l'un ou chez l'autre. Il est de toutes les assemblées, fréquente les processions, participe à des réunions publiques. Prodigue de son affection, il occupe le terrain pendant que la Reine, selon l'habitude observée depuis son arrivée en France, s'apprête à passer la plus grande partie du mois d'avril à Fontainebleau.

Fidèle à une tactique éprouvée, Condé décide en même temps de ne plus assister aux réunions du Conseil. La Reine en fait se soucie bien peu des états d'âme du prince et de sa présence ou de son absence dans les Conseils du gouvernement. Mais elle souhaite maintenant en finir avec les mariages espagnols, car elle se rend bien compte que des retards supplémentaires risquent de lui faire perdre le bénéfice de l'approbation donnée par les États-Généraux à ce qu'elle considère comme l'apothéose de sa politique, et elle ne tient pas à laisser le prince intriguer à Paris pendant qu'elle fera route vers Bordeaux.

Le gouvernement français s'étant mis d'accord avec le gouvernement espagnol pour que l'échange des princesses ait lieu au mois d'août, Condé rencontre la Reine. Il se montre d'une amabilité extrême ; au demeurant, ses demandes sont modestes : il veut être traité en Conseil conformément à sa qualité de prince du sang, il a besoin d'argent, et il souhaiterait obtenir de Marie de Médicis l'autorisation de se séparer de sa femme. La Reine lui répond qu'il lui suffit de revenir au Conseil pour y rencontrer les égards dus à son rang, qu'elle est prête à lui donner de l'argent, mais qu'elle ne l'autorisera jamais à se séparer de sa femme. Condé se déclare fort satisfait de ces réponses.

Mais, dans les jours qui suivent, ses amis s'emploient à lui expliquer qu'il n'a rien obtenu, et que la Reine-Mère l'a floué. Voilà Condé, du coup, qui rengaine ses bonnes dispositions et manifeste sa mauvaise humeur en se retirant une fois de plus sur ses terres : le 21 mai, le prince quitte Paris. Personne ne prend la chose au tragique, tellement ces coups de tête du prince de Condé étaient devenus habituels, jusqu'au moment où le Parlement de Paris demande à être reçu d'urgence par la Reine. Celle-ci, intriguée, y consent, et se voit présenter par une délégation de quarante conseillers une note écrite qui constitue un véritable acte d'accusation contre le gouvernement en place. Où sont passés les millions de la Bastille, demande le Parlement ? On a gorgé des étrangers sans mérite de places et de charges. Les ministres trafiquent pour leur compte. L'opinion publique est manipulée par une information partiale. L'enquête sur les circonstances de la mort d'Henri IV n'a pas été menée sérieusement. Les alliances traditionnelles de la France sont abandonnées ou trahies. L'administration du pays croule sous l'incapacité, l'incompétence, et le règne du gaspillage.

La Reine, à la lecture de ce document, entre dans l'une des colères les plus violentes de son existence. Elle est en proie à une telle indignation qu'elle en étouffe de fureur, laissant aux ministres le soin de réfuter, avec plus de calme, mais dans des termes d'une exemplaire sévérité, les allégations de ce document. On condamne vigoureusement les prétentions du Parlement de Paris à s'ingérer dans des matières de gouvernement, qui n'ont rien à voir avec l'administration de la justice, son seul, son véritable objet. Tous les grands seigneurs présents interviennent à leur tour, et c'est à qui trouvera les paroles les plus blessantes. Un cri unanime s'élève lorsque les malheureux conseillers se retirent : ce n'est pas l'État qu'il faut réformer, c'est le Parlement lui-même.

L'inspirateur de cette démarche était le prince de Condé, nul n'en doute. Pour détourner les soupçons qui pèsent sur lui, le prince imagine de revenir à la Cour comme si de rien n'était. Mais devant le comportement de Marie de Médicis, qui ne décolère pas et fait converger des troupes vers la capitale, il juge plus prudent de s'éloigner et va s'établir à Saint-Maur, puis dans les terres qu'il possède près de Creil. Il y mène en apparence l'existence paisible d'un noble campagnard, participe aux fêtes paysannes, dote les jeunes filles pauvres, organise des concours de tir à l'arquebuse dont les vainqueurs reçoivent de beaux cadeaux payés sur sa cassette. Mais en réalité, il ne désarme pas, écrit aux protestants pour demander que des pressions soient exercées sur le gouvernement de la Régente, et déclenche contre les mariages espagnols une campagne de pamphlets.

Les huguenots vivent dans l'inquiétude, car ils appréhendent l'influence que pourrait avoir l'entourage espagnol de la nouvelle Reine régnante sur la politique religieuse du gouvernement. Ne dit-on pas que Philippe III a tenu à faire assister Anne d'Autriche à une procédure et à un supplice de l'Inquisition ? Le Roi d'Espagne aurait affirmé qu'il voulait lui montrer comment il convenait de procéder contre les hérétiques ou les catholiques tièdes. Inquiétantes réflexions !

Les protestants demandent l'autorisation, qui leur est accordée sans difficulté, de tenir une réunion à Grenoble, sous la présidence du maréchal de Lesdiguières. Beaucoup de discussions, mais en définitive les réformés refusent de suivre ceux qui cherchent à les pousser dans la voie de la révolte. Le plus influent de leurs chefs, Duplessis-Mornay, les convainc de ne pas écouter le prince de Condé, en leur montrant qu'ils ne pourront de toute façon pas empêcher les mariages espagnols de se faire, et que le prince ne cherche qu'à se servir d'eux : le moment venu, il sera le premier à les trahir en concluant sur leur dos un arrangement avec le gouvernement. Mais le duc de Rohan, qui considère qu'il n'a pas obtenu une part suffisante des largesses dispensées par Marie de Médicis aux Grands, manifeste une humeur belliqueuse, et l'assemblée de Grenoble ne peut l'empêcher d'entraîner un certain nombre de réformés dans l'aventure militaire qu'il prépare : 3 à 4 000 hommes au total se retrouveront bientôt mobilisés, répartis sous l'autorité du duc en détachements dispersés entre le Poitou et la frontière d'Espagne.

Dans ses efforts pour mobiliser l'opinion contre le voyage de Bordeaux, Condé bénéficie de la plume d'un excellent polémiste, l'auteur anonyme de *La Cassandre française*. Le rapprochement avec l'Espagne est habilement critiqué par l'évocation des malheurs passés qu'a subis la France du fait de l'Espagne, par un tableau du danger que représente cette dernière en Europe avec l'appoint des Habsbourg de Vienne et l'aide sans nuance qu'elle reçoit du Pape. Mais plus que tous ces arguments, c'est la peinture des antagonismes psychologiques entre les deux nations qui frappe les lecteurs de l'époque et emporte leur conviction : « Vous faites des feux de joie, vous passez les nuits en ballets et en danses, en espérance de ces prétendus mariages. Hé ! que pensez-vous faire ? Accorder deux peuples du tout ennemis ? Plutôt l'eau et le feu se mêleraient ensemble, et mêlés produiraient leurs effets, que le Français peut compâtir avec l'Espagnol. Le coq est du tout contraire au lion, et à sa seule voix lui fait montrer les talons et rabattre le feu de son courroux. Mais je me trompe, je lui fais trop d'honneur : ce n'est point un lion, c'est un renard qui est toujours au guet pour attraper votre coq ; tenez-vous donc sur vos gardes et ce plutôt quand il fera le doux[4] ».

A la *Cassandre française* répondent les polémistes catholiques favorables aux mariages. A Lyon, on se félicite de l'alliance entre les deux nations catholiques, si utile à la cause de l'Église et du Pape : « Il est donc vrai que les deux plus grands monarques du monde, les deux fermes plus puissantes colonnes de l'Église apostolique et romaine, soutiendront de mieux en mieux le Saint-Siège et appuieront si bien la chaire de Saint-Pierre que les plus rudes secousses des vents de l'hérésie ne la pourront non seulement déplacer, mais pas même tant soit peu ébranler[5] ».

Selon la mode du temps, on met également à contribution les lettres et les chiffres pour montrer que ces mariages étaient prévus par Dieu de toute éternité. En voici un exemple. « Henri de Bourbon » (Henri IV) et « Marie de Médicis » : chacun de ces noms est composé de 14 lettres. N'est-il pas admirable qu'il en soit de même pour « Louis de Bourbon » (c'est-à-dire Louis XIII) et « Anne d'Autriche » ? Quant aux noms de « Philippe d'Autriche » et d' « Élisabeth de Bourbon », ils comptent chacun 18 lettres. La démonstration est péremptoire. Mais on peut aller plus loin, et chercher l'anagramme que composent les lettres tirées des noms de chacun des couples de fiancés. « Louis de Bourbon » et « Anne d'Autriche » donnent : « Ho bon lien sacré du très bon Dieu ». « Philippe d'Autriche » et « Élisabeth de Bourbon » : « Bénite de Dieu pour alliance prophitable[6] ».

Marie de Médicis avait cependant des préoccupations plus sérieuses. Elle obtient non sans quelques difficultés l'autorisation d'aller chercher

4. *La Cassandre française,* Paris, 1615, p. 22.
5. Dans *Les vœux sacrés et les ardents désirs des bons chrétiens,* Lyon, 1615, p. 3.
6. B. de Viette, *Convenances admirables des noms et des mariages du Roi et de Madame,* 1615.

à la Bastille 1 200 000 livres pour financer le voyage de Bordeaux. L'opération s'effectue le 15 juillet 1615 vers cinq heures du soir. La Reine y préside en personne. Il faut 40 charrettes pour emporter la somme. Marie de Médicis ne quitte la Bastille que lorsque la dernière charrette est partie. Il ne restait plus du fameux trésor d'Henri IV et Sully qu'une somme égale à celle qu'on venait de retirer ; on espérait ne pas en avoir besoin dans l'immédiat. Outre les dépenses du voyage lui-même, on avait décidé de lever 1 500 soldats pour assurer la sécurité des souverains. L'effectif de cette escorte n'était pas très élevé ; fallait-il encore que les princes se tiennent tranquilles.

Or, le problème que pose l'attitude de Condé n'est toujours pas réglé. Afin de forcer la main au prince, la Reine annonce officiellement son départ pour les premiers jours d'août à destination de Bordeaux. Là, vers la mi-septembre, le duc de Guise, avec une procuration du Roi d'Espagne, épousera au nom du prince des Asturies, l'Infant Philippe, Madame Élisabeth, sœur de Louis XIII, pendant que, le même jour, à Burgos, le duc de Lerme épousera au nom du Roi Louis XIII l'Infante Anne d'Autriche. Puis on procédera dans les derniers jours de septembre à l'échange des princesses au milieu de la Bidassoa, la rivière qui marque la frontière entre la France et l'Espagne, à proximité d'Hendaye.

En publiant le programme du voyage, Marie de Médicis veut montrer à Condé que sa décision est irrévocable et qu'il ne peut espérer davantage mettre obstacle à la célébration des mariages. Mais, en même temps, elle lui envoie plusieurs émissaires de haut rang – Villeroy, Pontchartrain, Sillery, Concini – pour négocier avec lui sa participation au voyage. Rien n'y fait. Une maladresse de Concini et de la Reine, en froissant l'amour-propre de Condé, précipite l'échec des discussions : le 27 juillet, le prince adresse à Marie une lettre dans laquelle il déclare qu'il ne participera pas à un voyage qu'il considère comme prématuré et inspiré par les mauvais conseillers de la Reine, et exige qu'une réponse soit donnée aux cahiers de doléances des États-Généraux avant que l'on songe à marier le Roi.

Cette lettre de rupture faisait du coup planer le risque d'une véritable rébellion armée, fomentée et animée par le prince, pendant que Marie de Médicis et Louis XIII feraient route vers Bordeaux. Il fallait de toute évidence renforcer très sensiblement les mesures prises sur le plan militaire. On ajoute donc 3 000 arquebusiers à l'effectif de l'escorte qui doit accompagner le Roi, sa mère et sa sœur dans leur déplacement, et l'on décide de constituer à Paris une petite armée de même force, placée sous le commandement du maréchal de Boisdauphin. Le 16 août, on retourne à la Bastille pour vider ses caves des dernières 1 200 000 livres qui s'y trouvaient encore. Le 17 août 1615, le cortège royal quitte la capitale. Auparavant, la Reine avait envoyé une lettre à toutes les villes de France et à tous les gouverneurs de province pour leur faire défense d'accueillir le prince de Condé ou ses émissaires.

Les mariages espagnols.

Pendant que le maréchal de Boisdauphin organise la vie à Paris comme dans un camp retranché, ne laissant plus que sept portes ouvertes, surveillant les approvisionnements de la ville, envoyant des détachements de Suisses dans tous les points stratégiques de l'Ile-de-France, la Cour s'en va vers la Guyenne comme pour un voyage de plaisir. Malgré la chaleur très forte, la chevauchée est joyeuse : on se met en marche très tôt le matin, souvent même avant le lever du jour, et l'on s'arrête quand la canicule devient intolérable. On traverse des régions éprouvées par une sécheresse persistante, où les approvisionnements, mal organisés, font parfois défaut pour la suite nombreuse des souverains. Alors, la rapine, un peu trop souvent, fait son apparition. Ami ou ennemi, le soldat ne fait guère la différence et traite le civil dans tous les cas comme une proie.

Juste avant le départ, Condé avait envoyé à la Reine des lettres contenant de nouvelles propositions ; Marie de Médicis n'y voit que des manœuvres dilatoires et prend le parti de les ignorer ; si le prince veut venir, fait-elle répondre, il sera le bienvenu ; en attendant, les instructions données à son encontre sont maintenues. A Orléans, à Blois, nouvelles démarches de Condé, auxquelles s'associe le duc de Bouillon ; nouvelles réponses, toujours aussi fermes, de Marie de Médicis. Maintenant que le voyage de Bordeaux est enfin commencé, la Reine-Mère n'a qu'une hâte : arriver le plus vite possible à son terme et célébrer les noces.

Le 31 août 1615, on est à Poitiers et là, on frôle le drame. Madame Élisabeth tombe gravement malade ; c'est la petite vérole. Dans les premiers jours de la maladie, on pense que la princesse est perdue. Marie de Médicis, qui ne se laisse pas prendre au dépourvu, décide qu'en cas de malheur sa deuxième fille Christine – qui n'a pas 6 ans – la remplacera ! Heureusement, l'amélioration de l'état de santé de Madame Élisabeth dispense la Reine de recourir à cette solution extrême. Sa fille aînée va mieux, et la petite vérole disparaît peu à peu sans laisser de traces. Au bout de trois semaines, on s'apprête à repartir quand Marie de Médicis tombe à son tour malade : elle a une fluxion de poitrine et un érésipèle qui manque lui paralyser le bras. La guérison est longue à venir dans la chaleur insupportable et l'on ne quitte finalement Poitiers que le 28 septembre, près d'un mois après être arrivés dans la ville.

On fait étape à Angoulême, où l'on reste trois jours, car on hésite sur le chemin à prendre pour aller à Bordeaux. La route normale passe par Libourne, mais le bruit court que 6 000 huguenots se seraient rassemblés aux abords de cette ville sous le commandement du duc de Rohan. L'effectif de l'armée réformée ainsi annoncé était très exagéré, mais par prudence la Reine-Mère préfère changer d'itinéraire et choisit de passer par Bourg-sur-Gironde. Sa manœuvre déjouée, le duc de Rohan contourne Bordeaux par l'est et va s'établir sur la moyenne vallée de la Garonne, dans l'espoir de couper la route des Landes entre Bordeaux et la frontière espagnole. Le voyage ne ressemblait plus du tout à la partie de plaisir initiale ; on n'avait fait aucune mauvaise rencontre, mais dans l'énervement, des membres de l'escorte avaient plus d'une fois fait parler la poudre, tirant sans discernement sur des ombres ou de paisibles paysans. C'est dire avec quel soulagement Marie de Médicis arrive à Bordeaux le 7 octobre 1615.

L'accueil de la ville est chaleureux. Il y avait quarante-cinq ans que la capitale de la Guyenne n'avait pas reçu de Roi, et la municipalité s'était attachée à bien faire les choses. Marie de Médicis prend les dispositions nécessaires pour assurer la célébration des mariages, qui aura lieu simultanément le 18 octobre à Burgos et à Bordeaux. Elle souhaite faire vite, car elle ne tient pas à passer l'hiver hors de Paris ou sur les chemins ; Marie sait que l'opinion veut maintenant voir conclure une affaire qui dure depuis des années ; servant de prétexte permanent à l'agitation des princes, du Parlement, des protestants, les mariages espagnols auraient déjà « coûté la vie de plus de trente mille hommes, plus de huit millions d'or et la désolation de grands pays [7] ».

La célébration à Bordeaux du mariage d'Élisabeth avec le prince des Asturies (représenté par le duc de Guise) a beaucoup d'allure. Le Roi lui-même accompagne sa sœur jusqu'à la cathédrale. Après avoir entendu la messe et touché dans sa chambre quelques dames et cavaliers espagnols atteints des écrouelles, Louis XIII rejoint le cortège que précèdent cent Suisses et cent gentilshommes. Madame Élisabeth, déjà considérée comme princesse d'Espagne, est revêtue de la robe et du manteau royal de velours violet semé de lys d'or et doublé d'hermine. Elle porte la couronne fermée, réservée aux princes souverains, car elle va épouser le successeur désigné de Philippe III. Au milieu des tenues éclatantes des nobles et des prélats, une seule tache sombre : la Reine-Mère, toujours vêtue en demi-deuil. La cathédrale Saint-André est entièrement tapissée de tentures d'or et de soie. Le cardinal de Sourdis, archevêque de Bordeaux, a fait sortir du trésor de l'église les pièces les plus précieuses en or et en argent doré. Il a rapporté de Rome, spécialement pour la circonstance, des chandeliers et une croix d'argent identiques à ceux de la chapelle personnelle du Pape. Madame Élisabeth est

7. Legrain, *Décade commençant l'histoire du Roi Louis XIII*, Paris, 1618, p. 250.

rayonnante. Le cortège entre dans l'église vers deux heures de l'après-midi. Après le défilé dans la nef, puis la messe chantée, le cardinal donne la bénédiction de mariage à Madame Élisabeth et au duc de Guise placés sous un drap de soie que soutiennent au-dessus de leurs têtes l'évêque de Bayonne et l'évêque de Chartres.

La cérémonie terminée, le cortège se reforme dans le même ordre qu'à l'arrivée pour quitter la cathédrale. Il est déjà cinq heures de l'après-midi. Madame Élisabeth n'a guère le temps de se reposer avant les fastueuses réjouissances qui commencent à la tombée de la nuit. La ville est illuminée, ainsi que les navires ancrés dans le port. Un incident trouble un moment les festivités : le capitaine huguenot d'un navire de La Rochelle refuse de faire tirer, comme les autres, des salves de réjouissances ; la municipalité de Bordeaux prend le parti de ne pas sévir contre l'insolent.

Deux jours plus tard, le 20 octobre, en fin de matinée, Louis XIII passe en revue l'armée qui a été constituée pour escorter sa sœur jusqu'à la frontière et en ramener Anne d'Autriche. On a pris des précautions particulières, car le duc de Rohan tient la quasi-totalité des places du Gers et vient de surprendre la ville de Lectoure ; 4 000 fantassins et 400 cavaliers sont placés sous le commandement du duc de Guise et l'on a constitué une petite artillerie de 4 canons. Dans la soirée, Élisabeth va prendre congé de sa mère, à qui elle fait ses adieux dans des torrents de larmes. Le départ a été fixé au lendemain 21 octobre. Madame Élisabeth se met en route vers midi. Louis XIII pleure d'abondance, ce qui lui arrive rarement. On lui en fait la remarque : ses sanglots redoublent tandis qu'il hoquète : « Il faut cependant bien que je pleure une aussi bonne sœur ». Ne pouvant se décider à la quitter, il l'accompagne jusqu'à la sortie de Bordeaux. Au bout de deux kilomètres environ, il faut bien se dire adieu. Le Roi pleure, Élisabeth sanglote, la princesse de Conti à qui elle était très attachée pleure aussi. L'ambassadeur d'Espagne finit par s'impatienter et sépare lui-même Madame Élisabeth de la princesse de Conti en disant à cette dernière qu'elle l'a déjà embrassée plus de cinquante fois et que cela suffit maintenant. La Cour, indignée, trouve que l'Espagnol se conduit bien cavalièrement et n'agirait pas autrement s'il s'agissait d'enlever la pauvre Élisabeth.

Le voyage jusqu'à Bayonne, conduit comme une expédition militaire, se passe sans incident. Le cortège arrive dans cette ville au matin du 1er novembre et l'on s'apprête à procéder à l'échange des princesses prévu pour le 5 près d'Hendaye. Mais cette ultime formalité doit être légèrement différée en raison d'une indisposition du Roi d'Espagne et du duc de Lerme, qui les retient un peu plus longtemps qu'ils ne l'avaient pensé à Burgos. En apprenant que l'échange n'aurait lieu que le 9 novembre, Madame Élisabeth, qui ne pleurait plus depuis bien longtemps, manifeste un tel déplaisir qu'elle jette ses gants dans le feu.

L'échange avait été minutieusement réglé. Les deux cortèges descendraient au même rythme des collines qui encadrent la Bidassoa en territoire français comme en territoire espagnol. Élisabeth et Anne d'Autriche devaient arriver au bord du fleuve au même moment, puis monter en même temps dans deux barques qui, tirées par des cordes, se mettraient en mouvement simultanément pour se croiser au milieu du fleuve. Chaque princesse aborderait du même pas que l'autre sur la rive opposée. Un premier incident éclate lorsque les Espagnols, qui commencent à descendre de leurs collines, s'aperçoivent que dans le cortège des Français qui leur fait face de l'autre côté de la Bidassoa, il manque la litière de Madame Élisabeth. La perfidie française aurait-elle imaginé de frustrer l'Espagne de la princesse promise ? Les Espagnols poussent de grands cris, mais heureusement la litière apparaît, et rattrape son retard ; les deux princesses arriveront au bord du fleuve en même temps. Un deuxième incident survient lorsque les Français constatent que, sur le bateau espagnol, on a placé une couronne deux fois plus grande que prévu, de surcroît agrémentée d'un globe et d'une croix. Après de longues palabres, les Français acceptent la couronne espagnole telle qu'elle est mais obtiennent que l'on ôte le globe et la croix. Les princesses peuvent alors monter dans leurs bateaux respectifs, chacune accompagnée d'une suite réduite. Au milieu du fleuve, on a aménagé un double pavillon installé sur pilotis. Les princesses y font une courte halte d'un quart d'heure, échangeant quelques banalités protocolaires avant de prendre congé de leurs suites et de remonter dans les bateaux qui les emportent maintenant vers leurs nouvelles patries.

Le Roi d'Espagne suivait incognito, depuis Burgos, le cortège qui emmenait sa fille. La figure dissimulée derrière un masque, il assiste dans un petit bateau aux cérémonies de l'échange et voit avec beaucoup d'émotion Anne d'Autriche aborder à la rive française et prendre la route de Bordeaux. Ses dernières paroles en quittant sa fille avaient été les suivantes : « Ma fille, je t'ai mariée en Chrétienté du mieux que j'ai pu ; va et que Dieu te bénisse ». Il envoya des lettres affectueuses à Louis XIII et à Marie de Médicis pour leur recommander particulièrement l'Infante.

En arrivant à Bayonne, Anne d'Autriche trouve Monsieur de Luynes, Maître du Cabinet des oiseaux du Roi, qui l'attend pour lui remettre une lettre de Louis XIII et une autre de Marie de Médicis. Anne d'Autriche écrit aussitôt sur ses genoux un billet qu'elle donne à Luynes à l'intention du Roi et dans lequel elle lui fait part de son impatience d'arriver à Bordeaux.

Le voyage s'effectue sans encombre, mais avec une particulière lenteur en raison des précautions prises par le duc de Guise. L'arrivée à Bordeaux était prévue pour le 22 novembre, mais Louis XIII, à mesure que les jours passaient, manifestait une impatience grandissante de faire connaissance avec sa femme. N'y tenant plus, il quitte Bordeaux le 21 au matin, accompagné d'une suite réduite, et arrive vers trois heures de l'après-midi au petit village de Castres où Anne d'Autriche faisait halte pour prendre une légère collation. Louis XIII, par la fenêtre d'une des maisons du village, peut tout à loisir observer la jeune Reine, qu'il trouve aussi belle et gracieuse qu'on la lui avait décrite. Anne d'Autriche, informée que le Roi se trouve là, dissimulé dans un petit groupe de gentilshommes, ne parvient pas à l'apercevoir. Une idée germe alors dans l'esprit de Louis XIII. Pendant qu'Anne d'Autriche remonte dans son carrosse, il regagne également le sien et, un kilomètre plus loin, se porte à sa hauteur. Les deux carrosses s'arrêtent, Louis XIII et Anne d'Autriche se saluent et se dévisagent gravement sans mot dire. Au bout de quelques minutes le Roi met fin à cette rencontre muette en s'écriant gaiement : « Io son incognito, Io son incognito » et fait repartir ses chevaux au grand galop.

La rencontre officielle aura lieu vers huit heures du soir à l'archevêché de Bordeaux. Marie de Médicis attend Anne d'Autriche en haut de l'escalier d'honneur. La Reine-Mère s'extasie sur la beauté de sa belle-fille et l'embrasse avec de grands témoignages d'affection, en promettant à l'ambassadeur d'Espagne d'en avoir toujours soin comme de sa propre fille. Quelques instants plus tard, elle la conduit dans la grande salle où se tient Louis XIII, qui, dès qu'elle arrive, s'avance vivement au-devant d'elle et l'embrasse très tendrement. Tous les trois vont alors s'asseoir sous un baldaquin, Louis XIII au milieu, entre Anne d'Autriche à sa gauche et Marie de Médicis à sa droite. On présente au Roi et à la Reine-Mère les dames espagnoles de la suite d'Anne d'Autriche, puis, au bout d'une demi-heure, Marie de Médicis, s'avisant que la jeune Reine doit être fatiguée par son long voyage, la conduit à son appartement pour qu'elle s'y repose.

Les jours qui suivent sont occupés à faire connaissance. Louis XIII se montre extrêmement empressé auprès d'Anne d'Autriche et l'accompagne galamment tout au long des interminables audiences et cérémonies de présentation.

La célébration du mariage est prévue pour le 25 novembre, mais on s'aperçoit la veille que le cardinal de Sourdis a disparu. Un gentilhomme de ses amis, le sieur de Hautcastel, avait été condamné à mort par le Parlement de Bordeaux, malgré les pressions exercées par le cardinal sur les juges. Louis XIII n'ayant pas voulu accorder sa grâce, le sieur de Hautcastel croupissait dans son cachot en attendant le moment de l'exécution lorsque le cardinal fait irruption en force à la prison où il est détenu, brise ses chaînes, tue un gardien et conduit Hautcastel jusqu'à la Garonne où l'attendait un bateau qui l'emmène hors de France. Après un tel coup d'éclat, Monseigneur de Sourdis avait cru plus sage de disparaître lui aussi. Son absence n'empêchera pas cependant la cérémonie de se tenir normalement ; la messe est dite à sa place par l'évêque le plus ancien de la province, l'évêque de Saintes.

Après le souper qui suit la messe, Marie de Médicis conduit elle-même Louis XIII dans la chambre d'Anne d'Autriche, où elle le laisse une heure ou deux. Elle fait distribuer le lendemain une note annonçant la consommation du mariage, envoyée à tous les ambassadeurs et aux principales villes du royaume. Le mariage étant alors véritablement « parfait » selon l'expression consacrée, plus rien ne pouvait désormais le rompre. Il ne restait plus qu'à quitter Bordeaux, ce que l'on fait le 17 décembre 1615, après de grandes festivités qui mettent un point final au long séjour de la Cour dans cette ville.

Il était temps d'ailleurs de regagner Paris car l'agitation entretenue par le prince de Condé et le duc de Rohan semblait s'étendre. Condé, à la suite de quelques escarmouches contre les forces laissées dans la région parisienne, s'était emparé de Château-Thierry, d'Épernay et de Châlons-sur-Marne. Il est vrai que le maréchal de Boisdauphin n'avait eu aucune peine à reprendre ces villes sur les talons de la petite armée du prince. Après des tentatives infructueuses sur Sens, Gien, La Charité-sur-Loire, Jargeau, Condé parvient à passer la Loire non loin d'Orléans, et de là gagne le Berry où il établit son quartier général dans la ville de Châteauroux. Les protestants, pour leur part, qui s'étaient agités sporadiquement entre Guyenne et Gascogne, semblaient maintenant prêter une oreille plus attentive aux appels à la rébellion. Aucun péril grave ne menaçait la monarchie, mais le passage des armées s'accompagnait de son habituel cortège d'exactions, et cette mini-guerre civile n'était de toute façon pas tolérable pour le prestige et l'autorité du Roi.

Ayant quitté Bordeaux pour regagner Paris, l'armée royale au début du mois de janvier 1616 arrive en Poitou et ne se trouve alors plus très loin de celle de Condé. Le 6 janvier, le duc de Guise surprend à Saint-Maixent 2 000 fantassins de Condé, dont il tue une partie et disperse le reste. Marie de Médicis, sans chercher à exploiter ce succès sur le plan militaire, en profite au contraire pour proposer au prince de Condé la conclusion d'un accommodement. Le 13 janvier en fin de journée, elle demande à Villeroy d'aller trouver le chevalier de Sillery, son Chevalier d'Honneur, frère du Chancelier, pour lui dire son désir de le voir quitter son service ; rien ne permettait de prévoir une disgrâce aussi soudaine, et le chevalier a peine tout d'abord à prendre au sérieux la démarche de Villeroy. Le lendemain, dès les premières heures de la matinée, Marie de Médicis annonce l'ouverture de négociations avec le prince de Condé ; et cette annonce éclaire soudain le sens de la disgrâce du chevalier de Sillery : avec le Chancelier son frère, avec le duc de Guise, il avait constamment plaidé pour une politique de fermeté à l'égard de Condé. Il était d'ailleurs de ceux que le prince avait le plus violemment dénoncés, le rangeant parmi les mauvais conseillers de la Reine et l'accusant de mettre obstacle à une participation normale de sa part dans le gouvernement du pays. Sa disgrâce était donc un gage offert d'entrée de jeu à Condé en vue de le convaincre de la volonté sincère de Marie de Médicis de conclure la paix.

Pendant que le chevalier de Sillery fait ses bagages, Villeroy et le maréchal de Brissac vont à Niort pour rencontrer Condé. Revenus à Châtellerault où se trouve la Cour, afin de rendre compte à Louis XIII et à la Reine-Mère de leurs premières conversations avec le prince, ils font décider une suspension d'armes jusqu'au 1er mars, tandis que l'on fixe au 10 février l'ouverture à Loudun d'une conférence destinée à jeter les bases d'une paix définitive.

L'attitude adoptée par la Reine-Mère, le limogeage du chevalier de Sillery, le choix pour négocier de Villeroy et Brissac, connus pour leur modération, donnaient une prime formidable à l'agitation. Nul ne s'y trompe, et, en voyant ainsi la Reine-Mère tourner le dos à la politique de fermeté qu'elle avait suivie jusque-là, les princes se disent qu'il n'est que temps de rallier le camp de Condé. Le duc de Vendôme, le premier, déclare qu'il joint ses intérêts aux siens. Dans les jours qui suivent, les désertions et les trahisons se multiplient à la Cour. Le prince s'installe à Loudun, où affluent tous ceux qui espèrent obtenir quelque chose à la faveur des négociations. Tandis que la Cour quitte Châtellerault pour Tours, la suite royale fond littéralement. Le jeune Louis XIII, qui n'a guère voix au chapitre, et ne cherchant visiblement qu'une occasion pour échapper à l'atmosphère de défaite qui s'installe autour de sa mère, s'en va chasser à Chambord et à Amboise, dont le château vient de se voir doter d'un nouveau gouverneur, son ami Luynes.

La Paix de Loudun (8 mai 1616).

L'ouverture de la conférence de Loudun prévue pour le 10 février est retardée de quelques jours par un accident qui aurait pu avoir de graves conséquences. A Tours, la Reine s'était installée dans l'Hôtel de La Bourdaisière, dit aussi « du gouvernement » et c'est là qu'elle tenait ordinairement ses réunions. Le 25 janvier, pendant une séance du Conseil, une partie du plancher de la salle s'effondre subitement. Le comte de Soissons, le duc d'Épernon, Villeroy, Bassompierre, quelques autres seigneurs, se trouvent ainsi précipités un étage plus bas, au milieu des solives, des briques et des plâtras. « Sauvez Villeroy ! » s'écrie Marie de Médicis. C'était lui qui devait diriger la délégation du gouvernement à Loudun. Il n'était heureusement que légèrement blessé, et fut assez vite en état de partir. Les conversations, en définitive, s'ouvrent le 21 février.

Le gouvernement de Marie de Médicis avait pris d'importantes précautions sur le plan militaire. On avait fait venir à Orléans 16 canons, et des levées de gens de guerre avaient été ordonnées, notamment en Suisse, afin de porter l'ensemble des effectifs dont pourrait disposer le Roi à quelque 40 000 hommes. La Hollande, également sollicitée de donner un appui au gouvernement royal, avait répondu favorablement au désir de la Reine-Mère en offrant de fournir des contingents de cavalerie et d'infanterie.

A la fin du mois de février, Villeroy et le maréchal de Brissac qu'accompagne Monsieur de Pontchartrain quittent Loudun pour Tours ; ils vont faire part à la Reine-Mère des résultats de leurs discussions et lui soumettre un projet de traité.

Un certain nombre de demandes des princes ne présentent aucune difficulté. Il en est ainsi des articles du projet concernant la recherche des complices éventuels de Ravaillac et l'interdiction de tous écrits défendant le régicide. Certes, cela sous-entend que l'enquête sur la mort d'Henri IV n'a pas été menée avec toute la diligence nécessaire ; mais, en la forme, Marie de Médicis n'a aucune raison de s'opposer à cette demande. Elle ne peut également que donner son accord aux clauses relatives à l'autorité de l'Église gallicane, au maintien des droits des officiers et des prérogatives des Cours souveraines. Plus délicate est la revendication par les princes de l'interdiction de conférer quelque charge que ce soit à des étrangers, même naturalisés. C'est évidemment le couple Concini qui est visé là. Marie fait répondre par Louis XIII qu'il s'agit là d'une ordonnance très ancienne dans les lois et coutumes du royaume, et qui a toujours souffert quelques exceptions ; le Roi ajoute qu'il entend pour sa part s'y conformer dans les mêmes termes et les mêmes conditions que ses prédécesseurs. En revanche, le souhait des princes de voir confirmer les alliances traditionnelles de la France et le rappel de l'objectif fixé par les États-Généraux de la suppression à terme aussi rapproché que possible de la vénalité des offices, ne soulèvent aucune difficulté.

D'autres demandes posent beaucoup plus de problèmes. Il en est ainsi, en particulier, de celle concernant le fameux Article du Tiers, retranché des cahiers de doléances des États-Généraux, mais que le Roi avait promis de faire examiner. Les princes souhaitent que le gouvernement accepte cet article dans la formulation qui lui a été donnée. Une telle exigence ne pouvait que se heurter à l'opposition résolue du nonce ; la Reine-Mère lui promet que l'Article du Tiers ne sera reçu en aucun cas par le gouvernement. Une deuxième demande soulève également de grandes difficultés ; elle concerne les protestants, qui présentent un épais cahier de revendications. Mais le nombre des problèmes abordés dans ce cahier est tel que le gouvernement se trouve fondé à observer qu'il ne pourra y répondre qu'après un examen attentif.

Les conversations reprennent le 14 mars à Loudun, dès le retour des représentants du gouvernement royal. La trêve, qui avait déjà été prorogée une première fois, l'est à nouveau pour quelques jours. Villeroy et Brissac pensent aboutir rapidement. En fait, c'est seulement maintenant que va s'engager la vraie négociation : la seule chose qui intéresse les princes est en effet la satisfaction de revendications matérielles qu'ils avaient gardées en réserve. Les réponses du Roi aux demandes relatives aux affaires publiques leur importent fort peu au regard des demandes de places et d'argent qu'ils présentent maintenant. La liste est édifiante. Condé veut le gouvernement du Berry à la place de celui de la Guyenne et une somme de 2 400 000 livres. Le duc du Maine demande le gouvernement de la Guyenne et 900 000 livres, plus l'entretien aux frais du Roi de 300 hommes de garnison pour la citadelle de Soissons. Le duc de Bouillon ne réclame pas d'argent comptant, mais veut la charge de connétable et la totalité de la recette de l'impôt du taillon. Pour le duc de Longueville, on demande la citadelle d'Amiens, pour Sully 2 400 000 livres en échange du gouvernement du Poitou qui serait donné au duc de Rohan, pour le duc de Vendôme le château de Nantes. Enfin, le petit comte de Soissons, qui va maintenant sur ses 12 ans, se voit inscrire dans la liste des revendications pour le gouvernement de la Guyenne ou, à défaut, celui de la Normandie.

Villeroy est disposé à tout accepter. Il va même plus loin, en défendant l'idée d'une réforme du Conseil du Roi qui donnerait au prince de Condé un rôle majeur dans le gouvernement du royaume. *Villeroy, en fait, lâche la Reine-Mère.* Jaloux de Concini, et n'ayant plus qu'une confiance limitée dans l'aptitude de Marie de Médicis à mener une politique suivie, il recherche l'alliance de Condé. En faisant équipe avec le prince, il pense être en mesure de se débarrasser de Concini, d'évincer les autres ministres et en particulier le Chancelier Sillery, et d'apparaître en tout état de cause comme l'homme providentiel dont le concours aura seul permis au gouvernement royal de se tirer d'un fort mauvais pas.

Le 26 mars, sur ses instances, Marie de Médicis accepte presque toutes les revendications personnelles des princes. En ce qui concerne les demandes de caractère politique, on peut voir à quel point elles intéressent médiocrement Condé puisque ni le refus d'accepter l'Article du Tiers, ni les réponses dilatoires apportées par le Roi aux demandes des protestants ne lui paraissent de nature à empêcher la conclusion de la paix. Deux problèmes restent pendants : celui de la citadelle d'Amiens, demandée par le duc de Longueville et présentement détenue par Concini, et la demande du duc de Vendôme d'obtenir le château de Nantes ; Marie de Médicis refuse catégoriquement de satisfaire ces exigences.

Tout le mois d'avril se passe en discussions sur les deux points litigieux. Les princes en profitent, par esprit tactique, pour présenter des revendications nouvelles ; les huguenots tentent un ultime effort pour obtenir que leurs demandes soient prises en considération. Mais Marie de Médicis reste inébranlable, et comme Villeroy tombe assez gravement malade, les princes perdent avec lui leur meilleur allié. Sur ces entrefaites, le problème d'Amiens se trouve tout à coup résolu grâce à une habile démarche de Concini : celui-ci propose, soit de faire raser à ses frais la citadelle d'Amiens, soit de la remettre à qui la Reine voudra bien désigner à cet effet, et cela, sans demander la moindre compensation. Par un comportement si dévoué aux intérêts de la couronne, Concini évitait d'apparaître comme l'un des seuls obstacles sur le chemin de la paix, en même temps qu'il se créait des droits en vue de contreparties futures sans avoir eu le mauvais goût de les solliciter. Condé, dans ces conditions, accepte d'oublier les revendications du duc de Vendôme sur le château de Nantes, et, le 3 mai, lui et ses amis signent le Traité de Loudun, que la Reine-Mère et le Roi paraphent à leur tour le 8 mai 1616.

Les libéralités accordées aux princes étaient considérables. Ne citons que les principales gratifications à verser en espèces, à l'exclusion des charges, offices et dignités : le prince de Condé reçoit 300 000 livres, le duc de Mayenne 300 000, le duc de Vendôme 100 000 (c'était la somme qu'on lui donnait pour le dédommager du sacrifice de ses prétentions sur le château de Nantes), le duc de Luxembourg 500 000, le duc de Rohan 200 000, Sully 300 000 tout en conservant le gouvernement du Poitou et ses autres charges. Un lot de consolation avait même été prévu pour la ville de La Rochelle : 40 000 livres, afin qu'elle ne regrette pas trop l'oubli dans lequel étaient tombées les demandes des protestants.

Le prince de Condé se voyait d'autre part assurer une place éminente au Conseil, et, fait sans précédent, le droit de signer les arrêts. La Reine-Mère avait beaucoup hésité avant d'accepter cette concession. Il avait fallu toute l'insistance de Villeroy, la suppliant de ne pas « faire difficulté de donner la plume à un homme dont elle tiendrait la main quand il lui plairait [8] ».

Le principal artisan de la paix, Villeroy, en recevait lui aussi le prix : juste avant la conclusion du traité, la Reine-Mère disgrâcie le Chancelier Sillery. Tout au long des négociations, le Chancelier avait cherché à faire prévaloir une attitude énergique face aux revendications des princes. La décision de Marie de Médicis d'accepter pratiquement toutes les demandes des rebelles était une défaite grave pour la politique qu'il incarnait. Au demeurant, la Paix de Loudun, en ouvrant la voie à une entrée en force de Condé dans le gouvernement du pays, ne pouvait qu'entraîner le départ des membres les plus en vue de l'équipe ministé-

8. Fontenay-Mareuil, *Mémoires*, p. 204.

rielle en place. Le 30 avril, la Reine faisait dire à Sillery, par les soins du Président Jeannin, d'avoir à remettre les Sceaux entre les mains du Roi et de partir immédiatement de la Cour. Trois démarches successives du Président Jeannin se heurtent au refus du Chancelier, qui ne consent à renoncer à ses fonctions qu'après avoir été reçu en audience par Louis XIII et Marie de Médicis. Sillery quitte la Cour le 2 mai.

Rien ne retenant plus le Roi et la Reine-Mère à Tours, on se hâte de regagner Paris. Le licenciement des troupes et le retrait des garnisons qu'on avait établies pendant la révolte des princes sont accueillis avec joie par la population. Le 16 mai, l'entrée solennelle de Louis XIII à Paris est l'occasion de grandes manifestations de reconnaissance de la part de la population, et le *Te Deum* chanté à Notre-Dame est repris par la foule avec une ferveur particulière. Le retour de la paix répond visiblement aux vœux des Français, et les réactions spontanées des gens que Marie de Médicis pouvait observer tout le long de la route de Tours à Paris semblaient a posteriori donner raison à Villeroy. Restait à en tirer les conséquences au plan de l'organisation gouvernementale.

Condé revient.

La Paix de Loudun met en marche un processus de mutation dans le gouvernement du pays qui va s'écouler sur plusieurs mois et ne plus s'arrêter, pratiquement, jusqu'à la fin du « règne » de Marie de Médicis. On assiste à une lutte pour le pouvoir entre le prince de Condé, maintenant allié à Villeroy, et les Concini. Condé semble avoir gagné la première manche avec la signature de la Paix de Loudun aux conditions les plus favorables pour lui, le renvoi de Sillery, et l'abandon de la citadelle d'Amiens par Concini. A l'intérieur du gouvernement, Villeroy fait confier les Sceaux au Président Du Vair, ancien président au Parlement d'Aix-en-Provence, homme compétent mais sans relief. Dans la rue, la population ne cache pas ses préférences et l' « affaire Picard » – du nom de ce cordonnier qui fait mine de tirer sur Concini le samedi de Pâques – montre bien où vont ses sympathies.

Mais Condé et Villeroy avaient tort de sous-estimer le pouvoir de Léonora sur Marie de Médicis. Le 30 mai, le Président Jeannin, Contrôleur des finances, doit abandonner cette charge au profit de Barbin, ancien courtier de banque devenu Surintendant de la Maison de la Reine-Mère grâce à la faveur de Léonora ; l'opinion publique estime que le choix d'un personnage de si modeste extraction est uniquement destiné à permettre à la maréchale d'Ancre de pouvoir mener à sa guise les affaires financières qui l'intéressent au sein du gouvernement. Le 6 juin, Concini quitte Amiens pour se voir accorder dès le 13 la Lieutenance générale du gouvernement de Normandie, qui appartient à la Reine, avec les places fortes de Caen, Pont-de-l'Arche et Quillebœuf.

Villeroy tente de réagir. Il pousse le Président Du Vair à refuser de sceller les lettres de nomination de Barbin. Mais il suffit d'un mot de Marie de Médicis pour obliger Du Vair à s'incliner. L'offensive des Concini ne s'en tient du reste pas là. Le secrétaire d'État aux étrangers, Puisieux, est prié de démissionner. Villeroy, à la vérité, n'en était pas fâché, car c'était le dernier de l'ancienne équipe ministérielle qui pût lui disputer une parcelle de pouvoir. Mais le choix du remplaçant de Puisieux n'était pas fait pour lui plaire : la Reine nomme en effet Mangot, maître des requêtes à la dévotion de Concini, et qui venait d'être nommé premier Président à Bordeaux. Villeroy ne cache pas sa colère et refuse de céder à Mangot la charge de Puisieux en affirmant qu'elle lui appartient. Voyant que la Reine-Mère persiste dans ses intentions, il se résigne à la lui vendre, mais fixe sa valeur à la somme exorbitante de 500 000 livres. Mangot ne disposant que de 300 000 livres, la Reine-Mère coupe la poire en deux en évaluant à 400 000 livres le montant de l'indemnité à verser à Villeroy, dont 300 000 payés par Mangot et 100 000 qu'elle tire de sa cassette personnelle.

Ces perturbations dans le fonctionnement du gouvernement ne facilitaient pas le retour à la Cour de Condé et de ses amis. Pourtant, Marie de Médicis effectue des démarches pressantes auprès du prince afin d'obtenir qu'il vienne rapidement prendre sa place au Conseil. Elle multiplie d'ailleurs les gestes de bonne volonté pour le persuader de la pureté de ses intentions. Le 15 juin par exemple elle fait en sorte qu'il prenne possession de son gouvernement du Berry. Le 26, elle exécute une autre promesse qui, sans avoir été inscrite dans le Traité de Loudun, avait cependant beaucoup d'importance aux yeux de Condé, en libérant le comte d'Auvergne, détenu à la Bastille depuis la conspiration d'Entragues, onze ans plus tôt. Au début du mois de juillet, on envoie le maréchal de Brissac à Poitiers pour réintégrer dans leurs charges un certain nombre d'officiers fidèles au prince de Condé, que les bourgeois de Poitiers avaient expulsés.

Malgré cela, Condé tarde encore, prenant pour prétexte son médiocre état de santé, et observant en réalité l'évolution des esprits à son égard. Or, les vifs incidents qui viennent d'éclater à Paris contre les Concini permettent à Condé de mesurer à la fois la haine dont le maréchal d'Ancre est l'objet dans la population, et les espoirs que l'on met en la personne du prince pour libérer le royaume des Florentins détestés. Condé contre Concini. Le prince paraissait en train de gagner, après des années d'efforts, la lutte qui l'opposait au favori en vue de parvenir au premier rang dans le gouvernement du royaume. Que s'était-il passé ? L'affaire Picard avait rebondi. Ce cordonnier qui, quelques semaines auparavant, avait osé braver Concini, tombe le 19 juin dans un guet-apens. Deux valets le bâtonnent, et le laissent pour mort sur le terrain. L'enquête établit que les coupables appartiennent à la Maison de Concini, et qu'ils ont agi à l'instigation du favori ; le maréchal d'Ancre ne peut rien pour eux et, le 2 juillet, ils sont condamnés à mort et pendus à la grande joie du peuple.

L'orage qui gronde à Paris fait comprendre à Condé que le moment est venu pour lui de regagner la capitale. Dans son entourage, on commence à discuter de la meilleure manière de se débarrasser de Concini. Les uns pensent qu'il faut le traîner en justice devant le Parlement de Paris, qui lui a toujours été hostile. D'autres, parmi lesquels le duc de Bouillon et le duc de Mayenne se montrent les plus excités, parlent de lui tendre une embuscade pour l'assassiner.

A force de combler Concini de ses largesses, la Reine-Mère finit par s'aliéner ses derniers soutiens. Elle perd même l'appui du duc de Guise, qui lui fait une respectueuse mais ferme remontrance sur le tort qu'elle se crée en continuant d'accorder sa confiance au couple de favoris, et en laissant le jeune Louis XIII occupé à des futilités au lieu de commencer à l'initier sérieusement à son métier de Roi. Marie de Médicis accuse le coup, mais ne change rien à l'attitude qu'elle a suivie jusqu'alors.

Le 29 juillet 1616, Condé apparaît soudain dans Paris. Il a eu l'habileté de refuser l'entrée solennelle et bruyante que ses partisans voulaient lui réserver. Il se rend discrètement au Louvre, s'incline devant la Reine-Mère avec qui il a un entretien à la fois long et cordial. Le Roi survient, et accueille le prince avec de grandes démonstrations d'affection. Dès le lendemain, l'Hôtel de Condé devient le point de rassemblement de tout ce qui compte à Paris. Les ministres vont faire leur cour au prince, ainsi que les ambassadeurs, les Grands, les représentants de la municipalité parisienne. Sa popularité lui monte à la tête, et la discrétion dont il avait voulu faire preuve au moment de son retour à Paris ne résiste pas longtemps à l'envie de jouer les premiers rôles. Dès le lendemain de son arrivée, il tient aux ambassadeurs des propos fort inquiétants : « Je suis venu appelé par le peuple, désiré par la noblesse, prié par de nombreux princes ; je suis la troisième personne du royaume ; et puisque d'autres n'ont aucun soin de son bien ; puisque le Roi est encore, on peut le dire, en minorité, c'est à moi qu'il appartient de penser à y pourvoir [9] ».

L'ARRESTATION DE CONDÉ (1er SEPTEMBRE 1616).

Le retour de Condé ne ramenait pas le calme, bien au contraire. Dans les premiers jours du mois d'août 1616, le duc de Longueville

9. Matteo Bartolini, dépêche du 30 juillet 1616, d'après la traduction de Berthold Zeller, *Louis XIII-Marie de Médicis chef du conseil,* Paris, Hachette, 1898, p. 291.

s'empare brusquement de Péronne. C'était une séquelle de ses démêlés avec Concini, mais maintenant que ce dernier avait abandonné le gouvernement d'Amiens, on ne voyait pas bien l'intérêt que pouvait avoir Longueville à occuper Péronne. Bien qu'il ait écrit qu'il avait dû agir ainsi en raison de la faiblesse de la garnison qui s'y trouvait, et qu'il gardait la place au nom du Roi et dans le seul but de sauvegarder ses intérêts, Marie de Médicis voit dans cette action une rébellion caractérisée, et demande au Conseil de décider l'envoi d'une petite armée destinée à reprendre la ville par un siège en règle si le duc ne la remet pas spontanément entre les mains des représentants du gouvernement. Au cours de la réunion qui examine la question, Condé exprime ses réticences à l'égard d'une offensive immédiate. Sur sa proposition, le Conseil décide d'envoyer à la tête d'un détachement réduit le comte d'Auvergne et le duc de Bouillon – le premier dévoué à la Reine, le second à Condé – afin de discuter avec Longueville de ses intentions. En fait, Condé n'était vraisemblablement pour rien dans cette affaire, mais la Reine-Mère ne peut s'empêcher de trouver qu'il fait preuve d'une bien grande indulgence envers le factieux.

Concini, de son côté, s'appliquait à ne rien faire qui puisse relancer l'agitation. Il avait reçu de Marie de Médicis des compensations très généreuses pour l'abandon du gouvernement d'Amiens, et il s'employait à prendre possession de sa Lieutenance générale de Normandie. L'affaire de Péronne, survenant dans ce contexte, montrait que son attitude conciliante n'avait pas désarmé l'hostilité foncière des princes à son égard ; leur but ultime est, plus que jamais, de l'éliminer. C'est d'ailleurs le seul point qui puisse faire l'unanimité chez les Grands. Condé n'y voit personnellement que des avantages dans la mesure où cela peut procurer l'occasion d'un rapprochement avec le duc de Guise, malgré leur antagonisme fondamental sur la politique à suivre à l'égard de l'Espagne. Or une alliance avec le duc de Guise était capitale pour Condé, qui, voulant tout le pouvoir, était nécessairement conduit à éliminer Villeroy : il ne fallait pas que la fidélité de ce dernier à la politique d'entente avec l'Espagne lui assure l'appui automatique des Guise. En ce début du mois d'août 1616, on n'en est pas là, mais le prince obtient – et c'est un beau succès – l'accord du duc de Guise pour participer avec lui à une concertation entre les Grands.

Des conversations extrêmement importantes se déroulent ainsi dans la deuxième quinzaine du mois d'août à l'initiative de Condé, chez le duc de Bouillon. A l'issue des premiers entretiens, tous les Grands se mettent d'accord pour attaquer de nuit Concini et sa femme dès que le maréchal d'Ancre sera revenu à Paris. Décrétés d'arrestation, les Italiens seraient alors conduits devant le Parlement et jugés. Le duc de Guise et les membres de sa famille se montrent tout à fait favorables à cette proposition. Lors d'une seconde réunion, le duc de Bouillon remet la question sur le tapis et propose de remplacer le jugement devant le

Parlement de Paris par l'exécution sommaire de Concini et de sa femme. Le Parlement ne pourrait en effet que les condamner au bannissement, estime le duc, et il n'est pas moral que les Concini puissent tranquillement repartir en Italie pour y jouir du fruit de leurs rapines. L'idée plaît à tout le monde.

Une troisième réunion se déroule peu après. Elle a pour but de préciser les détails d'exécution du projet, et d'aborder la question essentielle : une fois les Concini éliminés, comment doit s'exercer le pouvoir ? Le duc de Bouillon, qui mène toutes ces discussions en accord avec Condé, propose d'enlever la Reine-Mère et de la conduire à Moulins ; quant au Roi, il ne pourra évidemment qu'exécuter les volontés des princes. Cette idée d'un gouvernement collégial, conforme à l'image qu'on se faisait de l'exercice du pouvoir à l'époque des Francs, recueille l'accord unanime des Grands. Mais là-dessus, le duc de Bouillon franchit une étape supplémentaire en évoquant les doutes sérieux qui planent sur la validité du mariage de Marie de Médicis avec Henri IV. A son avis, les juristes ne peuvent que conclure à la nullité ; dans ces conditions, Louis XIII lui-même serait déchu de la couronne, qui, à ce moment-là, reviendrait au prince de Condé.

Personne ne dit mot. Richelieu, qui raconte ces conciliabules, a une très jolie expression à ce sujet : « Tous ne répondirent que du silence et du chapeau [10] ». Un seul des participants prend la parole pour condamner vigoureusement le projet qui vient d'être exposé ; c'est le duc de Guise : « Il dit qu'il y avait grande différence de se prendre au maréchal d'Ancre, homme de néant, l'opprobre et la haine de la France et la ruine des affaires du Roi, ou perdre le respect qu'on devait à la Reine-Mère du Roi et faire entreprise contre sa personne ; quant à lui, qu'il haïssait le maréchal mais qu'il était très humble serviteur de Sa Majesté [11] ».

L'attitude du duc de Guise le rend immédiatement suspect au prince de Condé, qui ne peut désormais exclure qu'il aille tout dévoiler à Marie de Médicis. Ses appréhensions se renforcent quand il voit le duc décider de se retirer de la concertation avec les autres princes, et demander à ses parents et alliés d'en faire autant.

Condé se hâte de solliciter un entretien en tête-à-tête avec la Reine-Mère. Il lui donne l'assurance qu'elle peut compter sur sa fidélité mais lui confie en même temps que les autres princes le regardent avec la plus grande suspicion car ils craignent précisément une alliance entre Marie de Médicis et lui-même. Dans ces conditions, lui dit-il, il est obligé de participer à des réunions de concertation avec les autres, mais qu'elle soit bien persuadée qu'il lui rendra compte de tout par le menu. La Reine-Mère accepte cette promesse de collaboration, en attendant la

10. Richelieu, *Mémoires,* Éd. Michaud et Poujoulat, Paris, Firmin Didot, 1837, T. I, p. 119.
11. Richelieu, *ibid.*

suite. Celle-ci ne tarde pas à venir, et un nouvel entretien entre le prince et la Reine-Mère a lieu le 30 août au matin. Ce jour-là, Condé dévoile tout. Il lui donne l'assurance qu'il n'a pas l'intention de suivre la proposition faite par le duc de Bouillon, et lui demande pardon d'avoir paru par son silence y acquiescer. La Reine accepte les explications de Condé, et lui accorde le pardon qu'il souhaitait. Elle avait en effet appris deux jours plus tôt par Sully tout ce qui se tramait, et le récit de Condé confirme point par point le rapport de Sully. Par ailleurs, Condé avait donné un deuxième gage, très important, de bonne volonté à l'égard de la Reine-Mère, en faisant informer Concini des menaces qui pesaient sur sa sécurité.

En ce 30 août 1616, Condé avait magistralement réussi, semblait-il, à gagner la confiance de Marie de Médicis, tout en rendant l'ensemble des autres princes, y compris le duc de Guise, suspects à la Reine-Mère. Il devait, dès le lendemain, perdre intégralement le bénéfice de sa manœuvre à la suite d'une énorme maladresse.

Le 30 au soir, en effet, Condé se retrouve une nouvelle fois chez le duc de Bouillon. Ses amis ne connaissent pas sa trahison et le pressent de donner des directives précises pour passer à l'exécution du projet d'assassinat de Concini et d'éviction de la Reine-Mère. Condé, sans vraiment jeter le masque, leur déclare cependant, à leur grande surprise, que ce complot n'était dans son esprit qu'un moyen de pression sur Marie de Médicis pour l'amener à adopter une attitude plus réceptive à l'égard des demandes des princes, et qu'il n'est donc pas question d'en poursuivre la réalisation. Le prince, ce faisant, traduisait en actes l'engagement de loyalisme qu'il avait pris à l'égard de la Reine-Mère. Le malheur veut que, le lendemain 31 août, Condé, revoyant Marie de Médicis, ne lui dise pas un mot des entretiens qui ont eu lieu la veille au soir. Plus tard dans la journée, Marie apprend qu'une réunion s'est tenue, qu'on a parlé de l'assassinat de Concini et de sa propre éviction, et que le prince y a participé, mais sans autre précision sur la teneur de ses propos. Son sang ne fait qu'un tour, et, persuadée que le prince a cherché à la duper, elle décide de le faire arrêter, avec les principaux chefs de la conjuration, dès le lendemain 1er septembre au matin.

Une sorte de conseil de guerre se tient autour d'elle avec Léonora, Barbin, Mangot et Richelieu, pour mettre au point l'opération. Le 1er septembre 1616, Condé est arrêté comme prévu ; le duc de Bouillon, le duc du Maine et le duc de Vendôme, qui devaient également être appréhendés, parviennent, à la suite de divers concours de circonstances, à s'échapper.

Condé est mis sous bonne garde dans un petit appartement situé tout en haut du Louvre. Vingt archers et six gentilshommes le surveillent en permanence. Le prince n'en mène pas large et demande sans cesse si on a l'intention de le tuer. A moitié rassuré seulement par les démentis qu'on lui oppose, il parle d'abondance, donne des détails sur le rôle de chacun, dénonçant particulièrement le duc de Bouillon et chargeant le duc de Guise. L'attitude de ce dernier troublait d'ailleurs Marie de Médicis qui le convoque au Louvre. Tandis qu'il se rend auprès de la Reine-Mère, le duc se demande tout à coup s'il n'est pas en train de donner tête baissée dans un piège ; se souvenant de l'assassinat de son père à Blois, il décide de tourner les talons et, pour plus de sûreté, quitte Paris et se retire dans ses terres de Guise. Les autres princes pendant ce temps se retrouvent à Soissons, chez le duc de Mayenne, où tous leurs fidèles, leurs alliés, leurs clients, viennent les rejoindre par centaines.

L'absence du duc de Guise chagrine fort la Reine-Mère. Elle lui fait écrire de revenir à Paris en lui donnant la garantie du Pape, transmise par le nonce, et la garantie du Roi d'Espagne, sous couvert de son ambassadeur à Paris, qu'il ne lui sera fait aucun mal. Bien plus, elle lui offre le commandement de l'armée royale, le gouvernement de Lyon pour son fils, et l'intendance des finances pour son frère, le cardinal de Guise. Ces propositions alléchantes font hésiter le duc sur la conduite à suivre. Mais, comme il doute des chances de Marie de l'emporter, il préfère décliner l'offre et garder le contact avec les princes réunis à Soissons.

Marie de Médicis confie alors le commandement des troupes royales au comte d'Auvergne. On porte l'effectif de l'armée à 10 000 hommes, dont 6 000 Suisses, 2 000 Allemands et autant de Français. On ramène sur Paris d'importants détachements et, par mesure de précaution, on expulse de la ville tous les parents et alliés des conjurés. La mère de Condé est ainsi priée de quitter la capitale, de même que les gens des Maisons de Condé, de Bouillon, de Vendôme et du Maine qui n'avaient pas encore suivi leurs maîtres à Soissons.

A la fin du mois de septembre, chaque camp se prépare à la guerre. A Paris cependant, le petit peuple ne cachait pas ses sentiments : l'Hôtel du maréchal d'Ancre, rue de Tournon, est attaqué par une foule immense, 10 000 personnes dit-on ; Concini était à Caen et Léonora était sortie peu d'instants auparavant ; les deux gardiens sont tués, et la maison envahie est mise à sac : les meubles sont brisés, les tapisseries lacérées, les tableaux transpercés à coups d'arquebuse, sauf un portrait du Roi que les émeutiers emportent pieusement ; tout ce qui a quelque valeur est enlevé, puis la foule commence la démolition systématique de l'immeuble, depuis le toit jusqu'aux fondations. L'impopularité des Concini n'avait jamais été aussi grande.

Derniers troubles.

Les princes ne se sentent pas assez forts pour tenir tête à l'armée royale rassemblée aux alentours de Villers-Cotterêts, et il leur paraît plus adroit de négocier. Le duc de Guise n'a toujours pas choisi son camp de façon définitive et ne cache pas son désir de jouer un rôle modérateur. Le duc de Bouillon en revanche est bien décidé à aller jusqu'au bout, mais il a besoin de gagner du temps. Le 24 septembre, le duc de Guise retourne à la Cour avec l'assentiment des autres princes, en vue de présenter au gouvernement un certain nombre de demandes. Il revient le 29 septembre à Villers-Cotterêts fort satisfait d'avoir obtenu satisfaction pour la quasi-totalité de ces demandes : le Roi autorise le duc de Mayenne à renforcer de 200 hommes la garnison de Soissons, et le duc de Vendôme à en faire autant à La Fère. Ces propositions ne correspondent évidemment pas aux véritables objectifs du duc de Bouillon et de la majorité de ceux qui le suivent, mais ils estiment préférable de temporiser pour le moment. D'ailleurs, Concini, le 2 octobre, est revenu de Normandie après avoir très considérablement renforcé les places de la province et procédé au recrutement de plusieurs milliers de mercenaires Wallons et Allemands. Mieux vaut donc traiter. C'est ce que font les princes le 6 octobre 1616.

En dehors de la promesse de respecter le Traité de Loudun et des hommes de garnison supplémentaires accordés au duc de Mayenne et au duc de Vendôme, Marie de Médicis n'a cédé sur rien. Sa victoire apparente serait complète si le duc de Nevers ne persistait dans son attitude d'hostilité. On envoie au duc un homme dont l'étoile monte auprès de la Reine-Mère, Monsieur de Richelieu, évêque de Luçon, mais les qualités de diplomate du futur cardinal s'avèrent inopérantes. Bien plus, le duc de Nevers cherche à surprendre la ville de Reims, ce qui conduit le Roi à y envoyer l'un de ses fidèles, le marquis de La Vieuville. Le 14 novembre, c'est l'incident : la duchesse de Nevers qui se présente aux portes de la ville s'en voit refuser l'entrée par le marquis et doit à son grand dépit passer la nuit dans une maison des faubourgs. Il n'en faut pas plus pour que le duc de Nevers, par mesure de représailles, se saisisse du château de Sy-en-Rethelois, propriété de Monsieur de La Vieuville. Ce dernier demande justice au Roi, qui évoque l'affaire en Conseil. Les ministres se divisent : Mangot et Barbin sont pour la manière forte, le Garde des Sceaux Du Vair estime qu'il faut renvoyer l'affaire au Parlement. La Reine-Mère ayant opté pour la force, Du Vair manifeste sa réprobation dans des formes telles que, le soir même, la Reine lui fait redemander les Sceaux qu'elle donne à Mangot. Le portefeuille ministériel que détenait ce dernier, les affaires étrangères et la guerre, est confié à Richelieu. Le nouveau ministère est constitué le 25 novembre.

Dans l'opinion, ce ministère Barbin-Mangot-Richelieu était aussitôt surnommé « le ministère Concini ». Le maréchal d'Ancre, d'ailleurs, voyant la situation largement rétablie, se fait grassement indemniser pour les dégâts causés par le saccage de son Hôtel de la rue de Tournon, et se conduit avec une morgue telle que Louis XIII, de déplaisir, en tombe malade. Le favori nargue les princes en faisant ériger le marquisat d'Ancre en duché-pairie, et agit en véritable chef du gouvernement. Il entreprend plus utilement de se réconcilier avec le duc de Guise, qu'il engage ainsi à quitter les princes pour reprendre auprès de Marie de Médicis le service fidèle qu'il lui avait constamment rendu depuis les débuts de sa régence.

Dans les premiers jours de janvier 1617, le duc de Nevers renforce les garnisons de Mézières et de Rethel. Les demandes d'explications que la Reine-Mère lui adresse à ce sujet restent sans réponse satisfaisante, et le duc de Nevers persistant à ne pas regagner la Cour, Marie de Médicis décide d'en finir avec une rébellion qui n'a que trop duré. On se rend à nouveau devant le Parlement. Le gouvernement fait publier à cette occasion la liste des gratifications accordées depuis la mort d'Henri IV : Condé a reçu en six ans 3 665 990 livres ; le comte de Soissons, puis son fils et sa femme, plus de 1 600 000 livres ; le prince et la princesse de Conti, plus de 1 400 000 ; le duc de Longueville, 1 200 000 livres ; les ducs de Mayenne père et fils, 2 000 000 de livres ; le duc de Vendôme près de 600 000 livres ; le duc d'Épernon et ses enfants, près de 700 000 livres ; le duc de Bouillon près de 1 000 000 de livres. La déclaration royale qui contient ces détails est enregistrée au Parlement le 17 janvier 1617.

Elle n'était évidemment pas de nature à plaire aux princes. Le duc de Mayenne s'efforce d'en empêcher la publication dans les villes et régions qui dépendent de lui. Le 31 janvier, le duc de Nevers préside une réunion à Soissons à laquelle participent le duc de Vendôme, le duc de Bouillon, le marquis de Coeuvres, le Président Le Jay. A l'issue de la réunion, le duc de Nevers adresse au Roi une lettre ouverte dans laquelle il réfute les accusations portées contre les Grands, reproche à son tour au gouvernement royal d'être livré au maréchal d'Ancre, en qui le duc voit le seul responsable de la mise au pillage des finances royales. Dans les jours qui suivent, le duc de Nevers et ses amis fortifient les places qu'ils tiennent, accumulent des munitions et des approvisionnements, intensifient le recrutement d'hommes d'armes. Bref, la rébellion, loin de marquer le pas, semble devoir s'intensifier.

Le gouvernement royal réagit avec autorité. Les opérations militaires commencent aussitôt. Pendant que le duc de Rohan et Duplessis-Mornay maintiennent les huguenots, illégalement réunis en assemblée politique à La Rochelle, dans la fidélité au Roi, trois armées entrent en campagne. Le duc de Guise commande l'armée de Champagne, qui attaque les places détenues par le duc de Nevers. Il s'empare le 1er mars de la forteresse de Richecourt, sur l'Aisne, le 29 mars de Château-Porcien, puis de Rethel. La deuxième armée a été confiée au maréchal de Montigny ; elle opère dans le Nivernais et le Berry, contre la duchesse de Nevers qui est rapidement mise à la raison. La troisième armée sous les ordres du comte d'Auvergne va d'abord dans le Perche et le Maine pour pacifier ces provinces où le duc de Mayenne avait commencé à faire naître une certaine agitation, puis se porte sur l'Oise et s'empare de Pierrefonds, qui tombe le 2 avril ; le 12 avril, le comte d'Auvergne investit Soissons.

Le plan d'opérations établi par Richelieu prévoit que le duc de Guise, après avoir poussé jusqu'à Mézières, dont on escompte une reddition rapide, revienne unir ses forces à celles du comte d'Auvergne pour hâter la chute de Soissons. En principe, tout doit être terminé pour la fin avril. Les rebelles sont totalement isolés. Le maréchal de Schomberg, envoyé en Allemagne, constate que les tentatives du duc de Bouillon pour gagner à sa cause les princes protestants allemands sont restées infructueuses ; Schomberg lève sans difficulté 400 cavaliers et 4 000 fantassins dans le Palatinat et l'Allemagne rhénane. La Hollande et l'Angleterre assurent le gouvernement de Paris de leur soutien en cas de besoin. La rébellion des princes paraissait promise à un écrasement rapide. Le 24 avril 1617, l'assassinat de Concini à l'instigation de Louis XIII gelait les opérations militaires tout en mettant brutalement fin à près de sept années d'exercice du pouvoir par Marie de Médicis.

Un pays en coupe réglée.

En ressaisissant les rênes par son coup d'État du 24 avril 1617, Louis XIII a voulu être enfin Roi. Il a en même temps répondu aux appels d'une opinion de plus en plus indignée de voir le royaume mis au pillage. Quels que soient les aspects positifs de la régence de Marie de Médicis, c'est ce parfum d'abus et de scandale flottant autour de son gouvernement qui a provoqué sa chute et contribué à créer, dans les générations qui ont suivi, l'image dépréciée d'un régime d'intrigants et de prévaricateurs.

Lorsque Marie de Médicis est devenue Reine-Régente, elle a estimé ne pouvoir se contenter, pour assumer ses charges nouvelles de représentation, du budget alloué par Henri IV qui s'élevait, nous l'avons vu, à 400 000 livres. En plus de cette somme, Marie de Médicis demande un douaire c'est-à-dire les intérêts de la dot qui avait été versée pour elle par le Grand-Duc de Toscane au moment de son mariage. Des lettres patentes en date du 25 juillet 1611 définissent les biens dont les revenus allaient constituer ce douaire ; il s'agissait d'une quinzaine de domaines parmi lesquels le duché de Bourbonnais, le comté de la Marche, le duché d'Auvergne, le comté d'Auvergne et de Clermont, le comté de Forez, le comté de Nantes, la châtellenie de Guérande. Les revenus attendus de ces biens s'élevaient à 150 000 livres.

Avec son budget initial de 400 000 livres et les 150 000 livres du douaire, Marie de Médicis devait normalement faire face à ses frais supplémentaires. Ce n'était sans doute pas l'opinion de l'intéressée, puisque, dans les deux-trois ans qui suivent la mort d'Henri IV, on la voit saisie d'une sorte de frénésie d'achat de domaines, de terres, de seigneuries, destinés à accroître ses revenus. Elle acquiert ainsi en 1611 la terre et la seigneurie de Saint-Jean-des-Deux-Jumeaux, en 1612 les terres de Carentan et de Saint-Lô, en 1613 le duché d'Alençon.

Le revenu de ces propriétés privées représentait environ 100 000 livres par an. Mais, pour Marie de Médicis, c'était toujours trop peu. Un jour pour la tirer d'affaire, Henri IV lui avait consenti un don de 100 000 livres sur la recette de cet ensemble d'impôts indirects rassemblés sous le vocable des « cinq grosses fermes ». Marie de Médicis devenue Régente décide de transformer cette gratification occasionnelle en un revenu régulier. Elle se fait également donner 72 000 livres sur d'autres impôts indirects, les « traites foraines et domaniales ». Bref, entre son budget initial de 400 000 livres, les 150 000 livres que lui rapporte son douaire, les revenus de son domaine privé, les recettes fiscales qu'elle se fait déléguer, on trouve un budget total annuel pour la Reine-Mère de quelque 820 000 livres : *en deux ans, Marie de Médicis avait plus que doublé le budget que lui avait consenti Henri IV.* Rappelons que les recettes annuelles du Trésor royal sont alors d'environ 20 millions de livres. Le budget personnel de la Reine représente donc 4 à 5 % de cette somme, ce qui est énorme.

Or, Marie ne parvient toujours pas à faire face aux charges supplémentaires qu'elle invoquait au moment de son accession à la régence pour justifier l'augmentation de ses revenus ! Plus elle reçoit d'argent et plus le déficit de ses finances se creuse. Ainsi, en 1611, ses dépenses s'élèvent à 1 005 400 livres, en 1617 à 1 225 818 livres, en 1614, année record, à 1 818 057 livres : 1 818 057 livres de dépenses en face de 820 000 livres de recette, soit près d'1 million de déficit !

Où passait donc tout l'argent de la Reine ? Les occasions de dépenses sont diverses. Il y a d'abord le paiement des dettes que Marie de Médicis avait contractées du vivant d'Henri IV et qu'elle n'avait pas encore remboursées, en raison, comme on l'a vu plus haut, des mille et une difficultés soulevées par Henri IV et Sully. Il y a d'autre part les constructions. A la naissance du Dauphin, Marie de Médicis avait reçu en cadeau d'Henri IV le château de Montceaux. Il était en piteux état et il a fallu y faire un certain nombre de travaux. Entre 1615 et 1617, les sommes consacrées à la réfection du château et à quelques constructions nouvelles comme un jeu de paume et une petite ferme, atteignent le total de 100 000 livres. Il y a surtout la construction du Palais du Luxembourg : en 1621, 700 000 livres auront été dépensées, uniquement pour réaliser les plantations du jardin, les fondations et le gros œuvre du bâtiment principal, c'est-à-dire les murs et la couverture, sans aucun aménagement intérieur. Ce sont évidemment des sommes considérables.

Mais le paiement des dettes et le coût des constructions ne suffisent pas à expliquer l'importance des dépenses de Marie de Médicis. Quand on examine ses comptes, on s'aperçoit d'abord que la Reine distribue des cadeaux à tour de bras : elle donne par exemple à son médecin 6 000 livres un jour, à son tailleur 8 000 livres, au Chancelier Sillery 20 000, à sa femme de chambre 9 000, à un cardinal 15 000. Ces sommes sont de plus en plus importantes avec les années, comme si l'habitude de dépenser sans compter conduisait la Reine à une véritable inflation de cadeaux.

A côté des cadeaux, il y a encore et toujours les bijoux. Les notes des orfèvres-joailliers se multiplient et atteignent des chiffres de plus en plus élevés. Par exemple, pendant la seule année 1613, Marie de Médicis dépense plus de 100 000 livres rien qu'auprès des bijoutiers, soit le huitième de son budget. Parmi les joailliers, on retrouve tous les noms que nous connaissons déjà : Hélie Fruit pour 30 300 livres, Nicolas Roger pour plus de 27 000, etc.

Enfin, certaines sommes sont données à la Reine de la main à la main. En 1611, elle se fait ainsi remettre par son trésorier 73 000 livres ; en 1613 253 000, en 1614 782 000, en 1617 600 000 livres. Les sommes ainsi reçues « pour nos affaires pressées et secrètes dont nous ne voulons être fait plus ample mention et déclaration » atteignent un total de 2 418 000 livres. Cet argent serait-il destiné aux Grands, aux princes ? Non, car les sommes données à ce titre sont comptabilisées par ailleurs ; elles atteignent du reste pour les trois années 1611, 1612, 1613 un total de 9 600 000 livres : ce chiffre est effarant même s'il reste bien inférieur aux 32 milions donnés par Henri IV pour acheter la soumission des ligueurs. Les 2 418 000 livres dont il s'agit ne correspondent donc pas à ce type de dépenses. Une seule explication permet d'en deviner la destination.

Au début de 1617, la Reine prend peur devant la situation politique de plus en plus troublée. Une troisième guerre civile est sur le point d'éclater, la foule gronde contre Concini qui est en train de préparer des armements et de lever des troupes. Marie de Médicis n'est pas au courant du complot que Louis XIII prépare contre son favori, mais depuis quelques mois déjà elle sent bien que son fils lui échappe et qu'il a l'intention de prendre un jour prochain les rênes en main. La Reine, alors, ouvre ses coffres : ils sont pleins de pièces d'or, de pièces d'argent ; ce sont les sommes en liquide qu'elle s'est fait remettre au cours des années précédentes. Marie de Médicis en retire une première fois 200 000 livres, puis quelques jours plus tard 180 000 livres, que suit un nouveau prélèvement de 140 000 livres. Toutes ces sommes sont rassemblées, et remises à la banque Lumagne pour être envoyées à l'étranger.

Ainsi, Marie de Médicis a tout simplement mis de l'argent de côté en prévision des mauvais jours, et quand ces mauvais jours arrivent, elle transfère le contenu de son bas de laine à l'étranger. Rien qu'à Rome sont ainsi parties 1 200 000 livres, sans préjudice de ce qui a été envoyé en Allemagne, aux Pays-Bas espagnols et en Hollande.

Voyons maintenant comment la Reine a pu faire face à ses énormes déficits.

La première méthode consiste à s'attribuer des recettes fiscales supplémentaires. C'est effectivement très simple puisque Marie de Médicis a en principe tous les pouvoirs en sa qualité de Régente. Par exemple, elle se fait donner 24 000 écus, c'est-à-dire 72 000 livres, à prendre sur les impôts du Languedoc. Les recettes d'un certain nombre de droits domaniaux lui rapportent 60 000 livres. On crée à son intention des offices de trésoriers qui donnent 100 000 livres. On lui délègue 100 000 livres sur le montant des droits que les personnes qui exercent leur office par provision sont astreintes à payer.

Elle utilise aussi sa position de Reine-Régente pour se faire faire des cadeaux. C'est ainsi que les États de Normandie, dans leur assemblée du 15 septembre 1613, lui votent un don « spontané » de plusieurs dizaines de milliers de livres. En 1616, c'est le tour du Clergé, dont l'assemblée générale, afin de rendre hommage à la qualité de la régence de Marie de Médicis, fait cadeau à celle-ci à titre personnel d'une somme de 100 000 livres.

On poursuit d'autre part en la systématisant la pratique des pots-de-vin que nous avons déjà vue en honneur. Aucune nomination n'est arrêtée sans que la Reine reçoive de l'argent « pour ses épingles ». Toute faveur est tarifée. Léonora gère cette source inépuisable de recettes. Les pouvoirs accrus dont dispose Marie de Médicis lui permettent de perfectionner le système : un particulier, une assemblée, une collectivité, se voient imposer des droits, une taxe supplémentaires ; ils protestent ; leur protestation sera d'autant plus efficacement écoutée qu'elle sera accompagnée d'une proposition financière en bonne et due forme. En 1613, la province de Bretagne se voit ainsi taxer d'un certain nombre de droits ; les Bretons soutiennent qu'ils ne sont pas dûs. Marie de Médicis veut bien leur être agréable et retirer son projet à condition qu'on lui donne 60 000 livres « pour ses menus plaisirs ». Les 60 000 livres sont versées, et les droits litigieux supprimés.

La pression fiscale ne cesse de s'accroître, la population a le sentiment de crouler sous le poids d'impôts injustifiés. Les contributions versées aux Grands pour leur acheter une paix éphémère, les cadeaux aux conseillers, aux médecins, aux femmes de chambre, aux amis de toute sorte, les achats de perles, de pierres précieuses, de diamants, les économies personnelles de la Reine qui prennent un beau jour le chemin de l'Italie ou d'autres pays étrangers, creusent sans cesse le gouffre. Les besoins grandissent et, avec eux, les exigences de l'administration de la Reine. Quand le coup d'État de Louis XIII chasse sa mère du pouvoir, c'est un immense soupir de soulagement dans un royaume de France qui avait été littéralement mis en coupe réglée. C'est là que se situe vraiment la faillite de la régence de Marie de Médicis.

CHAPITRE X

Le coup d'Etat de Louis XIII

L'enfance de Louis XIII.

Peu d'enfants furent aussi attendus et désirés que Louis XIII. La France avait largement payé son tribut de malheurs au temps des troubles, quand trois Rois s'étaient successivement éteints sans héritier mâle. Trois ménages stériles ou peu s'en faut. François II et Marie Stuart : pas d'enfant. Charles IX et Élisabeth d'Autriche : une fille. Henri III et Louise de Lorraine : pas d'enfant. Il fallait à Henri IV une épouse féconde. Les choses heureusement n'avaient pas traîné et le futur Dauphin fut sans doute conçu dès la rencontre de Marie de Médicis et d'Henri IV à Lyon en décembre 1600.

L'enfant à naître serait-il fille ou garçon ? Au début du mois de septembre 1601, on s'apprête pour l'accouchement qui doit avoir lieu à Fontainebleau. Le Roi trompe son impatience en chassant – et en allant, de temps à autre, rendre visite à Madame de Verneuil, grosse elle aussi de ses œuvres. Le 26 septembre, vers onze heures du soir, les douleurs commencent. Le Dauphin naîtra le lendemain 27 septembre, vers dix heures et demie du soir. Henri IV bout d'impatience. Est-ce un fils ? La sage-femme procède avec le plus grand soin, calmant autant qu'elle le peut la nervosité du Roi. L'enfant apparaît. Il semble faible. La sage-femme demande du vin ; elle en prend une gorgée dans sa bouche et en souffle quelques gouttes entre les lèvres du nouveau-né. La délivrance s'achève. C'est un fils. Henri IV joint les mains et rend grâces à Dieu. Marie de Médicis, par deux fois, s'inquiète : « È maschio ? » Est-ce un garçon ? Henri IV s'approche et lui dit avec douceur : « Ma mie, vous avez eu beaucoup de mal, mais Dieu nous a fait une grande grâce de nous avoir donné ce que nous lui avions demandé, nous avons un beau fils ».

Le Roi doit maintenant annoncer la nouvelle au pays. D'abord, les princes du sang. Ils sont trois dans la chambre, se tenant un peu à l'écart : François de Bourbon, prince de Conti, Charles de Bourbon, comte de Soissons, et Henri de Bourbon, duc de Montpensier. Le Roi les embrasse et leur demande d'approcher pour constater que l'enfant, toujours relié à sa mère par le cordon ombilical, est un garçon. La séparation peut alors s'effectuer. On ouvre ensuite la porte de la chambre royale. Deux cents personnes se ruent dans la pièce. L'air manque à Marie de Médicis et la sage-femme s'inquiète pour le nouveau-né que chacun veut approcher, voir, adorer. « Tais-toi, tais-toi » lui dit Henri IV, « cet enfant est à tout le monde, il faut que tout le monde s'en réjouisse ».

On envoie des courriers annoncer la bonne nouvelle à la famille d'Italie : à Florence, bien sûr, et à Mantoue dont la duchesse est la sœur aînée de Marie. Une lettre royale est adressée à toutes les villes de France et à tous les corps constitués pour leur annoncer l'heureux événement : « Entre tant de miraculeux témoignages de l'assistance divine que l'on a pu remarquer en notre faveur depuis notre avènement à cette couronne, il n'y en a pas un seul qui nous ait fait ressentir plus vivement les effets de sa bonté que l'heureux accouchement de la Reine notre très chère et très aimée épouse et compagne qui vient présentement de mettre au monde un fils ; dont nous recueillons une joie que nous ne pouvons assez exprimer ».

Te Deum, sonneries de cloches, feux de joie, processions, prières publiques. Rien n'est épargné pour fêter un événement que le peuple entier ressent avec sincérité comme une grâce accordée par Dieu au Roi Très-Chrétien et à ses sujets. Reste maintenant à faire du bébé un homme et, plus tard, un Roi.

On lui donne un médecin – Jean Héroard, Médecin ordinaire du Roi, qui avait successivement servi Charles IX, Henri III, puis Henri IV. Il est protestant, et jouit de l'entière confiance du Roi. Du 27 septembre 1601, date de sa prise de fonctions, jusqu'à sa mort en 1628, lors du siège de La Rochelle, il note jour après jour tous les faits, médicaux et autres, concernant Louis XIII. Le Dauphin reçoit également une nourrice, la dame Poncet – catholique celle-là, et même un peu ligueuse autrefois. Plus tard, on lui adjoindra une deuxième nourrice, la demoiselle Lemaire, puis une troisième, la demoiselle Galand, qui n'était pas très propre et fut renvoyée pour ce motif. Antoinette Jorron lui succède ; le Dauphin l'appelle « Maman Dondon » ou « Maman Doundoun » ; il s'attache à elle, et « Doundoun » restera auprès de lui pendant toutes ses années d'enfance et de jeunesse passées, pour l'essentiel, en ce château de Saint-Germain-en-Laye où, dès le début de novembre 1601, l'enfant royal est installé à demeure.

Le Dauphin ne risque pas de connaître la solitude : sa suite comprend 224 personnes ! Au premier rang un gouverneur, Monsieur de Souvré, une gouvernante, Madame de Montglat – que l'enfant appelle

« Mamanga ». Puis Héroard, « Doundoun », des chambrières, des valets, des écuyers, les officiers de cuisine : sommeliers, échansons, pannetiers, « chefs de fruiterie »; sans oublier le personnel de l'aumônerie.

Le Dauphin passe à Saint-Germain des années d'une vie minutieusement réglée. Les menus sont composés par Héroard. L'organisation de la journée est ordonnée par le gouverneur et la gouvernante, suivant un programme dont chaque détail a été soumis à l'agrément du Roi. Henri IV se tient constamment informé de l'état de santé de son fils et des progrès de son éducation. Le futur Louis XIII entend la messe tous les matins vers neuf heures et demie; très vite il y prend goût et y participe avec ferveur; sa piété est réelle et se fortifiera avec le temps. On sort peu. Quelques promenades dans les jardins du château, plus rarement un tour en forêt. Le Dauphin adore les cartes de géographie, les contes, et les récits historiques. Il apprend vite à lire. Mais sa passion, c'est le métier des armes. Il s'exerce à l'arc et à l'arquebuse; les corneilles du château font les frais de son adresse. Il a « l'esprit plus adonné aux armes qu'à toute autre chose » écrit Henri IV le 28 septembre 1605 à Monsieur de Beaumont : le Dauphin a tout juste 4 ans!

Quand Henri IV vient à Saint-Germain, le Dauphin s'empare d'un tambour et exécute lui-même, impeccablement, toutes les batteries réglementaires. Il connaît le maniement de la pique, et s'exerce à l'art de la manœuvre. Avec quelques jeunes nobles de son entourage il constitue une troupe avant, récompense suprême, d'être admis à commander les soldats de sa garde – 120 hommes! ce n'est pas une mince affaire, et la 20e compagnie des gardes françaises, chargée de la sécurité au château de Saint-Germain-en-Laye, est une unité d'élite : l'enfant royal se tire avec honneur de cette responsabilité, qu'il exerce sans la moindre faute. Il ne se borne d'ailleurs pas à commander : il prend son tour tel un simple soldat, monte la garde, participe aux exercices de tir comme n'importe quel mousquetaire.

A la minutie dans le détail, le Dauphin allie une vision claire des ensembles. Il a une très bonne mémoire, et il n'y a rien qu'il déteste autant que l'inexactitude ou l'à-peu-près. Il ne supporte pas d'être abusé. Réfléchi, souvent pensif, il est tout le contraire d'un fourbe. Héroard l'atteste : « Il avait cela de particulier de ne dissimuler point ce qu'il ne savait point, le confesser franchement et désirer de savoir et ne vouloir dire une chose qui ne fût point, ou une pour une autre ».

A l'égard de son père, le futur Louis XIII manifeste un extraordinaire attachement. Henri IV est pour lui « Papa » alors que l'étiquette voudrait qu'il lui dise « Monsieur ». Les visites du Roi à Saint-Germain provoquent les cris de joie de son fils. Si quelqu'un de la suite du Dauphin se rend à Paris pour voir le Roi, Louis ne manque jamais de le charger de quelque message ou témoignage d'affection pour son père. Quelques semaines avant l'assassinat d'Henri IV, celui-ci est à Saint-Germain ; le Dauphin est fou de joie ; la journée n'y suffit pas et le voilà, le soir, qui partage le lit de son père « où il a gambadé toute la nuit, lui portant les pieds sur la poitrine et sous la gorge ». La nouvelle de la mort d'Henri IV le plonge dans la douleur. Deux jours plus tard, il confie à Madame de Montglat : « Mamanga, je voudrais bien n'être pas sitôt Roi et que le Roi mon père fût encore en vie ».

Les relations entre Marie de Médicis et son fils sont au contraire empreintes de froideur. Marie n'a guère d'affection pour Louis XIII. Ses relations avec lui restent distantes, hautaines. Louis XIII dit « Papa » à Henri IV, « Mère » à Marie de Médicis. Quant aux principes d'éducation qui sont ceux de la Reine, il n'y en a qu'un : le fouet, dont elle use et abuse. Le petit Dauphin a tâté du fouet pour la première fois, nous dit Héroard, le 9 octobre 1603 : il vient d'avoir 2 ans. Quel est son crime ? « Il fait l'opiniâtre ». Quelques semaines plus tard, visite d'Henri IV : « Le Roi s'en va, il crie, colère, fouetté » rapporte Héroard. Le Dauphin devient Roi le 14 mai 1610 ; le fouet ne s'arrête pas pour autant : le 29 mai, soit quinze jours plus tard, le Roi Louis XIII reçoit à nouveau le fouet : « Notre nouveau Roi fut fouetté ce jour par commandement exprès de la Reine-Régente, sa mère ». Quand, peu après, Louis XIII va rendre visite à sa mère, celle-ci se lève devant le Roi son fils, et lui fait la révérence ainsi que le veut l'étiquette. « J'aimerais mieux qu'on ne me fît point tant de révérences et tant d'honneur, et qu'on ne me fît point fouetter », lui répondit-il.

Le jeune Roi avait un tempérament opiniâtre hérité à la fois d'Henri IV et de Marie de Médicis. Les témoignages abondent sur les colères violentes qui le prennent soudain, pour une raison ou pour une autre. Louis XIII n'aime pas perdre ; il jette un jour à la tête de son gouverneur les pièces d'un jeu d'échecs. Une autre fois, il lance une pique à la gorge d'un de ses pages, mord une dame de sa suite. Son précepteur Vauquelin des Yveteaux est sans doute celui qui a le mieux analysé son caractère : « Il était d'autant plus difficile à gouverner qu'il semblait être né pour gouverner et pour commander aux autres. Il avait une cuisante jalousie de son autorité ». C'est ce que Marie de Médicis, à qui Louis XIII ressemble pourtant tellement à cet égard, ne semble pas avoir compris, pour le malheur de son fils et pour le sien.

Des relations conflictuelles.

Henri IV aurait dit un jour à Marie de Médicis : « La fin de ma vie sera le commencement de vos peines. Vous avez pleuré de ce que je fouettais votre fils avec un peu de sévérité, mais quelque jour vous pleurerez beaucoup plus du mal qu'il aura ou de celui que vous recevrez vous-même. Mes maîtresses souvent vous ont déplu, mais difficilement éviterez-vous d'être un jour maltraitée par celles qui possèderont son esprit. D'une chose vous puis-je assurer, qu'étant de l'humeur que je vous connais et prévoyant celle dont il sera, vous entière, pour ne pas dire têtue, Madame, et lui opiniâtre, vous aurez sûrement maille à départir ensemble ». Ces propos rapportés par Richelieu[1] sont certainement un peu arrangés, mais ils contiennent assurément un fond de vérité, et ils décrivent bien, en tout cas, le caractère inévitablement conflictuel des relations qui vont s'établir entre Marie de Médicis et Louis XIII quand ce dernier, sortant de l'enfance, prend conscience de sa qualité de Roi et entend affirmer sa volonté d'exercer toutes les prérogatives attachées à cette fonction — il faudrait plutôt dire « à cette mission divine », car c'est ainsi que le jeune Roi la ressent.

Dès les premières années de son règne, Louis XIII manifeste une conscience aiguë de la dignité royale. L'ambassadeur de Florence Bartolini écrit en 1610 : « Les spéculatifs qui connaissent la nature et la complexion de ce Roi prétendent que dans quatre ou cinq ans la Reine restera sans aucune autorité auprès de son fils et en voici la raison : c'est que le Roi est vif, emporté, volontaire, et il ne serait pas impossible que, poussé par des princes ou d'autres qui se trouveront autour de lui et qui déplairont à la Reine, il ne veuille gouverner par lui-même[2] ». Louis XIII n'a pourtant encore que 9 ans. Mais il refuse d'être considéré comme une potiche. Le 13 janvier 1611, le prince de Condé entre brusquement dans le cabinet de Marie de Médicis, et s'assied, le chapeau sur la tête, sans paraître prêter garde à la présence du petit Louis XIII. Or, l'étiquette lui interdit, et de s'asseoir, et de conserver son chapeau sur la tête, aussi longtemps que le Roi ne le lui a pas permis. Louis XIII ressent avec une forte émotion cette atteinte à la dignité royale : « Monsieur de Souvré, savez-vous qu'il ne s'est pas levé ! Il est bien insolent » dit-il à son gouverneur, témoin gêné de la scène.

Au fil des ans, Louis XIII prend de l'assurance, et, parfois, se met à parler en maître. Marie de Médicis s'en inquiète : « Ce qui préoccupe plus que tout la Reine et les ministres » écrit l'ambassadeur de Venise Contarini dans une dépêche du 14 avril 1614 « c'est la crainte où ils sont que puisse être mise en péril l'autorité de la souveraine qu'ils exercent en ce moment, puisque, pour quelques années encore, le Roi ne se montrera pas capable d'une aussi importante tâche, en raison de son peu d'application aux affaires de l'État. On a eu soin, à dessein, de l'en

1. Richelieu, *Mémoires,* Éd. Michaud et Poujoulat, Paris, Firmin Didot, 1837, T. I, p. 11.
2. Lettre du 26 octobre 1610.

tenir éloigné, ainsi que d'ôter auprès de lui tous ceux doués de quelque esprit qui auraient pu lui donner quelques lumières sur ces matières, de façon qu'il soit maintenu dans le plus grand respect et la plus grande obéissance envers sa mère ».

Contarini revient plusieurs fois sur le sujet et nous montre avec quelle persévérance Marie de Médicis s'attache à écarter Louis XIII de la pratique des affaires publiques : « On ne donne pas au Roi une connaissance complète de toutes les affaires ; on s'emploie avec beaucoup de zèle à le tenir le moins possible occupé aux choses du gouvernement bien qu'on fasse en apparence le contraire » écrit-il le 17 mars 1615. Et il ajoute : « On lui permet d'aller autant qu'il le veut à la chasse, pour laquelle il montre beaucoup d'ardeur... Tous ceux qui l'assistent dépendent absolument de sa mère, qui les choisit de capacité médiocre, d'esprit modéré, pour qu'ils ne suscitent point chez le Roi des pensées trop vives. Il faut qu'il reste vis-à-vis d'elle dans l'obéissance ».

Ce Roi tenu en lisière, Marie de Médicis ne l'aime visiblement pas beaucoup. Il est vrai que ce jeune homme n'a rien de bien attirant : assez petit, plutôt mince, il a la figure large, le menton proéminent, le nez très fort, très bourbonien ; la bouche constamment entrouverte, il est affligé d'un léger bégaiement. Très sérieux, d'un tempérament froid à l'image de sa mère, il tient d'elle certains de ses goûts, comme la peinture, et surtout la musique, qu'il aime avec passion ; il joue assez bien de la guitare, et compose à ses heures : un *De Profundis*, un office des ténèbres. Il ne lit pas, au grand désespoir de ses précepteurs, mais il est en revanche très doué pour tout ce qui est mécanique ; il a installé au Louvre une forge avec laquelle il fabrique des petits canons, il excelle aux travaux de menuiserie, et se sert avec dextérité d'une petite imprimerie qu'il s'est fait faire. Il aime tout ce qui est exercice physique — en cela il ressemble peu à Marie et infiniment plus à Henri IV ; très bon cavalier (on lui a donné le célèbre Pluvinel comme maître d'équitation), il chasse jusqu'à l'excès ; les intempéries ne l'arrêtent pas, ni la fatigue. Il n'ignore rien en matière de chiens, de chevaux, et d'oiseaux.

Au demeurant, Marie de Médicis le considère comme un sot. La mère et le fils se voient quotidiennement, et souvent plusieurs fois par jour, parce que le protocole en dispose ainsi. Mais aucun vrai contact ne s'établit entre eux. Marie méprise au fond d'elle-même ce benêt qu'elle croit — ou voudrait croire — définitivement inapte aux affaires publiques. Elle racontait volontiers « qu'il était incapable de s'en occuper, qu'il avait l'esprit trop faible, trop peu de jugement ; que sa santé n'était pas assez forte pour prendre ces soins [3] ». Le duc de Rohan témoigne dans ses *Mémoires* [4] que « le mépris de la Reine-Mère envers

3. Pontchartrain, *Mémoires*, Éd. Michaud, p. 378.
4. Duc de Rohan, *Mémoires*, Éd. Michaud, p. 511.

son fils était trop apparent » pour qu'un conflit majeur ne finisse pas par éclater.

Convaincue de l'imbécillité de son fils, la Reine le traite en imbécile. L'existence de Louis XIII telle qu'elle est organisée et réglée ne fait aucune part aux choses sérieuses. Voici le programme d'une journée du jeune Roi de France :

Matin :

- Lever
- Petit déjeuner
- Promenade aux Tuileries
- Messe
- Visite à Marie de Médicis
- Visite à Anne d'Autriche
- Déjeuner (« dîner » dans le vocabulaire du XVIIe siècle)

Après-midi :

- Visite à Marie de Médicis
- Visite à Anne d'Autriche
- Promenade aux Tuileries, ou chasse
- Retour
- Dîner (« souper » pour les contemporains)
- Visite à Marie de Médicis
- Visite à Anne d'Autriche
- Coucher

Conscient de l'opinion que sa mère avait de lui, conscient de la méfiance croissante dont elle témoignait à son égard à mesure qu'il grandissait, Louis XIII rentre dans la peau du personnage qu'on veut lui faire endosser. Il joue les demeurés, et affecte un intérêt passionné pour les jeux les plus puérils. « Je faisais l'enfant » dira-t-il plus tard, quand il aura pris le pouvoir, laissant clairement entendre qu'il craignait pour sa vie. Même après son éviction du gouvernement, Marie de Médicis continue pendant assez longtemps à considérer son fils comme inapte à la conduite des affaires. Des jeux puérils auxquels il se livrait adolescent, elle tire argument pour lui dénier toute capacité de diriger le pays ; dans un libelle publié en 1619, elle écrit froidement : « Il est déplorable que le Roi s'amuse à des exercices d'enfant, chose indigne à l'âge d'un si grand Roi duquel les actions doivent servir d'exemple à tous les sujets [5] ».

Dans un tel climat, Louis XIII développe le goût et la pratique de la dissimulation. Il se livre peu, n'a pas d'amis. Et cependant, il est le Roi, et l'avenir est pour lui. Tel est le raisonnement que tient un obscur gen-

5. *Extrait des raisons et plaintes que la Reine-Mère du Roi fait au Roi son fils*, Paris, 1619, in-12, p. 11.

tilhomme provençal, Charles d'Albert de Luynes ; même réduit en l'état où on le voit à 14-15 ans, Louis XIII reste le Roi. Luynes décide de jouer cette carte et de tout mettre en œuvre pour devenir le favori du jeune Louis XIII. Il entend l'aider à se saisir de ce pouvoir qu'on lui dénie, et se faire donner en échange les moyens de bâtir, pour lui-même et pour ses proches, une fortune enviable. Louis XIII, tellement seul, tellement tenu à l'écart des affaires publiques, ne peut que prêter une oreille attentive aux encouragements que lui prodigue Luynes pour reprendre de haute lutte les droits que lui confère sa naissance.

Louis XIII et Luynes.

Charles d'Albert de Luynes est entré au service du Roi en 1611. Gentilhomme provençal de petite noblesse, il obtient d'être nommé « Maître du Cabinet des oiseaux », c'est-à-dire de la volière que Louis XIII a entrepris de constituer. Sa faveur grandit, mais Luynes s'applique à ne rien faire qui puisse porter ombrage à la Reine-Mère. Il n'est que le compagnon de jeux du jeune Roi, l'un de ses confidents. Louis XIII, qui commence à s'attacher à lui, le choisit pour porter à Anne d'Autriche, toute jeune épousée, la première lettre qu'il lui adresse, le 9 novembre 1615, et qui constitue en quelque sorte sa déclaration. C'est un honneur, et, dans cette lettre le Roi écrit de Luynes qu'il est « l'un de mes plus confidents serviteurs ».

Luynes est de trop petite noblesse, son esprit est trop médiocre pour que Marie de Médicis, au début, s'inquiète de l'emprise croissante qu'il exerce sur le Roi. Mais, le temps passant, la Reine-Mère commence à prendre ombrage de son influence et des propos qu'il tient à Louis XIII sur la nécessité d'exercer lui-même l'autorité royale. Sur son ordre, Monsieur de Souvré, gouverneur de Louis XIII, tente d'empêcher Luynes, certain soir d'octobre 1614, d'entrer dans la chambre du Roi. Luynes force l'entrée de la chambre et Louis XIII, ému de l'affront que l'on a voulu infliger à son plus proche serviteur et ami, va de ce pas trouver Marie pour lui demander de relever Monsieur de Souvré de ses fonctions de gouverneur.

Marie hésite : ce Luynes n'a-t-il pas pris décidément trop d'importance dans l'affection de son fils ? La Reine demande conseil à l'une de ses créatures, Monsieur de Sauveterre, Premier valet de garde-robe et Huissier du cabinet de la Reine ; elle ignore que Sauveterre et Luynes sont devenus très amis, et quand Sauveterre lui conseille de garder Luynes auprès de Louis XIII en lui garantissant sa modération et sa docilité aux volontés de la Reine-Mère, Marie ne peut savoir que cet avis est à la fois partial et intéressé. Elle finit par acquiescer, et décide de maintenir le Maître du Cabinet des oiseaux du Roi dans ses fonctions.

Mais, en janvier 1615, nouvelle alerte. Louis XIII, ayant repris à Condé le gouvernement d'Amboise, décide de nommer Luynes à sa place. Ce choix provoque un beau tollé. Amboise n'est pas une ville considérable, mais de là à lui donner comme gouverneur un gentilhomme d'aussi petite origine que Luynes, après en avoir plus ou moins dépossédé un prince du sang, il y avait un pas immense à franchir.

Très alarmé, Concini intervient auprès de Marie de Médicis pour lui conseiller d'éloigner Luynes de gré ou de force. Il n'a guère de peine à la convaincre, mais le hasard, une fois encore, sauve le Maître du Cabinet des oiseaux d'une perte assurée. Ce hasard bien intentionné revêt les traits de l'obligeant Monsieur de Sauveterre, qui, passant par là, surprend les propos échangés entre Concini et Marie de Médicis au moment même où celle-ci, l'apercevant, lui demande d'approcher pour l'informer des vilenies de Luynes, et lui faire part de la décision qu'elle vient d'arrêter, « les choses étant venues à tel point qu'il fallait nécessairement que de Luynes ou elle s'en allassent ». Sauveterre n'a garde de la contredire, mais il attire l'attention de la Reine et de Concini sur la difficulté de trouver à Luynes un remplaçant qui sache maintenir le Roi dans les vues de sa mère. Après qu'on ait passé en revue tous les noms possibles, Marie doit bien admettre que Sauveterre a raison : faute d'avoir sous la main le personnage idoine, on convient de surseoir à l'éviction projetée.

Luynes devait une fière chandelle à Sauveterre, et, pendant quelques mois, ce dernier joue avec assez de bonheur le rôle de modérateur bienveillant en faveur de son ami auprès d'une Marie de Médicis qui se gendarme de plus en plus. Mais la partie était trop difficile pour un homme qui ne devait sans doute pas être un parangon de finesse. La Reine-Mère, alertée par Concini, finit par voir clair dans le jeu de Sauveterre, et le chasse avec éclat de sa Maison. Luynes perd ainsi un précieux appui, et se trouve maintenant exposé de plein fouet à la vigilance soupçonneuse de Concini. Le maréchal d'Ancre n'est pas un personnage dont on puisse prendre les menaces à la légère, et Luynes commence à craindre pour sa vie. Il se sent épié, croit voir partout des sbires à la solde du favori de la Reine, et n'a plus, dès lors, qu'une idée, une obsession : loger au Louvre, afin de réduire au minimum les déplacements dans Paris et, par conséquent, les risques d'attentat contre sa personne. Il prend langue à cet effet avec Monsieur de Fontenay, Capitaine du Louvre, qui accepte de lui vendre sa charge. Désormais, Luynes habite au Louvre ; Louis XIII lui donne une chambre située au-dessus de son appartement, à laquelle on peut accéder par un escalier intérieur, dérobé aux yeux du public.

Luynes a donc encore gagné une manche dans l'épreuve de force qui l'oppose depuis quelques mois à Concini et à la Reine-Mère. Une telle situation, cependant, n'est nullement pour lui plaire. Il n'aime pas les affrontements, les conflits, les oppositions brutales ; son tempérament le porte aux arrangements et aux compromis. Il vient d'obtenir une chambre au Louvre au grand dam de Concini ? Il n'a rien de plus pressé maintenant que d'essayer de se rapprocher de la Reine-Mère. Marie de Médicis est d'ailleurs dans des dispositions assez voisines. Il y a des moments où elle est excédée du comportement de Concini et des difficultés qui se multiplient comme à plaisir sous ses pas, à l'intérieur du royaume comme sur la scène internationale. Sa nature plutôt indolente se rebelle contre l'obligation qu'elle a d'être sans cesse présente aux affaires. Les sollicitations des ministres l'assomment, et elle songe sérieusement à renoncer au pouvoir.

La première occasion survient en mai 1616. Le 8 mai a été signée la Paix de Loudun. L'autorité royale l'a échappé belle, et sort plutôt renforcée de l'épreuve. Jamais un moment aussi favorable ne reviendra pour permettre à Marie de Médicis de se retirer dans les meilleures conditions. La Reine-Mère le sait bien, et provoque un entretien avec son fils pour lui faire part de son intention de démissionner. Louis XIII refuse. La perspective d'une prochaine retraite de sa mère l'effraie, et on le comprend : être ainsi projeté sans aucune préparation à la tête du gouvernement du royaume n'est ni raisonnable ni souhaitable. Il assure la Reine-Mère de sa satisfaction, et l'adjure de conserver le pouvoir. Luynes joint ses protestations à celles de son maître.

Marie de Médicis, devant ce chœur de supplications, se retire au bout d'une heure. Elle reste par force chef du Conseil, mais elle est bien décidée à se retirer. Elle se prépare d'ailleurs sérieusement à quitter la France et négocie l'acquisition de la principauté italienne de la Mirandole. La mauvaise volonté espagnole faisant traîner les choses, elle se tourne vers le Pape pour lui demander de lui accorder l'usufruit du duché de Ferrare; les négociations étaient bien engagées avec la Cour de Rome au printemps de 1617 lorsque la chute de la Reine-Mère vint mettre un terme à ces perspectives.

En janvier 1617, elle offre une nouvelle fois sa démission à Louis XIII. La guerre civile menace. Les princes se sont coalisés contre la faveur de Concini, contre sa toute-puissance, contre sa morgue, et tirent argument de la mise à l'écart de Louis XIII pour justifier leur révolte principalement dictée, disent-ils, par le souci de mettre effectivement le Roi à la tête du gouvernement de la France. Louis XIII n'est pas insensible à cet argument que reprend et développe un flot grandissant de libelles. Marie de Médicis non plus, qui se dit qu'à tout prendre mieux vaut partir maintenant que contrainte et forcée. La Reine-Mère donne à sa démarche auprès du jeune Roi un certain caractère de gravité en faisant participer à l'entretien deux de ses ministres, Barbin et Mangot; Luynes se tient auprès de Louis XIII.

Marie renouvelle sa proposition de démissionner, et développe les raisons qui militent en faveur de cette décision : le poids de ses charges, son âge, la nécessité pour le Roi de prendre sa part du gouvernement du royaume ; à défaut d'une retraite immédiate et totale, elle souhaite que le Roi s'associe au moins, pendant une sorte de période de transition, aux responsabilités publiques que la mère et le fils assumeraient en commun durant quelques mois.

Louis XIII reste muet. Luynes prend la parole à sa place, avec une volubilité et une faconde toutes méridionales ; non, dit-il, la Reine ne doit pas quitter la barre ; le Roi n'éprouve qu'estime et satisfaction pour la manière dont elle s'acquitte de cette tâche ; non, le Roi n'est pas disposé à la remplacer ; pour ce qui est de participer avec elle à la conduite des affaires, rien ne presse, il faut faire les choses graduellement, progressivement.

Tandis que Luynes s'efforce de trouver un terrain d'entente avec Marie, Louis XIII sent grandir en lui le désir de régner. Les protestations de Luynes à l'égard de l'offre de démission de la Reine-Mère ne traduisent plus sa pensée : elles sont le fait de Luynes, non du Roi. Mais celui-ci n'a encore rien résolu, rien arrêté, et c'est la raison pour laquelle il se tait. De ce silence, Marie de Médicis n'est d'ailleurs pas dupe : elle se doute vaguement que l'on discute ferme dans le petit cercle du Roi et de ses intimes. De quoi au juste, elle l'ignore, et elle continuera de l'ignorer jusqu'au jour de sa brutale éviction du pouvoir.

CONCINI : IMPUDENCE ET IMPRUDENCES.

Si Marie de Médicis songeait sérieusement, dès le printemps de 1616, à quitter le pouvoir, il n'en était pas de même de Concini. Venu en France dans la suite de la princesse de Toscane pour faire fortune, on a vu comment il avait réussi à assurer sa position en se mariant avec Léonora Galigaï, servante et confidente de la Reine, puis en se poussant dans la faveur de Marie de Médicis elle-même. Depuis la mort d'Henri IV, c'est lui qui gouverne le pays, de concert avec Léonora — un concert dans lequel on peut distinctement entendre quelques fausses notes. Léonora, en effet, avec son sens aigu des réalités, commence à trouver qu'il ne faut pas trop braver le destin. Elle voudrait se retirer en Italie pour y jouir tranquillement de la coquette fortune que le couple Concini a pu amasser ; mais son mari ne l'entend pas de cette oreille. Il y a en lui une ambition brûlante, insatiable, qui le pousse à désirer toujours plus. Maréchal de France, gouverneur de l'une des plus riches provinces du royaume, propriétaire d'une véritable armée privée, plus nombreuse et plus forte que celle du Roi, il veut maintenant être connétable.

Sa morgue ne connaît plus de limites. En 1616-1617, il ne se déplace qu'accompagné d'une suite de 40 gentilshommes à ses gages, payés 1 000 livres par an chacun, et 12 soldats costumés en laquais, sans parler d'une troupe de courtisans attirés par l'odeur du pouvoir : quand il vient au Louvre, il n'y a jamais moins de 100 à 200 gentilshommes à sa suite, « piaffant, morguant tout le monde et faisant fiente de toutes choses [6] ». Une réussite si quotidiennement palpable l'enivre. Un contemporain lui trouve « les belles qualités des puissants : le mépris de tous les autres hommes, la colère, l'impatience, la promptitude à faire injure au premier venu et l'oppression des plus faibles qu'il rendit ses esclaves [7] ». On le hait ? Qu'importe, pourvu qu'on le craigne. Et, paraphrasant l'antique adage, Concini s'exclame [8] d'un ton suffisant : « S'ils ne m'aiment pas, *jous* me ferai craindre » [*jous : je*, prononcé avec l'accent italien dont Concini ne se débarrassera jamais]. Pour Concini, on trouve toujours de l'argent. Quand son Hôtel situé rue de Tournon a été pillé par la foule, il se fait donner 450 000 livres d'indemnité. Louis XIII s'indigne : « On dit qu'il n'y a point d'argent à l'Épargne [c'est-à-dire au Trésor] lorsque je veux faire donner des ordonnances de 30 francs [1 franc ou 1 livre sont la même chose], mais on trouve bien 450 000 livres pour le maréchal [9] ».

L'impudence et l'insolence de Concini sont telles qu'elles portent cruellement ombrage au Roi. Après la mort de Concini, Louis XIII n'en finissait plus d'évoquer toutes les circonstances où le maréchal d'Ancre avait dépassé les bornes du respect dû à la personne du Roi. En novembre 1616, Louis XIII se tient dans une galerie du Louvre avec 3 personnes ; entre Concini accompagné d'une suite énorme, qui se met tranquillement à une fenêtre en feignant d'ignorer la présence du Roi. Un soir, toujours au Louvre, Louis XIII et Concini jouent au billard ; Concini garde son chapeau sur la tête ; il s'en avise tout à coup, et, nullement gêné, dit au Roi d'un petit ton familier : « Per Dio, Sire, Votre Majesté me permettra bien de me couvrir ? ». Au Conseil des Dépêches, où Concini n'a pas à assister, il s'assied dans la chaire du Roi, « menant le Conseil à la baguette ». Une autre fois, Louis XIII n'ayant pas eu l'heur de lui plaire, il déclare publiquement que le Roi mérite le fouet.

Un dernier grief plus grave : « Il a armé à l'étranger et fait entrer dans mon royaume 3 500 Wallons ou Liégeois pour la sûreté de sa personne qu'il soudoyait à mes dépens et à ceux de mon peuple [10] ». Le Roi finit par faire mine de ne plus le voir. En novembre 1616, Louis XIII a des crises épileptiques dues à la tension nerveuse et aux efforts qu'il s'impose pour dominer sa colère. La Reine-Mère s'en aperçoit, et devine les raisons de l'état de santé du Roi ; elle en parle à Concini ; agacé, celui-ci quitte la cour et se rend en Normandie pour quelque temps. Du coup, Louis XIII va mieux.

6. *Confession générale du seigneur Conchine trouvée après sa mort en son cabinet*, Paris, T. Ménard, 1617, in-12, p. 4.
7. Matthieu, *La conjuration de Conchine*, p. 32.
8. *Dialogue du berger picard avec la nymphe champenoise*, p. 12.
9. Arnauld d'Andilly, *Journal*, Éd. Halphen, 1857, p. 222.
10. *Récit véritable de ce qui s'est passé au Louvre depuis le 24 avril*, p. 8.

L'incapacité de la Reine-Mère à modérer l'ambition du favori se retourne contre elle. La voilà compromise. Les bruits les plus injurieux commencent à circuler sur son compte. Aux yeux de l'opinion, son incroyable passivité ne peut avoir que deux explications : elle est envoûtée, ou elle est la maîtresse de Concini. Pour l'envoûtement, on regarde plutôt du côté de Léonora : nous verrons plus loin comment cette imputation fut utilisée dans son procès. Pour ce qui est des relations intimes entre Marie de Médicis et Concini, ce dernier a multiplié les indices en ce sens : toujours en quête d'apparences sur lesquelles appuyer son bluff, il affectait bien souvent, par exemple, de renouer les aiguillettes de son haut-de-chausses en sortant de l'appartement de la Reine. Mais il n'y a vraisemblablement jamais rien eu entre eux : la Reine-Mère était d'un tempérament froid, peu intéressée aux choses de la chair, et en ce qui concerne Concini, Richelieu rapporte que certains accidents de santé l'avaient rendu inapte aux choses de l'amour. Cependant, en l'occurrence, ce n'est pas la réalité qui compte, c'est ce que pense l'opinion. Et l'opinion se déchaîne contre Marie la pécheresse. Un prédicateur proclame qu'il est temps « de jeter la déesse dans la mer avec une ancre d'or attachée au col [11] ». Au début de 1617, le nonce Bentivoglio s'inquiète sérieusement pour la Reine : « Dieu veuille que la perte du maréchal n'entraîne pas celle de la Reine, qui est bonne et a de bonnes intentions ».

Faute de pouvoir traduire en actes les bonnes intentions en question, Marie de Médicis est débordée par le mécontentement grandissant. C'est au Roi, par-dessus la tête de la Régente, que l'on s'adresse désormais. Le duc de Nevers écrit à Louis XIII le 31 janvier 1617 : « Tout le pouvoir du gouvernement de votre État est entre les mains du maréchal d'Ancre et de ses partisans qu'il a introduits près de votre personne afin d'y faire toutes choses à ses fantaisies et être seul arbitre de la vie, des biens, honneurs et dignités de vos sujets [12] » ; sa lettre est publiée, largement diffusée, et obtient un retentissement considérable. L'assemblée des États de Guyenne, réunie à Agen au début de cette même année 1617, adopte une adresse au Roi dans laquelle elle l'appelle à prendre en main la réalité du pouvoir qu'usurpe Concini : nous venons « en vous parlant librement, dire à Votre Majesté que puisqu'elle a l'âge et le cœur d'acquérir des royaumes en faisant le Roi, elle doit sauver celui-ci de la domination des étrangers ». Les mécontents sont de plus en plus nombreux ; de nouveaux appels montent vers Louis XIII : « Le remède est en vos mains et en votre puissance ; si vous n'en usez, le mal se rendra incurable ; il n'est que de votre seule parole [13] ».

11. Duc de La Force, *Mémoires*, Éd. La Grange, T. II, p. 449.
12. *Lettre de Monsieur le duc de Nevers au Roi, 31 janvier 1617*, sl, in-4, p. 5.
13. *Remonstrance présentée au Roi par les princes, ducs, pairs, anciens officiers de la couronne*, sl, 1617, in-4, p. 2.

Le 5 mars 1617, les princes et les Grands du royaume lancent encore un avertissement : « Les étrangers et leurs fauteurs se sont impatronisés et mis en possession de la personne du Roi et de l'administration et absolu gouvernement du royaume qu'ils occupent injustement et exercent avec une extrême tyrannie et oppression [14] ».

Alarmés, Richelieu et Barbin veulent démissionner. Marie de Médicis refuse : elle a tort sur le fond, et elle le sait, mais la proclamation des princes la cabre, et elle entend absolument se battre. Pourtant, un certain nombre de modérés l'abandonnent ; ne voulant pas rejoindre le camp des factieux, ils constituent une sorte de « tiers parti » qui s'accorde sur la nécessité de rétablir le Roi « en pleine liberté et autorité » ; parmi ces modérés, quelques grands personnages qui comptent dans la France de cette époque, comme Lesdiguières, gouverneur du Dauphiné, comme le duc d'Épernon, gouverneur de Metz et de l'Angoumois. Paris s'agite. Léonora s'apprête à partir en Italie : la mort de sa fille, survenue le 2 janvier 1617, lui paraît un signe de Dieu ; la France n'a plus rien à lui apporter, il est temps de regagner Florence.

Mais Concini et Marie de Médicis, butés, ont choisi la force. Léonora a beau faire, la Reine refuse de l'entendre. Léonora l'avertit avec gravité, la met en garde contre Concini : « Madame, souvenez-vous qu'il se perdra et en se perdant il vous perdra, et moi, quant et quant [15] ». En vain. Concini fortifie Amiens, Ancre, Péronne, accumule en Picardie munitions et armements, met Quillebœuf et Pont-de-l'Arche, qui tiennent Rouen, en état de défense. Il dispose de trois régiments français de 1 000 hommes chacun, plus des Wallons et des Italiens, il achète des canons. Il est plus confiant que jamais dans sa bonne étoile : on trouvera sur lui, après sa mort, le brouillon d'une lettre dans laquelle il écrivait à un correspondant inconnu : « J'aurai, à la fin du mois de mai, 30 000 hommes, 10 000 Français et 20 000 étrangers, avec soixante pièces d'artillerie ; je vous laisse à penser à quel point seront réduites mes affaires ».

On vit dans une atmosphère de guerre civile ; Concini, pour intimider les Parisiens, fait dresser 50 potences en divers points de la capitale ; un capitaine est trouvé au Louvre porteur d'un message pour le camp des princes : il est sommairement jugé et exécuté sur place, là, au milieu de la cour du Louvre. Les gardes-françaises sont remplacés par des Suisses allemands, peu portés à fraterniser avec la population, et des Italiens tout dévoués à leur compatriote. Pensant à tout, Concini fait surveiller le Roi. Louis XIII est acculé à l'action, contraint à prendre les devants s'il ne veut pas s'exposer au pire avec un Concini déterminé à en venir aux dernières extrémités contre quiconque s'opposerait à lui, fût-ce le Roi lui-même.

14. *Déclaration et protestation des princes, ducs et pairs*, 5 mars 1617, in-4, p. 20.
15. N. Pasquier, *Lettres*, 1623, p. 558.

LE COUP D'ÉTAT DU 24 AVRIL 1617 ET LA MORT DE CONCINI.

Autour de Louis XIII et de Luynes s'est constitué, vers la fin de 1616, une sorte de Conseil restreint. On se voit le soir, avant de se coucher, et l'on parle beaucoup. Le sujet principal des conversations est, comme on peut s'y attendre, le comportement de Concini. Comportement intolérable : il a fait ceci, il a dit cela ; on ressasse les griefs, sans grand profit du reste pour qui que ce soit. Louis XIII incrimine la Reine-Mère ; avec un certain respect, comme il convient, mais sans complaisance. Il critique sa faiblesse, et ne dit rien lorsqu'on se hasarde, devant lui, à envelopper Marie de Médicis et Concini dans une même réprobation injurieuse.

Au fil des semaines, les discussions prennent un autre tour, et l'on commence à parler un peu moins de Concini, un peu plus des affaires de l'État et du désordre où elles se trouvent. La personne du Roi est au centre des débats : est-il admissible, est-il tolérable que le souverain légitime de ce royaume soit ainsi tenu à l'écart du gouvernement ? « Il donna », nous raconte l'un des membres de ce Conseil restreint, « son sentiment du déplaisir qu'il avait de la forme dont on gouvernait, spécialement du peu de compte que l'on tenait de sa personne et de ce qu'on ne lui laissait aucune part aux affaires importantes de son royaume qui se soulevait en divers endroits ». De là, on passe aux problèmes politiques qui se posent alors dans un pays profondément troublé, affaibli à l'intérieur, diminué à l'extérieur. Dans les discussions qui s'engagent sur ces sujets, une forte personnalité se dégage, celle de Claude Guichard-Déageant.

C'est lui qui nous renseigne le mieux sur ce que fut le déroulement de ces réunions. Il était incontestablement, avec Louis XIII, la meilleure tête de ce mini-Conseil. Il n'avait pas l'étoffe d'un homme d'État, mais il avait le sens du service public, et une claire vision des affaires. Ce n'était du reste nullement un novice : Secrétaire ordinaire de la Reine-Mère, il était devenu Premier Commis du Surintendant des finances Claude Barbin — une sorte de Directeur de Cabinet dirions-nous. A côté de Déageant, Luynes avait fait appel à un bon juriste, Louis Tronson, en qui il avait une grande confiance ; Tronson appartenait à une famille de robe parisienne ; il était honnête, discret, et efficace ; Louis XIII devait le garder pendant de nombreuses années auprès de lui en qualité de Secrétaire du Cabinet du Roi. Deux autres confidents participaient aux réunions qui se tenaient chez le Roi, le baron de Modène, un cousin de Luynes, et le sieur de Marsillac. Ils étaient fidèles, mais avaient une moindre part dans les discussions politiques que Déageant et Tronson.

Louis XIII, qui montrait un jugement sûr, acquérait progressivement confiance en lui-même et en ses capacités à diriger le pays. Il témoignait maintenant d'« un désir extrême de prendre en main le gouvernail de l'État », comme le rapporte Déageant. Mais comment faire ? C'est ici que réapparaît Luynes. Inexistant, ou peu s'en faut, dans les discussions à caractère trop technique, il retrouve un rôle essentiel lorsqu'il s'agit de définir une stratégie. Louis XIII avait dans ses conseils une confiance plus grande que jamais, et attendait de lui des directives, des plans, un programme d'action. Or Luynes n'était nullement préparé à s'engager dans une action conduisant à la prise en main, immédiate et sans partage, du gouvernement du pays par un Roi tout juste âgé de 15 ans. Déageant est formel : l'influence de Luynes poussait le Roi à « tenter le plus doux plutôt que d'en venir aux extrêmes ».

Ce sont les excès de Concini qui vont provoquer l'engrenage fatal d'où sortira le complot destiné à mettre fin au règne du favori italien. Avant d'en venir là, Luynes tente un suprême effort pour arriver, avec Concini lui-même, à un compromis. Mais Concini répond par le mépris et la menace. Le mépris : « Il y a si loin de Monsieur de Luynes à moi que nous n'avons pas sujet de nous craindre [16] ». La menace : « Monsieur de Luynes, je m'aperçois bien que le Roi ne me fait pas bonne mine, mais vous m'en répondrez [17] ». Alors on se tourne vers la Reine. Pour la préparer, la mettre en condition, on lui envoie des lettres anonymes ; on l'invite, par exemple, « à faire, sans plus de remise, agir le Roi au maniement de ses affaires, que c'était chose qu'il désirait, bien qu'il n'en fît aucun semblant [18] ». C'est Déageant qui rédige ces lettres. Ses fonctions auprès de la Reine lui permettent de voir les réactions de Marie de Médicis : celle-ci est troublée.

Faut-il parler directement à la Reine-Mère ? Les discussions sont animées ; Luynes, Déageant, Tronson, entraînent l'opinion des autres, et Louis XIII finit par donner son feu vert à une démarche auprès de sa mère. Mais qui va parler ? Est-il convenable que ce soit Louis XIII ? Peut-il raisonnablement brûler ses vaisseaux en disant lui-même à la Reine-Régente qu'il souhaite désormais exercer le pouvoir sans intermédiaire et qu'il entend que le ménage Concini prenne le chemin de l'exil ? Que se passerait-il si la Reine refusait ? C'est pourquoi l'on décide de chercher un ambassadeur qui se charge de cette mission de la plus haute importance, et Luynes obtient l'accord du Roi pour approcher à cet effet un prélat, Monsieur de L'Estang, évêque de Carcassonne, de passage à Paris. Monsieur de L'Estang accepte, et expose à Marie de Médicis, sans paraître s'exprimer au nom de Louis XIII, les raisons qui mili-

16. Chaulnes, *Relation exacte de tout ce qui s'est passé à la mort du maréchal d'Ancre*, Éd. Michaud et Poujoulat, 2e série, T. V, p. 456.
17. *Ibid.*, p. 463.
18. Déageant, *Mémoires*, p. 27.

tent en faveur de l'accession du Roi au gouvernement effectif du pays, et imposent la disgrâce des Concini.

La Reine écoute attentivement. Au fond d'elle-même, elle est convaincue, et, quand elle s'en ouvre à Léonora, elle la trouve du même avis. On décide d'en parler à Concini : c'est un veto, le plus formel qui soit. Marie de Médicis ne veut pas s'en satisfaire et revient à la charge. Cette fois, Concini ne se contente pas de dire non, il entend réagir et mettre à la raison ceux qui en veulent à sa toute-puissance ; il se trouvait en Normandie, il revient à Paris où il arrive le 17 avril, plein de colère et de ressentiment. Il a préparé une liste de ses ennemis en tête desquels il a placé les conseillers du Roi, et déclare à qui veut l'entendre qu'il va exercer contre eux une vengeance implacable. Comme on l'a dit plus haut, il fait surveiller le Roi, et s'emporte d'ailleurs un jour jusqu'à dire qu'il n'hésitera pas à le tenir resserré – traduisons : prisonnier – dans son Palais du Louvre.

Que faire ? Dans le petit groupe des amis du Roi, on frôle la panique; Luynes propose la fuite. Son plan est rocambolesque : le Roi s'échappe de Paris et va se mettre à la tête de l'armée royale qui s'oppose pour l'heure en Champagne à l'armée des princes ; une fois là, Louis XIII lance une proclamation contre Concini, l'armée royale et l'armée des princes fraternisent et tournent leurs armes de concert contre le favori. Mais Louis XIII refuse : la fuite n'est pas son fort. Il n'existe à ses yeux que deux solutions. Ou bien faire arrêter Concini dans les formes légales, lui, Roi de France, étant à Paris, en son Palais du Louvre ; et déférer ensuite Concini au Parlement sous l'inculpation de lèse-majesté. Ou bien, si Concini ne se laisse pas arrêter, le faire assassiner. Louis XIII n'en démord pas, et Luynes se résigne à abandonner son idée. On décide donc d'arrêter Concini au Louvre.

Et s'il résiste, demande Déageant, que fait-on ? On le tue ? Déageant ne fait pas mystère de ses préférences, il est en faveur de l'assassinat pur et simple, tout au plus camouflé derrière un simulacre d'arrestation. Mais il faut l'aval de Louis XIII, et Louis XIII ne veut rien entendre : Concini doit être arrêté dans les formes légales, c'est tout. Les témoignages de l'époque sont unanimes : jamais Louis XIII ne voulut ordonner la mort du maréchal d'Ancre. Même lorsque le baron de Vitry, capitaine des gardes du corps, chargé de mener à bien l'opération, demande au Roi : « Mais, Sire, s'il se défend, que veut Sa Majesté que je fasse ? », c'est Déageant qui se hâte de répondre : « Le Roi entend qu'on le tue » – Il est vrai que Louis XIII garde le silence, ce que Vitry interprète comme un consentement tacite.

Puisque l'on est convenu d'arrêter Concini, qui, maintenant, va s'en charger ? Luynes, une fois de plus, se dérobe. Il a un argument de choix : sa place est auprès du Roi. Que Vitry se débrouille. Vitry accepte la mission et, avec l'accord de Louis XIII, met dans la confidence trois alliés sûrs : son propre frère, son beau-frère, et un de ses amis les plus proches. La date de l'arrestation est fixée au 23 avril. Les conjurés ont tout mis au point. Si le complot échoue, le Roi quitte Paris et s'enfuit, non pas en Champagne comme l'avait initialement suggéré Luynes, mais à Meaux, dont le baron de Vitry est gouverneur. Si le complot réussit, Concini et sa femme sont déférés au Parlement, la Reine-Mère est priée de quitter la Cour pour quelque temps, les ministres en exercice sont remplacés par les anciens ministres d'Henri IV.

Tout est prêt, mais les conciliabules répétés commencent à donner l'éveil. Marie de Médicis, dans la nuit du 19 au 20 avril, fait un cauchemar. Elle rêve d'un procès, suivi d'une condamnation à mort — la sienne. Richelieu se rend compte, confusément, qu'il se trame quelque chose ; il envoie à tout hasard son beau-frère à Luynes pour lui dire que « s'il plaisait à Sa Majesté de le considérer comme l'un de ses ministres, il n'y aurait rien, soit en sa charge, soit aux autres affaires venant à sa connaissance, qu'il ne lui en donnât un fidèle avis ». Mais, en réalité, personne ne sait vraiment ce qui se prépare et, comme l'écrivent les ambassadeurs de Venise, Bon et Gussoni, au soir du 24 avril : « Bien que Sa Majesté fût tenue, peut-on dire, prisonnière de la Reine et du maréchal d'Ancre, ils n'ont rien pu pénétrer ».

Luynes, cependant, a peur, et préconise à nouveau la fuite. Louis XIII refuse. A l'approche de la date fatidique du 23 avril, le Roi manifeste une résolution sans faille. Le plan est le suivant : inviter Concini dès son arrivée au Louvre (le maréchal d'Ancre n'habite pas dans le Palais, mais possède une petite maison située tout près de là, au bord de la Seine) à venir voir le Roi dans son Cabinet des Armes et, là, se saisir de sa personne. Voici venu le 23 avril. C'est un dimanche. Le temps est gris. Il se met à pleuvoir, et cette pluie qui tombe maintenant à verse va ruiner l'exécution du scénario si soigneusement monté. En effet, Concini arrive beaucoup plus tard que prévu, reste seulement quelques instants en conférence avec Marie de Médicis, et repart si vite que le messager dépêché vers lui pour le prier de se rendre auprès de Louis XIII ne peut le rejoindre à temps.

Vitry suggère alors de remettre l'arrestation au lendemain, mais sur la base d'un plan plus simple : se saisir de Concini dès son arrivée au Louvre, en l'arrêtant sur le pont-levis réservé aux piétons entre la porte extérieure et le guichet intérieur de l'entrée principale du Palais, face à Saint-Germain l'Auxerrois (la disposition de cette entrée a été complètement modifiée par la construction, sous Louis XIV, de l'actuelle colonnade du Louvre). Louis XIII donne son accord au plan de Vitry, et, pendant toute l'après-midi et toute la soirée de ce dimanche 23 avril, continue de vaquer à ses occupations comme si de rien n'était. Il va rendre visite aux deux Reines — sa mère, Marie de Médicis, et sa femme, Anne d'Autriche ; assiste aux vêpres ; dîne ; rend à nouveau visite à sa mère ; et va se coucher enfin vers dix heures. Le visage est lisse, inexpressif, et Marie de Médicis qui, depuis son rêve de la nuit du 19 au 20 avril, croit pressentir quelque chose, ne devine rien sous le masque impassible de son fils.

Le 24 avril, Louis XIII se lève au petit jour ; il est cinq heures du matin. Le Roi s'apprête pour la chasse. A huit heures, carrosses et équipages sont avancés. Mais le Roi diffère son départ : il a décidé de faire d'abord une petite partie de billard. Cette partie terminée, une autre lui succède, puis une autre encore. Les chevaux piaffent, les chiens s'impatientent. Les gentilshommes, eux, ont l'habitude : car tel est le bon plaisir du Roi, seule règle de la vie de Cour. Dans la salle de billard où sont réunis les conjurés, la tension, en revanche, monte sans cesse. On attend Concini et ce diable d'homme n'arrive toujours pas. Vitry n'en peut plus et préfère se rendre dans la salle des gardes, située près de l'entrée, où il fait nerveusement les cent pas. Concini se présente habituellement vers huit heures et demie/neuf heures et voici que neuf heures et demie sonnent, puis dix heures, puis dix heures et demie. Dans la salle de jeu, Louis XIII, avec calme, recommence partie de billard après partie de billard. Soudain, le guetteur posté par Vitry pour le prévenir de l'arrivée de Concini fait irruption dans la salle des gardes : tout va bien, Concini est en route, il approche du Louvre, il va entrer d'un instant à l'autre. Vitry se précipite, si vite qu'il croise Concini sans même le voir. Concini, pendant ce temps, s'est engagé sur le pont-levis, lisant une lettre tout en marchant. Vitry revient sur ses pas, et fait fermer la porte extérieure, séparant ainsi le maréchal d'Ancre de son escorte – cinquante à soixante personnes – maintenue hors du palais.

C'est le moment décisif. Concini est tout vêtu de sombre – il porte le deuil de sa fille, morte en janvier : hauts-de-chausses de velours gris foncé, pourpoint de toile noire brodée d'or, manteau de velours noir garni de passementeries de Milan, fraise blanche, feutre noir avec plumes. « De par le Roi, je vous arrête » dit Vitry d'une voix forte en saisissant Concini par le bras. Surpris, l'Italien recule, s'adosse au parapet du pont et fait mine de dégainer son épée. En même temps, Concini crie quelque chose. S'est-il alors exclamé « Mé ? » (« Moi ? ») sur le ton de l'incrédulité, tellement il était éloigné d'imaginer que quiconque puisse oser le décréter d'arrestation ? C'est ce que rapporte l'ambassadeur de Florence, Bartolini, dans la dépêche qu'il envoie le lendemain à la Cour de Toscane. Ou bien a-t-il crié « A mé ! » (« A moi ! ») ? C'est ce que Vitry affirme avoir entendu. Le cri lancé par Concini aurait donc été un appel au secours à l'adresse des gens de sa suite bloqués à l'extérieur des portes du Louvre : dans le langage du maintien de l'ordre, au XVIIe siècle comme de nos jours, un tel appel s'interprète comme un geste de résistance à agent de la force publique dans l'exercice de ses fonctions et tentative de rébellion. Signor Concini, votre compte est bon ! Vitry crie à ses camarades d'intervenir. Trois décharges de pistolet atteignent Concini entre les deux yeux, à la gorge et dans l'œil. Il meurt sur le coup. Mais, pour plus de sûreté, on larde le corps de coups de dague avant de le dépouiller complètement – bijoux, papiers, vêtements, tout est enlevé, et le cadavre, entièrement nu, dégouttant de sang, est transporté dans une petite pièce attenante au corps de garde, et placé sous la surveillance des archers.

Le Roi a entendu les coups de pistolet. Très calme, il se fait remettre sa carabine et, l'épée à la main, sort de la salle de billard. A sa rencontre accourt Monsieur d'Ornano, colonel des gardes corses. « Sire, c'est fait » dit-il. De toutes parts, des gentilshommes arrivent, se pressent, félicitent le Roi. On ouvre l'une des fenêtres qui donnent sur la cour du Louvre, maintenant noire de monde. D'Ornano saisit Louis XIII dans ses bras, le soulève et le présente à la fenêtre pour montrer à tous que le Roi est bien vivant. La joie la plus spontanée se donne libre cours. On entend à peine les quelques mots que prononce Louis XIII : « Merci ! grand merci à vous ! A cette heure, je suis Roi ».

Marie de Médicis avait, elle aussi, entendu les coups de pistolet, puis le tumulte qui, quelques instants plus tard, avait retenti dans le Palais. Sa femme de chambre Catherine se précipite à l'une des fenêtres de l'appartement de la Reine et, apercevant Vitry, lui demande ce qui se passe. « Le maréchal est mort, pour avoir voulu résister au commandement du Roi », lui répond-il. Catherine, toute pâle, referme la fenêtre. « J'ai régné sept ans, je n'attends plus qu'une couronne au ciel » s'exclame alors Marie de Médicis. L'émotion la gagne, puis la douleur. Échevelée, se frappant les mains l'une dans l'autre, elle va et vient à grandes enjambées dans sa chambre. Nul n'ose rompre le silence. Ses amies se taisent – Madame de Guise, la princesse de Conti, Madame de Guercheville. Entre soudain un serviteur, La Place, qui vient demander à la Reine par quel moyen on pourrait avertir Léonora. C'est l'explosion. Marie, au paroxysme de la fureur, hurle « qu'elle avait bien d'autres choses à penser, et que si on ne pouvait lui dire la nouvelle qu'on la lui chantât ! » – Le malheureux La Place s'esquive sous ce déferlement de royale colère, et finit apparemment par trouver Léonora puisqu'il revient un peu plus tard, de la part de la maréchale cette fois, pour demander à Marie d'accueillir celle-ci sous sa protection. Nouvelle explosion de Marie de Médicis : « Qu'on ne lui parle plus de ces gens-là ! Elle le leur avait bien dit... Il y avait longtemps qu'ils eussent dû être en Italie ».

Léonora n'est plus guère le problème de Marie, avant tout préoccupée de son propre sort. Il faut qu'elle voie Louis XIII, coûte que coûte, et le plus vite possible. Elle lui envoie son Premier Écuyer, pour lui dire qu'elle voudrait lui parler. Louis XIII l'éconduit. Obstinée, Marie de Médicis le renvoie une nouvelle fois, puis encore une fois, sans plus de succès. Le Roi a vraiment autre chose à faire que de s'occuper de la Reine-Mère. Tout à son triomphe, il savoure sa joie, reçoit les nouveaux ministres – ce sont en fait, comme prévu, les anciens ministres d'Henri IV rappelés au pouvoir, à l'exception de Sully –, les ambassadeurs, il donne son accord aux dépêches que l'on prépare à l'intention des Cours étrangères et des bonnes villes de France. Après la contrainte des dernières années, puis la tension des jours qui viennent de s'écouler, Louis XIII est encore sous le choc. De temps à autre il étouffe un rire nerveux, et répète sans cesse : « Je suis vraiment Roi maintenant ». La page de la régence est définitivement, totalement, tournée.

Marie de Médicis s'opiniâtre. Puisque l'on repousse son écuyer, elle va demander à ses amies d'user de leur charme. Que la princesse de Conti aille voir le Roi. La princesse se récuse : elle n'a pas la toilette qui convient à l'importance de cette démarche, car elle est seulement en jupe. Mais Madame de Conti veut bien faire demander à Luynes de venir la trouver. Luynes y consent volontiers ; lui aussi savoure une victoire à laquelle il a pris une part essentielle même si la résolution a bien souvent paru lui manquer au cours des derniers jours. Aujourd'hui, les rôles sont inversés : Concini est mort, et la Reine-Mère sollicite son intercession. Luynes, bon prince, s'acquitte avec empressement de la démarche qu'on lui demande : mais le Roi ne veut rien entendre. Louis XIII accepte de recevoir la princesse de Conti qui réitère sa prière ; sans succès : il ne verra pas sa mère.

Alors Marie de Médicis tente un ultime effort. Son suprême espoir s'appelle Madame de Guercheville, Dame d'honneur de la Reine. C'est une personne d'âge mûr – 57 ans –, très respectée, qui a été nommée auprès de la Reine en 1600 par Henri IV lui-même. Elle s'est toujours montrée douce et attentionnée à l'égard de Louis XIII enfant, et Marie attend beaucoup de sa démarche. Madame de Guercheville se poste sur le passage du Roi, et quand celui-ci arrive, se jette à ses genoux. Louis XIII ne se laisse pas attendrir ; relevant Madame de Guercheville avec courtoisie, il lui précise que, bien que Marie ne l'ait pas traité comme fils, « il la traiterait néanmoins toujours comme mère », mais qu'il n'entre pas dans ses intentions de la rencontrer pour le moment.

La disgrâce est complète. Marie ne peut plus qu'attendre, attendre le bon vouloir de son fils, attendre que, l'euphorie dissipée, on daigne penser à son sort. Dans la rue, la chute du favori déclenche des manifestations spontanées d'enthousiasme ; Louis XIII, sur le conseil de Luynes, monte à cheval après déjeuner et fait un tour dans Paris ; il peut à peine avancer tant la foule est compacte. C'est du délire. Il semble que ses fidèles sujets voient pour la première fois leur Roi. Il est vrai que celui-ci n'est plus tout à fait le même. Majeur, il l'est non plus seulement juridiquement, mais moralement et politiquement. Les acclamations qui fusent vers ce garçon de 15 ans et demi ne le grisent pas. Pendant que Marie de Médicis se tourmente sur sa destinée personnelle, Louis XIII prend conscience des obligations qu'il a désormais envers son peuple – une conscience qui ne le quittera jamais, et fera de ce Roi l'un des plus scrupuleux à l'égard de ses devoirs de souverain.

La joie populaire a parfois des aspects moins purs. Le corps de Concini, qui était resté sous la surveillance des archers dans une petite pièce du poste de garde près de la porte d'entrée du Louvre, est, au soir du 24 avril, hâtivement inhumé dans l'église Saint-Germain-l'Auxerrois. Le lendemain, la foule afflue dans l'église ; une rumeur s'enfle : il faut déterrer le cadavre. Sitôt dit, sitôt fait. On brise le ciment encore frais qui tenait la pierre tombale, on descelle la dalle, on la soulève, et, au moyen d'une corde passée autour des chevilles de Concini, on retire le corps de la fosse. C'est alors une ruée indescriptible. On le roue de coups, on le larde, on en découpe des morceaux que l'on va pendre à des potences, on en fait cuire des bouts. Scènes horribles que la troupe, peut-être complaisante, s'avère impuissante à endiguer, non sans quelque plaisir, semble-t-il, chez le Roi. Quant à Marie de Médicis, pendant toute la journée du 25 avril, elle entend, de son appartement, la rumeur qui monte dans les rues de Paris, son nom mêlé de façon ordurière à celui de Concini.

Procès et mort de Léonora Galigaï.

Léonora Galigaï se trouvait dans une chambre de son appartement du Louvre le 24 avril au matin quand elle apprit par un de ses serviteurs la mort de son mari. Elle manifesta peu d'émotion, mais tenta aussitôt de se placer sous la protection de Marie de Médicis. On a vu comment celle-ci réagit. – Léonora ne peut plus compter sur personne. Sa première pensée est alors pour ses bijoux. Les ayant rassemblés, elle les cache dans son lit, se déshabille et se couche sur eux. Elle prend cependant le temps d'exprimer quelques regrets sur la chute de la Reine-Mère, dans laquelle elle a conscience de porter une part de responsabilité : « Pauvre femme, je l'ai *perdoue* ! » aurait-elle dit au moment où les gardes font irruption dans sa chambre. Ils ont ordre de se saisir de sa personne, de ses bijoux et de ses papiers. Vitry arrive peu après pour veiller lui-même à la perquisition. La cachette trouvée par Léonora pour dissimuler ses bijoux ne résiste pas longtemps aux recherches des gardes, et tout est saisi. Quant à Léonora, elle est emmenée dans une chambre tout en haut du Palais du Louvre. Elle n'en sortira que pour être conduite, le 28 avril, à la Bastille, et transférée de là le 11 mai à la Conciergerie afin d'y être jugée.

Dès le 26 avril, Louis XIII désigne deux conseillers d'État et intendants des finances, Gilles Maupeou et Isaac Arnauld, pour procéder à l'inventaire des biens de Léonora, leur donnant commandement « de faire perquisition et recherches du logement que la maréchale d'Ancre tenait en son château du Louvre, de tous les papiers, or, argent, bagues et joyaux et meubles à elle appartenant pour iceux inventorier et en donner avis à Sa Majesté ». Les bijoux de Léonora saisis par Vitry ne furent pas inventoriés : directement remis au Roi, ils sont aussitôt donnés par Louis XIII à Anne d'Autriche. L'inventaire fut achevé le 8 mai. Dans le procès-verbal que dressèrent les deux commissaires au terme de l'opération, figure un certificat remis par les trois archers qui avaient été commis à la garde de l'appartement : il atteste qu'ils ont conservé seize pièces de tapisserie « à cause de la garde desdits meubles ». Ainsi, chacun eut sa part des dépouilles.

Léonora était richissime. Concini et elle étaient mariés sous le régime de la séparation de biens, et Léonora était personnellement propriétaire du marquisat d'Ancre, de l'Hôtel de la rue de Tournon, du domaine de Lésigny, ainsi que de fonds très importants placés dans différentes banques à Paris, à Lyon, mais surtout à Rome, Florence et Anvers. L'ambassadeur vénitien parle d'une fortune de 15 millions de livres – *l'équivalent des trois-quarts du budget annuel de la France* – sans compter environ 1 million de livres en bijoux et argenterie.

Il avait été convenu que Louis XIII donnerait tous les biens des Concini à Luynes. Le maréchal était mort, et Luynes put disposer librement des 2 millions d'effets trouvés sur lui au moment de son assassinat, ainsi que de ses charges, dignités et offices. Mais c'est Léonora qui détenait le gros de la fortune. Or Léonora était bien vivante et, au surplus, pourvue d'un fils, son héritier légal. Il fallait donc obtenir contre elle une condamnation judiciaire comportant la saisie de ses biens. Ce qui signifiait en tout cas une condamnation à la peine capitale. Louis XIII, qui voulait avant tout être débarrassé définitivement des Concini, se rallie sans difficulté à cette solution suggérée par Luynes, et lui laisse carte blanche pour mener l'affaire à sa guise. Le Roi désigne un procureur, Pierre Mullard, « curateur à la mémoire du feu maréchal d'Ancre », et l'on commence immédiatement l'audition des principaux secrétaires et collaborateurs de Concini et de sa femme, et d'un certain nombre de témoins.

Les interrogatoires débutent le 29 avril. Les enquêtes sont rapidement menées, et très vite il apparaît à Luynes, qui se fait tenir au courant jour par jour, que les éléments recueillis ne suffiront pas à justifier une condamnation à mort suivie de confiscation des biens : on retrouve en effet la trace d'innombrables trafics d'influence, où la Reine-Mère est d'ailleurs directement ou indirectement mise en cause, mais rien qui puisse entraîner la peine capitale. Alors, Luynes a une idée : poursuivre Léonora pour sorcellerie. Il en parle aux juges, il en parle au Roi, de telle sorte que, dès le 2 mai, l'ambassadeur de Venise est en mesure d'en faire rapport à son gouvernement, et de pronostiquer, sans risque de se tromper, les conséquences fatales d'une telle charge : « La vie » de la maréchale d'Ancre « apparaît fort sinistre, et on découvre qu'il est possible de la convaincre de sorcellerie. Toutefois, si ce délit venait à être reconnu et puni, cela rejaillirait sur la réputation de la Reine-Mère en raison des faveurs extraordinaires qu'elle accorda et qui sont très mal interprétées ».

Le 9 mai, Louis XIII signe les lettres patentes ordonnant l'ouverture du procès. Deux conseillers rapporteurs, Jean Courtin et Guillaume Deslandes, sont désignés le 14 pour procéder à l'instruction. Du 22 mai au 7 juillet, Léonora subira 22 interrogatoires et de nombreuses confrontations.

Luynes avait décidé qu'elle serait condamnée pour sorcellerie, mais avant d'en venir là, les juges préfèrent examiner les autres griefs plus « classiques ».

Les manipulations financières viennent tout de suite au jour. Les papiers conservés par Léonora en montrent l'ampleur, en même temps qu'ils font ressortir la responsabilité, dans ces affaires, de Marie de Médicis, qui les a au minimum couvertes de son autorité, si elle n'en a pas bénéficié. Un dossier spécial portait d'ailleurs le titre : « Promesse di dinari della Majesta della regina » – Promesses d'argent de Sa Majesté la Reine. Il est bien difficile en vérité de démêler les opérations faites par Léonora pour son propre compte et celles qu'elle réalisait pour la Reine (et où elle trouvait également son intérêt). Le tribunal fait ainsi le tour de ces prévarications. Mais, comme le dit Voltaire dans son *Histoire du Parlement de Paris* : « Il était difficile de trouver de quoi juger à mort la maréchale. C'était une Italienne de qualité, venue en France avec la Reine, comblée à la vérité de ses bienfaits, insolente dans sa fortune et bizarre dans son humeur : défauts pour lesquels on n'a jamais fait couper la tête à personne ».

Le deuxième chef d'accusation concerne l'ingérence des Concini dans les affaires publiques. Il est exact qu'en 1616 c'est Léonora qui avait fait renvoyer les anciens ministres d'Henri IV et les avait fait remplacer par un nouveau gouvernement, dont elle attendait davantage de soumission à ses desiderata. Mais il apparaît, à travers les actes mêmes de son procès, qu'elle s'était rarement mêlée des problèmes de gouvernement proprement dits, n'étant guère préoccupée que de ses affaires domestiques. C'est ce que montre, notamment, l'interrogatoire de Jean Desdiguière, dit La Place, l'un de ses plus fidèles serviteurs, celui-là même que nous avons vu si soucieux de la prévenir de la mort de son mari, le 24 avril, puis sollicitant Marie de Médicis de la prendre sous sa protection. Voici le texte de cet interrogatoire :

– « S'il sait pas qui étaient ceux qui l'entretenaient pour ses affaires.

— A dit qu'elle envoyait quérir pour ses affaires les sieurs Feydeau et Barbin avec lesquels elle parlait en particulier de ses affaires domestiques, et quelquefois envoyait quérir le sieur Mangot, lors Garde des Sceaux, qu'elle l'a envoyé quérir et vu par trois différentes fois depuis deux mois en ça, et a été demie heure chaque fois avec elle. Que le sieur de Luçon l'a vue deux fois depuis ledit temps ». Le sieur de Luçon est le futur cardinal de Richelieu – Preuve, s'il en est, de l'étroitesse des rapports qu'il entretenait avec le ménage Concini. Mais tout ceci ne montre pas, pour autant, que la maréchale d'Ancre se soit occupée des affaires de l'État.

Le tribunal en est d'ailleurs bien conscient, et s'efforce alors de trouver des preuves plus tangibles d'ingérence en fouillant la correspondance de Léonora avec des princes étrangers. Le secrétaire de Concini, Vincent Ludovisi, qui servait également de secrétaire à Léonora, attesta qu'il avait écrit pour elle plusieurs lettres « aux ducs et duchesses de Florence et de Mantoue, à Sa Sainteté, à plusieurs cardinaux à Rome, et d'autres lettres contenant des compliments ou traitant de ses affaires ou de celles de ses amis, *non de celles de l'État* ». Comme le dit, ici encore, Voltaire, on voulait « lui faire un crime d'avoir écrit quelques lettres de compliments à Madrid et à Bruxelles ». Ce chef d'accusation, à son tour, s'avérait donc peu consistant.

Pouvait-on du moins mettre Léonora en cause dans l'assassinat d'Henri IV ? Un témoin, Germain Chalonge, secrétaire du Roi, le suggère dans sa déposition. Parlant des Concini, il déclare :

« Ils blasphémaient la mémoire du Roi avec un tel mépris par leurs paroles et par leurs gestes et contenance qu'il semblait qu'ils approuvassent sa mort ». Le 23 mai, on interroge Léonora elle-même sur ce point :

— « Si huit jours avant la mort d'Henri IV elle reçut avis, et encore que l'on fît un grand préparatif pour l'entrée de la Reine, que dans peu de temps on verrait un grand changement et la couronne de France en grand hasard ?

— A dit en pleurant qu'elle n'en a jamais ouï parler.

— Si elle empêcha par des menaces qu'on prévînt le Roi ?

— Non.

— Si la Reine, survenant dans sa chambre et s'enquérant de ce que l'on disait, elle répondit : rien ?

— Ne sait ce que c'est.

— Si après le meurtre elle empêcha qu'on fît poursuite sur l'avis qui lui avait été donné, se rendant ainsi coupable d'un très méchant assassinat ?

— A dit qu'elle eût été bien misérable si elle eût été de cette volonté, et s'il y a apparence qu'une femme étrangère comme elle eût eu cette pensée ».

A l'évidence, ce dernier chef d'accusation ne tenait pas, et rien, dans tout ce qui avait été relevé jusque-là, ne pouvait justifier l'application de la peine capitale. Or Luynes y tenait, il voulait une condamnation à mort. Il avait envoyé le duc de Bellegarde rendre visite à chacun des juges pour lui rappeler son devoir. Alors, il faut bien que le tribunal se résolve à examiner de près l'accusation de sorcellerie que Luynes avait fait suggérer avant même l'ouverture du procès, et qui paraissait en effet la seule sur laquelle on pourrait s'appuyer.

A cet égard, deux reproches majeurs vont être faits à Léonora : la présence de médecins juifs à ses côtés, le recours à des prêtres exorcistes.

Léonora avait eu auprès d'elle un juif portugais, Philothée Montalto, comme médecin, depuis septembre 1612 jusqu'à la mort de Montalto en février 1616. Kabbale, magie et sorcellerie ne faisaient qu'un dans l'esprit des gens à cette époque. Les juges pouvaient donc déjà trouver dans l'origine de Montalto une base sur laquelle étayer l'accusation de sorcellerie :

– « S'il se servait de la kabbale des juifs pour la délivrer du tourment que le diable lui faisait ?

– Ne lui a jamais parlé que de médecine et santé de son corps.

– S'il lui a persuadé que la religion juive était la meilleure ?

– Ne lui a jamais parlé que de la santé de la Reine et de la sienne.

– Pourquoi elle tenait grande quantité de petites ballottes de cire ?

– A dit qu'on a trouvé en son coffre des flambeaux de cire dont il pouvait tomber quelques petits morceaux qu'elle tirait pour son plaisir desdits flambeaux et ne sait pourquoi on lui demande cela et qu'il y a des demoiselles qui mangent de la cire, et ne saurait quoi répondre à cela.

– Pourquoi elle fait des difficultés de manger des viandes lardées ?

– Elle n'en fait point et mange de tout.

– Si elle n'a pas fait venir un grenadin [un Juif de Grenade, en Espagne] pour lui appliquer certaines paroles extraites des psaumes et une marque sur le front avec des caractères, pour deviner ce qui lui pouvait arriver ?

– A dit que non et que sont grandes calomnies qu'on lui veut faire pour la tenir plus longtemps en prison, et qu'il n'est rien de tout cela. Ne sait ce qu'on lui veut des images de cire, et que c'est affaire à des sorciers, n'ayant jamais été autre que chrétienne et qu'il ne se trouvera jamais cela d'elle.

– A quoi elle se servait de ces images de cire ?

– A dit que Dieu la punisse si elle sait que c'est desdites images de cire, disant s'il était possible qu'on inventât tant de méchancetés sur elle, et la dame Reine-Mère, sage comme elle est, elle ne l'eût tant souffert près d'elle si elle eût été si méchante comme on dit en cela ».

A cette évocation de la « dame Reine-Mère », l'interrogatoire tourne court et les juges, prudemment, s'en tiennent là. En effet, Philothée

Montalto était une vieille connaissance de Marie de Médicis qui, déjà en 1604, le recommandait à son oncle le Grand-Duc de Toscane.

Le deuxième grief sur lequel pouvait s'appuyer l'accusation de sorcellerie était le recours à des rites d'exorcisme. On reproche à Léonora d'avoir fait venir de Nancy à Paris, dans son Hôtel de la rue de Tournon, des religieux ambrosiens. Ces religieux pratiquaient d'étranges prières de nuit, dans des conditions qui avaient intrigué plusieurs témoins. L'un de ceux-ci, un cocher de Léonora nommé Claude Pasquet, raconte que les ambrosiens étaient un jour entrés « dans le jardin de la maison tenant en leurs mains un réchaud ou encensoir dans lequel il y avait du feu et de l'encens ou autre chose qui rendait une grosse fumée. Et après avoir fait quelques tours par le jardin, mettaient le réchaud bas sur la terre en plusieurs endroits, se tenant debout : étaient seuls lesdits religieux pendant que Léonora était en sa chambre ; ne sait s'ils parlaient parce qu'étant éloigné, il ne les pouvait entendre ; lesquels religieux ne parlaient pas bon français ». Avec les ambrosiens on met en cause un certain Père Roger. Il est convoqué à son tour :

— « Pour quoi faire le Père Roger lui nourrissait un coq aux Augustins et que on l'ait immolé au lieu d'hostie au petit Saint-Antoine ? »

Grave accusation : l'immolation du coq a suffi à envoyer des dizaines de gens au bûcher. Or, le Père Roger était confesseur de la Reine ; il nia l'histoire du coq qualifiée de pure invention, et en profita pour préciser aux juges que les ambrosiens de Nancy ne procédaient qu'à des rites purificatoires dûment autorisés et codifiés par l'Église.

Tout ceci n'étant pas très convaincant, et faute de preuves solides, on tente d'obtenir des aveux par une brutale, une ultime attaque frontale. Le 6 juillet, le tribunal est réuni en grand apparat. C'est le Président de Verdun, président du Parlement, qui dirige lui-même les débats. Il adjure Léonora de reconnaître qu'elle s'est rendue au sabbat du diable. Léonora ne se laisse pas impressionner : « Je jure devant Dieu » proclame-t-elle avec la dernière énergie « que je n'ai jamais ouï parler de sorciers et de sorcières. Et pourquoi serais-je venue en France pour accomplir ces méchancetés-là ? ». L'attaque a échoué. Ni preuves, ni aveux. Certains juges refusent, dans ces conditions, de céder aux pressions exercées par Luynes et ses amis : ils resteront chez eux pour ne pas s'associer à une décision qu'ils estiment inique. En fait, le sort de Léonora est scellé depuis le premier jour, et il *faut* que le tribunal rende une condamnation à la peine capitale.

Le 7 juillet, l'avocat général prononce son réquisitoire ; il conclut à la mort. Les juges présents suivent ses conclusions. Le 8 juillet, le jugement est rendu, le tribunal « déclare lesdits Concini et Galigaï sa veuve, criminels de lèse-majesté divine et humaine et, par réparation, a condamné et condamne la mémoire dudit Concini à perpétuité, et ladite Galigaï à avoir la tête tranchée sur un échafaud pour cet effet dressé en la Place de Grève de cette ville de Paris, son corps et tête brûlés et réduits en cendres ».

Pour l'opinion, Léonora était condamnée comme sorcière, ce que pouvait impliquer l'expression « lèse-majesté divine ». Or, l'arrêt lui-même n'en soufflait mot, ne disant nulle part en quoi avaient pu consister les actes de lèse-majesté divine ; en revanche, il retenait contre la mémoire de Concini, contre Léonora et contre leurs secrétaires Vincent Ludovisi et Antoine Montaubert « les impiétés, entreprises contre l'autorité du Roi en son État, traités et négociations secrètes avec les étrangers, fontes d'artillerie, changement des armes du Roi et application de celles dudit Concini sur lesdites artilleries, magasins d'armes, poudre et autres munitions de guerre, interventions de deniers publics appliqués au profit desdits Concini et transport d'iceux hors du royaume sans la permission du Roi ». Il fallait que Léonora fût déclarée coupable de sorcellerie, et le tribunal avait obtempéré. Mais les juges en étaient si peu convaincus en leur for intérieur, qu'ils n'avaient pas osé retenir ce chef d'accusation dans les motivations de l'arrêt, se bornant à en laisser planer le doute à travers ces trois mots : « lèse-majesté divine ».

La foule, elle, ne s'arrêta pas à ces subtilités. A ses yeux, aucun doute n'était permis, et, en ce 8 juillet 1617, des milliers de badauds se rassemblent pour voir brûler « la sorcière Galigaï ».

Ludovisi et Montaubert, aussitôt lecture faite du jugement, sont remis en liberté, avec instruction de se tenir à la disposition de la justice ; ils ne seront plus jamais inquiétés. Léonora, elle, à genoux dans la chapelle de la Conciergerie, entend la lecture de la sentence, qui est immédiatement exécutoire. C'est le Président de Verdun lui-même qui a procédé à la lecture. Léonora, qui pensait être bannie de France mais ne s'attendait nullement à une condamnation à mort, pousse un cri strident : « Oimè poveretta ! » [Pauvre de moi !], puis prétend qu'elle est enceinte, ce qui diffèrerait l'exécution de la peine si c'était vrai. Mais elle se reprend bien vite, et, sans plus insister, se résigne à mourir. Elle va le faire avec une grande dignité, et ayant reçu l'absolution, monte dans la charrette qui la conduit jusqu'à l'échafaud dressé Place de Grève.

La foule est tellement dense qu'il faut une heure pour franchir la distance qui sépare la Conciergerie du lieu de l'exécution – environ 500 mètres ! Les cris hostiles fusent de partout : « La méchante ! la diablesse ! la sorcière ! la vilaine ! Qu'elle est laide ! » Léonora monte sur l'échafaud d'un pas ferme, et, à haute voix, pardonne au Roi, à la Reine, à tout le peuple. On chante maintenant le *Salve Regina*. Le bourreau apprête Léonora, coupe le col de sa chemise, lui bande sommairement les yeux. D'un seul coup, il lui tranche la tête qu'il jette dans le feu brûlant auprès de l'échafaud.

L'ambassadeur de Venise écrit : « Avec une intrépidité d'âme et le mépris de la mort jusqu'à l'échafaud, elle a étonné tout le monde par son courage ». Richelieu, dans ses *Mémoires*, atteste que l'attitude de Léonora provoqua dans la foule un de ces revirements dont elle a, parfois, le secret ; parmi les badauds, plus d'un s'était mis à pleurer, et tous plaignaient son sort : « Elle se montra d'un courage aussi constant et ferme comme si la mort lui eût été une récompense agréable et que la vie lui eût tenu lieu d'un supplice cruel. Le cœur le plus envenimé ne put se tenir de fondre en larmes ; de sorte qu'il est vrai de dire qu'elle fut autant regrettée à sa mort qu'elle avait été enviée durant sa vie ». Et Richelieu de conclure par une condamnation sans équivoque du comportement des juges : « La seule vérité m'oblige à faire cette remarque, et non aucun désir de favoriser cette femme aussi malheureuse qu'*innocente* ».

Quant à Louis XIII, qui avait préféré s'absenter de Paris ce jour-là et n'était revenu dans la capitale que vers huit heures du soir, il eut de la peine à trouver le repos durant la nuit. Le récit de l'exécution, plusieurs fois recommencé par des personnes de sa suite dépêchées sur les lieux du supplice pour faire rapport au Roi, l'obsédait. « On lui en parla si souvent et si longtemps qu'il fut en continuelle appréhension, sans se pouvoir endormir jusqu'à trois heures et demie après minuit, qu'il s'endort jusques à huit heures un quart », note Héroard dans son *Journal*.

Le remords n'obsédait pas Luynes. L'important, pour lui, c'était la possibilité d'entrer en possession de la fortune de Léonora. L'arrêt du 8 juillet avait pris grand soin d'indiquer que tous les biens du ménage Concini, en France comme à l'étranger, devaient revenir au Roi, déshéritant et flétrissant expressément leur fils, Henri Concini, alors âgé de 13 ans. Le 12 août, Louis XIII signait les lettres patentes par lesquelles il faisait don à Luynes de tous les biens de Léonora. La Cour des Comptes se fit tirer l'oreille, et il se trouva une majorité parmi ses membres pour refuser d'enregistrer la donation. Le Procureur général Lhuillier écrivit au nom de ses collègues afin de demander au Roi quelques précisions, et notamment une estimation de la valeur du cadeau ainsi fait à Luynes. Le 23 septembre, Louis XIII répondait à Lhuillier en lui donnant ordre d'enregistrer sans autre forme de procès ses lettres patentes du 12 août : « Ayant su que vous faisiez quelque difficulté de donner vos conclusions pour l'enregistrement du don que nous avons fait expédier au duc de Luynes de la confiscation des biens qui ont appartenu à la maréchale d'Ancre, nous vous avons voulu dire que ce don, étant fondé sur des raisons très considérables et fait avec mûre délibération à une personne que nous avons grande occasion d'aimer pour les signalés services qu'il nous a rendus et rend journellement, notre intention est que le susdit don porte son plein et entier effet, vous ordonnant à cette fin de consentir incontinent à l'enregistrement pur et simple des lettres patentes qui vous ont été sur ce mises en mains, sans y user d'aucune longueur, remise ou difficulté. N'y faites donc faute, car tel est notre plaisir ». Quelle fermeté ! – La Cour des Comptes ne peut que s'incliner, ce qu'elle fait le 26 septembre. Le 14 octobre, le Conseil d'État envoie Luynes en possession des biens de la maréchale d'Ancre.

L'opinion publique manifesta sa réprobation, et Luynes fut obligé de se défaire de l'Hôtel de la rue de Tournon, qu'il revendit le 27 août 1621 au Roi ; on en fit l'Hôtel des Ambassadeurs extraordinaires, où logeront les ambassades exceptionnelles reçues à Paris. Quant aux sommes placées à l'étranger, Luynes ne les récupéra qu'au terme de difficiles négociations, et encore finit-il par renoncer à une partie d'entre elles – ainsi celles qui avaient été placées au Mont-de-Piété de Rome, et dont on fit abandon à la basilique Saint-Pierre.

Le 11 septembre 1617, Luynes avait épousé la ravissante Marie de Rohan-Montbazon. Le mariage fut célébré le 13 septembre, devant toute la Cour. C'était le triomphe du « Roi Luynes ». Pendant plus de cinq ans, le nouveau favori dominera la scène politique française. Cinq ans durant lesquels la Reine-Mère, avec quelques fidèles, va connaître l'épreuve d'une dure traversée du désert.

CHAPITRE XI

Le gouvernement Luynes

LUYNES.

Charles d'Albert de Luynes est certainement l'être le moins fait pour exercer les fonctions qui l'attendent auprès de Louis XIII. Né en 1588, il a 39 ans au moment du coup d'État du 24 avril 1617. De petite origine provençale, à la noblesse incertaine, d'après les mauvaises langues, il est « monté » très jeune à Paris avec ses deux frères, Messieurs de Brantes et de Cadenet. Il a la faconde méridionale, la parole facile, mais ses ennemis lui ont fait une réputation de poltron qu'il n'a pas tout à fait usurpée. Cependant, Luynes est le seul en qui Louis XIII ait alors confiance. Concini abattu, son heure sonne.

Un favori succède à l'autre. L'intimité entre Louis XIII et Luynes est totale. Le favori a d'ailleurs tous les dévouements. Quand le Roi est malade, ce qui arrive souvent, Luynes passe toute la nuit auprès de lui à le veiller, ne prenant que de rares moments de repos sur un lit de camp dressé dans sa chambre. La difficulté d'élocution dont souffre le Roi accentue sa réserve naturelle, et le fait paraître timide ; avec Luynes, il parle, il s'épanche. C'est son confident, son ami, et leurs relations sont à la fois très directes et très simples. Des esprits malveillants affirment que Luynes est « le mignon du Roi », « une idole », et l'on sous-entend beaucoup de choses sur la nature de leurs relations. De fait, le *Journal* d'Héroard nous montre que les visites de Louis XIII à son confident sont beaucoup plus fréquentes que celles qu'il rend protocolairement à Anne d'Autriche. L'ambassadeur de Venise observe qu'il existe chez le Roi « une attention extrême », « un amour extraordinaire » pour tout ce que dit Monsieur de Luynes, et constate « qu'il n'y a rien de bien que ce qu'il fait ». Marie de Médicis, exaspérée par l'emprise qu'il exerce sur son fils, ne l'appelle plus que « ce démon qui obsède le Roi, le rend sourd, aveugle et muet ».

Luynes est au demeurant un homme qui a de l'allure, beau garçon, élégant. Ses ennemis eux-mêmes s'accordent à lui trouver beaucoup de charme. Le front haut et dégagé, les yeux verts, la bouche aimable, le sourire facile, il était séduisant. La moustache et la barbiche en pointe, suivant la mode du temps, ajoutaient à l'agrément de sa physionomie.

Très attaché au Roi, il se montre extrêmement jaloux de ceux qui s'aviseraient de chercher à le supplanter dans sa faveur. S'étant un jour pris de querelle avec Bassompierre, il lui confie « qu'il était comme un homme qui craignait d'être cocu, lequel n'aimait pas voir un honnête homme courtiser sa femme [1] ».

D'après ses ennemis, Luynes a six défauts : il est incapable, très ambitieux, avare, irrésolu, ne tient jamais parole et manque totalement de courage. Tous ces reproches sont vrais. Luynes, instable et médiocre, craintif et poltron, n'était pas à la hauteur de la tâche que lui confiait la faveur du Roi. Tous ceux qui l'ont approché ont été frappés par son insuffisance. Le nonce Bentivoglio le juge dès 1617 totalement inapte aux affaires du gouvernement. Son successeur, le nonce Corsini, confirme ce jugement : en 1621, alors que Luynes dirige le pays depuis maintenant quatre ans, il le considère comme incapable de connaître les choses de l'État, superficiel, inconsistant, et seulement intéressé par la défense de ses intérêts personnels et l'accroissement de sa fortune. L'ambassadeur d'Angleterre constate son ignorance, l'ambassadeur de Venise son manque de discernement, sa légèreté et pour tout dire son peu d'intelligence.

C'est un instable. « Il embrasse mille chose et n'en étreint aucune » dit le prince de Condé. Le Père Joseph, en 1621, se désole : il a tant d'aveuglement, d'inconstance et de désordre en tout que l'on ne sait qu'espérer. Richelieu observe « qu'il est fort facile à détourner de ses premières pensées ». « D'un jour à l'autre », écrit Bentivoglio, « il ne sait pas se tenir à un avis ». L'instabilité de son caractère explique son inconstance, la légèreté de ses promesses, l'incertitude de ses résolutions. Le duc de Rohan s'indigne des « trahisons et des déloyautés de son âme basse ». Les pamphlétaires tournent en dérision les promesses de Luynes et inventent pour les qualifier l'image de « planches pourries », une expression qui a survécu jusqu'à nos jours.

La fortune de Luynes, aussi rapide que celle de Concini, provoque les mêmes jalousies et paraît aussi imméritée. Elle est immense. Les biens de Léonora, comme nous l'avons vu, en ont constitué le point de départ. Mais Luynes n'a cessé par la suite de bénéficier des libéralités du Roi, et s'en est trouvé prodigieusement enrichi. Ses frères Brantes et Cadenet ont leur part des largesses dispensées au favori. A la Cour, on s'amuse à

1. Bassompierre, *Journal de ma Vie*, Éd. Chanterac, T. II, p. 225.

dire que Luynes et ses frères ressemblent à « trois potirons venus en une nuit » tant ils sont soudainement gonflés d'importance [2]. Les amis de Luynes lui prêchent la modération, l'adjurent de ne pas chercher à se mêler de tout et de rien. Conseil difficile à suivre pour un homme sans discernement, et qui, malgré toute la bonne volonté du Roi, finira par l'exaspérer par son insuffisance.

Entre de telles mains, et malgré le retour des anciens ministres d'Henri IV aux affaires, la politique du royaume pendant les quatre années du gouvernement de Luynes ne peut que continuer, sur des bases à peine différentes, les sept années d'instabilité, de troubles et d'abus qui avaient été le lot de la France au temps du gouvernement de Concini.

Les Hommes.

L'entourage de Luynes compte deux groupes : le cercle des intimes, les ministres. On a trop tendance, chez les historiens de cette époque, à faire porter par Luynes la responsabilité de la politique suivie par la France entre 1617 et 1622. Le caractère de l'homme, sa faiblesse et son inconstance, lui donnent en définitive assez peu de part aux décisions prises, mais la personnalité du favori, son goût jaloux d'une place exclusive auprès du Roi, l'amènent à prendre à son compte toutes les actions d'une équipe dont il est plus souvent le président de séance que le véritable animateur.

Le cercle des intimes est constitué pour l'essentiel par ceux qui ont participé autour de Luynes au petit Conseil du Roi dans les mois qui ont précédé l'éviction de Concini, et travaillé à la préparation du coup d'État du 24 avril 1617. On trouve là les deux frères du favori : Cadenet et Brantes, son cousin le baron de Modène, mais surtout l'actif Déageant.

Les frères et le cousin sont en fait beaucoup plus préoccupés de l'avancement de leur fortune que de l'exercice du pouvoir.

Cadenet se fait nommer maître de camp du régiment de Normandie le 16 mai 1617, et maréchal de France quelques semaines plus tard, avec 10 000 livres d'appointements annuels. Il reçoit un million de livres pour son mariage avec Mademoiselle de Péquigny en 1620, plus 10 000 livres de rentes sur les greffes des greniers à sel de Paris, et 36 000 livres sur les greffes de la Picardie. Il devient duc de Chaulnes le

2. Bassompierre, *Journal de ma Vie*, Éd. Chanterac, T. II, p. 174.

9 mars 1621 et chevalier de l'Ordre du Saint-Esprit. Après la mort de Luynes, il s'effacera discrètement de la Cour.

Son frère, Monsieur de Brantes, suit le même parcours. Gentilhomme ordinaire de la Chambre du Roi, capitaine aux gardes françaises, il reçoit en 1620, à l'occasion de son mariage avec l'héritière du duc de Luxembourg, la somme énorme de 1 800 000 livres, plus le duché-pairie de Luxembourg et de Piney. Il est lui aussi nommé dans l'Ordre du Saint-Esprit, et s'effacera comme son frère Cadenet après la mort de Luynes.

Le cousin Modène a une personnalité sans grand relief, en dépit d'une volubilité qui le porte à exprimer des jugements sur tout et sur rien. Gentilhomme originaire du Dauphiné, il a toute la confiance de Luynes à qui il ressemble par bien des côtés de son caractère. Il n'était pas à une vantardise près, et manifestait plus de courage en paroles que dans la réalité. C'est l'homme des missions de confiance, celui que l'on envoie à la Reine-Mère exilée à Blois lorsqu'il faut parler avec autorité et fermeté. Il est fait Grand Prévôt de l'Hôtel et Grand Prévôt de France le 24 mars 1621. Le Roi, à l'instigation de Luynes, lui fait don des revenus du comté de Castres.

Parmi les intimes de Luynes, un homme a vraiment de la personnalité, c'est Déageant. Il est le seul, on l'a vu, qui ait une expérience des affaires gouvernementales. Les initiés ne s'y trompent pas. Dans les dépêches des ambassadeurs, son nom est sans cesse associé à celui de Luynes : quand on veut connaître l'opinion du gouvernement français sur tel ou tel problème on demande audience à « Luynes et Déageant ». C'est un gros travailleur : il quitte rarement le Louvre avant minuit. Actif et intelligent, il a un jugement assuré, et bien qu'il ne soit pas ministre, il devient l'un des inspirateurs de la politique menée au nom du Roi de France. Il a eu l'adresse de faire de Luynes son ami et son confident, ce qui lui permet de lui faire endosser tout ce qu'il veut. La confiance de Luynes lui monte à la tête, et Déageant n'hésite pas à écrire au nom du Roi. En octobre 1617 on parle de le nommer secrétaire d'État et en avril 1618 Surintendant des finances ; il n'entre pas au gouvernement en définitive, mais tout le monde sait qu'il est tout-puissant. Cependant, l'exercice du pouvoir le rend dur, méprisant, brutal. Il fait commettre des erreurs à Luynes.

Le nonce, au début de 1619, constate : « Déageant, porté aux conseils violents, a gâté Luynes qui, de lui-même, est tenu pour une bonne nature ». Trop sûr de lui, il en vient à prendre des décisions sans même se donner la peine d'informer Luynes, et rentre deux ou trois fois en conflit avec Modène. Luynes se voit contraint en décembre 1618 de lui demander de ne plus paraître au Conseil « pour ce que les ministres et tous les principaux de sa Maison, de sa parenté et de son alliance avaient conçu une extrême jalousie contre lui, qu'ils le menaçaient de l'abandonner s'il ne l'abandonnait ». Déageant reste cependant dans la coulisse, et son autorité demeure toujours aussi grande. De nouvelles maladresses rendront son éviction définitive souhaitable dans l'intérêt même du gouvernement ; Luynes y met les formes en le faisant nommer premier Président de la Chambre des Comptes du Dauphiné par brevet du 13 août 1619. On est convenu par ailleurs de lui servir, outre les 1 200 livres correspondant à ses appointements de premier Président, 14 000 livres par an de pension annuelle versées sur la cassette du Roi et 1 000 livres de salaire comme secrétaire des finances.

En dehors de Déageant le cercle des intimes n'a pas véritablement pesé sur les affaires du gouvernement. C'est le Conseil du Roi qui joue le rôle principal dans le fonctionnement quotidien du pouvoir. Luynes avait d'ailleurs conscience de ses faiblesses et l'on se souvient qu'il avait fait rappeler le jour même de l'assassinat de Concini les anciens ministres d'Henri IV. Parmi ceux-ci, le plus important est Villeroy. C'est le premier des secrétaires d'État, un homme vénérable, qui avait une connaissance étendue des affaires et des hommes. L'âge, cependant, le rendait de plus en plus sceptique et le portait à rechercher systématiquement le compromis. Sa moralité ne le mettait pas au-dessus de tout soupçon, et on le disait corruptible. Par tempérament comme par choix politique, il était partisan de l'alliance espagnole, mais ne dédaignait pas de faire entretenir sa bonne volonté à l'égard de Madrid au moyen de quelques menus cadeaux. Mais c'était un homme très respecté ; dès qu'il l'aperçoit le 24 avril 1617, Louis XIII l'embrasse en s'écriant : « Mon père, je suis Roi à présent, ne m'abandonnez point ! » Villeroy avait alors 75 ans. Il ne participa que peu de temps au gouvernement de Louis XIII, s'éteignant le 12 novembre 1617.

Le Chancelier Sillery reprend le flambeau laissé par Villeroy. Comme lui, il est très favorable à l'Espagne, et comme lui, également, passionnément attaché au compromis. Il ne verra pas d'un bon œil les guerres contre les protestants, préférant, dans toute la mesure du possible, l'accommodement avec « ceux de la religion » quel qu'en soit le prix. Il dominera l'équipe gouvernementale à partir de la fin de 1617 et, plus que l'inconsistant connétable de Luynes, il porte la responsabilité de la politique gouvernementale de la France pendant les années qui suivent.

Sillery avait fait entrer au gouvernement comme secrétaire d'État son fils Puisieux. Celui-ci va faire partie de l'équipe ministérielle avec son père jusqu'en 1624. Il se spécialise dans les affaires étrangères, qu'il contrôle sans réserve à partir du moment où Déageant disparaît. Désormais, la politique extérieure de la France, c'est lui. Quand les ambassadeurs ont été reçus par Luynes, ils ne sont pas plus avancés sur les véritables intentions de la diplomatie française. S'adressent-ils alors au Roi pour en tirer quelques éclaircissements ? Louis XIII les renvoie sur Puisieux. A partir de 1619, Puisieux est également chargé de la guerre. Il est probablement celui qui concentre le plus de pouvoirs entre ses mains. Benjamin du gouvernement, il dispose de tous les moyens qui lui permettraient de jouer un grand rôle. Mais il en est incapable. Le brillant secrétaire d'État n'est que la doublure de son père, l'auxiliaire docile du vieux Chancelier.

Il en va de même pour les autres membres du gouvernement, le Garde des Sceaux Du Vair, qui meurt pendant le siège de Montauban, et le Président Jeannin, Surintendant des finances. Ce sont des hommes intègres, souvent secs, conscients des responsabilités que leur donnent leur vaste expérience et leur qualité de trait d'union entre la politique d'Henri IV et celle de son fils. Ils incarnent la continuité, prêchant la remise en ordre des finances, et cherchant à faire prévaloir le souci de la « bonne justice » sur les foucades et les emportements qui, chez Luynes, servent à masquer son irrésolution foncière. Ils sont plus que réticents à l'égard des guerres protestantes, tellement contraires à leurs yeux à la politique d'apaisement d'Henri IV. Mais, efficaces dans la conduite des affaires quotidiennes du gouvernement, ils s'avèrent inexistants quand on aborde les grandes décisions.

Qui donc dirige vraiment dans ce gouvernement ? Si Luynes flotte au gré des opinions contradictoires, si le Chancelier Sillery et Puisieux mènent une action prudente et dénuée d'imagination, qui porte la responsabilité des maladresses qui poussent par deux fois Marie de Médicis à se révolter contre son fils ? Qui a voulu les guerres protestantes ? Qui a gardé la France absente des affaires d'Allemagne et d'Italie ? C'est sans doute tout un système de gouvernement qui provoque l'enchaînement des fautes. Les pouvoirs démesurés de Luynes au cours des premières années joints à son inexpérience politique en font le jouet d'un Déageant. Plus tard, Déageant disparaît, et le tandem Sillery-Puisieux prend du poids. Mais un facteur nouveau intervient : le rôle personnel de Louis XIII, qui ne s'intéresse qu'à sa querelle avec les protestants. Cela seul compte véritablement pour lui. L'attitude résolue de Puisieux en Italie ne le gêne pas, mais dès lors qu'il faut songer à accorder les actes avec les paroles et que cela implique de transférer des forces du front intérieur sur le front extérieur, Louis XIII ne suit plus. Les ministres en sont alors réduits à mener la politique de leurs moyens, et le gouvernement n'a pas d'autre possibilité que d'assurer tant bien que mal le fonctionnement des institutions et des finances, et de gérer à la petite semaine l'effacement de la France sur la scène diplomatique.

Louis XIII avait besoin d'un guide, d'un mentor. Il avait cru le trouver en Villeroy ; la disparition rapide de celui-ci transférait sur Luynes la responsabilité d'exercer ce rôle ; il en était malheureusement incapable. D'où les inconséquences, les décisions souvent hâtives, et plus tard, la faveur avec laquelle Louis XIII, réconcilié avec sa mère, accueillera le co-exercice du pouvoir auquel vont l'entraîner le retour au Conseil de Marie de Médicis et l'entrée au gouvernement de Richelieu.

Pendant que Luynes s'attache à consolider son pouvoir et à favoriser la fortune de ses parents et amis, la situation politique du royaume se dégrade de jour en jour, tant à l'extérieur qu'à l'intérieur. Au-dehors, les affaires d'Allemagne et de la Valteline font perdre à la France le bénéfice de plusieurs années de patients efforts pour miner la puissance des Habsbourg et préserver l'équilibre européen. A l'intérieur, la lutte contre les protestants mobilise les énergies sans résultat.

La défenestration de Prague.

Le Français d'aujourd'hui a quelque peine à comprendre l'importance que pouvait avoir la Bohême dans les affaires européennes d'autrefois. Depuis l'établissement à Prague d'un régime de démocratie populaire, la Tchécoslovaquie – dont la Bohême est l'une des parties principales – est, comme les autres républiques socialistes d'Europe de l'Est, très largement sortie des préoccupations du Français des années 1970-1980 pour qui l'Europe quotidienne s'arrête à la frontière orientale de la République fédérale allemande. Il n'en était pas de même avant la deuxième guerre mondiale – chacun sait la place que tenait la Tchécoslovaquie dans le système d'alliances de la France et comment l'abandon de ce pays face aux exigences du Reich hitlérien lors des accords de Munich, en 1938, a préparé et précipité l'éclatement du conflit. Il n'en était pas de même au XVIIe siècle ; la Bohême, pays européen, jouait alors un rôle de toute première importance dans l'équilibre politique et confessionnel de l'Europe.

Avec ses provinces incorporées de Silésie et de Moravie, la Bohême constitue un royaume compris dans les limites du Saint-Empire Romain Germanique. Son Roi est d'ailleurs l'un des sept Électeurs de l'Empereur ; c'est dire à la fois le prestige qui s'attache à cette couronne, et l'enjeu politique dont elle est l'objet. D'autant plus que la royauté en Bohême est elle-même élective, aux mains de l'assemblée des États de Bohême, qui comprend des représentants de la grande noblesse, de la petite noblesse des chevaliers, et de la bourgeoisie urbaine. Paradoxalement, la Bohême, qui fait partie de l'Empire, n'est pas allemande ; on y parle le tchèque ; la noblesse, le clergé, les bourgeois, la masse de la population sont tchèques ; seules la Silésie et la Moravie ont des caractères un peu plus germaniques, notamment par l'origine de leurs nobles. Paradoxe supplémentaire : en Bohême, et, à un degré moindre, en

Silésie et en Moravie, le protestantisme est majoritaire, mais la couronne est traditionnellement dévolue à un prince de la famille de Habsbourg, catholique par conséquent, et la fraction catholique de la noblesse demeure très influente.

Au début du XVIIe siècle, la Bohême connaît une paix relative. Elle a son Édit de Nantes avec la Lettre de Majesté, accordée aux protestants par le Habsbourg Rodolphe II, Roi de Bohême et Empereur d'Allemagne : liberté de conscience assurée, liberté de culte avec certaines réserves, création d'un Conseil de dix personnes, les Défenseurs de la foi protestante, pour veiller sur les conditions d'exécution de l'édit.

Quand Rodolphe II meurt en 1612 sans héritier direct, son frère, Mathias Ier, lui succède sans difficulté, mais lui non plus n'a pas de fils – rappelons que tous les deux avaient été, un moment, des prétendants à la main de Marie de Médicis. La succession de Mathias revient moralement sinon légalement, à un Habsbourg. L'un d'entre eux porte les espoirs du Pape, de la Cour de Madrid, et des militants de la cause catholique : l'Archiduc Ferdinand de Styrie, cousin de Rodolphe et Mathias, ancien élève des Jésuites, intelligent, actif, et fervent catholique. Dans leur volonté de reconquérir les positions perdues par l'Eglise sous les coups de la Réforme, le Saint-Siège, les Jésuites, l'Espagne, comptent sur Ferdinand. Encore faut-il qu'il franchisse la première marche vers le trône impérial en se faisant élire Roi de Bohême.

La prudence – et un usage séculaire – recommandent de ne pas attendre la mort du prédécesseur et le vide qu'elle crée : Mathias en 1617 a 60 ans, c'est un âge déjà avancé pour l'époque ; il convoque donc les États de Bohême et leur propose de désigner comme son successeur l'Archiduc Ferdinand de Styrie ; les États entérinent la proposition sans difficulté, malgré la réputation de catholique intransigeant dont jouissait déjà Ferdinand. Après cela, son élection à l'Empire devenait une simple formalité : sur les sept voix d'Électeurs, Ferdinand disposait de la sienne comme Roi de Bohême et de celles des trois Électeurs ecclésiastiques qui se porteraient automatiquement sur lui ; il était sûr de son élection. En s'assurant parallèlement la couronne, également élective, de Hongrie, qui revenait traditionnellement au chef de la famille de Habsbourg, il aura terminé le processus qui le mettra en possession de la totalité de l'héritage de Mathias. Processus compliqué, comme on le voit, et que les Habsbourg auraient souhaité simplifier en se faisant reconnaître à titre héréditaire, sinon l'ensemble des trois dignités électives, au moins les couronnes de Bohême et de Hongrie.

En 1617, on n'en est pas là ; Ferdinand est reconnu comme le successeur éventuel de Mathias, ce qui est déjà un beau résultat. Reste cependant à obtenir la transmission effective de la couronne de Bohême sur sa tête lorsque Mathias mourra. Or un incident imprévu va tout compromettre.

Marie de Médicis, par Rubens (Musée du Louvre).

Présentation du portrait de Marie de Médicis à Henri IV, par Rubens (Musé du Louvre).

Leonora Galigaï (B.N.).

Concino Concini (B.N.).

Assassinat de Henri IV (B.N.).

Supplice de Ravaillac (B.N.).

Ouverture des États généraux, le 27 octobre 1614 (B.N.).

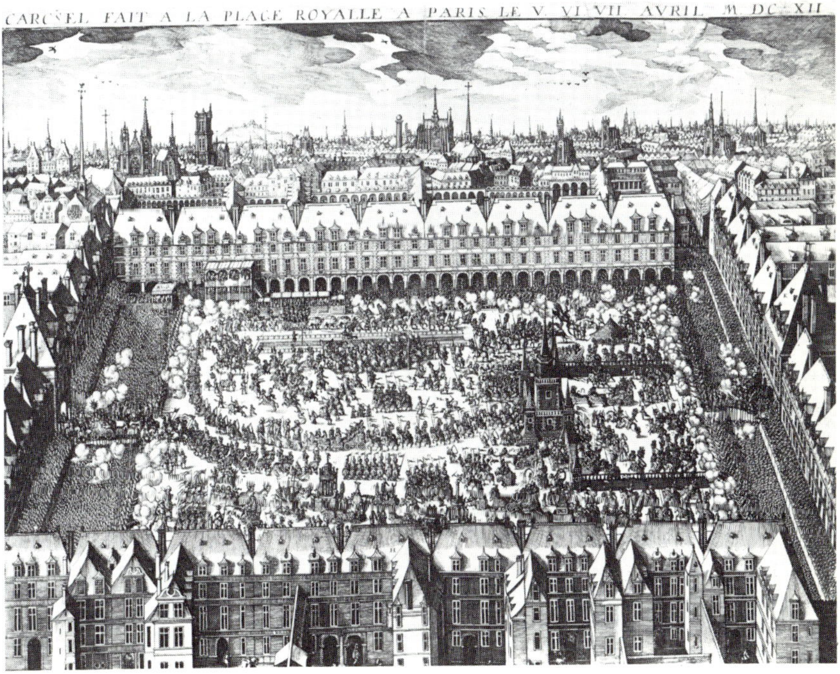

Carrousel de la Place Royale - 5, 6, 7 avril 1612 (B.N.).

Les mariages espagnols (B.N.).

Louis XIII (B.N.).

Richelieu pourfendant l'hérésie (B.N.).

Gaston d'Orléans (B.N.).

Mort de Marie de Médicis à Cologne - juillet 1642 (B.N.).

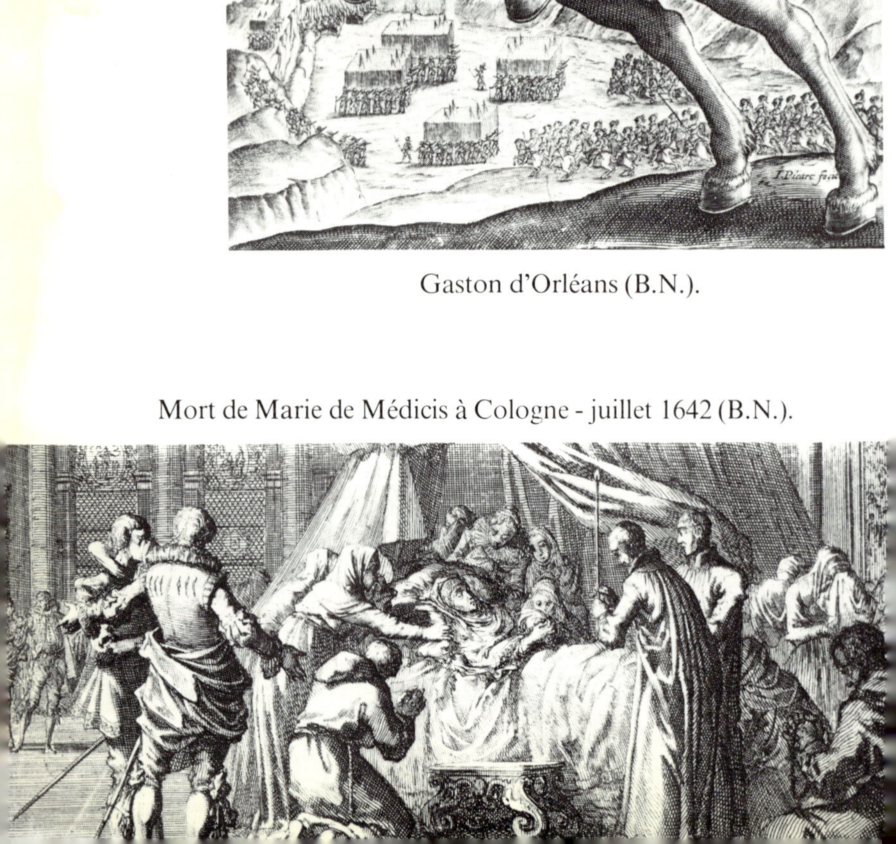

Au mois de mai 1618, les Défenseurs de la foi convoquent une assemblée restreinte des protestants à Prague pour examiner et, si possible, régler le litige qu'avait fait naître la construction de deux temples protestants sur des domaines de l'Église catholique. Mathias interdit la réunion de cette assemblée, mais le parti protestant passe outre et les Défenseurs maintiennent leur convocation. Le 21 mai, les députés se rassemblent et se heurtent à l'opposition du Conseil de régence, qui gouverne la Bohême en l'absence de Mathias, retenu à Vienne. Dans ce Conseil, deux seigneurs catholiques se distinguent : Slawata et Martinic. Le 22, l'effervescence gagne la ville, et des groupes de protestants manifestent dans les rues. Le 23 dans la matinée, plusieurs centaines d'entre eux envahissent le Hradčin, le Palais royal de Prague, et exigent de Slawata et Martinic qu'ils consentent à la tenue de l'assemblée ; Slawata et Martinic réitèrent leur refus : alors, quelques excités les empoignent et les jettent par les fenêtres du Palais dans les fossés ; les deux hommes s'en tirent sans trop de mal, mais cette « défenestration de Prague » va tout de suite bien au-delà d'un simple geste de mauvaise humeur et marque le début d'une véritable révolte de la Bohême protestante contre son souverain catholique. Le Conseil de régence, en effet, est dissous et aussitôt remplacé par un Directoire de trente membres qui prend en main le gouvernement du royaume, lève les impôts, rassemble une armée, publie des édits — tout cela au nom, théoriquement, de Mathias, qui reste Roi de Bohême.

Voyant la rébellion s'étendre et se consolider, Mathias, qui a d'abord recherché un compromis, se décide à envoyer une armée pour réduire les mutins par la force. Dès son entrée sur le territoire de Bohême, cette armée se heurte à la résistance des troupes du Directoire, et bat en retraite. Les États de Bohême triomphent. Mathias, sur ces entrefaites, meurt subitement (mars 1619) et les États, refusant de reconnaître Ferdinand comme Roi de Bohême, déclarent le trône vacant. L'affaire a d'ores et déjà dépassé le cadre de la Bohême et même de l'Allemagne pour devenir une affaire européenne.

La révolte des Tchèques pose tout d'abord, une fois de plus, le problème de l'attitude que doivent observer les régimes en place face à des rébellions de grande ampleur — c'est un problème éternel, d'ailleurs, et le XXe siècle est rempli d'exemples du même type ; faut-il défendre, par principe, les droits du pouvoir légitime en place ? Y a-t-il au contraire des motifs, religieux notamment — disons de conscience — qui justifient la révolte des sujets contre leur souverain et conduisent à reconnaître le pouvoir révolutionnaire ? Les Provinces-Unies, qui sont issues d'une insurrection de même nature, applaudissent, comme on pouvait s'y attendre, et se déclarent prêtes à apporter leur soutien aux protestants tchèques en révolte contre le Habsbourg catholique. L'Angleterre, autre puissance protestante, est plus divisée ; l'opinion publique est favorable aux Tchèques, mais le gouvernement royal est réticent ; Jacques Ier, qui règne depuis 1603, depuis la mort de la Reine Elisabeth, cherche à vivre en paix avec l'Espagne, et n'a aucune envie de se lancer contre les Habsbourg de Vienne dans un conflit où les Habsbourg de Madrid ne manqueraient pas de venir se ranger à leurs côtés ; en outre, il rencontre avec le Parlement de Londres les premières difficultés qui, sous le règne de son fils Charles Ier, à partir de 1625, vont précipiter l'Angleterre dans la révolution et la guerre civile, et conduiront finalement à l'exécution du Roi en 1649. Devant l'affaire de Bohême, Jacques Ier, qui réagit par conséquent plus en souverain, solidaire des intérêts des autres souverains, prêche la modération aux Tchèques et leur conseille de chercher un accommodement.

Et la France ? En politique étrangère, le gouvernement du royaume, depuis Henri IV, est favorable aux princes protestants en Europe, et particulièrement en Europe Centrale, par souci d'affaiblir les Habsbourg. A cet égard, la révolte de Bohême ne peut que le ravir. Mais la politique d'Henri IV n'est pas nécessairement la politique de Louis XIII. Alors que Puisieux reste attaché aux orientations traditionnelles, Louis XIII estime que les intérêts de la religion catholique doivent passer avant tout. D'autre part, la révolte des protestants de Bohême lui semble avoir des résonances inquiétantes en France : des pamphlets à la gloire des Tchèques sont publiés par les milieux réformés du royaume, et Louis XIII s'aperçoit que la résistance des protestants du Béarn à sa décision de rétablir le culte catholique dans cette province trouve dans les affaires de Prague un puissant incitant moral. Incertaine et indécise au début, sa position va rapidement se faire de plus en plus réservée à l'égard des Tchèques pour devenir, au bout du compte, franchement hostile à leur cause.

En Allemagne même, la révolte des Tchèques divise l'opinion. Ne parlons pas des catholiques, dont la position est évidente. Mais un certain nombre de souverains protestants font preuve, pour le moins, d'un considérable manque d'enthousiasme : ces Tchèques, leurs frères de religion, sont tout de même avant tout des rebelles, qui doivent être jugés comme tels. Un seul parmi les principaux princes protestants prend ouvertement et franchement position en faveur des Tchèques : l'Électeur Palatin Frédéric V, qui, le 26 août 1619, se fait élire Roi de Bohême et, malgré les conseils de la France, accepte cette dignité.

La Montagne Blanche (8 novembre 1620).

La mort de Mathias avait rendu vacante la dignité impériale. Quelques jours avant que les États de Bohême choisissent le Palatin comme Roi, les sept Électeurs impériaux se réunissent à Francfort. Les trois Électeurs ecclésiastiques sont favorables à Ferdinand, qui représente toujours par ailleurs la Bohême. Parmi les trois Électeurs protestants, le Palatin cherche à pousser la candidature à la couronne impériale du duc de Bavière — un catholique — dans l'espoir de rallier les suffrages d'une partie au moins des trois Électeurs ecclésiastiques ; personne ne prend cette candidature au sérieux, et, le 28 août 1619, Ferdinand est élu Empereur à l'unanimité donc y compris avec la voix de l'Electeur Palatin qui, au même moment, s'efforce de lui ravir la couronne de Bohême !

Le problème de l'élection impériale n'a pas détourné Ferdinand de la tâche que Mathias lui a léguée en mourant : reconquérir la Bohême. Il dispose de troupes fournies par l'Espagne et payées par des subsides envoyés par le Pape et le Grand-Duc de Toscane ; en face de lui, l'armée levée par le Directoire de Bohême chez les protestants du pays, et des auxiliaires fournis et payés par le Palatin. Les opérations sont menées lentement de part et d'autre. Mais le conflit s'internationalise. Les protestants reçoivent l'appui des Provinces-Unies et de Bethlen Gabor, prince de Transylvanie, qui se fait élire Roi de Hongrie (dont la couronne, par conséquent, échappe comme celle de Bohême à Ferdinand). Dans le camp catholique, Ferdinand reçoit une aide précieuse du Roi de Pologne et marque bientôt des points importants : les princes protestants allemands de l'Union Évangélique se montrent soucieux de ne pas intervenir en Bohême, et l'un des plus influents parmi eux, l'Électeur de Saxe, promet son aide à Ferdinand ; les princes de la Ligue Catholique dont le chef de file est le duc de Bavière se préparent unanimement à apporter à Ferdinand une aide active. Plus significatif encore, l'Empereur obtient l'appui de la France : à la fin de décembre 1619, Louis XIII lui promet un secours militaire.

C'est, semble-t-il, l'aboutissement du processus d'infléchissement des orientations traditionnelles de la diplomatie française. Hier ennemie des Habsbourg, aujourd'hui leur alliée, la France est ainsi redevenue, à part entière, la fille aînée de l'Église. A Paris, le nonce exulte, l'ambassadeur d'Espagne aussi. Une seule personne manque à cette fête de la cause catholique dont elle a été pourtant le pilier le plus solide : Marie de Médicis, qui boude dans son gouvernement d'Angers et attire à elle tout ce que la France, et particulièrement sa noblesse, compte d'insatisfaits et d'aigris. Nous pouvons cependant nous faire une idée de ses sentiments en lisant sous la plume de son ami et confident Pierre de Bérulle ce passage d'une lettre adressée dans les tout premiers jours de janvier 1620 au prince de Piémont ; voici ce qu'est à ses yeux « l'affaire d'Allemagne », une affaire qui « regarde le bien général de la Chrétienté » : « C'est un effort que l'hérésie fait en son dernier temps pour ébranler l'état de la religion en Europe, c'est un orage qui semble menacer la

Chrétienté sous le prétexte de la Maison d'Autriche, c'est une ligue forte et puissante qui tend à couronner l'hérésie et à appuyer la puissance et souveraineté d'Angleterre, d'Hollande, d'Allemagne et du Turc, pays ou conjoints ou voisins, et suffisants dans nos malheurs pour endormir ou épouvanter le reste. *Je considère la Maison d'Autriche sans autre intérêt que du bien public, qui y semble maintenant conjoint par incident* ». Il est difficile d'être plus clair.

Puisieux, qui ne partage pas cette façon de voir les choses, parvient à ébranler la résolution de Louis XIII et, à quelques jours de là, l'aide armée qu'avait promise le Roi est remplacée par une offre de médiation qui, acceptée, aboutit à l'envoi d'une ambassade à Ulm. Les négociateurs français, sur les instructions de Puisieux, cherchent avant toute chose à limiter l'extension du conflit, et à le circonscrire au seul territoire de la Bohême. Cette position est défendue par un des meilleurs diplomates dont dispose le royaume, le Père Joseph, qui publie dans le *Discours sur les affaires de Bohême* un exposé très complet de ses idées sur la question.

L'ambassade française est, apparemment, une réussite : au mois de juillet 1620, un accord est conclu aux termes duquel l'Allemagne est neutralisée. L'affrontement qui la menaçait semble écarté et, à Paris, ce résultat est salué comme un grand succès. On n'avait pas prévu les conséquences de l'accord. Ayant les mains libres en Allemagne, Ferdinand fait porter tout son effort sur la Bohême ; avec les troupes fournies par l'Espagne et l'armée de la Ligue Catholique commandée par le duc de Bavière, il marche sur Prague. A quelques kilomètres de la ville, il se heurte à l'armée de l'Électeur Palatin. La rencontre a lieu le 7 novembre. Le 8 novembre 1620, au petit jour, la bataille s'engage : elle tourne au désastre pour les troupes protestantes qui refluent en désordre. Le Palatin a tout juste le temps de quitter Prague où l'armée de Ferdinand déferle. La victoire de la Montagne Blanche marque l'écrasement de la révolte, le triomphe de la cause catholique.

Après l'accord d'Ulm, l'ambassade française s'était rendue à Vienne pour essayer de favoriser la conclusion d'un compromis entre Ferdinand et ses sujets révoltés. La victoire totale remportée par les armées de l'Empereur rend l'ambassade désormais sans objet. Ferdinand procède, dans la Bohême reconquise, à une répression féroce. Les chefs sont exécutés, les domaines des rebelles confisqués et répartis entre les fidèles de l'Empereur, le culte protestant est interdit et la Lettre de Majesté abolie : on peut toujours la voir aux archives de Prague, lacérée de deux coups de poignard. Quelques années plus tard, Ferdinand supprime le caractère électif de la couronne de Bohême et déclare la royauté héréditaire dans la famille de Habsbourg. En même temps, une intense action de germanisation est entreprise, parallèlement au développement des efforts destinés à ramener massivement la population au catholicisme.

Sur sa lancée, Ferdinand ne s'en tient pas là. En sa qualité d'Empereur, il fait mettre au ban de l'Empire les princes allemands qui ont pris les armes contre lui. Il peut ainsi décider la confiscation des biens de l'Électeur Palatin et de ses principaux alliés. Toujours aidé par la Ligue Catholique et par l'armée espagnole, il occupe, en 1621, le Palatinat et les possessions des princes d'Anhalt, de Jaegerndorf et de Hohenlohe. Le 25 février 1623, la victoire de l'Empereur reçoit sa consécration : la dignité électorale du Palatin est attribuée au duc de Bavière. L'équilibre confessionnel de l'Allemagne est nettement rompu au profit des catholiques, qui détiennent désormais cinq voix contre deux aux protestants dans le collège électoral d'Empire.

Cette victoire prend bien les formes et la résonance d'une victoire de la cause catholique. La bataille de la Montagne Blanche s'est elle-même déroulée dans une atmosphère de ferveur singulière. Avant que ne s'engage le combat, dans l'armée de l'Empereur on distribue la communion, un prédicateur prêche la guerre sainte, les chefs chantent le *Salve Regina*. Le duc de Bavière dédie à la Vierge le bénéfice de la victoire en donnant comme mot d'ordre à ses troupes : « Sancta Maria » (Sainte Marie). Au lendemain de la bataille, le principal temple protestant de Prague est transformé en église et consacré à la Vierge des Victoires. A Rome, une église s'élève pour commémorer le souvenir de cette journée, Santa Maria della Vittoria.

S'il était loisible à Louis XIII, en tant que fidèle, de participer à l'allégresse du monde catholique, il n'empêche que la diplomatie française avait subi un échec cuisant. Elle avait spectaculairement renforcé la puissance des Habsbourg, s'était discréditée auprès de ses alliés protestants — et n'avait même pas réussi à sauvegarder la paix en Allemagne. Le triomphe de Ferdinand contraint les puissances protestantes à la guerre. Stimulée par les succès remportés par le camp catholique dans l'Empire, l'Espagne, à l'expiration de la Trêve de Douze Ans conclue en 1609 avec les Provinces-Unies sous la pression d'Henri IV, rouvre les hostilités en 1621 avec l'espoir de faire subir aux Hollandais le sort des Tchèques. Bethlen Gabor, qui avait déposé les armes en 1622, reprend la lutte dès l'hiver de 1623. Les émigrés tchèques s'organisent militairement. En décembre 1625, l'Angleterre, les Provinces-Unies, une partie des princes protestants d'Allemagne et le Roi protestant de Danemark Christian IV décident d'unir leurs efforts contre Ferdinand en confiant au Roi de Danemark le commandement de leurs forces coalisées. Rétrospectivement, la bataille de la Montagne Blanche du 8 novembre 1620 n'apparaissait plus comme un épisode isolé, mais comme le début d'un conflit généralisé qui, s'achevant en 1648 seulement, restera connu sous le nom de la « Guerre de Trente Ans ». Et la France, qu'on avait cru pouvoir adroitement laisser en dehors du conflit, s'y retrouvera de plus en plus étroitement impliquée.

Le pauvre Luynes avait prouvé à quel point il était dépassé par les affaires d'Allemagne. Il allait malheureusement faire preuve d'une égale impéritie face à l'épineux problème de la Valteline.

La Valteline.

La Valteline, tel est le nom que porte la haute vallée de l'Adda avant le débouché de ce fleuve dans le lac de Côme, au nord de l'Italie. Cette vallée a une importance stratégique considérable, car elle permet de passer du Milanais en Autriche par le Tyrol et ouvre également une voie de communication commode entre l'Italie du Nord et l'Allemagne du Sud. Elle intéresse donc, au premier chef, la Maison de Habsbourg ; la Valteline est le passage obligé entre les possessions espagnoles d'Italie, d'une part, et de l'autre la Franche-Comté et les Pays-Bas espagnols ; elle permet aussi de tendre la main en cas de besoin à la branche autrichienne des Habsbourg.

La population de la vallée est de langue italienne et de religion catholique, mais elle relève, depuis le XVIe siècle, des Ligues Grises – ancêtres de l'actuel Canton suisse des Grisons – qui sont protestantes et de langue allemande. L'Espagne tient dans cette situation un excellent prétexte pour intervenir sous le manteau du catholicisme opprimé par l'hérésie. Henri IV, eu égard à l'importance stratégique de la Valteline, avait conclu en 1603, d'accord avec la République de Venise qui avait tout intérêt à desserrer l'étau de la puissance espagnole en Italie du Nord, un traité d'alliance avec les Suisses. Il s'était fait accorder l'exclusivité du passage à travers les territoires contrôlés par ses alliés, et avait fait bénéficier Venise des mêmes avantages. La réaction de l'Espagne ne s'était pas fait attendre : un fort avait été construit par elle à proximité du confluent de l'Adda avec le lac de Côme, – ce qui ne lui assurait pas le passage à travers la Valteline, mais lui donnait un pion de valeur sur l'échiquier de cette histoire compliquée.

En 1617, l'équilibre qui s'était ainsi établi est brutalement rompu. Les Valtelins catholiques se révoltent contre leurs suzerains des Grisons, qui, pour les faire rentrer dans l'obéissance, commettent toutes sortes d'excès. Les Espagnols, appelés au secours par les Valtelins, interviennent d'abord sporadiquement, pour « tâter » en quelque sorte la réaction française. Les anciens ministres d'Henri IV sont très attachés au maintien de la suzeraineté des Grisons sur la vallée ; en mai 1619, le Chancelier déclare à l'ambassadeur de Venise que le Roi se préoccupe

« d'assurer la liberté des Grisons et de tenir les Espagnols éloignés de leur pays ».

Encore faut-il, cependant, avoir les moyens de cette politique. Or, Luynes, tout-puissant sur l'esprit du Roi, ne s'intéresse pas vraiment à la question, malgré, de temps à autre, quelques déclarations belliqueuses. Et surtout, les problèmes intérieurs – guerres avec les protestants, guerres avec Marie de Médicis – absorbent toutes les forces, toutes les énergies. Alors, en 1620, les Espagnols, mettant à profit les troubles qui secouent durement le royaume de France (affaire du Béarn pour ce qui concerne les protestants, préparatifs puis déclenchement de la « Deuxième Guerre de la Mère et du Fils » en ce qui concerne Marie de Médicis), décident de pousser leurs avantages. Le duc de Féria, gouverneur espagnol du Milanais, force par le sud les passages de la vallée dont il chasse les Ligues Grises, tandis qu'une armée autrichienne s'empare du nord de la Valteline. Les nouveaux occupants entreprennent aussitôt la construction de quatre forts.

Le gouvernement de Paris n'avait pas d'autre ressource que la négociation. Pendant que le duc de Féria poursuit sa main-mise sur la Valteline, on envoie Bassompierre à Madrid dans le but de parvenir à un arrangement avec l'Espagne. Louis XIII et Luynes ont de la chance, car la mission de Bassompierre va bénéficier de toute une série de circonstances favorables. Philippe III, Roi d'Espagne, est mourant lorsque Bassompierre arrive à Madrid : par un ultime scrupule de conscience, il recommande à son fils et successeur Philippe IV de rendre la Valteline à ses propriétaires légitimes, les Grisons. Philippe IV, qui accède au trône, est le beau-frère de Louis XIII ; il a de l'estime pour le jeune Roi engagé pour l'heure dans la rude tâche qui consiste à mater l'hérésie sur le sol de France : il serait dont mal venu de l'embarrasser en adoptant une attitude intransigeante sur la Valteline. De plus, la politique espagnole ne peut mener toutes les affaires de front : en 1621 expire la Trêve de Douze Ans avec les Provinces-Unies, et toutes les ressources disponibles sont mobilisées en vue de cette échéance. Même le Pape s'en mêle : soucieux du maintien d'un certain équilibre en Italie, désireux par ailleurs de ne pas pousser à bout un Roi Très-Chrétien si bien disposé, au demeurant, pour la cause catholique, il prêche aux Espagnols le retour au statu-quo moyennant des garanties religieuses pour les Valtelins. Les Jésuites, qui veulent permettre à Louis XIII de concentrer ses énergies sur la lutte contre le parti protestant à l'intérieur du royaume, prêtent aussi leur concours et font pression sur Madrid pour amener le gouvernement espagnol à donner satisfaction à la France.

Dans ces conditions, le succès de la mission Bassompierre était assuré. La Cour de Madrid tente, pour le principe, de faire accepter des formules de compromis, mais, la fermeté de Bassompierre aidant, le cabinet espagnol se résigne à céder. Le Traité de Madrid signé le 25 avril 1621 prévoit le rétablissement de la suzeraineté des Grisons sur la Valteline et l'évacuation par les Espagnols des positions qu'ils ont occupées ; en contrepartie, les Ligues Grises accordent une amnistie générale à leurs sujets rebelles et suppriment toutes les mesures instituées depuis 1617 contre l'exercice de la religion catholique.

En marge des affaires sérieuses qui s'y sont discutées, le voyage de Bassompierre à Madrid avait donné lieu à une plaisante anecdote que rapporte Tallemant des Réaux. Revenant d'Espagne, Bassompierre raconte à Louis XIII qu'il a fait son entrée officielle dans Madrid juché sur une magnifique petite mule que lui a fait envoyer le Roi d'Espagne. « Oh ! la belle chose que c'était », raille Louis XIII, « de voir un âne sur une mule ! » – « Tout beau, Sire », rétorque Bassompierre, qui est connu pour son sens de la répartie, « c'est vous que je représentais ».

Encore fallait-il obtenir l'exécution du traité sur le terrain. Or, le Milanais est loin de l'Espagne et la lenteur des communications donne nécessairement au gouverneur de cette région une large autonomie de fait. Le duc de Féria en profite pour continuer jusqu'en juillet 1621 l'occupation de la Valteline. Août et septembre se passent sans qu'il fasse mine de commencer l'évacuation. Les Grisons s'impatientent et décident de régler le problème eux-mêmes en attaquant les Espagnols. Après un succès initial, ils sont repoussés, et toute la Valteline se trouve à la fin de l'année aux mains des armées espagnoles et autrichiennes. Magnanime, le duc de Féria propose aux Ligues Grises une alliance avec l'Espagne. Le spectacle de l'impuissance française détermine les Ligues à accepter : à la mi-janvier 1622, elles signent avec le duc le Traité de Milan par lequel elles renoncent à leur suzeraineté sur la Valteline, d'où le protestantisme est désormais banni.

Après le succès diplomatique du Traité de Madrid, l'échec sur le terrain sanctionné par le Traité de Milan. Une telle déroute de la politique extérieure de la France apparaît presque excessive, et le Pape, toujours partisan d'une solution qui recueille l'agrément de la France, demande à Philippe IV de ne pas ratifier le Traité de Milan. Mais Paris est incapable de réagir autrement qu'en paroles. Tout à sa guerre contre les réformés à l'intérieur, le pouvoir royal n'a pas les moyens de faire front, à l'extérieur, contre l'Espagne et de s'opposer à ses progrès en Valteline. Ici aussi, le gouvernement de Luynes se solde par l'effacement de la diplomatie française et le « lâchage » des alliés traditionnels du royaume et, comme les affaires d'Allemagne, l'affaire de la Valteline aboutit à une inquiétante remise en cause de l'équilibre européen.

En Béarn.

Le réveil du catholicisme avait mis les protestants de France sur la défensive. Le « nouveau catholicisme » de ces premières années du XVIIe siècle est bien différent de celui des guerres de religion. Plus cohérent dans sa doctrine, il s'adapte mieux qu'autrefois à la diversité des tempéraments et des classes sociales. Des prêtres plus nombreux, mieux instruits, donnent l'exemple d'une foi vivante. Des monastères se réforment, des congrégations se créent, lieux de ferveurs nouvelles, centres de propagation d'un catholicisme à la fois plus pur et plus aimable.

Vers 1615, les résultats de cette renaissance catholique sont devenus patents. De nombreux protestants se convertissent. Bien sûr, chez les plus notables d'entre eux, il est des conversions fructueuses. Le vieux Lesdiguières y gagnera son élévation à la dignité de connétable. Théophile de Viau, Saint-Amant et Boisrobert, soucieux de bien gérer leur carrière d'hommes de lettres, se convertissent aussi. Preuve en tout cas que le catholicisme est à la mode. Bref, le catholicisme est une religion qui fait son chemin, tandis que le protestantisme, de plus en plus contracté, replié sur ses positions, apparaît sinon à bout de souffle, en tout cas sur la défensive et, dans la bonne société, sur la voie d'un irrémédiable déclin. Privé de l'élite de ses chefs, privé des voix qui pourraient, dans l'opinion, attester de sa volonté d'exister, le protestantisme en est réduit à défendre farouchement ses acquis dans les régions où il est le plus fort : le Poitou, le Béarn (où le catholicisme restait interdit), le Languedoc, et quelques grandes villes comme La Rochelle, Montauban, Nîmes.

Le Béarn devient la pierre d'achoppement d'une situation conflictuelle qui va dégénérer en conflit armé et rallumer les guerres de religion ; les « guerres de religion de Louis XIII » dureront près de dix ans et ne s'achèveront qu'après le siège de La Rochelle, la capitulation de cette ville, le 29 octobre 1628, et l'Édit de grâce d'Alès le 28 juin 1629.

Le Béarn était uniquement rattaché à la France par une union personnelle, son souverain étant devenu Roi de France, mais sans que ces terres patrimoniales d'Henri IV aient été effectivement jointes au royaume de France malgré la décision qu'il avait prise en ce sens en 1607. Henri IV s'était engagé vis-à-vis du Pape, lors de l'obtention de l'absolution pontificale, à rétablir le culte catholique en Béarn, et à restituer à l'Église les biens ecclésiastiques saisis. Mais il ne s'était pas pressé de réaliser cette double promesse et Marie de Médicis, pendant la régence, pas davantage. Avec la prise effective du pouvoir par Louis XIII, les choses ne vont pas tarder à changer. Le Roi est lui-même d'une piété profonde. L'atmosphère de ferveur qui grandit, les visions de la Supérieure des Carmélites, Mère Marie-Magdeleine de

Saint-Joseph, les encouragements de Bérulle, fortifient Louis XIII dans la conviction qu'il a une mission à remplir. Le 25 juin 1617, deux mois à peine après le coup d'État du 24 avril, un arrêt du Conseil ordonne la restitution des biens ecclésiastiques au clergé catholique. S'il le faut, le Roi est prêt à user de la contrainte contre les calvinistes du Béarn. Le moins qu'on puisse dire est que Luynes est fort éloigné de partager ce zèle. Il trouve que les sujets d'embarras ne manquent pas, et qu'il est bien superflu de s'en créer sans profit de nouveaux. Mais le Roi est décidé à aller de l'avant.

Au printemps de 1618, Louis XIII envoie un Commissaire à Pau pour obtenir l'enregistrement et l'application de son Édit. Le sieur Renard de Bonchamps, investi de cette difficile mission, se heurte à l'opposition résolue des pasteurs béarnais, qui refusent les dédommagements qu'on leur propose et ne se prêtent à aucun accommodement ; il s'agit pour eux d'une question de principe, dont ils ne veulent pas démordre. La présence du Commissaire royal, les controverses qui l'accompagnent, échauffent les esprits et, quelques jours après son arrivée, des manifestations se déroulent à Pau : des jeunes parcourent les rues de la ville avec des queues de renard attachées à leur pourpoint en criant « Au renard ! » ; on enfonce la porte de la maison où le Commissaire est descendu ; des libelles paraissent, qui justifient la résistance des pasteurs béarnais et l'agitation de la rue.

Le Roi souffre de cet affront à la Majesté royale, mais Luynes continue de prêcher la patience, au point qu'en mars 1619, le cardinal de La Rochefoucauld lui reproche « de se refuser à armer un seul soldat quand il s'agit de faire la guerre contre les huguenots ». L'année 1619 s'écoule ainsi sans qu'aucune décision soit prise. Il est vrai que l'autorité royale affronte un bien plus pressant danger avec la rébellion des Grands qui s'organise autour de Marie de Médicis, et conduit au déclenchement de la Deuxième Guerre de la Mère et du Fils à l'été 1620. C'est précisément le règlement de cette guerre, après la « Drôlerie des Ponts-de-Cé » et la Paix d'Angers du 10 août 1620, qui donne à Louis XIII l'occasion de résoudre à sa manière le problème du Béarn.

La guerre avec Marie de Médicis étant heureusement terminée, et plus rapidement que prévu, Louis XIII se trouve à la tête d'une petite armée tout à fait respectable, au fort de la belle saison, et sans obligation particulière de retourner à Paris où le calme règne. Plutôt que de la licencier, le Roi décide de la conserver et de poursuivre à sa tête une chevauchée dans le plus pur style de son père.

Voici donc Louis XIII en Poitou, bastion protestant. Son confesseur, le Père Arnoux, le cardinal du Perron, archevêque de Sens, le pressent de poursuivre jusqu'en Béarn. Louis XIII hésite. Il sait les risques qu'il prend, garde présent à l'esprit le souvenir des atermoiements de son père (mais c'est un ancien parpaillot converti), celui surtout des hésitations de Marie dont le loyalisme à la cause catholique ne saurait être suspecté. Qu'en pense la Reine-Mère ? Que ferait-elle en pareille circonstance ? Louis XIII n'ose lui demander ouvertement son avis : les cicatrices de la Deuxième Guerre de la Mère et du Fils sont encore trop fraîches, et puis, saisir le pouvoir pour se tourner à nouveau vers l'ex-Régente dès la première difficulté venue, fi donc ! C'est là que l'évêque de Luçon retrouve toute son utilité ; du Perron comme le Père Arnoux lui écrivent – Richelieu conseille d'aller de l'avant. Le Roi, de toute façon, avait été mis en goût par sa guerre de Normandie et la facile victoire qu'il a remportée aux Ponts-de-Cé, et, malgré la saison qui s'avance, il décide de pousser en Guyenne.

Le 19 septembre 1620, Louis XIII, parti de Poitiers depuis dix jours, arrive à Bordeaux. En Béarn, rien ne bouge. Le gouverneur de la province, le maréchal-duc de La Force, est là, avec Casaux, président du Conseil souverain du Béarn. L'un et l'autre multiplient les recommandations de prudence ; Casaux ne veut pas prendre le risque de demander au Conseil souverain de publier l'Édit de restitution ; quant à La Force, il ne croit pas avoir les moyens, si l'Édit était publié, de le faire appliquer. Il expose à Louis XIII les dangers d'un soulèvement dans cette région du bout du monde par rapport à Paris, avec ses chemins malaisés, au milieu d'une population attachée à la foi protestante qui règne depuis maintenant cinquante ans sans partage dans les villes et les campagnes du Béarn. Les conseils de prudence ont un effet contraire au but recherché, et déterminent Louis XIII à faire prévaloir le langage de la fermeté. Puisqu'il paraît impossible d'obtenir l'obéissance, le Roi ira en personne à Pau. Aux objections de La Force sur les risques de l'expédition, Louis XIII répond froidement : « Vous avez intérêt que j'y aille pour appuyer votre faiblesse ». Le duc du Maine joint ses instances à celles de La Force ; mais c'est pour s'entendre répliquer par le Roi : « Je ne me mets point en peine du temps, ni des chemins ; je ne crains point ceux de la Religion, et quant au passage de la rivière que vous dites que mon armée ne saurait faire en douze jours, j'ai un moyen de la faire passer en huit ».

On quitte Bordeaux le 7 octobre 1620, sans Luynes, qui manifeste sa réprobation en boudant l'expédition. Le 14 octobre, Louis XIII est à Pau. Le lendemain, les membres du Conseil souverain viennent, dans la cour du château, lui demander leur pardon. « Suivez-moi mieux à l'avenir et j'oublierai le passé », leur répond Louis XIII, qui refuse les honneurs royaux : en effet, « il ne lui siérait point de les recevoir avant d'avoir rendu grâces à Dieu de qui il tenait tous ses États et sa puissance ». Le 17 octobre, le Roi est à Navarrenx dont le gouverneur, Monsieur de Salles, avait été nommé à ce poste en 1569 par la Reine Jeanne d'Albret, la grand-mère de Louis XIII ; le Roi destitue Monsieur de Salles et fait sortir la garnison huguenote. Le 19, il est de retour à Pau où il jure de respecter les privilèges du Béarn et de la Basse-Navarre ; en retour, le Conseil souverain de Pau et le Conseil souverain de Navarre lui prêtent le serment de fidélité. Pour rendre effective la réunion du Béarn et de la Navarre à la couronne de France, Louis XIII supprime les deux Conseils souverains qu'il constitue en Parlement de Pau. La veille, la principale église de la ville avait été rendue au culte catholique. Le Père Arnoux exulte : « Il y a juste cinquante ans qu'à tel jour, qu'aujourd'hui 18 octobre, le sieur de Montgomery fit son entrée en ce lieu par le commandement de la Reine Jeanne et en bannit la messe. Toute l'armée est en fête, toute la cour remplie d'admiration et la plupart des huguenots disposés à se rendre catholiques, n'étant sortis de l'Église que par contrainte et pure tyrannie ».

Le 20 octobre, Louis XIII assiste devant le château de Pau à la procession solennelle qui marque le rétablissement du culte catholique. Le même jour, il fait procéder à la restitution à l'Église des biens dont elle avait été dépouillée. Il n'avait plus qu'à reprendre la route de Paris, en passant par Bordeaux où il retrouve le 25 octobre Luynes, resté dans cette ville.

On file sur Paris en menant un train d'enfer. Louis XIII arrive dans la capitale le 7 novembre 1620 – un samedi, sur le coup de midi. Sa première visite est pour la Reine-Mère. Dans sa dépêche du 10 novembre, l'ambassadeur vénitien Contarini retrace la scène, qui marque la réconciliation solennelle de Louis XIII et Luynes avec Marie de Médicis : « Au Louvre, Sa Majesté est allée voir d'abord la Reine-Mère qui habite dans les chambres de l'étage inférieur. Il l'a embrassée et caressée avec beaucoup de familiarité et d'affection. De Luynes s'est agenouillé jusqu'à terre devant la Reine qui lui a donné la main pour le faire se relever, faveur inhabituelle à la Cour et tout à fait étonnante ».

Louis XIII savoure l'ivresse du triomphe. Elle sera de courte durée, car l'affaire du Béarn va servir de détonateur et rallumer les guerres de religion.

Première guerre de religion de Louis XIII et mort de Luynes (14 décembre 1621).

Les réformés décident de se rassembler à La Rochelle pour examiner la situation et arrêter les mesures à prendre. Session illégale, puisque toute assemblée politique des protestants ne peut se tenir qu'avec la permission du Roi. La réunion, à partir du 24 décembre 1620, de l'assemblée de La Rochelle, constitue un événement important, un véritable tournant dans les affaires du royaume : les protestants s'organisent en État dans l'État. C'est la rupture possible de l'unité nationale. C'est en tout cas la fin de la paix religieuse qu'avaient maintenue contre vents et marées Henri IV et Marie de Médicis.

L'assemblée de La Rochelle envoie des ambassadeurs au Roi – protestant – d'Angleterre ; démarche sans suite, car ce monarque a bien des problèmes sur les bras dans son propre pays, et ne tient nullement à intervenir militairement en France. Mais l'assemblée lève des impôts et décide la réunion d'une armée. Elle demande à Louis XIII de rapporter les mesures qu'il a prises en Béarn. Grave affront ; s'ajoutant aux décisions précédentes de l'assemblée, cette insolence conduit le Roi à faire enregistrer par le Parlement une déclaration proclamant coupables de lèse-majesté les membres de l'assemblée de La Rochelle et tous ceux qui se prêteraient à l'exécution de ses décisions. Loin de faire plier les huguenots, la déclaration royale les pousse à durcir encore davantage leurs positions. Dans les derniers jours de février 1621, un détachement protestant s'empare de Privas par surprise. Le duc de Montmorency et le duc de Ventadour, accourus à la tête des troupes royales du Languedoc, subissent devant la ville un grave échec. Est-ce la guerre ?

Marie de Médicis, consultée, recommande la modération, comme l'évêque de Luçon, comme les principaux conseillers du Roi. On tente une médiation. Lesdiguières, gouverneur du Dauphiné, est appelé à Paris. Il est protestant, mais son loyalisme est à toute épreuve. Une solution de compromis est préparée par Luynes, toujours attaché à sauver la paix intérieure : le Roi veut bien abolir la déclaration de lèse-majesté si l'assemblée de La Rochelle accepte de se dissoudre. Car tout le problème est là, en réalité : il ne s'agit pas tant de religion, pour Luynes et les conseillers de Louis XIII, que de l'obéissance due au Roi par ses sujets. Aux ambassadeurs de Venise, le Chancelier Sillery donne son opinion sur la portée exacte du problème : « Les huguenots ont formé un corps qui préjudicie à l'autorité du Roi et qui lui enlève le sceptre de la main. À La Rochelle, ils font leur assemblée sans permission, dressent des statuts, établissent des impôts, prélèvent de l'argent, constituent des milices, construisent des fortifications, comme si le Roi n'existait pas et comme s'ils étaient seuls les maîtres absolus ». L'assemblée de La Rochelle accepte de négocier, mais nomme un comité chargé de suivre les démarches de Lesdiguières. Les discussions s'enlisent. Louis XIII, fatigué de tous ces atermoiements, décide d'en finir et d'aller châtier les rebelles. Le 31 mars 1621, il élève Luynes à la dignité de connétable ; Lesdiguières devient Maréchal général de camp : le vieux soldat protestant devra combattre ses frères de religion. Le 3 avril, le Roi fait enregistrer un édit augmentant la gabelle, qui lui permet d'obtenir deux millions d'argent frais pour financer sa guerre.

Luynes a beau prêcher la conciliation, appuyé par tous les ministres, qui souhaitent poursuivre la négociation, Louis XIII est déterminé à rétablir la Majesté royale dans toute sa plénitude. Les ambassadeurs de

Venise le constatent : « Le Roi est maintenant plus rigide que d'habitude dans sa volonté d'être obéi et de faire prévaloir son autorité par la force ». Ils ajoutent d'ailleurs : « Il y est poussé et excité comme d'ordinaire par les Jésuites ». Afin que rien ne le détourne de son but, les Jésuites s'emploient à relayer la diplomatie pontificale et contribuent, comme on l'a vu, à faire signer le 25 avril 1621 le Traité de Madrid qui règle de manière satisfaisante pour la France, sur le papier du moins, l'épineux problème de la Valteline. Le Roi, provisoirement libéré de ce souci extérieur, est prêt à employer la force contre la dissidence protestante. Celle-ci, d'ailleurs, franchit une nouvelle étape sur le chemin de la révolte : l'assemblée de La Rochelle adopte au mois de mai un règlement qui organise la France protestante en huit circonscriptions militaires et met à la disposition des églises calvinistes tout l'argent des impôts royaux et des bénéfices ecclésiastiques.

Dès le 18 avril, Louis XIII avait quitté Fontainebleau pour gagner Saumur. Il est prêt à marcher sur Saint-Jean d'Angély, forteresse tenue par une forte armée protestante – 3 000 fantassins et 300 cavaliers – commandée par Monsieur de Soubise. Les nouvelles reçues de l'assemblée de La Rochelle le conduisent le 16 mai à donner l'ordre de commencer le siège de la place. Il quitte lui-même Saumur le 17 pour venir se mettre à la tête de ses troupes. Le 3 juin, le voici devant Saint-Jean-d'Angély. L'armée royale est d'abord éprouvée par l'artillerie de Soubise, et il faut faire venir des renforts et des canons supplémentaires. La ville capitule le 24 juin 1621. Soubise fait sa soumission à Louis XIII, dont l'armée reprend sa progression, enlevant successivement Pons, Castillon, Sainte-Foy-la-Grande. En Guyenne, Nérac est repris. Le duc de La Force, qui commande l'une des armées protestantes, doit abandonner la place de Caumont, tandis que le duc d'Epernon vient mettre le siège devant La Rochelle. Les protestants du Béarn qui s'étaient soulevés sont rapidement ramenés à l'obéissance par quelques détachements royaux.

Le succès semble au rendez-vous des armes de Louis XIII, et ceux qui en avaient un moment douté se hâtent de présenter leurs compliments au Roi. Tout le monde estime que la campagne sera brève, et qu'il ne tardera guère à regagner sa capitale en triomphateur.

C'était compter sans l'impéritie de Luynes, connétable malgré lui. D'abord, il faut de l'argent. L'Église en a ; et du reste, cette guerre n'est-elle pas aussi un peu la sienne ? Mais l'assemblée du clergé n'en paraît pas convaincue. On perd un temps précieux à Bordeaux où elle s'est réunie, avant que l'aide demandée par le Roi – un million de livres – soit accordée. La fin de l'été approche, et Luynes voudrait aller vite pour devancer l'hiver qui risque d'opposer des obstacles ardus à la poursuite des opérations militaires. C'est pourquoi, au lieu de continuer avec des moyens suffisants le siège de La Rochelle entrepris par le duc d'Epernon, Luynes décide d'aller sans délai mettre le siège devant Montauban, l'une des meilleures places fortes des protestants, la clé des communications entre la Guyenne et le Languedoc.

Quittant Bordeaux, l'armée royale en route vers Montauban est arrêtée par la petite place de Clérac-sur-Lot, qui oppose une résistance inattendue ; investie à partir du 23 juillet, Clérac ne capitule que le 4 août.

Le siège de Montauban commence le 17. Il est conduit avec légèreté. Luynes n'écoute pas les conseils de Lesdiguières, qui voudrait un blocus serré de la ville, et conseille d'abriter les troupes par des retranchements tournés vers l'extérieur. Des secours parviennent sans trop de peine à entrer dans Montauban, tandis que les détachements huguenots qui battent la campagne multiplient les coups de main contre les forces royales. Les pertes sont importantes, la démoralisation s'installe, les désertions se multiplient. Le 28 septembre, c'est une véritable armée de secours qui pénètre dans la ville. Ne pouvant l'emporter par les armes, Luynes essaie de négocier ; mais la dégradation de la situation militaire n'incite pas les protestants à faire montre de souplesse. Fin octobre, les assiégés sortent de la ville, s'emparent des tranchées de l'armée royale, et font sauter les poudres des assiégeants. Les ambassadeurs de Venise notent que « le connétable est fatigué et plein de doutes ». C'est l'échec.

Le 10 novembre 1621, Louis XIII et Luynes lèvent le siège de Montauban.

L'armée se disperse, ses chefs prennent le chemin de Paris ou de leurs gouvernements respectifs. Lesdiguières repart pour le Dauphiné, mal content du rôle qu'on lui a fait jouer et d'un insuccès qui aurait pu être évité si on l'avait un peu plus écouté. Les protestants mettent à profit l'arrêt des opérations pour rassembler des munitions et renforcer les fortifications de leurs places ; Monsieur de Soubise dans l'ouest, le duc de Rohan dans le Languedoc, coordonnent les mouvements des troupes huguenotes et préparent pour les premiers jours du printemps leur riposte à l'expédition royale de 1621, dont tout l'acquis risque de se trouver ainsi anéanti. Luynes a besoin d'un succès, si mince soit-il, pour redorer son blason. Il met le siège devant Monheur, petite place située sur le Tarn. Les défenseurs se rendent le 12 décembre. L'armée royale, après la reddition, incendie la ville et massacre les habitants. Inutile et piètre vengeance, qui ne relève pas le prestige du Roi. Quant à Luynes, fatigué, malade, il est victime de la fièvre pourpre qui l'emporte le 14 décembre 1621.

La vanité du personnage, son manque de courage, les atermoiements dont il avait donné le spectacle, les erreurs commises au cours de la campagne de Montauban, avaient dissipé l'ancienne confiance du Roi dans son favori. L'avidité de Luynes ne connaissait plus de limites. La mort du Président Du Vair pendant le siège de Clérac avait rendu vacante la charge de Garde des Sceaux : Luynes, déjà connétable (une fonction qu'il ne remplissait, on l'a vu, que très imparfaitement) décide de prendre les Sceaux ; Condé, sarcastique, remarque « que si on voulait distinguer le temps, il était propre à toutes les charges ; bon Garde des Sceaux en temps de guerre et connétable en temps de paix ». Quand il cherche à négocier avec le duc de Rohan pendant le siège de Montauban, le chef protestant le récuse, tandis que Louis XIII, apprenant l'ouverture des pourparlers, le désavoue en plein Conseil. Louis XIII prend ombrage du faste ostentatoire dont aime à s'entourer le connétable. « Voyez », dit-il un jour à Bassompierre, « c'est le Roi qui entre ». Luynes est desservi dans l'opinion du Roi par le propre confesseur de Louis XIII, le Père Arnoux, dont il finit par demander (et obtenir) le renvoi. Devant Monheur, le favori écrit un jour : « Je ne crains ni cette femme ni ses brigues car l'homme me craint tellement qu'il ne saurait rien faire que je ne sache. Après la prise de Monheur, je ferai la paix et m'accommoderai si bien que je ne craindrai plus rien ».

Cette femme, c'est Marie de Médicis. L'homme n'est autre que Louis XIII.

La mort de Luynes lui évite la disgrâce. Oublieux de ce que l'ancien Maître du Cabinet des oiseaux avait été pour lui, Louis XIII, pour seule oraison funèbre, lâcha ces mots cruels : « Il lui manquait vraiment quelque chose ».

CHAPITRE XII

Mère et Fils

La retraite de la Reine-Mère.

Louis XIII, par le coup d'État du 24 avril 1617, avait pris sa revanche : revanche sur l'éducation terrorisante qu'il avait reçue dans sa jeunesse, et dont il rendait sa mère responsable ; revanche sur la façon dont celle-ci l'avait gardé sous tutelle pendant sa minorité et même après ; revanche, enfin, sur la préférence de plus en plus ouvertement accordée par Marie au jeune frère du Roi, le beau Gaston d'Orléans. Libéré de la tutelle maternelle, Louis XIII se montre à l'égard de Marie de Médicis absolument intraitable. Nul ne lui rendra plus visite : défense à Gaston de la voir, défense aux autres enfants de se rendre auprès d'elle ; Anne d'Autriche demande la permission d'aller consoler l'ex-Régente : c'est non ; la comtesse de Soissons, princesse du sang, présente la même requête : c'est encore et toujours non. Douze gardes du corps du Roi sont chargés de la surveillance de la Reine-Mère. Dès le soir du 24 avril, Louis XIII a fait abattre le pont qui permettait à la Reine de se rendre de son appartement au jardin du bord de l'eau : toute possibilité éventuelle de fuite par la Seine lui est ainsi interdite. L'appartement de la Reine avait trois portes : il en fait murer deux ; un seul accès subsiste, que gardent des archers du Roi. On perquisitionne dans la chambre de la Reine, on va jusqu'à regarder sous son lit. Seul l'ambassadeur du Grand-Duc de Toscane, Bartolini, parvient à se rendre chez elle, en empruntant un passage secret. Il trouve la pauvre Marie désespérée, prompte aux larmes, et sûre du sort qui l'attend. Il est de fait que l'exil de la Reine-Mère était la seule solution possible. Encore fallait-il en arrêter les conditions.

L'évêque de Luçon est chargé de cette négociation à la demande du nonce Bentivoglio — qui avait une haute estime pour ses capacités — et de Bartolini qui connaissait son influence sur la Reine. Afin de favoriser l'aboutissement des discussions, la réclusion étroite à laquelle Marie était soumise se trouve progressivement adoucie. Les sœurs du Roi sont autorisées à voir leur mère, suivies de son Premier Ecuyer, Monsieur de Bressieux, et du Secrétaire aux commandements, Monsieur de Villesavin.

Le 1er mai, Marie fait parvenir à son fils, par l'intermédiaire de Richelieu, les cinq propositions suivantes :

– elle est prête à quitter Paris,

– elle demande à être revêtue de l'autorité dans sa nouvelle résidence,

– elle entend conserver tous ses revenus,

– elle voudrait avoir auprès d'elle ses deux filles non encore mariées, Christine et Henriette,

– enfin, elle souhaite une entrevue avec son fils au moment où elle quittera la Cour.

Louis XIII refuse de laisser partir ses sœurs, mais en contrepartie autorise sa mère à emmener avec elle une partie de ses gardes, et accepte qu'elle s'installe à Blois plutôt qu'à Moulins dont le château, délabré, n'était guère habitable. Il acquiesce à toutes les autres conditions.

Marie décide alors de brusquer son départ, qu'elle fixe au mercredi 3 mai. C'est la veille de l'Ascension. L'entrevue avec son fils doit avoir lieu dans l'antichambre de son appartement. Le Roi s'y rend le premier. Avec lui, son jeune frère Gaston d'Orléans, le prince de Joinville, Bassompierre – et, bien entendu, Luynes. Toute la Cour se presse aux abords de l'antichambre, les princes du sang, les Grands, les ambassadeurs. Les ambassadeurs de Venise notent que le Roi est « intrépide et ne manifestant aucune émotion ». Il est simplement vêtu, botté et éperonné : il compte aller chasser dès que cette cérémonie des adieux sera terminée. La Reine-Mère apparaît. Sa mine défaite contraste avec la physionomie sereine du Roi qui, chapeau à la main, se dirige aussitôt vers elle. Elle fond en larmes quand son fils se met à débiter la déclaration suivante : « Madame, je viens ici pour vous dire adieu et vous assurer que j'aurai soin de vous comme de ma mère. J'ai désiré de vous soulager de la peine que vous preniez en mes affaires ; il est temps que vous vous reposiez et que je m'en mêle : c'est ma résolution de ne plus souffrir qu'un autre que moi commande en mon royaume. Je suis Roi, à présent. J'ai donné ordre à ce qui est nécessaire pour votre voyage et commandé à La Curée de vous accompagner : vous aurez de mes nouvelles étant arrivée à Blois. Adieu, Madame, aimez-moi et je vous serai bon fils ».

La Reine répond en pleurant : « Monsieur, je suis très navrée de n'avoir gouverné votre État pendant ma régence et mon administration plus à votre gré que je n'ai fait, vous assurant que j'y ai néanmoins apporté la peine et le soin qu'il m'a été possible, et vous supplie de me tenir toujours pour votre très humble et très obéissante mère et servante ».

Ces quelques mots avaient été écrits à l'avance et convenus entre Richelieu et Luynes. Mais la Reine y ajoute une demande qui n'avait pas été prévue : toujours en pleurs, elle supplie qu'on autorise l'ancien ministre Barbin, autrefois intendant de sa Maison, à la suivre à Blois : « Je m'en vais, je vous supplie d'une grâce en partant, que je veux me promettre que vous ne me refuserez pas, qui est de me rendre Barbin, mon intendant ».

Louis XIII gardant le silence, Marie réitère sa demande : « Ne me refusez point cette seule prière que je vous fais ». Sans succès. « Peut-être est-ce la dernière que je vous ferai jamais ». Louis XIII ne dit toujours rien. « Or sus ! » s'écrie alors la Reine, et, voyant que le Roi s'apprête à quitter la pièce, elle se dirige vers lui et l'embrasse. Louis XIII s'incline devant elle, et s'éloigne. L'entrevue est terminée.

Luynes s'attarde quelques instants auprès de la Reine-Mère. Celle-ci le supplie à nouveau d'intercéder en faveur de Barbin. Mais Louis XIII, d'un ton impérieux, le rappelle à l'ordre : « Luynes ! Luynes ! Luynes ! » Le nouveau favori s'empresse de revenir prendre sa place auprès du Roi. La foule reflue maintenant. D'un pas ferme, Marie sort de l'appartement, appuyée sur le bras de Monsieur de Bressieux, et gagne la cour du Louvre où l'attendent son carrosse et sa suite. Un imposant cortège quitte le Palais pour rejoindre le Pont-Neuf. Il est deux heures et demie de l'après-midi, il pleut. En tête, le carrosse de la Reine, où sont montées Mesdames de Soissons, de Guise et de Longueville, qui lui tiendront compagnie jusqu'à Bourg-la-Reine ; il est entouré par les chevau-légers du Roi commandés par Monsieur de La Curée. Derrière, on trouve la voiture du Premier Écuyer, le grand carrosse de la Reine rempli de bagages, le petit carrosse qui est vide, les carrosses de Mesdames de Soissons, de Guise et de Longueville qui les ramèneront de Bourg-la-Reine à Paris ; puis ce sont les carrosses de Mesdames de Guercheville et de Bressieux, et, fermant la marche, la voiture la plus modeste, où ont pris place l'évêque de Chartres, Philippe Hurault, et l'évêque de Luçon, Monsieur de Richelieu. Le rôle joué par ce dernier dans les négociations entre la mère et le fils au cours des jours précédents lui a valu d'obtenir une faveur : il est autorisé à accompagner Marie de Médicis à Blois pour y exercer les fonctions de chef de son Conseil.

Louis XIII, de la petite galerie du bord de l'eau, regarde disparaître le cortège qui, passé le Pont-Neuf, tourne à gauche le long de la Seine jusqu'à la rue Saint-Jacques, pour remonter cette rue et gagner la route d'Orléans. Le Roi, impassible jusqu'ici, laisse éclater sa joie. En selle, maintenant. C'est « avec un plaisir évident », aux dires des ambassadeurs de Venise, qu'il donne le signal du départ pour le bois de Vincennes, où il va savourer sa première chasse de Roi souverain.

BLOIS.

L'ex-Régente se croyait sans doute plus populaire qu'elle ne l'est en réalité. Sur son passage, les murmures, les quolibets, même, ne l'épargnent pas. Richelieu, dans ses *Mémoires*, se souvient de ces moments pénibles : « L'aversion qu'on avait contre son gouvernement était si obstinée que le peuple ne s'abstint pas de plusieurs paroles irrespectueuses en la voyant passer, lesquelles lui étaient d'autant plus sensibles que ces traits rouvraient et ensanglantaient la blessure dont son cœur était entamé ».

A Orléans, l'accueil de la ville est chaleureux. Dans cette cité ecclésiastique, on garde la reconnaissance de tout ce que la Reine-Mère a fait, dès avant la mort d'Henri IV, pour la cause catholique, et on lui en sait gré. L'accueil de Blois est beaucoup plus froid. Les bourgeois de la ville ne sont que médiocrement contents d'accueillir une Reine déchue. On appréhende les désagréments inévitables, parmi lesquels les allées et venues de messagers et d'hommes d'armes paraissent les moindres. Les cérémonies d'usage – harangues, conduite de la Reine par les rues de la ville – sont réduites à leur plus simple expression et expédiées sans décorum ni fanfare. La Reine ne fait que traverser la ville avant de s'enfermer dans le château, désormais sa résidence.

Pour être déchue, Marie n'en est pas moins Reine. Ses revenus et apanages lui ont été conservés, et permettent à Marie de Médicis d'entretenir Maison et serviteurs comme à Paris, quoique sur un pied réduit. Dans la petite Cour qui s'est ainsi reconstituée autour d'elle, un personnage tient le premier rang : l'évêque de Luçon – le futur cardinal de Richelieu. Avec le titre de chef du Conseil de la Reine, il a le pas sur tous. Auprès de lui, Monsieur de Bressieux, Premier Écuyer de la Reine et le Secrétaire aux commandements, Monsieur de Villesavin. Monsieur de Bressieux s'entend bien avec Richelieu, mais la guerre est permanente entre l'évêque de Luçon et Monsieur de Villesavin. A côté d'eux, l'aumônier de la Reine, Bonzi, évêque de Béziers, exerce une certaine influence. Il voudrait bien jouer un rôle politique, mais la présence de Richelieu rend cette prétention, pour le moment, tout à fait illusoire.

Peu à peu, la vie s'organise. Marie de Médicis s'installe dans la partie ouest du château (qui n'existe plus aujourd'hui : elle a été remplacée par le pavillon de Mansart) ; elle l'a préférée à l'aile François Ier, plus confortable, mais hantée par le souvenir de l'assassinat du duc de Guise.

Rien n'a été ménagé pour que le cadre de son existence soit digne de la Reine. On refait toutes les vitres, on repeint le château de fond en comble, on bâtit à la hâte à l'extrémité du corps de bâtiment principal un pavillon supplémentaire dans lequel on aménage un cabinet et une garde-robe. Neuf chariots lourdement chargés apportent à Blois les meubles de l'appartement occupé par la Reine au Louvre.

Ayant conservé ses ressources, la Reine-Mère peut mener le même train de vie qu'à Paris.

Le budget prévisionnel de sa Maison pour 1618 est la reproduction exacte du budget de 1616. Marie de Médicis a son sceau, ses officiers, ses gardes du corps. Petite faveur supplémentaire : Louis XIII détache auprès d'elle six Suisses de sa garde personnelle commandés par un capitaine ; Marie leur fait faire un uniforme particulier, noir rehaussé par quelques bandes argent et or.

A Blois, c'est la monotonie de la vie quotidienne, seulement rompue de temps à autre par quelque divertissement imprévu. Marie de Médicis a fait des jardins son domaine réservé ; elle plante orangers, jasmins et myrtes, construit une serre. Elle décide d'avoir une roseraie et charge Mangot d'acheter des boutures de différentes variétés. La musique est particulièrement en honneur. Marie a fait venir de Paris ses chanteurs et ses musiciens ; les luths et les violons accompagnent repas et promenades. De temps à autre, on s'offre un concert. On va parfois chercher en renfort des musiciens de la ville de Blois. Marie de Médicis ne dédaigne pas, non plus, les harmonies d'instruments moins savants ; du Poitou viennent ainsi des joueurs de hautbois et de musette réputés. La Reine-Mère aime également le ballet, dont elle donne souvent le spectacle à sa petite Cour.

De façon plus exceptionnelle, les habitants du château se divertissent aux représentations données par des troupes de comédiens de passage dans la région. On rit aux pantalonnades, et l'on applaudit le célèbre Tabarin. La Reine-Mère monte un théâtre, et commande à l'écrivain Boisrobert une traduction de la pièce à la mode de l'italien Guarini, *Il Pastor fido* (« Le berger fidèle »).

Son goût pour les pierreries et les diamants est toujours aussi vif et aussi dispendieux Le 9 octobre 1618, elle fait remettre 800 livres à l'horloger Salomon Chesnon pour « une grande horloge sonnante à mettre sur la table, garnie et enrichie de diamants ». Le 5 décembre 1618, elle achète à l'orfèvre Nicolas Roger un diamant de 8 400 livres. Le 13 février 1619, elle paie au même Nicolas Roger une note de 19 669 livres.

Les libéralités se poursuivent : aux visiteurs autorisés à se rendre à Blois ; aux membres de sa suite ; aux pauvres, aux infirmes, aux bonnes œuvres. Marie de Médicis donne de l'argent aux Minimes pour la construction d'une église neuve, dont elle pose la première pierre dès 1617.

Elle en donne aussi à l'église Saint-Nicolas pour qu'on ne fasse pas sonner les cloches avant dix heures du matin.

Mais la Reine-Mère ne se console pas du pouvoir perdu et de la manière dont l'opinion publique a réagi à son éviction. Elle n'accepte pas un exil qu'elle sent destiné, dans l'esprit du Roi, à durer de très longues années, si même il n'envisage pas de le rendre définitif. Le calme qu'elle affiche n'est qu'un masque. Elle peut bien écrire à Louis XIII qu'il doit désormais être assuré de son repentir et « prendre une totale confiance en ce qu'elle lui avait écrit », ajoutant, pour faire bonne mesure : « Il vous a été de ma part rapporté en toutes rencontres de mes bonnes intentions à vous donner le contentement que vous pouvez désirer de mes actions et déportements ». En réalité, elle a immédiatement entrepris de tisser un complexe réseau d'intrigues destinées à la ramener au pouvoir. Elle entretient des agents, reçoit des lettres d'Espagne, de Lorraine ou d'Italie par des voies détournées, fait tenir des messages secrets aux princes les plus remuants. Bref, comme l'écrit alors l'un de ses proches, la Reine-Mère « ne s'occupe qu'à tâcher de se faire des créatures qui puissent la tirer de sa captivité [1] ».

Louis XIII en est rapidement averti. Il est choqué, mais affecte de ne pas vouloir considérer Marie comme responsable de ce remue-ménage. Il lui écrira plus tard : « J'ai dissimulé beaucoup de choses faites contre moi et mon État par plusieurs personnes qui voulaient faire croire qu'elles le faisaient par votre participation et pour votre service. Je vous en ai fait tout le détail confidemment et vous ai assuré que je n'avais jamais cru que vous eussiez pris aucune part à leurs mauvais desseins ni même que vous eussiez rien su [2] ».

Mais le Roi ne peut pas ne pas réagir. Il le fait d'abord en restreignant le nombre des autorisations de visite accordées à ceux qui souhaitent se rendre à Blois. L'ambassadeur d'Espagne avait exprimé le désir de rendre visite à Marie de Médicis ; le Conseil du Roi en délibère, la réponse est non. « Nulle personne de la Cour n'osa voir la Reine-Mère ou même passer par Blois, quand leur chemin s'y adonnait [3] ». On renforce la surveillance exercée sur la ville de Blois et ses abords, on filtre aussi soigneusement que possible les personnes qui entrent et sortent du château. Mais ces mesures apparaissent insuffisantes et l'on se préoccupe, au gouvernement, des moyens de couper court à ces intrigues, à ces menées, en prenant des dispositions radicales. Or, celles-ci, selon les mœurs du temps, consistent à éloigner de Blois le ou les principaux conseillers de la Reine.

1. Brienne, *Mémoires*.
2. *Lettre de Louis XIII à Marie de Médicis de 1619*, BN, Cinq Cents Colbert, 98, p. 25.
3. Fontenay-Mareuil, *Mémoires*, Éd. Michaud, p. 133.

Pour brider l'esprit d'intrigue de la Reine-Mère, il suffira, pense-t-on à la Cour, de lui retirer son favori du jour. Et qui est donc cet homme redoutable, ce mauvais génie, ce fauteur de troubles et de brigues ? C'est Monsieur de Luçon – en d'autres termes, Richelieu. Celui-ci apparaît d'autant plus dangereux que tout le monde lui reconnaît une intelligence hors pair, et qu'on le crédite, depuis son installation à Blois avec la Reine-Mère, d'un beau talent de fourbe : n'a-t-il pas pris l'engagement réitéré à l'égard du Roi de prêcher la modération à sa maîtresse ? N'écrit-il pas tous les deux jours à Luynes pour l'assurer de l'esprit pacifique et plein de repentir de Marie de Médicis ? La contradiction entre ces propos lénifiants et les intrigues ourdies dans l'entourage de la Reine-Mère est si éclatante, que les ministres de Louis XIII, tenant Richelieu pour le principal artisan de toute cette agitation qui a son centre au château de Blois, décident de s'en débarrasser. Après lui avoir fait confiance pour jouer les conciliateurs, on ne voit plus en lui qu'un hypocrite passé maître dans l'art de la duplicité. Haro sur Richelieu !

A l'issue d'une réunion du Conseil du Roi qui a délibéré sur son cas, le ministre Châteauvieux annonce au marquis de Richelieu, frère aîné du futur cardinal, qu'un avis d'exil va être bientôt pris contre son jeune frère. Le marquis écrit aussitôt à Blois pour rendre compte de cette conversation. Sa lettre arrive le 11 juin entre les mains de son destinataire qui décide de ne pas attendre l'ordre d'exil et, prenant les devants, quitte le jour même Blois pour son diocèse de Luçon. Marie de Médicis accueille la nouvelle avec toute l'expression du désespoir. Bouleversée, malade (il faut la saigner), en proie à la plus vive agitation, elle écrit lettre sur lettre pour obtenir le retour de son évêque. Le Roi reste inflexible, et la Reine-Mère est bien obligée de se résigner.

L'éloignement de Richelieu est une faute. Privée de Monsieur de Luçon, envoyé en exil, séparée de Barbin, toujours prisonnier à la Bastille, Marie de Médicis s'exaspère de la surveillance constante à laquelle elle est soumise. Elle n'est théoriquement pas prisonnière, mais tout se passe comme si elle l'était. On ne lui demande pas son avis lors des négociations qui conduisent au mariage de sa fille Christine avec le prince de Piémont, héritier du duché de Savoie : « La Reine tint ce traitement plus cruel qu'aucun qu'elle eût reçu jusqu'alors, lui étant fait en chose si intime comme lui était Madame, sa fille [4] ». On change brusquement le gouverneur qu'elle avait autrefois choisi pour son fils Gaston d'Orléans, Monsieur de Brèves. Pour mieux la surveiller, on lui envoie Monsieur de Roissy, désormais chargé d'épier tous ses faits et gestes et d'en rendre compte quotidiennement à Luynes.

Luynes imagine alors de lui extorquer une lettre dans laquelle elle confesserait avoir mal géré les affaires de l'État pendant les sept années

4. Richelieu, *Mémoires*, Éd. Michaud et Poujoulat, Paris, Firmin Didot, 1837, T. I, p. 187.

où elle en a eu la charge. Il expédie Monsieur de Modène à cet effet, mais la Reine-Mère ne veut rien entendre. Il monte alors un véritable traquenard en utilisant Barbin comme involontaire moyen de pression sur la Reine.

Barbin était à la Bastille, soumis à un traitement de rigueur. A l'automne 1617, on lui donne un peu plus de liberté, et on lui fournit les moyens d'écrire à Marie de Médicis. Luynes et ses sbires n'eurent pas grand-peine à mettre la main sur cette correspondance : Barbin envoyait ses lettres par son valet de chambre, mais celui-ci n'allait pas toujours les porter lui-même à Blois, et les confiait alors à l'un de ses parents chez qui il logeait. Luynes parvint à gagner cet homme, qui lui remit désormais toutes les lettres qu'on lui confiait de la part de Barbin : Luynes en prenait copie, les fermait et les envoyait à la Reine ; il procédait de même dans l'autre sens avec les lettres expédiées par Marie de Médicis, qui étaient dûment ouvertes et recopiées avant d'être remises à Barbin. Cette correspondance, en fait, ne contenait aucun secret d'État, mais Luynes était décidé à l'exploiter au mieux de ses intérêts quand les circonstances lui paraîtraient favorables.

Au début de l'année 1618, Luynes juge le mouvement venu de faire éclater l' « affaire Barbin ». L'opinion publique, autrefois mal disposée vis-à-vis de la Reine-Mère, est maintenant prise de compassion à son égard : « La faveur de tout le monde se tourne vers elle, Sa Majesté s'accroît par la calamité, et les Grands qui lui avaient été le plus contraires, et ceux-là mêmes qui touchaient de plus près le sieur de Luynes, soit d'intérêt, soit d'alliance, ont pitié d'elle, et font dessein de la faire retourner auprès du Roi pour y tenir le même rang qu'elle y avait auparavant [5] ». Parmi ces Grands, le duc de Rohan. Parmi ces alliés de Monsieur de Luynes, son propre beau-père, le duc de Montbazon. Tous pensent que la Reine-Mère devrait faire un geste spectaculaire, par exemple quitter d'autorité le château de Blois pour venir rencontrer le Roi à Paris, et crever ainsi l'abcès une bonne fois pour toutes. C'est justement ce que Luynes veut éviter. Dans les premiers jours d'avril 1618, il présente à Louis XIII l'ensemble des correspondances échangées entre Barbin et Marie de Médicis qu'il a si soigneusement recopiées au cours des mois précédents. Le Roi n'avait pas été tenu informé, et cette soudaine révélation, que Luynes agrémente de considérations alarmistes sur la sécurité du trône, le plonge dans la plus vive colère. Il ordonne à Luynes de sévir avec la dernière énergie. Il veut des sanctions, des procès, des condamnations.

Richelieu, qui n'était pour rien dans toute cette histoire, est le premier à en faire les frais : le 7 avril, une lettre du Roi lui donne ordre de quitter le royaume et de s'établir en Avignon, ville alors étrangère

5. Richelieu, *Mémoires*, Éd. Michaud et Poujoulat, Paris, Firmin Didot, 1837, T. I, p. 179.

puisque appartenant au Pape. Richelieu s'exécute. A Barbin on reproche d'avoir abusé de la liberté de correspondre avec Marie de Médicis qu'on avait bien voulu lui concéder. Son procès est rondement mené. Il échappe à la mort de justesse ; le 30 août 1618, ses juges le condamnent au bannissement, mais le Roi, *aggravant sa peine*, remplace le bannissement par la prison à vie.

La Reine-Mère est atterrée. Elle se sent responsable et victime. Elle-même n'est pas à l'abri d'un surcroît de tracasseries. On envoie à Blois des renforts de troupes. On lui défend de sortir de la ville. On limite le nombre de ses promenades et les itinéraires autorisés. Nul ne peut la voir sans une permission expresse. Monsieur de Modène est une nouvelle fois dépêché auprès d'elle ; maintenant, il brandit la menace : on est prêt à l'expulser du royaume si elle ne s'engage pas de la manière la plus formelle à renoncer définitivement à toute forme d'action politique.

Monsieur de Modène ayant soufflé le froid, on charge en septembre 1618 le Père Arnoux, confesseur du Roi, de prendre le relais en soufflant cette fois le tiède. On rappelle Monsieur de Roissy, le farouche geôlier de la Reine-Mère. On desserre la surveillance dont elle est l'objet en éloignant les compagnies de cavalerie qui cantonnaient tout autour de la ville de Blois. Le 30 octobre, Louis XIII signe une lettre autographe par laquelle il autorise expressément sa mère à sortir de Blois quand elle le voudrait. Le 3 novembre, Marie de Médicis, signe à son tour la fameuse lettre de regrets qu'on attendait d'elle et dont Luynes lui fait tenir le texte.

Le favori du Roi avait apparemment gagné, mais cette victoire n'allait pas tarder à se retourner contre lui. Il avait en effet manifestement passé la mesure. L'entourage de la Reine-Mère où dominent des excités comme l'abbé Ruccelaï, Chanteloube, et même Bonzi, l'évêque de Béziers, la pousse à la révolte. Dès la fin novembre, Marie de Médicis a retrouvé tout son mordant et réclame son retour à Paris. Louis XIII a beau l'assurer qu'elle est libre de se déplacer comme elle l'entend, Marie clame qu'elle est traitée en prisonnière et que sa vie même pourrait bien se trouver menacée. Ses plaintes préparent l'opinion à un geste spectaculaire de sa part.

L'âme du complot est l'abbé Ruccelaï, devenu progressivement son favori en l'absence de Barbin et de Richelieu. Intrigant et brouillon, mais prodigieusement remuant et actif, ce Florentin de bonne famille engage la Reine-Mère à répondre aux appels qui, maintenant, de toutes parts, convergent vers elle : officiers de robe mécontents de la gestion financière du royaume, grands seigneurs irrités du gouvernement de Luynes. Il n'est pas jusqu'aux puissances étrangères qui ne souhaitent le retour de Marie de Médicis dans les Conseils du Roi : l'Espagne, le Pape, la Toscane, joignent leurs instances.

Mais pour que le complot prenne consistance, il faut que la Reine-

Mère puisse disposer d'une épée, c'est-à-dire de l'appui d'un chef militaire écouté et respecté : tout concourt à faire rechercher dans ce but l'alliance du duc d'Epernon.

Première Guerre de la Mère et du Fils.

Le duc d'Epernon, ancien mignon d'Henri III, chef ligueur rallié à Henri IV, et peut-être responsable de son assassinat, est une puissance. A 66 ans, il est Lieutenant général des armées, c'est-à-dire qu'il est le second du Roi sur le plan militaire. En fait, il est le véritable chef de l'armée, dans laquelle il jouit d'une réelle popularité. Animateur du parti catholique depuis toujours, il a la confiance du Saint-Siège et de l'Espagne. Tout ce qui peut détourner la France de l'obéissance à la cause catholique et ultramontaine est à ses yeux une faute. Or, voilà précisément Louis XIII engagé dans une mauvaise querelle contre sa mère – champion incontesté du catholicisme. Voilà le Roi incapable, en cette année 1618, d'imposer raison aux pasteurs récalcitrants du Béarn. Voilà Louis XIII empêtré dans des calculs médiocres qui l'amènent à se tenir à l'écart de l'intervention, souhaitée par l'opinion catholique, aux côtés de l'Empereur Mathias dans les affaires d'Allemagne.

Des griefs personnels viennent augmenter son acrimonie contre Luynes quand le chapeau de cardinal est refusé à son troisième fils, archevêque de Toulouse. D'Épernon provoque un esclandre en pleine église Saint-Germain-l'Auxerrois et quitte Paris en claquant la porte pour gagner Metz, dont il est gouverneur en même temps que de deux importantes provinces de l'ouest, l'Aunis et la Saintonge. Il y arrive le 20 mai 1618. C'est là que se nouent, à partir de septembre 1618, les intrigues avec Ruccelaï.

Peu de romans de cape et d'épée ont autant de couleur que l'histoire vraie des aventures du petit abbé florentin. Ce ne sont que déguisements, rendez-vous manqués, embuscades au coin du bois, messagers qui échappent d'un cheveu à la capture par les gens du Roi, lettres chiffres et trahisons en tous genres. Cent personnes sont, à la fin, dans la confidence : jamais Luynes, malgré ses espions, malgré les traîtres, ne saura exactement ce qui se prépare. Et pourtant ! Un jour c'est un ancien secrétaire de Concini, Vincenzi, que la Reine envoie au duc d'Épernon. Vincenzi est arrêté à Troyes, reconnu, et fouillé. On découd tous ses habits. La lettre qu'il portait échappe aux recherches. C'était une lettre capitale : la Reine, au nom de la mémoire du feu Roi Henri IV, conjurait d'Épernon de lui apporter son aide, et énumérait tous les arguments qu'elle avait l'intention de développer pour justifier son action. Vincenzi, relâché, arrive à bon port et remet la précieuse lettre au duc. Quelque temps après, c'est la trahison. Le duc d'Épernon est prêt à quitter Metz. Ruccelaï, qui est auprès de lui, envoie à Marie de Médicis une lettre dans laquelle il lui indique la date fixée pour le départ, et lui précise tout ce qui a été convenu : lieu et jour de rendez-vous, mots de passe, etc. Le porteur de la lettre est un page du comte de Brenne, le Premier Ecuyer de la Reine. Se doutant confusément qu'il a entre les mains quelque chose d'important, il prend non pas la route de Blois, mais celle de Paris, bien décidé à vendre la lettre de Ruccelaï au duc de Luynes. Le hasard fait qu'il tombe d'abord sur un conseiller de la Cour nommé Ollier, serviteur de la Reine-Mère, qui lui tire les vers du nez, lui donne 300 écus (900 livres) pour sa dépêche, et le retient quelques jours chez lui. La dépêche n'arriva pas à temps à Blois, mais Ollier avait sauvé les conjurés.

Aux premiers jours de 1619, tout est prêt. Un gouverneur n'ayant pas le droit de partir de la province ou de la citadelle qui lui est confiée sans une permission expresse et préalable du Roi, le duc d'Épernon demande à Louis XIII l'autorisation de quitter Metz pour Angoulême, siège de son gouvernement de l'Aunis et de la Saintonge. Le 11 janvier 1619, le Roi lui ordonne de rester à Metz jusqu'à nouvel ordre : il est vrai que les affaires d'Allemagne justifient cette injonction. D'Épernon n'en a cure. Le 17 janvier, il répond que les affaires d'Allemagne ne rendent nullement sa présence indispensable à Metz, et qu'il remet le gouvernement de la ville au marquis de La Valette, son fils. Le 31 janvier, il se met en route. Direction : Angoulême. De Vichy, il écrit à Louis XIII pour lui dire que l'agitation protestante en Aunis et Saintonge réclame sa présence dans ces provinces. Mais, arrivé à Confolens, aux limites de l'Angoumois, il oblique tout à coup vers le nord et va s'installer à Loches. C'est là que le rejoint Marie de Médicis, au matin du 23 février 1619, quelques heures après son évasion rocambolesque de Blois.

La nouvelle de l'approche du duc d'Épernon avait pris Marie de Médicis tout à fait au dépourvu, la fameuse dépêche de Ruccelaï ne lui étant pas parvenue. Elle est elle-même au comble de l'inquiétude, n'ayant plus de nouvelles de Ruccelaï depuis plusieurs jours. C'est seulement le 21 février qu'elle reçoit de Confolens une lettre du duc, portée par un de ses gentilshommes, qui lui apprend qu'il sera à Loches le lendemain. Marie de Médicis en informe le comte de Brenne, les deux exempts de sa garde, et sa femme de chambre Catherine. Dans l'entourage de la Reine, c'est la confusion la plus totale. Partira, partira pas ? Les uns disent que c'est un piège, d'autres parlent de provocation. Tout en faisant quelques préparatifs, on discute ainsi pendant des heures, au risque de donner l'éveil aux espions à la solde de Luynes, qui sont logés à Blois.

La nuit du 22 février arrive. Le comte de Brenne a fait dissimuler un carrosse au débouché du Pont de Blois, sur la rive gauche de la Loire (la ville et le château sont situés sur la rive droite). A minuit, on frappe à la fenêtre de la chambre de la Reine. C'est le propre secrétaire du duc d'Epernon, le sieur Duplessis, qui annonce son arrivée. On lui ouvre, il informe la Reine que tout est prêt. Le duc est à Loches avec une suite de 120 hommes, les échelles qui vont servir à l'évasion sont en place. Il ne reste plus qu'à partir. Marie de Médicis se fait accompagner uniquement du comte de Brenne et de Duplessis. Elle emporte avec elle un minimum d'effets, et la plupart de ses bijoux.

Vers six heures du matin, alors qu'il fait encore nuit noire, Marie enjambe la barre d'appui de sa fenêtre qui donne sur la terrasse ouest du château et commence une descente majestueuse. Mais son poids et les cassettes de bijoux dont elle s'est encombrée lui font perdre prise et la Reine se met à glisser dangereusement. Elle arrive sur la terrasse plus morte que vive, et déterminée à n'emprunter à aucun prix la deuxième échelle de corde qui doit la mener de la terrasse jusqu'au pied de la muraille. Heureusement, il y avait à cet endroit une pente douce d'éboulis en raison de travaux de réfection que l'on faisait alors sur le mur de soutènement du château. On roule Marie et ses bijoux dans un paquet de manteaux que l'on ficèle bien soigneusement, et on laisse glisser le tout au bout d'une corde jusqu'au bas des fossés. Cette deuxième partie de la descente est assurément moins glorieuse, mais beaucoup moins éprouvante pour la Reine-Mère. Une cassette de bijoux se perd au cours de la glissade ; une suivante la retrouvera dans les fossés du château quelques heures plus tard, quand il fera jour. En attendant, Marie de Médicis ne s'attarde pas à pleurer sur cette perte et, débarrassée du harnachement improvisé qu'on lui a confectionné, elle marche d'un bon pas vers le Pont de Blois, au bras de Duplessis et de Monsieur de Brenne.

Déjà, l'aube fait son apparition, et des petites gens s'affairent, portant paniers et fardeaux ; le spectacle de cette dame, manifestement de haute qualité, escortée par deux gentilshommes, à une heure aussi matinale, et à pied, fait penser à une aventure galante que l'on salue de quelques plaisanteries de plus ou moins bon goût. La Reine-Mère ne s'en offusque pas, disant au contraire en riant à Duplessis : « Ils me prennent pour une bonne dame ». Malgré toutes ces aventures, la descente hasardeuse d'une hauteur de 120 pieds (40 mètres), cette marche à pas forcés dans le petit matin, ses 46 ans et son embonpoint, Marie de Médicis est en pleine forme. Passé le Pont de Loire, on a un instant d'émotion, car on ne retrouve pas le carrosse posté par Monsieur de Brenne. Le cocher, heureusement, manifeste sa présence et voilà la Reine qui part au grand galop jusqu'à Loches où l'attend le duc d'Epernon. La Reine-Mère et le duc ne s'y attardèrent pas et, ensemble, s'en furent à Angoulême, dans ces provinces d'Aunis et de Saintonge bien garnies de fortes troupes, fidèles au gouverneur d'Épernon.

L'annonce de l'évasion parvient à la Cour le samedi 23 février vers cinq heures du soir. Comme le rapporte l'ambassadeur de Venise, « la scène changea d'aspect dès que fut connue la nouvelle de ce qui était arrivé à la Reine-Mère. Les jeux, les rires et les danses qui se déroulaient dans l'allégresse générale furent, en un moment, remplacés par la tristesse et par des pensées on ne peut plus troublées dans l'esprit de Luynes plus encore que dans celui de tout autre ».

Le Roi veut en découdre. On commence par dénoncer les coupables. Pas Marie de Médicis bien sûr, mais son entourage, sa camarilla : le duc d'Épernon, déclaré responsable de la fuite de la Reine-Mère, est déchu de tous ses emplois, charges et gouvernements ; avec lui, l'abbé Ruccelaï et Chanteloube, accusés tous deux d'avoir soufflé de mauvais conseils à Marie de Médicis. Puis on se prépare à la guerre. Pour rassembler les 1 200 000 écus nécessaires (3 600 000 livres) on rétablit la paulette. Louis XIII veut aller en personne châtier le duc d'Épernon.

Tous les membres du Conseil ne montrent pas une égale détermination. Jeannin, Sillery, Puisieux, estiment qu'il faut agir avec prudence. Le parti de la guerre comprend, avec le Roi, les ducs de Guise et de Mayenne, Vendôme, Longueville. On constitue trois armées, comptant au total 30 000 hommes de pied et 6 000 cavaliers. Mais Luynes est d'accord pour négocier en même temps que se font entendre ces bruits de bottes. On dépêche Monsieur de Béthune, frère de Sully, à Angoulême, porteur d'un message d'apaisement de Louis XIII. Surtout, le Roi, à l'instigation de Déageant, décide de faire rentrer en scène l'évêque de Luçon, Richelieu, qui se morfondait dans son exil d'Avignon. Richelieu n'avait eu aucune part à l'évasion de Blois. N'avait-on pas eu tort, en l'exilant, de laisser le champ libre à des esprits peu équilibrés comme ceux de Ruccelaï et de Chanteloube? Pour mieux en persuader le Roi, Richelieu avait tout de même demandé à deux de ses amis, l'abbé Bouthillier de La Cochère, et le Père Joseph (François Le Clerc du Tremblay, capucin et diplomate) de joindre leurs instances à celles de Déageant. Quoi qu'il en soit, Louis XIII donne l'ordre à Richelieu de gagner Angoulême sans retard. La missive royale, confiée à Monsieur du Tremblay, frère du capucin, parvient le 7 mars 1619 à Avignon. Le jour même, Richelieu se mettait en route pour Angoulême.

Louis XIII avait constitué trois armées. L'une en Champagne, pour tenir en respect le duc de Bouillon et le prince Charles de Lorraine, qui ont pris ouvertement parti pour Marie de Médicis. Une deuxième en Guyenne. La troisième, confiée au maréchal de Schomberg – le seul militaire de quelque valeur sur qui Louis XIII puisse compter – qui, après avoir investi Blois, s'approche maintenant à petites étapes du Poitou et de la Saintonge.

Auprès de Marie de Médicis, Ruccelaï prêche pour l'affrontement. Il fait valoir la faiblesse des forces royales quand il leur faudra attaquer la position puissamment défendue d'Angoulême ; il dépeint la menace que le duc de Bouillon et le prince de Lorraine font peser sur la frontière est du royaume ; il insiste sur le mécontentement qui, à Paris, en Normandie, dans les grandes villes, se nourrit des difficultés économiques, de la pression fiscale croissante, et des tracasseries imposées aux gens de robe par une monarchie empêtrée dans l'irrésolution face au problème de la vénalité des offices. Le duc d'Épernon, pour sa part, est bien loin de partager l'optimisme de Ruccelaï. Le vieux ligueur rallié à Henri IV connaît par expérience la profondeur du sentiment de loyalisme monarchique dans le pays. Il sait aussi que les récriminations des Grands s'apaisent comme par enchantement quand le Roi ouvre sa cassette et en sort gratifications, dédommagements et pensions. Il sait que Marie de Médicis, chef du parti ultramontain et pro-espagnol, ne peut espérer rallier à sa cause ni les huguenots, ni les modérés de ce « tiers parti » d'un catholicisme modéré et gallican qui avait ramené Henri IV sur le trône et sur lequel s'était appuyé le Bon Roi jusqu'à sa mort en 1610. Enfin, Marie de Médicis n'a pas de programme : sa seule revendication est son retour aux affaires ; une fois qu'elle aura gagné, que peut-on attendre d'elle : le règne d'un nouveau favori à l'instar de Concini ? La poursuite des gabegies et des prévarications ? Pour toutes ces raisons, d'Épernon conseille à Marie de Médicis de traiter.

De fait, l'opinion publique, plutôt bien disposée à l'égard de la Reine-Mère au lendemain de son évasion de Blois, penche maintenant en faveur du Roi. Louis XIII agit « au nom de la France », « au nom de la patrie », tandis que Marie de Médicis apparaît seulement comme un chef de parti. Il incarne la religion de la royauté, elle n'est que la figure du désordre et des luttes de factions. Marie l'accuse d'être le jouet de son entourage : c'est un argument qui ne porte plus. Louis XIII est le maître, il entend qu'on le sache. Le 12 mars, il écrit à sa mère : « Quant à l'administration de mes affaires dont, sans sujet, vous avez été pressée de vous plaindre, je ferai connaître à ceux qui l'ont entrepris que c'est moi qui gouverne mon royaume et qui agis en tous Conseils ».

Lorsque Marie de Médicis ergote, discute à perte de vue, elle lasse une opinion qui s'enchante de plus en plus au spectacle d'un Roi dont la parole est nette, forte et définitive. Louis XIII n'est pas, ne sera jamais, le Roi des arguties et des raisonnements spécieux. Le 3 avril 1619, le Père Arnoux dit à Monsieur de Béthune « l'ardente et résolue volonté du maître qui ne veut être contredit et pressé sur ce qu'il a une fois déclaré ». Louis XIII n'a pourtant pas 18 ans ! Marie de Médicis n'a plus devant elle un petit garçon timide et craintif, un peu bègue de surcroît, mais le digne fils d'Henri IV.

Richelieu arrive le 27 mars à Angoulême. Il appuie les raisons du duc d'Épernon en faveur de la paix. La Reine-Mère, indécise jusque-là, se résout à traiter. Il n'est d'ailleurs que temps. Le 8 avril, Louis XIII envoie le cardinal de La Rochefoucauld rejoindre Monsieur de Béthune, mais Schomberg s'empare d'Uzerche et manque de peu de se faire livrer la citadelle d'Angoulême. Le 30 avril, Marie de Médicis accepte les propositions de Louis XIII : c'est la Paix d'Angoulême, qui met fin à cette

« Première Guerre de la Mère et du Fils ». Marie renonce à son gouvernement de Normandie pour recevoir en échange le gouvernement de l'Anjou avec les places fortes d'Angers, de Chinon et des Ponts-de-Cé. Elle conserve toutes ses charges, dignités et revenus, et le Roi lui paie ses dettes évaluées à la somme de 600 000 écus (1 800 000 livres). Le duc d'Épernon, de son côté, est pardonné et rétabli dans ses divers gouvernements et offices.

Louis XIII fait publier les conditions de la paix, ainsi que le traité de pardon spécial consenti au duc d'Épernon. Il publie également la lettre qu'il envoie le 17 juillet à Marie de Médicis et qui constitue un véritable programme de réconciliation entre la Mère et le Fils : « Une des choses du monde que je passionne davantage » lui écrit-il « est de nous voir remis en une si parfaite amitié et si entière intelligence que nous n'ayons jamais autre différend sinon à qui se rendra plus de devoirs, vous, d'une très bonne mère et moi d'un très affectionné fils ». Il lui propose de revenir à la Cour : « Je ne demande pas seulement une bonne intelligence avec vous, mais je désire que vous veniez avec une entière confiance reprendre votre place en ma Cour aussi bien que vous l'avez dans mon cœur », et offre de la rencontrer dès que possible à cet effet : « Acheminez-vous de par-deçà, je vous supplie au plus tôt, et me donnez ce contentement que nous retournions ensemble à Paris ».

Marie tergiverse. Dans son entourage, le parti de la paix l'a emporté grâce à Richelieu, mais Ruccelaï est toujours là, et Ruccelaï est un être dangereux. Aucune idée, si farfelue soit-elle, ne l'arrête. Dans les jours qui avaient précédé la signature du Traité d'Angoulême, que n'avait-il inventé ! Une fois, il avait conseillé à Marie de quitter subrepticement Angoulême pour Brouage et de se concilier les bonnes grâces de Louis XIII en lui abandonnant un d'Épernon amoindri et démoralisé par le départ de la Reine-Mère. Une autre fois, il échafaude un projet mirifique : il propose à Marie de lui faire épouser le Roi d'Angleterre Jacques Ier (dont le fils doit épouser sa fille Henriette). Ces idées loufoques finissent par inquiéter la Reine, et elle envisageait de le chasser lorsqu'un événement dramatique survient, qui touche Richelieu dans ses affections les plus personnelles. Des ragots propagés par Ruccelaï amènent un gentilhomme de l'entourage de Marie de Médicis, Monsieur de Thémines, à provoquer en duel le frère aîné de Richelieu : celui-ci est tué. Ruccelaï est immédiatement chassé du service de la Reine.

Richelieu a perdu son frère et gagné, avec le titre de Chancelier, la confiance sans réserve de la Reine-Mère. Artisan de la paix, il veut l'être de la réconciliation et pousse Marie, autant que faire se peut, à profiter des bonnes dispositions de Louis XIII à son égard. Après bien des hésitations, Marie se drape un peu moins dans sa dignité de mère outragée, et accepte de revoir son fils. Richelieu raconte : « La Reine m'envoya à Tours pour préparer son entrevue avec le Roi. Elle n'eut pas peu de peine à se résoudre à ce voyage ; le traitement qu'elle avait reçu, la continuation qu'il lui semblait voir de mauvaise volonté envers elle, la crainte de s'en aller mettre en la puissance de ses ennemis, la tenaient en une grande irrésolution si elle devait aller voir le Roi [6] ». Certes, l'hostilité de Luynes à l'égard de la Reine-Mère n'a pas diminué, mais Richelieu mise sur la sincérité du Roi.

Cinq jours après le départ de Richelieu pour Tours, Marie de Médicis vient le rejoindre. L'entrevue avec son fils doit se dérouler au château de Couzières le 5 septembre. La Reine arrive la veille au soir dans cette demeure située à peu de distance de Tours, dont le propriétaire est Monsieur de Montbazon, beau-père de Luynes. Luynes est d'ailleurs déjà là et, se précipitant à genoux devant la Reine-Mère, il l'assure de son entier dévouement. Marie de Médicis lui en donne acte de bon gré. « Or sus », lui dit-elle (c'est l'ambassadeur vénitien Contarini qui raconte la scène) « Or sus, laissez donc les belles paroles et donnez m'en de bonnes, car de toutes façons je sais que vous avez été toujours un homme de bien et que le Roi mon fils n'a jamais été en meilleures mains ; c'est pourquoi il a raison de vous aimer et je vous aime aussi de bon cœur. Je ne veux plus me souvenir de tout ce qui s'est passé, comme si je n'avais jamais été éloignée de mon fils ». La Reine embrasse Luynes, qui la remercie et va retrouver Louis XIII.

Le Roi arrive à Couzières le 5 septembre dans la matinée, au sortir de la messe. Une foule considérable a envahi le jardin. La rencontre entre la mère et le fils a lieu dans une grande allée bordée d'arbres ; chaque branche est garnie de curieux — écuyers, gentilshommes de chambre, officiers de la Cour ; plusieurs arbres, d'ailleurs, se briseront sous le poids. Mais voici la Reine qui s'avance, appuyée sur le comte de Brenne et sur Monsieur de Béthune, avec toute sa Maison — son nouveau Chancelier, l'évêque de Luçon, marchant en tête de la suite. Parvenue en présence de son fils, Marie de Médicis l'embrasse trois fois : une fois sur la bouche, deux fois sur les joues, précisent les témoins de cette entrevue mémorable. « Soyez la bienvenue, ma mère », lui dit alors Louis XIII. « J'ai déplaisir de ne pas vous avoir vue plus tôt, car je vous ai toujours attendue ». Marie de Médicis ne cache pas son émotion.

Les vivats jaillissent de toutes parts. Le Roi et sa mère ont les plus grandes peines du monde à se frayer un chemin au milieu de la cohue pour aller prendre ensemble la collation qui scelle la réconciliation des cœurs après la réconciliation formelle marquée par la signature du Traité d'Angoulême, quatre mois auparavant. Dans le courant de l'après-midi, Louis XIII a un nouvel entretien avec sa mère et lui manifeste sincèrement sa volonté de maintenir à tout jamais la bonne entente retrouvée : « Madame, j'ai déplaisir des événements qui sont survenus.

6. Richelieu, *Mémoires*, Éd. Michaud et Poujoulat, Paris, Firmin Didot, 1837, T. I, pp. 200-201.

La cause n'en est pas la mauvaise volonté que je n'ai jamais eue à votre égard. Pour l'avenir, nous devons continuer à nous tenir dans une constante amitié et union ».

A Angers, l'apaisement ?

Après Couzières, Marie de Médicis voulait gagner immédiatement son gouvernement d'Angers, Louis XIII, au contraire, souhaitait la retenir quelques jours auprès de lui. Elle cède à ses instances et, dans l'après-midi du 5 septembre, ils se rendent ensemble à Tours. La foule est considérable et applaudit au spectacle de la mère et du fils désormais réconciliés et unis pour le bien du royaume. Louis XIII fait célébrer dans la cathédrale de Chartres des actions de grâces en reconnaissance de la paix revenue. Mais, chez Marie de Médicis, le cœur n'y est pas. Plus le Roi l'entoure de prévenances, plus son attitude est renfermée, bougonne, acrimonieuse. Que se passe-t-il donc encore ? Une fois de plus, elle a le sentiment de ne pas être traitée comme il convient. Elle ne voit jamais son fils en tête-à-tête ; toujours des témoins, des importuns qui l'épient, Luynes ou l'un de ses frères. Le Roi lui-même ne semble pas manifester un plaisir particulier en sa compagnie ; quand ses obligations officielles lui en laissent le loisir, il court faire trempette dans les eaux de la Loire ; il est vrai que cette fin d'été 1619 est torride, mais de là à préférer la baignade à sa mère ! Marie de Médicis est ulcérée. Elle l'est encore plus de se voir supplantée par sa belle-fille Anne d'Autriche. Depuis le début de l'année, le jeune couple royal vit en pleine lune de miel. Anne d'Autriche arbore en permanence un air triomphal, et, comme son éducation castillane ne l'a pas spécialement préparée à la modestie, elle use de toutes les ressources du protocole pour prendre systématiquement le pas sur la vieille Reine. Enfin, le Roi a pardonné, il s'est réconcilié, il affiche un désir sincère de bonne entente avec sa mère, *mais il ne l'a pas réadmise dans son Conseil.*

Et tout le mal est là. Marie de Médicis est attachée à l'argent, aux honneurs. Elle l'est bien plus au pouvoir. Deux années d'exil en ont fait une idée fixe. Elle n'a pas de programme, pas de politique sinon la défense du catholicisme chaque fois que la cause de la religion paraît en jeu. Mais elle veut être au pouvoir. Son retour au Conseil est la seule chose qui ait une réelle importance à ses yeux. Or, le Roi ne le lui accorde pas. Derrière ce refus persistant, Marie de Médicis voyait la main de Luynes ; elle n'avait pas tort. Le favori était tout disposé à une réconciliation, mais pas au point de compromettre sa propre position. La Reine-Mère ne l'inquiétait pas beaucoup. Mais dans l'ombre, il y avait l'évêque de Luçon, ce Richelieu qui venait de démontrer l'influence qu'il exerçait sur l'esprit de la Reine. Admettre Marie au Conseil, c'était indirectement y faire entrer Richelieu, et Luynes n'en voulait à aucun prix.

Aussi, quand Louis XIII presse Marie de Médicis de revenir avec lui à Paris, la Reine-Mère déclare-t-elle qu'elle tient au préalable à prendre possession de son gouvernement de l'Anjou. Un peu surpris, Louis XIII n'y met cependant pas obstacle, et donne instruction à la ville d'Angers d'honorer sa mère d'une entrée officielle aussi fastueuse que celle de Tours. Tandis qu'il regagne Paris, Marie de Médicis se dirige vers Chinon puis Angers. Le 16 octobre, elle fait dans sa petite capitale une belle entrée. Arcs de triomphe, banderoles, tapisseries aux fenêtres, rien n'a été ménagé pour faire droit aux désirs du Roi et traiter Marie en Reine. Louis XIII devait cependant se méfier du comportement de sa mère, car il avait fait vider les magasins de la citadelle d'Angers de toutes les armes et munitions qui pouvaient s'y trouver.

L'entrée de Marie à Angers coïncidait au surplus avec une affaire qui ne pouvait que porter ombrage à la Reine-Mère : la mise en liberté du prince de Condé. Arrêté le 1er septembre 1616, Condé végétait depuis lors en prison. Cette situation ne pouvait se prolonger indéfiniment mais Louis XIII attendait, pour libérer le prince, une période de calme, de tranquillité, qui permette à sa décision de ne pas revêtir de signification politique. Après l'entrevue de Couzières, il avait jugé que les circonstances étaient favorables, et en avait avisé sa mère, l'assurant que les choses seraient présentées à l'intéressé et à l'opinion de telle sorte qu'elle en ait le bénéfice. En somme, le prince de Condé devrait sa libération à l'intercession de la Reine-Mère auprès du Roi.

Le 17 octobre 1619, le Conseil du Roi approuve la mise en liberté de Condé. Le même jour, Louis XIII écrit à Marie de Médicis pour lui faire part de la décision intervenue, et lui rappeler que le principe en a été arrêté d'un commun accord. Le 20 octobre, il reçoit Condé venu faire amende honorable et le remercier de sa délivrance ; il envoie aussitôt une nouvelle lettre à Marie de Médicis pour lui donner les détails de l'entrevue.

Mais Luynes joue les trouble-fête. A Condé, il fait croire que la Reine s'est opposée jusqu'au bout à sa mise en liberté, et lui présente son retour en grâce comme un désaveu formel de la politique menée par l'ex-Régente. Il persuade Louis XIII de la nécessité de faire une déclaration publique à l'occasion de la libération du prince et rédige lui-même un texte qui, publié le 9 novembre, ne pouvait que blesser Marie de Médicis. Il y était dit que Condé avait été reconnu innocent, et que sa détention était le seul fait de personnes qui, sous couvert de l'autorité royale, avaient poursuivi des desseins propres ; Louis XIII, s'étant informé des charges qui pesaient sur le prince, en reconnaissait l'inanité et lavait Condé de tout soupçon.

Comme le relève Richelieu, une telle déclaration n'était pas à l'honneur de Louis XIII. Comment, il avait pris personnellement le pouvoir le 24 avril 1617, et il lui avait fallu deux ans et demi pour décider la remise en liberté de Condé ? Ou bien le Roi avait péché par légèreté, ou bien l'innocence de Condé n'était pas aussi évidente qu'on voulait bien l'affirmer. Marie de Médicis, en tout cas, réagit sous l'injure, et, le 7 décembre, adresse à Louis XIII une violente lettre de protestation.

Le Roi était sans doute de bonne foi, et n'avait vraisemblablement pas saisi la portée de ce qu'on lui avait fait faire. La réponse qu'il adresse à sa mère le 24 décembre constitue, de façon voilée, une lettre d'excuses : « Si je me fusse seulement imaginé qu'il y eut eu quelques termes douteux et capables de porter les esprits les plus subtils à une interprétation qui pût vous être préjudiciable, j'eusse plutôt dénié absolument ce que mon cousin [c'est-à-dire le prince de Condé] requérait de moi à cet égard, que de le lui accorder en vous laissant quelque sinistre soupçon ainsi qu'il semble que vous ayez reçu. *Vous n'êtes nullement intéressée en ladite déclaration* ».

Mais le coup était porté, et l'on rentrait dans le sempiternel cycle des acrimonies et des récriminations. Le 26 novembre, Louis XIII avait une nouvelle fois demandé à sa mère de revenir à Paris. La Reine lui répond qu'elle n'a pas d'argent. Et comment pourrait-elle avoir confiance quand elle constate que « ceux qui l'avaient assistée et servie n'avaient point été remis dans les charges dont ils avaient été dépossédés à son sujet » ? Certes, en contrepartie de la libération de Condé, on lui accorde celle de Barbin, aussitôt expulsé de France. Mais on a donné à son fils Gaston un nouveau gouverneur, Monsieur d'Ornano, sans l'en prévenir. Et puis, on vient de sortir une promotion de chevaliers du Saint-Esprit sans avoir retenu un seul des candidats qu'elle soutenait. Et puis, on cause du tort au marquis de La Valette, fils du duc d'Épernon, en lui disputant la possession de la ville de Metz dont son père lui transmet le gouvernement. Et puis, on oublie la promesse qu'on lui avait faite de payer ses dettes. Et puis, et puis, et puis. La liste des griefs s'allonge de jour en jour. Tout est pris de travers. Si le Père Arnoux annonce à Richelieu, le 21 décembre, que l'on est en train de préparer au Louvre l'ancien appartement de la Reine pour Marie de Médicis, celle-ci fait répondre qu'il ne peut être question pour elle de remettre les pieds dans des lieux où elle a été, pendant les huit jours qui se sont écoulés entre la mort de Concini et son départ pour Blois, littéralement tenue en prison ; une telle perspective ne peut susciter en elle que « du dégoût ».

Dans cette montée des griefs, Richelieu joue un rôle capital. Lui, le modérateur, le conciliateur, il pousse maintenant carrément à la guerre civile. Certes, en y mettant les formes. Mais il estime avoir un compte personnel à régler avec Luynes, qui le visait directement par la déclaration sur l'innocence de Condé étant donné le rôle qu'il avait joué dans sa mise en détention. Un moment enclin à la résignation (il s'est même retiré à Luçon) il veut maintenant abattre une bonne fois ce Luynes dont « la bouche ne s'ouvrait jamais à faire quelque promesse que sa volonté ne fût résolue à ne pas l'observer et que son esprit ne méditât le moyen de n'en rien faire ».

Tous les mécontents se tournent vers Angers. Le comte de Soissons quitte brusquement la Cour pour venir prendre Marie de Médicis à témoin du tort qu'on lui cause : Condé, à peine libre, n'a rien eu de plus pressé que de lui disputer le droit de présenter la serviette au Roi pendant son repas. Le duc de Rohan vient le rejoindre : il voulait être connétable, et le bruit court que Luynes va prochainement se faire attribuer cette dignité. Toutes les critiques qu'on faisait autrefois à Concini réapparaissent, redoublées et multipliées, contre Luynes et son clan. Sa femme est nommé Surintendante de la Maison de la Reine régnante, Anne d'Autriche. On se répète à l'envi ses insolences : elle veut lire la première les lettres que reçoit la Reine ; elle lui donne des conseils sur ce qu'il faut écrire à son propre père, le Roi d'Espagne ; si la Reine veut prendre l'air et que cela ne plaise pas à Madame de Luynes, il faudra rester au logis. Les Luynes achètent des gouvernements, des places, des régiments, en puisant à pleines mains dans le Trésor public. « Si la France était tout entière à vendre, ils achèteraient la France de la France même [7] ».

Le Roi s'exaspère de cette campagne de rumeurs qu'il devine mais dont il n'arrive à saisir ni les contours ni les objectifs. Au début de 1620, il demande à sa mère de lui dire ce qu'elle a sur le cœur. Quels sont ses griefs personnels ? « Je ne sais pas quelle occasion vous avez de rentrer dans le mécontentement pour votre particulier : je ne vous en ai donné aucun sujet ». Quant à la conduite des affaires de l'État, « l'on ne manque jamais de prétexte, il n'y a point de gouvernement qui puisse plaire à tout le monde [8] ». Il presse à nouveau sa mère de venir à Paris et, impatienté devant ses refus réitérés, se rend à Orléans avec l'intention de pousser jusqu'à Angers. Mais Marie lui fait dire qu'elle considère ce déplacement comme une menace pour sa sécurité. Le Roi rentre à Paris dans l'espoir de désamorcer la crise. Il utilise des médiateurs. Les allées et venues se multiplient. On dépêche à la Reine-Mère le duc de Montbazon, Monsieur de Blainville, Bellegarde, l'archevêque de Sens, le Président Jeannin – bref, la fine fleur de l'entourage du Roi. « Faites mes recommandations à la Reine ma mère » dit Louis XIII à l'archevêque de Sens ; « assurez-la que j'aurai toujours le cœur et les bras ouverts pour la recevoir, que je ne laisserai pas de la prier de venir auprès de moi ni de la faire honorer dans la Cour et par tout mon royaume ; quant aux brouillons qui oppriment mes sujets et veulent par-

7. Richelieu, *Mémoires*, Éd. Michaud et Poujoulat, Paris, Firmin Didot, 1837, T. I, p. 211.
8. BN, Cinq Cents Colbert, 98, p. 74.

tager mon autorité par leur faction, il n'y a sorte de péril où je n'entre pour les faire sortir de France et les réduire à mon obéissance ».

Ces « brouillons » sont les princes : le duc de Longueville, qui lève des troupes dans son gouvernement de Normandie et tient solidement Rouen ; le duc de Vendôme, en Bretagne ; le duc de La Trémouille dans le Poitou ; le duc d'Épernon dans la Saintonge et l'Angoumois ; le duc de Mayenne en Guyenne ; le duc de Rohan, chef des protestants, qui s'alarme de voir le Roi décidément engagé aux côtés des Habsbourg dans l'affaire de Bohême. Le duc de Montmorency, quant à lui, est prêt à soulever le Languedoc. Avec l'Anjou, que gouverne la Reine-Mère, c'est tout le Midi, l'ouest et le sud-ouest qui risquent d'échapper à l'autorité royale. Mais l'est aussi est menacé, avec la place de Metz que tient le marquis de La Valette, les menées du duc de Bouillon à Sedan, et Lesdiguières, gouverneur protestant du Dauphiné dont la fidélité, pour la première fois, est ébranlée. Le *Mercure français* décrit bien la puissance du parti de la Reine-Mère, qui tenait « une filière de provinces depuis Dieppe en Normandie jusqu'au-delà de la Garonne, c'est-à-dire près de deux cents lieues de long, parti où l'on voyait les plus grands seigneurs de ces provinces, ceux de la religion prétendue réformée et plusieurs bons capitaines avec de fortes places sur toutes les rivières, parti qui, sans se presser de prendre et d'assiéger des villes, devait, avec une grande armée, aller droit à Paris pour réformer les abus qu'on disait être dans l'État [9] ». En juillet 1620, deux armées se réclamant de Marie de Médicis sont rassemblées : l'une en Poitou, commandée par le duc d'Épernon, l'autre à Angers, sous les ordres de Mayenne, qui a pour but de marcher sur Paris.

Deuxième Guerre de la Mère et du Fils.

En ce début de 1620 où la France est une nouvelle fois en effervescence, Louis XIII se débat dans de multiples difficultés. Sur un plan personnel, le Roi vient d'être frappé dans ses espérances les plus chères. Louis, en octobre 1619, peut espérer une prochaine naissance royale à la Cour de France. Le mois de novembre se passe dans la joie. Décembre, hélas, apporte désillusion et chagrin : Anne d'Autriche fait une fausse couche. Louis XIII manifeste à l'égard de la Reine un surcroît d'attention et de délicatesse, mais, à la Cour, on commence à dire du mal d'Anne d'Autriche. Même si le Roi n'en a cure, la douleur de sa femme, qui sombre plusieurs semaines durant dans la mélancolie, altère sensiblement son humeur.

9. Cité par Henri Carré, *La jeunesse et la marche au pouvoir de Richelieu,* Paris, Grasset, 1944, p. 222.

Sur le plan politique, ses démêlés avec les protestants n'arrangent pas les choses. Louis XIII supporte mal qu'on bafoue son autorité. Or, voici deux ans que ses tentatives pour imposer au Béarn l'exécution de l'édit ordonnant la restitution à l'Église catholique des biens dont elle a été spoliée se heurtent à l'opposition narquoise du Conseil souverain de Pau et de la population du Béarn. Les huguenots, qui s'inquiètent de l'autorisation donnée aux Jésuites de rouvrir, à Paris, le Collège de Clermont et de la politique de Louis XIII, favorable à l'action de la Maison de Habsbourg en terre d'Empire, accumulent les armements et mettent en défense les villes fortes qu'ils détiennent.

C'est dans ce contexte que s'inscrivent les intrigues de la Reine-Mère et le défi qu'elles constituent pour le gouvernement royal.

Les 3 et 4 juillet 1620, le Conseil du Roi est confronté à un choix décisif : l'action armée ou la négociation ? Luynes et les vieux ministres opinent pour la négociation. Seul Condé propose l'entrée en campagne immédiate. Ce sera une promenade militaire, dit-il : « Le Roi ne connaît pas sa force. Qu'il marche, qu'il se montre seulement dans sa province rebelle et tout pliera devant lui ». Objectif : la Normandie, où le duc de Longueville a décidément basculé dans la révolte ouverte. Luynes, qui a pourtant tellement contribué à pousser à bout la Reine-Mère et Richelieu, Luynes, le grand responsable de cette montée des mécontentements, veut négocier. Avec lui, les ministres, qui considèrent tous les risques de l'entrée en campagne. En quittant Paris, en exposant la personne royale sans troupes suffisantes et sans préparation sérieuse, on court au désastre. C'est folie d'attaquer la Normandie, qu'on risque de ne pouvoir prendre, alors que le duc de Mayenne et l'armée d'Angers, pendant ce temps, fonceront sur Paris vidé de ses troupes.

Contre l'opinion de Luynes, contre celle de l'ensemble du gouvernement, Louis XIII décide, et une fois de plus, parle en maître : « Parmi tant de hasards qui se présentent, il faut marcher au plus grand et au plus proche, et c'est la Normandie. J'y veux aller tout droit, et n'attendre pas, à Paris, de voir mon royaume en proie à la rébellion et mes fidèles sujets opprimés. J'ai un grand espoir dans l'innocence de ma cause. Ma conscience ne me reproche aucun manque de piété à l'égard de la Reine ma mère ni de justice à l'égard de mon peuple, ni de bienfaits à l'égard des Grands que j'ai comblés. Par conséquent, j'en ai décidé. Allons ! »

Le 7 juillet, Louis XIII quitte Paris à la tête d'une armée de 7 000 hommes. Il se dirige vers la Normandie qui représente le péril le plus pressant car le plus proche. Le 10, il arrive à Rouen que le duc de Longueville a évacuée la veille. Louis XIII marche alors sur Caen, dont le château se rend le 17. De là, il s'avance dans le Perche, qui rentre dans l'obéissance sans combattre, et se dirige vers les Ponts-de-Cé, clé de la traversée de la Loire, point de passage obligé vers le Poitou, la Saintonge, et, au-delà, le Languedoc. Le château des Ponts-de-Cé est défendu par les troupes de Marie de Médicis, placées sous les ordres du comte de Saint-Aignan et renforcées pour la circonstance par des détachements emmenés par le duc de Retz et le duc de Vendôme.

L'armée royale, commandée par Louis XIII en personne, compte 4 à 5 000 fantassins, 600 cavaliers, 2 canons lorsqu'elle arrive le 7 août aux Ponts-de-Cé. Le duc de Retz et le comte de Saint-Aignan demandent ses instructions à Marie de Médicis ; celle-ci leur donne ordre de défendre la place, mais sans attaquer le Roi. Le duc de Retz déclare alors qu'il n'est pas venu uniquement pour parer les coups et quitte les lieux en emmenant ses 1 000 fantassins et ses 300 cavaliers. Saint-Aignan et le duc de Vendôme ne disposent plus que de 2 000 fantassins, 100 cavaliers et 3 canons. La bataille qui s'engage est inégale. Le Roi a pour lui le nombre, l'auréole de la campagne victorieuse qu'il mène depuis un mois jour pour jour, et la force que lui confère le principe de la légitimité monarchique ; on peut se soulever contre le gouvernement mais qui oserait ouvrir le feu sur le Roi en personne ? Le combat dure trois heures et se termine par la victoire complète de l'armée royale. La « drôlerie des Ponts-de-Cé », comme l'appellent les gazettes, coûte tout de même la vie à quelques centaines d'hommes, le plus souvent morts noyés. Saint-Aignan est parmi les prisonniers. Le duc de Vendôme parvient à grand-peine à s'enfuir en franchissant la Loire à la nage.

Marie de Médicis ne pouvait que traiter. C'est Richelieu qui va s'en charger. Les discussions sont rapides et aboutissent à la signature d'un nouveau traité le 10 août. Le statu quo est rétabli. Les rebelles sont pardonnés et retrouvent tous leurs offices et emplois. La Reine-Mère se fait donner 300 000 livres comptant pour payer ses dettes et reçoit l'assurance d'un versement d'égal montant dans un an. Alors, ni vainqueurs ni vaincus ? Il n'y a qu'un vrai gagnant dans l'affaire : Richelieu, qui s'est fait promettre l'intervention du Roi auprès du Pape pour son élévation à la dignité de cardinal.

Le traité signé, il ne restait plus qu'à renouveler la cérémonie de la réconciliation inaugurée un an plus tôt à Couzières. L'entrevue entre Marie de Médicis et Louis XIII a lieu au château de Brissac, près d'Angers. L'atmosphère cette fois est glaciale. Marie de Médicis arrive en litière, Louis XIII à cheval. A quarante pas de distance, ils mettent pied à terre, marchent l'un vers l'autre, s'embrassent, échangent quelques mots, et repartent chacun de son côté. Sitôt la cérémonie terminée, Louis XIII fait lire une déclaration proclamant Marie de Médicis « innocente de toutes choses qui pourraient être advenues pendant les derniers mouvements » et, tournant les talons, s'en va dans le Sud-Ouest s'attaquer au problème des protestants du Béarn.

La réconciliation.

Après Brissac, le Roi se rend à Poitiers, où il reste près d'un mois. Sur les conseils de Richelieu, Marie de Médicis le rejoint, manifestant ainsi sa volonté de clore définitivement le chapitre des Guerres de la Mère et du Fils. Louis XIII partant pour Bordeaux, elle retourne sur ses pas et va s'établir à Fontainebleau pendant que l'on aménage l'appartement qu'elle doit occuper au Louvre. En novembre 1620, Louis XIII est de retour. L'expédition du Béarn s'est terminée en apothéose. Marie de Médicis laisse le Roi savourer seul l'ivresse du succès en dirigeant le défilé de la victoire dans les rues de la capitale pavoisées pour la circonstance, et rentre quelques jours plus tard, sans apparat, dans ce Paris qu'elle avait quitté, humiliée et déchue, trois ans auparavant.

Les événements de ces derniers mois l'ont bien changée, au physique et au moral. Sa physionomie, autrefois si rayonnante et altière, n'est plus la même. Contarini, qui la voit à Poitiers, écrit qu'il a « trouvé cette Reine très changée depuis l'année passée avec un visage assombri par mille funestes et ennuyeuses pensées ». Elle n'a plus ni autorité ni influence sur son fils. Une autre femme, une rivale, l'a supplantée : Anne d'Autriche, la Reine régnante, à qui Louis XIII, lors de l'entrevue de Couzières, avait déjà donné la préséance sur Marie de Médicis et qui vient de se voir confier la régence du royaume pour la durée de son voyage en Béarn. Aigrie par le comportement des Grands – prompts à s'enflammer mais aussi prompts à faire leur soumission – elle est déterminée à ne plus écouter les sollicitations des mécontents et à régler soigneusement sa conduite sur les conseils de Richelieu qui a entrepris de ramener Marie de Médicis dans les allées du pouvoir.

Plus question de réclusion, ni d'une quelconque mise à l'écart : la Reine-Mère (et c'est l'une des conditions essentielles de la paix signée le 10 août) a en toute liberté et à tout moment accès à son fils. Il est vrai qu'elle n'est pas admise, pour le moment, au Conseil du Roi. Le gouvernement s'y est opposé, estimant « qu'elle n'aurait pas sitôt mis le pied dans le Conseil qu'elle voudrait partager avec le Roi son autorité [10] ». Mais Richelieu la persuade d'accepter sans mot dire cette mise à l'écart ; il sait qu'elle ne durera pas indéfiniment. Le Roi lui en sait gré, et s'applique à rétablir sans délai la Reine-Mère dans la jouissance de ses revenus et pensions. Toutefois, il reste sur ses gardes et observe son comportement avec une extrême vigilance. Le 12 mars 1621, le nonce Corsini note que « ses anciens soupçons ne sont pas encore effacés [11] ».

10. Richelieu, *Mémoires*, Éd. Michaud et Poujoulat, Paris, Firmin Didot, 1837, T. I, p. 238.

11. Dépêche de Corsini, Archives Nationales, L. 397, fol. 326 v°.

Au printemps de 1621, toute la France protestante est en révolte. Louis XIII s'apprête à partir en campagne. Marie de Médicis voudrait rester à Paris, mais le Roi ne souhaite pas la laisser derrière lui dans la capitale. Marie suivra donc son fils aux armées. Ils quittent Fontainebleau ensemble le 18 avril et, par Saumur, se dirigent, le Roi vers Saint-Jean-d'Angély où se trouve une forte armée protestante, Marie de Médicis vers le prieuré de Coussay où Richelieu lui offre l'hospitalité. La Reine rejoint Louis XIII quand il entreprend le siège de Saint-Jean-d'Angély. Investie le 17 mai, la place capitule le 21 juin. Le Roi poursuit sa campagne tandis que Marie de Médicis, invoquant les fatigues et les incommodités des chemins, retourne auprès de l'évêque de Luçon, qui la reçoit cette fois dans le château familial de Richelieu.

Les affaires militaires du Roi vont mal. La campagne si brillamment commencée marque le pas devant Clérac, échoue à Montauban, s'enlise à Monheur où Luynes est emporté, le 14 décembre 1621, par la fièvre pourpre. Marie de Médicis et Richelieu tressaillent de joie à la nouvelle de cette disparition. On envoie Louis de Marillac auprès du Roi pour noter l'évolution des sentiments de Louis XIII à l'égard de sa mère. Ne disait-on pas que Luynes seul était responsable de la mise en quarantaine de Marie de Médicis ? Tous les fins politiques s'attendent au prochain retour au pouvoir de la Reine-Mère. Les regards se tournent vers Richelieu ; le maréchal de Schomberg lui offre ses services, Bérulle lui annonce personnellement la mort de Luynes dans laquelle il voit un « coup de justice et de miséricorde ». Louis XIII écrit de son côté à Marie pour lui apprendre la mort du favori : « L'affection que j'ai pour vous, plus forte que tout autre ressentiment, ne souffre pas que mon esprit demeure davantage en ces tristes pensées ».

Mais de rappel au Conseil, point. D'invitation à revenir l'assister dans la conduite des affaires de l'État, aucun signe, pas l'ombre d'une espérance de ce côté-là. Louis XIII accueille Marillac avec gentillesse, et lui dit « que pour l'avenir le désir de la Reine était accompli, que jamais il ne tâtera plus de favori, ni de connétable, qu'il agira par lui-même pour les affaires de son État, ainsi qu'il commence à le faire ». Son affection pour sa mère est grande. Le 29 décembre, Marillac, bon observateur, écrit à Richelieu : « Le Roi aime la Reine sa mère, mais il la craint : ce qu'il refusera de lui donner d'autorité sera par jalousie de la sienne et non par faute d'estime et de bon naturel [12] ». Dans la même lettre, il l'informe que le cardinal de Retz, chargé d'explorer le terrain auprès de Louis XIII, s'est vu répondre avec une certaine brusquerie : « Point de Conseil ! ».

La Reine-Mère se le tient pour dit et se garde surtout d'insister. Louis XIII rentre à Paris. Le 17 janvier 1622, Marie de Médicis, redou-

12. Archives des Affaires étrangères, France 775, fol. 84 v°.

blant de tendresse à l'égard de son fils, lui envoie pour ses étrennes une image de Saint Louis en or, enrichie de diamants et de perles, qui lui a coûté 30 000 livres. Elle y joint quelques mots de sa main : « Je l'accompagne de mon cœur que je vous donne tout entier, et des plus ardentes prières que je fais à Dieu ». Louis XIII la remercie en lui adressant des pendants d'oreilles d'une valeur de 45 000 livres. Tout le mois de janvier se passe ainsi : protestations d'amitié et d'affection, discrets sondages pour savoir où en sont les intentions du Roi à l'égard de sa mère. Le 10 janvier, Marie de Médicis fait interroger Puisieux pour savoir s'il serait favorable à son retour au Conseil ; Puisieux répond par la négative, Louis XIII lui donne raison. Du coup, la Reine se hâte d'envoyer à son fils un mot de félicitations sur sa volonté de « vouloir régner », et le complimentant pour le choix de ses ministres !

Richelieu, pourtant, s'impatiente. Il ne voudrait pas laisser la place à d'autres ambitieux, le prince de Condé, par exemple, ou l'un des ministres en exercice. En sous-main, il inspire des pamphlets et des libelles où l'on invoque Blanche de Castille et Catherine de Médicis, et pressant le Roi de s'assurer le concours de la Reine-Mère. La *Remontrance faite à la Reine-Mère sur les affaires de ce temps* ou *La vertu triomphante de la fortune où est parlé des grands services rendus par la Reine-Mère à la France* font preuve d'une touchante unanimité : « Toutes les mères de nos Rois ont assisté l'État de leurs sages et fidèles conseils ». Croyant peut-être à l'existence d'un réel mouvement d'opinion, Louis XIII cède à moitié : le 31 janvier 1622, il décide que *la Reine-Mère pourra participer à certains Conseils.*

Un pas considérable a été franchi, mais le Roi est résolu pour le moment à empêcher Marie de se mêler d'affaires vraiment importantes. Marie, qui s'en rend compte, préfère ne pas laisser paraître de dépit : « Elle reconnut bien », écrit Richelieu, « qu'on était en garde d'elle, qu'on ne lui faisait voir que la montre de la boutique et qu'elle n'entrait point au magasin ; mais elle ne fit pas mine de le reconnaître, espérant de surmonter ces difficultés par sa bonne conduite [13] ». La Reine avale toutes les couleuvres, même quand Louis XIII, en septembre 1622, appelle le cardinal de La Rochefoucauld au Conseil et fait de Monsieur de Caumartin son Garde des Sceaux, n'informant sa mère qu'après coup de ces nominations.

La Valteline et la reprise de la guerre contre les protestants permettent à Marie de s'exprimer et de prendre date pour l'avenir. On se souvient des conditions dans lesquelles avait été conclu le Traité de Madrid stipulant l'évacuation des troupes espagnoles de la Valteline. En janvier 1622, l'Espagne n'a toujours pas rempli ses engagements. Lasses d'at-

13. Richelieu, *Mémoires,* Éd. Michaud et Poujoulat, Paris, Firmin Didot, 1837, T. I, p. 259.

tendre, et n'obtenant de la France que de vagues paroles d'encouragement, les Ligues Grises signent le Traité de Milan par lequel elles renoncent purement et simplement à leur suzeraineté sur la Valteline en échange de la démolition des forts espagnols. C'est un grave échec pour la France. Au Conseil, Marie de Médicis prend la parole pour dénoncer le comportement de l'Espagne : « Il faut faire tenir aux Espagnols la parole donnée pour la Valteline. Il est très important pour la grandeur et la réputation du Roi qu'il ne soit pas si enfermé dans son royaume qu'il n'ait plus une porte pour en sortir ». Langage ferme qui ne parvient pas à entraîner le gouvernement au-delà de quelques protestations platoniques. Louis XIII est fort peu préoccupé par les progrès de la Maison de Habsbourg, et beaucoup plus par l'agitation protestante dans les provinces du Midi. Celle-ci a pris des proportions telles qu'une campagne militaire est décidée. Marie se prononce contre la reprise des hostilités, mais ne parvient pas à dissuader le Roi, qui est déterminé à prendre sa revanche du siège manqué de Montauban.

Le 21 mars 1622, Louis XIII quitte Paris à la tête de ses troupes. Marie a demandé à le suivre en compagnie de Gaston et, curieusement, cette fois, Louis XIII refuse. Elle part quand même, et engage avec lui une espèce de course-poursuite qui la mène jusqu'à Nantes. Le 16 mai, elle est à Fontenay-le-Comte ; le Roi est déjà loin : elle lui dit le « déplaisir qu'elle avait de n'être pas auprès de lui ». Le 25, elle arrive à Cognac ; nouvelle déconvenue : « J'attendais avec impatience le moment qui nous rejoindra ensemble » ; ce sera pour une autre fois. Louis XIII vole de victoire en victoire : le 16 avril, il obtient sur les troupes de Soubise une éclatante victoire à l'île de Riez (dans le Marais breton : l'île n'existe plus, ayant été rattachée à la terre par le recul de l'Océan). Puis il s'empare du fort de la Chaume près des Sables-d'Olonne, et de Royan (le 11 mai). On comprend qu'il ne se soucie guère d'attendre la Reine-Mère ; il s'excuse d'ailleurs en lui écrivant « qu'il n'avait rien tant à ménager que le temps [14] ». Le voici maintenant sous les murs de Sainte-Foy-la-Grande. Que faire ? Le rejoindre, ou revenir à Paris ? Marie de Médicis, dont la santé subit le contrecoup de cet épuisant voyage, opte pour une troisième solution : « Si j'apprends » écrit-elle au Roi « que je puisse vous encore trouver près de Sainte-Foy, je continuerai à marcher le plus diligemment qu'il me sera possible pour m'y rendre ; mais si la réduction prompte de cette place en votre obéissance vous fait passer outre, je crois que vous aurez agréable qu'au lieu de consommer le temps à faire un fort long chemin qui serait inutile parce que je ne pourrais vous joindre, je l'emploie à aller à Pougues pour prendre les eaux ». Elle avait raison : Sainte-Foy se rend le 24 mai.

Le 1er juin, Louis XIII est déjà à Agen. Le 7, il met le siège devant

14. *Lettre de Louis XIII à Marie de Médicis,* mai 1622, BN, ms. fr. 3708, fol. 54 r°.

Négrepelisse, dont le nom reste attaché à l'épisode le plus dramatique de la campagne. Le 10 juin, une brèche est percée dans les murailles, le régiment des gardes se rue dans la ville, où tout le monde est passé au fil de l'épée, hommes, femmes, enfants. Parmi les femmes « quelques-unes furent forcées » rapporte Bassompierre, « les autres se laissant faire de leur plein gré », ce qui ne leur vaudra pas davantage la vie sauve. Le même sort advient à Saint-Antonin, au terme d'une sanglante bataille de rues de trois jours, les 20, 21 et 22 juin. Le temps des guerres de religion semble revenu, avec son cortège d'horreurs.

Le 27, Louis XIII arrive à Toulouse, ville catholique et fidèle. De là, il passe en Languedoc par Castelnaudary et Carcassonne, entre à Narbonne, puis Béziers, et marche sur Montpellier. La Reine-Mère suit avec inquiétude cette campagne menée tambour battant : « Je vous conjure de tout mon cœur d'avoir soin de vous et vous souvenir que vous marchez en une saison fort fâcheuse et en des provinces chaudes et incommodes ce qui me fait vous conjurer encore une fois d'avoir soin de votre personne » écrit-elle le 14 juillet de Pougues à son fils. Autour de Montpellier, la bataille fait rage. Les bourgades des environs, Aymargues, Lunel, Sommières, sont prises après des combats acharnés. L'armée royale perd beaucoup de monde face aux troupes protestantes commandées par le duc de Rohan, un véritable chef de guerre. Le 1er septembre, Louis XIII commence le siège de Montpellier. Six semaines plus tard, le Roi piétine toujours devant la ville, et il accueille avec faveur les ouvertures du duc de Rohan. Le 19 octobre 1622, la Paix de Montpellier renouvelle les concessions faites aux protestants par l'Édit de Nantes, mais interdit la tenue d'assemblées politiques, et ne laisse aux réformés que deux places de sûreté : La Rochelle et Montauban. Rohan se faisait donner une indemnité de 200 000 écus (600 000 livres), plus les gouvernements de Nîmes, Uzès et Castres. Une amnistie totale et la réintégration dans leurs charges et dignités était accordée aux rebelles.

La paix ne satisfait personne. Ni les protestants, plus que jamais sur leurs gardes. Ni le parti catholique, qui reproche au Roi de déposer les armes avant d'avoir obtenu l'élimination de l'hérésie. Le prince de Condé, furieux de ne pouvoir empêcher ni rompre la paix, demande la permission de quitter le pays et va s'établir en Italie sous couleur de pèlerinage. Le 20 octobre, le Roi fait son entrée dans Montpellier. Avec l'historien de Louis XIII, Victor L. Tapié, on se prend à penser, « comme on ne peut s'empêcher de le faire en évoquant cette histoire, aux pauvres gens de Monheur et de Négrepelisse pour qui il n'était plus besoin d'amnistie ni de charges, pauvres victimes des passions dont l'apaisement rendait aux autres la douceur de vivre [15] ».

15. Victor L. Tapié, *La France de Louis XIII et de Richelieu*, Paris, Flammarion, 1967 (réédition 1980), p. 130.

Les seuls gagnants de l'affaire sont Marie de Médicis et Richelieu. Le 5 septembre 1622, la promesse faite deux ans plus tôt à Angers par Louis XIII s'accomplit : Richelieu est promu cardinal. Condé, qui aurait pu être son rival, a disparu. Le Roi revient de la guerre avec un goût de cendres ; il ne peut oublier que Marie avait condamné cette lutte inutile. Anne d'Autriche a compromis sa position par une nouvelle fausse couche survenue dans des conditions stupides, et la brouille qui s'est mise dans le ménage royal contribue à rapprocher Louis XIII de sa mère.

Fin novembre, il arrive à Lyon où l'accueillent les deux Reines. Vis-à-vis d'Anne d'Autriche, Louis XIII est courtois, mais froid. Marie de Médicis, au contraire, se voit combler d'attentions et de prévenances. « Il fit de grandes caresses à la Reine sa mère », nous dit Richelieu, et « vécut avec elle avec familiarité [16] ». Le changement d'attitude est éclatant : aux courtisans qui savent sentir d'où vient le vent d'en tirer les conséquences ! Le maréchal de La Force écrit à sa femme le 23 janvier 1623 : « Jamais le Roi n'a rendu plus d'honneur à la Reine sa mère qu'à présent [17] ». Marie de Médicis entretient son fils des affaires d'Italie, de la Valteline, de la Hollande. Richelieu, dans l'ombre, prodigue ses conseils. Demain, la Reine-Mère, pleinement associée au gouvernement du pays, connaîtra de nouveau la griserie du pouvoir.

16. Richelieu, *Mémoires*, Éd. Michaud et Poujoulat, Paris, Firmin Didot, 1837, T. I, p. 270.
17. Duc de La Force, *Mémoires*, Éd. La Grange, T. III, p. 274.

CHAPITRE XIII

Au sommet de la gloire

Retour au pouvoir.

La route du pouvoir semble grande ouverte devant Marie de Médicis et Richelieu. De toutes parts, à la Cour, dans l'opinion, on se prépare à l'entrée de Richelieu au gouvernement, on l'espère, on la souhaite rapide tant les affaires de la France vont mal et tant le couple Richelieu-Marie de Médicis paraît maintenant le dernier recours du royaume. « Quand donc prendrez-vous le timon ? » lui écrit le Père Arnoux, l'ancien confesseur du Roi, victime de la rancune de Luynes. Des vers anonymes circulent :

Monseigneur de Luçon, vous êtes la lumière,
C'est vous qui par sagesse et qui par bonne foi
Vos offices rendant nous donnerez la loi.

Richelieu affecte de se désintéresser de son entrée éventuelle au gouvernement. Ce n'est qu'une apparence car le cardinal se tient en contact quotidien avec Marie de Médicis, s'informant auprès d'elle de tout ce qui se dit en Conseil, et préparant ses interventions. La réconciliation entre Louis XIII et sa mère est totale. Le Roi témoigne de tant de considération pour ses avis et de reconnaissance pour son aide affectueuse qu'il réunit son Conseil maintenant dans la chambre de Marie de Médicis. « Il est très certain qu'il n'y a plus de mésintelligence entre la Reine-Mère et son fils » écrit l'ambassadeur de Florence, qui note aussitôt que cela n'empêche pas le Roi de continuer à se méfier de Richelieu et de son ambition.

L'affaire de la Valteline va permettre au cardinal de prendre, même en marge du gouvernement, un poids grandissant dans la politique de la France.

Quand les Grisons, en janvier 1622, avaient signé avec le duc de

Féria, gouverneur espagnol du Milanais, le Traité de Milan par lequel ils renonçaient à leur suzeraineté sur la Valteline, le Pape lui-même s'était inquiété de ce succès espagnol qui risquait de pousser la France à intervenir. Les craintes du Pape avaient été déjouées : Louis XIII avait préféré rallumer la guerre contre les protestants du royaume, laissant ses alliés faire face tant bien que mal à la pression espagnole. Devant la passivité de la France, la Maison de Habsbourg décide de pousser ses avantages. Cette fois, ce sont les armées autrichiennes, sous le commandement de l'Archiduc Léopold, gouverneur du Tyrol, qui entrent en lice. Il n'est plus question de la Valteline, arrachée aux Grisons, mais des Grisons eux-mêmes où déferle l'invasion autrichienne.

La religion sert une fois de plus de drapeau : l'Autriche prétend rétablir le catholicisme dans les Grisons protestants. L'affaire est plus grave encore, s'il se peut, que celle de la Valteline proprement dite. C'est l'équilibre territorial de l'Europe centrale qui est mis en péril dans cette région vitale des Alpes. C'est un allié de la France qui est attaqué, non plus dans une de ses possessions extérieures mais sur son sol lui-même. Louis XIII, pendant ce temps, fait la guerre dans le Midi, et le sort des Grisons le trouble assez peu. Les ambassadeurs français envoyés à l'Archiduc Léopold pour lui demander de se retirer sont accueillis avec une politesse dédaigneuse. Malgré une résistance acharnée, les Grisons sont écrasés et l'Autriche impose sa loi. Le Traité de Lindau rattache aux possessions autrichiennes du Tyrol une partie de leur territoire, tandis que des troupes autrichiennes occupent de manière permanente des positions stratégiques dans le reste du pays.

La gravité de la situation conduit le duc de Savoie à se rendre en Avignon pour y rencontrer Louis XIII et supplier le Roi de France d'intervenir, maintenant que la guerre contre les protestants du Midi, terminée avec succès, lui laisse les mains libres pour reparaître sur la scène européenne. Le Roi ne se décide pas. L'armée, pourtant, regroupée dans la vallée du Rhône, était prête à s'engager en Italie du Nord, où le Milanais, presque dégarni de troupes, constituait un objectif facile. Le maréchal de Lesdiguières, gouverneur du Dauphiné, à qui sa conversion au catholicisme valait l'épée de connétable rendue disponible par la mort de Luynes, pouvait également mobiliser contre les Espagnols les forces cantonnées dans son gouvernement. Dans l'armée, à la Cour, un parti de plus en plus nombreux s'exprime en faveur de l'intervention militaire. L'incompréhensible passivité de Louis XIII provoque des manifestations publiques de mécontentement, et des officiers s'écrient tout haut sur le passage du Roi : « En Valteline, Sire ». Même de Rome viennent des sollicitations : souverain italien, le Pape est médiocrement favorable à une prépondérance trop marquée de l'Espagne dans la péninsule.

Mais le gouvernement français est incapable d'agir. Le Chancelier Sillery est miné par l'âge. Son fils Puisieux est d'un caractère faible, et beaucoup plus préoccupé de l'édification de sa fortune que du service du

Roi. La Reine-Mère insiste pour que la France adopte une ligne ferme, sans parvenir à forcer la décision : « Tous ces conseils furent bien reçus, mais peu ou point suivis », rapporte Richelieu. « La vieillesse des ministres était si grande que, appréhendant la longueur des voyages où tels desseins pourraient les embarquer, ils donnèrent des conseils conformes à la faiblesse de leur âge[1] ». Une fois de plus, ils décident de recourir à la diplomatie plutôt qu'au langage des armes. Sur leur proposition, le Roi donne son aval à la mise sur pied d'une Ligue qui réunirait la France, la Savoie, la République de Venise et la Confédération Suisse. Les objurgations de Marie de Médicis en faveur d'une intervention militaire ne parviennent pas à les convaincre : « Les ministres pensent à leurs affaires et non pas à celles du Roi, qui, sans rien résoudre, partit de Lyon vers la fin de décembre, et s'achemina à Paris, où son peuple l'attendait avec un extrême désir[2] ».

Quand, le 7 février 1623, un traité d'alliance est signé à Paris entre les différents membres de cette Ligue en vue de libérer les Grisons de la présence autrichienne, de leur faire restituer les territoires qu'ils ont dû céder et de rétablir leur suzeraineté sur la Valteline, il est trop tard. Les forces théoriques de la Ligue, 45 000 hommes, apparaissent d'ores et déjà insuffisantes pour équilibrer les armées autrichiennes et espagnoles. L'Archiduc Léopold s'offre par ailleurs le luxe de mystifier le gouvernement français en décidant de remettre les forts qu'il a édifiés dans le territoire des Grisons à des garnisons pontificales. Le Pape, rassuré et flatté, abandonne ainsi ses préventions contre les Habsbourg, et sa neutralité apparente rend sans objet le Traité de Paris. Pour comble de disgrâce, le gouvernement français apparaît comme l'instigateur d'une décision qui dupe ses alliés : c'est son ambassadeur à Rome, le propre frère de Sillery, qui se fait l'artisan de cette négociation tellement contraire aux intérêts de la France et de ses alliés. A Paris, le parti de l'intervention s'indigne tandis que Sillery et Puisieux se félicitent avec un lâche soulagement d'une situation qui leur évite d'avoir à affronter les tracas d'un conflit armé. La puissance des ministres est d'ailleurs à son comble. Tandis que Louis XIII ne s'intéresse plus qu'à la chasse, et, dans les loisirs qu'elle lui laisse, à la comédie italienne, Sillery et Puisieux obtiennent la disgrâce de Schomberg et la nomination au poste de Surintendant des finances d'un de leurs amis, le marquis de La Vieuville, qui n'a eu d'autre occasion jusqu'à présent de faire la démonstration de ses talents que dans l'exercice des fonctions de Grand Fauconnier du Roi.

Abaissement à l'extérieur, prévarications à l'intérieur, le Roi laisse

1. Richelieu, *Mémoires*, Ed. Michaud et Poujoulat, Paris, Firmin Didot, 1837, T. I, p. 272.
2. *Ibid.*

faire, pendant que Richelieu, patiemment, entreprend de se donner l'image de l'homme qui incarne une autre politique. Son heure a-t-elle enfin sonné? Le marquis de La Vieuville, dont l'intelligence est médiocre, mais qui prend au sérieux ses fonctions de Surintendant des finances, s'efforce de mettre un peu d'ordre dans la gestion des finances publiques. Il découvre ce faisant que d'importants détournements de fonds se produisent à l'instigation de Sillery et Puisieux. La Vieuville est certes leur ami, mais le scandale lui échappe, et son ampleur rend impossible de l'étouffer. Mis au courant par ses soins, le Roi, le 1er janvier 1624, chasse Sillery et Puisieux et nomme La Vieuville premier ministre. Et Richelieu? « Voilà un homme qui voudrait bien être de mon Conseil », avait dit le Roi peu de temps auparavant « mais je ne puis m'y résoudre après tout ce qu'il a fait contre moi ». Richelieu n'est toujours pas ministre.

La déception, cette fois, est vive. Richelieu croyait bien toucher au but. Pour manifester son mécontentement, la Reine-Mère boude les travaux du Conseil. Le pauvre La Vieuville est tout à fait désemparé. Son expérience gouvernementale est faible, alors que l'affaire de la Valteline s'envenime de jour en jour. Les troupes du Pape occupent les forts autrichiens mais le Saint-Siège prétend maintenant convertir les Grisons à la religion catholique. De son côté, le duc de Féria, gouverneur espagnol du Milanais, considère que l'accord entre l'Archiduc Léopold et le Pape ne le concerne pas et maintient ses propres garnisons dans les forts qu'il contrôle en Valteline. La Vieuville estime que le retour de la Reine-Mère au Conseil est indispensable. Marie de Médicis lui met le marché en main : qu'il propose lui-même au Roi l'entrée de Richelieu au Conseil, moyennant quoi elle accepte de revenir au Conseil et d'apporter son concours au gouvernement. La Vieuville n'a pas le choix, il accepte, tout en tenant à Marie de Médicis ces propos prophétiques : « Madame, vous voulez une chose qui causera infailliblement ma ruine. Et je ne sais si Votre Majesté ne se repentira pas un jour d'avoir tant avancé un homme qu'elle ne connaît pas bien encore ».

Le 24 avril 1624, le cardinal de Richelieu siège pour la première fois au Conseil. Il n'avait aucune attribution, mais sa seule présence écrase le pauvre La Vieuville qui se débat dans d'inextricables difficultés. Pendant que l'on concentre des troupes afin de se préparer à une intervention militaire en Italie, La Vieuville propose à l'Espagne de conclure un accord aux termes duquel la France s'engagerait par avance à lui garantir en toutes circonstances le libre passage de ses armées à travers la Valteline. Richelieu a beau jeu de montrer que cette proposition va à l'encontre des objectifs traditionnels de la politique française, et rend sans objet l'alliance avec Venise, la Savoie, et la Confédération Suisse. Le Roi écoute avec intérêt les exhortations du cardinal à penser à sa gloire. Sur les instances de Marie de Médicis, il confie à Richelieu le soin de conduire l'affaire de la Valteline.

Le cardinal remplace aussitôt le frère de l'ex-Chancelier Sillery comme ambassadeur à Rome, et, sans désemparer, s'applique à resserrer les alliances de la France contre la Maison de Habsbourg. Dans un mémoire qu'il remet au Roi sur l'affaire de la Valteline, il n'hésite pas à dénoncer l'Espagne comme l'ennemi public numéro un : « On ne peut douter que les Espagnols n'aspirent à la domination universelle et que jusqu'à présent les seuls obstacles qu'ils ont rencontrés sont la séparation de leurs États et la faute d'hommes [c'est-à-dire le manque d'hommes]. Or, par l'acquisition de ces passages des Alpes, ils remédient à l'un et à l'autre ». Au début du mois d'août 1624, Louis XIII demande à Richelieu de venir s'entretenir avec lui en tête-à-tête, et lui offre les fonctions de premier ministre. Invité à lui proposer une nouvelle équipe gouvernementale, le cardinal soumet au Roi une liste de noms qui est acceptée sans observation : le maréchal de Schomberg, Marillac, Molé, Champigny, hommes intègres et qui ont déjà fait leurs preuves.

Les conciliabules entre Richelieu et le Roi avaient fait pressentir à La Vieuville l'imminence de sa disgrâce. Il sollicite le cardinal de lui dire ce qui se passe. Richelieu, lié par le secret, ne lui dévoile rien mais permet à La Vieuville de deviner à demi-mot. Ce dernier demande alors audience au Roi qui le reçoit au château de Rueil où il était allé rendre visite à Marie de Médicis. La Vieuville dit à Louis XIII qu'il a compris que le souverain avait résolu de le relever de ses fonctions, et le supplie de l'autoriser à démissionner. Mais le Roi avait décidé de faire arrêter son premier ministre. Il refuse donc sa démission et lui demande de revenir le voir le lendemain à Saint-Germain-en-Laye. Le lendemain 13 août 1624, La Vieuville se présente tôt le matin dans la chambre du Roi. Louis XIII lui annonce qu'il a décidé de le relever de ses fonctions, et lui ordonne de se retirer. La Vieuville s'exécute, non sans avoir protesté avec force de sa loyauté, rappelant, avec ses propres états de services, les services rendus par ses aïeux et bisaïeux aux Rois de France et avant eux aux Rois de Navarre. Louis XIII endigue avec peine ce flot de paroles. La Vieuville sort et, au moment de monter dans son carrosse, est interpellé par Monsieur de Tresmes, capitaine des gardes, qui le prie de le suivre. Conduit d'une traite au château d'Amboise, il y restera incarcéré treize mois avant d'être jugé pour malversations.

Sitôt La Vieuville congédié, le Roi fait appeler Richelieu et les nouveaux ministres. Quelques heures plus tard, devant le gouvernement réuni au grand complet, Louis XIII évoque les services rendus par La Vieuville et les raisons qui l'ont amené à s'en défaire. Puis il invite Richelieu à prendre la parole. Le cardinal adjure Louis XIII de ne plus refaire les mêmes erreurs dans le choix de ses collaborateurs : s'il réédite les fautes qui ont été commises dans l'affaire de la Valteline rien ne pourra empêcher la ruine totale de ses finances et la perte de sa réputation en Europe. Qu'il ne délègue pas tous ses pouvoirs à un seul : le Roi travaille avec une équipe, et toutes les résolutions à prendre doivent être discutées entre les membres de cette équipe. Tout ce qui se dit est public en Conseil, secret vis-à-vis de l'extérieur. Aucune médisance d'un ministre sur le compte de tel ou tel de ses collègues ne doit être tolérée. Un gouvernement n'est pas à l'abri de tout reproche et le Roi doit accueillir tous les avis qui peuvent lui être donnés par chacun de ses sujets sur la conduite des affaires publiques ; mais, s'il a l'obligation de récompenser les jugements de bon sens, il lui faut se montrer impitoyable à l'égard de la calomnie. Au terme de son exposé, Richelieu supplie le Roi « de se gouverner en sorte que tout le monde reconnût qu'il pensait à ses affaires comme il était à désirer[3] ».

Richelieu applique tous ses efforts au règlement de l'affaire de la Valteline. Sur ses instructions, Annibal d'Estrées, marquis de Coeuvres, avait été envoyé en Suisse pour obtenir l'accord des Cantons sur le Traité de Madrid de 1621 par lequel les Espagnols avaient promis l'évacuation de la Valteline. Richelieu lui donne également instruction d'offrir aux Suisses les subsides nécessaires pour lever 4 000 hommes aux frais du Roi de France et solliciter les Grisons de se préparer à prendre les armes contre les troupes étrangères : 3 000 fantassins et 500 cavaliers passent ainsi sur le territoire des Ligues Grises pour aider celles-ci au moment du soulèvement. Le 25 novembre, le marquis de Cœuvres confirme le traité d'alliance entre la France et les Grisons et obtient de ceux-ci la promesse d'un pardon général à leurs sujets rebelles de la Valteline. Le lendemain 26 novembre, les Grisons s'insurgent contre les Autrichiens, et le marquis de Cœuvres, à la tête de sa petite armée de Suisses et de Français, entreprend de mettre la main sur les forts occupés par les troupes pontificales, qui n'étaient guère en mesure de soutenir une campagne prolongée.

Le Pape s'efforce d'obtenir par la voie diplomatique l'arrêt de l'offensive du marquis de Cœuvres et le retrait de ses forces. Mais à Paris il se heurte désormais à un premier ministre dont le langage ferme contraste avec la politique d'abandon de ses prédécesseurs. Le gouvernement français ne veut connaître que le droit : les Grisons sont les suzerains légitimes de la Valteline, ils doivent donc être rétablis dans la jouissance de leurs prérogatives sur ce territoire, à charge pour eux de respecter le libre exercice du culte catholique. Entre-temps, le marquis de Cœuvres était venu à bout des garnisons pontificales et s'attaquait maintenant, avec des effectifs supérieurs, aux garnisons espagnoles. A la fin du mois de février 1625, les Grisons étaient libérés et les Espagnols chassés de la Valteline. Madrid s'inclinait sans mot dire.

3. Richelieu, *Mémoires*, Éd. Michaud et Poujoulat, Paris, Firmin Didot, 1837, T. I, pp. 303-304.

Ainsi, Richelieu commençait l'exécution du plan qu'il avait soumis au Roi : faire respecter les armes françaises en Europe, et s'opposer par tous les moyens à l'accroissement de la puissance de l'Espagne. Redoutable objectif pour un homme d'Église, qui s'exposait au reproche de trahir doublement la cause catholique à laquelle il aurait dû consacrer son zèle, en tant que Français catholique, et en tant que prélat de Sa Sainteté. Mais, manifestement, le cardinal avait décidé de ne pas se laisser arrêter par ces considérations. Le rétablissement de la situation en Italie, que des années d'une politique hésitante semblaient avoir conduite au bord d'un désastre définitif, est un grand succès, que l'opinion française unanime reçoit comme un témoignage de la fierté nationale retrouvée. Marie de Médicis, dont l'amitié pour Richelieu se renforce sans cesse, est triomphante. En cette année 1625, tout lui sourit.

Le Palais du Luxembourg.

Marie de Médicis n'avait jamais beaucoup aimé le Louvre, sombre, malsain, entouré de fossés malodorants. Lorsque la mort d'Henri IV fait d'elle une Reine douairière, elle doit bien prévoir qu'un jour l'appartement qu'elle occupe dans le Palais devra être mis à la disposition de la Reine régnante. Certes, Louis XIII n'a même pas 9 ans, mais Marie de Médicis travaille activement à la réalisation de son mariage avec l'Infante Anne d'Autriche – qui sera finalement conclu en 1615. Dès ce moment, elle songe donc au choix d'une autre résidence et, très vite, elle jette son dévolu sur le faubourg Saint-Germain. C'est un quartier agréable, aéré de nombreux jardins. Guère d'échoppes ou de maisons entassées les unes contre les autres, comme dans le vieux Paris, mais des hôtels nobles et des couvents.

Bien d'autres choses, au demeurant, l'attirent dans ce quartier, et d'abord l'Hôtel de Gondi, qui l'a accueillie à son arrivée à Paris, à peine mariée, le 9 février 1601. Cet Hôtel, propriété de Jérôme de Gondi, gentilhomme florentin, Chevalier d'honneur de la Reine, est situé dans la rue Neuve Saint-Lambert – l'actuelle rue de Condé (à proximité de l'Odéon). Marie de Médicis l'achète en 1610 pour le donner au prince de Condé. Elle a également une autre raison d'aimer ce quartier. Depuis quelques années, en effet, Léonora Galigaï s'est installée à l'Hôtel de Picquigny situé au 10, rue de Tournon, qu'elle a d'abord loué, avant d'en faire l'acquisition. Elle y a réalisé des travaux très importants – en fait, l'Hôtel a été presque totalement reconstruit. Marie de Médicis se rend très souvent dans cette belle résidence, aménagée avec beaucoup de goût[4]. Non loin de là, François de Luxembourg, duc et pair, possède

4. L'Hôtel construit par l'architecte italien Bordoni pour Léonora existe toujours. Il abrite aujourd'hui une caserne de la Garde Républicaine.

un Hôtel situé rue de Vaugirard[5] en face de la rue Garancière. L'Hôtel de Luxembourg, construit vers le milieu du XVIe siècle pour Alexandre de La Tourrette, un homme issu de la robe parisienne, est ensuite passé par les mains de Madame de Harlay, qui l'a revendu en 1570 à François de Luxembourg. Il offre un agrément particulier : l'Hôtel jouxte en effet un vaste parc de 8 hectares constitué peu à peu, par acquisitions successives, par le duc de Luxembourg. Marie de Médicis aime y venir avec ses enfants : le petit Dauphin, le futur Louis XIII, joue souvent dans les jardins. Un de ses plaisirs favoris est de faire poursuivre des marcassins et des lièvres par ses chiens.

Devenue veuve, Marie de Médicis décide de s'établir dans ce quartier, et jette son dévolu sur l'Hôtel de Luxembourg. Le duc ne résiste guère aux sollicitations de la Reine-Régente et les pourparlers aboutissent rapidement à un accord, conclu le 27 septembre 1611 : la propriété du duc comprenant l'Hôtel, le jardin attenant, et le parc de 32 arpents (8 hectares environ) est cédé à Marie de Médicis pour le prix de 90 000 livres, « plus 3 000 livres de droits seigneuriaux, frais de décret et autres dépenses ordinaires ». L'acte de vente est signé pardevant notaire le 2 avril 1612 et ratifié par la Reine le 16 avril. A partir de cette première acquisition, Marie va travailler sans relâche à arrondir son domaine en achetant les propriétés voisines.

L'Hôtel de Luxembourg touche à l'est à une propriété plus petite, la maison Champrenard, située en face du débouché de la rue de Tournon dans la rue de Vaugirard, que Marie de Médicis cherche également à acquérir. En avril 1611, elle en offre 8 000 livres sans succès. Les discussions s'éternisent. La vente ne sera signée que le 8 février 1613, et ratifiée par la Reine le 18 juillet 1613 ; le prix : 27 000 livres, plus de trois fois la somme initialement offerte. Le même jour, Marie de Médicis ratifie l'acte d'acquisition de la ferme de l'Hôtel-Dieu pour 50 000 livres.

D'autres acquisitions se succèdent, au cours des mêmes années, la maison Tournemine, la maison Lambert de la Marche, le jardin Arnauld. L'ensemble de ces achats représente une dépense de 126 740 livres. Les Chartreux, dont le monastère prolonge le domaine de Marie de Médicis vers l'ouest, refusent pendant longtemps de rien entendre et repoussent les offres, si alléchantes soient-elles, de la Reine-Mère. Ils finissent par accepter, au début de 1617, non pas une aliénation, mais un échange de terrains qui permet à Marie de Médicis d'acquérir toute la partie nord de l'Enclos des Chartreux. Les achats de terrains, interrompus pendant l'exil de Blois, entre 1617 et 1619, ne reprennent qu'après 1620. Une dernière parcelle constituant une enclave gênante à l'est de la propriété est acquise en 1624.

5. La rue portait déjà ce nom, qui s'orthographiait alors « Vaulx Girard ».

Le Palais du Luxembourg
(Plan de Salomon de Brosse)

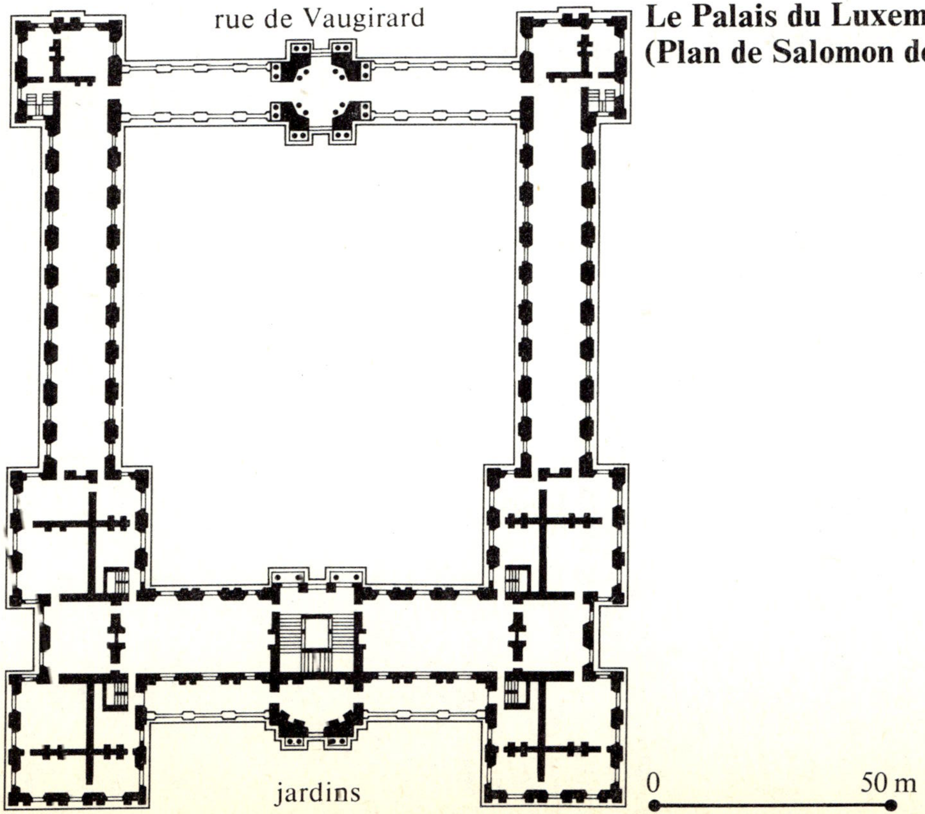

Marie de Médicis dispose d'une propriété d'un seul tenant, couvrant 24 hectares — à peu près la même superficie qu'aujourd'hui, mais de forme assez différente. Au XVIIe siècle, le domaine de Luxembourg a en gros l'aspect d'un rectangle s'étendant sur 800 mètres d'est en ouest, le long de la rue de Vaugirard, avec une largeur d'environ 300 mètres dans le sens nord-sud. Par la suite, les jardins se sont étendus vers le sud aux dépens de l'Enclos des Chartreux, mais différentes aliénations ont compensé ces extensions : juste avant la Révolution, le comte de Provence, futur Louis XVIII, qui a reçu le Palais du Luxembourg en apanage en 1780, vend une partie des jardins, qui correspond au quartier actuel des rues de Fleurus, Jean-Bart, Guynemer, d'Assas (en partie) et Madame (en partie); le Second Empire aliène le triangle de terrains axé sur l'avenue de l'Observatoire, entre la rue d'Assas, la rue Auguste-Comte et le boulevard Saint-Michel, et rabote la propriété à l'est et au sud en ouvrant la rue de Médicis et le boulevard Saint-Michel.

Tandis qu'elle procède à ces acquisitions, la Reine-Mère s'occupe activement des jardins. Pendant la seule année 1612, elle plante 2 000 ormes. Parterres, terrasses et fontaines s'organisent. On ne sait qui est l'auteur du plan général d'aménagement des jardins, dont la réalisation est confiée à Nicolas Descamps, aidé par G. Boutin pour les plantations, Jacques Boyceau pour les parterres et Thomas Francine pour les fontaines. Nicolas Descamps avait été nommé le 6 avril 1612 « jardinier ordinaire des jardins et parterres de ma maison et Hôtel du Luxembourg ». L'aspect des jardins à cette époque nous a été transmis par les gravures contemporaines : il n'a guère changé jusqu'à nos jours. La tradition veut que trois ormes subsistent aujourd'hui parmi ceux qu'a plantés Marie de Médicis.

En 1620 est construite la fontaine de Médicis, œuvre de Salomon de Brosse, à l'extrême ouest du parc. Le percement de la rue de Médicis, sous le Second Empire, a entraîné son démontage et son remontage (avec quelques modifications) à son emplacement actuel.

Dès l'acquisition de l'Hôtel de Luxembourg, Marie de Médicis l'aménage et le meuble à son goût. Elle y envoie le plus souvent possible ses enfants, faisant construire pour leur amusement une ménagerie comprenant chiens, poules, lapins, et autres animaux. L'Hôtel sert de maison de campagne. Pour la saison chaude, Marie fait construire une glacière. Elle aménage quelques pièces inutilisées où elle installe un atelier de broderies orientales, dont les ouvrières sont des jeunes filles grecques ou turques : Marie fait en même temps œuvre pieuse, puisque ces jeunes filles sont des esclaves rachetées par l'intermédiaire du Grand-Duc de Florence et converties au catholicisme.

Mais la Reine ne se satisfait pas des bâtiments existants de l'Hôtel de Luxembourg. Elle ne souhaite pas les démolir (ils existent d'ailleurs toujours, et forment ce qu'on appelle le Petit-Luxembourg, où est installé le Président du Sénat de la République Française), mais projette de les compléter par un Palais construit suivant son goût. Le 6 octobre 1611, elle écrit à la Grande-Duchesse de Toscane pour lui annoncer son intention de se faire bâtir un logis inspiré du Palais Pitti, où elle a passé toute son enfance, et lui demander, dans ce but, de lui adresser le plan du Pitti, avec toutes les élévations et perspectives nécessaires. Voici le texte intégral de cette lettre. Remarquons au passage la sécheresse d'un style qui ne laisse aucune part aux effusions, même à l'égard de cette Grande-Duchesse Christine de Toscane, compagne des années de jeunesse de Marie :

« Ma tante,

Étant en volonté de faire bâtir et accommoder une maison à Paris pour me loger, et voulant en quelque chose me régler sur la forme et modèle du Palais de Pitti, lequel j'ai toujours estimé pour l'ordre de son architecture et grandes commodités qui y sont, je vous fais celle-ci pour vous dire que j'aurai à singulier plaisir que vous m'en fassiez le plan en son entier avec les élévations et perspectives de bâtiments, tant du côté de devant ledit Palais qu'en derrière d'icelui du côté des terrasses, vous priant de me les envoyer à la première occasion. Ensemble les mesures et proportions de cours, terrasses, salles, chambres et autres stances de la maison, pour m'en aider et servir en la structure et décoration de la maison. Et m'assurant que vous recevrez cette prière en très bonne part de moi, je ne la ferai pas plus longue que pour prier Dieu. Marie ».

Le 14 octobre, elle envoie à Florence l'un des frères Métezeau (Louis ou Clément, on ne sait lequel), architectes du Roi, pour veiller à l'exactitude de ces levés de plans. On s'explique mieux, de la sorte, la frénésie d'acquisitions de terrains dont Marie de Médicis est apparemment saisie, et notamment l'acharnement qu'elle met à obtenir la cession à son profit des propriétés situées du côté est de l'Hôtel du duc de Luxembourg : c'est là, le long de la rue de Vaugirard, sur les propriétés Champrenard, Arnauld, Tournemine notamment, que doit s'édifier le nouveau Palais.

De cette mission à Florence sort un projet qui, présenté à la Reine par les Métezeau, ne lui plaît qu'à moitié. Salomon de Brosse est alors consulté et soumet à Marie de Médicis un projet concurrent qui reçoit son agrément. Mais la Reine ne veut pas prendre seule la décision : le projet de Salomon de Brosse, en effet, s'il évoque le Palais Pitti, notamment par l'utilisation systématique des bossages[6], reste dans la ligne de l'architecture des châteaux et palais qui se développe en France depuis

6. Les bossages sont des pierres qui dépassent la surface d'un mur pour donner par leur rythme un effet décoratif. Ces pierres ont tantôt des angles vifs, tantôt des bords arrondis.

le XVIe siècle, sous l'influence italienne, mais en conciliant celle-ci avec les traditions purement françaises. Pour s'assurer de la justesse de son choix, Marie de Médicis organise alors une sorte de jury international : les plans de de Brosse sont reproduits en plusieurs exemplaires, et envoyés aux grands maîtres architectes du temps (essentiellement italiens) ainsi qu'à quelques princes réputés pour la sûreté de leur goût.

Le projet ayant recueilli une approbation quasi unanime, Marie de Médicis passe alors contrat avec Salomon de Brosse. Le 2 avril 1615, la première pierre est solennellement posée par la Reine. Trois médailles d'or et deux médailles d'argent d'une valeur totale de quelque 350 livres sont placées sur la pierre et recouvertes, à l'aide d'une truelle d'argent, d'un peu de mortier. Les acclamations fusent, il fait beau, les bourgeons éclatent en ce début de printemps. La Reine-Mère savoure cet instant de bonheur. Les États-Généraux se sont achevés le 6 mars, d'une manière aussi satisfaisante que possible. Les mariages espagnols, « grande pensée » de la régence, sont en bonne voie. Marie de Médicis est au faîte de sa puissance.

Salomon de Brosse n'était nullement un inconnu pour la Reine : depuis 1609, il travaillait à son château de Montceaux-en-Brie. Né en 1571 à Verneuil-sur-Oise, près de Creil, il était fils et petit-fils d'architectes : son père, Jean de Brosse, avait été architecte de la Reine Marguerite, la première femme d'Henri IV, et sa mère était la fille de Jacques Ier Androuet du Cerceau. Ce dernier avait notamment construit le château de Verneuil-sur-Oise, où Salomon de Brosse dirigea d'ailleurs, dans les années 1600, divers travaux d'aménagement, et qui lui servit en partie de modèle pour le Palais du Luxembourg. Détail piquant, le château de Verneuil appartenait à la marquise de Verneuil, c'est-à-dire Henriette d'Entragues.

Salomon de Brosse était donc un enfant de la balle. Comme tous les architectes de son époque, il possédait parfaitement les techniques de la construction. Il avait d'autre part de solides connaissances théoriques, ayant étudié Vitruve et Vignole, les deux grands maîtres des hommes de l'art en ce temps. Lorsque la Reine le choisit pour construire son Palais de préférence aux Métezeau, Salomon de Brosse est en train d'achever les travaux du château de Coulommiers pour Catherine de Gonzague, duchesse de Longueville. C'est donc un architecte en vogue. Il sera chargé en 1618 de reconstruire la grande salle du Palais pour le Parlement de Paris (dans ce qui est actuellement le Palais de Justice) et d'édifier le Palais du Parlement de Bretagne à Rennes. En 1623, il reconstruit le Temple protestant de Charenton (de Brosse était lui-même protestant).

Salomon de Brosse avait passé avec Marie de Médicis un accord qui comportait en fait deux volets. Un contrat d'architecte, prévoyant le paiement d'une somme forfaitaire de 2 400 livres par an. Un contrat d'entrepreneur, aux termes duquel il se chargeait de la construction du Palais conformément aux plans et devis approuvés, pour un prix de 750 000 livres. Somme apparemment énorme, et cependant insuffisante : trois fois l'adjudication des travaux avait été lancée puis retirée, en novembre et décembre 1614, aucune entreprise n'ayant voulu se satisfaire du prix proposé pour la réalisation des travaux. Salomon de Brosse, contraint et forcé, s'est vu obligé, après ces trois adjudications infructueuses, de traiter lui-même le contrat d'entreprise générale au prix offert, et dans des conditions qui devaient lui valoir bien des mécomptes.

Les travaux démarrent bien, cependant. Salomon de Brosse a sous-traité la maçonnerie à un maître-maçon réputé, Charles Biterne, la charpente à Pierre Scellier, la couverture à Étienne Regnauld. Pour mieux surveiller l'exécution des travaux, il s'installe dès 1616 dans l'Hôtel de Luxembourg avec son fils Paul. Sage précaution, car de graves problèmes surgissent bientôt, en raison de la nature du sous-sol : l'existence de carrières anciennes oblige à interrompre les travaux de superstructure et impose une consolidation préalable. Cette opération est longue, délicate, et coûteuse. Ainsi retardés, les travaux de construction proprement dits reprennent au printemps de 1617, mais pas pour longtemps, car ils vont subir une interruption quasi totale lorsque l'assassinat de Concini, le 24 avril 1617, entraîne l'exil de la Reine-Mère à Blois. C'est d'ailleurs moins le manque d'argent qui fait traîner la construction que le ralentissement des acquisitions de terrains, dans cette partie est du domaine de Luxembourg où s'édifie le nouveau Palais.

Le retour de Marie de Médicis, à l'été 1620, donne aux travaux une nouvelle impulsion. Mais dans quelles conditions ! Les prix ont augmenté, les dégradations survenues, comme c'est hélas toujours le cas pendant l'interruption d'un chantier, imposent de refaire certaines parties du bâtiment. Bref, en 1622, le crédit de 750 000 livres prévu au début a été entièrement consommé. Et pourtant, la Reine exige que toute la maçonnerie soit terminée pour la fin de l'été ! Elle a chargé son plus proche collaborateur, Monsieur de Richelieu, Surintendant de sa Maison, d'y veiller personnellement. Pour stimuler le zèle de Salomon de Brosse, Richelieu demande qu'on lui verse 2 000 livres par semaine pendant tout l'été : le Trésorier de la Reine, Florent d'Argourges, lui rit au nez ; c'est deux fois cette somme qu'il faudrait engager rien que pour maintenir le chantier à son rythme présent !

Salomon de Brosse mettrait-il de l'argent dans sa poche ? C'est ce que Richelieu incline à penser. Florent d'Argouges n'est pas de cet avis, mais Richelieu saisit le Conseil d'État et demande une expertise contradictoire. Le rapport déposé le 26 juin 1623 nous apprend que le grand corps de logis a ses murs et qu'il est couvert, mais que toutes les croisées n'étaient même pas encore en place.

Les rapports entre la Reine et son architecte-entrepreneur s'enveniment. Les paiements sont bloqués, de Brosse arrête le chantier, on lui fait sommation de reprendre les travaux. Bref, rien ne va plus, et la Reine ne voit pas le bout de ses soucis. Alors, on décide de discuter et, le 24 mars 1624, une transaction est signée entre les parties : Salomon de Brosse reste l'architecte du Palais, aux mêmes gages de 2 400 livres par an, mais il abandonne sa mission d'entreprise générale, qui est confiée au sieur Marin de la Vallée. Les travaux reprennent, et en 1625, Marie de Médicis inaugure fastueusement la grande galerie du premier étage de l'aile ouest, ornée des 24 somptueux tableaux peints par Rubens pour l' « Histoire de Marie de Médicis ».

La Reine-Mère est enfin dans ses meubles. Sa chambre occupe l'une des plus belles pièces; c'est là que se jouera la scène cruciale de la Journée des Dupes le 11 novembre 1630. Aujourd'hui, le bureau de tabac du Sénat y est installé; si les meubles ont disparu, notamment le magnifique lit à balustres, la décoration n'a pas changé, et l'on aperçoit toujours, par les fenêtres, le début des jardins et le Petit-Luxembourg, ancien hôtel du duc de Luxembourg.

Les travaux ne sont pas terminés pour autant. En cette année 1625, ils battent leur plein dans la partie est du Palais, dont l'ensemble s'achève en 1631, non sans d'ultimes avatars, Marin de la Vallée ayant dû passer la main à un dernier entrepreneur, Thiriot. Salomon de Brosse était mort en décembre 1626. Marie de Médicis l'avait remplacé par Jacques Lemercier, étoile montante de l'architecture française grâce à Richelieu qui a fait pratiquement toute sa carrière : le cardinal lui a confié en 1624 l'extension du Louvre, et lui passe commande de la construction de la chapelle de la Sorbonne dont les travaux commencent en 1626. Richelieu le chargera également de la construction du château et de l'église de Rueil, du château et de la ville nouvelle de Richelieu à partir de 1631 et, surtout, du Palais-Royal dont les travaux débuteront en 1633. On ne s'étonne guère, par conséquent, de voir Lemercier responsable de la supervision des travaux du Luxembourg; en fait, son apport est réduit, le nouvel architecte du Palais se bornant à ajouter aux plans initiaux de Salomon de Brosse deux bâtiment symétriques le long de la rue de Vaugirard, à chacune des extrémités est et ouest de la construction.

Le Palais suscite l'admiration des contemporains. Germain Brice, dans sa *Nouvelle description de la Ville de Paris et de tout ce qu'elle contient de plus remarquable,* dit son enthousiasme : « De tous les grands édifices qui se voient à Paris et même dans le reste du royaume, il n'y en a point de plus beau, que ce magnifique palais. On pourrait ajouter, du moins si l'on veut bien s'en rapporter à plusieurs personnes très habiles, et qui jugent des choses sans prévention, que dans toute l'Italie, il se voit peu d'édifices plus réguliers et plus noblement décorés que celui-ci. Marie de Médicis, dont les idées étaient élevées, n'épargna rien pour laisser à la postérité un monument digne de la grandeur et de la magnificence de sa Maison ; et l'on peut dire qu'il est à présent très peu de bâtiments en Europe où l'art approche plus de la perfection que dans celui-ci, enfin où il paraisse plus de grandeur et de majesté[7] ».

Grâce aux descriptions contemporaines, on connaît assez bien l'allure et la disposition du Palais du Luxembourg à l'époque de Marie de Médicis, avant les transformations sensibles que lui ont fait subir la Révolution, le Premier Empire, et la Monarchie de Juillet.

L'entrée du Palais se situe, comme aujourd'hui, face à la rue de Tournon. Le porche, de forme quadrangulaire et orné de statues, est couronné d'un dôme lui-même surmonté d'une lanterne ronde. Il est encadré par un long portique de panneaux dans le plus pur style toscan, comportant un rez-de-chaussée couvert d'une terrasse accessible, d'où l'on a une fort belle vue sur la perspective de la rue de Tournon. A chaque extrémité du portique, un pavillon d'angle à trois niveaux ; le rez-de-chaussée, dans le style toscan, s'harmonise avec le portique ; le premier étage est de style dorique, le deuxième étage de style ionique. La façade sur la rue a un développement total de 89 mètres. Derrière le portique s'ouvre la Cour d'honneur, encadrée par deux ailes latérales, à l'est et à l'ouest, longues de 25 mètres, et comportant un étage sur un rez-de-chaussée formant galerie ouverte. Les ailes aboutissent au corps de logis principal à deux étages, flanqué de quatre pavillons d'angle. La façade sur le jardin a la même longueur que celle sur la rue de Vaugirard : 89 mètres. Elle comporte au niveau du premier étage une grande terrasse à balustres qui permet à Marie de Médicis de contempler le magnifique parterre ouvert dans l'axe du Palais (et qui aujourd'hui se prolonge, au-delà des grilles sud, par l'avenue de l'Observatoire).

La Reine a choisi de s'installer dans l'aile ouest, à droite en entrant. La galerie qui court au premier étage a été décorée par Rubens. La chambre de la Reine s'ouvre là. Elle est « belle, grande et carrée, enrichie d'une cheminée admirable pour son ouvrage et dorure, garnie de deux gros chenets d'argent. En cette chambre se voit la place du lit, enfermée de balustres dont les piliers sont d'argent[8] ».

Fontaines, bassins et jets d'eau constituent l'un des ornements majeurs des jardins du Luxembourg. Avec les bossages du Palais, ils sont les témoins les plus évidents de l'influence italienne. Le maître d'œuvre en est Thomas Francine, chef de file d'une dynastie de fontainiers qui dotera Versailles de ses magnifiques jeux d'eau. Mais il faut de l'eau, beaucoup d'eau, et Paris n'en a guère à cette époque. Heureusement, les jardins du Luxembourg vont pouvoir bénéficier des travaux considérables faits pour amener dans la capitale les eaux de la Bièvre.

7. *Nouvelle description...*, T. II, Paris, 1684.
8. Claude Malingre, *Les Antiquités de la Ville de Paris*, Paris, 1640.

La décision avait été prise par Henri IV, mais la réalisation n'avait pas commencé. Il s'agit de capter les eaux de la Bièvre à Rungis et de les amener par simple gravité, dans une conduite de 13 kilomètres, jusqu'à un réservoir construit près de l'actuel Observatoire de Paris, à Montsouris.

La première pierre des « Fontaines de Rungis », point de départ de la canalisation, est posée en grande pompe le 17 juillet 1613 par Louis XIII en présence de sa mère. Elle donne lieu à une belle manifestation populaire. Il y a là les 5 ou 600 ouvriers du chantier, toute la Cour, le Prévôt des Marchands conduisant la municipalité parisienne et les délégations des corporations de la capitale, et un immense concours de peuple accouru pour voir son Roi. Dès que Louis XIII arrive, le Prévôt des Marchands lui tend une truelle d'argent. « Et aussitôt, lesdites trompettes sonnant, ledit Seigneur Roi a été conduit à l'endroit où se commence le grand regard, accompagné de ladite dame Reine et de tous les princes et seigneurs ci-dessus. Sa Majesté a assis et posé ladite première pierre, sur laquelle a été mis par Sa Majesté cinq médailles, l'une d'or et quatre d'argent, baillées par ledit sieur Prévôt des Marchands, lesquelles ont été couvertes d'une autre pierre, qui ont été liées ensemble par Sa Majesté, laquelle, pour ce faire, avec ladite truelle d'argent, a pris du mortier dans un bassin d'argent qui était à cette fin préparé. Et à l'instant lesdites trompettes et tambours ont recommencé à sonner avec grandes acclamations de joie et cris de " Vive le Roi " par tout le peuple[9] ».

Le programme des travaux comporte un ouvrage d'art colossal pour franchir la vallée de la Bièvre dans son cours inférieur, à Arcueil. L'aqueduc d'Arcueil, qui existe toujours, date de la régence de Marie de Médicis. Gigantesque construction à arcades de 389 mètres de longueur, dont la hauteur maximum au-dessus de la vallée est de 29 mètres. Les travaux avaient été adjugés le 27 octobre 1612 à Jehan Coing, maître-maçon, pour une somme de 460 000 livres à lui payer en six annuités égales. La construction de l'ensemble va être ralentie par la mort de l'entrepreneur, et c'est seulement quelque dix ans après le premier coup de pioche, le 18 mai 1623, que l'eau est enfin introduite dans la canalisation. Le 19 mai, les eaux de la Bièvre parviennent au réservoir de Montsouris. Le raccordement à la conduite qui approvisionne le jardin du Luxembourg est immédiat; celui des diverses fontaines de Paris prendra un peu plus de temps, et c'est seulement le 21 juin que l'eau prélevée à Rungis est distribuée à la fontaine de la Place de Grève.

Marie de Médicis, au moment où elle décidait la construction du

9. D'après une relation contemporaine, citée par Bernard Morice, *Le Palais du Luxembourg et ses métamorphoses*, Paris, Imprimerie Draeger (Hors commerce), 1974, p. 8.

Palais du Luxembourg, disait son intention de le léguer à celui de ses enfants qui l'aimerait le mieux. Lorsqu'elle meurt le 3 juillet 1642 à Cologne, elle donne par testament sa « Maison du Faubourg Saint-Germain » conjointement à Louis XIII et à Gaston d'Orléans. Ce dernier en héritera en 1646, lors du partage des biens de Marie de Médicis. La valeur du Palais, du Jardin et des dépendances est estimée alors à 1 170 000 livres, celle des meubles du Palais à 890 000 livres.

Rubens.

C'est à la fin de 1621 que Marie de Médicis fait appel à Rubens pour décorer le Palais du Luxembourg. On avait d'abord pensé à des peintres italiens. Réflexe naturel : il y a deux cents ans que les Italiens dominent l'art européen et, au surplus, l'origine florentine de Marie de Médicis la dispose tout naturellement à regarder du côté de sa ville natale. Le choix de Rubens, par conséquent, apparaît un peu surprenant.

Il s'explique d'abord par la notoriété du peintre, déjà fort connu notamment en Italie. Il s'est rendu dès l'an 1600 à Venise, et a été recruté comme peintre officiel à la Cour de Mantoue par le duc Vincent de Gonzague. Or, Vincent a pour femme la sœur aînée de Marie de Médicis, Éléonore, et Rubens l'accompagne à Florence au mois d'octobre 1600, lors des festivités du mariage par procuration de Marie et d'Henri IV. Perdu dans la foule, il n'a évidemment guère attiré l'attention de Marie. Mais les années qui suivent voient son talent s'épanouir ; sa réputation de portraitiste s'étend jusqu'à Rome, on l'envoie en Espagne, on parle de le faire séjourner quelque temps à Paris pour en rapporter, à l'intention du duc de Mantoue, les portraits de Marie, d'Henri IV, des enfants, et aussi « de toutes les plus belles dames du monde, princesses ou particulières ». Ce projet n'a pas eu de suite et Rubens reste attaché à la Cour de Mantoue jusqu'à ce qu'il obtienne, en mai 1607, d'être rappelé à Anvers par l'Archiduchesse Isabelle et l'Archiduc Albert, qui gouvernent, pour le compte du Roi d'Espagne, les Pays-Bas espagnols.

Rubens, s'il est né en Allemagne, dans la région de Cologne, à Siegen, le 28 juin 1577 d'une vieille famille anversoise, était reparti vivre dès l'âge de 10 ans dans la patrie d'origine de sa famille. Il avait très tôt montré du goût pour la peinture, et on l'avait mis à l'école des meilleurs Maîtres de la ville. Quand il était parti pour l'Italie, il n'était plus tout à fait un inconnu, et c'est à Rome qu'il reçut de l'Archiduc Albert sa première commande, une série de trois tableaux relatifs à l'histoire de Sainte-Hélène, réalisés entre juillet 1601 et mars 1602. Ces tableaux, qui sont parvenus par un curieux périple en l'église de Grasse, sont les trois premières œuvres authentiques de Rubens. Cinq à six ans plus tard, l'Archiduc Albert s'était volontiers laisser convaincre de rappeler à Anvers un Rubens fatigué de l'exil et des procédés du duc de Mantoue, toujours à court d'argent, et toujours en retard pour payer son peintre favori.

Le retour à Anvers marque, pour Rubens, le début d'une période de très grande production. En 1611, il a déjà gagné suffisamment d'argent pour s'acheter une maison élégante sur le Wapper, à Anvers. Et il jouit d'un crédit croissant à la Cour. A partir de 1616, il se lance dans d'importants travaux d'aménagement et d'extension de sa maison, qu'il dote d'un immense atelier où peuvent travailler à l'aise jusqu'à trente compagnons et élèves peintres. Il utilise les impressions rapportées d'Italie pour dessiner et construire une colonnade dans le plus pur style italien. En 1621, un médecin danois, Otto Sperling, vient lui rendre visite. Il raconte qu'il « trouva Rubens à son chevalet et que, tout en se tenant à son travail, il se faisait lire Tacite et dictait une lettre. Comme nous nous taisions, craignant de le déranger, il nous adressa la parole sans interrompre son travail pendant que l'on continuait la lecture, et qu'il achevait de dicter sa lettre, comme pour nous donner la preuve de ses puissantes facultés [10] ».

La renommée de Rubens atteint la France. Le peintre se lie à Peiresc, un érudit provençal, ami de Malherbe, avec lequel il partage une commune passion pour l'archéologie. Pendant quinze ans, les deux hommes entretiennent une correspondance assidue. Rubens s'intéresse à la France, achète des livres pour mieux connaître ce pays : on trouve dans sa bibliothèque les *Mémoires* de Commines et, curieusement, des lettres publiées par Marie de Médicis à l'époque des Guerres de la Mère et du Fils. Peiresc, en 1621, parle à l'un de ses amis, Claude de Maugis, abbé de Saint-Ambroise et grand amateur de peinture, de ce peintre flamand en pleine gloire. Il se trouve que l'abbé de Saint-Ambroise exerce les fonctions de trésorier de Marie de Médicis et qu'il est on ne peut mieux placé pour proposer à la Reine-Mère le nom de Rubens lorsque viendra sur le tapis la question de la décoration du Palais du Luxembourg.

Mais l'abbé de Saint-Ambroise, malgré sa réputation de connaisseur en matière de peinture, n'a pas à lui seul le pouvoir de convaincre Marie de Médicis de passer commande à Rubens. Il se fait alors appuyer par le représentant des Pays-Bas espagnols à Paris, le baron de Vicq, dont l'intervention serait de toute façon nécessaire pour que son gouvernement autorise Rubens à se rendre à Paris. Prudent, le baron de Vicq demande d'ailleurs son avis à l'Archiduchesse Isabelle (qui exerce seule le pouvoir à Bruxelles depuis la mort de l'Archiduc

10. Cité par Émile Michel, *Rubens. Sa vie, son œuvre et son temps,* Paris, Hachette, 1900, pp. 298-299.

Albert). L'Archiduchesse voit tout de suite l'intérêt que peut offrir la présence de Rubens à Paris. La diplomatie de l'époque aimait multiplier les missions officieuses en marge des ambassades officielles. Pourquoi ne pas utiliser ainsi les services du peintre Rubens ? Peut-on d'ailleurs imaginer meilleur observateur qu'un artiste ? Qui, mieux que lui, pourrait obtenir ces heures de tête-à-tête et d'intimité confiante que requiert la préparation d'une composition ou la mise au point d'un portrait ? Isabelle donne bien volontiers à Rubens la permission demandée, le baron de Vicq reçoit les instructions appropriées, et, dans les derniers jours de 1621, Marie de Médicis fait officiellement appeler le peintre à Paris pour discuter avec lui de la commande, et arrêter les sujets des tableaux, les délais, et les prix.

Rubens, arrivé à Paris au début de 1622, signe le 22 janvier avec la Reine-Mère le contrat de l' « Histoire de Marie de Médicis », série de vingt-quatre tableaux comprenant vingt-et-une compositions et trois portraits destinés à prendre place dans la galerie située au premier étage de l'aile ouest du Palais du Luxembourg, alors en cours de construction. La mission de Rubens n'est pas facile, car il s'agit de toute évidence de peindre une apologie de la Reine. Nous sommes au début de 1622, Marie de Médicis s'est raccommodée avec Louis XIII, mais les souvenirs de la régence et des deux Guerres de la Mère et du Fils ne sont pas effacés. Comment aborder des sujets aussi délicats que la Paix d'Angoulême ou le Traité d'Angers ? Comment mener à bien « Les histoires de la vie très illustre et gestes héroïques de ladite Dame-Reine » – tel est le titre officiel de la série – sans offenser le Roi et s'attirer l'hostilité d'une partie de la Cour de France ? C'est pourquoi Rubens prend la décision de travailler à Anvers, quitte à faire la navette entre Anvers et Paris. Avant de repartir, il prend deux croquis de la Reine, un de profil, l'autre presque de face ; le deuxième portrait, une sanguine, nous a été conservé et se trouve aujourd'hui au Musée du Louvre.

Le charme de Rubens opère, et la Reine-Mère lui confie, en plus de l'histoire de sa vie, une histoire d'Henri IV destinée à prendre place dans la galerie de l'aile est du Luxembourg, symétrique de la première. Rubens recevra 20 000 écus (60 000 livres) pour les deux séries. Louis XIII, à son tour convaincu du talent du peintre, lui passe une commande de douze compositions destinées à retracer l' « Histoire de Constantin ». Rubens ne quitte pas Paris sans rencontrer Peiresc, qu'il ne connaissait jusque-là que par correspondance. Nous avons de Peiresc une lettre adressée le 22 février 1622 à l'un de ses amis dans laquelle il traduit l'impression profonde que lui avait faite le peintre : « On ne peut assez se louer de son honnêteté ou célébrer assez dignement l'éminence de sa vertu et de ses grandes parties, tant en l'érudition profonde et connaissance merveilleuse de la bonne antiquité qu'en la dextérité et rare conduite dans les affaires de ce monde non plus que l'excellence de sa main et le grand désir de sa conversation [11] ».

Rubens est alors dans la force de l'âge, la plénitude de son talent. Il est parfaitement organisé. De retour à Anvers, il prépare le plan général de la série qu'il est convenu de soumettre à la Reine. Le 7 avril, Peiresc lui transmet les dimensions exactes des tableaux. Le 10 mai, Rubens a fini la réalisation des vingt-quatre premières esquisses, peintes en grisaille, qu'il vient présenter le 19 mai 1622 à Paris à Marie de Médicis. Ces esquisses, intégralement réalisées de la main du Maître, donnent la charpente de l'ouvrage, et révèlent la manière dont le peintre a résolu le problème politique qui se posait à lui ; des sujets comme « La Mère du Roi et la régence », « La paix de la régence », ou « La remise du gouvernement entre les mains du Roi », sont vidés de leur contenu polémique grâce à une débauche de symboles et de divinités plantureuses qui gomment en quelque sorte les aspérités des événements historiques ainsi décrits. Ces esquisses ont presque toutes été conservées : seize d'entre elles sont aujourd'hui à la Pinacothèque de Munich, cinq au Musée de l'Ermitage à Léningrad, une au Musée du Louvre.

De retour à Anvers, Rubens développe les esquisses en grisaille et prépare des études en couleur dont certaines, très poussées, sont exécutées sur panneaux de chêne de soixante-cinq centimètres sur cinquante. La Reine approuve toujours. Rubens n'oublie pas la commande de Louis XIII et travaille activement à l'« Histoire de Constantin » ; les quatre premiers cartons sont envoyés à Paris à l'automne 1622. Pour la première fois, on critique. Des courtisans, à qui le Roi a montré les dessins de Rubens, trouvent que les jambes des personnages représentés ont des courbures excessives, remarque unanimement reprise à la Cour et à la ville. Le fidèle Peiresc s'en inquiète, et alerte aussitôt son ami : « Si vous ne vous décidez pas, dans les tableaux de la galerie où vous aurez des jambes arquées, à chercher des poses naturelles, c'est une chose très certaine que vous retirerez peu de satisfaction, ayant à compter aussi avec des étourdis qui n'aiment pas ce qui contrarie leur sentiment [12] ».

Le 3 novembre 1622, Rubens commence l'exécution des premiers tableaux. Il peint les figures principales, laissant à ses élèves les figures secondaires et les accessoires. Dans son atelier, Juste d'Egmont est celui qui collabore de plus près à la réalisation de la série ; Wildens se charge des paysages et Frans Snyders a pour spécialité la représentation des animaux. Très vite, on achève deux tableaux : « Le Couronnement de la

11. Cité par Émile Michel, *Rubens. Sa vie, son œuvre et son temps*, Paris, Hachette, 1900, p. 322.
12. Cité par Émile Michel, *Rubens. Sa vie, son œuvre et son temps*, Paris, Hachette, 1900, p. 326.

Reine » et « L'apothéose d'Henri IV » que l'on a réuni à « Régence et gouvernement de la Reine ».

Rubens a beau travailler vite, Marie de Médicis s'impatiente. Elle voudrait que tout soit déjà terminé, et demande à l'abbé de Saint-Ambroise de convoquer Rubens. Le peintre est de retour à Paris en mai 1623. Arrivé le 24, il place neuf toiles qu'il a apportées avec lui sur des cadres destinés à les retendre, et exécute les menues retouches nécessitées par les aléas du voyage depuis Anvers. Le 29 mai, les toiles sont présentées à Marie de Médicis, venue tout exprès de Fontainebleau. Elle les trouve « admirablement réussies ». Du coup, elle exige que l'on accélère la réalisation de la série. Elle fixe une date limite : tout doit être en place le 4 février 1625 au plus tard.

Rubens, qui n'a plus une minute à perdre, s'installe au Luxembourg. Sous les yeux de la Reine-Mère, il travaille à deux tableaux de la série, dont le plus délicat, « Marie de Médicis quittant Paris », que l'on transforme en « Prospérité de la régence ». C'est l'occasion pour le peintre de passer de longues heures avec la Reine-Mère qui vient tous les jours le regarder travailler et, par une conversation adroitement menée, d'en tirer des indications sur ses orientations politiques et l'état de l'opinion à la Cour. Richelieu passe également une commande à Rubens, qui arrive en échange à obtenir un délai supplémentaire : la date limite de l'installation des tableaux est repoussée du 4 février au 8 mai 1625.

A Anvers, l'atelier Rubens fonctionne à plein. Heureusement, serait-on tenté de dire, car Rubens alors découvre les charmes de l'action diplomatique, qui lui prend de plus en plus de temps. A Paris, il s'était déjà timidement avancé en cherchant à dissuader le gouvernement français d'intervenir dans la guerre qui fait rage entre la Hollande et l'Espagne. A partir du 30 septembre 1623, Rubens est devenu un diplomate officieux, reconnu et patenté, touchant du gouvernement de l'Archiduchesse une pension de dix thalers par mois, plus tard portée à quarante thalers. L'ambassadeur français à Bruxelles, Monsieur de Baugy, en est bientôt informé et écrit le 30 août 1624 à Paris : « Les propos d'une trêve ne sont point désagréables à l'Infante, de quelque part qu'ils viennent, prêtant même tous les jours l'oreille à ceux que lui tient à ce sujet Rubens, peintre célèbre d'Anvers, connu à Paris pour ses œuvres qui sont dans l'Hôtel de la Reine-Mère ». Le diplomate professionnel ne semble pas nourrir beaucoup d'estime pour son collègue de circonstance ; le 13 septembre 1624, nouvelle dépêche à Paris, un rien sarcastique : « Le peintre Rubens est en ville, l'Infante lui a commandé de tirer le portrait du prince de Pologne ; en quoi j'estime qu'il rencontrera mieux qu'en la négociation de la trêve, à quoi il ne peut donner que des couleurs et ombrages superficiels, sans corps ni fondement solide ».

Au début de février 1625, l'ensemble est achevé. Rubens vient surveiller la mise en place, et en profite pour faire deux portraits de Marie de Médicis. L'un se trouve au Prado à Madrid, l'autre au Musée du Louvre. La Reine-Mère a dépassé la cinquantaine, elle est majestueuse, mais les traits sont empâtés, le visage flétri. Les soucis, les luttes, les tensions continuelles, l'ont marquée. Elle a cependant toujours fière allure et une incontestable dignité dans le maintien. Rubens utilise ces moments privilégiés de tête-à-tête pour poursuivre ses entretiens politiques.

Le 8 mai, jour de la signature des fiançailles d'Henriette de France avec Charles Ier, Roi d'Angleterre, tous les tableaux sont à leur exact emplacement dans la galerie du Palais du Luxembourg. Rubens a tenu son pari. Le 11 mai a lieu la célébration du mariage d'Henriette. Rubens assiste aux cérémonies sur une estrade qui s'écroule sous le poids. Il se retient in extremis à l'un des montants de l'échafaudage, mais trente personnes sont précipitées dans le vide. Heureusement, nul n'est gravement blessé.

Quelques jours après les festivités du mariage, la Reine-Mère inaugure la galerie. Le 16 mai 1625, c'est fête au Palais du Luxembourg. Marie de Médicis ne tarit pas d'éloges sur le travail de Rubens. Le peintre s'en félicite : « La Reine-Mère est d'ailleurs très contente des peintures de cette galerie, ainsi qu'elle le lui a assuré maintes et maintes fois de sa propre bouche, et qu'elle l'a dit à tout le monde ». Le Roi est là, et admire pour la première fois l'ensemble de la composition. Il s'attarde particulièrement devant le tableau représentant la « Félicité de la régence » auquel il adresse les louanges les plus flatteuses.

Il reste quelques détails plus sordides à régler, à savoir le paiement des sommes encore dues à Rubens. Le peintre voudrait bien rencontrer à cet effet le cardinal de Richelieu, Surintendant de la Maison de la Reine. Mais Monsieur de Richelieu est trop occupé, et Rubens n'arrive pas à se faire payer. Il est vrai que d'autres soucis retiennent le cardinal : le 24 mai, Buckingham arrive à Paris, jetant le trouble dans l'esprit d'Anne d'Autriche et le scandale à la Cour de France.

Rubens prend le parti de rentrer à Anvers, où il arrive le 12 juin, en espérant que les sommes qui lui sont dues lui seront rapidement versées. Vaine attente. En octobre 1626, le peintre à bout de patience retourne à Paris. On lui réserve un accueil des plus flatteurs, mais toujours pas d'argent. Le 22 octobre, il écrit à l'un de ses amis : « J'en ai assez de cette Cour ; si je ne suis pas réglé avec la même ponctualité que j'ai montrée au service de la Reine, il est bien possible, je vous le dis en confidence, que je ne remette plus ici les pieds, bien qu'à vrai dire je n'aie pas jusqu'ici à me plaindre de Sa Majesté, à cause des retards très réels qui excusent ces retards. Mais, en attendant, le temps passe et, à mon grand dommage, je suis toujours hors de chez moi ».

Rubens appréhende surtout de perdre, par insistance excessive à être payé, la confirmation de la commande de l'histoire d'Henri IV, qui l'intéresse beaucoup. C'est là qu'il faut savoir montrer ses talents de diplomate. Le peintre se tire provisoirement de cette épreuve à son avantage : il sera payé, et, pour le moment du moins, l'histoire d'Henri IV lui reste acquise. Pas pour longtemps, car son rôle de diplomate officieux au service du gouvernement de Bruxelles le rend suspect à Richelieu. Quand les relations entre Marie de Médicis et le cardinal se tendront jusqu'à la rupture violente après la Journée des Dupes, Richelieu fera en sorte de lui retirer la commande. En 1630, sept tableaux de cette série avaient déjà été peints par Rubens.

Dans les mois qui suivirent l'inauguration triomphale de la galerie, l'enthousiasme de la Reine-Mère pour la série composant l'histoire de sa vie s'était peu à peu refroidi. Elle avait de fait assez peu de goût pour la peinture et, après le moment de l'exploitation politique des tableaux de Rubens, on ne peut pas dire qu'elle s'y soit intéressée véritablement sinon pour leur accorder un regard distrait en passant dans la galerie. La masse des allégories décourageait d'ailleurs Marie de Médicis, qui avait dû se faire expliquer les principaux symboles. Il faut dire que le sens n'en était pas toujours évident et Peiresc lui-même avait demandé à son ami de l'éclairer sur la « Félicité de la régence » ; dans une lettre du 13 mai 1625, Rubens lui explique que le tableau dépeint « l'état florissant du royaume, ainsi que le relèvement des sciences et des arts par les libéralités et la splendeur de Sa Majesté qui, assise sur un trône brillant, tient en main une balance, pour dire que sa prudence et sa droiture tiennent le monde en équilibre ».

Aujourd'hui, c'est cet abus de l'allégorie qui rebute aussi le spectateur. Plusieurs compositions sentent l'apprêt théâtral ; les nudités flamandes ne correspondent pas, ou plus toujours, au goût moderne. Mais certains tableaux sont d'une exceptionnelle qualité par la vie, le mouvement qui les anime : « La conclusion de la Paix », « Henri IV recevant le portrait de la Reine », « Le mariage à Lyon », « La naissance de Louis XIII », « Apothéose d'Henri IV et régence ». Les trois meilleurs sont sans conteste « Le Débarquement de Marie de Médicis à Marseille », « Le Mariage à Florence » (auquel Rubens avait assisté) et « Le Couronnement de la Reine ». La perfection du dernier tableau a inspiré des générations de peintres, et servi de modèle à un autre couronnement, celui qu'a peint David sur « Le Sacre de Napoléon ».

LOUIS - RICHELIEU - MARIE : UNE ENTENTE SANS NUAGES.

L'inauguration fastueuse du 16 mai 1625 marque d'une pierre blanche ces années d'entente sans nuages entre Marie de Médicis, Louis XIII et Richelieu. Les rôles respectifs sont fixés. Le Roi règne ;

auprès de sa mère il trouve conseil et compréhension ; le cardinal, « créature » de la Reine-Mère, sert fidèlement les intérêts du Roi.

Marie de Médicis a 52 ans. Elle est dans la force de l'âge, souveraine, magnifique. Elle est la mère du Roi Très-Chrétien, la belle-mère du Roi d'Espagne, du Roi d'Angleterre et du duc de Savoie. C'est l'un des personnages les plus respectés de la Chrétienté, chez les catholiques comme chez les protestants. Les premiers connaissent et apprécient son dévouement à la cause de l'Église. Pour les protestants, elle est la veuve d'Henri IV, la Reine qui a mené à bien l'expédition de Juliers, maintenu et confirmé l'Édit de Nantes et poursuivi la politique de tolérance de son mari.

Louis XIII a 25 ans. Il n'est pas heureux. Son ménage ne cesse de se dégrader, le problème de sa succession domine la vie politique du pays et entretient un foyer d'instabilité permanente dans le royaume. Le Roi chasse frénétiquement, cherchant dans l'épuisement physique un dérivatif à ses soucis personnels. Louis XIII hésite d'autre part devant le choix à faire en ce qui concerne les orientations fondamentales de l'action gouvernementale. Très pieux, il est porté à donner la priorité à la lutte contre l'hérésie protestante à l'intérieur du pays ; il y voit d'autre part une nécessité politique en raison des tendances permanentes du parti réformé à constituer un État dans l'État. A l'extérieur, il est sensible à l'appel de la gloire, et voudrait que son règne soit aussi respecté que l'a été en définitive celui de son père. Mais il sait bien que les deux objectifs ne peuvent être atteints en même temps, faute pour la France de disposer des moyens nécessaires à cet effet. Bien plus, ils entrent d'une certaine manière en contradiction l'un avec l'autre, car la lutte contre l'hérésie à l'intérieur du territoire national s'accommode mal du maintien des alliances extérieures avec les puissances protestantes.

Le jeune cardinal de Richelieu, qui fête son 40e anniversaire à la fin de l'année 1625, semble pour sa part totalement imperméable au doute. Prélat de Sa Sainteté et soucieux du renforcement de l'autorité royale, il ne peut accepter de voir les protestants constituer une organisation politico-militaire autonome dans le pays. Mais depuis son passage à la tête du diocèse de Luçon, il est convaincu que la conversion au catholicisme de l'ensemble des protestants, qu'il considère certes comme possible, est une œuvre de très longue haleine, et dont la solution ne réside aucunement en tout cas dans l'emploi de la force. A l'extérieur, le cardinal a gardé de sa précédente expérience ministérielle en 1616-1617 la conviction que la France a un rôle capital à jouer pour le maintien de l'équilibre européen, et qu'il faut pour cela prendre acte du fait que la Maison de Habsbourg, par ses aspirations à la domination universelle, constitue l'adversaire naturel de la France. L'identification que Madrid et Vienne tentent d'imposer entre la défense de leurs intérêts propres et celle des intérêts de l'Église constitue aux yeux de Richelieu une imposture qu'il entend dénoncer sans cesse. Comment mener de front l'action contre les protestants français et l'alliance avec les puissances protestantes contre la Maison d'Autriche ? Richelieu considère qu'il n'y a là aucune contradiction, aucune antinomie, car ni l'une ni l'autre de ces démarches ne font place à des considérations religieuses, et le cardinal est persuadé que ses partenaires d'Angleterre, de Hollande et d'Allemagne raisonnent comme lui en termes de réalisme politique et nullement en termes de croisade.

Entre un Louis XIII, Roi régnant mais en proie aux incertitudes et qui, malgré un début de règne précoce, n'a pas encore maîtrisé la conduite des affaires gouvernementales, et un cardinal de Richelieu qui a des idées plus fermes mais n'existe que par l'appui sans réserve que lui a donné la Reine-Mère pour l'imposer à son fils, Marie de Médicis est incontestablement l'élément le plus fort, le plus puissant de ce trio qui dirige la politique de la France.

Les années 1624 et 1626 voient Marie de Médicis et Richelieu unis face aux imprudences d'Anne d'Autriche. En 1625, c'est l'affaire Buckingham, Anne d'Autriche acceptant l'hommage de la passion qu'elle inspire à ce noble anglais, favori du Roi Charles d'Angleterre, venu à Paris pour chercher Henriette, l'épouse de son maître. Que se passe-t-il au juste entre eux, notamment lors de cette promenade à la nuit tombée dans les jardins de l'évêché d'Amiens, le 7 juin 1625, qui fait jaser toute la Cour ? La princesse de Conti, amie d'Anne d'Autriche, déclarera à Louis XIII que « de la ceinture aux pieds, elle répondait au Roi de la vertu de la Reine », ajoutant, pour être sûre de s'être bien fait comprendre, qu'elle ne saurait en dire autant « de la ceinture en haut ». Marie de Médicis affecte de défendre Anne d'Autriche auprès du Roi, l'assurant « que tout cela n'était rien et que quand la Reine aurait voulu mal faire, il lui aurait été impossible, y ayant tant de gens autour d'elle qui l'observaient ». Argument perfide, qui transperce Louis XIII et permet à Marie d'assouvir sa vengeance à l'égard de son ancienne rivale dans l'affection de son fils.

En 1626, les choses sont beaucoup plus graves. Anne d'Autriche accepte d'entrer dans une conspiration, le complot de Chalais, qui prévoit son remariage avec Gaston d'Orléans pour le cas où Louis XIII disparaîtrait — spontanément, ou un peu aidé. La jeune Reine prend la tête du parti de l' « aversion au mariage » qui s'oppose à l'union projetée entre Gaston et Mademoiselle de Montpensier afin précisément de laisser l'héritier du trône libre de tout lien. Passons sur les sentiments du Roi. Marie de Médicis pour sa part, et malgré l'affection qu'elle a pour Gaston, ne conçoit pas d'entrer dans une combinaison pareille. Au surplus, le mariage avec Mademoiselle de Montpensier est l'une de ses idées fixes depuis dix-huit ans ! Avec Richelieu, elle contribue à l'échec du complot que Chalais paie de sa tête le 19 août. Quant à Gaston, lugubre, il épouse Mademoiselle de Montpensier le 5 août à Nantes ; pour forcer son acceptation, on lui a donné le duché d'Orléans à la place de l'Anjou. Anne d'Autriche était allée jusqu'à supplier Gaston à genoux de ne pas se laisser marier. Le 10 septembre elle subit une humiliation sans précédent. Devant le Conseil du Roi au grand complet, on lui inflige la lecture de toutes les pièces du procès qui la mettent en cause. Louis XIII, magnanime et préalablement chapitré par Richelieu, ordonne ensuite que ces pièces soient détruites. Quant à la Reine-Mère, elle a le mot de la fin en « engageant sa belle-fille à vivre comme les autres Reines de France avaient vécu ».

L'année 1627 illustre une nouvelle fois l'harmonie qui règne entre Marie de Médicis, Louis XIII et Richelieu. Jamais Richelieu n'a été aussi proche, dans tous les sens du terme, de la Reine-Mère : le 28 juin 1627, Marie de Médicis lui fait don du Petit-Luxembourg ; le cardinal n'a que quelques pas à faire pour se retrouver dans les appartements de la Reine, en ce premier étage de l'aile ouest si superbement décoré par Rubens. La chambre de la Reine semble d'ailleurs devenue le centre du pouvoir ; c'est là que Louis XIII a pris l'habitude de tenir son Conseil ; c'est toujours lui qui décide en dernier ressort, mais l'avis de la Reine-Mère est recueilli avec le plus grand respect et la plus grande considération, tant par lui que par Richelieu, qui instruit et rapporte les affaires évoquées en Conseil.

Aucune fausse note ne s'élève entre les membres du triumvirat quand il s'agit de décider de la conduite à tenir face au comportement du parti protestant.

Une dangereuse collusion s'est en effet établie, à la fin de l'année précédente, entre les principaux chefs huguenots et le gouvernement anglais. Soubise, le vaincu de Saint-Jean-d'Angély, s'est réfugié en Angleterre où il fait le siège du Roi et de Buckingham en vue de les entraîner dans une intervention militaire aux côtés des protestants français contre le pouvoir central. Charles Ier prête depuis 1626 une oreille plus attentive que par le passé aux sollicitations de Soubise. Ce changement d'attitude trouve son origine dans deux raisons essentielles.

La première est le relèvement rapide de la puissance maritime française et l'ambition affichée par Richelieu de faire de la France une grande nation commerçante sur toutes les mers du globe. Le cardinal s'est fait donner autorité sur les ports et la flotte en persuadant Louis XIII de créer en sa faveur la fonction de Grand Maître et Surintendant général du commerce et de la navigation. Ces ambitions apparaissent comme une menace pour la puissance navale britannique, et Londres n'attend plus qu'un prétexte en vue de briser dans l'œuf les efforts de Richelieu dans ce domaine.

Or, ce prétexte n'est pas difficile à trouver en Angleterre même, et qui plus est à la Cour du Roi d'Angleterre : depuis son arrivée sur le sol britannique, la propre femme de Charles Ier, Henriette, a créé dans son entourage une sorte de foyer de catholicisme militant dont le protestantisme anglais prend furieusement ombrage. Les tracasseries qui s'abattent en représailles sur la Reine entretiennent autour d'elle un parfum de martyre, qui l'amène à brandir d'autant plus haut le drapeau du catholicisme, au point d'embarrasser Charles Ier, par ailleurs fort tolérant pour ce qui le concerne.

Ainsi se crée en Angleterre un fort parti de la guerre contre la France. L'un des plus acharnés est Buckingham, qui joint aux raisonnements politiques le poids des ressentiments qu'il garde contre le gouvernement français à la suite de son intrigue avec Anne d'Autriche.

Au mois de février 1627, les inquiétudes de Richelieu sont telles qu'il s'attend à tout moment à une guerre surprise de la part de l'Angleterre. Il lui paraît logique que l'objectif d'un débarquement éventuel des Britanniques se situe dans la région comprise entre l'estuaire de la Loire et la Gironde, où les îles constituent des points faibles dans le dispositif de défense côtière du royaume, et qui abrite par ailleurs l'une des plus fortes communautés protestantes de France, avec en particulier ce fleuron de la Réforme qu'est La Rochelle.

La ville, l'une des meilleures places de sûreté concédées aux huguenots, fait un peu figure aussi de Mecque du protestantisme français ; le culte catholique y est interdit aux termes des constitutions municipales de la ville, qui ont été acceptées et reconnues par le pouvoir royal. La Rochelle est riche par ailleurs du nombre de ses bateaux, de la puissance de ses négociants et marchands qui entretiennent des relations commerciales avec toute l'Europe. Elle a établi des liens étroits au travers de la religion réformée avec l'Angleterre, les Provinces-Unies, l'Allemagne protestante, Genève.

Richelieu ne néglige rien pour rassurer les Rochelais et éviter qu'ils prennent en mauvaise part les responsabilités que le cardinal s'est fait donner en qualité de Grand Maître et Surintendant général du commerce et de la navigation. Or, les bourgeois de la ville s'alarment des mesures prises par Richelieu pour défendre Oléron, Ré et Marans contre le débarquement anglais que l'on redoute. Inlassablement, Richelieu envoie ses agents leur expliquer que la politique de développement de la puissance maritime du pays, non seulement ne porte pas préjudice à des ports déjà prospères comme La Rochelle, mais doit au contraire, pour réussir, s'appuyer sur eux. Au mois de mars 1627, une certaine détente se manifeste dans les régions protestantes de la façade atlantique du royaume, et du coup la menace anglaise semble quelque peu s'estomper.

Tout va changer brutalement à la suite de la signature du traité d'alliance entre la France et l'Espagne au mois d'avril. Auprès de Madrid, les gouvernements de Londres et de Paris se sont livrés à une véritable surenchère de séductions. Tout protestant qu'il soit, le Roi d'Angleterre, au nom du réalisme politique, flirte depuis la mort de la Reine Elisabeth avec l'Espagne. Jacques Ier, le père de Charles Ier, avait dès son avènement en 1603, initié cette politique apparemment contre nature, mais qui répond à des considérations très fortes. En effet, le commerce avec l'Amérique latine, théoriquement réservé aux navires battant pavillon espagnol, constitue un immense marché où l'Angleterre et la Hollande cherchent l'une et l'autre à se tailler une place. Contre la contrebande et les actions de piraterie menées par les deux puissances maritimes protestantes, Madrid est incapable de défendre efficacement son monopole. L'intérêt des uns et des autres est par conséquent de s'entendre sur les entorses légales à faire à celui-ci, et l'Angleterre, bien qu'unie à la Hollande par la communauté de religion, se trouve de fait sa rivale dans le domaine des intérêts commerciaux. Depuis que la guerre a recommencé en 1621 entre l'Espagne et ses anciennes colonies révoltées des Provinces-Unies, Londres essaie d'en tirer profit en négociant un accord commercial avec l'Espagne.

Entre Londres et Madrid s'esquisse un rapprochement qui inquiète quelque peu la France : il ne préoccupe guère le gouvernement de Louis XIII aussi longtemps que seuls les intérêts commerciaux sont en jeu, mais il présente le redoutable danger, s'il s'élargit au domaine politique, de compléter l'encerclement du royaume dans un secteur tout à fait nouveau, celui de sa frontière maritime de l'ouest atlantique. Paris s'efforce donc de prendre l'Angleterre de vitesse, et, grâce à l'intervention efficace des Jésuites et du parti catholique en France, grâce au Père de Bérulle en particulier, qui jette dans la balance tout le poids de sa notoriété et de son réseau d'amitiés, Madrid penche finalement du côté français et signe avec Paris un accord qui prévoit que les deux partenaires se donneront mutuellement aide et secours en cas d'agression d'une tierce puissance contre son territoire, et organise la coopération de la France et de l'Espagne pour la solution de tous les problèmes qui peuvent se poser.

Ratifié le 20 avril 1627, ce traité d'alliance provoque dès qu'il est connu à Paris une explosion de joie dans les milieux catholiques. Marie de Médicis exprime une égale reconnaissance à Richelieu et à Bérulle. Mais les protestants du royaume sont consternés, et se disposent aussi bien en Languedoc qu'en Poitou et en Guyenne à prendre les armes afin de défendre leurs libertés qu'ils croient menacées. A l'extérieur aussi, les puissances protestantes sont inquiètes. Richelieu s'efforce bien de resserrer ses liens avec la Hollande, mais celle-ci, réticente, ne veut s'engager qu'avec précaution. Quant aux Anglais, ils sont évidemment furieux mais le Traité de Madrid leur apporte l'aide active des protestants français pour les entreprises qu'ils vont décider contre la France.

Dès le mois de mai, les espions du cardinal l'avisent que les préparatifs de guerre s'accélèrent dans les ports britanniques et qu'une flotte imposante est en cours de constitution. En prélude au déclenchement des hostilités, les Anglais se saisissent de tous les navires français faisant relâche dans leurs ports. A la mi-juin, on apprend que 60 à 90 navires se rassemblent ; ils sont capables de transporter un corps de débarquement de 8 à 10 000 hommes. Le 27 juin, la flotte anglaise appareille de Portsmouth, sous le commandement personnel de Buckingham qui porte le titre de Grand Amiral. Au début du mois de juillet, on signale son passage au large du Conquet. Richelieu envoie 10 000 hommes en Poitou pour renforcer les garnisons existantes. Mais l'objectif exact des Anglais reste ignoré. On se doute bien qu'ils se dirigent vers le centre-ouest mais rien ne permet de deviner en quel point précis du littoral ils comptent débarquer.

Le 20 juillet, vers 6 heures du matin, on aperçoit de l'île de Ré 18 ou 20 voiles du côté des Sables d'Olonne. En voyant grossir la flotte, qui compte en tout 120 navires de tous tonnages, on comprend qu'il s'agit des Anglais. Ceux-ci commencent à débarquer et se mettent aussitôt à canonner le Fort de La Prée, qui garde la rade de La Pallice. Le lendemain, Buckingham publie un manifeste dans lequel l'Angleterre justifie son intervention par la nécessité de défendre les Églises réformées de France contre les injustices dont le gouvernement de Paris se rendrait coupable à leur égard. Le maréchal de Toiras, qui commande dans l'île, rassemble les quelques troupes dont il dispose et tente, le 22 juillet, d'empêcher Buckingham de prendre pied. La disproportion des forces est cependant trop grande et le combat de Sablonceaux tourne à l'avantage des Anglais. Toiras s'enferme dans le Fort Saint-Martin, qui désormais résiste seul, avec le Fort de La Prée, face à l'armée de Buckingham.

Pendant que Toiras soutient contre le corps expéditionnaire britannique une dure guerre de siège, Richelieu s'emploie à faire passer dans l'île de Ré les secours nécessaires malgré la vigilance de la flotte anglaise. Le 24 août, il promet 30 000 livres au premier matelot qui réussira à acheminer 50 tonneaux de vivres au Fort Saint-Martin. Buckingham, de son côté, tout en fortifiant ses positions, négocie avec les Rochelais qu'il cherche à attirer dans son camp.

Les habitants de La Rochelle sont très partagés ; 800 volontaires partent offrir leurs services aux Anglais, mais la municipalité hésite à prendre la responsabilité d'une défection. Soubise lui-même, qui accompagnait Buckingham, a beaucoup de peine à se faire recevoir dans la ville. Dans l'espoir de faire pièce aux sollicitations de Buckingham et aux appels à la révolte de Soubise, Richelieu courtise les bourgeois de La Rochelle. A quel prix accepteront-ils de rester dans l'obéissance au Roi ? Les Rochelais font savoir qu'ils veulent bien rester fidèles à condition que soit rasé un fort qu'avait fait construire le Roi pour surveiller leur ville, le Fort Louis.

Cette exigence, transmise à Louis XIII le 26 août, est évidemment inacceptable, et son rejet renforce à La Rochelle le parti de la guerre. Le 10 septembre 1627, une partie de la garnison ouvre le feu sur les troupes royales. Les opérations militaires vont désormais se dérouler sur deux fronts : celui de l'île de Ré contre l'armée anglaise, celui de La Rochelle pour ramener à la raison la ville rebelle.

A plusieurs reprises, des bateaux de ravitaillement étaient parvenus à se faufiler entre les navires anglais et avaient pu livrer des vivres et des munitions au Fort Saint-Martin et au Fort de La Prée, leur permettant de prolonger ainsi la résistance. Dans la nuit du 7 au 8 octobre, une véritable flottille de 35 voiles, portant 300 soldats et 60 gentilshommes en plus d'approvisionnements substantiels, arrive à passer. A la fin du mois d'octobre, ce sont plusieurs dizaines de barques avec 1 200 hommes commandés par Schomberg qui forcent le blocus de l'île. La situation de Buckingham, dont les troupes s'usent dans les escarmouches et les embuscades, commence à devenir précaire, et lui impose de réagir. Au matin du 6 novembre, l'armée anglaise tente un assaut brusque contre les Forts Saint-Martin et de La Prée. L'attaque échoue et coûte plus de 600 hommes. Buckingham décide alors dès le lendemain d'évacuer l'île, tout en promettant aux Rochelais de revenir avec une armée plus nombreuse.

Restait précisément La Rochelle, qui s'entêtait dans la rébellion. La ville fixait des troupes importantes et avait sérieusement compliqué les efforts de Richelieu pour porter secours à Toiras. Une armée de 10 000 hommes était à pied d'œuvre autour de la ville, sous le commandement personnel de Louis XIII qui avait établi depuis le 12 septembre son quartier général à quelques kilomètres de La Rochelle, dans le gros bourg d'Aytré. A l'évidence, un assaut direct contre la ville était voué à l'échec et seul un siège prolongé pouvait permettre d'en venir à bout. A diverses reprises au cours des années précédentes, La Rochelle avait été l'objet d'entreprises menées par les troupes royales contre ce bastion du protestantisme, mais chaque fois la ville avait résisté en maintenant la liberté de ses communications par la mer.

Le problème était donc de compléter par un blocus maritime le siège classique sur terre. Après avoir examiné différents projets, Richelieu adopte le plan que lui propose Métezeau, architecte du Roi. Il prévoit d'édifier une forte digue située au-delà de la portée des canons de la ville, à l'aide de carcasses de navires chargées de pierres que l'on coulerait de manière à obstruer le chenal d'accès au port ; un passage serait ménagé au milieu de l'ouvrage pour laisser passer le flux de la marée.

Les travaux de la digue commencent en octobre et se montrent efficaces à partir de janvier 1628. Certes, quelques petits bateaux parviennent à se glisser par la brèche laissée ouverte, mais dès le mois de février la famine et les épidémies s'installent dans la ville. Au mois de novembre, une flotte espagnole était apparue au large de La Rochelle pour venir en aide au Roi de France selon les termes du traité du 20 avril 1627 mais constatait l'inutilité de sa présence et s'en retournait trois jours après.

En fait, le gouvernement de Madrid ne cherchait pas particulièrement à favoriser la victoire du Roi de France, et Richelieu a toujours pensé que l'Espagne s'était engagée auprès des Anglais à ne fournir à Louis XIII que « l'apparence du secours ». Personne en Europe, d'ailleurs, ne paraît vraiment souhaiter la réduction de La Rochelle. La Hollande, la République de Venise, les princes allemands, trouvent que le Roi de France gaspille ses forces dans de stériles luttes intestines alors qu'on aimerait le voir un peu plus présent sur les champs de bataille où s'affrontent les forces de la Maison d'Autriche et celles des pays qui cherchent à s'opposer à la prépondérance des Habsbourg en Europe. En 1625, le général génois Spinola, au service de l'Espagne, avait réussi à s'emparer, après trois ans de siège, de la ville hollandaise de Breda ; la reddition de Breda, qui a été immortalisée par l'un des plus célèbres tableaux de Vélasquez, eut un retentissement comparable à la victoire des forces catholiques à la Montagne Blanche quelque cinq ans auparavant. L'année 1626 avait vu les puissances protestantes subir de sévères échecs en Allemagne ; Wallenstein, un noble tchèque catholique, au service de l'Empereur Ferdinand, battait en avril le général protestant Mansfeld à Dessau, sur l'Elbe, tandis qu'un autre général au service de l'Empereur, le comte de Tilly, noble d'origine belge, l'emportait sur une seconde armée protestante commandée par le Roi du Danemark à Lutter, à la fin du mois d'août.

Au début du mois de février 1628, Louis XIII a eu la fierté de recevoir la visite de Spinola en personne, qui n'a pas tari d'éloges sur les installations du siège. Le 10 février, le Roi, fatigué, quitte l'armée pour regagner Paris. Il laisse le commandement à Richelieu nommé Lieutenant général. Le cardinal, qui se rend bien compte de la dégradation de la situation internationale, tente de brusquer la reddition de la ville en forçant l'un des points faibles de son système de défense, la porte Maubec. Mais l'attaque surprise échoue et Richelieu doit se résigner à attendre que la famine lui livre la ville. Le cardinal ronge son frein, car entre-temps s'ouvre la succession de Mantoue, où la France brille par son absence, tandis que le retour des beaux jours ne va pas tarder à ramener les Anglais.

C'est à la mi-mai qu'apparaît la flotte anglaise attendue avec tant d'impatience par les Rochelais. Commandée par Lord Denbigh, elle comprend plus d'une centaine de voiles, portant plusieurs milliers de soldats. Lord Denbigh observe pendant trois jours la disposition des lieux et, constatant que les forces dont il dispose sont insuffisantes pour lui permettre de prendre d'assaut la digue, il décide de s'en retourner en

Angleterre, promettant aux Rochelais, comme Buckingham quelques mois plus tôt, de revenir avec des effectifs supérieurs.

Le 24 mai, la municipalité de la ville assiégée décide d'expulser toutes les bouches inutiles. Quelques-uns de ces malheureux parviennent à s'échapper par mer, les autres, impitoyablement rejetés par les forces royales et par la garnison de La Rochelle, meurent de faim entre les lignes.

Richelieu pensait que la famine viendrait à bout des Rochelais avant la fin du mois de juin. La ville tient encore lorsque, le 30 septembre, une nouvelle flotte anglaise reparaît au large. Commandée cette fois par le comte de Lindsey, elle porte un corps de débarquement d'environ 6 000 hommes, sur plus de 140 navires. Mais elle arrive trop tard, car, depuis la tentative du mois de mai, Richelieu a fait construire des défenses supplémentaires afin de protéger la digue en direction du large. Le 3 octobre à l'aube, les Anglais tentent un coup de main, qui échoue. Le comte de Lindsey adresse un émissaire au cardinal pour lui demander d'accorder miséricorde aux Rochelais, et conseille à ceux-ci de négocier.

Pendant que les Anglais repartent, les Rochelais, prenant acte de la situation sans issue dans laquelle ils se trouvent, envoient des plénipotentiaires à Richelieu. Celui-ci refuse toute négociation et leur indique que le Roi n'acceptera qu'une reddition sans conditions. Le 27 octobre 1628, La Rochelle se soumet. Le Roi, qui était revenu depuis le 3 avril de Paris, reçoit à Surgères la reddition de la ville. Le 28 octobre il signe la grâce – le terme est significatif : il s'agit d'une grâce et non d'un traité, puisque le Roi n'a pas négocié – par laquelle il accorde la vie sauve aux habitants de la ville et la liberté d'exercice du culte protestant. Le 30 octobre, des détachements des troupes royales prennent possession des fortifications de La Rochelle. Les rues sont jonchées de morts. Le 1er novembre au matin, le cardinal de Richelieu célèbre la messe dans un temple protestant rendu au culte catholique, l'église Sainte-Marguerite. Au début de l'après-midi, le Roi fait son entrée dans la ville fantôme.

Sans avoir le retentissement de la bataille de la Montagne Blanche ou de la reddition de Breda, la prise de La Rochelle frappe l'opinion publique européenne. Le Pape, en apprenant la nouvelle, fait célébrer un *Te Deum* en l'église Saint-Louis-des-Français à Rome. On commente avec faveur les gestes de bienveillance du Roi, qui fait immédiatement distribuer des secours aux survivants, et se borne pour toute sanction à exiler quelques meneurs. On s'étonne en revanche de la destruction des murailles de la ville et des principaux ouvrages existant dans la région, la citadelle de Saintes, les châteaux de Saint-Maixent, Chinon, Loudun, Mirebeau, et même du Fort Saint-Martin. Seul le Fort de La Prée échappe au sort commun. Le souci d'éviter que ces places fortifiées soient utilisées contre l'autorité royale est évident, mais leur démantèlement rend toute cette région du centre-ouest de la France vulnérable à des entreprises extérieures. Quant à La Rochelle, ville désormais exsangue, elle se trouve durablement rayée de la carte des échanges internationaux.

La chute de La Rochelle exalte le parti catholique, qui souhaite que l'armée royale aille d'un même mouvement en finir maintenant avec les protestants du Midi. Marie de Médicis ne ménage pas ses éloges pour la politique du cardinal et la manière dont il a mené à bien cette sainte entreprise. Le Garde des Sceaux Marillac, dont nous verrons plus loin le rôle important à l'intérieur du parti catholique, prépare à la fois la dernière offensive contre les réformés et la mise sur pied d'un vaste programme de réformes intérieures du pays ; Richelieu n'a-t-il pas lui-même affirmé, devant l'Assemblée des notables réunie l'année précédente à Rouen, en janvier-février 1627, qu'il ne faudrait pas plus de six ans pour réaliser de profonds changements dans le royaume tant sur le plan économique que dans le domaine des institutions et dans celui des idées ?

Aussi est-ce à l'étonnement de tous ses amis, de Bérulle, de Marillac, et surtout de Marie de Médicis, que Richelieu, le 13 janvier 1629, remet à Louis XIII et à la Reine-Mère un Avis au Roi qui propose d'adopter, sinon une ligne fondamentalement différente, du moins des options qui marquent, par rapport aux orientations suivies jusque-là, des modifications sensibles. Le parti catholique, déconcerté, s'interroge. Est-il vraiment raisonnable de dénoncer l'Espagne comme l'ennemi principal du royaume, et de retenir comme objectif essentiel de la politique française de chercher en toutes circonstances à progresser aux dépens de Madrid et de ses alliés ? Oh certes, le cardinal y met les formes et souligne qu'il convient d'éviter, autant que possible, de s'engager dans une guerre ouverte avec le gouvernement espagnol, mais les intentions qu'il affiche n'en sont pas moins des plus inquiétantes. En moins de deux ans elles vont provoquer une rupture complète entre Marie de Médicis et lui et faire voler en éclats la bonne entente entre le Roi, sa mère, et son premier ministre.

CHAPITRE XIV

La grande rupture

Les raisons d'une brouille.

Saint-Simon résume ainsi les raisons profondes de la brouille qui oppose bientôt Marie de Médicis à Richelieu : « Elle voulait gouverner, elle ne songeait qu'à se rendre peu à peu tout à fait la maîtresse, à quoi un premier ministre en titre et en capacité devenait un grand obstacle [1] ». Au-delà de ce motif qui tient au caractère de la Reine-Mère, et avant lui, l'attachement inconditionnel de Marie de Médicis au parti catholique constitue cependant le facteur essentiel.

Richelieu n'a jamais été considéré par les animateurs du parti catholique comme un homme tout à fait sûr, malgré sa qualité de cardinal. Cette méfiance vient de loin : elle date de l'époque où Richelieu, éphémère ministre du temps de Concini, entre novembre 1616 et avril 1617, avait voulu pratiquer en Valteline une politique de fermeté, c'est-à-dire d'opposition aux ambitions de l'Espagne. Il en était resté à Rome une réelle suspicion à l'égard de ce prélat qui ne se bornait pas pour toute politique à prendre les instructions du Saint-Siège. Dans une lettre qui date de 1626, l'ambassadeur de Venise Simeon Contarini rapporte une conversation bien intéressante qu'il a eue avec Richelieu. Voici ce que lui dit le cardinal : « Avez-vous vu ce qui s'imprime contre moi ? Nous avons obtenu ce que nous voulions, c'est-à-dire les Espagnols hors de la vallée et hors nos passages. N'êtes-vous pas content ? Ceux de Rome maintenant disent du bien de moi et me veulent canoniser, et ils doivent s'apercevoir qu'on ne peut point gouverner en France comme on gouverne à Rome. Mais si je ne négocie pas ici les affaires selon leur plaisir, les voilà aussitôt à dire qu'ils me veulent excommunier [2] ».

1. Saint-Simon, *Parallèle des trois premiers Rois Bourbons,* Éd. M. P. Faugère, Paris, Hachette, 1880, p. 152.

2. Lettre de Simeon Contarini du 25 octobre 1626.

Dès que Richelieu fait mine de s'écarter d'une obéissance stricte aux volontés du Pape ou de l'Espagne, le même procès recommence et Marie de Médicis, à la longue, ne peut qu'y prêter une oreille complaisante. D'autant plus qu'elle est entre les mains d'un entourage acquis sans nuances à la conception ultramontaine et pro-espagnole de la cause catholique. Parmi ses proches, nous retrouvons toujours le nonce, l'ambassadeur du Grand-Duc de Toscane, l'ambassadeur d'Espagne. Marie de Médicis est d'autant plus portée à les écouter que leurs relations sont facilitées par la communauté de langue : la Reine-Mère, après tant d'années, continue à parler le français avec une certaine difficulté et s'exprime plus aisément en italien ou, à défaut, en espagnol. L'entourage de Marie comprend aussi des Français : Bérulle, qui tient plus que jamais le premier rang, et les frères Louis et Michel de Marillac. Eux aussi sont tout dévoués au Saint-Siège et à Madrid.

Le plus dangereux est Bérulle, qu'anime la volonté d'exercer un rôle important. Très ami au début avec Richelieu qui le fait nommer cardinal en 1627, il le jalouse de plus en plus à mesure que l'ancien évêque de Luçon prend de l'autorité vis-à-vis de Louis XIII. Bérulle a parfois l'impression que le premier ministre ne fait rien pour pousser auprès du Roi les projets qui émanent de lui, et il finit par se plaindre qu'on ne prenne pas suffisamment en considération ses conseils. En août 1629, Richelieu lui écrit pour lui expliquer que le Roi ne suit pas automatiquement les avis qu'on lui donne et qu'il a lui-même les plus grandes peines du monde à le convaincre : « Je n'ai jamais connu que le Roi fût mal content de vous, mais bien qu'il n'avait pas envie d'effectuer en tous sujets tous les conseils que vous lui pouvez donner. Je tombe tous les jours en pareil inconvénient, et m'estime heureux quand de quatre propositions deux sont agréables [3] ».

Bérulle joue un rôle politique indéniable, grâce à ses relations qui sont nombreuses et variées. Nous pouvons suivre par son abondante correspondance l'activité intense qu'il déploie pour aplanir les problèmes du mariage d'Henriette avec Charles Ier d'Angleterre, des passages de la Valteline, de la succession de Mantoue. Il est l'ami des cardinaux romains, des Jésuites, des Oratoriens, et se flatte d'entretenir des relations fort amicales avec l'ambassadeur d'Espagne à Paris. On le charge de la mission délicate que constitue l'installation d'Henriette, catholique, devenue Reine d'Angleterre en 1625, dans sa nouvelle patrie dont la religion officielle est l'anglicanisme. Il joue également un rôle important dans la conclusion du Traité de Monçon, le 2 mai 1626, entre la France et l'Espagne, et participe au règlement de la question de la Valteline.

3. Lettre de Richelieu à Bérulle, août 1629, citée par Jean Dagens, *Correspondance du cardinal Pierre de Bérulle*, T. III, *1625-1629*. Paris, Desclée de Brouwer/Louvain, Bureaux de la Revue, 1939, p. 690.

Peut-être Richelieu prend-il d'ailleurs ombrage des ambitions politiques de Bérulle. Le siège de La Rochelle fournit l'occasion de lui lancer quelques piques ; Bérulle affirme en effet avoir reçu une illumination par laquelle Dieu lui dévoilait son intention de faire tomber sans coup férir la ville rebelle aux mains du Roi. Il s'avoue incapable, il est vrai, de fixer le moment de ce miracle et les conditions dans lesquelles il doit intervenir. Esprit pratique, Richelieu accorde plus de confiance à ses fortifications et à la construction de la digue qui ferme l'accès au port.

Quoi qu'il en soit, Richelieu commence à voir dans Bérulle, auquel il associe d'ailleurs les Marillac, un rival potentiel. Le nonce du Pape écrit à Rome le 14 avril 1628 : « Le bruit court que la grande amitié du cardinal de Bérulle et du Garde des Sceaux [c'est-à-dire Michel de Marillac] a réveillé chez le cardinal de Richelieu sa défiance naturelle à l'égard de ces deux hommes et qu'il médite de donner les Sceaux à quelqu'un d'autre [4] ». Avec Bérulle et auprès de lui, les frères Michel et Louis de Marillac jouent un rôle grandissant dans le parti catholique et l'entourage de Marie de Médicis.

Né en 1563, conseiller au Parlement de Paris en 1586, maître des requêtes ordinaires du Roi en 1595, Michel de Marillac connaît un début de carrière assez terne. Originaire de la bonne bourgeoisie parisienne, il s'est compromis avec la Ligue. La politique l'intéresse plus que l'administration. Sa ligne de conduite, du moins, est invariable : il est un adepte intransigeant de la cause catholique contre l'hérésie protestante, contre les tièdes, contre tout ce qui pourrait diviser la Catholicité dirigée par le Pape et le Roi d'Espagne. Très lié aux nonces successifs, Marillac est un fervent ami de Bérulle, avec lequel il participe à l'introduction en France des Carmélites et à la fondation de l'Oratoire en 1611. Dès lors, sa carrière s'accélère. Grâce à Marie de Médicis, Michel de Marillac entre en 1612 au Conseil du Roi. En 1624, il devien dra Surintendant des finances, et en juin 1626 Garde des Sceaux.

Richelieu l'a beaucoup pratiqué, beaucoup flatté, et beaucoup dénigré. C'était certainement un homme très pieux ; mais il manquait, dans la conduite des affaires publiques, de la volonté et de la clarté d'esprit nécessaires. D'où le jugement assez complexe qu'appelle le personnage : « Monsieur de Marillac était un saint homme, avec lequel, sur la fin, il [c'est-à-dire Richelieu] s'était trouvé en différence de sentiments, chacun ayant de bonnes intentions, et que Dieu l'avait ainsi permis, mais qu'il l'estimait ». Ces lignes sont écrites en 1641, avec la sérénité que donne le recul du temps. Mais quelques années plus tôt, alors que le souvenir de la lutte avec les Marillac était encore tout chaud, Richelieu

4. Lettre du nonce Bagni au cardinal Barberini, le 14 avril 1628, citée par Jean Dagens, *Correspondance du cardinal Pierre de Bérulle*, T. III, *1625-1629*, Paris, Desclée de Brouwer/Louvain, Bureaux de la Revue, 1939, p. 381.

n'avait pas de termes assez cinglants pour dépeindre Michel de Marillac : c'est « un personnage au sens perverti ou à la volonté altérée..., recuit et consommé en toutes sortes d'intrigues ». Marillac est le « reste de tous les vieux brouillons d'un autre âge », un caractère « tortueux, artificieux, d'une malice insupportable, d'une incroyable hypocrisie, ne craignant pas de s'abaisser vis-à-vis de ses adversaires jusqu'à l'imposture et la calomnie ». Le cardinal n'y va pas de main morte !

Le peintre Philippe de Champaigne a laissé de Louis de Marillac, frère de Michel, nommé maréchal de France en 1629, un beau portrait qui révèle son caractère théâtral et, à vrai dire, plutôt superficiel. Dans ce bel homme à la moustache aguichante, au front plissé de rides très marquées, on sent la vanité toujours aux aguets. Peu de profondeur, mais un sens aigu de l'opportunité et le souci d'une carrière peuplée d'honneurs et de profit.

Richelieu avait une piètre opinion des aptitudes militaires du maréchal de Marillac : « S'il avait le ton et la morgue d'un homme de commandement, s'il savait parler retranchements, demi-lunes et redoutes, il était beaucoup moins soldat et capitaine sur le terrain que sur le papier ». C'était, disons le mot, un militaire de Cour, dont la carrière devait beaucoup à son engagement sans nuances dans le parti catholique. Moralement, ce n'était pas, non plus, un homme au caractère le mieux trempé. « Tout était dans les choses extérieures et les apparences que, avec les petits soins, les cajoleries, les assiduités, les complaisances, il imaginait suffisantes à se pousser sous le gouvernement d'une femme » – cette femme étant Marie de Médicis, dont le maréchal s'était délibérément fait la créature.

Louis de Marillac, en 1607, épouse la « petite Catherine ». C'est une fille d'honneur de la Reine, membre de la famille de Médicis, dont elle porte le nom. Elle avait accompagné Marie en France en 1600, et était restée auprès de la Reine dans l'attente d'un beau mariage. Une première négociation menée par Marie de Médicis avait échoué. Louis de Marillac se présente alors, est agréé par la Reine, et, par le moyen de cette union, entre dans sa clientèle. A partir de ce moment-là, la carrière de cet homme, âgé de 35 ans, qui végétait sans gloire, explose littéralement. En janvier 1610, il est nommé gentilhomme ordinaire de la Chambre du Roi, aux gages de 3 600 livres par an. L'année 1611 le voit passer en Savoie, à Mantoue, à Florence et à Venise, chargé de mission auprès de ces quatre États dans le cadre de la négociation sur les mariages espagnols. En 1613, il est fait comte de Beaumont-le-Roger. En 1615, sa pension est portée à 6 000 livres. En 1616, le voici de nouveau en mission à l'étranger : Lorraine, Allemagne, Italie, à l'occasion de la Paix de Loudun conclue entre Marie de Médicis et les princes. Janvier 1617 : sa pension est portée à 12 000 livres. Février 1617 : il est nommé Commissaire général des camps et armées du Roi. 18 juin

1625 : Louis de Marillac devient Lieutenant général pour le Roi au pays de Metz, Toul et Verdun, et gouverneur de la ville de Verdun. Fin novembre 1625, il est nommé maître de camp, et, en juin 1629, maréchal de France.

Ses talents manœuvriers apparaissent plus évidents à la Cour que sur les champs de bataille, car le seul combat dont il ait jamais eu la responsabilité a fini piteusement : aux Ponts-de-Cé, le 7 août 1620, Louis de Marillac ne se couvre pas de gloire ; il ne saurait cependant porter seul la responsabilité de l'échec, comme le rappelle Richelieu, pourtant peu suspect de complaisance à son égard : « Si tout le mauvais succès et blâme de cette action fut imputé à Marillac, à dire le vrai, il ne le méritait pas tant, car tant s'en faut qu'il y fit plus mal que les autres qui y étaient ».

Bérulle et les Marillac ne ménagent pas leurs éloges à l'égard de Richelieu après la reddition de La Rochelle. Mais pour eux, la chute de la ville ne met pas fin à la lutte contre les protestants français. Celle-ci doit au contraire s'accentuer, avec l'envoi immédiat des forces royales libérées par la fin du siège dans les autres régions du royaume où existent de fortes communautés huguenotes qui s'agitent. L'intention de Richelieu d'intervenir au préalable dans les affaires d'Italie, où la succession de Mantoue prend mauvaise tournure pour les intérêts de la France, détermine Bérulle et les Marillac à s'opposer à lui, d'abord de manière sourde, ensuite ouvertement. Auprès de Marie de Médicis, ils font le procès de Richelieu, soupçonné de trahison à l'égard de la cause catholique.

Mais, s'il est vrai que le premier ministre prétend mener une politique différente de celle que défend la Reine-Mère, alors il trahit aussi sa bienfaitrice : le caractère de la Reine étant ce qu'il est, le débat se porte ici sur le plan des relations personnelles. En Richelieu, Marie de Médicis verra moins le premier ministre que l'homme dont elle a fait la carrière, et qui aujourd'hui s'émancipe, l'infidèle qui ne veut plus se soumettre aveuglément à toutes ses volontés. Et cette querelle qui, au début, est politique, va bientôt s'exprimer en termes passionnels. Pour Marie de Médicis, la brouille avec Richelieu est la conséquence de l'amitié trahie. Elle ne quittera plus ce registre jusqu'à sa mort.

La succession de Mantoue (1628-1629).

Vincent II de Gonzague, duc de Mantoue, meurt le 26 décembre 1627, pendant que Louis XIII et Richelieu sont occupés au siège de La Rochelle. Son plus proche parent mâle est un cousin, chef de la branche française des Gonzague, Charles, duc de Nevers. Juste avant de mourir,

Vincent II règle sa succession, et par testament désigne Charles de Nevers comme son héritier. Afin d'éviter toute contestation ultérieure, il prend la précaution de rendre son testament public par lettres patentes. Il nomme en outre comme Lieutenant général de la principauté le duc de Rethelois, fils aîné du duc de Nevers, qui se trouve à Mantoue. Enfin, dans la nuit du 25 au 26 décembre, quelques heures avant de mourir, Vincent II fait épouser au duc de Rethelois sa nièce Marie, qui est sa plus proche parente avec le duc de Nevers. La succession semble donc parfaitement assurée et le duc de Nevers, arrivé le 17 janvier 1628 à Mantoue au milieu des acclamations, s'attend à prendre possession sans problème de sa principauté. C'était compter sans les Espagnols.

Voici comment Richelieu résume les mobiles du gouvernement de Madrid : « Les Espagnols, qui de longtemps avaient dessein d'envahir l'Italie, et ensuite le monde s'ils pouvaient, estimèrent qu'ils ne devaient pas perdre la coutume qu'ils ont de ne négliger aucune occasion en laquelle ils puissent procurer leurs avantages, et principalement embrasser celle-ci, qui pouvait troubler le Roi en son entreprise de La Rochelle [5] ». Aspiration à l'empire universel et volonté de profiter des embarras du Roi de France englué dans le siège de La Rochelle, telles sont donc, aux yeux du cardinal, les raisons qui poussent l'Espagne à intervenir.

La principauté de Mantoue comprend deux parties distinctes. Le duché de Mantoue, qui commande d'importants passages à travers les Alpes entre la Suisse et l'Autriche d'une part, l'Italie du Nord d'autre part, est un fief impérial. L'Empereur a donc le privilège, à chaque changement de titulaire, de donner ou de refuser son agrément, que l'on appelle l'investiture impériale. En général, la délivrance de l'investiture est une simple formalité ; tout au plus le suzerain manœuvre-t-il, si la succession est contestée, de façon à en retirer quelque menu avantage pour lui-même. La principauté de Mantoue comporte d'autre part le duché de Montferrat, d'une superficie bien moindre, et situé nettement plus au sud, dans la plaine du Pô. Le Montferrat a lui aussi une grande importance stratégique, car il commande les passages les plus commodes entre la plaine du Pô et le golfe de Gênes, ainsi que les communications entre l'Italie du Nord et l'Italie centrale. Or, le duc de Savoie, nous l'avons vu plus haut [6], a des prétentions sur le Montferrat, et il a cherché, en 1613 déjà, à s'en emparer : l'intervention énergique du duc de Nevers et la résistance de Casal, ville extrêmement forte du duché de Montferrat, l'en ont empêché ; il est vrai que la pression espagnole a également contribué à lui faire lâcher prise. En 1628, une situation ana-

5. Richelieu, *Mémoires,* Paris, Éd. Michaud et Poujoulat, Firmin Didot, 1837, T. I, p. 516.

6. Voir ci-dessus Chapitre VIII.

logue se reproduit, mais le duc de Savoie et le Roi d'Espagne sont, cette fois, alliés : le but de Madrid consiste à mettre la main sur les terres relevant du duché de Mantoue proprement dit, en abandonnant au duc de Savoie le Montferrat.

Dès que s'ouvre la succession de Vincent II, le gouvernement espagnol s'emploie à obtenir de l'Empereur qu'il refuse l'investiture impériale au duc de Nevers et, décide, à titre conservatoire, la mise sous séquestre du duché, dont l'occupation pour le compte de l'Empereur serait confiée au gouverneur du Milanais espagnol ; pendant ce temps, le duc de Savoie, avec le concours des Espagnols, s'emparerait du Montferrat. Bien que les Habsbourg de Vienne n'aient pas grand-chose à refuser à leurs cousins de Madrid, l'Empereur attend quand même jusqu'au 20 mars avant de refuser l'investiture, tant les bases légales d'une telle mesure lui paraissent fragiles. Mais, s'étant enfin laissé persuader, il place le duc de Nevers dans la situation inconfortable d'un vassal rebelle à son suzerain, et donne une excellente occasion au duc de Savoie pour attaquer par surprise le Montferrat. Les troupes espagnoles du Milanais se mettent, quant à elles, en campagne en vue d'occuper le duché de Mantoue au nom de l'Empereur, et de prêter main-forte au duc de Savoie qui commence le siège de Casal.

La situation du nouveau duc de Mantoue est certes précaire, mais non pas désespérée. Charles de Nevers est en effet le chef de la Milice chrétienne, organisation internationale très puissante qui s'est donné pour but la croisade contre les Turcs. Il est en rapports étroits, à ce titre, avec l'Ordre de Malte, avec les Jésuites, avec le Saint-Siège bien entendu, et avec tous ceux qui vivent toujours fortement l'idéal de la croisade, comme la noblesse polonaise, les catholiques de Bohême et de Hongrie, une partie de la noblesse italienne et espagnole. Moralement, par conséquent, la position du duc est loin d'être négligeable.

Il bénéficie par ailleurs de l'appui de la plupart des princes italiens, toujours aux aguets devant tout ce qui pourrait entraîner la rupture au profit de l'Espagne de l'équilibre dans la péninsule. Le Saint-Siège est l'un des plus vigilants, et sa diplomatie s'active aussitôt en faveur du nouveau duc de Mantoue. L'attitude du Pape irrite d'ailleurs au plus haut point les Espagnols, et le premier ministre du gouvernement de Madrid, le comte-duc d'Olivares, déclare un jour brutalement à l'ambassadeur de France que le Souverain Pontife est avant tout chargé de s'occuper d'« indulgences et de bulles » et que ses intérêts temporels ne méritent pas plus de considération que ceux de n'importe quel autre chef d'État italien. Le duc de Nevers peut également bénéficier de l'appui de la République de Venise, qui s'inquiète fort de voir les Espagnols à ses frontières. Enfin, la famille du duc dispose en France d'une vaste clientèle, et son prestige indéniable lui permet de susciter sans peine des volontaires disposés, comme en 1613, à venir en Italie défendre son bon droit par les armes.

La France est directement intéressée au règlement de l'affaire de Mantoue. Le maintien de l'équilibre européen est l'une des constantes de sa politique, particulièrement en Italie. Le duc de Nevers, d'autre part, est un prince français, et il devrait être agréable au Roi de voir l'un des Grands de son royaume appelé à la tête d'une principauté située dans une région d'un grand intérêt stratégique.

Or, Paris adopte une attitude ambiguë. Il y a deux raisons à cela. Tout d'abord, le siège de La Rochelle et l'agitation des huguenots du Languedoc entraînés par le duc de Rohan, immobilisent des forces importantes et interdisent toute action significative hors des frontières du royaume. D'autre part, l'opinion de la classe dirigeante est loin d'être unanimement favorable au duc de Nevers. Le parti pro-espagnol se mobilise dans l'intérêt du gouvernement de Madrid. Marie de Médicis, en particulier, prend nettement position contre le duc de Nevers. A l'alignement sur l'Espagne s'ajoute chez elle un ressentiment personnel contre le duc : celui-ci reste à ses yeux l'homme qui s'est emparé de Mézières à la fin de 1616, et l'animateur de la dernière rébellion des princes contre son autorité de Régente [7]. Douze ans plus tard, la vindicte de Marie de Médicis n'a toujours pas désarmé, et la cause du duc de Nevers en fait les frais.

Richelieu, qui souhaite intervenir, se voit donc obligé de n'agir qu'avec la plus grande prudence et d'attendre en tout cas la reddition de La Rochelle. Il donne cependant tous les encouragements possibles au duc de Nevers, en l'exhortant à tenir dans Casal jusqu'au début de 1629, date à laquelle il pense être venu à bout de La Rochelle et pouvoir monter une expédition destinée à porter secours au duc.

La soumission de La Rochelle, à la fin du mois d'octobre 1628, libère le gouvernement royal de cette lourde hypothèque. Dès le retour de Louis XIII et Richelieu à Paris, la discussion s'engage entre le Roi, sa mère et le premier ministre sur l'attitude à observer dans l'affaire de Mantoue. Et, pour la première fois, Marie de Médicis et Richelieu vont se trouver opposés par un désaccord grave. La Reine-Mère estime en effet, avec ses amis du parti catholique, que la victoire de La Rochelle doit être exploitée sans désemparer contre le protestantisme, et qu'il faut mener l'offensive contre le duc de Rohan et les villes qui se sont soulevées à son appel en Languedoc. Richelieu pour sa part considère que la guerre dans le Languedoc, si elle est indispensable, peut cependant être différée de quelques mois, et qu'il faut au contraire intervenir au plus vite à Mantoue ; il se dit d'ailleurs persuadé que les Espagnols voudront éviter une confrontation armée avec la France et qu'il suffira que Louis XIII apparaisse aux frontières de l'Italie pour que le conflit trouve sa solution.

7. Voir ci-dessus Chapitre IX.

Richelieu envoie comme ambassadeur extraordinaire à Madrid l'un de ses fidèles, Monsieur de Bautru, auquel il donne mission de convaincre le comte-duc d'Olivares de la détermination du gouvernement français. Bautru est d'abord chargé d'expliquer aux Espagnols que le Roi de France n'éprouve aucune sympathie pour le duc de Nevers. Mais l'Espagne doit admettre que la France se préoccupe de la succession de Mantoue. C'est une question de principe, car le Roi de France est toujours soucieux de voir partout respecter le droit — et le droit doit jouer en faveur de chacun, même s'il n'est pas des amis du Roi de France. Richelieu fait d'autre part rappeler à son homologue espagnol que le traité d'alliance signé l'année précédente impose aux deux gouvernements de se concerter pour la solution de tous les problèmes qui peuvent surgir.

L'attitude ainsi adoptée par le cardinal lui permet de maintenir une certaine harmonie apparente avec la Reine-Mère, et d'éviter, en tout cas, de la heurter sur le terrain le plus délicat, celui des réactions passionnelles à l'égard de l'ex-duc de Nevers. Elle présente cependant l'inconvénient d'entraîner le gouvernement français dans des discussions inextricables avec Madrid : dès lors qu'on lui parle de concertation, en effet, Olivares a beau jeu de demander qu'elle ne s'applique pas seulement à Mantoue mais aussi à la Hollande, et qu'on examine attentivement par exemple la question de l'aide que la France apporte aux calvinistes des Provinces-Unies contre l'Espagne.

Marie de Médicis a d'ailleurs, depuis quelque temps, des motifs supplémentaires d'en vouloir à l'ex-duc de Nevers, et elle est moins disposée que jamais à envisager qu'on lui porte secours. Gaston d'Orléans a perdu l'année précédente sa femme, Mademoiselle de Montpensier, un an seulement après la célébration de ce mariage si controversé ; la première duchesse d'Orléans est morte en donnant le jour à une fille, la future « Grande Mademoiselle », qui se fera connaître par son rôle actif dans les troubles de la Fronde, lors de la minorité de Louis XIV. Gaston, qui voudrait bien se remarier, tombe amoureux de Marie-Louise de Gonzague : celle-ci n'est autre que la fille du nouveau duc de Mantoue ! Donner comme épouse à son fils préféré la fille de son ennemi, voilà ce à quoi la Reine-Mère ne saurait consentir. Elle s'emploie à organiser le mariage de Gaston avec une princesse de Florence, mais l'intéressé ne veut pas en démordre, et ses amours contrariées avec Marie-Louise deviennent la fable de la Cour.

Il faut beaucoup de courage à Richelieu, dans ces conditions, pour défendre comme il le fait la thèse de l'intervention en faveur du duc de Mantoue, contre l'Espagne et la Savoie. Dans un mémoire adressé au Roi le 10 décembre 1628, le cardinal prend nettement position : « Je ne suis point prophète mais je crois pouvoir assurer Votre Majesté que, ne perdant point de temps dans l'exécution de ce dessein, vous aurez fait lever le siège de Casal et donné la paix à l'Italie dans le mois de mai. Et, revenant avec votre armée dans le Languedoc, vous réduirez tout sous votre obéissance et y donnerez la paix dans le mois de juillet. De sorte que Votre Majesté pourra, comme je l'espère, revenir victorieuse à Paris dans le mois d'août ».

Un vif débat se développe entre Richelieu et les animateurs du parti catholique. Marie de Médicis et ses amis font pression sur le cardinal en multipliant les articles, les pamphlets, les estampes à la gloire de ce pourfendeur de l'hérésie ; le cardinal casqué et botté, enchaînant par la vertu de la croix la bête de l'Apocalypse qui représente le protestantisme, est invité à achever la mission sacrée dont il est investi en allant détruire en Languedoc les derniers bastions de la Réforme. On répand d'autre part des bruits alarmistes sur l'attitude des Espagnols ; tous ceux qui entretiennent des liens étroits avec le gouvernement de Madrid, le Père de Bérulle notamment, expliquent avec gravité qu'une intervention française à Mantoue provoquerait sans aucun doute le déclenchement d'une longue guerre entre la France et l'Espagne.

A la fin du mois de décembre, Louis XIII confirme son intention de faire lever le siège de Casal et de prendre lui-même la tête de l'expédition organisée à cet effet. Deux jours avant de partir, le 13 janvier 1629, le Roi accepte, à la demande de Richelieu, de s'entretenir pendant une grande heure avec Marie de Médicis, le cardinal, et le Père Suffren, qui est à la fois le confesseur de Louis XIII et celui de sa mère, pour bien poser le problème. Cette réunion donne l'occasion à Richelieu de présenter un exposé de politique générale, un discours-programme sur les orientations de l'action gouvernementale. C'est du grand Richelieu. Le cardinal, avec l'expérience que lui donnent plus de cinq années de pratique gouvernementale, trace, pour la première fois depuis son arrivée au pouvoir, un vaste tableau de la politique de la France. Toutes les idées qui vont inspirer son action et celle de Louis XIII pendant les treize années à venir sont contenues dans ce tableau.

Les objectifs de politique intérieure ne passionnent visiblement pas Richelieu, sauf s'il s'agit d'imposer partout l'autorité du Roi ; c'est dans cette perspective que se situe, à ses yeux, la répression de la rébellion protestante. A l'extérieur, les principes sont clairs : arrêter les progrès de l'Espagne, s'agrandir à ses dépens, et préserver par tous les moyens l'équilibre européen. En ce qui concerne les méthodes d'exercice du gouvernement, le Roi doit se défier de ses propres défauts, qui sont notamment une sévérité excessive, la jalousie, le manque d'esprit de suite et une tendance à s'occuper davantage des détails que des actions d'ensemble. Richelieu, pour finir, dit quelques mots du comportement de Marie de Médicis, et de l'attitude nouvelle qu'elle observe à son égard : « Les changements de la Reine venaient de son naturel, à son avis, qui de soi-même était ombrageux et qui, ferme et résolu aux grandes affaires, se blessait aisément pour peu de chose ; ce qu'on ne pouvait éviter, parce qu'il était impossible de prévoir ses désirs, joint que souvent les considérations d'État requièrent qu'on passe par-dessus la passion des princes [8] ».

Louis XIII accepte la leçon pour ce qui le concerne, à l'inverse de Marie de Médicis, profondément blessée d'être ainsi morigénée devant le Roi et le Père Suffren et ulcérée d'avoir perdu la partie à l'issue du premier véritable affrontement qui l'ait opposée à Richelieu. Pour cette nature vindicative, il ne peut y avoir, désormais, de pardon ni d'oubli, même si la Reine-Mère choisit provisoirement de se taire. Certes, Louis XIII lui met du baume sur le cœur en lui confiant la régence du royaume pendant tout le temps de son absence, mais la blessure d'amour-propre ne se cicatrisera jamais. En quittant Paris le 15 janvier 1629 pour Lyon, Grenoble et l'Italie, le Roi et son premier ministre laissent derrière eux une femme décidée à la revanche.

Sur le terrain, l'intervention de la France était des plus urgentes. Le duc de Savoie s'était emparé de la quasi-totalité du Montferrat à l'exception de la forteresse de Casal qu'il assiégeait en commun avec les Espagnols, et dont la résistance approchait de son terme. Le Pape et Venise, englués dans l'habile diplomatie de Madrid, n'avaient pas bougé. L'appoint des volontaires français s'était révélé inefficace. Bref, le duc de Nevers était à bout de souffle.

Louis XIII est à Grenoble le 14 février. Il n'est pas plus tôt arrivé que deux dépêches lui parviennent. L'une, de la Reine-Mère, lui apprend que l'ambassadeur d'Espagne à Paris vient d'annoncer la conclusion d'un accord à Madrid entre Olivares et Bautru. L'autre, du même Bautru, annonce au Roi qu'il quitte Madrid après trois mois de vaines discussions avec Olivares. La duplicité dont faisait ainsi preuve l'Espagne ne pouvait que pousser Louis XIII à accélérer ses préparatifs de guerre. Le 22 février, le Roi quitte Grenoble pour le Mont-Genèvre où il arrive le 28. Il passe la frontière le 1er mars et, le 6 mars 1629, bouscule les défenses élevées par le duc de Savoie au Pas de Suse. De là, il était maître de descendre dans la plaine du Piémont et de marcher éventuellement sur Turin ; la partie italienne des États du duc de Savoie se trouvait à sa merci. Sagement, Louis XIII offre la paix au duc. Le 11 mars, le prince de Piémont, fils aîné du duc de Savoie, qui est d'ailleurs le beau-frère de Louis XIII par son mariage avec sa sœur Christine, vient traiter avec le Roi de France ; il lui remet la forteresse de Suse et s'engage à autoriser le ravitaillement de Casal. Quelques jours après, les Espagnols lèvent le siège de cette place.

Louis XIII a montré sa force et rétabli le duc de Mantoue dans ses

8. Richelieu, *Mémoires*, Paris, Éd. Michaud et Poujoulat, Firmin Didot, 1837, T. I, p. 581.

droits. Il reste à Suse pendant tout le mois d'avril, recevant les ambassadeurs des princes italiens et manifestant le retour de la France dans les affaires de la péninsule. Tous ceux qu'inquiète, en Italie, la puissance espagnole, voudraient voir le Roi pousser dans le Milanais, principauté sur laquelle la France peut invoquer des droits historiques. Louis XIII préfère borner là son intervention et, après avoir confié au maréchal de Toiras, le brillant défenseur de l'île de Ré contre Buckingham, la responsabilité de garder Casal, il regagne la France avec son armée pour réduire la rébellion protestante du Languedoc. Il ne lui faut que quelques semaines pour en venir à bout et signer un Édit de pacification, la Grâce d'Alès, le 27 juin 1629, qui maintient l'Édit de Nantes mais supprime les privilèges politiques et militaires des réformés. Les faits ont donné raison à Richelieu.

Tandis que Louis XIII retourne à Paris, le cardinal reste quelques semaines en Languedoc en vue d'achever la pacification de la province. Le duc de Rohan est invité à quitter le royaume pour se faire oublier pendant quelque temps. Dans chaque ville importante, on établit des missions de Jésuites destinées à raffermir la foi des populations catholiques face aux fortes communautés protestantes de la région. Le culte réformé reste autorisé, mais toutes facilités sont ménagées pour favoriser la reconquête des âmes au profit de l'Église. Avant de quitter Montauban, dernière ville protestante à effectuer sa soumission, Richelieu écrit triomphalement à Louis XIII : « On peut dire maintenant avec vérité que les sources de l'hérésie et de la rébellion sont taries ».

Fontainebleau, septembre 1629.

Au mois de septembre 1629, Richelieu rejoint la Cour à Fontainebleau. Il est tout auréolé de la victoire d'Italie et de la facile répression de la rébellion protestante en Languedoc, qui marque la fin des guerres de religion de Louis XIII. Or, si le Roi lui manifeste par la chaleur de son accueil la satisfaction qu'il a de ses services, il n'en est pas de même de Marie de Médicis. La Reine-Mère reçoit Richelieu avec une froideur marquée, qui n'échappe à personne. Voici le récit qu'en donne Richelieu lui-même : « En ce temps le cardinal revint de Languedoc ; il arriva à Fontainebleau le 14 septembre ; toute la Cour vint au-devant de lui jusqu'à Nemours. Il plut au Roi lui rendre beaucoup plus de témoignages du contentement qu'il avait de sa vue qu'il n'en méritait ; mais Dieu permit que, pour tempérer la joie qu'il devait avoir de le voir de retour d'un si grand et si pénible voyage qui avait été si glorieux pour Sa Majesté, et si utile, non seulement pour la France, mais pour l'Église et pour la Chrétienté, il n'en fût pas ainsi de la Reine sa mère, qui lui témoigna tant de froideur à la vue de tout le monde qu'il n'y eut personne qui n'en fût étonné. Il avoua qu'il le fut encore davantage : cet accident le surprit d'autant plus qu'il ne s'y devait pas attendre, vu que, depuis quinze ans, il avait servi cette princesse avec tant de preuves de son affection et de sa fidélité, et tant de succès, qu'elle était aussi puissante dans l'État par la bonne intelligence qui était entre le Roi son fils et elle, qu'elle avait été pendant sa régence [9] ». On le voit, Richelieu, qui estime qu'il n'a rien à se reprocher vis-à-vis de Marie de Médicis, est persuadé que c'est bien grâce à lui qu'elle joue maintenant un tel rôle dans la conduite des affaires de l'État – un rôle que le cardinal n'hésite pas à considérer, sans le dire ouvertement, comme plus important même que celui de Louis XIII.

Richelieu offre sa démission au Roi et à la Reine. Marie de Médicis n'en exprime que plus d'indignation contre lui, tandis que Louis XIII éprouve un violent chagrin de cette brouille entre sa mère et son premier ministre. Refusant la démission de Richelieu, il s'emploie, apparemment avec succès, à persuader sa mère de l'absolue fidélité du cardinal et à la raccommoder avec lui. La Cour impute la responsabilité de l'incident à Bérulle. Quand ce dernier meurt subitement, le 2 octobre suivant, beaucoup pensent que cette rumeur n'est pas étrangère à sa disparition.

Le comportement de la Reine-Mère procède cependant d'une autre cause plus immédiate, qui concerne l'attitude à observer face à l'intrigue sentimentale entre Gaston d'Orléans et Marie-Louise de Gonzague. Marie de Médicis s'était laissée persuader, peut-être par Bérulle, que l'intervention en faveur du duc de Nevers, devenu duc de Mantoue, trahissait l'intention de Richelieu de favoriser en même temps le mariage entre Gaston d'Orléans et la fille du duc. Bérulle avait joué en tout cas un rôle important dans la décision qu'avait prise Marie de Médicis, alors qu'elle exerçait la régence du royaume en l'absence de Louis XIII, parti pour la campagne de Suse, de faire arrêter Marie-Louise et de l'emprisonner au château de Vincennes. Richelieu n'avait en réalité aucune opinion personnelle sur les projets matrimoniaux de Gaston, qui déplaisaient aussi bien au Roi qu'à la Reine-Mère, mais il trouvait assez peu politique l'attitude observée à l'égard de cette princesse ; il parvient à convaincre Marie de Médicis de libérer Marie-Louise de Gonzague en échange d'une promesse formelle de sa part de quitter immédiatement le royaume pour rejoindre son père à Mantoue.

L'affaire de la princesse de Gonzague avait une conséquence imprévue : Gaston d'Orléans, ulcéré par le comportement de sa mère, décide, en signe de mécontentement, de quitter lui aussi le royaume et de se réfugier chez le duc de Lorraine. L'héritier du trône passant à l'étranger, la chose était grave. On s'emploie activement à le faire reve-

9. Richelieu, *Mémoires*, Paris, Éd. Michaud et Poujoulat, Firmin Didot, 1838, T. II, p. 48.

nir. Le duc de Bellegarde, gouverneur de Bourgogne et ami de longue date de Gaston, intervient. Marie de Médicis écrit personnellement à son fils cadet, à qui elle promet non seulement le pardon sans réserve de Louis XIII mais également de précieux avantages s'il accepte de rentrer en France sans plus tarder. La Reine-Mère, qui est à l'origine de cette brouille en raison de son attitude brutale à l'égard de Marie-Louise, veut apparaître comme l'artisan de la réconciliation entre ses deux fils. Avec quelle fierté la voit-on écrire à Gaston pour garantir les propositions du Roi : « Vous pouvez en prendre toute assurance sur ce que je vous écris, qui est chose très véritable. Je vous conjure, pour l'amour de moi, qui ne pourrais vivre si je voyais de la division entre deux personnes qui me sont chères comme le Roi et vous ». Elle triomphe quand Gaston, se rendant à ses prières, accepte le 2 janvier 1630 de se raccommoder avec Louis XIII et de revenir en France.

Entre-temps, la situation en Italie s'était à nouveau dégradée, et l'opposition entre Marie de Médicis et Richelieu, un moment apaisée, allait éclater avec une violence accrue. Les Espagnols en effet, après avoir dû lever le siège de Casal, avaient fait pression sur l'Empereur pour qu'il continue de refuser au duc de Nevers l'investiture du duché de Mantoue. Cela signifiait la reprise inévitable de la guerre, dont les causes profondes subsistaient. Le 21 novembre 1629, Richelieu est nommé « principal ministre d'État » ; il reçoit ainsi le titre de premier ministre dont il exerçait depuis plus de cinq ans les fonctions. La décision de Louis XIII et le choix du moment ne sont pas indifférents : il s'agit de montrer à tous que la confiance du Roi à l'égard du cardinal est plus grande que jamais, et qu'aucune divergence de vues ne les sépare.

A la fin du mois de novembre, la question d'une éventuelle intervention en Italie est discutée en Conseil. Le Roi, devant la mobilisation à laquelle procèdent les Espagnols et les Impériaux, et dont l'objectif est Mantoue, décide de mener une nouvelle expédition militaire au-delà des Alpes. On recrute plusieurs milliers de Suisses, de Wallons, d'Allemands, d'Écossais. Des démarches diplomatiques sont entreprises auprès de Madrid et de Vienne pour informer ces gouvernements de la détermination du Roi de France. D'autres missions sont envoyées à Venise et chez les principaux princes italiens, y compris le duc de Savoie, pour essayer de les entraîner dans une action commune avec l'armée royale contre les forces des Habsbourg.

Qui va diriger les troupes du Roi de France ? Normalement, c'est Louis XIII qui devrait prendre le commandement de l'expédition. Il en a la plus grande envie. Ses succès de La Rochelle et du Pas de Suse lui font trouver plus de plaisir que jamais à ces chevauchées. Au surplus, il ne lui déplairait pas de renouer avec les exploits de ses prédécesseurs dans cette Italie qui exerce toujours la même fascination sur les Français. Mais les négociations avec le duc d'Orléans, et la méfiance nouvelle de Louis XIII vis-à-vis de sa mère, dont le comportement à l'égard de Marie-Louise de Gonzague n'a pas été caractérisé par une profonde sagesse politique, retiennent le Roi à Paris. Il décide de confier le commandement de l'armée à Richelieu, malgré les réserves extrêmement vives que lui oppose le cardinal. Le titre de Lieutenant général du Roi « représentant sa personne en Italie » en fait le second du souverain ; c'est une faveur presque excessive, et les mauvaises langues prétendent que le Roi ne s'est réservé que le pouvoir de guérir les écrouelles. D'autre part, si la présence de Louis XIII à Paris lui permet de mieux surveiller la Reine-Mère, elle le laisse aussi plus exposé aux intrigues et aux pressions que Marie de Médicis et son entourage vont multiplier pour obtenir qu'il désavoue Richelieu et change de politique.

Janvier-octobre 1630 : Casal et le « grand orage » de Lyon.

Richelieu quitte Fontainebleau le 29 décembre et arrive le 18 janvier 1630 à Lyon. Une armée a été rapidement mise sur pied sous les ordres du maréchal de La Force, au milieu de mille difficultés provoquées par la duplicité du duc de Savoie, qui se garde bien de préparer les approvisionnements qu'il s'était engagé à rassembler. Le maréchal de La Force franchit le Mont-Cenis sous la neige et se dirige vers Turin où l'armée du duc de Savoie s'est enfermée. Richelieu et le maréchal s'emparent de Rivoli. Apprenant que la garnison de la citadelle de Pignerol a été dégarnie pour renforcer les défenses de Turin, Richelieu décide de négliger la capitale du Piémont et de foncer vers le sud, vers Pignerol, dont la citadelle capitule le 29 mars. L'armée royale se trouve ainsi maîtresse d'une place dont la valeur stratégique est au moins aussi grande que celle de Casal. La possession de Pignerol signifie du coup, si le Roi de France décide de conserver sa conquête, qu'aucune paix n'est plus possible avec le duc de Savoie et la Maison de Habsbourg.

Richelieu est à la croisée des chemins, aussi bien sur le plan des opérations militaires qu'en ce qui concerne l'action diplomatique.

Militairement, il ne peut pas faire grand-chose. Une armée espagnole commandée par Spinola assiège Casal ; elle est trop forte pour les effectifs dont dispose Richelieu ; elle est près de ses bases qui sont le Milanais, tandis que l'armée française se trouve isolée dans les États du duc de Savoie, dont elle ne peut attendre aucune aide. Une puissante armée impériale assiège d'autre part Mantoue, sous le commandement d'un général réputé, Collalto ; pour l'atteindre, il faudrait traverser le Piémont et le Milanais ; autant dire qu'il s'agit là d'une hypothèse impossible à prendre en considération. Des deux partis qui s'offrent, le seul réaliste est donc la poursuite de l'offensive en direction de Casal, mais à condition que Louis XIII envoie des renforts.

Sur le plan diplomatique, on pourrait imaginer d'échanger Pignerol contre la levée du siège de Casal et l'obtention par le duc de Mantoue de l'investiture impériale. Richelieu a d'ailleurs adressé des instructions dans ce sens à l'ambassadeur de France à Madrid. Il se fait cependant assez peu d'illusions sur les chances de succès d'une telle négociation. L'Espagne mise en effet sur l'incapacité de la France à soutenir un conflit prolongé en Italie, et Olivares ne voit pas, dans ces conditions, les raisons pour lesquelles il achèterait au Roi de France la restitution de Pignerol qu'il pense pouvoir obtenir sans bourse délier.

Il est certain d'autre part que la situation politique à Paris ne pousse pas les Espagnols au compromis. Marie de Médicis et le parti catholique sont plus décidés que jamais à obtenir de Louis XIII le retrait pur et simple de l'armée qui opère en Italie, et un désengagement total de la France des affaires de Mantoue. Le duc de Guise, toujours aussi dévoué aux intérêts de la cause catholique, s'efforce de son côté de rassembler une vaste conjuration de nobles afin d'évincer Richelieu par tous les moyens, y compris éventuellement l'assassinat.

Richelieu adresse le 13 avril un mémoire au Roi qui expose les éléments du choix fondamental auquel se trouve confronté le gouvernement du royaume. Si la France conserve Pignerol, le Roi se trouve l'arbitre des affaires d'Italie. Mais alors, c'est la guerre et, dans ce cas, « il faut quitter toute pensée de repos, d'épargne et de règlement du dedans du royaume ». Au surplus, jusqu'à quel point la paix intérieure et l'équilibre économique du pays ne risquent-ils pas d'être gravement affectés par un conflit extérieur prolongé ? Si au contraire le Roi opte pour la paix, « il faut quitter les pensées pour l'avenir » en s'efforçant d'obtenir, avec des chances de succès incertaines, la reconnaissance des droits du duc de Nevers sur la principauté de Mantoue.

Là est le choix fondamental. La guerre à l'extérieur pour défendre le royaume contre la prépondérance en Europe de la Maison de Habsbourg et les menaces permanentes d'encerclement qu'elle fait peser sur la France. Ou bien se fixer comme objectif de travailler avant tout à la reconstitution de l'unité religieuse des Français par une lutte sans merci contre les huguenots et à la mise en œuvre du vaste plan de réformes annoncé lors de l'Assemblée des notables de 1627 et dont les grandes lignes ont été tracées dans le « Code Michau ».

C'est une curieuse affaire que celle du « Code Michau », recueil d'un nombre considérable de mesures qui intéressent tous les domaines : la justice, le commerce, le droit civil, la moralité familiale, la religion. Le nom de ce recueil lui a été donné par plaisanterie : c'est un sobriquet tiré du prénom de Michel de Marillac. Adopté en janvier 1629, avant le départ de Louis XIII pour l'expédition de Suse, il s'était heurté à la vive opposition du Parlement, et Marie de Médicis, Régente du royaume, a dû déployer toute son énergie pour le faire accepter. Mais le « Code Michau » ne sera jamais considéré par les Cours souveraines comme une des lois du royaume. Il heurtait trop d'intérêts et trop d'habitudes enracinées de longue date pour ne pas soulever des résistances quasi insurmontables. Il aurait fallu, afin de les vaincre, une volonté politique aussi ferme que tenace. Cette volonté existait-elle ? Le gouvernement était-il prêt à faire de la réforme dont il traçait le programme l'un des objectifs essentiels de son action ?

La part qu'avait prise Michel de Marillac dans l'élaboration du code qui porte son nom, les efforts de Marie de Médicis pour l'imposer au Parlement, montrent bien la place dévolue à ce programme de réformes dans les préoccupations du parti catholique. Celui-ci considère que la politique intérieure doit l'emporter sur le souci d'une présence active de la France dans les affaires européennes. Ne discutant pas le rôle dirigeant de l'Espagne en Europe, il considère que le gouvernement du royaume n'a pas lieu d'en prendre ombrage dès lors qu'il mène une action dépourvue d'arrière-pensées à l'égard de Madrid. Cessons de soutenir systématiquement les princes protestants d'Allemagne, les Anglais, les Suisses, les Hollandais, Venise, Mantoue, disent en substance les Marillac, et vous verrez bien que l'Espagne adoptera vis-à-vis de la France un comportement parfaitement amical.

Richelieu n'est nullement insensible aux problèmes de la politique intérieure du royaume. Il s'est associé à la mise en œuvre du « Code Michau ». Mais c'est un réaliste, un esprit pratique. Il ne croit pas qu'un catalogue de réformes généreuses puisse par sa seule vertu mettre fin aux abus dont souffre le pays. Les institutions, à son avis, ne valent que par les hommes chargés de les mettre en œuvre. Contre les gouverneurs factieux, contre les juges corrompus, contre les trésoriers prévaricateurs, il ne croit pas qu'il y ait d'autre arme qu'une surveillance de tous les instants menée par une petite clientèle de fidèles exclusivement dévoués au Roi et à son premier ministre. C'est pour cela que Richelieu multiplie les intendants en mission extraordinaire. C'est pour cela qu'il entretient une armée d'espions et d'indicateurs, persuadé que la crainte est encore le meilleur moyen de maintenir dans les limites de leur devoir ceux qui ont une part d'autorité.

L'idéalisme auquel le cardinal refuse de croire en politique intérieure lui paraît encore plus déplacé et hors de saison à l'extérieur. Richelieu ne croit pas qu'un État puisse être sensible à d'autre calcul que celui de ses intérêts. En politique internationale, l'égoïsme est non seulement la règle, c'est une exigence de survie. En ce qui concerne plus particulièrement l'Espagne, Richelieu considère que la duplicité constitue un trait fondamental du caractère national de ce peuple et qu'une politique à l'égard de Madrid qui ne se fonde que sur la confiance est automatiquement vouée à l'échec.

Deux partis, deux programmes, deux conceptions de l'action politique en France et en Europe. Louis XIII, sans trancher vraiment, montre où l'inclinent ses préférences en prenant la route de l'Italie. Le 26 avril, le Roi est à Dijon, et c'est dans cette ville qu'il reçoit le mémoire du cardinal. Il se rend à Grenoble, où une armée d'environ 15 000 hommes est en cours de constitution, afin de renforcer les troupes du maréchal de La Force si la décision est finalement prise de poursuivre la guerre. C'est précisément pour arrêter cette décision sur la base du choix si clairement exposé par le mémoire du 13 avril que Louis XIII invite Richelieu à le rejoindre à Grenoble. Le Roi et son Premier ministre se retrouvent le 10 mai dans cette ville, tandis que Marie de Médicis et Anne d'Autriche, avec tous les ministres, sont à Lyon. Le même jour, à Grenoble, les ambassadeurs du duc de Savoie et un représentant du Pape qui est chargé depuis quelques mois des négociations avec la France, un certain Jules Mazarin, viennent proposer à Louis XIII et à Richelieu la conclusion d'un arrangement. La France est priée de restituer Suse et Pignerol et de retirer de Casal le maréchal de Toiras et les quelques troupes venues renforcer la garnison, en échange de quoi les Espagnols et les Impériaux accepteraient la conclusion d'un armistice ; la trêve serait mise à profit pour permettre un examen des droits du duc de Nevers sur Mantoue et sur le Montferrat. On demandait en somme au Roi de se dessaisir des gages qu'il détenait et d'abandonner le duc de Mantoue avant toute négociation véritable. Louis XIII, Richelieu, les maréchaux présents à Grenoble, se trouvent tous d'accord pour estimer que ces propositions sont inacceptables.

Louis XIII comme son premier ministre considèrent qu'il n'est pas possible de rejeter les propositions transmises par le duc de Savoie et par le Pape sans en avoir débattu en Conseil. Richelieu se rend donc à Lyon, et, le 11 mai 1630, présente à la Reine et aux autres ministres un rapport sur la situation de la France dans lequel il conclut à la nécessité de ne déposer les armes qu'après avoir obtenu des conditions de paix satisfaisantes. Les maréchaux opinent dans le même sens. Le Garde des Sceaux Marillac défend un point de vue différent ; il a préparé avec le plus grand soin un mémoire dans lequel il réfute les arguments de Richelieu, évoque les « misères et afflictions du peuple de France qui languit sous de très grandes et incroyables pauvretés », et se montre pessimiste sur l'issue de la guerre ; la possession de Pignerol et de Suse ne suffira pas, expose-t-il, à sauver Casal et Mantoue, et la France va se trouver engagée dans un conflit aux conséquences incalculables avec l'Espagne, l'Autriche et la Savoie réunies. Mais Marillac dépense en vain son éloquence. Par un de ces coups de théâtre dont elle a le secret, Marie de Médicis, avant même que le Garde des Sceaux prenne la parole, déclare qu'elle est convaincue par les arguments de Richelieu.

Le cardinal l'a-t-il emporté ? Il n'en est pas persuadé lui-même, et s'interroge sur les mobiles qui ont pu pousser Marie de Médicis à donner ainsi un feu vert sans réserve à la poursuite de la guerre. On peut avancer à cet égard deux hypothèses.

Il est vraisemblable que Marie de Médicis mise sur l'état de santé déficient de Louis XIII. Depuis le début du voyage, le Roi est fatigué, malade ; purgations et saignées ne permettent pas de venir à bout d'une fièvre persistante qui le ronge et lui enlève tout ressort. Marie ne pense pas que le Roi soit en mesure de conduire l'expédition prévue : dans ces conditions, il est superflu de s'opposer à la résolution qu'il a prise, et qui de toute façon ne sera pas suivie d'effet.

La seconde raison s'appelle la politique du pire. Marie de Médicis voit bien l'influence qu'exerce Richelieu sur le Roi. Il suffit de parler à Louis XIII de combats et de gloire pour le faire vibrer et emporter son adhésion. Mais elle sait également que la persévérance ne constitue pas l'un des points forts de son caractère. Que surviennent les difficultés, et l'ardeur fait place au doute, au découragement. La Reine-Mère ne partage pas le bel optimisme de Richelieu sur les résultats de la campagne d'Italie. Elle est persuadée de la supériorité de l'organisation militaire des Espagnols et des Impériaux, de la valeur de généraux comme Spinola et Collalto. Elle considère comme inéluctables des revers, voire des échecs graves, qui montreront à Louis XIII que la guerre contre de tels adversaires est une affaire sérieuse. De la leçon des faits, elle attend le désaveu de la politique défendue par le cardinal, et l'effacement de ce dernier.

Dès le 12 mai, Richelieu est de retour à Grenoble où il apporte au Roi la nouvelle de l'accord donné par la Reine-Mère. Louis XIII se met aussitôt en campagne en direction de Chambéry, qui se rend le 14 mai. Il en repart le 21 pour s'emparer d'Annecy. Avant la fin du mois, la quasi-totalité des États du duc de Savoie en deçà des Alpes est occupée par l'armée royale. Louis XIII se dispose alors à faire passer des troupes en Italie. Il est le 3 juin à Saint-Maurice, tandis que Richelieu s'avance à Saint-Jean de Maurienne, où l'on établit la base arrière de l'expédition en Italie.

Les succès obtenus contre la Savoie semblaient démentir les calculs de la Reine-Mère. Ceux-ci devaient cependant recevoir une éclatante confirmation avec une grave nouvelle qui parvenait à ce même moment en France : le 18 juillet, l'armée de Collalto s'était emparée par surprise de Mantoue. La chute de Mantoue est tenue secrète aussi longtemps que possible dans l'armée, qui se bat maintenant en Italie où elle vient de prendre la ville de Saluces. Le duc de Savoie meurt sur ces entrefaites. On pouvait espérer que son successeur, le prince de Piémont, marié à Christine, l'une des sœurs de Louis XIII, pratiquerait une politique moins hostile à l'égard de la France, mais la disparition du vieux duc et la prise de Saluces ne compensaient pas le désastre de Mantoue.

Ces événements successifs alimentent le débat politique qui se poursuit entre Richelieu et ses adversaires. Marie de Médicis reste obstinément fixée à Lyon, malgré les objurgations de Richelieu qui voudrait la voir s'établir soit à Saint-Jean-de-Maurienne, soit à la rigueur à Grenoble. Elle s'en excuse en prenant prétexte de sa santé, et insiste au contraire pour que Louis XIII la rejoigne. Il est vrai que l'état de santé du Roi ne cesse d'empirer et on apprend bientôt que des cas de peste se sont déclarés à Saint-Jean-de-Maurienne. Le Roi finit d'ailleurs par annoncer qu'il n'ira pas en Italie en raison de sa maladie. Marillac, de Grenoble où il est venu s'installer, lance les avertissements les plus pessimistes sur l'issue du conflit. Richelieu, excédé, finit par lui écrire : « Si vos souhaits avaient lieu, que les épis fussent convertis en bons soldats, nous ferions des merveilles, particulièrement si la peste était convertie en santé, la nécessité en abondance, l'inconstance des Français en fermeté, et si l'on n'avait pas depuis trois mois tant témoigné désirer la paix que nos ennemis nous croient incapables de la guerre ». En somme, le cardinal accusait Marillac, par son attitude défaitiste, de porter atteinte à la crédibilité de l'action menée par la France.

La vive riposte de Richelieu aux attaques dont sa politique est l'objet ne peut empêcher la situation de se dégrader. La maladie du Roi s'aggrave et, le 25 juillet, Louis XIII quitte Saint-Jean-de-Maurienne pour gagner Grenoble puis Lyon, tandis que Richelieu reste à Saint-Jean afin de superviser la conduite de la guerre. A Lyon, le Roi est l'objet des plus vives critiques de la part de Marie de Médicis, qui attaque violemment Richelieu et la responsabilité qu'il porte dans la situation présente. Louis XIII, malgré sa faiblesse, défend avec constance l'action entreprise. Mais les assauts de la Reine-Mère se renouvellent à tel point que le Roi, sentant le besoin d'une réunion destinée à poser une nouvelle fois les choix fondamentaux de la politique du royaume, demande à Richelieu de venir le rejoindre.

Le cardinal arrive le 22 août à Lyon, laissant derrière lui une armée démoralisée par les insuccès et par les ravages de la peste. Sur le plan militaire, les échecs continuent. La garnison de Casal est affaiblie par le manque de vivres et la maladie. Toiras ne peut empêcher Spinola de s'emparer de la ville, ses troupes ne gardant plus que le contrôle de la citadelle. Il faut tout le talent de Mazarin et les bonnes dispositions du nouveau duc de Savoie pour qu'une trêve soit conclue le 8 septembre, valable jusqu'au 15 octobre. Elle permet aux Français de souffler et d'engager à Ratisbonne, en Allemagne, des négociations avec l'Empereur en vue de rechercher les bases d'un accord général de paix.

La conférence de Ratisbonne s'engageait dans des conditions très éloignées de celles qu'avait espérées Richelieu. Mantoue occupée par l'armée de Collalto, Spinola installé dans la ville de Casal, la France ne garde que Pignerol et la citadelle de Casal. Le pays est à bout de forces, et la santé du Roi s'est aggravée à un point tel que, le 30 septembre 1630, Louis XIII est considéré comme perdu. Dans toutes les églises, on dit des prières pour le repos de son âme. Gaston d'Orléans se voit déjà Roi et Marie de Médicis est en train de constituer le nouveau gouvernement. Richelieu se dispose à prendre la fuite pour prévenir la disgrâce qui va sans nul doute le frapper et échapper aux représailles auxquelles il s'attend de la part de ses ennemis.

Et puis, dans l'après-midi du 30 septembre, le miracle se produit. L'abcès intestinal responsable de la maladie du Roi crève de lui-même et Louis XIII, aussitôt, se porte mieux. Marie de Médicis, cependant, ne désarme pas et fait le siège du Roi afin d'obtenir qu'en ces heures où il se trouve entre la vie et la mort il prenne l'engagement, vis-à-vis d'elle et vis-à-vis d'Anne d'Autriche, qui joint ses instances aux siennes, de se séparer de Richelieu.

La guérison du Roi sauve la politique de Richelieu au moment où ce dernier y croyait le moins, et constitue un tournant dans l'évolution de la situation. Le 23 septembre, Spinola était mort, et le nouveau général espagnol nommé pour lui succéder, don Gonzalvo de Cordova, qui est pourtant l'un des meilleurs chefs dont dispose Madrid, n'avait ni son talent ni son rayonnement auprès des troupes. A Saint-Jean-de-Maurienne, l'automne a chassé les miasmes de la peste, et l'armée, reconstituée et rééquipée, est prête à affronter dans les meilleures conditions la reprise éventuelle des combats à l'expiration de la trêve. Or, le 13 octobre, les ambassadeurs extraordinaires de la France à Ratisbonne avaient signé un traité prévoyant le règlement général des conflits dans lesquels la France était intéressée, aussi bien en Allemagne qu'en Italie. En ce qui concerne la succession de Mantoue, le traité prévoyait que l'Empereur accorderait dans les deux mois l'investiture au duc de Nevers; en attendant, les Français évacueraient la citadelle de Casal, les Espagnols quitteraient la ville de Casal. Le duc de Savoie devait retrouver la disposition des territoires occupés par la France, à l'exception de Pignerol et de Suse, que les forces de Louis XIII conserveraient.

La trêve ayant expiré le 15 octobre, l'armée française, dès le 17, s'était mise en route à partir de Saint-Jean-de-Maurienne pour porter secours à Casal. Le Traité de Ratisbonne parvient à Louis XIII à Lyon le 20 octobre, à Richelieu le 22. Le cardinal, contre toute attente, désavoue ses négociateurs et décide de ne pas accepter la paix dans les formes arrêtées à Ratisbonne. Il donne instruction aux commandants de l'armée de secours de poursuivre leur avance en direction de Casal. Une violente altercation avec Marie de Médicis au cours d'un Conseil qui se tient le 24 octobre ne le fait pas changer d'avis. Le 26 octobre, les troupes françaises arrivées en vue de Casal s'apprêtent à attaquer les fortifications espagnoles, lorsque tout à coup surgit Mazarin qui apporte aux Français d'ultimes propositions de l'adversaire : l'armée de don Gonzalvo de Cordova s'engage à évacuer sans retard la ville de Casal, si les Français acceptent de quitter ensuite la citadelle de Casal ; le duc de Nevers, qui se voit assurer immédiatement l'investiture du duché de Mantoue, reprendrait aussitôt possession de Casal et du reste de ses territoires du Montferrat évacués par les Espagnols.

Le maréchal de La Force accepte de conclure l'accord sur ces bases. Dans la lettre qu'il adresse à Richelieu pour lui en rendre compte, il lui décerne en même temps un bel hommage pour la perspicacité qu'il a montrée en refusant la paix de Ratisbonne : « Je ne doute point que vous ne jugiez très bien sur l'état auquel étaient les affaires que ni la paix de Ratisbonne, ni l'exécution qui s'en devait faire, n'eussent rencontré de bien plus grandes difficultés sans votre prudente résolution à faire valoir les armes du Roi. Les artifices et longueurs qu'ils ont apportés de tous côtés pouvaient laisser les choses en grand doute. Mais, ayant suivi les commandements du Roi, nous sommes venus jusque devant Casal, sans que les allées et venues de Mazarin nous aient retardé d'une heure. Ce qui nous avait toujours été désiré nous a été accordé à la tête de l'armée de Sa Majesté, tout en bataille à la portée du mousquet de la leur, prêts à faire sonner la charge : action véritablement fort avantageuse à la réputation des armées du Roi, car outre qu'elle donne un grand avancement et suite aux affaires, c'est avec tant d'honneur et de gloire qu'il n'y a guère d'exemple de pareille chose ».

La journée des Dupes.

La Cour regagne Paris. Marie de Médicis s'installe au Palais du Luxembourg, Richelieu au Petit-Luxembourg qu'il doit à la générosité de la Reine-Mère. Des travaux rendant le Louvre inhabitable, Louis XIII s'établit rue de Tournon dans l'Hôtel des ambassadeurs extraordinaires, l'ancien Hôtel de Concini. Marie de Médicis a apparemment obtenu du Roi qu'il prenne une décision au sujet du renvoi éventuel de Richelieu dans les jours qui suivent le retour à Paris. Pendant tout le voyage qui a ramené le Roi, sa mère et le cardinal de Lyon à Paris, et dont une partie importante s'est faite en bateau sur la Loire, Marie de Médicis a multiplié les sourires à l'égard de Richelieu tout en passant de longues heures en tête-à-tête avec le Roi, très certainement pour lui rappeler la semi-promesse qu'elle lui a arrachée lors de sa maladie à Lyon. A Paris, de mystérieux conciliabules se tiennent au couvent des Carmélites situé dans le faubourg Saint-Jacques, au cours desquels on dresse soigneusement le catalogue des griefs contre Richelieu. On relève les actes de népotisme, les charges qu'il a fait donner à ses parents ou alliés ; l'une des personnes les plus visées est Madame de Combalet, nièce du cardinal, qui détient une charge importante dans la Maison de la Reine, puisqu'elle est sa Dame d'atour, la fonction qu'exerçait autrefois Léonora Galigaï. On fait la liste des biens que possède Richelieu et l'on s'efforce de retrouver à la source de sa fortune les dilapidations dont il a pu se rendre responsable aux dépens du Trésor public.

Richelieu se rend bien compte de l'effervescence qui règne depuis Lyon dans l'entourage de la Reine-Mère. Il a compris qu'il est l'enjeu d'une âpre bataille politique, et offre à nouveau sa démission. Une fois de plus, celle-ci est refusée par le Roi, ainsi d'ailleurs que par Marie de Médicis, qui ne veut se satisfaire que d'une disgrâce éclatante. Au début du mois de novembre, Richelieu adresse à la Reine-Mère une lettre solennelle dans laquelle il lui demande de faire justice des reproches qu'elle peut avoir à exprimer contre lui, quitte à ce qu'il démissionne aussitôt après l'ultime explication qu'il souhaite : « Madame, j'ai su comme mes ennemis, ou plutôt ceux de l'État, non contents de m'avoir décrié auprès de Votre Majesté, veulent encore rendre suspecte ma demeure auprès du Roi. Comme si je ne l'approchais que pour l'éloigner de vous et pour diviser ce que Dieu et la nature ont joint. J'espère en la divine bonté que leur malice sera reconnue, que mes déportements seront bientôt justifiés et que mon innocence triomphera de la calomnie.

« Ce n'est pas, Madame, que je ne m'estime malheureux et coupable de ce que j'ai cessé de plaire à Votre Majesté et que la vie ne me soit odieuse en l'état où je suis, privé de l'honneur de vos bonnes grâces et de cette estime que je prisais bien plus que les grandeurs de la terre ; comme je les tiens de votre main libérale, aussi je les porte et les abaisse à vos pieds. Mais, Madame, épargnez-moi, de grâce, par cette pitié qui vous est naturelle ; car la pourpre que je porte, dont vous m'avez revêtu, perdra son éclat et son lustre, si le rebut de Votre Majesté y imprime de si noires taches. Quelle apparence y a-t-il que le plus obligé des hommes fût le plus ingrat et que, ma conscience, mes intérêts et ma première inclination m'attachant à votre service, je m'en sois séparé pour le seul avantage d'acquérir le nom de traître à la meilleure et à la plus grande Reine de l'univers ?

« Cela seul bien considéré, Madame, me devrait absoudre de crime et de soupçon devant le tribunal de Votre Majesté, qui m'a presque condamné sans m'ouïr. Je souscris à mes malheurs, et ne veux point disputer contre ma souveraine maîtresse ni lui demander raison de ce qu'elle a fait. Je ne pense non plus à me fortifier de l'appui du maître ni de ses officiers ni de la mémoire de mes services passés, contre le cours de votre indignation : la pensée en serait criminelle et bien contraire à l'humeur que j'ai fait toujours paraître de chercher la gloire dans la fidélité et la sûreté dans la seule innocence. Je désire encore moins de traîner ma misérable fortune par le reste de la France ou la porter jusque dedans Rome pour y voir des ruines encore plus lamentables que la mienne. Je m'ennuierais partout où Votre Majesté ne serait point et, sans la permission de la voir, je ne veux plus que celle de mourir. Mais je consentirais, pour ma réputation et en faveur du rang que je tiens en la maison de Dieu, que ce fût au moins après mon innocence connue et, si ce n'est trop d'audace, après l'honneur de vos bonnes grâces recouvrées. Madame, cela m'arrivant, je n'aurai plus de regret de sortir de la Cour ni du monde où je meurs mille fois le jour depuis que Votre Majesté a fait semblant que je ne sois plus moi-même, c'est-à-dire, Madame,

« De Votre Majesté le très humble, très fidèle et très obligé serviteur,

« Armand, cardinal de Richelieu ».

Cette lettre va rester sans réponse. Les événements se précipitent et Marie de Médicis s'efforce d'obtenir au plus vite le renvoi de son ancien favori. Richelieu dans ses *Mémoires* résume le point culminant de l'offensive dont il est l'objet de la part de la Reine-Mère : « A peine a-t-elle loisir de voir le Roi qu'elle lui déclare, le 10 novembre (qui depuis a été appelé la *Journée des Dupes*) qu'elle ne veut plus aimer le cardinal, ni le voir en sa maison, ni aucun de ses parents ou amis, auxquels elle donne incontinent congé, et non seulement à eux, mais jusqu'au moindre de ses officiers qu'il lui avait été donné de sa main. Elle passe outre, elle refuse au Roi de se trouver dans ses Conseils tandis que le cardinal y assistera et nulle prière du Roi ne la peut détourner de cette volonté[10] ».

La célèbre Journée des Dupes a fait l'objet de plusieurs récits de la part de ceux-là mêmes qui l'ont vécue, et donné lieu à de multiples reconstitutions aussi contradictoires que les témoignages eux-mêmes. Il semble – et les quelques lignes que Richelieu lui consacre ne s'opposent pas à cette interprétation – que la crise connue sous ce nom se soit en fait déroulée en trois étapes, les 10, 11 et 12 novembre 1630.

Le 10 novembre, Richelieu rédige au début de la matinée un mémorandum au Roi en prévision du Conseil qui doit se dérouler quelques heures plus tard. Le Conseil a lieu au Palais du Luxembourg, dans la chambre de la Reine-Mère. Richelieu, qui cherche à tout prix des occasions d'être agréable à Marie de Médicis, propose la nomination de Louis de Marillac, maréchal de France depuis l'année précédente, comme commandant en chef de l'armée d'Italie. Sa proposition est acceptée, mais ne désarme nullement la Reine-Mère. Celle-ci ne dit rien jusqu'à la fin du Conseil. Quand la réunion est terminée, elle retient Richelieu et lui signifie sa volonté de lui retirer toutes les charges qu'il

10. Richelieu, *Mémoires*, Paris, Éd. Michaud et Poujoulat, Firmin Didot, 1838, T. II, p. 308.

détient dans sa Maison, celles de Surintendant de la Maison de la Reine, de chef de son Conseil, et de Grand Aumônier. Le Roi assistait-il à la scène, ou celle-ci s'est-elle déroulée en tête-à-tête entre Marie de Médicis et Richelieu ? Les témoignages se contredisent sur ce point et, du reste, peu importe.

Marie de Médicis, après avoir démis Richelieu de ses fonctions, décide de se passer également des services de toutes les personnes qui ont été introduites dans sa Maison sur la recommandation du cardinal, et notamment de sa nièce, Madame de Combalet.

Au soir du 10 novembre, toute la Cour est au courant et Louis XIII décide de provoquer pour le lendemain une rencontre entre lui, Marie de Médicis et Richelieu en vue d'une ultime explication. Le Roi ne désespère pas en effet de faire revenir sa mère sur ses positions. Il veut en tout cas limiter la brouille aux relations personnelles entre Marie de Médicis et Richelieu, sans toucher aux fonctions politiques qu'exerce le cardinal. Tout au plus envisage-t-il de demander éventuellement à Richelieu de se retirer quelques jours à Pontoise pour laisser s'apaiser la colère de la Reine-Mère. La Cour sent bien cependant que le sort de Richelieu est en balance, et interprète le retrait des charges qu'il détient dans la Maison de la Reine-Mère comme le prélude à son éviction du gouvernement. Les rumeurs relatives à un éventuel séjour à Pontoise ne sont pas faites pour démentir cette interprétation. Dans les dernières heures de la soirée du 10 novembre, Richelieu peut constater par lui-même le retournement qui commence à s'effectuer dans l'attitude des courtisans à son égard.

C'est le lendemain 11 novembre, un lundi, dans la matinée, que doit se passer l'entrevue décidée par le Roi. Richelieu sort du Petit-Luxembourg et quelques instants après, sur le coup de onze heures, se trouve dans l'antichambre des appartements de la Reine. Là, une surprise l'attend : on lui interdit l'accès de la chambre de Marie de Médicis où celle-ci et Louis XIII sont en conférence. C'est la première fois que Richelieu se trouve dans cette situation. Sans insister, il quitte l'antichambre et tente de passer par une galerie attenante, mais se heurte à la même défense. Le cardinal se rabat alors sur le dernier accès qui reste possible, et qui permet, à partir de la chapelle, de gagner la chambre de la Reine en empruntant un escalier dérobé ménagé dans un pilier. Marie de Médicis avait-elle oublié de tirer le verrou de la porte par laquelle cet escalier débouche dans sa chambre, ou Richelieu a-t-il bénéficié de la clé secourable d'une servante ? Ici encore, les témoignages divergent. Quoi qu'il en soit, vers onze heures et quart, Richelieu débouche brusquement dans la chambre où Marie de Médicis est en train de parler avec une grande animation à Louis XIII.

Sur la scène qui se déroule alors, les récits concordent, même si la teneur des propos échangés varie selon les versions. Marie de Médicis s'arrête interdite, au milieu d'une grande tirade passionnée. Richelieu, profitant de l'effet de surprise lui demande, accusateur, si c'est de lui que l'on parlait. « Non » répond d'abord Marie de Médicis, qui, se reprenant aussitôt, déclare que c'est bien de lui qu'elle parlait « comme du plus ingrat et du plus méchant des hommes ». Un flot de paroles s'échappe alors de ses lèvres, où se bousculent tous les griefs et tous les ressentiments. Elle lui signifie son intention irrévocable de l'exclure de toute charge dans sa Maison et sa volonté de ne plus jamais le revoir. Si le Roi, ajoute-t-elle, entend le maintenir dans ses Conseils, alors que l'on sache bien qu'elle n'y mettra plus les pieds. Louis XIII intervient timidement pour dire à Richelieu qu'il lui conserve sa confiance et le garde au gouvernement, tout en lui demandant de se retirer quelques jours à Pontoise afin qu'il utilise ce répit pour arranger les choses.

Richelieu, pendant que le Roi s'adresse à lui, s'est écroulé aux pieds de la Reine, et, au milieu de larmes abondantes, en baisant le bas de sa robe, la supplie de lui pardonner les fautes qu'il a pu commettre à son égard et dont il persiste à ne pas comprendre en quoi elles consistent. Marie de Médicis, loin de se laisser apitoyer ou fléchir, l'accuse de jouer la comédie, criant qu'on savait bien qu'il était capable de faire jaillir ses larmes à volonté.

Le cardinal n'a plus qu'à quitter la pièce. Il se poste au bas de l'escalier. Arrive quelques minutes plus tard Louis XIII, qui vient à son tour de prendre congé de Marie de Médicis. Richelieu, dont la figure est décomposée, s'incline profondément, mais le Roi passe sans lui rendre son salut, sans même paraître le voir. Pour le cardinal, c'est la preuve de la disgrâce et Richelieu ne pense plus qu'à préparer son départ.

Chez les courtisans qui viennent d'assister à la scène, nul doute ne subsiste en ce qui concerne la disgrâce du cardinal. Marie de Médicis, que Louis XIII avait quittée sans lui donner aucune indication sur ses intentions, se laisse porter par la vague, et savoure ce qu'elle pense être, désormais, son triomphe. Auprès d'elle, le Garde des Sceaux Michel de Marillac fait déjà figure de premier ministre. Tandis que tout le monde s'empresse auprès des vainqueurs du jour, on prépare la constitution d'un nouveau gouvernement, avec Marillac comme premier ministre, Bassompierre à un poste éminent, les membres les plus en vue du parti catholique se partageant les autres fonctions.

Le cardinal, pendant ce temps, retourne au Petit-Luxembourg et y trouve Madame de Combalet qui s'apprête à gagner le Carmel du faubourg Saint-Jacques où elle compte finir ses jours. Richelieu, pour sa part, projette de partir pour Pontoise et filer de là sur Le Havre dont la forteresse peut lui fournir un abri sûr. Sur ce, on l'informe que le Roi lui fait dire de se trouver le soir même à Versailles, dans le pavillon de chasse que le souverain avait aménagé et dont il goûte la solitude loin de l'agitation parisienne. Le même ordre a d'ailleurs été donné au Chancelier de Marillac. Richelieu ne sait que faire : prendre la route du

Havre, ou se rendre à l'invitation du Roi ? Celle-ci ne cache-t-elle pas un piège ? L'un des rares amis restés fidèles à Richelieu en cet instant, le cardinal de La Valette, lui conseille fermement de se rendre à Versailles, ne serait-ce que pour prendre congé du Roi, ajoutant pour le convaincre : « Qui quitte la partie la perd ».

Louis XIII, avant de se rendre à Versailles, passe se changer à l'Hôtel de la rue de Tournon. Il est si agité qu'aux dires de son écuyer, Claude de Saint-Simon, il fait sauter tous les boutons de son pourpoint en voulant l'enlever. Il demande d'ailleurs à Saint-Simon de lui donner son opinion ; en bon courtisan, celui-ci évite de se prononcer.

A Versailles, dans la soirée, Louis XIII reçoit Richelieu. L'entrevue est capitale. Le cardinal offre de se retirer dans son château, mais Louis XIII lui dit sa détermination de le garder comme premier ministre. Richelieu expose que la Reine-Mère, désormais irréconciliable, risque de refuser dans ce cas de participer au Conseil, et lui montre tous les inconvénients d'une pareille situation. Le Roi, dont la décision est inébranlable, confirme que son choix est arrêté et conclut que, tout en éprouvant le plus profond respect à l'égard de sa mère, « il était plus obligé à son État ».

Dès la fin de l'entretien, Louis XIII convoque les ministres et secrétaires d'État restés à Paris, à l'exception du Chancelier de Marillac, qui est prié de se rendre au petit village de Glatigny, à proximité de Versailles. Le Chancelier comprend immédiatement ce que cela signifie, et brûle ses papiers avant de déférer à l'ordre du Roi. Pendant ce temps, devant le Conseil réuni en pleine nuit à Versailles, Louis XIII expose qu'il a décidé de mettre fin aux intrigues qui se développent depuis plus d'un an maintenant contre le cardinal. Tout en déclarant que le Chancelier de Marillac est un homme parfaitement respectable par sa piété et sa conscience professionnelle, Louis XIII annonce aux autres membres du gouvernement qu'il a résolu de se séparer de lui. On choisit alors comme Garde des Sceaux Monsieur de Châteauneuf, ancien ambassadeur, considéré comme un fidèle de Richelieu. Le Roi décide également de faire arrêter Louis de Marillac, qu'on avait nommé la veille commandant en chef de l'armée d'Italie.

Dans les premières heures du 12 novembre, on apprend à Paris que l'éviction supposée du cardinal débouche en fait sur sa confirmation et sur la défaite de ses ennemis. Le Roi charge le Surintendant des finances Bullion de rendre compte à la Reine-Mère des décisions qu'il a prises à Versailles et des raisons pour lesquelles il a été amené à conserver Richelieu. Louis XIII ajoute qu'il demande à Marie de Médicis d'oublier ce qu'elle a pu dire lors de l'entrevue orageuse du 11 novembre sous l'empire de la colère, et d'accepter de siéger dans ses Conseils en se bornant à manifester une courtoise indifférence à l'égard de Richelieu.

Mais la Reine-Mère n'a pas l'intention de modifier son point de vue, et assure qu'elle ne participera plus au gouvernement dès lors que son ennemi s'y trouve maintenu. Cette décision est-elle irrévocable? Le 19 novembre, Marie de Médicis et Louis XIII se rencontrent à Saint-Germain : la Reine-Mère se borne à confirmer qu'elle entend ne jamais revoir Richelieu. Recevant le surlendemain une délégation du Parlement, le Roi évoque l'attitude de Marie de Médicis et déclare : « Vous savez où l'animosité a porté la Reine ma mère contre Monsieur le cardinal. Je veux honorer et respecter ma mère, mais je veux assister et protéger le cardinal contre tous ».

Répression et manifestations de mauvaise humeur.

En attendant que la Reine-Mère revienne éventuellement à de meilleurs sentiments, la répression s'abat sur ceux qui ont bien cru, un moment, avoir gagné la partie contre le cardinal. Les Marillac, qui s'étaient particulièrement compromis, sont les premiers frappés.

Michel de Marillac est, dès le 12 novembre 1630, prié de restituer les Sceaux. Il reste jusqu'à nouvel ordre à Glatigny. Au bout de trois mois, Louis XIII prend la décision de le faire interner à Châteaudun. C'est là qu'il mourra, deux ans plus tard.

Louis de Marillac était à l'armée d'Italie, avec deux autres maréchaux, Schomberg et La Force. Le 10 novembre 1630, on l'a vu, Richelieu, dans l'espoir de se concilier Marie de Médicis, avait accepté de lui confier le commandement unique de l'armée. Vaine concession, puisqu'elle n'avait pas empêché Marie de Médicis de pousser son attaque contre le cardinal.

Le 20 novembre, un messager arrive au camp de l'armée d'Italie, porteur de lettres pour le maréchal de Marillac. L'une est signée du Roi, et lui apprend sa décision de le nommer comme unique chef de l'armée, Schomberg et La Force devant être incessamment rappelés à Paris. Une autre lettre, de la main de Michel de Marillac, lui annonce la disgrâce de Richelieu et l'éviction définitive du cardinal. Le maréchal exulte, fait part de ces nouvelles à Schomberg et La Force qui, résignés, attendent la suite des événements et, en particulier, la confirmation officielle de leur rappel.

Le lendemain 21 novembre, un nouveau courrier parvient au camp juste avant l'heure du déjeuner. Il apporte des lettres destinées au maréchal de Schomberg : elles lui annoncent le maintien de Richelieu aux affaires. L'une d'elles, datée du 12 novembre et signée du Roi, lui donne instruction d'arrêter le maréchal de Marillac. Schomberg attend la fin du déjeuner pour faire lire à Marillac la lettre du Roi et le placer sous bonne garde. Un témoin, Monsieur de Pontis, décrit la scène [11]. Marillac, en prenant connaissance de la lettre du Roi, rentre dans une violente colère : « Ne se reconnaissant plus alors lui-même, et ne sachant où il en était, perdant tout respect et toute crainte, il commence à s'emporter contre Monsieur le cardinal de la façon la plus outrageuse ». Les maréchaux de La Force et Schomberg cherchent à l'apaiser. « Et comme il avait encore l'épée au côté, Monsieur de Schomberg lui dit à l'oreille que, puisque c'était une nécessité de se soumettre à l'ordre du Roi, il valait mieux qu'il quittât lui-même son épée, en se retirant doucement en une garde-robe qui était proche, ce qu'il fit à l'heure même ».

Le lendemain, le maréchal de Marillac était revenu à de meilleurs sentiments, et la lettre qu'il écrit au Roi est, certes, pleine de tristesse, mais aussi de respect et de sérénité : « Sire, Votre Majesté m'a fait voir entre deux soleils, mais d'une lumière fort différente, deux commandements de sa part, qui tous deux m'ont percé le cœur : le premier, de joie à la vérité très grande, parce qu'il me portait des marques de sa confiance et de son estime ; l'autre, de douleur très amère, parce qu'il me donne celle de son indignation... Mais l'un n'a pas trouvé moins que l'autre de prompte obéissance en moi ».

Quelques jours plus tard, le maréchal est transféré au château d'Avigliana, près de Rivoli, avant de prendre sous forte escorte la route de Lyon le 9 décembre. Le passage des Alpes est dur, l'hiver, et Marillac tombe malade à plusieurs reprises en chemin. Le 9 février 1631, enfin, il arrive au terme de son voyage, Sainte-Ménehould. Pour lui, c'est la prison, puis le passage en jugement et une sévère condamnation à mort, comme nous le verrons plus loin.

•

Tout cela n'est évidemment pas très indiqué pour favoriser la réconciliation que Louis XIII s'efforce d'obtenir entre sa mère et son premier ministre. Le nonce du Pape, le cardinal Bagni, réussit cependant à organiser le 23 décembre au Luxembourg une entrevue entre la Reine et Richelieu, mais elle ne débouche sur rien. Une seconde a lieu à son initiative dans la nuit de Noël, puis une autre encore le jour même de Noël, qui permettent de raccommoder en apparence Marie de Médicis et le cardinal. Mais sur le fond, la Reine-Mère ne veut pas démordre de la position qu'elle a prise.

Pendant le mois de janvier 1631, Marie de Médicis assiste cependant à certains Conseils, en affectant de ne pas remarquer la présence de Richelieu, à qui elle se garde de jamais adresser la parole. On peut pourtant se demander si Marie de Médicis, à la longue, ne se serait pas laissée fléchir sans l'intervention de deux personnages : la Reine régnante Anne d'Autriche et Gaston d'Orléans.

Anne d'Autriche avait participé avec Marie de Médicis aux pressions

11. Chevalier de Pontis, *Mémoires*.

morales exercées sur Louis XIII pendant sa maladie de Lyon afin de lui arracher la promesse de renvoyer son premier ministre. Au moment où le Roi était à l'agonie, elle avait une fois de plus songé à un mariage avec Gaston d'Orléans, et ce dernier, qu'elle avait fait interroger, s'y était déclaré tout disposé. Louis XIII de nouveau bien vivant, en avait été évidemment informé et, quoique les circonstances puissent expliquer l'attitude de la Reine régnante, il en avait pris un très vif ombrage. Anne d'Autriche réagit en s'enfermant dans une fierté hautaine. Louis XIII manifeste à son tour son déplaisir en renvoyant à Madrid après la Journée des Dupes une dizaine d'Espagnols qui faisaient encore partie de sa Maison. Du coup, Anne décide de ne plus assister à aucune cérémonie officielle et joint son ressentiment à celui de la Reine-Mère. Elle entraîne Marie de Médicis dans sa bouderie, et les deux Reines, en janvier, s'abstiennent de paraître aux spectacles donnés à la Cour.

Mais c'est Gaston d'Orléans qui va, par son attitude, faire déborder le vase. Le 30 janvier, Monsieur, frère du Roi, se rend avec une suite nombreuse à l'Hôtel que Richelieu s'est fait construire rue Saint-Honoré, le Palais Cardinal (l'actuel Palais-Royal), qu'il préfère au Petit-Luxembourg où sa présence risquerait d'être interprétée par Marie de Médicis comme une insulte ou une provocation. Richelieu, surpris par l'arrivée inopinée de Gaston, fait bon accueil au jeune prince, et se trouve fort étonné de la déclaration péremptoire de l'héritier du trône. La voici telle que la rapportent les *Mémoires* de Gaston d'Orléans : « Il lui dit qu'il venait rétracter la parole qu'il lui avait donnée peu de jours auparavant d'être son ami, lui déclarer au contraire qu'il n'était pas pour demeurer sans ressentiment qu'un homme de sa sorte se fût tant oublié que de mettre toute la famille royale en combustion ; que devant sa fortune et toute son élévation à la Reine sa bienfaitrice, au lieu de lui en témoigner sa gratitude, ce qu'un homme sage et un fidèle serviteur eût fait, il fût devenu au contraire son plus grand persécuteur, continuant par ses artifices ordinaires à la noircir dans l'esprit du Roi : et comme à son égard, tant s'en faut qu'il lui eût non plus gardé le respect, qu'il en eût usé encore avec plus d'insolence, qu'aussi n'aurait-il pas tant attendu de l'en réprimer s'il n'en eût été retenu par la qualité de prêtre [12] ». Dès qu'il a fini son petit discours, Monsieur, sans laisser au cardinal le temps de répliquer, se retire aussitôt et prend directement la route d'Orléans.

Louis XIII a été immédiatement prévenu, et, de Versailles où il se trouvait, le Roi revient à Paris pour voir Richelieu et lui promettre sa protection contre tous ses adversaires sans exception, fût-ce même contre son propre frère. La Cour désapprouve le comportement de Gaston d'Orléans, et les ennemis du cardinal notent que cette opération intempestive a comme résultat le plus évident de renforcer le soutien

12. Gaston d'Orléans, *Mémoires,* Éd. M. Petitot, Paris, Foucault, 1824, p. 97.

apporté par le souverain à son premier ministre. Elle devait aussi avoir pour conséquence d'aigrir vivement l'humeur de Louis XIII à l'égard de Marie de Médicis, considérée par lui, à tort ou à raison, comme l'instigatrice de la manœuvre.

Compiègne.

Avec l'incident provoqué par Gaston d'Orléans, la patience de Louis XIII a atteint ses limites. Il consulte des théologiens en leur demandant leur avis sur la frontière qui sépare les devoirs d'un fils à l'égard de sa mère, et les obligations d'un Roi responsable, vis-à-vis de son peuple, de la tranquillité publique. La réponse est unanime : les devoirs du Roi l'emportent sur ceux du fils. Louis XIII est prêt, dès lors, à se séparer de sa mère. Il décide de partir pour Compiègne et demande à Marie de Médicis de l'y retrouver pour procéder avec elle à une ultime tentative de clarification. Le 12 février 1631, Louis XIII est à Compiègne. La Reine-Mère y arrive à son tour. Elle n'a pas changé. A Compiègne comme à Paris, elle harcèle son fils de ses récriminations et de ses plaintes contre le cardinal.

Le Roi, dans un dernier effort pour sauver ce qui peut l'être, sollicite l'intervention des conseillers de Marie de Médicis, bien qu'une telle démarche, effectuée par le truchement de gens qu'il méprise, lui répugne profondément. En fait, les conseillers de la Reine-Mère ne demandent pas mieux que d'essayer de débloquer la situation. Vautier et le Père Suffren sont particulièrement inquiets. Vautier, notamment, considère que Marie de Médicis se heurte à un mur, comme la Journée des Dupes l'a montré une fois pour toutes, et que la position de Richelieu est inexpugnable. Pourquoi donc s'entêter au risque de tout perdre ? L'intelligence ne consisterait-elle pas plutôt à négocier avec Richelieu un accommodement auquel le cardinal a lui aussi tout intérêt ? Et l'homme se dit que, s'il y parvient, il ne manquera pas d'en retirer les plus grands avantages à titre personnel. Il s'en ouvre à Schomberg qui, avec l'accord de Louis XIII et Richelieu, soumet à Marie de Médicis la proposition suivante : Richelieu protesterait de sa bonne volonté et de sa fidélité à l'égard de Marie ; tous deux conviendraient de ne plus avoir en vue, pour le futur, que le bien de l'État ; en échange, Marie de Médicis reprendrait sa place au Conseil, et signerait un écrit, adressé au Roi, par lequel elle s'engagerait à renoncer désormais à toute intrigue.

La Reine-Mère accepte la proposition, sous réserve de deux de ses clauses : reprendre sa place au Conseil et signer l'engagement qu'on attend d'elle. Louis XIII, alors, va la voir : sans succès. On lui envoie de nouveau Schomberg, puis le Garde des Sceaux Châteauneuf, puis le Père Suffren. Ce dernier lui apporte une concession supplémentaire : les parents de Richelieu que la Reine a chassés de son service en resteraient définitivement exclus. Rien n'y fait : Marie de Médicis ne veut pas signer, et elle est résolue à ne plus souffrir la présence de Richelieu auprès du Roi. En somme, c'est lui, ou elle.

Refuser de s'engager à ne plus troubler la paix du royaume, c'était se réserver le droit de poursuivre à sa guise les intrigues, les négociations avec l'Espagne, les combinaisons avec Gaston, les ententes avec les princes, les Grands, les anciens ligueurs, et tout ce que la France peut contenir comme mécontents – et Dieu sait s'ils sont nombreux. Les choses sont claires : la présence de Marie de Médicis à la Cour constitue pour Louis XIII la certitude de ne jamais connaître ni sécurité, ni repos. Ainsi poussé à bout, le Roi n'avait plus le choix.

Le 22 février 1631, le Conseil se réunit – sans Marie de Médicis. Richelieu prend la parole en dernier. Il rappelle d'abord les efforts qui ont été effectués en vain vis-à-vis de la Reine-Mère. Peut-on s'accorder avec elle ? L'expérience montre que c'est impossible. Entièrement dominée par la fureur d'écraser ceux qu'elle se prend un jour à considérer comme ses ennemis, elle ne désarme que lorsqu'elle a obtenu une victoire totale ; la victoire totale, en l'occurrence, c'est l'éviction de Richelieu et la mainmise de la Reine-Mère sur le gouvernement. Le Roi ne peut évidemment accepter cette solution.

Une deuxième solution consisterait à écarter Richelieu du gouvernement sans pour autant remettre la direction de celui-ci à Marie de Médicis. Celle-ci se satisfait de l'éviction de son ennemi, mais le Roi conserve la haute main sur la direction des affaires de l'État. C'est une solution viable, et Richelieu propose de la retenir.

Enfin, troisième solution possible : éloigner la Reine-Mère de la Cour. C'est une formule que le cardinal ne retient pas, pour deux raisons : parce qu'il est lui-même au cœur du débat, et qu'il apparaîtrait par conséquent comme juge et partie ; parce que Marie de Médicis est la mère de Louis XIII, et que le départ éventuel de la Reine-Mère constitue un problème que la conscience du Roi, et du Roi seul, peut régler.

Pour conclure, Richelieu estime qu'il n'y a, en vérité, que deux possibilités : ou bien l'autoriser à démissionner, ou bien éloigner Marie de Médicis de la Cour jusqu'au moment où les cabales qui l'entourent auront cessé.

En fait, Louis XIII avait déjà choisi. Il décide de se séparer de sa mère pour quelque temps, « afin que cependant [c'est-à-dire pendant ce temps] son esprit eût loisir de se désabuser, et éloigner d'elle pour toujours ceux qui étaient les auteurs de ses maux, pour les empêcher de les entretenir et de lui en faire de semblables à l'avenir [13] ». Le lendemain

13. Richelieu, *Mémoires*, Éd. Michaud et Poujoulat, Paris, Firmin Didot, 1838, T. II, p. 319.

matin 23 février, Anne d'Autriche est mise au courant par le Roi. Elle se précipite chez Marie de Médicis afin de lui apprendre la nouvelle. Les deux Reines se jettent dans les bras l'une de l'autre en pleurant, communiant dans une même haine à l'égard de Richelieu. Elles ne devaient plus se revoir. La séparation ne mettait pourtant pas un terme à l'alliance objective des Reines contre Richelieu et en faveur d'une Espagne qui se posait en champion de la cause catholique : « Rien ne put jamais les déprendre le moins du monde l'une de l'autre, non pas même leur séparation forcée à Compiègne depuis laquelle elles ne se voient plus, mais sans cesser de s'entendre et de persévérer dans la même union jusqu'à la mort de Marie de Médicis qui arrivera onze ans après sa retraite à Bruxelles », constate Saint-Simon[14].

Huit compagnies de gardes françaises, soit environ 1 500 hommes, investissent la ville. Le maréchal d'Estrées, qui les commande, vient dire à Marie qu'il a désormais ordre de rester auprès d'elle et, avec les troupes dont il dispose, de veiller sur sa personne aussi bien au château que dans les promenades ou menus déplacements qu'il lui plairait de faire. La Reine-Mère était bel et bien prisonnière. Avant la fin de la matinée, ce même 23 février, Louis XIII quittait Compiègne en compagnie d'Anne d'Autriche et de sa suite, sans prendre la peine d'embrasser une dernière fois Marie de Médicis. Eux non plus ne devaient plus se revoir.

Pendant ce temps, la plupart des amis et confidents de la Reine-Mère sont l'objet de mesures de précaution : la princesse de Conti, les duchesses d'Ognano et d'Elbeuf et la connétable de Lesdiguières sont exilées dans leurs terres ; l'abbé de Foix est emprisonné à la Bastille, tout comme le maréchal de Bassompierre. Le Père Chanteloube est relégué à Nantes et Vautier, arrêté à Sens, est lui aussi expédié à la Bastille. Dans cette vague d'arrestations et de relégations, le personnage le plus en vue est Bassompierre. Il s'était beaucoup compromis dans le complot contre Richelieu. Sa notoriété, ses alliances familiales, son amitié avec le duc de Lorraine, en faisaient un homme dangereux ; il est emprisonné à la Bastille, d'où il ne sortira que douze ans plus tard en janvier 1643, quelques semaines après la mort de Richelieu survenue le 4 décembre 1642. Bassompierre était célèbre pour ses bonnes fortunes. Il était intarissable sur le sujet, mais un reste de discrétion lui fit brûler, avant de gagner sa prison, les lettres d'amour qu'il avait conservées : il y en avait paraît-il 6 000 !

Reste à choisir le lieu de la résidence assignée à la Reine-Mère. Blois et Angers évoquent de fâcheux souvenirs. Compiègne ou Orléans sont trop proches de Paris. Moulins en revanche – que Louis XIII et Luynes

14. Saint-Simon, *Parallèle des trois premiers Rois Bourbons,* Éd. M.P. Faugère, Paris, Hachette, 1880, p. 326.

avaient déjà envisagé de choisir en 1617 après l'assassinat de Concini – paraît offrir le maximum d'avantages. C'est la solution à laquelle on se rallie. Sitôt la décision prise, on envoie Monsieur de La Ville-aux-Clercs suggérer à Marie de Médicis de se rendre à Moulins ; en échange, on lui rendrait Vautier et le Roi s'engagerait à lui verser ponctuellement l'intégralité de sa pension.

Nous sommes le 24 février et Marie de Médicis n'a pas fini de digérer toutes les nouvelles qui l'assaillent. En entendant le marché que vient lui proposer Monsieur de La Ville-aux-Clercs, elle se répand en imprécations furibondes. Moulins n'est à ses yeux que la première étape de sa relégation en Italie, but ultime de son ennemi le cardinal ; mais « elle souffrirait les derniers outrages plutôt que d'y consentir, jusqu'à se laisser tirer de son lit toute nue ». Cependant, le premier orage passé, et, tout bien pesé, elle se ravise et écrit à Louis XIII le jour même une lettre dans laquelle elle semble disposée à se soumettre :

« Monsieur mon fils,

Bien que l'éloignement que vous m'ordonnez, par les lettres que le sieur de La Ville-aux-Clercs m'a rendues de votre part, soit bien sensible à une mère qui vous a toujours si tendrement aimé, puisqu'il me force à me séparer de vous, voyant néanmoins que vous le désirez, je me suis résolue de vous rendre l'entière obéissance que vous demandez de moi et de me retirer à Moulins, en attendant que Dieu, protecteur de mon innocence, vous ait touché le cœur et fait reconnaître le tort que la séparation d'avec vous me fait, non seulement dans votre royaume, mais aussi par toute la Chrétienté. Et parce que cette ville [c'est-à-dire Moulins] a été infectée de la maladie contagieuse pendant l'automne et même durant cet hiver, et qu'elle n'en est pas à présent du tout exempte, aussi que d'ailleurs le château est si fort ruiné qu'il n'y a pas une seule chambre où je puisse loger, je vous supplie de trouver bon qu'au lieu de passer jusqu'à Moulins, je demeure à Nevers, en attendant que ledit château soit logeable et que la ville soit tellement purgée de ladite maladie que j'y puisse loger sans soupçon (la distance des lieux est si peu différente que je ne crois pas, y allant de ma conservation, que vous y retrouviez à redire) ».

Louis XIII est évidemment charmé de tant de bonne volonté, et s'empresse de faire sortir Vautier de sa prison pour l'envoyer à la rencontre de Marie de Médicis dès qu'elle se sera mise en route pour Nevers. Mais voici que les choses se gâtent. Marie, qui avait promis de partir dans les huit jours, retarde son voyage en prétextant le manque d'argent. Puis elle exige que Vautier soit autorisé à la rejoindre sans délai à Compiègne « considérant » écrit-elle le 1er mars à son fils « combien il m'est nécessaire pour la conservation de ma santé... afin que me purgeant je me puisse garantir d'une grande maladie dont je suis menacée à cause des déplaisirs que j'ai reçus et reçois tous les jours de me voir séparée de vous ». Lui offre-t-on de lui envoyer d'autres médecins pour la purger ?

Il n'en est pas question, elle ne veut que Vautier. Du reste, tout est prétexte pour ne pas bouger. Louis XIII ayant fait réparer le château de Moulins, c'est l'itinéraire qu'on lui propose qui ne convient pas à Marie. L'itinéraire est modifié, mais le manque d'argent revient comme excuse. Le Roi donne-t-il de l'argent, c'est de nouveau sa santé qui préoccupe Marie de Médicis au point de lui interdire le voyage envisagé.

Louis XIII tente alors de faire pression sur elle. La surveillance exercée par le maréchal d'Estrées avait été courtoise et bénigne ; on remplace les huit compagnies de gardes royales par douze compagnies du régiment de Navarre. Ce faisant, écrit Louis XIII au maréchal d'Estrées, « Je crois que l'arrivée de douze compagnies de Navarre l'étonneront [c'est-à-dire la frapperont d'épouvante] et ceux qui sont auprès d'elle, ce qui ne nuira point à lui faire prendre autre conseil que celui dans lequel elle semble affermie ». Mais ce calcul échoue lui aussi. Marie de Médicis refuse de quitter Compiègne.

De guerre lasse, Louis XIII décide d'en finir en attendant avec Gaston d'Orléans. Celui-ci se conduisait, d'ailleurs, en véritable factieux. Tout en envoyant deux des siens, Chaudebonne et Monsigot, protester auprès du Roi de la pureté de ses intentions, il avait chargé son Chancelier Le Coigneux de rassembler des fonds, et entreprenait de lever des troupes en Poitou et dans le Limousin. Brusquant les choses, Louis XIII quitte Paris à la tête d'une petite armée et fait étape le 11 mars à Étampes, à une journée de cheval d'Orléans. Gaston prend peur et s'enfuit en Bourgogne dont le gouverneur est son ami Bellegarde. Ses fidèles crient sur son passage : « Vive Monsieur et la liberté du peuple ». Malgré ces bonnes paroles, le peuple ne bouge pas. Suivi au petit trot par l'armée royale, Gaston ne fait que traverser la Bourgogne et passe en Franche-Comté, c'est-à-dire en terre espagnole.

Le frère du Roi réfugié chez l'ennemi héréditaire, quel scandale ! Il est vrai que Gaston d'Orléans négocie avec Charles IV, duc de Lorraine, sa retraite dans ses États. Mais le duc est à peine plus amical que l'Espagne à l'égard du Roi de France. Louis XIII, qui est arrivé le 26 mars à Dijon, ne perd pas de temps et dès le 31 fait déclarer le comte de Moret, les ducs de Roannès, d'Elbeuf et de Bellegarde, ainsi que Le Coigneux, Puylaurens, Monsigot et le Père Chanteloube coupables du crime de lèse-majesté pour avoir provoqué par leurs mauvais conseils la sortie de Monsieur du royaume.

Revenu à Fontainebleau, le Roi n'en est que plus déterminé, maintenant, à faire plier Marie de Médicis. Mais rien n'y fait. Plus on insiste, plus elle refuse de quitter Compiègne. Il faudra la tirer par les cheveux pour l'en arracher, dit-elle. Pour rien au monde elle ne partira, car elle sait bien que le terme du voyage n'est autre, en vérité, que Florence. Le 20 mai, Louis XIII fait une ultime tentative, en lui envoyant le maréchal de Schomberg et Monsieur de Roissy, doyen du Conseil d'État, lui proposer, si Moulins lui répugne tant, de s'installer à Angers, dont on lui donnerait le gouvernement avec celui de toute la province d'Anjou. Peine perdue : la Reine-Mère leur déclare qu'elle ne partira pas de Compiègne, même si on lui propose de s'installer à Montceaux, aux portes de Paris, ou en son Palais du Luxembourg, à Paris même, car elle est convaincue que toutes ces propositons ne sont que des leurres destinés à cacher la véritable destination du voyage : Florence. Et pour bien marquer son intention de ne pas bouger, Marie de Médicis, à partir de ce jour, ne quitte plus sa chambre.

Le 24 mai, Schomberg et Roissy repartent bredouilles de Compiègne. Le 25, Marie de Médicis écrit à Louis XIII une lettre pleine de reproches et de hauteur.

La réponse de Louis XIII, en date du 1er juin, constitue un ultimatum : Marie de Médicis a quinze jours pour choisir l'une des retraites qu'on lui a proposées. En signe de bonne volonté, « et afin qu'on connaisse le respect dont je veux user en votre endroit, je donne ordre à mon cousin le maréchal d'Estrées de retirer les troupes qui sont dans Compiègne ». Le 15 juin, le maréchal d'Estrées vient supplier la Reine-Mère de se montrer plus compréhensive, de sortir de sa réclusion volontaire, de choisir enfin un lieu de retraite. Louis XIII est prêt à la rencontrer à Mantes ou à Chartres si elle décide de se rendre à Angers, il lui en donne l'assurance. Rien n'y fait. Le 14 juillet, Marie déclare que si son fils veut la voir, il n'a qu'à venir à Compiègne d'où elle ne sortira, dit-elle, que par la violence.

En fait, on commence déjà à dire sous le manteau que Marie de Médicis prépare sa fuite en Flandre, dans le cadre d'une vaste conspiration organisée par Gaston d'Orléans et à laquelle ne seraient étrangers ni le Roi d'Espagne, son gendre, ni même ses deux autres gendres, le Roi d'Angleterre et le duc de Savoie, qui s'apitoient bruyamment sur son sort. Il n'y a pas de fumée sans feu, dit le proverbe : au moment même où Marie de Médicis répond à Louis XIII comme on vient de le voir, elle a définitivement arrêté un plan de fuite qui doit lui permettre de rejoindre Gaston et, avec lui, de provoquer un vaste soulèvement contre Richelieu.

Une fausse sortie qui devient définitive.

Charles IV de Lorraine avait déjà donné asile à Gaston d'Orléans à la Cour de Nancy en 1629. Là, une double idylle s'était ébauchée, entre le favori de Gaston, Puylaurens, et l'aînée des sœurs de Charles IV, Henriette de Vaudémont, princesse de Phalsbourg d'une part, et de l'autre entre Gaston et la plus jeune sœur de Charles IV, Marguerite de

Vaudémont, dont les 15 ans avaient bientôt fait oublier Marie-Louise de Gonzague à l'héritier du trône de France.

En mars 1631, quand Gaston d'Orléans, de Franche-Comté, demande à Charles IV de le recevoir dans ses États, le duc de Lorraine se déclare disposé à lui donner une nouvelle fois asile. Il y met cependant deux conditions : que Gaston épouse Marguerite, et qu'une coalition s'organise avec d'autres princes d'Europe pour aider le jeune frère de Louis XIII à revenir dans le royaume de France en triomphateur, et délivrer Marie de Médicis de sa captivité de Compiègne.

Gaston ne faisait aucune difficulté pour s'engager à épouser Marguerite, mais, sur le second point, tout dépendait de l'attitude du Roi d'Espagne. Celui-ci était prêt, certes, à intervenir en faveur de Marie de Médicis et son ambassadeur en Angleterre s'employait à mettre sur pied, avec le Roi d'Angleterre et le duc de Savoie, cette « ligue des gendres » que Marie de Médicis appelait de ses vœux. Mais il ne voulait pas s'engager prématurément. Le 24 avril 1631, en réunion du Conseil d'État espagnol, on avait longuement débattu de la question ; Philippe IV avait prêché la patience à ceux qui voulaient précipiter le mouvement : « Si je me déclarais ouvertement, on me laisserait cette affaire sur les épaules et l'Angleterre, dont les intérêts sont pourtant les mêmes que les miens, ne bougerait pas. C'est pourquoi je veux m'en tenir à une position de médiateur ».

Cependant, l'Espagne ne dédaignait pas de saisir l'occasion qui se présentait de susciter quelques difficultés au Roi Très-Chrétien, et tant l'Infante Isabelle, gouvernante des Pays-Bas (dont relevait aussi la Franche-Comté) que la couronne de Madrid elle-même, font alors parvenir à Nancy d'importantes sommes d'argent à l'intention de Gaston d'Orléans.

Sans plus attendre, Charles IV invite ce dernier à s'installer dans ses États. Le frère de Louis XIII est fastueusement accueilli à Épinal, où se trouve alors la Cour de Lorraine, et Charles IV commence aussitôt à lever des troupes qui sont destinées, sous le commandement de Gaston, à tendre la main à ses partisans de Provence et du Languedoc, où doit commencer le grand soulèvement contre Richelieu.

Il est clair, pourtant, que Marie de Médicis est la clé de voûte de l'opération, puisque, officiellement, c'est sa délivrance qui doit animer ses gendres et non le soutien à un prince factieux, fût-il l'héritier du trône de France. Charles IV en est convaincu, mais il n'est pas question pour lui d'offrir refuge à Marie dans ses États : d'abord parce que la Lorraine est bien éloignée de Compiègne ; ensuite, parce qu'il ne tient nullement à supporter seul les effets prévisibles de la colère du Roi de France. Les Pays-Bas espagnols ont à ses yeux le double avantage d'être tout proches de Compiègne, et de compromettre l'Espagne. Le 1er juillet, un émissaire lorrrain, reçu par l'Infante à Bruxelles, l'interroge de la part du duc pour savoir quel accueil serait réservé à Marie de Médicis si elle lui demandait refuge. C'est une décision que l'Infante ne peut prendre seule, et elle sollicite des instructions de Madrid. Mais comme Charles IV se fait pressant, elle répond le 10 juillet que la tradition d'hospitalité des Pays-Bas espagnols lui fait de toute façon un devoir d'assurer à la Reine un accueil honorable.

En fait, Marie de Médicis n'est pas décidée à se réfugier en terre espagnole car elle ne se dissimule pas les inconvénients politiques d'une fuite à l'étranger. Le plan qu'elle a mis au point avec Gaston prévoit qu'elle se présente aux portes de La Capelle, forteresse française située près de la frontière belge. De là, elle lancerait un manifeste dirigé contre la « tyrannie » du cardinal de Richelieu et appellerait tous les mécontents à se rallier à elle. A travers la frontière viendraient la rejoindre les troupes fournies par l'Infante et par le duc de Lorraine, et les volontaires recrutés par Gaston. Les portes de La Capelle devaient être ouvertes à Marie de Médicis sur l'ordre du gouverneur de la place, le jeune marquis de Vardes, qui vient d'épouser Jacqueline de Bueil : l'ancienne maîtresse d'Henri IV est la mère du comte de Moret, demi-frère des enfants qu'Henri IV a eus avec Marie de Médicis, qui figure parmi les fidèles de Gaston d'Orléans. C'est seulement en cas d'échec du soulèvement projeté que Marie de Médicis doit se réfugier aux Pays-Bas espagnols.

Il ne reste plus qu'à quitter Compiègne. L'entreprise est facile. Toutes les troupes ont été retirées à deux lieues – huit kilomètres –, comme en avait décidé Louis XIII en signe de bonne volonté le 1er juin. Les gentilshommes de la Maison de la Reine ont l'autorisation de sortir chaque soir du château pour chasser à l'affût dans la forêt. Dans la nuit du 18 au 19 juillet, sur le coup de minuit, une forme voilée se glisse hors de la chambre de la Reine ; c'est Marie de Médicis. On dit au concierge que c'est une dame d'honneur de la Reine, à qui celle-ci a donné permission d'aller se marier secrètement dans un ermitage voisin. Le romanesque a toujours séduit le cœur des hommes : le concierge, sans soupçons, laisse volontiers passer la femme voilée et les quatre personnes qui l'accompagnent, dont l'aumônier et le lieutenant des gardes de la Reine.

A la sortie de Compiègne, les fugitifs trouvent un carrosse qui les attend là depuis la veille – de relais en relais, la fuite a été parfaitement préparée ! Marie de Médicis arrive ainsi à deux lieues de La Capelle, au village de Rosny. Le jeune marquis de Vardes est là. Les nouvelles sont on ne peut plus mauvaises : la veille, le père du marquis, arrivé en hâte de Paris, s'est fait remettre les clés de la citadelle dont il a repris le commandement, évinçant ainsi son fils.

Que s'était-il passé ? L'imprudence du jeune marquis avait donné l'éveil au soupçonneux cardinal de Richelieu : de Paris où il séjournait, il avait brusquement disparu pour regagner La Capelle, sans demander le congé de règle en la circonstance ; à tout hasard, Richelieu avait prévenu le vieux marquis de Vardes ; celui-ci avait foncé sur La Capelle et découvert toute l'affaire.

Marie de Médicis n'a plus le choix. Il n'est pas question de revenir à Compiègne. Elle fait atteler des chevaux frais, et passe la frontière. Au soir du 19 juillet, la Reine-Mère couche en terre espagnole à Estœung, un petit village situé à une lieue d'Avesnes – la première ville belge après la frontière. Le 20 juillet 1631 dans l'après-midi, elle fait son entrée à Avesnes. Marie de Médicis ne sait pas encore qu'elle a quitté pour toujours la terre de France. Ses cendres seules y reviendront, quelques mois après sa mort, pour être déposées dans le caveau qui attend son corps en la crypte de Saint-Denis, le 4 mars 1643.

CHAPITRE XV

Exil

Les Pays-Bas espagnols.

Marie de Médicis arrivait dans un pays plus qu'à demi ruiné par près d'un siècle de discordes, de troubles et de guerres.

C'est en 1548 que Charles Quint, d'ailleurs né à Gand, a regroupé en un *Cercle de Bourgogne* les 17 provinces des Pays-Bas, héritage des ducs de Bourgogne : Charles le Téméraire, arrière-grand-père de Charles Quint, avait perdu Dijon et la Bourgogne, mais laissait à ses successeurs la Franche-Comté d'une part, et de l'autre les provinces d'Artois, du Brabant, de Flandre, du Hainaut, de Namur, de Hollande et de Zélande, qui, avec quelques autres, forment les Pays-Bas. Sur la carte, ces vastes territoires correspondent en gros au Bénélux (Belgique, Pays-Bas actuels et Luxembourg) plus les deux départements français du Nord et du Pas-de-Calais : Lille et Arras font partie des Pays-Bas, et la Picardie est une province frontière. Lorsque Charles Quint reçoit en héritage de sa mère les couronnes de Castille et d'Aragon, les Pays-Bas prendront le nom de Pays-Bas espagnols. La prospérité est alors à son comble. Anvers est devenu l'un des premiers ports du monde. L'or, les épices, les diamants, affluent des Indes et de l'Amérique espagnole.

Une étonnante floraison artistique marque l'apogée d'une civilisation brillante et raffinée. Mais le ver est dans le fruit. C'est le début des querelles religieuses, qui vont déchirer le pays. Les thèses de Luther, les idées de Calvin, trouvent un terrain favorable dans ces grandes villes industrieuses, et progressent rapidement. La répression se fait plus dure. Depuis 1543, ce n'est plus Charles Quint qui dirige la politique des Pays-Bas, mais son fils Philippe, le futur Philippe II. Autant Charles Quint était flamand de cœur et d'esprit (et de langue : il ne savait pas l'espagnol et met du temps à conquérir le cœur de ses sujets ibériques, vivement opposés à ce qu'ils appelèrent « l'invasion flamande »), autant

Philippe était espagnol de caractère et de mœurs. L'Inquisition s'installe dans les Pays-Bas. Les passions religieuses s'exaspèrent, les troubles s'étendent.

Quand Philippe II devient Roi en 1555, après l'abdication de son père, il confie le gouvernement des Pays-Bas à une sœur naturelle, Marguerite de Parme. Le gouvernement temporisateur de Marguerite ne résout rien. Les séquelles de la guerre avec la France (c'est seulement en 1559 que le Traité du Cateau-Cambrésis met provisoirement fin à un conflit commencé près de quarante ans plus tôt entre François Ier et Charles Quint), le stationnement des troupes espagnoles, la dépendance à l'égard de Madrid sur le plan politique, administratif, économique et culturel, exaspèrent une opinion travaillée par des forces religieuses antagonistes.

En 1567, Philippe II décide d'en finir, et envoie comme gouverneur aux Pays-Bas le féroce duc d'Albe. Pour extirper l'hérésie, tribunaux et bûchers fonctionnent sans trêve ni relâche, 8 000 condamnations à mort sont prononcées. Cinq ans plus tard, rien n'est réglé. Les protestants, poussés à bout, se sentent acculés à la révolte. Deux provinces, la Hollande et la Zélande, font sécession en 1572. La politique du duc d'Albe a échoué. Philippe II, dès 1573, envoie un nouveau gouverneur, Luis de Requesens, qui s'efforce de trouver les voies de l'apaisement. Requesens négocie mais c'est seulement après sa mort que la Pacification de Gand, le 8 novembre 1576, refait un moment l'unité des Pays-Bas. Trêve éphémère : le calvinisme ne cesse de gagner du terrain. Ses progrès en Flandre et dans le Hainaut effraient les provinces du sud, restées en majorité catholiques, qui décident de s'associer par la Confédération d'Arras. Les calvinistes répliquent par la création de l'Union d'Utrecht, le 23 janvier 1579, à laquelle adhèrent les 7 provinces protestantes du nord : Zélande, Hollande, Utrecht, Overijssel, Frise, Groningue, et Gueldre. Nord protestant contre sud catholique. Les Provinces-Unies viennent de naître; elles proclameront leur indépendance en 1581.

La guerre reprend. Après le bref passage aux Pays-Bas de don Juan d'Autriche, frère bâtard de Philippe II (1576-1578), Alexandre Farnèse, fils de Marguerite de Parme, est nommé gouverneur. Bon général, il marque des points, s'emparant d'Anvers en 1585. Mais il ne parvient pas à entamer le bloc compact des 7 Provinces-Unies.

En 1595, un nouveau gouverneur arrive : l'Archiduc Albert, fils de l'Empereur Maximilien II. En 1598, il épouse sa cousine, l'Infante Isabelle, fille de Philippe II, qui lui apporte en dot les Pays-Bas. C'est le gouvernement des Archiducs, qui permet aux Pays-Bas de jouir d'une autonomie relative. Les Archiducs sont populaires. Ils poussent à la paix. En avril 1609, la Trêve de Douze Ans conclue entre l'Espagne et les Provinces-Unies consacre l'indépendance de fait des 7 provinces révoltées, mais permet aux Pays-Bas de souffler.

L'expiration de la Trêve en 1621 coïncide avec la mort de l'Archiduc Albert. L'Infante Isabelle tient seule les rênes du pouvoir. Totalement dévouée à son frère Philippe III puis à son neveu Philippe IV, totalement acquise à la Contre-Réforme et aux devoirs de la lutte contre l'hérésie, c'est une militante ardente de la cause catholique et de l'ultramontanisme, qui n'aime pas les Hollandais, leurs prétentions égalitaires, leur refus du principe monarchique. De ses origines (sa mère Élisabeth de Valois, troisième femme de Philippe II, était la fille d'Henri II et de Catherine de Médicis), elle a gardé une double inclination pour la France et pour l'Italie.

L'Infante Isabelle ne pouvait que s'entendre avec Marie de Médicis, l'amie des Jésuites, l'artisan des mariages espagnols, l'irréductible adversaire de la politique anti-espagnole du cardinal de Richelieu.

Premiers pas en Belgique.

Dès son arrivée à Avesnes, Marie de Médicis passe à l'action. Un gentilhomme court à Bruxelles informer l'Infante de la présence de sa maîtresse sur le territoire espagnol. Beaucoup plus important encore : un autre s'élance vers Paris, pour remettre au Roi en mains propres une lettre de la Reine-Mère ; mission accomplie, il était de retour à Avesnes dès le 26 juillet, et pouvait rendre compte à la Reine de la froideur de l'accueil que lui avait réservé Louis XIII. Ce dernier ne tardait d'ailleurs pas à adresser à sa mère une réponse pleine de fermeté et de hauteur.

Que dit la Reine-Mère ? Que c'est pour sauver sa vie menacée qu'elle a dû s'enfuir de Compiègne : « J'y ai souffert ce qu'une femme de moindre condition que moi aurait bien de la peine de souffrir avec patience. L'on m'a arrêtée en criminelle dès le commencement pour n'avoir pas voulu obéir aux volontés du cardinal ; depuis, l'on m'a traitée comme la plus grande ennemie de la France ». Pendant cinq longs mois, elle est restée enfermée à Compiègne, endurant avec résignation vexations, brimades et menaces, dans l'espoir que les yeux de Louis XIII se dessilleraient enfin. Mais « comme j'ai vu que mon corps diminuait bien fort et mes forces de jour en jour s'abattaient, et que l'intention du cardinal était de me faire mourir entre quatre murailles, je me suis résolue, pour sauver ma vie, ma réputation et pour donner un peu de relâche à mes maux, de recevoir l'offre que m'a fait le marquis de Vardes, et dont il m'a fait presser le jour même que je suis partie, d'aller à La Capelle dont il est le gouverneur ».

« Madame », lui rétorque Louis XIII, « je suis d'autant plus fâché de la résolution que vous avez prise de vous retirer de mes États que vous n'en aviez point de véritable sujet. La prison imaginaire, les persécutions supposées dont vous vous plaignez, et les appréhensions que vous témoignez avoir eues à Compiègne de votre vie, n'ont pas plus de fondement que la poursuite que vous mettez en avant vous avoir été faite en votre retraite ».

Vexée par le ton de cette lettre, Marie de Médicis se hâte d'y répondre à son tour. Longue missive, où l'on retrouve sans cesse le même thème : tout s'arrangerait parfaitement entre la Mère et le Fils s'il n'y avait le cardinal de Richelieu. Une suggestion aussi : rendre le Parlement juge de sa querelle avec le cardinal ; un cardinal que Marie de Médicis trouve d'avance criminel et dont elle demande en tout cas, par principe, la condamnation, avant d'accepter de revenir en France : « Tout n'aboutit qu'à vous demander justice d'un mauvais serviteur et à vous faire voir ses crimes et ses desseins contre votre État. Et si vous voulez que je lui pardonne, je le ferai de bon cœur pour l'amour de vous ; mais comme je suis sortie de la France pour sauver ma vie et me mettre à couvert de sa persécution, quand bien même je voudrais derechef pour votre service l'hasarder entre ses mains, je ne lui puis relâcher l'intérêt de mon honneur ; il faut, auparavant, s'il vous plaît, qu'il soit juridiquement condamné ; et lors, si vous lui donnez la vie, je lui rendrai aussi volontiers tous mes ressentiments ».

La lecture de cette lettre, comme celle des libelles du même goût que Marie de Médicis fait répandre en France à cette époque, laisse un sentiment de malaise. De quoi s'agit-il au juste ? Quels sont les crimes que Marie de Médicis reproche à Richelieu ? Ses idées politiques ? Son influence sur le Roi ? On a l'impression d'être en présence d'une mécanique de mots, qui s'enchaînent dans un discours apparemment logique mais sans aucun rapport avec la réalité.

Louis XIII juge inutile de poursuivre la polémique sur ce ton. Il convoque les représentants du Parlement le 25 juillet au Louvre pour leur lire une brève déclaration destinée, en ce qui le concerne, à y mettre un point final : « Vous avez entendu comme la Reine ma mère était sortie du royaume pour aller trouver mon frère et se mettre tous deux entre les mains des Espagnols ; mais je ne les crains pas et empêcherai bien qu'ils me fassent du mal. Ils disent que Monsieur le cardinal veut chasser la Maison royale ; cela est faux, je me suis toujours bien trouvé de ses conseils. Si j'eusse cru ceux que l'on voulait me donner, toutes mes affaires seraient ruinées ; quiconque l'aimera, m'aimera et je le saurai bien maintenir ».

Pour bien montrer qu'il considère le départ de sa mère comme définitif, le Roi l'autorise à faire prendre à Compiègne ses bijoux et sa garderobe et permet à ses serviteurs et aux membres de sa Maison — sauf son

Trésorier, Monsieur d'Argouges, et son médecin Vautier — de la rejoindre. Marie de Médicis se trouve ainsi bientôt à la tête d'une suite nombreuse : trois dames, sept filles d'honneur, cinq à six femmes de chambre, une vingtaine de gardes. L'arrivée de ses bagages, huit carrosses et vingt-deux mulets lourdement chargés, lui permet de reconstituer à Avesnes le décor d'une existence quasi royale : repas en public, messes et vêpres, et tout le rituel d'une vie de Cour. Marie de Médicis ne se sent guère en exil. Philippe IV, Roi d'Espagne, prince souverain des Pays-Bas espagnols, n'est-il pas son gendre ?

Soucieux, justement, de la sécurité de la Reine-Mère, le Roi d'Espagne lui fait conseiller de quitter Avesnes, trop proche de la frontière française. Marie accepte de s'installer à Mons. En fait, Philippe IV souhaiterait se débarrasser de cette présence compromettante qui ne peut que lui attirer des ennuis avec Louis XIII et Richelieu, et il aurait voulu la pousser à se retirer dans quelque ville d'Allemagne. Telle n'était pas l'intention de Marie de Médicis, qui s'était persuadée de pouvoir rassembler sans peine une armée de 15 000 fantassins et 2 500 chevaux et se flattait de bénéficier du concours du duc de Guise, du duc d'Épernon et du duc de Bouillon ; pour tout cela, elle ne demandait que 400 000 écus. Elle était si persuasive qu'elle avait gagné à ses vues Rubens — eh oui, Rubens qu'on désigne comme une sorte d'ambassadeur permanent de la Cour de Bruxelles auprès d'elle. Elle parvient aussi à convaincre l'Infante et le représentant permanent du Roi d'Espagne à Bruxelles, le marquis d'Aytona. Mais à Madrid, on voit les choses sous des dehors moins optimistes qu'à Bruxelles. Le 19 août, Philippe IV réunit son Conseil pour décider de la conduite à tenir. On donne lecture des lettres reçues de Bruxelles. Puis le premier ministre espagnol, le comte duc d'Olivares, prend la parole. Pas de complaisances. Olivares ne cherche ni à plaire, ni à se faire plaisir. Le verdict tombe, sec et sans fioritures :

« Dans tout ce qu'on nous écrit, je ne vois rien qui puisse nous assurer même une apparence de succès. Examinons en effet les choses de près. Ouvertement ou secrètement, les émigrés français comptent pouvoir réunir une armée que Rubens, en enchérissant un peu, porte à 15 000 fantassins et 2 500 chevaux ; mais leur déclaration n'est pas parole d'Évangile. Non seulement cette réunion n'est pas certaine, mais sa durée est inconnue, et il est probable que quatre jours après que ces Français se seront rassemblés dans leur place d'armes, il n'en restera plus aucun. On promet le concours des ducs de Guise et d'Épernon, on nous dit que le duc de Bouillon livrera Sedan à Monsieur. Tout cela me paraît fort peu fondé et uniquement parole de Français *(sic)*. Mais lors même qu'il en serait ainsi, il n'y aurait pas encore là de bien sérieux motifs d'espérer un succès et il est à prévoir qu'après avoir fourni, comme on nous le demande, 400 000 écus en deux mois, nous serons aussi avancés que si nous les avions jetés par les fenêtres. De plus, nous aurions irrité le Roi de France et la Reine-Mère nous restera sur les bras, sans moyen de nous en débarrasser [1] ». Non, décidément, le comte-duc n'est pas favorable à la présence de Marie de Médicis aux Pays-Bas espagnols et il suggère vivement qu'on l'engage à s'installer à Aix-la-Chapelle. Les autres membres du Conseil, invités à donner leur avis après Olivares, opinent dans le même sens et conseillent, eux aussi, Aix-la-Chapelle.

Le 23 août partent de Madrid les dépêches qui notifient à l'Infante les instructions du Roi d'Espagne : elles sont conformes aux recommandations d'Olivares, dont le discours est d'ailleurs presque intégralement reproduit dans les lettres de Philippe IV.

Hélas, la route est longue entre Madrid et Bruxelles et, entre-temps, bien des choses s'étaient passées, qui n'allaient pas du tout dans le sens voulu par Madrid.

Loin de chercher à pousser Marie de Médicis au départ, l'Infante lui faisait réserver des honneurs royaux et, malgré les difficultés nées de la guerre avec les Provinces-Unies, s'employait à lui donner tous les moyens en hommes et en argent propres à favoriser les efforts de la Reine-Mère et de Gaston d'Orléans pour intervenir militairement en France.

Le 29 juillet, Marie de Médicis quitte Avesnes pour Mons. Elle va y séjourner quinze jours ; c'est un véritable voyage officiel. Les corps constitués lui rendent visite ; la Reine reçoit ainsi les chanoinesses de Saint-Waudru, les députés des États du Hainaut (dont Mons est la capitale), la municipalité de la ville. Elle se rend à son tour dans les institutions charitables et les églises. Le 31 juillet, elle visite l'église des Jésuites : ce jour est celui où l'on célèbre la fête d'Ignace de Loyola, et la présence de Marie donne à cette commémoration un éclat particulier. Des bals lui sont offerts, celui de l'Hôtel de Ville et celui des demoiselles de Saint-Waudru. Tant de festivités éprouvent la santé de la Reine qui, au début d'août, doit annuler ses engagements et garder la chambre quelques jours. Elle se rétablit cependant rapidement et, le 11 août, va au-devant de l'Infante Isabelle venue la chercher pour la conduire avec elle à Bruxelles. Quand Marie de Médicis et Isabelle se rencontrent un peu en dehors de la ville, elles quittent leurs carrosses respectifs pour se jeter dans les bras l'une de l'autre. Leur joie est sincère et l'émotion bien réelle. Les deux princesses font leur entrée à Mons vers six heures du soir, la Reine-Mère menant le cortège. Isabelle passe seulement la nuit et la matinée du lendemain dans la ville. Aussitôt après le déjeuner, qu'elle prend en l'Hôtel de Naast, chez Marie de Médicis, l'Infante, en compagnie de la Reine-Mère, quitte Mons pour Bruxelles, où elle a

1. Archives de Simancas, *Estado* 2045, fol. 25.

décidé de lui offrir un asile convenant à son rang. Qu'on était loin des réticences et de la mauvaise humeur de la Cour de Madrid, et à cent lieues – c'est le cas de le dire – d'Aix-la-Chapelle !

Après avoir passé la nuit du 12 août au château de Mariemont, situé à mi-chemin entre Mons et Bruxelles, Isabelle et Marie de Médicis gagnent la capitale des Pays-Bas espagnols qui réserve à la Reine-Mère une réception grandiose. La Reine est saluée à une lieue de la ville par le gouverneur des armes, c'est-à-dire le général en chef de l'armée des Pays-Bas, le marquis de Santa-Cruz ; dix officiers de la milice bourgeoise l'accompagnent. La petite troupe escorte ainsi la Reine jusqu'à la porte d'Anderlecht, où l'attendent les soldats de la milice et de l'armée régulière, rangés en bataille, et les magistrats de la ville, disposés sur une estrade tapissée d'écarlate. Les harangues succèdent aux harangues, hachées par les salves de mousqueterie, la canonnade, les fanfares. Dans ce charivari, on entend quelques bribes de discours, notamment celui du pensionnaire Schoote qui rappelle que cent ans auparavant la Reine Éléonore, sœur de Charles Quint et femme de François Ier, avait semblablement honoré Bruxelles de sa présence, et exprime « l'honneur qui rejaillit à plein sur nous, par l'éclat de la royale présence de la mère de notre Reine [2], mère de tant de Rois et de tant de vertus ensemble ». Marie de Médicis est ensuite conduite à sa résidence, l'ancien palais des ducs de Brabant : son cadre magnifique a été jugé seul digne de l'hôte accueilli avant tant de considération et de faste sur le territoire des Pays-Bas espagnols.

L'entrée dans la ville est suivie par les visites rituelles : Sainte-Gudule, Notre-Dame de Bon-Secours, Notre-Dame de Laeken, sans oublier l'église des Jésuites. Les bals, les collations, se succèdent jusqu'au 4 septembre, date à laquelle l'Infante Isabelle et Marie de Médicis se rendent à Anvers.

Anvers réserve à Marie de Médicis le même accueil triomphal que Mons et Bruxelles. Parmi les visites, il en est une qui lui tenait particulièrement à cœur : celle de la maison de Rubens, véritable musée dont le peintre lui fait les honneurs avec affabilité et émotion. Marie de Médicis se rend aussi dans l'atelier de Van Dyck, dont la renommée grandit sans cesse. De ce séjour à Anvers date le portrait qui se trouve aujourd'hui conservé à Munich et qui représente la Reine, à 58 ans, toujours altière et majestueuse, mais bien marquée par l'âge et par les soucis.

En fait de soucis, c'étaient des préoccupations plus importantes que le simple désir d'accompagner Marie de Médicis à la découverte d'Anvers qui avaient appelé l'Infante dans cette ville : la guerre avec les Provinces-Unies se poursuivait avec des fortunes diverses, et une opération combinée sur terre et par mer avait été montée avec le plus grand

2. La Reine Elisabeth, fille de Marie de Médicis, épouse de Philippe IV d'Espagne.

soin. Elle devait, en cas de succès, renverser au profit de l'Espagne la fortune des armes. Une importante flottille, composée de 50 chaloupes et 70 pontons, portant 6 à 7 000 hommes puissamment armés, s'apprêtait à descendre l'Escaut et, en occupant les îles de La Platte et de La Brille, séparer la Zélande de la Hollande. Au même moment, l'armée de terre sous les ordres de marquis de Santa Cruz, prenant l'offensive par la rive droite de l'Escaut, s'efforcerait de tendre la main à l'expédition navale.

Marie de Médicis est invitée, le 10 septembre, à passer la flottille en revue aux côtés de l'Infante. La Reine-Mère est très fière que les gentilshommes de l'expédition lui demandent de bénir leurs armes.

La bénédiction de Marie ne devait malheureusement pas leur porter chance. Partie le lendemain 11 septembre, l'armée espagnole commence par perdre une dizaine de chaloupes qui s'échouent. Le temps de les relever à la marée suivante, et les Hollandais, alertés, contre-attaquent. La rencontre a lieu le soir même et se poursuit une grande partie de la nuit. Le brouillard qui s'abat à l'aube sur les lieux du combat sème la confusion dans les rangs espagnols ; des centaines d'hommes se noient, le plus grand nombre est capturé par les Hollandais. Ceux-ci avaient été brillamment secondés par l'une de ces troupes de protestants français venus sous les drapeaux des Provinces-Unies, par conviction religieuse et par haine de l'Espagne ; 1 500 mousquetaires originaires du royaume s'étaient couverts de gloire sous le commandement de Monsieur de Maison-Neuve; auprès de celui-ci un jeune capitaine — il fêtait ses 20 ans ce même jour — le vicomte de Turenne, le « grand Turenne » des guerres de Louis XIV, qui faisait là son apprentissage des combats.

L'affaire se solde pour les Espagnols par de lourdes pertes : 4 664 prisonniers parmi lesquels 5 colonels et 12 capitaines, la flottille est anéantie. L'effet moral s'avère désastreux. A la suite de la défaite, le parti de la négociation se manifeste avec une vigueur croissante aux Pays-Bas espagnols tandis que certains, et non des moindres, à Bruxelles ou ailleurs, prêtent une oreille attentive aux sollicitations intéressées des Provinces-Unies et du gouvernement de Louis XIII.

Où l'on retrouve Gaston d'Orléans.

Pendant que ces événements se déroulaient, Gaston d'Orléans, de Nancy, avait appris avec la plus grande joie l'arrivée de sa mère aux Pays-Bas espagnols, et avait aussitôt dépêché à sa rencontre son âme damnée, Puylaurens. Celui-ci était allé rendre visite le 5 août à Marie de Médicis à Mons, l'avait suivie à Bruxelles, et était reparti de la capitale des Pays-Bas espagnols nanti de 100 000 écus donnés par l'Infante et de la promesse d'une aide beaucoup plus importante si Monsieur se décidait à prendre les armes contre la France.

En fait, Gaston d'Orléans n'avait pas attendu les encouragements de l'Infante, et, dès les derniers jours de juillet, il avait entrepris de lever des troupes à Montbéliard et à Besançon, territoires espagnols. Les manifestes qu'il lance pour justifier ses menées et rassembler des volontaires autour de sa personne, illustrent l'argumentation de Gaston, qui prétend ne vouloir faire la guerre qu'à Richelieu :

« Gaston, fils de France, frère unique du Roi, duc d'Orléans, Lieutenant général de Sa Majesté dans son royaume et sous son autorité contre le cardinal de Richelieu et ses adhérents.

L'ambition prodigieuse et l'ardeur effroyable du cardinal de Richelieu étant arrivées à tel excès qu'il n'y a personne qui méconnaisse le dessein qu'il a d'envahir la France, qui ne voit clairement l'état où il est établi et celui auquel il a réduit la personne du Roi, notre très honoré seigneur et frère, etc. »

Merveilleuse mauvaise foi, qui fait de Richelieu, le rebelle, mieux encore : l'envahisseur, alors que c'est Gaston qui, réfugié à l'étranger, prépare l'invasion du royaume de France ! Il la prépare si bien qu'il s'abouche avec Wallenstein, l'illustre chef de guerre au service de l'Empire et de la Catholicité, qui voulait bien promettre 25 000 fantassins et 4 000 cavaliers pour trois ans, à condition de conserver toutes les places dont il s'emparerait en France.

Au commencement de septembre, Gaston disposait de 800 cavaliers à Luxeuil, commandés par le marquis de Bressieux, sans compter les volontaires qui affluaient, et surtout, l'armée que le duc de Lorraine mettait à sa disposition et qui comptait 18 000 fantassins et 2 050 cavaliers.

Louis XIII et Richelieu, face à ces menaces, étaient loin d'être restés inactifs. Richelieu se souciait avant tout de neutraliser le duc de Lorraine, qui représentait le risque le plus sérieux, compte tenu de la situation géographique de ses possessions, de la puissance de son armée, et du caractère retors, ambitieux et fourbe de ce prince. Le réseau d'espions que le cardinal avait constitué au fil des années et qui le renseignait sur tout ce qui se passait en Europe fonctionnait particulièrement en la circonstance ; Richelieu était donc tenu informé des négociations de Charles IV avec Gaston d'Orléans, et des levées de soldats auxquelles il procède, et décide de réagir sans tarder.

Quelques régiments sont dirigés vers les points de la frontière les plus proches des concentrations de troupes de Monsieur et du duc de Lorraine ; des démarches diplomatiques pressantes s'effectuent d'autre part auprès du duc pour lui faire connaître le déplaisir du Roi de France devant l'asile offert à son frère et la mobilisation à laquelle procédait la Lorraine. Il est vrai que Charles de Lorraine avait, sur le second point, un argument sérieux étant donné la tournure que prenait la guerre dans l'Empire d'Allemagne (la plupart des possessions du duc, à commencer par la Lorraine elle-même, étaient terres d'Empire); la diplomatie française avait réussi à attirer en Allemagne le Roi de Suède Gustave-Adolphe qui s'était posé en champion de la cause protestante dans l'Empire ; la première grande bataille qui avait eu lieu à Breitenfeld, près de Leipzig, le 17 septembre 1631, avait vu la victoire complète du Suédois et l'anéantissement de l'armée impériale ; l'Empereur sonnait le rassemblement de toutes les troupes dont il pouvait disposer auprès des autres princes catholiques de l'Empire, et c'est ainsi que, dès le 18 septembre, Charles IV quittait Nancy à la tête de toutes ses forces pour conduire son armée au service de l'Empereur Ferdinand.

L'occasion était bonne pour la France, et Louis XIII se rendait à Troyes afin de se mettre à la tête des troupes françaises stationnées en Champagne. Du coup, Gaston d'Orléans, ne se sentant plus en sécurité dans une Lorraine abandonnée par son duc et dégarnie de soldats, décide d'aller chercher refuge aux Pays-Bas espagnols avec les forces dont il dispose. L'Infante Isabelle, informée des intentions de Gaston, s'alarme, car « ce serait donner un prétexte au Roi de France pour rompre avec nous [3] ».

Autant l'asile donné à Marie de Médicis pouvait se justifier, en effet, par des motifs humanitaires et par les circonstances, puisque la fuite de la Reine-Mère avait mis l'Infante Isabelle devant le fait accompli, autant l'autorisation donnée à Gaston de venir cantonner ses troupes sur le territoire des Pays-Bas espagnols ne pouvait apparaître que comme une provocation à l'égard du Roi de France.

Ce que craignait l'Infante ne devait d'ailleurs pas tarder à se réaliser. Gaston, pressé de fuir la Lorraine, avait fait passer au Luxembourg un des régiments qu'il avait levés, le régiment de Mars. Louis XIII, informé des intentions de son frère, quitte Troyes pour Reims et fait maintenant route pour Mézières, ville frontière. Des troupes importantes sont dépêchées dans les Ardennes sous le commandement du maréchal de La Force. Celui-ci dirige lui-même les patrouilles et c'est ainsi qu'il apprend, dans les derniers jours d'octobre, la présence du régiment de Mars dans la vallée de la Semoy. Le maréchal de La Force n'hésite pas : franchissant la frontière luxembourgeoise avec 5 000 fantassins et 2 500 cavaliers, il charge près de Florenville le régiment de Mars, qui est mis en déroute ; ceux qui ne périssent pas pendant le combat ou dans la poursuite sont capturés ; les drapeaux, l'unique canon dont disposait le régiment, et tous les bagages, restent aux mains des soldats du maréchal de La Force.

Le droit international ne trouve guère son compte dans l'affaire :

3. Lettre du 17 octobre 1631 au comte d'Emden, gouverneur du Luxembourg.

l'armée française a délibérément violé la frontière d'un État voisin sans qu'elle ait eu à se plaindre d'aucune agression de sa part. Le lendemain de la bataille de Florenville, le maréchal de La Force écrit au gouverneur du Luxembourg une lettre qui ne manifeste pas même l'apparence d'un quelconque regret :

« Monsieur,

Sur les avis qui m'avaient été donnés que quelques troupes qui étaient logées à Muno, terres contentieuses, et qu'étant leurs desseins de troubler le repos des sujets du Roi, mon maître, je me suis trouvé obligé de m'y opposer, et m'étant acheminé pour les charger, les trouvant délogés, je les ai poursuivis et atteints près de ce lieu de Florenville, où, les ayant défaits, j'ai bien voulu vous en donner avis et faire savoir.

Comme je sais que Sa Majesté ne voudrait rien altérer à la bonne intelligence qui s'est maintenue avec Sa Majesté Catholique et à quoi je tiendrai la main de tout mon pouvoir, comme je veux croire que vous ferez de votre côté en tout ce qui sera de votre gouvernement, et en ce que vous me jugerez propre pour vous rendre service, vous connaîtrez que je désire demeurer, Monsieur,

Votre plus affectionné serviteur,

Caumont La Force ».

Le ton de la lettre, l'effronterie de cette missive datée « Du camp de Florenville, le premier novembre 1631 », c'est-à-dire du territoire luxembourgeois, témoignent d'une parfaite arrogance et de la certitude d'une totale impunité.

D'ailleurs, le régiment de Mars une fois mis en déroute, l'armée française n'avait pas pour autant regagné ses bases : le 2 novembre, elle progresse au contraire en territoire luxembourgeois en direction d'Arlon ; le 3 novembre elle poursuit ses patrouilles, et c'est seulement le 4 qu'elle repasse la frontière et retourne en France. C'était quand même beaucoup, et le gouvernement français charge le représentant du Roi à Bruxelles de présenter ses excuses à l'Infante en l'assurant que le maréchal de La Force avait agi contrairement aux instructions qu'il tenait du Roi. L'opinion publique, elle, s'embarrassant moins de précautions diplomatiques, exultait. La *Gazette* de Théophraste Renaudot, le 7 novembre 1631, développait sur cette affaire la théorie du droit de suite (théorie que la France a utilisée bien des fois depuis et qui fait aujourd'hui partie du vocabulaire des relations internationales pour ne rien dire des mœurs, tant elle se trouve souvent invoquée) : « Il en est de la guerre comme de la chasse, qui permet de poursuivre en tout lieu le gibier que l'on trouve sur ses terres ». Ce que Théophraste Renaudot ne précisait pas, c'est que le gibier n'avait pas été débusqué sur des terres relevant du Roi de France, mais en territoire étranger.

Le gouvernement de l'Infante se cabre sous l'outrage, et rêve de vengeance. On échafaude des plans, on cherche en quel point de la frontière on pourrait bien monter une opération « droit de suite » symétrique de l'opération française. Mais l'Infante, consciente de sa faiblesse, et dont l'armée, étrillée lors de l'expédition aventureuse du 11 septembre sur les bouches de l'Escaut, n'est plus que l'ombre d'elle-même, compte sur les menées de Marie de Médicis et de Gaston d'Orléans pour lui procurer le succès qui lui permettra de laver l'affront de Florenville. Ce succès, c'est à Sedan qu'on espère le trouver.

La ville de Sedan, située aux lisières de la France, non loin de la Lorraine et presque sur la frontière avec les Pays-Bas, appartient au duc de Bouillon sous la suzeraineté du Roi de France. Le duc de Bouillon est un incorrigible comploteur. L'un des chefs les plus en vue du parti protestant (il servait d'ailleurs sous le drapeau des Provinces-Unies avec son jeune frère, le vicomte de Turenne), il n'hésite pas, par goût de l'intrigue, à entrer en négociation avec Marie de Médicis, qui avait pourtant toujours été le champion du catholicisme le plus intransigeant. Les tractations sont menées par un personnage que nous commençons à connaître, Pierre-Paul Rubens. Elles aboutissent à un accord le 7 novembre. Sous prétexte d'envoyer des troupes à l'Empereur, on ferait entrer par petits paquets dans Sedan environ 2 000 hommes qui, au jour dit, se déclareraient pour Marie de Médicis et Gaston d'Orléans. Cette principauté quasi indépendante, située sur la frontière, servirait ainsi de capitale à un « gouvernement en exil » et serait la tête de pont, en France, de l'expédition militaire que Gaston d'Orléans et sa mère continuaient, contre vents et marées, à préparer.

Mais trop de personnes étaient du complot et Richelieu, une fois de plus renseigné sur ce qui se tramait, prend les devants. Les troupes du maréchal de La Force, dès le 9 novembre, entreprennent de bloquer la ville. La duchesse douairière de Bouillon, mère du duc de Bouillon et du vicomte de Turenne, qui gouvernait la ville en leur absence, manifeste les intentions les plus belliqueuses. Turenne, cependant, arrivé sur ces entrefaites – et qui était du complot – voit bien vite que toute résistance est inutile ; peut-être aussi son loyalisme foncier lui rend-il insupportable l'idée d'une rébellion contre le Roi de France. Quoi qu'il en soit, des négociations s'ouvrent dès son arrivée et, le 17 novembre, le maréchal de La Force fait son entrée à Sedan, tandis que les quelques partisans de Gaston qui avaient commencé à s'infiltrer dans la place sont arrêtés et internés.

Cette fois, les choses commençaient à aller mal pour Gaston d'Orléans. L'échec de Sedan succédant à l'échec de Florenville, voici que les troupes qu'il avait levées et qui, depuis le début du mois d'août, croupissaient dans l'inaction, commencent à sombrer dans l'indiscipline ; commettant mille excès, elles se rendent odieuses aux populations des pays qui les hébergent, et l'on ne voit plus d'autre solution que d'en conduire les restes en Allemagne afin de les mettre au service de l'Empereur. Sur le plan international, l'échec de Marie de Médicis et de Gaston est tout aussi manifeste : aucun des gendres de la Reine-Mère n'a bougé ; l'Espagne, l'Angleterre et la Savoie ont prêché un accommodement – avec les plus grandes précautions de forme et une prudence toute diplomatique afin de ne pas déclencher les foudres de l'irascible cardinal. Le duc de Lorraine, tout occupé à guerroyer en Allemagne, y a perdu les deux tiers de son armée et tient moins que jamais, dans l'immédiat, à se compromettre ouvertement pour Gaston.

Sombre fin d'année ! A Paris, les partisans du cardinal triomphent. On fait grand cas d'une pièce satirique, *Avis aux absents de la Cour*, attribuée à la plume du comte de Bautru, et fort peu respectueuse pour les exilés volontaires :

Gaston, c'est trop courir, revenez au logis
Tout droit à Montargis,
Et ne prétendez plus que l'Empire et l'Espagne
Puissent rien faire en Champagne.
Vous avez assez fait le chevalier errant
Avecques Puylaurens.
O Mère de trois Rois, puissante Epiphanie,
Pourquoi t'es-tu bannie ?

L'humeur s'aigrit à Bruxelles. On a poussé Monsieur de La Louvière à s'emparer des places fortes de Rue et d'Ardres, à la frontière de Picardie : le soulèvement a échoué. La Louvière, capturé, est condamné à mort et exécuté. Louis XIII fait déclarer coupables du crime de lèse-majesté tous ceux qui ont pris parti pour Marie de Médicis, et ordonne la saisie des biens personnels de sa mère. Comme les lettres de Marie deviennent de plus en plus acrimonieuses, Louis XIII lui fait savoir qu'il mettra désormais en prison tout envoyé de la Reine-Mère porteur d'une lettre dont il jugerait les termes injurieux. Marie de Médicis n'a plus que la ressource de la lettre ouverte. Elle en publie une le 20 décembre 1631, de Bruxelles, qu'elle diffuse dans toute la France. C'est un véritable pamphlet de 23 pages, où la Reine ressasse toutes ses accusations contre Richelieu – lettre peu adroite, car elle fait passer Louis XIII pour un faible d'esprit, une créature entre les mains du tout-puissant cardinal, et ne contient, au demeurant, pas l'ombre d'un fait ou d'un argument qui puisse démontrer que le cardinal agit autrement que dans l'intérêt – tel qu'il l'entend – de la France et de son Roi.

Louis XIII ne répond pas. Alors la Reine, à nouveau, s'adresse au Parlement de Paris, par une lettre du 6 janvier 1632 où elle invoque, cette fois, les mânes du Bon Roi Henri IV, en reprenant – en 26 pages – toute la kyrielle des griefs contre le cardinal. Lettre sans écho. Il est clair que l'opinion n'est pas prête à écouter les objurgations de la Reine-Mère et qu'en dehors de quelques Grands, perpétuels factieux, alliés aussi peu sûrs que prompts à s'enflammer en paroles, Marie de Médicis et Gaston n'ont pas grand-chose à attendre de l'intérieur même du royaume de France ; il faudra s'appuyer sur des forces extérieures au royaume si l'on veut « déstabiliser », comme nous dirions aujourd'hui, le gouvernement en place.

C'est à quoi la Reine et Gaston vont s'employer durant l'hiver et le printemps de 1632. Ils ne seront d'ailleurs pas tellement éloignés de réussir. L'engagement effectif de la Lorraine, déterminant un changement d'attitude de l'Espagne, plus disposée désormais à aider Gaston, donne aux émigrés une base de départ solide. Il faudra toute la légèreté et l'inconsistance de Gaston pour que l'expédition, commencée avec les meilleures apparences de succès le 13 juin 1632, trouve à Castelnaudary, le 1er septembre, une fin pitoyable.

Intrigues lorraines — Gaston a Bruxelles.

Toujours subtil, toujours en alerte, Richelieu n'ignorait pas le péril que représentait la Lorraine. Le 19 décembre 1631 Louis XIII est à Verdun dont il inspecte la citadelle. Le 21, à Metz, où la Reine Anne d'Autriche le rejoint le lendemain avec toute la Cour ; le même jour, il obtient la reddition du petit fort de Moyenvic, que l'Empereur avait fait fortifier (Metz est terre d'Empire).

Louis XIII, alors, menace d'envahir la Lorraine si le duc ne vient pas personnellement lui rendre des comptes sur sa conduite tant vis-à-vis du Roi de France que dans les affaires d'Allemagne. Charles IV prend au sérieux les menaces de Louis XIII, et accourt à Metz où il arrive le 26 décembre. Le Roi l'accueille avec froideur, ressort une longue liste de griefs. Charles IV n'est pas de force à résister. Le 6 janvier 1632, il signe avec Louis XIII le Traité de Vic par lequel il promet de n'entrer dans aucune alliance dirigée contre la France, d'éloigner de ses territoires tous les partisans de Marie de Médicis et de Gaston, de ne jamais donner asile à la Reine-Mère, au frère du Roi ni à aucun de leurs fidèles ; et « parce qu'il avait souvent manqué de parole à Sa Majesté et qu'elle ne voulait pas se fier à lui » (ce sont les termes mêmes du traité !) il s'oblige à laisser le Roi de France occuper pour une durée de trois ans la ville forte de Marsal.

L'une des conséquences immédiates du traité, c'était l'obligation où allait se trouver Gaston d'Orléans avec ses partisans de quitter le territoire de la Lorraine. Charles IV ne pouvait éluder cette obligation et il ne cherche d'ailleurs pas à s'y dérober. Mais, trois jours avant de signer le Traité de Vic, il avait joué au Roi de France un tour de sa façon en laissant célébrer secrètement le mariage de Gaston d'Orléans avec sa sœur, la princesse Marguerite. Depuis le début de 1631, l'intrigue politico-amoureuse entre Gaston et Marguerite s'était poursuivie. Jusque-là, Charles IV s'était borné à enregistrer l'engagement de Gaston d'épouser la jeune princesse, mais il n'avait rien fait pour hâter la conclusion du mariage. S'il change aujourd'hui d'attitude, c'est pour deux raisons essentielles.

Tout d'abord – il ne faut pas minimiser l'influence que ce genre de prédictions pouvait avoir sur les décisions politiques à cette époque – les faiseurs d'horoscopes s'accordaient à prévoir la mort prochaine du Roi de France – On disait même qu'il ne vivrait pas au-delà de la Pentecôte ; Charles IV ne pouvait laisser échapper l'occasion de faire de sa sœur, par son mariage avec Gaston, la nouvelle Reine de France. D'autre part, il lui paraissait clair que la France et l'Espagne ne pourraient éviter bien longtemps un affrontement direct et il comptait sur la protection de Madrid pour le mettre à l'abri des représailles françaises qui ne manqueraient pas de s'abattre sur lui quand on apprendrait le mariage de Gaston d'Orléans ; il pensait même être en mesure de jouer un rôle actif dans le conflit, et de vendre au prix fort une alliance avec la France.

Il faut dire quelques mots ici de ce qui se passait alors en Allemagne. Depuis deux ans, Richelieu s'attachait à susciter à la Maison d'Autriche toutes les difficultés possibles, en finançant ses ennemis et en autorisant des Français à s'engager – à titre privé – sous la bannière de ses adversaires. Richelieu ne faisait que poursuivre, en l'occurrence, la politique d'Henri IV. Or, en 1629, il avait réussi un coup de maître en lançant le Roi de Suède Gustave-Adolphe dans les affaires d'Allemagne. Jusque-là, Richelieu avait passé avec le Suédois un simple accord de fourniture de subsides ; le 23 janvier 1631, le Traité de Bärwald entre la France et la Suède, à côté de quelques articles commerciaux, arrête d'importants accords financiers aux termes desquels la France s'engage à payer tous les frais de l'armée suédoise en campagne. Etonnant traité dans sa précision mercantile ! Le Roi de Suède promettait d'entretenir, pour une durée de trois ans, 6 000 cavaliers et 30 000 fantassins, entièrement pris en charge par la France, à raison d'un million de livres par an. Cette somme était payable en deux fois chaque année, au 15 mai et au 15 novembre, soit à Paris, soit à Amsterdam. Gustave-Adolphe s'engageait d'autre part à assurer le libre exercice du culte catholique dans toutes les villes ou régions dont il s'emparerait. Il faut croire que l'alliance franco-suédoise était profitable à chacun des partenaires, puisqu'elle devait être renouvelée une première fois le 19 avril 1633, puis une seconde le 30 mars 1636.

Mais Richelieu pourra-t-il éviter de collaborer plus activement avec Gustave-Adolphe ? Pourra-t-il, à l'inverse, éviter de s'opposer à lui si les succès répétés du Suédois aboutissent à rompre en faveur des protestants l'équilibre que la politique du cardinal s'attache à instituer en

Allemagne ? Le Père Joseph, négociateur favori de Richelieu, avait dit de l'alliance avec Gustave-Adolphe : « Il faut se servir de ces choses ainsi que des venins, dont le peu sert de contrepoison et le trop tue ».

Précisément, la victoire écrasante remportée par Gustave-Adolphe à Breitenfeld, le 17 septembre 1631, remet tout en cause. C'est la déroute du parti catholique. L'Électeur de Saxe entre en Bohême sans rencontrer de résistance ; les émigrés, ceux que les conséquences de la victoire catholique de la Montagne Blanche avaient dépossédés de leurs biens, revendiquent leurs anciens domaines. Gustave-Adolphe occupe Erfurt, Würzbourg, Francfort-sur-le-Main – la capitale de l'Empire, que l'Empereur est bien incapable de protéger – Mayence, où l'armée suédoise fait son entrée en décembre. Le Landgrave de Hesse-Cassel s'empare de Minden, le duc de Mecklembourg récupère Rostock et Wismar. Les églises sont saccagées, les couvents dépouillés.

Devant l'ouragan suédois qui se rapprochait des frontières de France, le duc de Lorraine savait qu'il pouvait compter pour la protection de ses États sur Louis XIII, qui ne laisserait jamais Gustave-Adolphe s'en emparer. Il ne voyait pas comment, d'autre part, la France et l'Espagne pourraient éviter une confrontation directe maintenant que la survie même des princes catholiques d'Allemagne était en jeu.

Les événements semblent d'abord donner raison à Charles IV : en février 1632, les relations entre la France et Gustave-Adolphe se dégradent à tel point que l'on croit à une rupture imminente entre les deux alliés de la veille. Mais, en mars, Gustave-Adolphe quitte Mayence et s'écarte de la région du Rhin pour marcher vers l'Allemagne centrale ; la France peut alors reprendre sous sa protection les États allemands de la région rhénane sans indisposer son allié. En avril, par ailleurs, la tension entre la France et l'Espagne a notablement baissé.

On verra plus loin comment la mort de Gustave-Adolphe, le 16 novembre 1632, renversera une fois de plus la balance des forces ; en 1633, Charles IV perdra toute la Lorraine, occupée par Louis XIII ; le 16 mai 1635, la France déclarera la guerre à l'Espagne – une guerre qui va durer vingt-quatre ans.

En ces premiers jours de 1632, on n'en est pas encore là, et la grande affaire du duc de Lorraine, avec le mariage secret de Gaston d'Orléans et de Marguerite de Vaudémont, est la préparation de la campagne que l'héritier du trône de France s'apprête à mener contre le Roi son frère.

Le 6 janvier, par le Traité de Vic, Charles IV de Lorraine s'engageait à s'opposer au mariage entre Gaston d'Orléans et sa jeune sœur Marguerite. Mais le 3 janvier à sept heures du soir, cette union avait été célébrée dans une chapelle intérieure du prieuré de Saint-Romain, par les soins d'un bénédictin, le Frère Albin Tellier, en présence du père de la princesse, Monsieur de Vaudémont, de sa tante, l'abbesse de Remiremont, et des deux éternels acolytes de Gaston d'Orléans, le comte de Moret et Monsieur de Puylaurens. La dispense de publication des bans avait été signée par le cardinal de Lorraine, Nicolas François, frère du duc Charles. Ce dernier prétendra plus tard que la cérémonie s'est déroulée à son insu. Tout porte à croire au contraire qu'il en était l'instigateur.

Cela étant, Charles IV se targue d'appliquer scrupuleusement le Traité de Vic et, dès le lendemain de sa signature, il demande à Gaston de quitter ses États. Monsieur décide d'aller s'établir aux Pays-Bas. Le 12 janvier, un de ses gentilshommes est à Luxembourg, annonçant la prochaine arrivée de Gaston et son désir d'être autorisé à se rendre à Bruxelles. Le comte d'Emden, gouverneur du Luxembourg, ne croit pas pouvoir lui refuser l'entrée des Pays-Bas et fait aussitôt prévenir toutes les places frontières. Le 16 janvier, Gaston se trouve à Longwy. Le 19, vers quatre heures du soir, il fait son entrée à Luxembourg, accompagné d'une escorte considérable. Quelques centaines d'hommes viennent l'y rejoindre dans les jours qui suivent ; toutes ces troupes sont logées dans la région « tellement que si bientôt on n'y ordonne, ce sera l'entière ruine du pays », comme l'écrit le 24 janvier 1632 le comte d'Emden à l'Infante. En fait, à dater de ce même 24 janvier, les forces au service du duc d'Orléans sont payées par le gouvernement des Pays-Bas. On en a gardé le décompte exact : 700 cavaliers, sous les ordres du marquis du Fargis ; 300 sous les ordres de Monsieur du Mesnil, 360 de Monsieur des Granges, 150 de Monsieur de la Sablonnière, 300 de Monsieur de Besme, 50 de Monsieur du Couldray-Montpensier, 100 aux ordres du duc de Bouillon soit 1960 cavaliers au total. On comprend à la fois l'effarement du comte d'Emden et la fierté de Gaston d'Orléans qui se hâte maintenant vers Bruxelles où l'attend sa mère.

Le 25 janvier, il est reçu à Namur avec tous les honneurs dus à son rang ; salves d'artillerie, tirs de mousqueterie, feux de joie dans les rues. Au dessert, il porte un toast à la Reine Mère. C'est du délire. Au même moment arrive, théâtral, un gentilhomme de la Maison de Marie de Médicis, qui de Bruxelles apporte à Gaston d'Orléans des lettres de sa mère. La joie du public est à son comble.

Le 26, Gaston repart pour Bruxelles. Il fait son entrée dans la capitale des Pays-Bas espagnols le 28, un mercredi, vers deux heures de l'après-midi. Il y est accueilli avec les mêmes honneurs que ceux qui avaient été réservés à sa mère six mois plus tôt. Le marquis de Mirabel, ambassadeur du Roi d'Espagne, accompagne depuis la veille celui qui sera peut-être, bientôt, Roi de France. Un Roi selon le cœur du gouvernement de Madrid. Toute la Cour vient au-devant du duc d'Orléans, et l'Infante le reçoit au haut de l'escalier du Palais ducal de Bruxelles pour le conduire dans la salle d'audience où on lui présente les principaux officiers. Des tables sont superbement dressées pour faire banqueter le duc et les nobles gentilshommes de sa suite.

Le cabinet de Madrid avait considérablement évolué depuis quelques mois. L'accueil fastueux et quasi-royal réservé à Gaston d'Orléans contraste avec les réticences et les réserves qui avaient marqué l'arrivée de Marie de Médicis en ces mêmes Pays-Bas espagnols ; la guerre avec la France paraît maintenant inévitable. Mais en attendant d'en découdre directement, on se préoccupe d'utiliser au mieux cet atout de grande valeur que constitue la présence simultanée en territoire espagnol de la mère du Roi Louis XIII et de l'héritier de la couronne de France, son frère Gaston.

Marie de Médicis, que l'arrivée de son fils exalte, met en gage ses pierreries pour se procurer de l'argent. Le duc de Lorraine lève de nouvelles troupes. L'Infante aide dans la mesure de ses moyens : 20 000 écus (60 000 livres) et des fournitures d'armes et de munitions. L'Espagne réunit des troupes dans le Palatinat pour venir éventuellement en aide au duc de Lorraine ; Madrid dépêche pour les commander l'un de ses meilleurs généraux, don Gonzalvo de Cordova. En avril, le gouvernement de l'Infante arrête avec Gaston un plan de campagne : une armée levée en Allemagne et placée sous le commandement du comte d'Emden joindra ses forces à celles de Gaston ; l'armée de don Gonzalvo de Cordova appuiera Charles IV et lui portera secours si le Roi de France attaque la Lorraine ; quant à Gaston, il a pour objectif de se diriger vers une région proche de l'Espagne afin d'en recevoir directement des secours en hommes et en argent, plus facilement en toute hypothèse qu'à partir des Pays-Bas espagnols. Madrid envoie 100 000 écus (300 000 livres) et met à la disposition de Gaston une somme égale, à raison de 20 000 écus payables mensuellement pendant les cinq mois suivants.

Gaston d'Orléans peut maintenant entrer en campagne. Il quitte Bruxelles le 18 mai 1632 pour rejoindre Trèves, en Allemagne, lieu de rassemblement de sa petite armée.

La tournure que prenaient les choses n'avait pas été du goût de tout le monde, et certains des fidèles de Gaston avaient refusé de le suivre dans l'alliance étroite qu'il nouait désormais avec l'Espagne. C'est le cas notamment du duc de Bellegarde, ainsi que de Le Coigneux, Chancelier de Gaston, et de Monsigot, qui préfèrent s'accommoder avec le cardinal.

Les défections n'assombrissent pas l'humeur de Monsieur, qui mène joyeuse vie pendant son séjour à Bruxelles. Hébergé aux frais de l'Infante, Gaston d'Orléans poursuit la même existence qu'à Paris. A chaque repas, on compte six tables [4] : outre la sienne, il y a celle de

4. Gaston d'Orléans, *Mémoires*, Éd. M. Petitot, Paris, Foucault, 1824, p. 126.

Puylaurens, avec quinze couverts, une table de vingt couverts pour les « Maîtres d'hôtel, contrôleurs généraux, gentilshommes ordinaires et autres appointés » ; une autre de trente couverts pour les jeunes nobles qui avaient suivi Gaston sans pour autant être à ses gages, une table encore pour les officiers de la chambre et de la garde-robe, et une dernière pour les menus officiers. Gaston tient aussi à justifier sa réputation de prince léger et volage en faisant une cour assidue à la belle doña Bianca, fille de don Carlos Colonia et en favorisant l'éclosion d'intrigues galantes entre les brillants seigneurs de sa suite et les belles dames de Bruxelles. L'une de ces intrigues faillit même aboutir à un duel entre un gentilhomme flamand et un gentilhomme français, mais les choses rentrent heureusement dans l'ordre avant que les adversaires en soient venus aux armes, l'objet du litige, Mademoiselle de Bergues, s'étant déclarée sur ces entrefaites pour un troisième larron [5].

Des affaires plus sérieuses requéraient maintenant la présence de Gaston d'Orléans à la tête de ses troupes, car, pour la première fois, l'occasion d'un soulèvement sérieux, en France même, se présentait à lui.

MÉCONTENTEMENT EN LANGUEDOC ET RÉVOLTE DU DUC DE MONTMORENCY.

Depuis deux ans, certaines provinces étaient en proie à un mécontentement endémique. Mauvaise humeur des Parlements, émeutes populaires, résistances à la perception de l'impôt, agitaient la Guyenne, le Poitou, la Provence, le Languedoc. C'est surtout dans cette dernière province que les esprits étaient le plus échauffés. Depuis 1629, Richelieu s'efforçait de modifier le régime fiscal en usage. Jusqu'alors, l'impôt est voté par les États du Languedoc, qui s'engagent à verser une certaine somme au trésor royal, et se chargent eux-mêmes de la répartition et de la levée des différentes contributions. Richelieu voulait abolir ce système et le remplacer par le système des élus (Les élus étant des fonctionnaires royaux directement chargés de l'assiette et du recouvrement de l'impôt). Richelieu attendait de ce changement un meilleur rendement fiscal, mais c'était une atteinte fondamentale aux libertés provinciales. Le cardinal s'était déjà fait la main sur la Bourgogne, où la mise en place des élus avait provoqué des troubles. Il ne pouvait que s'attendre à des difficultés analogues en Languedoc. Mais si les événements du Languedoc ont revêtu un caractère particulier de gravité, c'est

5. Disputée entre le comte de Bucquoy et Monsieur de Brion, elle épouse en définitive le duc de Bouillon.

parce que toute une partie de l'élite de la province en profite pour attiser les mécontentements et s'efforcer de les tourner au profit de Marie de Médicis et de Gaston d'Orléans.

A la tête du complot, le gouverneur du Languedoc, le duc de Montmorency, Henri II de Montmorency, alors âgé de 37 ans, maréchal de France, filleul d'Henri IV, beau-frère du prince de Condé. Il était parmi les Grands l'un de ceux qui devaient le plus à Louis XIII et à Richelieu. Il passait d'ailleurs pour totalement acquis au cardinal qui l'avait comblé de faveurs, et à qui il n'avait pas hésité à proposer un refuge dans son gouvernement lorsque la maladie de Louis XIII à Lyon avait fait croire à la mort imminente du Roi et, par conséquent, à l'éviction de Richelieu du ministère. Mais les sollicitations de sa femme, la duchesse de Montmorency, qui, née Marie-Félicie des Ursins, était apparentée à la Reine-Mère, les pressions amicales de l'évêque d'Albi, Monseigneur d'Elbène, dont le frère, l'abbé d'Elbène, était l'un des plus fidèles serviteurs de Gaston d'Orléans, et surtout, le désir de recevoir l'épée de connétable qui avait déjà appartenu à son père, et que Richelieu ne se hâtait point de lui remettre, font basculer le duc de Montmorency dans le parti de Marie de Médicis.

Les *Mémoires* de Gaston d'Orléans nous montrent bien l'importance que revêtent pour les Grands, en cette première moitié du XVIIe siècle, ces frustrations vraies ou supposées, ces froissements de la vanité, et comment une blessure d'amour-propre peut faire chanceler en un rien de temps une fidélité jusque-là sans faiblesse : « Monsieur de Montmorency, ayant porté hautement les intérêts du cardinal de Richelieu contre la Reine-Mère pendant leur brouillerie de Lyon, pensait que la récompense dût suivre immédiatement un service si signalé, et qu'on lui donnerait pour cela la citadelle de Montpellier, pour laquelle il avait eu longtemps auparavant une grande passion : comme il se vit frustré de son espérance, et qu'on ne lui parlait de rien, il ne put supporter qu'on se soit moqué de lui, et dans le désir qu'il a de s'en ressentir, Madame sa femme, qui l'avait sollicité dès Lyon et depuis encore de prendre le parti de la Reine-Mère, trouve en lui grande disposition à la contenter à ce sujet [6] ».

Le complot se noue pendant les premiers mois de 1632. Comme toujours, Richelieu est informé, et communique au duc de Montmorency les indications qui lui parviennent et les rapports qui lui sont adressés au sujet de ses menées. Montmorency nie tout et poursuit ses tractations avec Monsieur. Il était convenu que Gaston d'Orléans quitterait à la fin du mois d'août Trèves, où ses forces étaient concentrées, et se dirigerait vers le Languedoc en traversant la Bourgogne ; il espérait que son passage dans cette province ferait renaître l'agitation qu'avait provo-

6. Gaston d'Orléans, *Mémoires,* Éd. M. Petitot, Paris, Foucault, 1824, pp. 127-128.

quée l'introduction des élus. Le soulèvement du Languedoc et de la Bourgogne et l'entrée en campagne de Gaston d'Orléans devaient coïncider avec la livraison de Calais par son gouverneur, une diversion navale exécutée par une flotte espagnole contre les côtes atlantiques de la France à partir de ce port, et une attaque du duc de Lorraine contre la Champagne.

Mais ce beau programme se trouve déjoué par Richelieu, qui prend de vitesse les conjurés.

Pour montrer qu'il est prêt à réprimer sans faiblesse toutes les oppositions d'où qu'elles viennent, Richelieu fait ouvrir le procès du maréchal de Marillac. Il y avait plus d'un an qu'il était détenu, et l'on n'avait pas grand-chose à lui reprocher; mais c'était un homme énergique, intelligent, et qui pouvait être utile, un jour, à Marie de Médicis en raison de la sagesse de ses conseils et de son expérience politique. Peu confiant dans le résultat d'un procès en règle mené par le Parlement de Paris, Richelieu décide de faire comparaître Marillac devant une commission extraordinaire.

Dès que la nouvelle est connue à Bruxelles, Marie de Médicis s'agite comme Richelieu pouvait s'y attendre. Elle prend la plume pour s'indigner et menacer; elle écrit à Louis XIII, elle écrit aux juges du maréchal de Marillac, les avertissant que s'ils le condamnaient « ils en répondraient de leurs biens et de leurs personnes, et qu'elle les prendrait à partie en leurs propres et privés noms, comme complices du cardinal de Richelieu et adhérents au parti qu'il avait formé contre le Roi et contre l'État [7] ». Ces lettres ont un effet radicalement contraire à celui qu'elles visaient: les juges, acculés à la plus grande fermeté, condamnent à mort le 8 mai 1632 le maréchal de Marillac, qui sera décapité le 10. Marie de Médicis avait également décidé de hâter l'intervention militaire, dans le fol espoir que son succès devancerait l'aboutissement du procès de Marillac et permettrait de le sauver.

Cette précipitation devait être fatale au succès des conjurés: l'effervescence qui règne dans l'entourage de Marie de Médicis et de Gaston d'Orléans, les messagers qui partent à gauche et à droite, les marches et contre-marches des troupes levées par Monsieur, ne laissent désormais plus rien ignorer à Richelieu de ce qui se trame. Il règle d'abord le sort de Calais: le 10 mai, jour de l'exécution de Marillac, Louis XIII et Richelieu quittent Paris pour inspecter quelques places de la frontière nord du pays, aux confins de la Picardie: on visite Abbeville, Montreuil, Boulogne, où l'on renforce les garnisons et les armements; le 22 mai, on arrive à Calais et l'on rachète sa charge au gouverneur de la place pour la donner à un homme tout dévoué au Roi. Du coup, la diversion navale projetée par les Espagnols était compromise, faute d'un point d'appui maritime sûr et bien placé.

7. Lettre de Marie de Médicis du 2 mars 1632.

Restait la Lorraine. Dès la fin avril, Richelieu fait préparer l'invasion des possessions du duc Charles IV. Malgré les protestations de fidélité du duc, les troupes du maréchal de La Force et du maréchal d'Effiat s'emparent le 31 mai de Saint-Wendel, et commencent aussitôt à envahir la Lorraine. Le 1er juin, le prince d'Orange, chef de l'armée des Provinces-Unies, attaque les Pays-Bas espagnols, prenant dès les premiers jours de la campagne Venloo et Ruremonde et mettant le siège devant Maastricht, qui capitulera le 24 août. Les troupes espagnoles cantonnées aux Pays-Bas et dans le Palatinat s'avèrent bien incapables de fournir une aide quelconque au duc de Lorraine.

Gaston d'Orléans, pour sa part, avait quitté Bruxelles avant le début de l'offensive française contre la Lorraine. Il se rendait à Trèves pour prendre la tête de ses troupes comptant environ 3 000 cavaliers, en majorité Allemands, Liégeois, Napolitains aux côtés de 1 000 à 1 200 cavaliers français.

Monsieur n'avait qu'une piètre opinion des qualités de son armée, réserve faite des Français : « Le reste étaient voleurs et le rebut de l'armée espagnole » écrit-il dans ses *Mémoires*[8]. Du moins l'Infante s'était-elle montrée généreuse. Elle « ne se contenta pas d'avoir si bien fait l'honneur de sa maison durant quatre mois, elle voulut continuer à Monsieur et aux siens les effets de sa générosité et de sa magnificence jusques à son départ. Il n'y eut prince, seigneur, ni aucun officier principal qui ne reçut son présent, ou de pierreries ou de chaînes d'or, avec la médaille du Roi d'Espagne. Elle eut le soin de faire remplir plusieurs coffres d'habits de guerre, linge et autres hardes pour l'usage de Monsieur et lui fit compter par son pagador [c'est-à-dire son trésorier] 100 000 patagons[9] pour les frais de son voyage[10] ». Ainsi nanti, Gaston dit adieu à doña Bianca, prend congé de la Reine-Mère qui lui donne sa bénédiction et ses souhaits d'un heureux voyage et, le 18 mai 1632, quitte Bruxelles. Le 4 juin, il part de Trèves à la tête de son armée, la laisse 24 heures pour aller à Nancy embrasser sa femme, et rejoint ses troupes au moment où elles pénètrent en territoire français.

De la petite ville d'Andelot où il fait étape le 13 juin, il lance un manifeste dans lequel il cherche à se présenter en libérateur. Hélas pour lui, l'accueil des populations « libérées » est plutôt frais. Qu'on en juge par le récit que Gaston d'Orléans a fait lui-même de cette équipée, dans ses *Mémoires* : « Au seul bruit de la venue de Monsieur, chacun abandonne la campagne et se retire aux villes. L'armée trouve les villages et les maisons désertes à la campagne, sans vivres et sans meubles... Les Allemands, Croates et Napolitains faisaient de grands désordres, et le

8. Gaston d'Orléans, *Mémoires,* Éd. M. Petitot, Paris, Foucault, 1824, p. 131.
9. Le patagon est une pièce frappée dans les Flandres et valant environ 3 livres.
10. Gaston d'Orléans, *Mémoires,* Éd. M. Petitot, Paris, Foucault, 1824, p. 131.

plus souvent dévalisaient les gens mêmes de Monsieur, allant et venant à la provision. L'ordre n'était guère mieux observé par les Français[11] ».

Langres refuse d'ouvrir ses portes. On arrive à Dijon, ville dont on escomptait le ralliement. Le gentilhomme qu'envoie Monsieur pour parlementer est natif de la ville; trouvant ses compatriotes réticents, il décide d'user de la menace; ses propos ne sont pas du goût des Dijonnais qui répondent à coups de canon, « dont la personne même de Monsieur connut le hasard ». Alors on se venge en pillant quelques maisons situées en dehors de l'enceinte et notamment une maison appartenant à l'un des juges du maréchal de Marillac.

On traverse ainsi toute la Bourgogne et le Charolais sans enregistrer le moindre ralliement. Gaston passe la Loire à Digoin et, entrant dans le Bourbonnais, reçoit là des messages du duc de Montmorency. Celui-ci ne l'attendait pas si tôt en France: « On a nouvelle que Monsieur de Montmorency se plaint de la précipitation de Monsieur et dit qu'il lui ôte le moyen de le servir, supplie Son Altesse de voir si elle ne pourra point mieux faire ses affaires en une autre province[12] ». Voici donc Gaston condamné à perdre du temps en route pour ne pas arriver trop vite en Languedoc. L'armée est d'ailleurs éprouvée, les canonnades essuyées à Cusset n'arrangent pas le moral des troupes, et l'on s'arrête quinze jours à Vichy, payant les fournitures « d'espérances et de belles paroles » dont le duc d'Elbeuf, était, paraît-il, fort libéral. La Limagne est mise en coupe réglée. L'expédition s'étant remise en marche, on traverse le Rouergue, où l'on reçoit enfin le ralliement de quelques nobles. Après être passé par Millau, on arrive au début d'août à Lodève, première ville du Languedoc. Après trois jours de repos, la petite armée gagne Pèzenas, où le duc de Montmorency vient rejoindre Gaston d'Orléans, et de là, tous deux se rendent à Béziers.

Le duc de Montmorency a fini par jeter le masque. Le 20 juillet, il fait arrêter les commissaires royaux et l'archevêque de Narbonne, fidèle à Richelieu. Le 22 juillet, les États du Languedoc, travaillés par ses agents, lui demandent de s'unir à eux pour le soulagement de la province, et de prendre des mesures militaires de sauvegarde. C'est la rébellion. Tous ne suivent pas. Parmi les évêques, ceux d'Albi, de Lodève, d'Uzès et de Saint-Pons prennent parti pour Montmorency. Les principales villes se divisent: Béziers, Albi, Alès rejoignent le camp de la révolte, mais Beaucaire, Nîmes, Montpellier restent fidèles au Roi. L'appel maladroit de Gaston à l'aide espagnole heurte la fibre patriotique de la majorité de la population.

Entre-temps, le Roi a réagi; la capitulation du duc Charles IV de Lorraine, qui aboutit à la signature le 26 juin 1632 du Traité de Liver-

11. Gaston d'Orléans, *Mémoires,* Éd. M. Petitot, Paris, Foucault, 1824, p. 134.
12. Gaston d'Orléans, *Mémoires,* Éd. M. Petitot, Paris, Foucault, 1824, p. 135.

dun, livre à Louis XIII les places de Stenay et Jametz et le comté de Clermont ; elle permet surtout de libérer deux armées qui, sous les ordres du maréchal de La Force et du maréchal de Schomberg, attaquent le Languedoc l'une par l'est, l'autre par l'ouest. Le choc décisif a lieu à l'ouest, entre le maréchal de Schomberg et les forces réunies du duc de Montmorency et d'une partie de l'armée de Gaston.

Schomberg, qui dispose de 3 000 cavaliers et 1 500 mousquetaires d'élite que l'on avait montés à cheval, est le 1er septembre à l'aube en vue de Castelnaudary venant de l'ouest au moment même où arrivent aux portes de la petite ville, venant de Béziers, c'est-à-dire de l'est, les troupes bien plus nombreuses du duc de Montmorency et de Monsieur. Schomberg compense son infériorité numérique par l'habileté manœuvrière et le sang-froid. Ce sont deux qualités qui vont cruellement faire défaut aux rebelles. Antoine de Bourbon, comte de Moret, demi-frère de Gaston (il est le fils d'Henri IV et de Jacqueline de Bueil) n'a jamais été au combat ; sitôt qu'il aperçoit l'armée royale, il fonce sur les cavaliers de Schomberg, et se fait tuer au premier choc. Montmorency, entendant les coups de feu, ne peut résister à l'impatience d'en découdre lui aussi ; il est blessé plusieurs fois, fait prisonnier, ses amis tués près de lui en cherchant à le ramener dans ses lignes. La capture du duc de Montmorency donne le signal de la débandade : « La prise de Monsieur de Montmorency renversa en un moment toutes les espérances de Monsieur ; et comme ce parti ne subsistait dans cette province que par le crédit du duc de Montmorency qui en était gouverneur, et où il avait beaucoup de crédit, on en vit à l'heure même la ruine toute entière[13] ».

Gaston d'Orléans bat en retraite, indécis sur le parti à prendre. Attendre l'entrée en lice des Espagnols ? Elle est plus que problématique après la déroute de Castelnaudary. Se réfugier en terre d'Espagne, en gagnant le Roussillon ? La duchesse de Montmorency éplorée supplie Gaston de ne pas quitter la France et de tout faire pour obtenir la libération de son mari en implorant le pardon de Louis XIII. Gaston se rallie à ce parti. D'ailleurs Louis XIII, qui avait appris à Lyon la nouvelle de la bataille de Castelnaudary, arrive à Béziers à la tête d'une armée nombreuse, décidé à mettre son frère à la raison. Le 26 septembre, les conditions du Roi sont présentées à Gaston ; celui-ci n'a pas le choix et, le 29 septembre 1632, signe le Traité de Béziers en souscrivant sans rechigner à toutes les exigences posées par Louis XIII :

« 1) de renoncer à toute intelligence avec l'Espagne, la Lorraine et la Reine-Mère,

2) de demeurer en tel lieu que le Roi aurait agréable,

3) de ne se point intéresser au châtiment que le Roi ferait de ceux qui l'auraient suivi, à la réserve de ses domestiques étant lors près de lui,

4) que les étrangers se retireraient six jours après dans le Roussillon,

13. Gaston d'Orléans, *Mémoires*, Éd. M. Petitot, Paris, Foucault, 1824, p. 143.

5) que Monsieur ne recevrait aux principales charges de sa Maison que des femmes agréables et nommées par Sa Majesté,

6) que Monsieur éloignerait ceux qui seraient désagréables au Roi,

7) que le sieur de Puylaurens avertirait le Roi de tout ce qui avait été traité avec les étrangers contre le service du Roi et le bien de l'État et contre les personnes principales qui servaient Sa Majesté en ses affaires [c'est-à-dire le cardinal de Richelieu], à peine d'être déchu de sa grâce,

8) que Monsieur commanderait à tous les siens d'avertir le Roi de tout ce qu'ils connaissaient se passer au contraire, et que ceux que Sa Majesté désirerait en feraient le serment ».

Gaston d'Orléans abandonnait ainsi le duc de Montmorency et détachait sa cause de celle de Marie de Médicis. Rétabli dans toutes ses charges et dignités, il quitte le 1er octobre Béziers pour Tours, où il est assigné à résidence. Les deux frères ne se sont pas rencontrés, remettant à plus tard les rites d'une éventuelle réconciliation publique.

La justice du Roi est impitoyable. En partant de Lyon, Louis XIII fait exécuter le sieur de Capestan. Le 6 septembre, c'est le tour du vicomte de L'Estrange, à Pont-Saint-Esprit. Le 12 octobre est décapité, à Béziers, Des Hayes de Courmenin, qui avait été capturé le 16 août en Allemagne où la Reine-Mère l'avait envoyé négocier avec l'Empereur et le duc de Bavière. Le 30 octobre, tombe la tête du duc de Montmorency, après un procès rondement mené et malgré les prières de la duchesse, de la Reine Anne d'Autriche, du propre confesseur de Louis XIII. Le Roi avait été inflexible. La mise au pas de la noblesse exigeait cette tête, et Louis XIII se devait de ne montrer aucune faiblesse. L'exécution n'eut pas lieu en public, selon l'usage, mais dans la cour de l'Hôtel de Ville de Toulouse, mesure de grâce spéciale et précaution contre les réactions éventuelles d'une opinion touchée par le malheur du duc et réclamant miséricorde.

Le retentissement de l'événement est considérable, aussi bien à l'étranger qu'en France. A Madrid, on ne se trompe pas sur sa signification, et les ministres espagnols, recevant l'ambassadeur français, expriment l'avis que Montmorency paie en fait la faiblesse de Marie de Médicis pendant le temps de sa régence.

CHAPITRE XVI

Illusions et chimères

WALLENSTEIN.

Dès le départ de Gaston d'Orléans pour Trèves le 18 mai 1632, Marie de Médicis avait pris contact avec l'un des hommes de guerre les plus réputés de l'époque, l'homme fort du parti catholique en Allemagne, Wallenstein. L'offensive de Louis XIII contre la Lorraine au début du mois de juin l'incite à accélérer ses pourparlers : Marie de Médicis pense que lui seul est en mesure de faire échec aux forces royales et de permettre au duc Charles IV de récupérer ses États.

Les négociations entreprises avec Wallenstein montrent la logique dans laquelle s'est enfermée la Reine-Mère. Réfugiée dans un territoire relevant de la couronne d'Espagne, elle bénéficie de l'aide active de Madrid pour monter une opération de subversion à l'intérieur du royaume de France pendant que les armées espagnoles et celle de leur allié lorrain sont chargées d'exercer une forte pression aux frontières. Le gouvernement royal ayant attaqué préventivement la Lorraine, la Reine-Mère n'hésite pas à recruter des mercenaires pour poursuivre la lutte de l'extérieur quitte même, nous allons le voir, à accepter de payer leur concours par l'abandon de territoires français. Marie de Médicis est prise dans l'engrenage de la trahison. Elle s'est donné pour but d'abattre Louis XIII et Richelieu, confondus dans une même haine ; sa lutte est sa raison de vivre ; elle lui a même fait le sacrifice de ses bijoux. Pour venir à bout du régime détesté, aucun moyen n'est interdit, même s'il faut pour cela révolter des provinces, multiplier les ravages sur le territoire national, faire perdre la vie à des milliers de gens et porter atteinte à l'intégrité du royaume.

Le comte Albrecht von Wallenstein est l'une des plus curieuses figures du temps. Il est né en Bohême, de famille noble, en 1583. Élevé dans la religion protestante, il perd très jeune ses parents, et c'est l'un de ses oncles qui s'occupe de son éducation. Après le collège des Jésuites à Olomouc, le jeune homme fréquente les Universités d'Altdorf, de Bologne, de Padoue. Il voyage beaucoup en Europe, apprend, observe. En 1606, il se convertit au catholicisme et va servir en Hongrie. Il se montre brave au combat. Wallenstein épouse en 1609 Lucrèce von Vičkov, qui meurt en 1614 en lui laissant d'immenses propriétés en Moravie. En 1617, il suit l'Archiduc Ferdinand de Styrie dans une campagne contre Venise ; il commande une compagnie de cavaliers, et se signale à l'attention de l'Archiduc, qui devient Empereur en 1619 sous le nom de Ferdinand II.

Les événements qui secouent la Bohême ne laissent pas Wallenstein indifférent. L'un des rares gentilshommes restés fidèles à Ferdinand après la défenestration de Prague, il doit guerroyer pour défendre ses domaines. La bataille de la Montagne Blanche (à laquelle il ne participe pas) le situe dans le camp des vainqueurs. En lutte contre Bethlen Gabor en Moravie, il se distingue toujours par son courage et son dévouement à la cause impériale. Son mariage en 1623 avec Catherine, fille du comte de Harrach, fait de lui l'un des seigneurs les plus riches d'Allemagne et de Bohême, et lui permet d'entrer dans la familiarité de l'Empereur. En 1624, ses vastes possessions sont érigées en principauté de Friedland.

L'entrée en guerre du Roi de Danemark, Christian IV, comme chef du camp protestant contre l'Empereur, lui permet de saisir sa chance. Il lève à ses frais une armée de 30 000, puis de 50 000 hommes. De 1625 à 1627, il mène la vie dure à Christian IV et à Mansfeld, le plus en vue des généraux protestants après le Roi de Danemark. Par la Paix de Lübeck signée le 7 juin 1629, Christian IV abandonne la partie.

La puissance et le prestige de Wallenstein ne font que croître. En 1627, il a reçu le duché de Sagan, en Silésie ; en 1629, il devient duc de Mecklembourg. Une tentative pour prendre Stralsund, sur la Baltique, échoue en 1628, mais l'Empereur lui confère quand même le titre de « Général des mers océanique et baltique ».

Une telle accumulation de succès suscite la jalousie. La diplomatie française s'en étant mêlée, la Diète de Ratisbonne obtient de l'Empereur le renvoi de Wallenstein. Celui-ci s'incline sans un mot, licencie son armée et se retire dans ses terres à Jičin, en août 1630.

L'irruption en Allemagne de Gustave-Adolphe de Suède, l'écrasante victoire que celui-ci remporte sur Tilly à Breitenfeld le 16 septembre 1631, conduisent l'Empereur à refaire appel à Wallenstein. Ferdinand s'humilie, accepte toutes les conditions de Wallenstein : remise de ses dettes au fisc, promesse de nouveaux domaines, octroi du duché de Glogau ; moyennant quoi, Wallenstein accepte de reprendre dans les trois mois le commandement de l'armée impériale avec les pleins pouvoirs pour conduire la guerre et faire la paix.

Au printemps de 1632, Wallenstein entre en campagne. Il chasse l'armée saxonne de Bohême, mais pendant ce temps Gustave-Adolphe écrase une nouvelle fois Tilly au passage du Lech, et prend Munich. Les deux adversaires s'observent. Des discussions s'engagent. Wallenstein a des idées personnelles sur le devenir de l'Allemagne, une Allemagne qu'il rêve d'affranchir des armées étrangères qui la parcourent en tous sens, et de réconcilier avec elle-même, catholiques et protestants vivant en paix côte à côte. En attendant, il faut combattre. La bataille s'engage le 16 novembre 1632 à Lutzen. Wallenstein est mis en déroute, mais Gustave-Adolphe meurt en chargeant à la tête de sa cavalerie. Wallenstein se retire en Bohême pour reconstituer son armée et châtier les officiers responsables de la défaite. La disparition de Gustave-Adolphe comble ses vœux : « Il n'y avait pas de place pour deux coqs sur le même fumier » dira-t-il en guise d'oraison funèbre. Il se sent maître du jeu, et libre de tenir la conduite la plus conforme à ses vues personnelles.

Dès avant la mort de Gustave-Adolphe, Wallenstein, devenu un véritable entrepreneur en opérations militaires, était prêt à écouter toute offre pourvu qu'elle fût intéressante. Au printemps de 1632, Marie de Médicis prend contact avec lui pour l'entraîner au service de Gaston d'Orléans dans une guerre contre la France. Pourquoi pas ? Wallenstein prend la proposition en considération comme n'importe quelle autre. Tout est question d'argent, d'avantages territoriaux et politiques.

Quelles sont les idées de la Reine-Mère ? Marie de Médicis a chargé son envoyé spécial, Des Hayes, baron de Courmenin, de promettre la cession à Wallenstein des « Trois Évêchés », c'est-à-dire Metz, Toul et Verdun. Wallenstein trouve l'offre insuffisante. On continue à discuter quand survient le coup dur, brutal, inattendu : Des Hayes de Courmenin est enlevé ; reconnu à Mayence par Charnacé, ambassadeur de Louis XIII auprès de Gustave-Adolphe, Des Hayes est capturé sur la route de Francfort le 16 août, expédié en France, et, comme on l'a vu plus haut, il sera exécuté le 12 octobre à Béziers.

L'enlèvement de Des Hayes aurait pu n'être qu'une péripétie ; un autre lui aurait succédé pour continuer la discussion avec Wallenstein. Mais Marie de Médicis, frappée par ce qui vient d'arriver, est en proie au doute. Dieu aurait-il déserté son camp ? Voici précisément que les nouvelles de l'expédition de Gaston d'Orléans se font plus rares, puis s'interrompent. Marie de Médicis s'inquiète. C'est le silence, lourd de menaces, jusqu'au jour où, de Madrid, arrive l'annonce de la bataille de Castelnaudary. Marie ne sait rien du sort de Gaston ni de ses plans. Elle échafaude un projet d'une folle témérité : puisque Louis XIII est retenu dans le Midi de la France, pourquoi ne se rendrait-elle pas à Paris, dont le ralliement à sa cause lui paraît non seulement possible, mais vraisemblable ? La Reine-Mère a besoin de puiser dans l'intercession de la Vierge des forces morales toutes neuves. Le 23 septembre elle se rend en pèlerinage à Notre-Dame de Montaigu.

Le pèlerinage lui fait du bien. Marie n'a sans doute jamais eu une foi très profonde, et les rites, les pompes extérieures de la religion, ont pour elle beaucoup d'importance. Or, Notre-Dame de Montaigu est faite pour lui plaire : la basilique toute neuve (les travaux ont commencé en 1609) est une illustration réussie du baroque romain, toute en portiques et en coupoles, le culte de la Vierge y est tendre et fleuri. Marie de Médicis revient à Bruxelles pleine de confiance.

Mais là, une mauvaise surprise l'attend. Elle apprend que Gaston a cessé la lutte. Les clauses du Traité de Béziers sont bientôt connues, plongeant la Reine-Mère et les émigrés réunis autour d'elle dans la plus profonde consternation. Le fait que Marie et sa suite soient exclues du bénéfice du traité donne la mesure de la lâcheté de Gaston d'Orléans.

Devant cette situation, devant l'exemplarité du sort réservé aux malheureux Capestan et Lestrange, en attendant l'exécution de Des Hayes, puis celle de Montmorency, certains exilés commencent à réfléchir. Ils se disent que, perdu pour perdu, mieux vaut négocier un retour sans gloire, mais honorable, que de risquer bêtement sa tête. Marie de Médicis se voit ainsi peu à peu abandonnée par les siens. Son aigreur, son amertume, vont croissant.

Lorsque le chef de sa compagnie des gardes, le baron de Guesprez, lui demande à son tour l'autorisation de rentrer en France, elle réagit avec une extrême brutalité, donnant l'ordre à Chanteloube de l'arrêter. Enlevé de chez lui le 1er novembre, Guesprez est enfermé le 3 au château de Vilvorde, et Marie de Médicis ne parle de rien moins que de faire exécuter le malheureux. Celui-ci parvient, le 8 novembre, à faire passer des lettres sollicitant l'intervention des États-Généraux des Pays-Bas et de l'Infante en sa faveur. Mais les usages restent les usages : le baron « appartient » à Marie de Médicis et l'Infante s'interdit d'intervenir dans ses affaires domestiques. Les États-Généraux et les États du Brabant, eux, ne l'entendent pas de cette oreille et envoient une délégation à Marie pour obtenir la libération de Guesprez. La Reine-Mère prend cette démarche extrêmement mal. Elle expose « que le baron de Guesprez était son serviteur domestique, que lui ayant de plusieurs chefs perdu le respect et s'étant autrement mépris contre sa personne, il lui avait été loisible de le faire saisir pour le faire châtier selon ses mérites, vu qu'elle n'avait moins de juridictions sur ses domestiques que les ambassadeurs des souverains », et trouve l'insistance de la délégation si déplacée qu'elle va s'en plaindre à l'Infante. C'est l'épreuve de force. Elle tourne, en définitive, au désavantage de la Reine : les États-Généraux et les États du Brabant exercent une telle pression que l'Infante se résout, le 24 novembre, à faire relâcher le baron de Guesprez.

Marie de Médicis, isolée dans ses rancœurs, agitant des vues chimériques, donne l'impression de perdre progressivement contact avec les réalités. L'affaire Guesprez commence à lui aliéner l'opinion belge, jusque-là, pourtant, si bien disposée à son égard. Le manque d'argent – l'équipée de Castelnaudary, largement financée par ses soins, lui a coûté très cher – la conduit à imaginer des projets hasardeux. Avec Chanteloube, elle monte un plan visant à enlever Madame de Combalet, nièce du cardinal de Richelieu, pour l'emmener de vive force à Bruxelles (sans aucun souci, à l'évidence, de l'embarras où cela pourrait mettre l'Infante et le gouvernement espagnol) et négocier sa remise en liberté contre la grâce du duc de Montmorency, ou, après l'exécution de ce dernier, contre l'éviction de Richelieu du gouvernement. Le complot échoue, l'un des conjurés ayant tout dévoilé.

Marie de Médicis sombre dans le découragement. Elle n'attend plus de salut que d'une intervention espagnole. Qu'en pense Philippe IV ? Philippe IV estime que l'heure des aventures rocambolesques est terminée, et qu'il vaut beaucoup mieux pour Marie de Médicis trouver un accommodement avec Louis XIII. La Reine-Mère va peut-être s'y résigner quand un véritable coup de théâtre se produit : le 21 novembre 1632, Gaston d'Orléans fait son apparition à Bruxelles.

1633 : Triste année pour la Reine-Mère.

A plusieurs reprises, pendant que se négociait le Traité de Béziers, les envoyés du Roi avaient sondé Gaston d'Orléans et Puylaurens sur la question du mariage du prince. D'abord évasif, Gaston d'Orléans avait fini par dire qu'il y avait eu une vague promesse, dont l'exécution avait été renvoyée au lendemain de l'expédition qui venait d'échouer si lamentablement. Puylaurens, de même, avait soigneusement évité d'en parler. Or, le duc de Montmorency, quelques heures avant d'être décapité, avait chargé l'un de ses amis d'en porter la nouvelle au Roi. L'indiscrétion d'un ministre – sans doute le Garde des Sceaux, Châteauneuf – permet à Puylaurens et Gaston d'apprendre qu'ils ont été découverts ; appréhendant les conséquences de leur mensonge et les réactions bien prévisibles de Louis XIII, ils prennent le parti de fuir. Le 6 novembre 1632 au soir, ils se glissent hors de Tours avec deux compagnons, du Fargis et Sauvebœuf. Ils parviennent à gagner la région des Ardennes, passent à Virton le 18, pour arriver à Bruxelles le 21 novembre. Gaston n'avait pas d'idée bien arrêtée sur ce qu'il allait faire, mais laissait vaguement entendre qu'il comptait rejoindre Wallenstein, tout auréolé de la mort de Gustave-Adolphe.

Cela dit, Gaston d'Orléans reparaissait à Bruxelles dans une position nettement moins favorable que lorsqu'il y était arrivé au début de l'année: battu à Castelnaudary, couvert par la honte du Traité de Béziers, le duc d'Orléans ne pouvait plus espérer jouir de la même faveur, du même crédit. L'Infante lui réserve cependant un accueil courtois. Mais celle qui refuse de pardonner, c'est Marie de Médicis. Ulcérée, elle quitte Bruxelles dès qu'elle apprend l'arrivée de Gaston et va s'installer à Malines, puis à Gand. Gaston la supplie en vain de revenir à Bruxelles: la Reine-Mère boude ce fils inconstant et qui s'est fait maintenant une réputation trop justifiée de duplicité.

Gaston, alors, recommence à négocier avec Madrid. Philippe IV ne refuse pas de discuter, malgré la méfiance qui l'anime désormais à l'égard de son jeune beau-frère. L'Espagne veut bien aider Gaston, mais à deux conditions: que ce soit dans le cadre d'une ligue comprenant également l'Empereur et le duc de Savoie, et que Gaston donne des gages de son sérieux. Parmi ces gages, on parle de la livraison aux forces impériales de Casal, citadelle tenue par le maréchal de Toiras.

Hélas, la chance, une fois de plus, fait défaut à Gaston. Un courrier diplomatique d'Espagne portant des correspondances relatives à cette affaire est attaqué près de Loches par de mystérieux individus qui le délestent des lettres qu'il transporte. Les individus en question étaient en fait des sbires de Richelieu. Le cardinal apprend les tractations de Gaston, la trahison – vraie ou supposée – de Toiras : sans attendre, il relève celui-ci de son commandement en lui faisant donner une promotion, sa nomination dans l'Ordre du Saint-Esprit. Toiras quitte Casal. Une fois encore, Gaston n'a fait que des offres inconsistantes. Le 6 avril 1633, le marquis d'Aytona, fatigué des promesses hasardeuses du prince, écrit à Philippe IV à son sujet : « Promettre et tenir font deux ».

Marie de Médicis elle aussi complote et s'efforce de persuader l'Espagne de lui assurer son soutien. A l'entendre, la majorité de la noblesse française est prête à se soulever pour soutenir son camp; elle se flatte d'avoir l'appui des Grands, les Montmorency – et pour cause! – le prince de Condé, le duc d'Épernon, le duc de Guise. Elle propose à Philippe IV de s'installer à Bayonne ou à Narbonne, ce qui permettrait à des régiments espagnols de se mettre au service de la Reine-Mère comme « volontaires », sans entraîner l'Espagne elle-même dans une guerre déclarée contre la France.

Cette dernière idée sourit assez à Philippe IV, qui y voit un moyen, en effet, d'éviter une déclaration de guerre officielle, tout en rendant à la France la monnaie de sa pièce pour les « volontaires » français qui combattent sous les couleurs des Provinces-Unies. Mais, toujours méfiante, la Cour de Madrid aimerait bien savoir combien de Français sont effectivement prêts à se soulever; Philippe IV lance alors une suggestion: Marie de Médicis ne pourrait-elle obtenir de ses partisans une sorte de lettre d'engagement ou la signature d'un pacte, attestant de leur ferme volonté de se révolter? Gaston d'Orléans répond que c'est inutile: les assurances qu'il a lui-même reçues suffisent, et sa propre parole garantit aux Espagnols la réalité de ces assurances. Madrid cependant insiste pour avoir des engagements écrits. Non sans raison : le duc de Guise, que l'on présentait comme acquis à la cause de Marie et de Gaston, rencontrait à Rome l'ambassadeur espagnol auprès du Pape et lui faisait savoir qu'il n'était nullement disposé à entrer dans le complot ; bien plus, on apprenait peu après que Gaston d'Orléans négociait en même temps avec Richelieu. Duplicité supplémentaire de Gaston : ces négociations étaient menées à l'insu de Marie de Médicis, qui se trouvait ainsi une nouvelle fois trahie par son fils préféré.

Marie de Médicis, d'ailleurs, commence à se résigner à un séjour prolongé à Gand, et fait entreprendre dans l'Hôtel où elle est installée des travaux d'aménagement, et notamment des plantations. Le climat, pourtant, ne lui convient guère. L'hiver 1632-1633 se passe mal. La Reine a maintenant 60 ans, et les événements des derniers mois l'ont de plus en plus aigrie et assombrie. Elle a souvent des migraines et de fortes fièvres. A partir du mois de janvier 1633, la fièvre ne la quitte plus, en dépit des saignées répétées qu'on lui inflige. Début juin, son mal s'est aggravé à un point tel que l'Infante prend sur elle d'écrire à Louis XIII afin de l'informer de l'état de santé de sa mère [1] :

« Monsieur,

C'est à mon extrême regret que l'indisposition de la Reine-Mère d'un si bon Roi m'a obligée de dépêcher cet exprès pour en avertir Votre Majesté. La fièvre n'a point quitté la Reine depuis trente-quatre jours et le mal s'étant augmenté le vingt-neuvième au lieu de diminuer comme les médecins l'avaient espéré, ils se trouvent maintenant fort en peine et ont besoin de conseil ».

L'Infante y ajoute une requête : « Le médecin Vautier, qui l'est de la Reine, et est maintenant en prison, est celui qui a le plus de connaissance de la complexion de Sa Majesté et en qui elle a le plus de confiance pour sa santé ». La suite était sous-entendue : Louis XIII était sollicité de libérer Vautier, toujours incarcéré à la Bastille, et de le laisser rejoindre Marie de Médicis à Gand.

Entre-temps Louis XIII, informé par ailleurs des progrès de la maladie, avait décidé d'envoyer à Gand l'un de ses gentilshommes, Monsieur des Roches-Fumées, porteur d'une lettre du Roi à sa mère [2] : « Madame, le bruit commun m'ayant mis en doute de votre bonne disposition, j'envoie le sieur des Roches pour savoir certainement quel est l'état de votre santé. Vous assurant que si elle est bonne j'en serai extrêmement aise et que si, au contraire, elle était mauvaise, j'en recevrai un extrême déplaisir ».

1. Lettre du 4 juin 1633.
2. Lettre du 4 juin 1633.

Marie de Médicis, le 10 juin, reçoit Monsieur des Roches-Fumées et le remercie de l'intérêt que le Roi porte à sa santé. Mais voilà : des Roches était également investi d'une autre mission. « Madame, devait-il lui dire, « Monsieur le cardinal m'a chargé de dire à Votre Majesté que, bien qu'il sache à son grand regret combien son nom vous est odieux, il ne laisse pas de vous supplier de souffrir que je vous dise de sa part que vous n'avez point de serviteur au monde qui vous soit plus affectionné que lui, ni qui reçoive plus de déplaisir de votre maladie[3] ». Le pauvre des Roches a tout juste le temps d'ouvrir la bouche : aux premiers mots qu'il prononce, la Reine l'interrompt avec violence.

Ce n'était évidemment pas le meilleur moyen d'obtenir la libération de Vautier. Louis XIII, à sa place, envoie deux médecins de grand renom, qui vont examiner la Reine-Mère à Gand et lui conseillent tout bonnement de changer d'air. Marie de Médicis suit leur avis et regagne Bruxelles où elle arrive le 21 juin. Sa santé ne tarde pas à s'améliorer, et, au bout de quelques jours, cette pénible période n'était plus qu'un mauvais souvenir.

D'autres désagréments, cependant, attendaient Marie de Médicis : Gaston avait établi ses quartiers à Bruxelles, et il ne pouvait être question, pour la Reine, d'éviter de le rencontrer. Depuis la signature du Traité de Béziers, Marie se sentait trahie par le fils autrefois adulé et, vindicative comme elle l'était, elle battait froid à Gaston ; son installation à Gand, comme on l'a vu plus haut, avait eu pour motif principal de mettre quelques lieues entre elle et lui. Gaston, sensible aux inconvénients d'une brouille durable avec sa mère, s'était évertué à rentrer dans ses bonnes grâces et, comme gage de sa bonne volonté, il lui avait fait faire un rapport très détaillé de ses négociations avec le cardinal.

Marie de Médicis, peu après son arrivée à Bruxelles, demande à Gaston de venir la voir et s'efforce de le reprendre en main à l'occasion d'une longue et sérieuse explication le 3 juillet 1633. On va refaire parler la poudre. De Wallenstein, on attend 6 000 fantassins et 1 000 cavaliers. En Lorraine, Charles IV dispose de 8 000 fantassins et 2 500 chevaux : ces troupes, destinées à faire face à la menace suédoise, peuvent être mises au service de Gaston. D'autres espérances se font jour : le duc de Guise pourrait livrer Marseille et Toulon, Monsieur de Matignon est prêt à faire de même avec Saint-Lô, Carentan et Cherbourg ; il n'est pas jusqu'au duc de Rohan, chef du parti protestant, dont on n'espère une aide active dans la région de La Rochelle et le Poitou.

Toujours les mêmes illusions, les mêmes billevesées. Philippe IV, quant à lui, n'a rien retranché de sa méfiance. Il veut des engagements concrets, des actes, et non des bonnes paroles et des promesses. Il croit

3. Avenel, *Correspondance de Richelieu,* T. IV, p. 464.

la guerre avec la France inévitable. Mais il ne veut pas d'une guerre prématurée et provoquée par un soutien irréfléchi au parti peu solide de Gaston d'Orléans et de sa mère. Le 21 août, il envoie à l'Infante des instructions très précises et très fermes sur la conduite à tenir à l'égard de Marie de Médicis : « S'il est trop difficile d'obtenir d'elle un acte écrit d'adhésion, que l'on cherche quelque autre moyen de me donner des sûretés : il en est mille. Votre Altesse comprendra qu'il n'est ni de ma dignité d'accepter aveuglément toutes les alliances, ni de laisser celui qui s'est mis sous ma protection [c'est-à-dire Gaston d'Orléans] s'aventurer une seconde fois, sans avoir sondé le terrain sur lequel il fonde ses espérances. Avant de savoir d'abord dans quelle mesure je puis compter sur ce parti, je ne veux pas m'exposer à une rupture avec la France ».

L'Espagne est d'autant plus méfiante que Gaston d'Orléans accélère ses négociations avec le cardinal. Lors de l'entrevue qu'elle avait eue avec Gaston le 3 juillet, Marie de Médicis lui avait arraché deux promesses : qu'il la tiendrait informée des négociations qu'il pourrait être amené à ouvrir avec Louis XIII et Richelieu et qu'il comprendrait dans un éventuel arrangement sa mère, Charles IV de Lorraine, le Roi d'Espagne et les Français qui les avaient suivis, lui-même et Marie de Médicis. Gaston d'Orléans avait juré mais, à son habitude, s'était empressé de ne tenir aucun de ses engagements : il négociait tout seul, et pour son seul compte.

Marie de Médicis décide alors d'en informer l'Espagne et Charles IV de Lorraine, car il lui revient que Gaston n'hésite pas à proposer de faire annuler son mariage avec Marguerite. Charles IV se plaint à l'Infante, en lui reprochant d'abriter sur le territoire dont elle a la charge un homme qui s'apprête à jeter le déshonneur sur sa famille.

On commençait à parler de plus en plus du mariage secret de Gaston avec Marguerite en cette fin du mois de juillet 1633. Pour préserver les chances d'un accommodement entre Louis XIII et Gaston, il fallait à tout prix éviter que Marguerite ne rejoigne Gaston, et c'est ce que va tenter Richelieu ; au contraire, la politique de Charles IV, dès lors qu'il craint une trahison de la part de Gaston, a pour premier objectif désormais de réunir Gaston et Marguerite afin d'empêcher Monsieur de trouver un moyen de répudier sa femme.

A son habitude Richelieu brusque les choses. Début août 1633, il donne instruction à Monsieur de Saint-Chamont d'envahir la Lorraine sans déclaration de guerre préalable, profitant de l'effet de surprise pour bloquer Nancy. Le cardinal de Lorraine, Nicolas François, frère de Charles IV, se hâte d'aller voir Louis XIII. Celui-ci est outré du mariage entre Gaston d'Orléans et Marguerite ; il sait que le cardinal de Lorraine était du complot et le somme de reconnaître sa participation à l'affaire ; le cardinal de Lorraine ne peut qu'avouer le mariage et sa propre présence lors de la cérémonie. Louis XIII fait alors décréter la saisie de celles des terres de Lorraine qui relèvent de la couronne de France (les autres relevant de l'Empire) et exige la remise entre ses mains de la princesse Marguerite. Le cardinal de Lorraine et Charles IV ne peuvent empêcher la saisie, mais ils s'emploient à faire évader Marguerite de Nancy; ils y réussissent le 28 août.

Le 2 septembre 1633, la princesse arrivait à Marche, ville située sur le territoire des Pays-Bas espagnols, et demandait asile à l'Infante. Marie de Médicis ne pouvait que se réjouir de cet événement, qui torpillait les chances d'un arrangement entre Gaston d'Orléans et Louis XIII; il paraît que la nouvelle de l'arrivée de Marguerite lui donna la joie « la plus grande qu'elle eût reçue de sa vie ». Gaston, de son côté, était nettement moins heureux; s'il va chercher Marguerite à Namur pour la ramener à Bruxelles où elle fait son entrée le 6 septembre, il ne manifeste qu'une joie mitigée, tandis que la Reine-Mère, qu'une fluxion dentaire retenait chez elle, reçoit cependant le jour même sa belle-fille à qui elle réserve le meilleur accueil.

Gaston se console bien vite de la situation. Sa femme l'a rejoint, l'Infante entretient à ses frais les dépenses du ménage. Pourquoi ce prince à l'esprit si frivole devrait-il se tracasser? L'annonce de la reddition de Nancy, survenue le 24 septembre, puis celle de l'entrée de Louis XIII dans la capitale de la Lorraine le lendemain, ne le touchent guère. Après tout, « c'était de l'Empire et de l'Espagne qu'il attendait des secours, non du duc de Lorraine », allait-il déclarer peu après à Marie de Médicis, scandalisée.

Pauvre Reine-Mère! L'année 1633 se termine tristement. Trompée dans son affection pour Gaston d'Orléans, laissée quasiment sans ressources après avoir investi toute sa fortune sur la tête folle de ce fils trop léger, elle n'a rien à attendre d'un Richelieu dont la politique triomphe. Le diable d'homme, informé de tout, ayant l'œil à tout, a su déjouer les manœuvres de l'émigration. Bien plus, celles-ci lui ont permis d'obtenir un beau succès diplomatique et militaire en mettant la main sur la Lorraine. C'est toute la frontière de l'est qui est maintenant verrouillée; la France étend son contrôle en Alsace sur Saverne, Haguenau, Colmar, ainsi que sur Montbéliard. Que trouver à redire à une politique qui assure l'agrandissement du pays[4] et fortifie l'indépendance nationale? Désormais, la présence de Marie de Médicis aux Pays-Bas n'est plus un problème majeur pour Louis XIII; on s'est habitué à un exil que l'on considérerait volontiers comme définitif.

Marie de Médicis se rend bien compte que la politique suivie par Ri-

4. La Lorraine fut rendue à ses anciens princes lors des Traités de Westphalie en 1648. Elle ne devait être définitivement rattachée à la France qu'un siècle plus tard, en 1766.

chelieu remporte succès après succès. Elle en vient à l'idée que, faute de monter de vastes projets, dont elle n'a plus les moyens, faute de pouvoir s'appuyer sur Gaston d'Orléans, il lui reste une possibilité : se débarrasser du cardinal par un attentat. Les avantages sont évidents : il y a moins de personnes concernées, donc moins de risques de fuites ; les coûts, relativement peu élevés, restent à la portée des ressources très diminuées de la Reine ; enfin, il n'est nul besoin de compter sur Gaston, la Reine-Mère pouvant parfaitement être le seul commanditaire et organisateur d'opérations de ce genre.

Le projet d'enlèvement de Madame de Combalet était le premier signe de la nouvelle orientation suivie par Marie de Médicis. Après l'échec du projet, et devant le divorce croissant avec Gaston, Marie de Médicis s'engage résolument dans cette voie.

Une bonne occasion lui est fournie par l'expédition menée contre la Lorraine, qui permet d'utiliser la proximité des Pays-Bas espagnols. Le crime devait s'exécuter à Châlons, où le cardinal avait prévu de faire étape à son retour de Lorraine. On avait soudoyé un natif de la ville, nommé Alferton, qui devait, d'une fenêtre d'une maison située juste en face de celle qu'occuperait le cardinal, lui tirer un coup de mousquet dès qu'il apparaîtrait sur le seuil. C'est Chanteloube qui se charge de l'organisation matérielle, et fait remettre à Alferton et à deux sbires, ses complices, des avances en espèces sonnantes et trébuchantes, à valoir sur le versement des fortes récompenses promises en cas de succès. Les maladresses des comploteurs, et notamment le fait que l'on utilise pour toutes les allées et venues un des chevaux favoris de la Reine-Mère, mettent la police sur la trace des conjurés, qui sont arrêtés, jugés et condamnés, dès la mi-septembre 1633 ; Alferton est rompu vif sur la roue, Chanteloube condamné à mort par contumace.

Marie ne se décourage pas. Au mois d'octobre, on envoie un aventurier proposer à Richelieu de faire tomber entre ses mains le château de Namur. Il lui porte un message du gouverneur, qui est un faux. Il s'agit d'appâter le cardinal pour pouvoir amorcer directement des négociations avec lui, et, à l'occasion d'un entretien, lui remettre une lettre empoisonnée. Le complot échoue.

En novembre, nouvelle tentative : on envoie à Paris un petit valet muni d'une grande carabine ; travaillé par des scrupules de conscience, il consulte un moine qui le dénonce à la police.

Trois tentatives, trois échecs. Si les voies humaines s'avèrent impraticables, pourquoi pas les voies divines ? Début décembre, on fait appel à des jeteurs de sorts ; des magiciens sont recrutés et requis de faire périr le cardinal par sortilège. La santé de Richelieu n'est pas bonne et, régulièrement, la petite communauté des émigrés tressaille d'aise en recevant les nouvelles, exactes ou involontairement grossies, de ses accidents de santé.

C'est pourquoi Marie de Médicis reprend les négociations pour un accommodement avec Louis XIII, qu'elle ne souhaite pas vraiment, mais destiné à donner le change au Roi et à faciliter le retour de la Reine-Mère dès le lendemain de la mort du cardinal. Sur ses intentions véritables, on ne peut guère avoir de doutes, car une lettre écrite à la duchesse de Savoie, sa fille Christine, lui explique clairement la tactique qu'elle entend suivre. Cette lettre, interceptée, va être l'une des pièces maîtresses du dossier constitué en vue d'une réunion du Conseil du Roi qui se tient le 18 décembre 1633 au sujet de la Reine-Mère.

La séance se déroule comme un véritable procès ; on rappelle tous les agissements de Marie au cours des derniers mois, la part qu'elle avait prise à l'expédition de Gaston, les menées avec l'Espagne et l'Empire, le soulèvement du Languedoc attisé par ses soins. Quel crédit accorder à ses promesses quand on sait qu'un serment ne lui coûte rien ? D'autre part, quels avantages attendre de sa présence en France ? Si le retour de Gaston d'Orléans, héritier du trône, est une nécessité, celui de la Reine-Mère est non seulement inutile mais nuisible ; pôle d'attraction pour tous les mécontents et les agitateurs, elle mettrait en péril la paix intérieure du royaume.

Cela étant, Richelieu conseille au Roi et au gouvernement de ne pas fermer la porte à tout espoir d'arrangement. Mais il faut que le retour éventuel de la Reine soit subordonné à des gages : que la Reine déclare avoir été étrangère aux tentatives d'assassinat contre Richelieu ; qu'elle livre à la justice royale les Chanteloube et autres inspirateurs d'attentats. Moyennant quoi, le Roi l'autoriserait à rentrer en France, lui rendant ses biens et pensions, et l'assignant à résidence dans l'une de ses maisons jusqu'à ce qu'elle ait donné des preuves réelles de repentir.

Les suggestions de Richelieu sont adoptées par le Roi et son Conseil, et transmises à la Reine-Mère. Celle-ci les accepte tout en discutant certaines de leurs modalités ! Comme on l'a dit, elle n'est nullement disposée à conclure vraiment un accord. Il s'agit uniquement de persuader Louis XIII de l'étendue de sa bonne volonté et de la sincérité de son désir de revenir repentante en France. Mais la Reine-Mère se trahit elle-même ; elle en fait trop, et l'aveu de son repentir est tellement excessif, soudain, insolite, que la manœuvre apparaît clairement, avec pour seul résultat d'accélérer les négociations entre Richelieu et Monsieur.

Discorde chez les émigrés.– Gaston repart en France.

L'émigration française de Bruxelles donne un curieux spectacle. Voilà quelques dizaines de nobles, déchus, déçus dans leurs illusions, qui se divisent entre deux partis de plus en plus ouvertement antagonistes : celui de la Reine-Mère, celui de Monsieur, duc d'Orléans. La mésentente grandissante entre la mère et le fils s'augmente de mille incidents provoqués, déformés, grossis, entre les subalternes et les serviteurs des deux Maisons. La Reine-Mère est aux mains de l'Oratorien Chanteloube. Ce prêtre singulier est plus à l'aise dans l'intrigue et quand il s'agit de rêver poignards et poisons que pour mener des actions de quelque envergure. Il hait Puylaurens, le favori de Gaston, dont la tête un peu plus politique voit les avantages d'un arrangement entre Gaston et Louis XIII. Puylaurens est acheté par le cardinal ; il sait en outre que le cardinal est déterminé à cette négociation alors que Louis XIII est animé d'un tel ressentiment contre son frère qu'il le laisserait volontiers croupir indéfiniment en exil. Chanteloube accuse Puylaurens de monter un attentat contre lui ; Puylaurens porte les mêmes accusations contre Chanteloube. Des libelles injurieux pour l'Espagne et appelant les Pays-Bas espagnols à la révolte circulent à Bruxelles : Chanteloube dénonce comme auteurs de ces libelles des gentilshommes de la Maison de Monsieur. Et tout ce petit monde fourmille d'agents et d'espions à la solde de Richelieu.

Au demeurant, les deux partis sont à bout de ressources. Gaston d'Orléans avoue 400 000 livres de dettes. Quant à Marie de Médicis, elle a dû restreindre sérieusement son train de vie. Elle ne loge plus au Palais des Archiducs, mais dans un Hôtel plus modeste loué aux environs de la Place du Sablon. Elle n'a pour vivre que la pension mensuelle de 8 000 ducats que lui verse l'Espagne, et elle a congédié la plus grande partie de sa Maison. Quant aux appuis, il se font rares. Rubens, l'ami de toujours, est discrédité par la part qu'il a prise aux négociations ouvertes avec les Provinces-Unies, auxquelles l'Espagne a mis un terme par des prétentions inacceptables (il ne s'agissait de rien moins que d'interdire aux Hollandais toute possibilité de commerce outre-mer).

L'Infante meurt le 1er décembre 1633. Marie de Médicis, Gaston d'Orléans et Marguerite de Lorraine étaient restés à son chevet jusqu'aux petites heures du matin. Au moment de mourir, l'Infante avait rappelé Gaston, l'adjurant de sauvegarder « l'amour qu'il est obligé de porter à sa mère », et, pour l'avenir, « d'aider et consoler Madame sa mère ». Avec l'Infante disparaît l'une des dernières personnes susceptibles d'éviter une brouille complète entre Marie de Médicis et Gaston. Mais c'est aussi la mainmise directe de l'Espagne sur les Pays-Bas espagnols, et l'annonce d'une politique beaucoup moins favorable aux exilés français.

Le gouvernement des Pays-Bas est remis aux mains d'un Conseil de régence dont les membres sont tous Espagnols à l'exception du seul archevêque de Malines, Jacques Boonen, en attendant l'arrivée à Bruxelles du successeur désigné de l'Infante, don Juan d'Autriche, connu sous le nom de Cardinal-Infant.

La Cour de Madrid était agacée par l'agitation de ces Français de Bruxelles. Sans cesse mise à contribution sur le plan matériel, maintenant sollicitée d'intervenir dans les querelles entre Marie de Médicis et Gaston, elle n'avait plus qu'une idée : favoriser leur retour en France. Le 23 juillet 1633, la Reine-Mère suppliait déjà Philippe IV de faire éloigner Puylaurens, qu'elle accuse d'exercer une influence néfaste sur l'esprit de son fils ; le 11 août, Philippe IV avait répondu à l'Infante qu'il n'entendait pas se mêler des affaires domestiques de Gaston d'Orléans. Le 30 mars 1634, nouvel appel au secours ; la conclusion du traité entre Gaston d'Orléans et Louis XIII paraît imminente, Marie de Médicis lance un pathétique appel à Philippe IV pour qu'il empêche le duc d'Orléans de le signer. « Les dangers évidents qui le menacent, s'il prend la résolution de s'accommoder, me donnent de telles agitations d'esprit que pour détourner le cours de si funeste dessein et empêcher qu'il ne se mette entre les mains du cardinal duquel il ne doit attendre que sa perte, je me vois obligée à prier instamment Votre Majesté de vouloir continuer vers lui les témoignages de son affection... Ces moyens comme ils seront capables de lui faire perdre la volonté de s'accommoder pourraient aussi servir à incommoder notre ennemi commun et procurer quelques utilités aux États de Votre Majesté ».

Comme nous sommes loin, par parenthèse, du langage d'une Reine de France ! Sa haine pour Richelieu est telle que toute considération de l'intérêt du royaume est totalement absente de son esprit. Un seul but, dans l'immédiat : empêcher toute réconciliation entre Louis XIII et son frère.

Louis XIII n'aimait pas Gaston. L'idée qu'il puisse avoir des enfants, alors que lui-même, jusque-là, s'était montré incapable d'assurer l'avenir de la dynastie, lui était insupportable. En ce sens, le premier mariage de Gaston avec Marie de Montpensier avait en définitive bien tourné : un seul enfant était né, une fille, et Marie était morte en couches. La Reine-Mère avait alors entrepris de négocier pour Gaston un mariage florentin. L'idylle de Gaston avec Marie-Louise de Gonzague avait profondément déplu à Louis XIII comme à Marie de Médicis, mais pour d'autres raisons, et il s'était secrètement réjoui des efforts déployés par la Reine-Mère en vue de la contrecarrer. Mais voilà que le mariage avec Marguerite de Lorraine remettait tout en question, et le mécontentement du Roi, son ressentiment, étaient extrêmement profonds. Rompre cette union devenait pour lui une véritable obsession. Le 5 janvier 1634, Louis XIII essaie de soutenir la thèse que le mariage de Gaston a été le résultat d'un rapt, et que le défaut de consentement de l'intéressé le rend nul. Mais Marguerite, adroitement conseillée, coupe court à la manœuvre en faisant consacrer de nouveau son mariage par l'archevêque de Malines, dans la chapelle du Palais des Archiducs à Bruxelles. Alors Louis XIII se résigne et, le 18 janvier 1634, devant le Parlement réuni en lit de justice, il fait enregistrer une déclaration par laquelle il promet à Gaston pardon, retour en grâce, et restitution de ses biens, à la seule condition qu'il soit rentré en France dans les trois mois.

Cette déclaration intensifie les négociations, dont Puylaurens est l'âme. Dès le début mars, l'accord est pratiquement acquis. Gaston récupère ses biens, pensions et apanages, reçoit le gouvernement de l'Auvergne, et est autorisé à lever dans les Dombes ou le Bourbonnais, deux compagnies de gardes de cent hommes chacune ; le Roi est disposé à lui verser 400 000 livres à Bruxelles pour payer ses dettes, et 300 000 livres en Auvergne pour les frais d'installation de sa Maison. Puylaurens pour sa part doit recevoir le gouvernement du Bourbonnais et la capitainerie de Moulins, le gouvernement de la ville et de la citadelle de Châlons, le duché d'Aiguillon, et 100 000 livres payées comptant. En outre, Gaston d'Orléans accepte que la question de la validité de son mariage soit examinée par une commission pontificale, et qu'en attendant le verdict, Marguerite soit assignée à résidence au château de Blois.

Cette dernière condition fait provisoirement achopper les négociations. Gaston, hésitant à y souscrire, reprend contact avec les Espagnols pour voir ce qu'ils peuvent offrir. Il se laisse convaincre en apparence par les propositions du prince Thomas de Savoie, frère cadet du duc de Savoie, qui arrive le 11 avril aux Pays-Bas espagnols, ayant mis son épée au service de Madrid. Le prince Thomas est une réplique parfaite de Gaston : pendant très longtemps héritier du trône, il vient de voir ses espoirs anéantis par la naissance tardive d'un jeune prince ; aigri, couvert de dettes, c'est un trublion-né qui voudrait faire une carrière de soldat de fortune. Son but dans l'immédiat : favoriser la signature d'un accord entre Gaston et l'Espagne. C'est chose faite le 12 mai 1634 : en présence de Puylaurens et du duc de Lerme, Gaston signe un traité d'alliance avec l'Espagne par lequel il s'engage pour une durée de deux ans et demi à ne pas s'accommoder avec son frère sans le consentement de Philippe IV. En retour, Philippe IV met à son service 3 000 cavaliers et 12 000 fantassins à partir de la fin septembre, date à laquelle le duc d'Orléans entrera en France en même temps que l'Espagne envahira le royaume par le sud. Outre la prise en charge de ces troupes par Madrid, le traité prévoit le versement d'une pension mensuelle de 15 000 écus (45 000 livres) pour le train de vie de Gaston à Bruxelles.

En fait, Gaston d'Orléans, dès ce moment, ne songeait plus qu'à s'accorder avec son frère, mais il avait voulu, par la signature du traité avec l'Espagne, donner le change aux adversaires irréductibles d'une réconciliation avec Louis XIII. Parmi ces adversaires, Marie de Médicis, bien sûr, et son âme damnée Chanteloube, le duc d'Elbeuf, l'ancien commandant de l'armée de Gaston d'Orléans et son beau-frère (il est le mari de sa demi-sœur de Vendôme) : le duc d'Elbeuf, que Richelieu a fait dégrader de l'Ordre du Saint-Esprit, voue une haine mortelle au cardinal et a rallié cette espèce de « front de refus » qu'anime la Reine-Mère. L'imminence d'un arrangement entre Gaston d'Orléans et Louis XIII avait déterminé le duc d'Elbeuf – et sans doute Marie de Médicis trempe-t-elle dans l'affaire – à supprimer Puylaurens, principal artisan de cet arrangement. Le 3 mai, une décharge de carabine était tirée sur lui au moment où il se rendait pour souper en son appartement du Palais des Archiducs. L'auteur de l'attentat s'était enfui, laissant sur place sa carabine et le manteau dont il s'était enveloppé. Puylaurens n'était que blessé. On accusait aussitôt le duc d'Elbeuf; on saura plus tard que c'est effectivement lui qui a commandité le coup, réalisé – et manqué – par le valet d'un gentilhomme français attaché à son service, Monsieur de Clauzel. Gaston d'Orléans et Puylaurens en avaient conclu que le parti de la Reine-Mère ne reculerait devant rien pour éviter un accord, et qu'il fallait donc jouer au plus fin.

L'antagonisme entre les deux groupes, dont l'un, celui de l'héritier du trône, se sent toujours Français, tandis que l'autre, rassemblé autour de Marie de Médicis, ne voit plus que par les yeux de l'Espagne, provoque encore un autre incident, quelques jours après, qui tourne mal. Un gentilhomme français, le sieur de Brantigny, relève dans la chambre de Monsieur un propos injurieux pour le Roi de France tenu par l'un des émigrés du parti de la Reine-Mère. D'autres gentilshommes se joignent à lui, et font grand bruit de l'atteinte portée à l'honneur du Roi et de la France. Les « bons Français », comme ils se font appeler, en viennent aux mains avec les autres. On échange des coups et, peu de temps après, on se bat. Brantigny est tué – et le gouvernement de Bruxelles expulse tout le monde.

Dans ce climat, il fallait donc procéder avec beaucoup de soin et de discrétion. Comme l'indiquent les *Mémoires* de Gaston d'Orléans, la négociation avec Paris « n'avait pas été entièrement rompue, et s'était de nouveau réchauffée, encore que ce fût plus secrètement que par le passé[5] ».

Ne se sentant plus en sécurité à Bruxelles, appréhendant la venue prochaine de Charles IV de Lorraine qui allait certainement lui demander des comptes, Gaston d'Orléans précipite soudain la conclusion de son accord avec Louis XIII.

Le prétexte va lui être fourni par la lenteur mise par l'Espagne à exécuter le traité du 12 mai. Le 9 août, la moitié seulement des sommes promises pour lever l'armée du duc d'Orléans avait été payée, et l'on ne voyait plus guère comment il serait possible d'entrer en campagne avant l'hiver. Sur ces entrefaites, les 5 et 6 septembre 1634, la sanglante bataille de Nordlingen s'achève par la victoire complète des armées catholiques commandées par le Cardinal-Infant, et dont l'un des lieutenants n'est autre que Charles IV. Cette victoire, qui libérait l'Allemagne du Sud de la menace suédoise – 8 000 morts, 4 000 prisonniers parmi

5. Gaston d'Orléans, *Mémoires,* Éd. M. Petitot, Paris, Foucault, 1824, p. 165.

lesquels le maréchal de Horn, l'un des meilleurs chefs suédois, dont le talent avait permis aux armes de son pays de maintenir leur suprématie en Allemagne malgré la mort de Gustave-Adolphe le 6 novembre 1632 à Lutzen – était en même temps une défaite pour la diplomatie française.

Gaston d'Orléans se trouve à Anvers lorsque la nouvelle de la bataille arrive à Bruxelles. Nordlingen ouvre la voie à une offensive espagnole directe contre la France, par la frontière du nord-est. Le duc d'Orléans aura sa part dans l'offensive. Une nouvelle somme d'argent est débloquée pour hâter ses préparatifs. Marie de Médicis est folle de joie, prête à oublier le passé, et envoie aussitôt un messager à Gaston pour lui porter l'heureuse nouvelle. Le messager rejoint Gaston sur une galère à bord de laquelle il se promenait sur l'Escaut en jouant aux cartes avec ses gentilshommes. On attendait de Gaston des manifestations de plaisir, de satisfaction, d'enthousiasme. Que croyez-vous qu'il fit ? Le prince saisit les cartes et l'argent joué sur la table de jeu, les jette dans l'Escaut, en déclarant qu'il ne fallait pas compter sur lui pour tirer un coup de pistolet contre sa patrie. Il accoste à Anvers. Il reçoit de nouvelles informations sur la bataille. Ce n'est plus une défaite, c'est un désastre. Le prince balance entre l'affliction et la colère. De retour à Bruxelles, il va immédiatement voir sa mère et lui signifie son intention de refuser désormais de joindre ses forces à celles des ennemis de son pays. Le marquis d'Aytona, informé de ces réactions, veut emprisonner Gaston et Puylaurens, et seules les prières de Marie de Médicis l'en dissuadent.

Les réjouissances qui se déroulent à Bruxelles pour fêter la victoire plongent Gaston et la plupart des Français dans l'irritation autant que dans la consternation. Ils se laissent aller à des propos désobligeants. Un dénonciateur rapporte complaisamment ceux-ci : « Nous sommes bien misérables en ce pays », a-t-il entendu dire par un groupe de Français. « Voici qu'on va y faire des feux de joie pour la défaite des Français en Allemagne. Si l'on mettait le feu aux quatre coins de Bruxelles, le spectacle en serait encore plus grand et plus beau ». Le « clou » des réjouissances est prévu pour le 29 septembre, jour de la Saint-Michel, patron de Bruxelles. On recommande aux Français, afin d'éviter tout incident, de rester chez eux, et l'on place soixante mousquetaires de la milice communale pour garder le Palais des Archiducs où logent Gaston et ses partisans.

La journée se passe finalement sans incident, mais, le 30 septembre, Gaston arrive à bride abattue à Namur, où se trouve le marquis d'Aytona. Très agité, il se plaint que la Reine-Mère, sa propre femme, le prince Thomas de Savoie, le duc d'Elbeuf, le pressent de signer une proclamation en faveur du duc de Lorraine pour protester contre un arrêt du Parlement de Paris déclarant Charles IV vassal félon et coupable de rapt et de lèse-majesté. Gaston considère que ses intérêts n'ont rien à voir avec ceux du duc de Lorraine, et refuse par conséquent de signer, mais les menaces dont il est l'objet lui font craindre pour sa sécurité, et il a souhaité se placer sous la protection du marquis d'Aytona. Étrange démarche, qui plonge le marquis dans la perplexité. Le 7 octobre, Gaston revient le voir et proteste à nouveau de sa bonne foi et de son désir d'exécuter, pour ce qui le concerne, le traité du 12 mai. Tant d'insistance paraît bien excessive au marquis d'Aytona, qui ne doute plus désormais de la mauvaise foi de Gaston, et stigmatise, dans le rapport qu'il expédie le 11 octobre à Philippe IV, sa « bassesse d'âme ». Il est persuadé, en fait, que Gaston a décidé de partir — et s'en moque éperdument tant la lassitude des Espagnols est grande devant une telle accumulation de palinodies et d'embrouilles.

Le 1er octobre 1634, Louis XIII signe à Écouen le traité d'accommodement avec son frère. Il ne diffère guère du projet élaboré au début de l'année, mais il laisse un délai beaucoup plus court à Gaston : 15 jours pour l'accepter, 3 semaines pour l'exécuter. Le traité, porté à Bruxelles par des mains sûres, est signé dans la semaine.

Gaston d'Orléans n'ose pas partir ouvertement. Craignant les réactions de Marie de Médicis, il organise son départ comme une évasion. Le samedi 7 octobre au soir, on décide d'aller à la chasse au renard le lendemain en forêt de Soignes. Le 8 de grand matin, Gaston d'Orléans part, escorté d'une trentaine de gentilshommes, vers la forêt. Puylaurens l'attend. Ils ne sont que quatre dans la confidence : Puylaurens, évidemment, et trois autres gentilshommes. Gaston harangue ses amis, leur fait part de son projet, et invite ceux qui le veulent à se joindre à lui. Pas un ne retourne à Bruxelles et la troupe prend au grand galop le chemin de la frontière. Traversant la forêt de Soignes, Nivelles, Binche, Bavoi, le duc d'Orléans se présente le soir même, vers les dix heures, aux portes de La Capelle. Le gouverneur de la place est le marquis de Vardes, frère cadet de celui qui avait projeté d'ouvrir ses portes à Marie de Médicis en fuite de Compiègne en juillet 1631. Fort étonné de l'arrivée de Gaston et de ses 10 ou 12 compagnons — les autres ont été lâchés en route, le train d'enfer mené depuis le matin ayant crevé les deux tiers des chevaux — Monsieur de Vardes refuse tout d'abord d'ouvrir les portes de la place. Il ne se décide que lorsque Gaston lui montre un exemplaire du Traité d'Écouen. Le lendemain, Gaston est à Soissons où l'attend Bouthillier, Surintendant des finances, avec 45 000 écus. Une bonne partie de cette somme refait en sens inverse le chemin suivi par le duc d'Orléans, qui la destine à sa femme, restée aux Pays-Bas.

A Bruxelles, l'émotion est grande quand on apprend la fuite du duc. La ville gronde de rumeurs hostiles aux Français. Les créanciers de Gaston et de ses proches — et il y en avait beaucoup — viennent faire du tapage. Monsieur de Saint-Quentin, chargé de porter à Bruxelles et l'argent, et quelque chose qui ressemble à des excuses du duc d'Orléans, arrive le 11 octobre dans la capitale des Pays-Bas. Pendant les jours qui suivent, la plupart des exilés reprennent le chemin de la France. De nouvelles fêtes données en l'honneur de Nordlingen ne leur font pas regretter le séjour de Bruxelles. Le morceau de choix de ces fêtes est un feu d'artifice, dont le final montre une fleur de lys frappée et abattue par un aigle. Marguerite reste à Bruxelles, de plus ou moins bon gré ; Gaston lui assure 15 000 livres par mois pour l'entretien de sa Maison, mais les Espagnols la surveillent étroitement, écartant d'elle tous les gentilshommes français, et décidés en tout état de cause à l'empêcher de quitter le territoire des Pays-Bas.

Et Marie de Médicis ? Gaston était parti sans l'embrasser, sans la tenir informée de son projet. Sage précaution, évidemment, mais qui blesse encore un peu plus la Reine-Mère. Il est vrai que le Traité de Béziers l'avait déjà brouillée une première fois avec son fils et que leur ancienne affection n'était plus qu'un souvenir. Gaston d'Orléans, sitôt rentré en France, dévoile complaisamment toutes ses intrigues et charge le portrait de la Reine-Mère de tant de traits que toute idée d'un éventuel retour de Marie dans le royaume ne pouvait qu'être à jamais exclue.

Marie de Médicis, cependant, continue à négocier avec Paris par une sorte d'habitude, sans espoir véritable de parvenir à un arrangement. Voici trois ans qu'elle vit en Belgique et elle est de plus en plus espagnole de cœur et d'inclination. Le 4 novembre 1634 au soir elle reçoit le Cardinal-Infant, le vainqueur de Nordlingen, qui a fait le matin même son entrée à Bruxelles : « La Reine lui dit qu'il s'était bien fait attendre, mais qu'il avait bien récompensé son retardement avec une singulière et si grande victoire, et qu'il lui venait rendre la joie et tout ce qu'elle avait perdu par la mort de l'Infante ». Après les compliments, les prières : Marie de Médicis compte sur le Cardinal-Infant pour ranimer le vieux projet d'une « ligue des gendres ».

Devant une telle persévérance, une telle opiniâtreté dans l'adversité, on est tenté de partager l'opinion de l'un de ses biographes[6] : « Quelque jugement qu'on porte sur Marie de Médicis, on ne peut toutefois se défendre d'une secrète admiration pour l'activité déployée par elle pour mettre fin à son exil. La résignation et le découragement lui sont inconnus. Sans cesse elle imagine de nouveaux plans pour rentrer en France et rien ne lui coûte pour atteindre ce but : après avoir fait litière de son orgueil et s'être humiliée inutilement, tout à coup elle se relève plus haineuse et plus fière que jamais, et pour écraser son puissant ennemi, elle ne rêve rien moins que de précipiter l'Europe entière dans une guerre terrible dont elle seule profitera ».

6. Paul Henrard, *Marie de Médicis dans les Pays-Bas,* Paris, J. Baudry, 1876, p. 502.

Son comportement n'est pas fait cependant pour lui attirer autre chose que la sympathie respectueuse due à sa situation. Ne voilà-t-il pas en effet que la Reine-Mère, au début de l'année 1635, se prend de querelle avec une princesse de la Maison de Lorraine ? Elle veut garder sous sa coupe exclusive Marguerite, sa belle-fille, et se heurte dans cette prétention à Henriette de Lorraine, princesse de Phalsbourg, également réfugiée à Bruxelles. Pendant que le Cardinal-Infant parcourt les places de la frontière en prévision du conflit prochain avec la France, Marie de Médicis l'accable de récriminations concernant Henriette. Mais c'est celle-ci qui trouve moyen de voir la première le Cardinal-Infant quand il revient à Bruxelles. Le malheureux fait de vains efforts pour réconcilier les deux princesses. Les mois de février, puis de mars 1635 s'épuisent ainsi en querelles stériles et il ne faudra rien moins que l'éclatement de la guerre ouverte, depuis si longtemps attendue, entre la France et l'Espagne, pour que cet incident s'efface au second plan.

Guerre à l'Espagne.

Si Richelieu a obtenu de beaux succès, au début des années 1630, rien n'est cependant définitivement réglé. Sa politique s'appuie sur un principe fondamental : éviter un conflit frontal avec l'Espagne, mais causer à la monarchie espagnole et à son allié, l'Empereur d'Allemagne, le plus de difficultés possibles. Pour affaiblir la Maison de Habsbourg, deux foyers de guerre endémique : les Provinces-Unies, que Richelieu subventionne largement ; l'Allemagne, où la France soutient les princes protestants contre les États catholiques dont le chef de file est la Maison de Habsbourg.

La mort de Gustave-Adolphe, en pleine victoire, à Lutzen, le 16 novembre 1632, est un coup très dur pour la politique du cardinal. Comme il l'écrit à Louis XIII le 15 décembre avec cette amertume glacée qui le caractérise en pareilles circonstances : « Si le Roi de Suède eût attendu six mois pour mourir, il y a apparence que les affaires de Votre Majesté en eussent été mieux assurées ».

Avec patience, il renoue les fils, raffermit les alliances et, en quelques mois, reprend le contrôle des événements. D'abord, la puissance suédoise ne s'effondre pas avec la mort de Gustave-Adolphe. Le Chancelier Oxenstierna, véritable maître de la Suède dont l'héritière légitime, Christine, est âgée de 6 ans seulement, continue l'œuvre de son maître ; servi par de bons généraux, les Suédois Horn et Baner, les Allemands Guillaume de Hesse-Cassel et Bernard de Saxe-Weimar, il tient en respect Wallenstein qui, après sa défaite, s'est replié en Bohême pour reconstituer ses forces. L'Électeur de Saxe, chef de file des protestants allemands, reste fidèle à l'alliance suédoise. Sur le Rhin, une ligue est constituée dès le mois de février 1633, la Ligue de Heilbronn, dont la Suède assure la direction. Le printemps arrive, saison traditionnelle de reprise des opérations militaires. Or, Wallenstein ne bouge pas. Les objurgations, les menaces de l'Empereur, le laissent insensible. Une armée espagnole quitte le Milanais et, par la Valteline, au mépris des engagements pris à l'égard de la France, arrive en Haute-Alsace : Wallenstein ne fait rien pour coordonner ses opérations avec ses chefs, le duc de Féria et le Cardinal-Infant, pour joindre éventuellement ses forces aux leurs.

En fait, Wallenstein a trahi l'Empereur. C'est l'un des plus beaux succès de Richelieu : Wallenstein, le rempart des États catholiques d'Allemagne, passant avec armes et bagages dans le camp opposé, en échange du projet plus ou moins fumeux de restaurer à son profit l'indépendance de la Bohême. Ni Richelieu, ni Oxenstierna, ne croient vraiment dans les chances d'un tel projet. Wallenstein incarne à tel point la cause catholique que sa défection ne peut entraîner personne, et risque même d'être plus embarrassante que positive pour la France et la Suède. Mais qu'importe, on continue à négocier. On y gagne l'inaction de Wallenstein pendant toute l'année 1633 et, quand sa trahison devient patente, sa destitution, puis son assassinat le 25 février 1634.

Les tractations avec Wallenstein avaient donné aux Suédois et à la France un précieux répit, mais n'avaient fait que retarder l'échéance de l'affrontement direct avec l'Espagne. Il y avait maintenant, aux frontières nord-est de la France, une armée espagnole efficace, redoutable, commandée par le Cardinal-Infant qui, soldat dans l'âme, révélait déjà des sens étonnants d'homme de guerre. L'armée impériale, commandée par deux anciens lieutenants de Wallenstein, les Italiens Piccolomini et Gallas, a fait sa jonction avec l'armée espagnole, et leurs forces réunies ont raison des Suédois à Nordlingen, les 5 et 6 septembre 1634. Les principautés protestantes de Saxe et du Brandebourg décident de signer une paix séparée avec Ferdinand : l'accord préliminaire de Pirna, le 24 novembre 1634, prélude à la paix formellement signée à Prague le 30 mai 1635 avec l'Empereur ; celui-ci achète au prix fort sa tranquillité dans l'est de l'Allemagne, mais il a les mains libres pour se retourner contre les Suédois, qui n'ont pas renoncé, et contre la Ligue de Heilbronn qui le tient en échec à l'ouest.

Richelieu ne reste pas inactif. Le retour de Gaston d'Orléans en France en octobre 1634 ôte un atout des mains de l'Espagne. Le 8 février 1635, un nouveau traité est signé avec les Provinces-Unies ; c'est une alliance défensive et offensive, prévoyant une action concertée des armées hollandaises et françaises. En avril 1635, Oxenstierna est en France ; il signe avec Louis XIII le Traité de Compiègne qui établit lui aussi une alliance solide. Il était temps. Dans la nuit du 23 au 24 janvier 1635, Gallas enlève la place de Philipsbourg, tenue par une garnison franco-allemande. Début février, l'armée catholique s'empare de la ville de Spire, que les troupes françaises ne parviennent à reprendre que le 21 mars. Profitant du siège de Spire qui occupe des forces importantes, le Cardinal-Infant attaque Trèves, que son archevêque avait placée sous la protection de la France. Une ruse habile lui permet de surprendre la ville dans la nuit du 25 au 26 mars ; la garnison française, forte de 1 500 hommes est surprise : 800 hommes sont tués, 600 faits prisonniers, une poignée parvient à s'échapper. L'archevêque de Trèves, capturé, est expédié sous bonne garde à Bruxelles. La France ne pouvait demeurer passive.

Richelieu envoie le duc de Rohan fermer les passages de la Valteline. Le 21 avril, il réclame la libération de l'archevêque de Trèves. Le 8 mai, une forte armée française franchit la frontière du Luxembourg aux cris de « Vivent les États de Hollande ». Subterfuge destiné à retarder la déclaration de guerre ; le 19 mai, les 25 000 Français prétendus Hollandais rencontrent aux Avins, dans les Ardennes belges, une partie de l'armée du Cardinal-Infant, commandée par le prince Thomas de Savoie ; ce dernier, qui ne dispose que de 13 000 hommes, engage imprudemment le combat ; en quelques heures, l'armée espagnole est complètement défaite, perdant 3 à 4 000 hommes, tous ses canons, et 40 drapeaux. Le 27 mai, l'armée française, commandée par les maréchaux de Châtillon et de Brézé, parvient à proximité de Maastricht où elle fait sa jonction avec celle des Provinces-Unies, sous les ordres du prince d'Orange.

Le 19 mai, jour de la bataille des Avins, la guerre est officiellement déclarée par la France à l'Espagne. Richelieu avait décidé de faire revivre les formes médiévales, que l'on n'avait plus appliquées depuis deux cents ans. Le Héraut d'armes au titre d'Alençon, Jean Gratiollet, avait été mandé à Bruxelles pour signifier la volonté du Roi de France d'obtenir réparation par les armes des offenses qui lui avaient été faites. Ayant revêtu sa cotte violette parsemée de fleurs de lys, et précédé d'un trompette royal, il dépose devant la maison du sergent-major de la ville un papier sur lequel on pouvait lire :

« Le héraut d'armes de France au titre d'Alençon soussigné, certifie à tous qu'il appartiendra être venu dans les Pays-Bas trouver de la part du Roi son maître, son unique souverain et seigneur, le Cardinal-Infant d'Espagne pour lui dire que, puisqu'il a refusé de rendre la liberté à Monsieur l'archevêque de Trèves, Électeur de l'Empire, qui s'était mis sous sa protection lorsqu'il ne la pouvait recevoir de l'Empereur, ni d'aucun autre prince et que, contre la dignité de l'Empire et le droit des gens, il retient prisonnier un prince souverain contre lequel il n'avait point de guerre, Sa Majesté lui déclare qu'elle est résolue de tirer raison par les armes de cette offense qui intéresse tous les princes de la Chrétienté. Alençon ».

Au moment de quitter le territoire des Pays-Bas, Jean Gratiollet cloue un autre exemplaire de la déclaration sur un poteau de la dernière barrière à la frontière.

Le 1er juin 1635, l'armée hollando-française, sous le commandement unique du prince d'Orange, franchit la Meuse et fait route vers Tirlemont, quartier général du Cardinal-Infant. Celui-ci juge préférable d'abandonner la ville, qui est mise à sac. Les alliés avancent jusqu'à proximité de Bruxelles et le 24 juin commencent le siège de Louvain, contre l'opinion du prince d'Orange qui aurait préféré livrer combat au Cardinal-Infant, dont les forces étaient restées intactes. De fait, mal nourries, mal vêtues, les troupes françaises commencent à se débander et dès le 3 juillet il faut lever le siège de Louvain. Entre-temps, le Cardinal-Infant avait reçu 15 000 hommes commandés par Piccolomini et aussitôt pris l'offensive en direction des Provinces-Unies elles-mêmes, s'emparant du Fort de Schenk, au confluent du Waal (c'est-à-dire du cours inférieur de la Meuse) et du Rhin, menaçant Utrecht et même Amsterdam. Du coup, l'armée hollando-française doit se replier vers Schenk et le Cardinal-Infant, ayant sauvé de la sorte les Pays-Bas espagnols de l'invasion, regagne ses positions de départ. Ainsi s'achevait, vers le 15 septembre, une campagne brillamment commencée, mais que les carences de l'intendance avaient fait avorter sans gloire.

Dans les Pays-Bas espagnols, l'alerte avait été chaude. Dès la déclaration de guerre, on avait expulsé de Bruxelles tous les Français n'appartenant pas au service de la Reine-Mère et de la princesse Marguerite et, pour plus de sûreté, on conseille à Marie de Médicis de se réinstaller à Anvers, ce qu'elle fait dès le 1er juin. De fait, les troupes françaises avaient instruction, en cas de succès, de s'emparer de sa personne, tout en lui rendant « tous les honneurs et bons traitements dus à sa qualité ». L'échec de l'offensive hollando-française la met hors d'atteinte, mais la guerre lui offre une occasion de revenir sur le devant de la scène, en proposant sa médiation. Après plusieurs tentatives vaines, elle transmet le 15 septembre une lettre à l'envoyé spécial du Pape à Paris, Jules Mazarin.

Sa lettre est belle : « La guerre n'est juste que lorsqu'elle est nécessaire », écrit-elle à son fils Louis XIII. « Sa justice et sa nécessité ne sont fondées que sur la conservation et la défense, qui ne sont légitimes par cette voie qu'au cas que les autres ne soient pas suffisantes ». Elle lui remontre qu'aucun péril ne menaçait directement le royaume, qu'il était l'arbitre de la paix dans les affaires de la Chrétienté et que rien ne lui imposait de descendre lui-même dans l'arène. Quelques mots sur le malheur des peuples victimes de la guerre, et l'évocation du souvenir d'Henri IV, toujours vivant dans le cœur des Français, magnifiant du même coup la sagesse politique qui fut la sienne lors de sa régence : « Il ne m'avait rien ordonné de plus expressément pour la conduite de votre État (pensant à ce qui pourrait arriver quand Dieu disposerait de lui) que de maintenir la paix et l'union, et la fortifier des alliances qui se sont faites avec les principales couronnes de la Chrétienté. L'ayant pratiqué de la sorte, Dieu m'a fait la grâce de conserver votre royaume et de le remettre entre vos mains au même état qu'il était sorti de celles du Roi Monseigneur ». C'est un rappel habile de la nature politique du différend qui a commencé, il y a quelques années, à l'opposer à Richelieu : Marie la paix, contre Richelieu la guerre.

Mais l'évocation d'Henri IV n'émeut guère Louis XIII. Il répond verbalement le 22 octobre à Mazarin que, malgré les apparences, cette lettre n'est pas un appel à la concorde mais une condamnation de la position française ; qu'au surplus, la Reine-Mère aurait été bien inspirée de ne pas, au même moment, envoyer Monsieur de Clauzel au duc de Rohan pour chercher à l'engager dans la voie de la trahison. Mazarin fait part de cette réponse à Marie de Médicis. Il n'y avait rien à y redire. Clauzel, arrêté fin septembre, avait passé des aveux complets ; il paya son échec de sa vie.

Marie de Médicis arrêta là ses efforts. De toute façon, la guerre, pour le moment, s'enlisait. Seul le duc de Rohan connaissait le succès : la Valteline était parfaitement verrouillée, et les renforts espagnols hors d'état de passer d'Italie en Allemagne. L'unique prise du Cardinal-Infant, le Fort de Schenk, lui échappait : les Hollandais en obtenaient la reddition le 29 avril 1636.

L'insuccès des armes françaises détermine le Pape, sollicité de donner son avis sur le mariage de Gaston d'Orléans, à en confirmer la validité religieuse : admettant que ce mariage puisse être civilement nul, il le déclarait parfaitement valable en tant que sacrement. C'est le moment que choisit Marie de Médicis pour demander à l'Espagne l'augmentation de sa pension. Elle n'obtient pas satisfaction, mais ses criailleries incessantes contre les uns ou les autres finissent toujours par entraîner le départ de l'un, la disgrâce de l'autre. Chanteloube n'est plus en odeur de sainteté, et c'est l'étoile des frères Fabroni qui monte au firmament. Comme au temps de Concini, quoique à une échelle réduite, ils reçoivent cadeaux et gratifications, et sont chargés de titres et de missions prestigieuses.

En attendant, la guerre reprend ses droits. Mai 1636 ! C'est le début de six mois de dures épreuves pour la France.

L'ANNÉE DE CORBIE — GASTON ET LE COMTE DE SOISSONS.

Le cardinal de Richelieu avait soigneusement préparé ses plans pour la campagne de 1636. Aucun ne devait connaître le succès. Condé envahit la Franche-Comté le 27 mai et met le siège devant Dôle ; il s'y enlise, immobilisant inutilement des troupes nombreuses qui vont faire défaut sur les autres théâtres d'opération. En Alsace, la situation évolue mal, et Haguenau se trouve en danger. D'autres actions sont menées sans grand succès en Italie et sur mer. En attendant, à la frontière du nord, la Picardie et la Champagne ne sont plus gardées que par un rideau de troupes. C'est ce que comprend le Cardinal-Infant qui attaque La Capelle le 3 juillet. Est-ce le souvenir du rôle joué par cette place lors de la fuite de la Reine-Mère en 1631 ? Dans le manifeste que publie le Cardinal-Infant à l'intention des habitants des villes de Picardie et de Champagne, figure au premier rang de ses buts de guerre « la résolution de Leurs Majestés de ne poser point les armes que la Reine-Mère du Roi Très-Chrétien ne soit satisfaite et contente [7] ».

La Capelle capitule le 7 juillet. Le Cardinal-Infant s'empare ensuite de Vervins, de Bohain, du Catelet, et franchit la Somme le 4 août. Corbie est assiégée. Le siège ne dure que neuf jours : le 15 août 1636, la place capitule.

A Paris, c'est la consternation. On craint pour Amiens. Les éclaireurs croates de Jean de Werth viennent marauder jusqu'aux environs de Compiègne. On met hâtivement la capitale en état de défense. Le Parlement, les corporations, les communautés religieuses donnent de l'argent ; à l'Hôtel de Ville un bureau des enrôlements est ouvert : il reçoit l'engagement de milliers de volontaires. C'est « la Patrie en danger » avant la lettre. Fin août, une force de 12 000 cavaliers et 30 000 fantassins a été constituée. Cette armée de Paris, placée sous le commandement de Gaston d'Orléans, quitte la capitale le 1er septembre. Le 13 septembre, elle traverse l'Oise et entre en Picardie. Aussi vite qu'ils étaient venus, les Espagnols repartent. Dans un pays dévasté, les troupes n'arrivent plus à trouver les approvisionnements nécessaires ; l'indiscipline, la jalousie qui opposait les lieutenants du Cardinal-Infant, avaient ôté à ses troupes toute valeur militaire. Dès que l'armée française est annoncée, l'armée espagnole se hâte de faire retraite. Le 15 septembre, elle a repassé la Somme. Il ne reste plus qu'à reprendre Corbie. Le 25 octobre, la ville est entièrement bloquée. Le 9 novembre, la garnison offre de capituler. Le 14 novembre 1636, elle quitte la place, que les Français récupèrent. A Paris, soulagé, le Roi fait chanter un *Te Deum* d'actions de grâces.

Sur les autres fronts aussi la situation s'est stabilisée. On a dû lever le siège de Dôle, et la Bourgogne a été envahie par les Impériaux. Mais la résistance inattendue de la petite place de Saint-Jean-de-Losne – depuis surnommée Saint-Jean-Belle-Défense – sauve la province.

7. Manifeste du 5 juillet 1636.

Aux mécomptes extérieurs avaient fait écho des craquements sinistres à l'intérieur du royaume.

Gaston, l'incorrigible, a recommencé à conspirer. L'Espagne n'a jamais cessé de rester en rapports avec lui, persuadée que sa nature jalouse et instable reprendrait vite le dessus et que le prince, au fond, pouvait être au moins aussi utile en France qu'en exil. Diagnostic parfaitement exact : dès le 14 février 1635, Puylaurens était convaincu d'intelligences avec l'Espagne et emprisonné à Vincennes ; il y mourait peu de temps après, victime de la fièvre pourpre. Sa place était reprise auprès de Gaston par Louis Barbier, abbé de La Rivière ; le 5 mars, Louis Barbier était mis à la Bastille. Qu'importe : il y avait toujours dans l'entourage du prince quelque candidat tout prêt à reprendre le rôle du mauvais génie. C'est maintenant Claude de Bourdeille, comte de Montrésor, qui tient l'emploi. Il va faire franchir aux projets désordonnés de Gaston une étape décisive : il s'abouche avec des gentilshommes du comte de Soissons et prépare une alliance étroite entre Gaston d'Orléans et le comte.

Une occasion favorable se présente bientôt pour ce projet. Il se trouve que Gaston est nommé chef de l'armée qui quitte Paris le 1^{er}septembre 1636 pour délivrer la Picardie, et qu'il a le comte de Soissons comme lieutenant. Ils sont aussi incapables l'un que l'autre de commander, et Richelieu ne tarde pas à faire partir Louis XIII pour l'armée, ce qui lui permet en fait de diriger lui-même les opérations sous couvert du Roi. Gaston d'Orléans et le comte de Soissons, pleins de ressentiment, se jettent alors dans la conjuration préparée par leurs collaborateurs. Il ne s'agit de rien moins que d'assassiner le cardinal. Le 25 octobre, Louis XIII doit rejoindre Richelieu à Amiens pour y tenir conseil avec Gaston d'Orléans et le comte de Soissons, toujours chefs théoriques de l'armée. Au moment où Richelieu reconduira le Roi à son carrosse à la fin du Conseil, il est convenu que Gaston d'Orléans donnera le signal par lequel les conjurés se précipiteront sur le cardinal et le poignarderont. Mais au moment décisif, pas de signal. Gaston laisse passer l'occasion. Le danger était grand, maintenant, pour le comte de Soissons et pour les conjurés, qui risquaient à tout moment d'être dénoncés par le duc d'Orléans comme celui-ci l'avait fait tant de fois auparavant. C'est pourquoi, dès le retour à Paris, après la capitulation de Corbie, le comte de Soissons s'emploie à effrayer Monsieur, et, lui peignant le danger d'une arrestation, le détermine à la fuite. Dans la nuit du 19 au 20 novembre, tous deux quittent Paris, Gaston d'Orléans pour la Guyenne dont le duc d'Épernon est gouverneur, le comte de Soissons pour Sedan.

Dès le 28 novembre, la nouvelle parvient à Bruxelles. Voici de nouveau Marie de Médicis pleine d'espoir, et le Cardinal-Infant, comme autrefois l'Infante Isabelle, prêt à seconder l'action de Gaston d'Orléans. Un gentilhomme du prince Thomas de Savoie se rend à Sedan pour y rencontrer le comte de Soissons. Il est de retour le 4 décembre à Bruxelles et fait le rapport le plus favorable. Marie de Médicis est priée d'envoyer à Gaston d'Orléans, en Guyenne, tout l'argent qu'elle pourra rassembler, et le Cardinal-Infant de lever 100 cavaliers et 800 fantassins pendant trois mois.

Mais voilà : Gaston d'Orléans n'était pas en Guyenne. Chemin faisant, il avait réfléchi et, s'arrêtant à Blois, il avait adressé le 21 novembre à son frère une lettre pleine de repentir. Une nouvelle fois, les tractations s'engagent. A Bruxelles c'est la désolation. Madame du Fargis écrit à Anne d'Autriche le 20 décembre : « Dieux ! quelle sorte de génération ! La Reine-Mère et Madame [c'est-à-dire Marguerite, épouse de Monsieur] sont confuses de cette banqueroute, car les Français d'ici s'étaient imaginé de grandes choses ». Il est vrai que Gaston, à son habitude, fait traîner la discussion. Il veut des garanties pour sa femme, ce qui l'honore. Le Roi les lui accorde. Il en demande maintenant pour la Reine-Mère, ce qui est nouveau. Du coup, Louis XIII montre les dents. Il prend des dispositions pour bloquer étroitement tous les accès de Blois et, le 11 janvier 1637, tient un Conseil qui décide qu'en cas de besoin le Roi prendra la tête d'une armée pour contraindre Gaston d'Orléans à céder. Joignant le geste à la parole, Louis XIII commence à faire mouvement ; quittant Paris, il arrive tout juste à Fontainebleau pour y recevoir la nouvelle de l'accord de principe de Gaston. Il n'est plus question de la Reine-Mère, mais Gaston demande 500 000 livres destinées au paiement de ses dettes, et une pension pour sa femme. Louis XIII accepte et, le 8 février 1637, les deux frères se rencontrent à Orléans afin d'y sceller leur arrangement.

Marie de Médicis, une nouvelle fois déçue, ne renonce pas à l'idée de reprendre barre sur son fils. Elle en connaît trop l'inconstance, et se doute bien qu'il n'accordera au traité qu'il vient de signer qu'une valeur aussi relative qu'à ceux qui l'ont précédé. Elle imagine un mariage entre la fille de Gaston et de Marie de Montpensier, la Grande Mademoiselle, âgée de 8 ans seulement, et le comte de Soissons, toujours à Sedan. Ce dernier paraît obstiné dans son ressentiment contre Richelieu, mais il a une haute idée de sa valeur : pour prendre les armes contre le cardinal, il lui faut 400 000 livres. Somme énorme pour les Pays-Bas espagnols dont le trésor est à sec. Le Cardinal-Infant, bien chapitré par Marie de Médicis, transmet à la Cour de Madrid les arguments que lui donne la Reine-Mère en faveur de la conclusion d'un accord avec le comte : on connaît le caractère résolu et entier du comte de Soissons, qui tranche si heureusement sur la duplicité native de Gaston ; il lui est plus facile qu'aux Espagnols de tirer parti des révoltes populaires qui éclatent de-ci de-là en France et qui, en ce moment même, embrasent la Saintonge, le Périgord et le Poitou, causant de graves préoccupations à Louis XIII et Richelieu. Le 28 juin 1637, le Cardinal-Infant force la main à Madrid en signant avec la Reine-Mère, représentant le comte de Soissons, un traité aux termes duquel on garantit au comte 500 000 livres pour la levée et l'entretien d'une armée. Marie de Médicis s'engage à ne jamais traiter avec Richelieu, et à ne se considérer comme satisfaite qu'une fois le cardinal « mis hors du service du Roi », soit par la disgrâce, soit par la mort, étant entendu qu'elle ferait tous ses efforts en vue du rétablissement de la paix entre la France, l'Espagne et l'Empire.

Le Cardinal-Infant comptait beaucoup sur l'exploitation des troubles qui agitaient plusieurs provinces de France pour diminuer la combativité des armées françaises massées aux frontières. Il fait si bien partager sa conviction à Madrid, qu'on met à sa disposition non pas 500 000 livres, mais 600 0000. Que demander de mieux ? La Reine-Mère est ravie. Avec le comte de Soissons, elle pense avoir trouvé enfin un vrai chef, ayant du caractère et de l'esprit de suite, et qui ne devrait connaître ni les mésaventures de Castelnaudary, ni les bassesses de Béziers.

Aussi ne comprend-elle rien à la lettre que le comte adresse le 15 juillet 1637 au prince Thomas de Savoie. « Il est à craindre », lui écrit-il, « que les positions occupées par les armées françaises ne m'empêchent de réunir mes amis, qui doivent arriver de divers côtés ; et il en résulterait que j'aurais touché de l'argent sans pouvoir remplir les obligations qui me sont imposées » ; un tel manquement à l'honneur est évidemment insupportable à une conscience de gentilhomme ; en foi de quoi, pour cette raison et pour d'autres, le comte de Soissons ne donne pas suite au traité. Quelles sont ces autres raisons ? Elles sont toutes simples et tiennent en peu de mots : le comte vient de se raccommoder avec Richelieu. Le 11 juillet, un émissaire venu tout exprès de Paris lui apportait une déclaration de pardon, la promesse du rétablissement de tous ses biens, charges et émoluments, et l'autorisation de demeurer pendant quatre ans à Sedan s'il le jugeait bon, sous la condition de demeurer dans la fidélité et obéissance qu'il devait au Roi. Le 26 juillet, le comte de Soissons signe le traité, et jure « de ne se départir jamais de la fidélité et obéissance qu'il devait à Sa Majesté, ni avoir aucune pratique ou intelligence qui lui dût être suspecte, tant dedans que dehors le royaume ».

A la place de Marie de Médicis, une telle constance dans l'échec déterminerait tout un chacun à renoncer. Ce serait mal connaître l'obstination de la Reine-Mère que de la croire capable d'abandonner la lutte. Elle se tourne maintenant vers Londres où règne Charles Ier — encore un gendre. Le Roi et la Reine d'Angleterre sont d'accord pour s'entremettre en vue d'un accommodement entre Louis XIII et la Reine-Mère. Celle-ci s'adresse alors au Cardinal-Infant pour lui demander aide et conseil. De l'Infant, elle reçoit quelques bonnes paroles, mais sans plus. Il faut dire que la cuisante aventure du traité passé avec le comte de Soissons l'a édifié sur la crédibilité de ses interlocuteurs français. Et puis, la Reine-Mère force le respect, mais elle est bien encombrante. Le 5 septembre 1627, le Cardinal-Infant écrit à Philippe IV pour lui dire qu'il serait bien aise de voir Marie de Médicis rentrer en France ou quitter les Pays-Bas pour l'Angleterre, comme elle commence à en former le projet. Philippe IV n'en est pas convaincu. Mais le 27 octobre, le Cardinal-Infant écrit à nouveau à Madrid que le départ de Marie de Médicis lui paraît la seule solution raisonnable, et qu'il compte bien parvenir à en persuader la Reine-Mère.

TROUBLES EN FRANCE.

Des mouvements inquiétants agitaient le royaume. Simples manifestations ou explosions armées, ils traduisaient l'ampleur du mécontentement provoqué par l'effort de guerre. Les révoltes de la faim et de la misère semblent donner raison à Marie de Médicis et à son aversion de principe pour le choix qui conduisait la France à s'engager activement dans le conflit européen. La coïncidence entre ces troubles populaires et les complots des Grands qui se poursuivent de manière rituelle, pouvait donner l'impression que le régime, affronté à une tâche excessive par rapport aux forces du pays, était sur le fil du rasoir, toujours à la veille de s'effondrer.

Depuis la mort d'Henri IV, les révoltes se sont succédé avec une belle régularité. La faiblesse de la régence avait encouragé l'appétit des Grands, et l'on a vu comment Montmorency a payé de sa tête une longue habitude d'insubordination. L'exécution exemplaire du duc fait réfléchir certains de ses émules, mais sans les décourager complètement, ainsi que vient de le démontrer la récente équipée du comte de Soissons. En général, cependant, les Grands préfèrent désormais agir de façon plus subtile. En 1635, par exemple, le duc d'Épernon, gouverneur de la Guyenne, laisse l'émeute se développer à Bordeaux puis gagner d'autres villes pour tirer d'autant plus de gloire de la répression brutale à laquelle il se livre ensuite. Richelieu n'est pas dupe. Mais qu'y faire ? Durant l'été 1636, le duc de Brissac, gouverneur de la Bretagne, commence par ne pas bouger lorsque les Rennais menacent de mettre en pièces le commissaire royal envoyé par Paris et que l'on soupçonne de venir préparer l'introduction de la gabelle dans cette province qui en est exempte. « Vive le Roi sans gabelle » crie-t-on dans les rues, au milieu d'exhortations moins galantes du style de « Tuons le commissaire ! » La sédition dure trois jours, sans que le duc de Brissac fasse mine de s'en émouvoir. Il rétablit l'ordre un peu plus tard, au grand soulagement de Paris, qui lui en exprimera sa reconnaissance ainsi qu'il convient.

Les intrigues traditionnelles des Grands se déroulent sur la toile de fond de vastes mouvements populaires prenant l'allure d'insurrections qui embrasent des régions, des provinces entières. Il s'agit là d'un phénomène nouveau, qui évoque les grandes jacqueries du Moyen Age et préfigure peut-être les révolutions du monde contemporain.

A l'origine des troubles, c'est toujours le même motif, la même justification : la pression fiscale. Celle-ci ne faisait que s'aggraver. Avant l'entrée en guerre, il fallait de l'argent pour payer les Suédois, les Hollandais, les armées des alliés divers et variés de la France. Depuis mai 1635, il en faut davantage encore pour payer la guerre française en plus de la guerre suédoise, hollandaise ou allemande.

Les premiers mouvements apparaissent en avril 1636 en Saintonge, dans les environs d'Angoulême. Tour à tour Barbezieux, Chalais, Montmoreau, Blanzac, s'enflamment. Le 6 juin, jour de la foire de Blanzac, 4 000 paysans font irruption dans la bourgade. Ils sont armés d'arquebuses et de piques. Curés en tête, ils arrêtent qui bon leur semble. Un chirurgien de Bergerac est tué. En ce même mois de juin, la foire de La Couronne, dans les faubourgs d'Angoulême, est envahie par 9 à 10 000 paysans fortement armés. On massacre un artisan d'Angoulême qui a eu le malheur de prononcer d'un ton méprisant le mot de « croquant ». Les plus excités parlent de marcher sur Angoulême, de brûler les maisons des gabeleurs et de tuer ceux-ci sur place. En juillet, la Saintonge et l'Aunis sont soulevés. C'est de Saintonge que viendrait le surnom de « croquants » que les révoltés se sont donné pour laisser à entendre que, comme le croc du harpon, ils ne lâchent plus leur proie une fois qu'ils ont réussi à s'en saisir. Le Poitou et le Limousin se joignent aux rebelles afin de protester contre le rehaussement de la taille. Les nouvelles qui se propagent de province à province excitent les plus exaltés, mais commencent à émouvoir la bourgeoisie des villes et la noblesse.

Apaisé pendant l'hiver, le mouvement reprend avec une ampleur accrue au printemps de 1637. Il touche cette fois le quart, peut-être même le tiers du territoire. Les foyers qui s'allument à gauche et à droite couvrent de nouveau la Saintonge, l'Aunis, le Périgord, le Poitou et le Limousin, mais apparaissent aussi en Gascogne et en Guyenne, en Quercy, en Languedoc, dans le Berry, la Marche et le Bourbonnais, poussant des pointes extrêmes jusque dans la région de Nevers.

Le Roi doit faire face. Le duc de La Valette est envoyé en Périgord pour mettre à la raison une véritable armée de croquants, commandée par un gentilhomme périgourdin, Antoine du Puy de la Motte de la Forêt. Bon organisateur, celui-ci a réussi à imposer un semblant de discipline à une masse de 10 000 hommes, des paysans en majorité, mais parmi lesquels on trouve aussi d'anciens soldats, voire des « brigands », comme on désigne alors vagabonds et maraudeurs. Bergerac a été occupée sans désordres. A l'approche du duc de La Valette, et malgré la disproportion des forces – 3 000 soldats face aux 10 000 croquants d'Antoine du Puy de la Motte de la Forêt – ce dernier entame des négociations. Mais chez les révoltés, certains veulent à tout prix se battre. A leur tête, ils ont mis un nouveau chef, un artisan de Bergerac nommé Magot. Alors, Antoine du Puy, les bourgeois de Bergerac et une partie de l'armée des croquants se joignent aux forces royales pour attaquer le 1er juin, à La Sauvetat-du-Dropt, les partisans de Magot. Magot lui-même est tué, plusieurs milliers de ses soldats improvisés sont massacrés. Le 8 juin 1637, le duc de La Valette fait son entrée à Bergerac, où la population l'accueille avec reconnaissance et soulagement. Il n'a guère de peine à rétablir l'ordre dans les autres « points chauds » du Périgord, à Sainte-Foy-la-Grande, à Eymet, tandis qu'à Cahors, capitale du Quercy, les milices bourgeoises parviennent sans son aide à réprimer la sédition.

Le mouvement retombe aussi vite qu'il s'était développé. Dès le mois de septembre 1637, pratiquement tous les foyers d'agitation sont éteints. Le duc de La Valette avait mené les opérations avec fermeté mais sans rudesse excessive, préférant la négociation chaque fois qu'elle s'avérait possible. Les séquelles de la rébellion sont liquidées rapidement. Le Roi accorde une large amnistie, sauf pour ceux des meneurs qui n'ont pas su, à temps, faire amende honorable. Ceux-là sont condamnés aux galères ou pendus pour l'exemple. Et l'on demande aux collecteurs d'impôts de se faire oublier quelque temps.

Le mal est endémique. Si l'on soulage le Sud-Ouest, on pressurera d'autant plus des régions restées calmes jusque-là. Jusqu'au jour où, gagnées à leur tour par l'exaspération, elles se révoltent contre la pression fiscale. C'est le cas de la Normandie en 1639 : Avranches s'embrase le 16 juillet, Rouen du 20 au 23 août, Bayeux le 25, Caen du 26 au 29. La révolte des Va-nu-pieds – c'est ainsi qu'on l'appelle – est férocement réprimée par le Chancelier Séguier ; la Justice en sa personne va faire durement tomber le glaive sur la tête des rebelles. Le 30 novembre 1639, c'est l'écrasement de 4 000 Va-nu-pieds sous les murs d'Avranches par l'armée de Gassion (composée uniquement d'étrangers). Le 2 janvier 1640, le Chancelier Séguier entre à Rouen. Il suspend la municipalité, révoque les franchises communales, condamne la ville à payer une indemnité d'un million de livres. Un tribunal d'exception est institué – 300 mutins prisonniers des troupes royales sont sommairement jugés et exécutés. La Normandie, durement châtiée, ne bouge plus. Mais voici que le Sud-Ouest se réveille : en Gascogne, en Rouergue, les croquants sont revenus dès qu'on a fait mine de rehausser le montant de la taille ; les rassemblements de paysans qui s'organisent alors suffisent à faire reculer les pouvoirs publics : la taille est ramenée à son montant antérieur, et tout rentre dans l'ordre comme par miracle.

Les historiens ne savent trop que penser de ces révoltes. Simples jacqueries comme il y en avait déjà eu tellement au Moyen Age? Répétition de la Révolution Française? Un historien soviétique, W. Porchnev, y voit des mouvements organisés, ayant un programme économique, politique et social structuré. Il est vrai. Mais il est vrai aussi que ces programmes, échafaudés par quelques meneurs, petits officiers royaux ou nobliaux de province comme Antoine du Puy de la Motte de la Forêt, regardaient beaucoup plus vers le passé que vers l'avenir. Ils demandaient l'abolition des impôts nouveaux, le rétablissement des franchises anciennes, la suppression de tout l'appareil visible de la centralisation en marche. Leur combat était un combat d'arrière-garde, et il n'est pas surprenant, en définitive, que toutes ces « émotions », comme on dit alors, n'aient guère mis en péril l'autorité royale. Elles donnaient cependant partiellement raison aux sombres prédictions de Marie de Médicis sur les malheurs que la guerre ne pouvait manquer d'appeler sur le peuple. Et si, rétrospectivement, on constate que la politique menée d'une main ferme par Richelieu a prévalu, les contemporains n'étaient pas tous convaincus de ses chances de succès, même dans l'entourage immédiat du cardinal. Le Surintendant Bouthillier écrira ainsi en octobre 1639 à son fils, le comte de Chavigny : « Je crains que la guerre étrangère ne dégénère en guerre civile. Son Eminence, quand elle verra la vérité des affaires, y prendra quelque bon expédient, mais je vous confesse que je suis bien empêché et n'y vois aucun jour ».

Comme si tout cela ne suffisait pas aux difficultés du royaume, une crise grave, en plein été 1637, manque faire voler en éclats le ménage royal : on découvre que la Reine Anne d'Autriche entretenait une correspondance secrète avec l'ennemi.

Le Roi n'aimait pas la Reine. Depuis 1622 s'était rompue la belle entente qui avait marqué les premières années de vie commune du couple. Au début de 1637, la grande amitié platonique qui rapproche depuis quelques mois Louis XIII et Mademoiselle de La Fayette connaît les tourments de la tentation ; afin de ne pas céder, Louise de La Fayette décide d'entrer au couvent de la Visitation-Sainte-Marie, à Paris. Elle s'y enferme le 19 mai. Anne d'Autriche est bien seule. Louis XIII ne vit plus que pour les visites qu'il fait à Louise, au parloir de la Visitation. Anne d'Autriche, de son côté, fréquente assidûment le couvent du Val-de-Grâce. Subissant l'influence pernicieuse de la duchesse de Chevreuse (l'ancienne connétable de Luynes, née Marie de Rohan-Montbazon, son amie intime et son mauvais génie), pourtant exilée en son château de Couzières, près de Tours, elle correspond avec elle, avec Madame du Fargis, qui s'est réfugiée à Bruxelles auprès de Marie de Médicis, et avec le marquis de Mirabel, ambassadeur d'Espagne à

Bruxelles ; et c'est le couvent du Val-de-Grâce qui est le foyer de cette activité épistolaire dont le but est de pousser Charles Ier d'Angleterre à rompre avec Louis XIII et à joindre ses forces à celle de l'Espagne. Toujours la « Ligue des gendres », ce rêve que poursuit sans cesse Marie de Médicis, et auquel Anne d'Autriche, dans son hostilité au cardinal, apporte elle aussi sa contribution.

Début août, une lettre du marquis de Mirabel à la Reine est saisie. Le 10, on appréhende un valet de la Reine, nommé La Porte. Il a sur lui une lettre d'Anne d'Autriche à la duchesse de Chevreuse. Mandée à Chantilly par ordre du Roi, Anne d'Autriche est interrogée par le Chancelier Séguier. Elle se décide à rencontrer Richelieu. L'entrevue a lieu le 17 août. La Reine proteste de sa bonne foi. Scène terrible, entre Anne d'Autriche et le cardinal qui observe toutes les formes du respect dû à sa souveraine, mais que ses fonctions obligent à se poser en accusateur. A chacune des dénégations d'Anne d'Autriche, Richelieu ne répond que d'une phrase : « Il y a plus, Madame ». Et, peu à peu, la Reine s'engage dans l'engrenage de l'aveu. Elle reconnaît qu'elle correspond avec le Cardinal-Infant (son frère), avec Madame de Chevreuse, avec Henriette d'Angleterre (sa belle-sœur). Elle reconnaît que ses lettres dépassaient les limites d'une correspondance innocente. Oui, elle donnait des avis politiques, travaillait à empêcher toute alliance formelle entre l'Angleterre et la France, à rapprocher Charles Ier de Philippe IV.

Anne d'Autriche savait qu'elle était sortie des bornes de son devoir de Reine. Brisée, en larmes, elle doit maintenant affronter le Roi. Déjà porté à la froideur dans tout ce qui touche à la Reine, le voici qui devient polaire. C'est la prison ou le couvent. Richelieu plaide. Dans l'intérêt du royaume, il faut que les époux donnent les apparences de la bonne entente. Louis XIII accepte, mais à condition que la Reine fasse des aveux écrits et signés. Anne d'Autriche s'exécute, écrit sous la dictée, et signe. Louis XIII, au bas de ce document (qui nous est parvenu et qui est conservé à la Bibliothèque Nationale), écrit à son tour qu'il pardonne à la Reine, eu égard au serment fait de renoncer à toute correspondance avec la duchesse de Chevreuse, et de ne plus visiter de couvent sans autorisation. Un serment de plus... Anne d'Autriche prévient la duchesse de Chevreuse, qui s'évade de Couzières et se réfugie en Espagne. La naissance du Dauphin, l'année suivante, met, plus sûrement que les promesses, un point final aux conspirations d'Anne d'Autriche.

Toutes ces difficultés survenaient alors que la France, après quelques succès initiaux, subissait échec sur échec dans la guerre aux frontières.

LES CAMPAGNES DE 1637-1638.

La campagne de 1637 débute heureusement pour la France.

Le duc de Lorraine avait été battu en août à Gray-sur-Saône par les forces de Bernard de Saxe-Weimar et du maréchal de Châtillon. Bernard de Saxe-Weimar traverse la Franche-Comté espagnole et va porter la guerre dans la région rhénane tandis que le maréchal de Châtillon pénètre en Luxembourg. Mais l'offensive principale est prévue contre les Pays-Bas espagnols. L'armée qui doit opérer sur ce front est placée sous les ordres du cardinal de La Valette ; elle s'empare sans difficulté du Cateau-Cambrésis et obtient, dès le 26 juillet 1637, la capitulation de Landrecies. Dans la foulée, les Français emportent Maubeuge et La Capelle.

Au même moment, le prince d'Orange commence le siège de Breda le 23 juillet. La belle défense de la garnison espagnole ne pourra empêcher la capitulation de la place, qui se rend le 10 octobre 1637.

Ce sont les premiers succès significatifs obtenus par la France depuis son entrée en guerre contre l'Espagne. L'année 1638 va-t-elle les confirmer ? Dès le début janvier, Bernard de Saxe-Weimar a repris l'offensive contre les troupes impériales et commencé le siège de Rheinfelden. Une contre-attaque de Jean de Werth l'oblige à lâcher prise. Mais au moment où on l'attendait le moins, voici Bernard de Saxe-Weimar qui revient fondre sur l'ennemi. Bref combat, victoire décisive de l'armée française : le 2 mars 1638, Jean de Werth est battu et fait prisonnier. On l'expédie au fort de Vincennes où il arrive le 27 avril à la grande joie des Parisiens qu'il avait terrorisés deux ans plus tôt. Entre-temps, Bernard de Saxe-Weimar s'est emparé de Fribourg le 11 avril et a commencé le siège de Brisach.

Sur le front des Pays-Bas, le maréchal de Châtillon met le siège devant Saint-Omer.

Au sud, le prince de Condé s'avance jusqu'aux frontières de l'Espagne et investit Fontarabie, dont le blocus par mer est appuyé par une flotte que commande Monseigneur de Sourdis, archevêque de Bordeaux.

Au mois de mai 1638, la fortune des armes bascule une fois de plus et tous les efforts de Richelieu se trouvent bientôt anéantis.

Le 8 juin, le prince Thomas de Savoie, au service des Espagnols, fait entrer dans Saint-Omer un secours important. Piccolomini le rejoint bientôt et, ensemble, ils forcent Châtillon à battre en retraite. Seule consolation, la reprise par l'armée française du Catelet le 14 septembre.

Au nord, les armées hollandaises subissent un échec semblable près d'Anvers et se trouvent contraintes de lever le siège de cette ville.

Mais le revers le plus humiliant se situe à Fontarabie. Le 22 août, Sourdis disperse la flotte espagnole au large de Guéthary et débarque des troupes fraîches pour renforcer celles qui, sur terre, assiègent Fontarabie. Une brèche est ouverte dans les défenses de la ville. L'assaut va-t-il être donné ? Ce sont au contraire les Espagnols qui contre-attaquent. Le 7 septembre, avec 7 à 8 000 hommes, ils mettent en déroute une armée de plus de 12 000. Le prince de Condé, sommé de s'expliquer, incrimine le duc de La Valette, commandant en second de l'armée. Celui-ci semble signer sa culpabilité en se réfugiant en Angleterre. En son absence, on lui fait son procès qui aboutit, en juillet 1639, à sa condamnation à mort par contumace.

Au terme de cette triste campagne, Richelieu écrit au Roi quelques mots sans illusion : « J'espère que le désordre qui est, cette année, dans vos armées y engendrera de l'ordre pour l'année qui vient ».

Marie de Médicis quitte les Pays-Bas espagnols.

Depuis quelque temps, le séjour des Pays-Bas espagnols avait cessé d'être agréable à Marie de Médicis. La perte du Cateau-Cambrésis et de Landrecies (26 juillet 1637) emportées sans grande difficulté par l'armée française aux ordres du cardinal de La Valette, fait crier à la trahison dans les rues de Bruxelles ; on accuse les émigrés et, au commencement du mois d'août 1637, la populace s'en prend systématiquement à tous les étrangers qui résident dans la ville. On décide de fouiller les maisons où ils logent, et celle de Marie de Médicis ne fait pas exception. La Reine-Mère demande au gouvernement du Cardinal-Infant de lui épargner cette humiliation, mais on lui conseille de s'y soumettre sans rechigner étant donné le climat qui règne alors à Bruxelles. Tout est visité, chaque recoin de la cave fouillé ; dans le bûcher on déplace les piles de bois pour s'assurer qu'elles n'abritent pas un espion ou des armes. Marie de Médicis s'enferme orgueilleusement dans son Hôtel dont elle ne sort plus que pour faire quelques promenades en forêt. Mais même ces promenades donnent matière à des incidents. La Reine-Mère se rend volontiers en forêt de Soignes, d'où elle ne rentre généralement qu'en fin de soirée. Un villageois, témoin de ces fréquentes allées et venues, les dénonce comme suspectes aux autorités. L'affaire remonte jusqu'à Philippe IV, qui s'inquiète, et ordonne au Cardinal-Infant d'effectuer une enquête approfondie. Celle-ci ne révèle rien de compromettant, mais Marie de Médicis se sent maintenant surveillée, voire a priori suspecte.

En avril 1638, le caractère aigri de la Reine-Mère se révèle dans la querelle qui l'oppose à Chanteloube. Pour des raisons qui restent obscures, Marie de Médicis chasse le fidèle Oratorien de sa maison, et, non contente de l'éloigner de son service, le fait interner à Tamise, place forte située à proximité d'Anvers. Parmi les quelques familiers qui restent, Fabroni est maintenant le plus en faveur.

Le Cardinal-Infant prend prétexte de l'incident Chanteloube pour suggérer à la Reine de se séparer des derniers survivants de son ancienne Maison mais réussit seulement à cabrer sa fierté. Il ne lui cache pas en effet qu'il considère désormais tout Français comme un traître en puissance, et Marie de Médicis, à ces propos, réagit en défendant vigoureusement ses compatriotes.

Dans cette atmosphère alourdie, elle se fait à l'idée de quitter, au moins temporairement, Bruxelles. Le Cardinal-Infant partant pour l'armée, la Reine, au mois de juin, annonce son intention d'aller à Spa prendre les eaux. Pourquoi ce choix ? Parce que la ville, en dehors de la qualité de ses sources thermales, offre l'avantage d'être proche de Sedan, où se trouve toujours le comte de Soissons que la Reine-Mère ne désespère pas d'attirer à nouveau dans le parti de l'Espagne. Marie de Médicis quitte Bruxelles le 10 août et prend la direction de Liège par Louvain et Tirlemont.

A Saint-Trond où elle fait halte le 12 août, elle reçoit les magistrats de Liège venus lui offrir toutes facilités pour la suite de son voyage jusqu'à Spa. Mais en partant de Saint-Trond le lendemain, elle change tous ses plans : au lieu de se diriger vers Liège, dernière étape avant Spa, elle s'en va coucher à Hasselt, sur la route d'Eindhoven, et arrive ainsi le 14 août 1638 à Bois-le-Duc, en terre hollandaise. La Reine-Mère, sans crier gare, a quitté les Pays-Bas espagnols pour se rendre dans les Provinces-Unies, pays protestant, en guerre contre l'Espagne ! Personne ne s'y attendait. L'âge (Marie de Médicis a 65 ans) n'a nullement altéré, on le voit, sa capacité de dissimulation.

CHAPITRE XVII

Dernières errances

AVEC L'ESPAGNE, RIEN NE VA PLUS.

Les raisons pour lesquelles Marie de Médicis s'en va du pays qui lui donnait asile depuis 1631 sont peu claires à première vue. Saint-Simon incrimine son mauvais caractère : « Elle n'a pu vivre aux Pays-Bas avec Monsieur qu'elle y avait attiré, ni avec les Espagnols dont elle tirait tout son secours, sa protection, son asile, qui furent ravis d'en être défaits et n'en voulurent plus dans la suite, au lieu de vivre tranquillement à Bruxelles, dans toute la grandeur des traitements qu'elle y recevait [1] ». Il suggère tout de même que les Espagnols ne furent pas fâchés de voir partir la Reine-Mère. Ont-ils été plus loin, et Marie de Médicis a-t-elle été poussée à s'en aller ? C'est ce que laisse entendre un manifeste imprimé sous son nom à La Haye à la date du 19 novembre 1638, sous le titre de *Manifeste de la Reine-Mère contenant le sujet de son départ de Flandres.*

La Reine s'y plaint d'abord des vexations qu'elle aurait subies. Depuis la disparition de l'Infante Isabelle, rien n'était plus comme avant. Les Espagnols la regardent désormais avec suspicion, et laissent volontiers croire à l'opinion que la présence Marie de Médicis est pour quelque chose dans les difficultés que traversent alors les Pays-Bas espagnols : « C'était à l'époque de la mort de l'Infante Isabelle qu'avaient commencé les mauvais traitements dont la Reine avait eu à souffrir ; depuis lors, il ne s'était pas passé de jour sans qu'on lui eût donné quelque feint ou véritable sujet de crainte d'émotion populaire où sa vie et celle des siens eût été en péril, et jamais les ministres espagnols n'avaient rien fait pour dissuader le peuple de l'idée qu'elle était la cause

1. Saint-Simon, *Parallèle des trois premiers Rois Bourbons,* Éd. M. P. Faugère, Paris, Hachette, 1880, p. 197.

de tous leurs maux ». Comment cela ? D'abord à cause du mécontentement du Roi de France devant l'activité fébrile de sa mère toujours occupée à monter des intrigues et des complots à partir de l'asile que lui offre Bruxelles ; lors de l'offensive française de 1637, l'armée royale n'avait-elle pas reçu des instructions très précises concernant la capture éventuelle de la Reine-Mère ? Pour l'opinion belge, le séjour de Marie de Médicis aux Pays-Bas espagnols a une deuxième conséquence, tout aussi désagréable : c'est la charge que l'entretien de son train de maison et de sa Cour représente pour les finances du pays.

Ce problème a toujours vicié les relations avec le gouvernement espagnol, et c'est l'argument principal que la Reine met en avant pour justifier son départ. Les difficultés matérielles sont une constante dans l'existence de Marie de Médicis. Nous l'avons vue, jeune épouse d'Henri IV, dépassant régulièrement le budget pourtant important qui lui était alloué. Nous l'avons vue, Régente, puisant à pleines mains dans le trésor de la Bastille si patiemment amassé par Sully, et le vidant en l'espace de deux ans. A chaque étape de sa vie, il faut payer des dettes, solder des arriérés. En 1630, Richelieu a dû insister auprès de Louis XIII pour qu'on lui garantisse 1 million de livres de revenu annuel, tout en remboursant ses dettes, qui ont atteint la somme de 4 millions ! Richelieu met un point d'honneur à régler ce problème sans discussion afin d'éviter qu'il vienne alourdir le contentieux déjà chargé entre Marie de Médicis et lui alors que leurs relations traversent la crise aiguë qui va culminer à la Journée des Dupes. Louis XIII cède aux instances de son premier ministre, mais ne peut s'empêcher de lui faire remarquer que Marie de Médicis est la Reine la plus chère de toute l'histoire de France.

Maintenant déchue et réduite à l'exil, Marie de Médicis ne reçoit plus rien du gouvernement français. Ses besoins d'argent deviennent dramatiques. A la racine du mal, on trouve des causes que nous connaissons bien : les libertés excessives, le goût des pierreries. Il s'y ajoute l'incapacité de la Reine à admettre sa situation et à réduire un train de vie dispendieux. Un favori chasse l'autre, mais le tenant du titre est comblé de cadeaux et de pensions ; le dernier en date est Fabroni qui se fait donner des dizaines de milliers de livres. Il n'est pas le seul, car la Reine-Mère est toujours aussi généreuse, et dispense cadeaux, pensions et gratifications à tout un chacun.

A l'automne 1637, alors que la foule gronde contre les émigrés français, que la lutte fait rage sur le territoire même des Pays-Bas entre les armées espagnoles et françaises, Marie de Médicis offre un rosaire enrichi de diamants d'une valeur de 1 000 florins à une amie. Légèreté d'une femme qui n'a jamais su résister à un caprice, à une toquade. Elle a certes vendu ses pierreries pour financer la malheureuse expédition de Castelnaudary ; mais une Reine sans bijoux, fi donc ! il lui faut donc de l'argent pour dégager certains diamants auxquels elle tenait particulièrement et qu'elle avait donnés en garantie des prêts obtenus. Il lui faut de l'argent pour continuer à acheter les créations prestigieuses de ces joailliers si pleins de goût qui font la réputation d'Amsterdam ou d'Anvers.

Reine en exil, Marie devrait peut-être réduire son train de vie ? L'idée ne l'en effleure même pas. Au contraire. Sa maison est un nœud d'intrigues tissées sur toute l'Europe : il faut donc des secrétaires pour rédiger les lettres et les mémoires qu'elle envoie à gauche et à droite, des messagers pour les porter, des ambassadeurs dans les principales Cours d'Europe pour défendre les intérêts de la Reine-Mère et renouer sans cesse les fils des complots qu'elle trame contre le cardinal. Il faut des gardes, évidemment, et des dames d'honneur, et tout l'apparat qui sied à la mère d'un grand Roi, belle-mère de trois princes souverains.

Tout cela représente beaucoup d'argent, et l'on assaille l'Espagne de réclamations. Sa pension a été portée de 6 000 à 20 000 florins par mois ; c'est beaucoup pour un pays exsangue, engagé dans un terrible effort de guerre ; ce n'est pas assez pour la Reine-Mère, qui s'approprie sans vergogne les libéralités accordées par le gouvernement des Pays-Bas à ses serviteurs. Chanteloube disgrâcié, Marie garde sa pension, et le malheureux survit misérablement en vendant à l'Espagne de menus renseignements sur l'état de l'opinion française. Le duc d'Elbeuf a cessé de plaire à La Reine-Mère : que les Espagnols se débrouillent pour le payer s'ils le veulent, Marie garde la pension qu'ils lui versaient par son intermédiaire. L'une des choses qui irritent le plus la Reine-Mère, c'est le retard avec lequel on lui paie les sommes dues ; Marie de Médicis ne manque jamais de protester, avec aigreur ou avec véhémence, selon le cas, contre un manque de ponctualité qui constitue à ses yeux un manque d'égards inadmissible envers sa personne. Que ses exigences puissent entrer en conflit avec la charge des dépenses de la guerre est une interprétation que Marie de Médicis rejette absolument. Le manifeste publié le 19 novembre 1638 ne veut laisser à ses lecteurs aucun doute sur ce point : « La pension de la Reine était tirée par le Roi [d'Espagne] d'un fonds particulier, et il n'était pas besoin de toucher en rien à son domaine de Flandre ou de Brabant, ni à l'argent destiné aux troupes ».

Ainsi donc, si la pension de la Reine-Mère était payée irrégulièrement, ce n'est pas parce qu'elle venait en concurrence avec d'autres besoins, également utiles, mais uniquement par l'effet d'une mauvaise volonté croissante. Dans ces conditions la seule réponse digne consistait à s'en aller.

Au début de 1639, Marie de Médicis, de Londres, publie un deuxième manifeste, intitulé *Déclaration de la Reine-Mère au Roi Très-Chrétien, contenant les raisons de sa rentrée des Pays-Bas et le désaveu d'un manifeste qui court sous son nom sur le même sujet*. Il corrige le tir et donne une version différente des causes de son départ.

Le problème est cette fois posé uniquement en termes politiques.

Nombreux sont les conseillers du Roi d'Espagne et du Cardinal-Infant, dit le manifeste, qui pensent que l'asile offert à Marie de Médicis dans les Pays-Bas espagnols a largement contribué à attirer sur ce pays les foudres de Louis XIII. En éloignant la Reine-Mère, on supprime un sujet majeur de friction avec la France, et l'on aplanit les chemins de la paix. Puisque la Reine-Mère a encore un gendre complaisant et moins exposé aux représailles françaises en la personne de Charles Ier d'Angleterre, que ne se dirige-t-elle vers Londres ?

D'abord réticente, la Reine-Mère a fini par se laisser convaincre, et si elle a brusquement décidé de se rendre en Hollande alors qu'elle faisait route vers Spa, c'est parce qu'elle a craint que les hasards de la guerre, en la retenant plus longtemps qu'elle ne le voudrait dans cette ville d'eaux, ne risquent de retarder son voyage en Angleterre. Marie de Médicis n'a pas hésité, ce faisant, à mettre sa santé en péril, dans le seul but d'être agréable à ses protecteurs espagnols.

La manière dont ce manifeste explique les raisons de la Reine-Mère nous apparaît un peu ridicule. Et pourtant, ces raisons sont exactes, tout comme celles qu'énonçait la première lettre ouverte publiée à La Haye. Le fond des choses, c'est que le Cardinal-Infant n'a pas à l'égard de Marie de Médicis la même longanimité, la même patience admirative que l'Infante Isabelle. La Reine-Mère est de plus en plus encombrante. Le gouvernement des Pays-Bas espagnols, faute de pouvoir la chasser, s'efforce de l'habituer à l'idée du départ et de lui faire adopter d'elle-même cette résolution. Dans ce but, on lui rend la vie à Bruxelles progressivement plus difficile. On laisse se multiplier les tracasseries diverses. Manifestations désobligeantes, visites domiciliaires, retards de paiement systématiques de sa pension, jalonnent un processus délibéré de dégradation des conditions de séjour de la Reine-Mère dans les Pays-Bas espagnols.

Le soulagement qui se manifeste à Bruxelles dès qu'on apprend le passage de Marie de Médicis en terre hollandaise est infiniment révélateur. Pour avoir l'air grand seigneur jusqu'au bout, le Cardinal-Infant lui envoie ses compliments en lui adressant sa pension pour le mois en cours. Mais on s'empresse en même temps de faire place nette à Bruxelles. Les émigrés français sont invités à quitter le pays dans les plus brefs délais. Seuls le duc d'Elbeuf et Marguerite de Lorraine sont exceptés de cette mesure; tous les autres sont priés d'aller faire leur paix avec le cardinal, ou de se trouver une autre terre d'asile.

PASSAGE EN HOLLANDE.

Après sept années d'une hospitalité qui ne s'est jamais démentie, quels que soient les griefs, vrais ou supposés, que la Reine-Mère a pu mettre en avant, Marie de Médicis a donc décidé de quitter les Pays-Bas espagnols sans espoir de retour. Son départ a été aussi brusque et aussi imprévu que son arrivée en juillet 1631. La direction qu'elle a prise est tout aussi déconcertante : la Reine-Mère ne part ni pour la France, ni pour Aix-la-Chapelle où le Cardinal-Infant après Philippe IV aurait voulu la voir s'installer, ni pour Florence, dont le séjour lui est inlassablement recommandé par Louis XIII et par Richelieu, elle va chez les Hollandais en guerre contre ses protecteurs de la veille. Bois-le-Duc, où le prince d'Orange Frédéric-Henri de Nassau, l'homme qui a repris Breda aux Espagnols en 1637, vient d'arriver avec toute son armée, est la base d'une offensive décidée par les Hollandais contre la ville de Gueldre, que tiennent les troupes du Cardinal-Infant.

La destination choisie par Marie de Médicis est à peine moins surprenante que l'accueil que lui réservent ses nouveaux hôtes : voici en effet que ce petit peuple, farouchement protestant, en guerre depuis soixante-dix ans maintenant contre l'Espagne pour la défense de ses libertés et de sa foi, fait une réception triomphale à l'un des chefs les plus obstinés du parti catholique et pro-espagnol en France et en Europe !

Les Hollandais ne veulent voir en elle ni le pilier du clan pro-espagnol à Paris, ni l'adversaire de la politique d'équilibre européen défendue par Richelieu, ni la Reine dévote, amie des Jésuites et des congrégations religieuses. Marie de Médicis, mère et belle-mère de tant de Rois, reste à leurs yeux avant tout la veuve d'Henri IV, et c'est cela qu'on s'apprête à honorer dans un pays où les subtilités de la politique parisienne ne trouvent qu'un écho amorti.

Le prince d'Orange venait d'établir ses quartiers à Bois-le-Duc quand il apprend l'arrivée imminente de Marie de Médicis. Il remonte aussitôt à cheval, rassemble ses officiers, et, accompagné par sa femme la princesse d'Orange, s'avance à la rencontre de la Reine-Mère. Marie de Médicis était à une lieue de la ville quand elle voit venir à elle le brillant équipage du généralissime hollandais. Le prince d'Orange lui fait rendre les honneurs et s'avance à pied vers le carrosse de la Reine dont il ouvre lui-même la portière tandis que sa femme, à ses côtés, s'abîme dans une profonde révérence. La Reine-Mère, toujours aussi altière, accueille avec hauteur l'hommage du prince et de la princesse. Les officiers hollandais lui font une escorte triomphale, et c'est au milieu des acclamations, dans des rues bondées où les curieux sont à grand-peine maintenus par des détachements militaires, qu'elle entre à Bois-le-Duc.

Jusqu'à Amsterdam, son voyage est une suite d'entrées solennelles et de réceptions triomphales. La Reine apprécie comme il convient les hommages ainsi adressés à la veuve du Bon Roi. A Paris, il y a quelqu'un qui goûte assez peu cet enthousiasme, c'est Richelieu. Dès qu'il est informé du passage de Marie de Médicis en Hollande et de l'accueil qui lui a été réservé par le prince d'Orange, il exprime le 29 août au comte de Chavigny, chargé, avec son père, le secrétaire d'État Claude Bouthillier, de la correspondance diplomatique, le peu de plaisir qu'il en éprouve : « Je vous avoue que j'ai de la peine à digérer que le prince d'Orange ait reçu et favorisé le passage de la Reine sans en donner avis au Roi ni savoir si Sa Majesté l'agréerait ». Il est vraisemblable que le prince ne s'était pas posé de questions de ce genre, et que le départ de Marie de Médicis des Pays-Bas espagnols pour la Hollande et, de là, pour l'Angleterre, lui paraissait au contraire plutôt digne d'être salué et fêté.

Bien plus, le récit des malheurs de la Reine-Mère, dans la version qui est la sienne, émeut au plus haut point les Hollandais. On donne tort à l'ambassadeur de France à La Haye qui s'abstient de rendre visite à Marie de Médicis et refuse de rencontrer qui que ce soit de son entourage, on s'indigne de l'état de dénuement où elle se trouve. Les États-Généraux, instance suprême du gouvernement des Provinces-Unies, décident de prendre le relais du Roi d'Espagne et de subvenir aux besoins de la Reine. Ils vont même jusqu'à envoyer une note à Richelieu dans laquelle ils plaident pour le retour en France de Marie de Médicis : « Votre Éminence aura l'honneur et la gloire d'avoir contribué plus que personne à une cordiale et solide réunion entre le Roi et sa mère ». Il fallait vraiment être bien peu informé du contentieux entre Marie de Médicis d'une part, Louis XIII et Richelieu de l'autre, pour intervenir avec autant d'empressement.

Le cardinal prend mal la démarche des États-Généraux, qu'il trouve « assez impertinente », ajoutant que « ces bonnes gens parlent de ce qu'ils ne savent pas ». L'ambassadeur de France à La Haye reçoit instruction de faire à l'intention du gouvernement hollandais l'historique des relations entre la Reine-Mère et son fils, et d'expliquer les raisons pour lesquelles Louis XIII lui a conseillé de retourner vivre à Florence. Si les Hollandais veulent se rendre utiles, qu'ils confirment à Marie de Médicis que l'offre du Roi de lui donner, au cas où elle déciderait de s'établir en Toscane, tous les moyens d'y mener une existence honorable et délivrée de soucis, est toujours valable. Une chose est sûre : il n'est pas question de laisser Marie de Médicis revenir en France, car « Sa Majesté aime sa personne mais l'expérience lui a fait connaître qu'elle en doit appréhender les humeurs, et particulièrement celles des mauvais esprits qui sont auprès d'elle ». Richelieu chargeait également l'ambassadeur de décrire par le menu les intrigues et les complots dont la Reine-Mère avait été l'âme en accord avec les Espagnols, à la fois par animosité envers le cardinal et par opposition à l'égard de la politique d'équilibre européen menée par le gouvernement de Louis XIII.

Il n'en faut pas plus pour refroidir les sympathies que Marie de Médicis s'était acquises. Ses familiers ne se montrent d'ailleurs pas très adroits en insultant lourdement le premier ministre du Roi de France. Les attaques systématiques de Fabroni et Le Coigneux contre Richelieu indisposent les Hollandais qui voient dans le cardinal un allié certes incommode, mais fidèle et infiniment précieux pour la sécurité et la défense de l'indépendance des Provinces-Unies. Puis, le militantisme catholique de la petite troupe apparaît quelque peu agressif ; on commence à se rendre compte que la veuve d'Henri IV est loin de partager l'esprit de tolérance qui animait feu son mari.

Les problèmes d'argent de la Reine font bientôt déborder la coupe. La pension que lui versait le Cardinal-Infant a été payée ponctuellement – pour une fois ! – pour le terme d'août. Le mois de septembre est pris en charge par les États-Généraux, mais ceux-ci s'aperçoivent que le train de vie de Marie de Médicis est fort onéreux. Sa Maison, ses cadeaux, les envois de messagers dans toutes les Cours d'Europe, coûtent cher aux graves marchands d'Amsterdam, qui commencent à faire la grimace. Elle avait annoncé son intention de partir en Angleterre ? On la presse maintenant de mettre son projet à exécution. La mauvaise saison, de l'avis des Hollandais, ne constitue pas un motif suffisant pour retarder son voyage.

Dans les derniers jours d'octobre 1638, on lui trouve un bateau prêt à effectuer la traversée. Marie de Médicis est conduite à La Haye et promptement embarquée. Il y avait deux mois et demi seulement qu'elle avait franchi la frontière entre les Pays-Bas espagnols et les Provinces-Unies. Le séjour en Hollande n'avait jamais été dans l'esprit de la Reine-Mère autre chose qu'une étape avant l'Angleterre, mais la chaleur de l'accueil initial et les acclamations qui l'avaient accompagnée tout au long du chemin de Bois-le-Duc à Amsterdam, pouvaient faire espérer un départ moins précipité et moins morose.

HENRIETTE MA FILLE.

Dans sa recherche d'un asile, Marie de Médicis mettait tout naturellement l'Angleterre en tête de ses objectifs. Charles Ier est en effet le seul gendre qui lui reste après Philippe IV d'Espagne, le duc de Savoie Victor-Amédée étant mort l'année précédente.

Certes, les finances de la couronne d'Angleterre sont en crise permanente, mais la Reine-Mère doit se dire que ce n'est pas la charge supplémentaire représentée par son entretien qui risque de peser sensiblement sur le budget du pays. Par ailleurs, les relations entre Londres et Paris sont redevenues étroites, après la crise traversée quelques années plus tôt. Buckingham, qui avait inspiré et dirigé le débarquement anglais dans l'île de Ré et les expéditions de secours à La Rochelle, est mort assassiné quelques mois avant la reddition de la ville. Sa disparition, jointe à l'achèvement des guerres menées par Louis XIII contre les huguenots, a favorisé un rapprochement entre les deux gouvernements. La lutte qui fait rage sur le continent, et dans laquelle le Roi de France est directement engagé depuis qu'il a déclaré la guerre à l'Espagne en 1635, ne peut que fortifier son entente avec l'Angleterre. Marie attend beaucoup par conséquent d'une intervention diplomatique de Charles Ier auprès de Louis XIII pour fléchir son fils et l'amener à plus de compréhension à son égard.

Pourquoi Marie de Médicis écarte-t-elle a priori l'idée d'aller en Savoie ? Victor-Amédée, le mari de Christine, est mort le 8 septembre 1637, et sa veuve se débat dans une régence difficile. La pauvreté de la Savoie est par ailleurs bien connue. Enfin, aux yeux de la Reine-Mère, le séjour de Chambéry ou de Turin présente l'inconvénient majeur d'être dangereusement près de Florence, où Louis XIII et Richelieu voudraient la voir s'établir.

Du reste, Marie de Médicis est loin d'avoir avec Christine des relations aussi étroites que celles qu'elle entretient avec Henriette. De même que Gaston, parmi ses fils, a toujours été son préféré, c'est Henriette qui, de ses trois filles, est celle dont elle se sent la plus proche. Elle est à la fois la plus jeune et celle qui a vécu le plus longtemps avec sa mère. Petite fille, elle n'intéressait pourtant pas beaucoup Marie de Médicis. La Reine avait sur les bras les soucis de la régence, et laissait Madame de Montglat dispenser ses soins, comme elle le fait depuis la naissance de Louis XIII, aux enfants royaux. Henriette, qui est née en novembre 1609, fait de temps en temps son apparition à l'occasion d'une cérémonie publique ou d'un spectacle, mais la Reine-Régente, jusqu'à son éviction en avril-mai 1617, lui accorde à peine un regard de loin en loin. Au moment de partir en exil à Blois, Maris de Médicis a demandé à Louis XIII de laisser Christine et Henriette ou l'une des deux seulement, venir vivre avec elle ; Louis XIII ayant refusé, la Reine-Mère ne reverra sa plus jeune fille qu'après la Deuxième Guerre de la Mère et du Fils, à la fin de l'été 1620. Et là, elle découvre littéralement l'existence d'Henriette, la dernière de ses filles qui reste à la Cour de France après le mariage d'Elisabeth en 1615 et celui de Christine quelques mois avant le retour de Marie à Paris. Elle se penche sur son éducation, sur ses pratiques religieuses, ses toilettes, ses lectures, avec une sollicitude à laquelle aucun des autres enfants n'a jamais eu droit.

Le mariage avec Charles Ier en 1625 remplit de fierté son cœur de mère, mais la séparation la déchire à un degré surprenant chez cette femme qui n'a guère donné jusqu'ici l'impression de ressentir très profondément les joies et les tourments d'un sens maternel développé. Elle s'est beaucoup occupée avec Bérulle, le fidèle entre les fidèles, des négociations matrimoniales. Elle a pris soin des moindres détails de l'existence quotidienne de la jeune Reine d'Angleterre, du règlement de sa Maison, du choix de son entourage. Bérulle part quelques mois à Londres pour mettre les choses en place dans les premiers temps du mariage. La Reine-Mère écrit à sa fille des lettres nombreuses et parfois incroyablement longues et prolixes. Le style ne brille pas par la simplicité. Le ton ampoulé, grandiloquent, est sans doute celui qui correspond à l'idée que Marie de Médicis se fait de son personnage de Mère, mais à travers les formules conventionnelles on sent quand même passer une certaine forme d'affection.

La lettre que Marie de Médicis adresse à Henriette le 15 juin 1625 à Amiens, au moment de quitter sa fille, mérite d'être citée. Imprimée, elle couvre sept pages en petits caractères ; c'est presque une dissertation, et nous savons que Bérulle et Richelieu ont fourni des notes pour ce morceau d'éloquence maternelle où Marie de Médicis voulait rassembler d'ultimes conseils à Henriette. Tous les éléments de l'image que la Reine-Mère souhaitait donner d'elle-même au regard de l'opinion et de l'Histoire, tous les thèmes de son discours habituel, sont là : Marie dans son rôle de Veuve du Bon Roi Henri, Marie dans son rôle de Régente, Marie dans son rôle de mère, Marie comme Blanche de Castille, Marie défenseur de la foi catholique.

« Ma fille, vous séparant de moi, je ne me puis séparer de vous ; et je vous conserve en mon cœur, en mon sein et en ma mémoire, et veux que ce papier vous demeure comme un mémorial de ce que je vous suis, et que suppléant à mon absence, il vous parle pour moi, lorsque je ne pourrai plus vous parler moi-même ».

Quelle grandiloquence ! Marie de Médicis invoque ensuite la mémoire d'Henri IV :

« Si le feu Roi votre père vivait encore, vous donnant sa bénédiction, il vous tiendrait ces propos, mais hélas ! il n'a pas eu ce loisir, et il ne peut plus vous parler que par ma bouche qui a conservé son affection et ses sentiments vers vous ».

Voici maintenant Saint-Louis et l'ombre de Blanche de Castille :

« Vous êtes petite fille de Saint-Louis. Je veux que vous receviez de moi en ce dernier adieu la même instruction qu'il recevait souvent de sa mère, laquelle lui disait qu'elle aimait mieux le voir mourir que de le voir offenser celui qui est notre Dieu, notre tout et notre vie. »

Soyez bonne catholique, ma fille, et un vaillant défenseur de la foi :

« Fréquentez les sacrements, ce sont les aliments de la grâce, et communiez tous les premiers dimanches du mois, toutes les fêtes de Notre-

Seigneur Jésus-Christ et celle de sa Sainte Mère, à laquelle je vous exhorte d'avoir une dévotion toute particulière... Ayez soin de protéger envers le Roi votre mari les pauvres catholiques affligés ».

Le comportement à observer vis-à-vis du mari fait l'objet de quelques recommandations. Elles ne manquent pas de sel quand on pense à ce qu'a été la vie de Marie de Médicis : « Votre soin » dit-elle à sa fille « doit être de l'aimer et honorer, et non pas de régner ». Marie de Médicis serait-elle en train de dresser sa statue face à l'éternité ? On pourrait le croire en lisant la suite : « N'oubliez pas l'exemple et les instructions que vous en avez de moi. Soyez un exemplaire d'honneur, de vertu, de modestie ; que votre port, votre regard, votre maintien ressente l'honnêteté, la pudicité, la débonnaireté même, et en un mot la dignité de votre naissance. Ayez une douceur accompagnée d'une gravité royale [2] ».

Dix-huit mois plus tard, Marie de Médicis adresse à Henriette une lettre plus courte et un peu moins apprêtée. Même si elle ne peut s'empêcher de lui écrire dans ce « style noble » qu'elle doit certainement trouver convenable pour correspondre entre Mère et Fille, il y a dans ces quelques lignes un incontestable accent de sincérité :

« Ma fille. Ce seul mot me perce le cœur, et m'attendrit si fort que je ne pourrais passer outre, si je ne faisais force à moi-même, surmontant ma douleur par un nouvel amour vers vous et par le désir que j'ai de m'entretenir avec vous. Ma fille donc et ma très chère fille, ne soyez jamais capable de croire que je puisse vous mettre en oubli... Les sentiments de la nature et les devoirs de la grâce se rencontrent dans un même effet et me portent conjointement à renouveler et accroître de jour en jour mon affection vers vous ».

La lettre, qui développe ensuite un certain nombre de considérations diverses, se termine par un appel à la piété. En invitant sa fille à pratiquer plus particulièrement la dévotion à l'égard de la Vierge (donc à mettre en avant l'un des points qui distinguent les catholiques des protestants), Marie de Médicis insiste sur ce rôle de paladin de la foi romaine qu'elle revendique pour elle-même et qu'elle voudrait voir assumer aussi par Henriette :

« Souvenez-vous chaque jour que Jésus-Christ Notre-Seigneur est mort pour vous donner la vie. Il est votre Sauveur et votre Dieu ; il est votre salut, votre garde et votre refuge en toutes vos nécessités. Recourez à lui et l'invoquez souvent, et recourez aussi à sa très sainte Mère la Vierge Marie, de laquelle vous portez le nom [3], et à laquelle je vous exhorte de continuer la piété et dévotion qui vous a été enseignée. Je vous en ai donné l'exemple et vous savez la dévotion que je lui ai.

2. Lettre de Marie de Médicis à Henriette d'Angleterre du 15 juin 1625.
3. Henriette se prénomme Henriette-Marie.

Adieu, ma fille, adieu et soyez à Dieu pour jamais. Votre bonne Mère [4] ».

Charles Ier vient galamment accueillir sa belle-mère à Gravesend, où elle a abordé après sept jours d'une traversée mouvementée, que la tempête a rendue fort éprouvante. Le Roi était pourtant loin d'être enchanté de l'arrivée de Marie de Médicis, et il avait accusé en termes vifs la duchesse de Chevreuse, qui n'y était pour rien, de l'avoir invitée.

Cachant son déplaisir, il escorte la Reine-Mère jusqu'aux portes de Londres et, le 5 novembre 1638, réserve à Marie de Médicis les honneurs d'une entrée solennelle dans sa capitale. C'est la dernière fois qu'elle en goûtera l'ivresse.

Un appartement a été aménagé à son intention au Palais Saint-James ; le mobilier est italien, et de belles tapisseries ornent ses murs. Le Roi assure à la Reine-Mère une pension de 100 livres sterling par jour, mais Marie de Médicis ne souhaite pas s'éterniser. Son but reste le retour en France, et elle compte sur l'appui de Charles Ier pour l'aider à obtenir de Louis XIII l'autorisation de revenir.

Affronts et rebuffades.

Le 5 septembre 1638 naît Louis-Dieudonné, fils aîné de Louis XIII et d'Anne d'Autriche, le futur Louis XIV. Marie de Médicis est en Hollande et Louis XIII demande à Richelieu quelle attitude il lui conseille d'observer à l'égard de sa mère en des circonstances aussi heureuses pour la famille royale et pour l'avenir de la dynastie. Richelieu, dans une note de quelques lignes sèches et sans fioritures, recommande au souverain de n'envoyer ni messager ni lettre pour annoncer la nouvelle à Marie de Médicis. Et si elle envoie elle-même un messager pour féliciter le Roi, que faut-il faire ? Le Roi doit le recevoir une seule fois et le charger verbalement de remercier sa mère. En apprenant par la voie publique la naissance de son petit-fils, Marie de Médicis se sent tellement blessée qu'elle n'adressera aucun message à Louis XIII. Parvenue à Londres, elle se trouve dans la capitale anglaise au moment où arrive un ambassadeur extraordinaire de Paris, chargé de faire part de l'heureux événement à Charles Ier et Henriette d'Angleterre ; l'ambassadeur avait été dûment chapitré avant de partir afin de se garder d'aller voir la Reine-Mère et d'éviter aussi soigneusement que possible de la rencontrer, fût-ce par hasard.

L'ambassadeur ordinaire de France à Londres, Monsieur de Bellièvre, avait demandé, dès qu'on avait parlé au mois d'août des projets de voyage en Angleterre de Marie de Médicis, quelle attitude le gouvernement lui commandait d'observer vis-à-vis de la Reine-Mère quand

4. Lettre de Marie de Médicis à Henriette d'Angleterre du 9 janvier 1627.

elle serait sur place. Le 3 septembre, une lettre très détaillée du Roi lui donne les instructions à suivre : « Il est à propos lorsqu'elle sera arrivée, que vous la voyiez chez elle et lui fassiez entendre que vous êtes trop assuré du respect que je lui porte pour douter que je ne trouve bon que vous lui rendiez ce devoir, et après cela vous ne retournerez plus chez elle [5] ». Défense également de rencontrer les familiers de la Reine. En revanche, l'ambassadeur doit s'efforcer de deviner les sentiments d'Henriette, et a pour consigne d'en rendre compte avec la plus grande diligence à Louis XIII.

Monsieur de Bellièvre observe point par point les consignes ; il rend protocolairement visite à Marie de Médicis, puis s'abstient de tout autre contact. La Reine-Mère en conçoit un vif déplaisir, et obtient de sa fille et de son gendre qu'ils lui ménagent une entrevue avec l'ambassadeur. Le 21 décembre, en sortant d'une audience que Charles Ier lui avait accordée, Bellièvre tombe littéralement sur Marie de Médicis dans l'une des galeries du Palais. Elle lui dit que « depuis plusieurs années elle avait employé tous les moyens imaginables pour faire entendre au cardinal de Richelieu le désir qu'elle avait de rentrer en France, ce qu'elle ne prétendait faire que par son entremise, et qu'elle n'avait jamais obtenu d'autre réponse que celle par laquelle on lui proposait de se retirer à Florence, ce à quoi elle avait depuis longtemps témoigné ne pouvoir consentir. Que les sentiments qu'elle avait eus pendant qu'elle était en France étaient bien changés depuis qu'elle en était sortie, qu'elle conjurait le cardinal de la tirer de la misère où elle se trouvait réduite et de la nécessité de mendier son pain, que son seul désir était de se trouver près du Roi, ou tout au moins en France, qu'elle ne se mêlerait plus d'affaires et ne songerait qu'à se bien préparer à la mort ».

Après avoir respectueusement écouté la tirade de la Reine-Mère, Bellièvre lui indique qu'il n'a pas le droit d'en faire part au Roi et à Richelieu. Marie de Médicis lui répond non sans humour qu'elle connaît les usages des ambassadeurs pour les avoir vus pratiquer dans le temps où elle était Régente et qu'elle sait bien qu'il répétera ses propos par le menu à Paris bien qu'il ait eu instruction de ne pas la rencontrer car le devoir d'un diplomate est de rendre compte de tout à son gouvernement. L'ambassadeur ne peut se défendre d'un certain sourire. Il devait effectivement rapporter cette conversation par une longue lettre à Louis XIII en date du 25 décembre.

Dans le courant du mois de janvier 1639, le Roi donne communication au Conseil de la dépêche de son ambassadeur à Londres. Il la commente assez longuement en soulignant qu'à son grand regret il ne peut avoir aucune confiance dans les assurances de sa mère étant donné la dissimulation dont elle a fait preuve à son égard dans tant de circons-

5. *Lettre du Roi à Monsieur de Bellièvre,* le 3 septembre 1638.

tances. Du reste, on connaît son inclination pour l'Espagne et le Roi ne doute pas un seul instant qu'elle ne se mette, dès son retour en France, à intriguer avec Madrid. La situation intérieure du royaume est telle que Marie de Médicis deviendrait par sa seule présence un point de ralliement pour tous les mécontents, et on peut être certain qu'elle n'hésiterait pas un instant à jouer ce rôle avec la plus grande ardeur. Pour conclure, Louis XIII confirme qu'il maintient l'offre qu'il lui a déjà faite d'aller s'établir à Florence, où il lui assurera de quoi vivre selon son rang.

La réponse de Louis XIII, approuvée par le Conseil, fait l'objet d'une note envoyée à Monsieur de Bellièvre que ce dernier est chargé de communiquer à la Reine-Mère. Marie de Médicis ne se laisse nullement décourager et obtient de Charles Ier qu'il adresse un ambassadeur extraordinaire à Paris pour plaider sa cause auprès du Roi afin d'obtenir de meilleures propositions de sa part. Charles Ier accepte d'envoyer Lord Jermyn, qui connaissait le cardinal pour avoir déjà eu l'occasion de se rendre en France. Une lettre du Roi d'Angleterre précise la mission dont il est chargé : Lord Jermyn devait demander à Louis XIII « qu'il lui plût de permettre le retour de la Reine sa mère dans le royaume et de lui laisser la libre jouissance de tout le bien dont elle jouissait avant sa sortie, ou au moins lui envoyer à Londres de quoi vivre et s'entretenir selon sa qualité ». On le voit, Charles Ier ne se faisait guère d'illusion sur ses chances d'arracher à Louis XIII l'autorisation de faire revenir Marie de Médicis en France, et, se résignant à l'idée de devoir la garder à Londres, il souhaitait au moins que le Roi de France subvienne à ses besoins.

Afin de mettre le maximum d'atouts dans son jeu, Charles Ier avait confié à Lord Jermyn deux missives destinées à Richelieu. Henriette écrivait au cardinal pour lui recommander personnellement d'accorder bienveillance et attention à la requête dont l'ambassadeur extraordinaire était dépositaire. Quant à Marie de Médicis, elle insistait dans une lettre pressante au cardinal sur son désir d'effacer le passé et de ne devoir son retour en France qu'à l'intervention de Richelieu et de lui seul.

Lord Jermyn quitte l'Angleterre au début du mois de mars 1639. Richelieu le reçoit dès son arrivée avec toutes les civilités nécessaires et le remercie du message de Charles Ier et des deux lettres qu'il lui remet. Il ajoute que « la plus grande joie qu'il pût avoir au monde serait de revoir sa bonne maîtresse et de rentrer dans ses bonnes grâces » et promet, au terme de l'audience, de communiquer à Louis XIII et au Conseil l'ensemble du dossier.

Richelieu devait tenir parole. Il lui importait de toute façon de ne pas paraître décider seul dans une matière qui le touchait aussi personnellement et qui concernait également au premier chef les membres de la famille royale. Il savait fort bien qu'Henriette, comme les autres enfants de Marie de Médicis, excepté Louis XIII, le détestait. Le cardinal tenait donc à s'entourer d'un maximum de précautions avant de transmettre au Roi d'Angleterre la réponse officielle du gouvernement français. Il adresse à cet effet aux ministres un questionnaire en quatre points auquel chacun doit répondre par écrit. Voici ces questions :

« 1° Si le retour de la Reine-Mère est utile à la personne du Roi et à celle de Monsieur le Dauphin et s'il se peut faire avec avantage pour l'État, ou si ledit retour doit être considéré comme préjudiciable à tous les trois ou à l'un d'eux.

2° Au cas que ledit retour soit jugé utile, savoir en quel lieu doit être la demeure de ladite dame Reine.

3° Si aussi il est jugé préjudiciable, savoir s'il est à propos de faire quelque action qui puisse donner lieu de l'espérer, soit aux étrangers soit à ceux qui sont partisans de ladite dame Reine en ce royaume, ou par affection qu'ils lui portent ou par aversion qu'ils ont à la prospérité des affaires du Roi, et s'il faut ouvrir quelque négociation en suite de laquelle ledit retour puisse être demandé.

4° Savoir enfin comme il faut répondre aux Anglais qui demandent qu'on laisse à la Reine la jouissance du bien qu'elle possédait auparavant qu'elle partît de la France, ou du moins qu'on lui donne de quoi vivre à Londres selon sa qualité ».

Les réponses des ministres sont unanimes. Le Chancelier Séguier fait une analyse du caractère de Marie de Médicis qui conclut à l'impossibilité pour Louis XIII de prendre le risque de son retour en France : « Il ne faut point se flatter ; la Reine-Mère porterait impatiemment dans son retour de se voir éloignée des affaires ; elle a toujours témoigné un grand désir de gouverner ; la passion de commander ne s'affaiblit point : elle agit encore plus puissamment dans l'esprit des Grands ; ils croient que c'est un apanage de leurs conditions. Que si, lorsqu'elle sera rentrée dans l'État, elle donne mécontentement au Roi, je demanderais volontiers quels conseils l'on pourra prendre pour opposer à ses mauvaises intentions ? Sera-ce de l'éloigner et la faire sortir du royaume, ou de l'arrêter dans une maison particulière ?... Il est de la prudence dans la juste crainte de lui fermer l'entrée du royaume puisqu'elle en est sortie volontairement, plutôt que de se mettre au hasard de voir le Roi obligé de l'éloigner ». En d'autres termes, les mêmes causes produisant les mêmes effets, la Reine-Mère ne pourra s'empêcher de recommencer ses intrigues et de troubler gravement la paix civile. Elle a rendu à Louis XIII l'immense service de quitter le royaume. Ce serait une grave erreur de l'y faire rentrer dès lors qu'on se verrait rapidement confronté à la nécessité soit de l'exiler en province, soit de la reconduire hors des frontières contre son gré et par violence.

Le Chancelier développe également un autre argument qui tient à la mauvaise santé du Roi. On ne peut exclure en effet que Louis XIII vienne à mourir avant que son fils ait atteint l'âge de gouverner par lui-même. Si Marie de Médicis se trouve dans ces circonstances en France, « elle se persuaderait peut-être qu'elle devrait avoir le gouvernement, ou du moins en partage l'autorité, et dans ces diverses prétentions les Grands prendraient parti, les factions se formeraient, dans lesquelles les étrangers se pourraient mêler ». On comprend que les leçons de la régence de Marie de Médicis ne soient pas oubliées, et que le Chancelier Séguier hésite à proposer une solution qui favoriserait le renouvellement des troubles auxquels elle a donné lieu.

Le secrétaire d'État Sublet de Noyers est moins circonstancié que son collègue le Chancelier, mais tout aussi net sur les réponses à apporter au questionnaire. Il considère « que le retour de la Reine-Mère est entièrement contraire au bien de l'État ; que pour couper chemin aux desseins que les ennemis du dedans et du dehors pourraient former sur iceluy [c'est-à-dire « sur celui-ci »], il ne doit être mis en négociation ». Monsieur de Noyers apprécie d'ailleurs assez peu, semble-t-il, l'intervention de Charles Ier dans des affaires qui concernent le Roi de France, et son mémorandum comporte quelques lignes acides à ce sujet : « Que le Roi d'Angleterre sera remercié des offices qu'il a voulu rendre à la Reine-Mère, est cependant prié de ne s'entremettre à l'avenir des affaires domestiques de Sa Majesté, étant bien raisonnable que chacun règle les affaires de sa maison ainsi qu'il le juge à propos, et non au goût d'autrui ».

Puisque les ministres sont tous d'accord pour refuser le retour de Marie de Médicis en France, quelle solution souhaitent-ils voir adopter en ce qui concerne ses besoins matériels ? Là encore, l'unanimité règne : ils estiment que la Reine Mère ne saurait attendre aucune aide de la part de Louis XIII aussi longtemps qu'elle ne sera pas repartie s'établir à Florence. Le jour où elle consentirait à cette proposition qui lui a déjà été maintes fois présentée, elle recevrait, pour soutenir un train de vie digne de son rang, les mêmes revenus que ceux dont elle jouissait en France.

Tel est le sens de la réponse que Louis XIII remet à Lord Jermyn en le recevant début avril à Paris. Remerciant le Roi et la Reine d'Angleterre de leurs bons offices, il leur demande en termes diplomatiques de ne plus se mêler d'un problème qui concerne le Roi de France. Il confirme qu'il n'a pas l'intention de laisser Marie de Médicis revenir en France étant donné toutes les intrigues qu'elle a menées, les entreprises dont elle s'est rendue coupable contre le royaume et les alliances qu'elle n'a pas hésité à conclure avec les ennemis déclarés de la France ; peut-être à la rigueur acceptera-t-il de revoir sa position le jour où le retour de la paix rendrait la présence de la Reine-Mère sur le territoire national moins dangereuse qu'elle ne l'est pour le moment. En ce qui concerne les secours demandés, il n'est pas question de payer quelque argent que ce soit aussi longtemps que Marie de Médicis se trouvera à Londres.

Angleterre. Avant la Révolution.

La mission de Lord Jermyn ayant totalement échoué, Marie de Médicis se résigne à organiser du mieux qu'elle peut son existence en Angleterre. Elle effectue de courtes promenades autour de Londres, voit sa fille quotidiennement pour d'interminables conversations sur la méchanceté de Richelieu et le malheur des temps. Plus que jamais, la Reine-Mère se confit en dévotions. La difficulté de pratiquer le culte catholique dans le climat qui règne alors en Angleterre semble l'exalter. Marie de Médicis, sans le vouloir certainement, fait de chaque messe une manière de provocation à l'égard de la sensibilité protestante. La chapelle de son appartement offre quelque ressemblance avec l'Église des Catacombes, et les intempérances de langage de la Reine effraient jusqu'au plus intrépide de ses familiers.

Charles Ier n'a nul besoin de cette présence compromettante dans la phase critique que traverse alors son gouvernement, en butte à l'opposition résolue du Parlement de Londres et à de graves problèmes religieux qui dégénèrent en guerre civile, notamment en Écosse.

Le Parlement anglais n'a que de lointaines similitudes avec les Parlements français. Il faudrait plutôt le comparer à nos États-Généraux : il représente en effet une assemblée générale de la nation anglaise, qui ne siège que lorsque le souverain décide de la convoquer. Les députés, élus comme en France sur une base territoriale, sont répartis en deux Ordres, et non trois, la Chambre des Lords (qui rassemble les représentants de la Noblesse et ceux du Clergé) et la Chambre des Communes (qui correspond au Tiers-État). Comme en France, les Ordres siègent séparément et, comme en France, leurs vœux, pour être pris en considération par le Roi, doivent être formulés dans les mêmes termes par chacune des Chambres.

La couronne d'Angleterre s'efforce de ne convoquer le Parlement que lorsque les circonstances, c'est-à-dire les besoins financiers, l'exigent. La pénurie d'argent est chronique. L'Angleterre est un petit pays de 4 millions d'habitants, dont le commerce maritime se développe, mais qui doit faire face à des conflits perpétuels : guerres en Europe aux côtés des puissances protestantes, guerres contre la révolte endémique des Irlandais que le gouvernement de Londres n'a que très imparfaitement soumis à l'autorité royale, guerres religieuses à l'intérieur. La religion officielle est l'anglicanisme depuis Henri VIII ; elle est sans cesse menacée, pourrait-on dire, sur sa droite et sur sa gauche : à droite par le catholicisme, qui ne renonce pas à ramener le Roi dans le giron de l'Église apostolique et romaine ; à gauche par des variétés de protestantisme plus radicales, comme les presbytériens en Écosse et les puritains en Angleterre.

Le rôle du Parlement s'appuie sur une donnée simple : la couronne n'a pas le droit de lever d'impôts nouveaux sans son consentement. Le pouvoir de blocage financier dont il dispose ainsi constitue un puissant levier pour déborder sur le domaine politique. Le Parlement prétend discuter avec le Roi du bien-fondé des sommes accordées. Ses sessions sont toujours l'occasion de sévères affrontements avec le souverain, d'autant plus que la majorité des membres des Communes se recrute dans la petite bourgeoisie urbaine ; particulièrement sensible à l'influence puritaine, elle éprouve une méfiance instinctive à l'égard des pompes épiscopales de l'Église anglicane. Charles Ier, élégant, chevaleresque (ses partisans seront surnommés les « Cavaliers »), marié de surcroît avec une princesse catholique, leur est a priori suspect.

De criants besoins d'argent avaient obligé Charles Ier, devenu Roi en mars 1625, à convoquer le Parlement pour le 18 juin de la même année. Il réussit à s'en débarrasser le 12 août, mais ne peut éviter d'en réunir un autre quelques mois plus tard, qui siégera du 6 février au 15 juin 1626. Pour être agréable à son opinion publique, et sous la pression de son favori, Buckingham, Charles Ier décide en 1627 l'expédition de l'île de Ré ; il chasse en même temps la suite catholique d'Henriette, accusée de faire montre d'un zèle intempestif et de s'être constituée en un centre de conspirations papistes. Les déboires du débarquement de l'île de Ré obligent le Roi à convoquer un troisième Parlement en mars 1628 ; il siégera avec des interruptions diverses jusqu'en mars 1629. Les événements justifient cette session prolongée : la flotte de secours arrivée en mai 1628 à La Rochelle n'a rien pu faire. A la fin de l'été, une troisième expédition quitte Portsmouth ; le 23 août 1628, quelques jours avant le départ de la flotte, Buckingham est assassiné par un puritain fanatique, Felton ; la flotte part sans lui mais quand elle arrive à La Rochelle, l'amiral qui la commande ne peut que conseiller aux survivants du siège de se rendre. Trois expéditions pour rien, le trésor public ruiné ! On incrimine Buckingham (mais il est mort), le Roi, l'incapacité des chefs militaires. Au milieu de la confusion, Charles Ier réunit de nouveau le Parlement en janvier 1629. Excédé par les remontrances, il le dissout en mars.

Charles Ier va gouverner onze ans sans Parlement. Des expédients lui permettent de tenir. On pressure l'Irlande, où la levée des impôts n'est pas soumise à autorisation du Parlement ; Strafford, qui s'en charge avec brutalité, y gagne une exemplaire impopularité. On exige le *ship money,* imposition en argent remplaçant la contribution en navires que les ports du royaume sont tenus de fournir pour les besoins de la flotte. Aussi longtemps que des dépenses exceptionnelles ne viennent pas grever le budget, une certaine forme d'équilibre peut subsister.

Au moment où Marie de Médicis se rend en Angleterre, la fragile trêve entre le Roi et la majorité de son peuple vient de se rompre. Charles Ier, qui a pris goût à l'exercice d'une autorité sans partage, s'est mis en tête de lutter contre les puritains. En 1637, l'archevêque de Canterbury, Laud, l'un des favoris du souverain, a mis au point un nouveau livre de prières que l'on décide d'imposer à tous les fidèles. En Écosse, où la sensibilité presbytérienne domine largement, de graves troubles se produisent dès l'été 1638 et la courte guerre qui se déroule de mai à juin 1639, dite « première guerre des évêques », menée avec des forces insuffisantes, s'achève par la signature d'une paix humiliante pour le Roi.

Charles Ier n'a plus d'argent, et doit se résoudre, malgré Henriette et ses favoris, Strafford et Laud, partisans de l'absolutisme royal, à convoquer à nouveau le Parlement au mois d'avril 1640 ; le conflit éclate aussitôt et le Roi, dès le mois de mai, dissout ce Parlement qui restera dans l'histoire sous le nom de « Court Parlement ». Mais la « deuxième guerre des évêques » a éclaté sur ces entrefaites, et l'armée de Charles Ier, dont les soldats se débandent faute d'être payés, est battue le 28 août 1640 à Newburn. Le Roi convoque à nouveau le Parlement, qui ne se séparera plus jusqu'à la guerre civile, à la capture et à l'exécution de Charles Ier en 1649 : ce sera le « Long Parlement ». Le Roi doit céder à plusieurs exigences des députés : il abolit certains tribunaux royaux d'exception, reconnaît l'illégalité du *ship money,* et accepte d'instituer des sessions régulières du Parlement. Strafford est traduit en justice.

Dans la situation de pénurie chronique qui est celle de ses finances, Charles Ier a cessé de payer la pension de Marie de Médicis. Il voudrait bien d'ailleurs que celle-ci reparte sur le continent. Mais la Reine-Mère se trouve satisfaite en Angleterre. Elle se donne l'illusion d'exister et participe un peu, auprès de sa fille Henriette, à l'activité politique fébrile qui règne alors. Elle s'indigne avec Charles Ier et Henriette des conseils que Richelieu a osé donner au Roi l'engageant à se réconcilier avec ses sujets révoltés d'Écosse. Elle essaie de pousser la cause du catholicisme. Son favori Fabroni intrigue vaguement. Elle est en fait dépassée par les événements et aboutit seulement à provoquer peu à peu un agacement croissant dans l'opinion ainsi que chez le Roi et la Reine.

Le manque d'argent est toujours son problème. Au début de 1641, Marie de Médicis est obligée de s'humilier pour solliciter un secours de la France. Elle envoie à Paris l'un de ses fidèles, son aumônier le Père Bonnefons, qui avait été le confesseur de la nièce de Richelieu, Madame de Combalet (devenue ensuite duchesse d'Aiguillon par son éphémère mariage avec Puylaurens). Il est chargé de supplier l'ancienne Dame d'atour de la Reine-Mère d'intervenir auprès du cardinal. Madame de Combalet voudrait faire recevoir le Père Bonnefons par Richelieu mais celui-ci refuse et demande à sa nièce de servir d'intermédiaire. Au récit de la détresse de Marie de Médicis, Richelieu décide de lui remettre 100 000 livres. Le Père Bonnefons a, pour le cardinal, une lettre de la

Reine-Mère, dans laquelle celle-ci lui propose l'oubli du passé et l'informe qu'elle est maintenant décidée à se rendre à Florence. Richelieu promet, si la Reine persiste dans son intention, de lui faire parvenir une autre somme de 100 000 livres pour ses frais de voyage et de lui assurer une pension annuelle de 300 000 livres dès son arrivée à Florence.

A la fin du mois de mars 1641, tandis que l'on transfère à Londres les 100 000 livres accordées par le cardinal, une correspondance active s'engage entre Richelieu, le secrétaire d'État aux affaires étrangères Chavigny, l'ambassadeur de France à Londres, et le Père Suffren, confesseur de Marie de Médicis, resté à ses côtés. Richelieu demande au Père Suffren de remercier Marie de Médicis de sa lettre, et précise à Chavigny l'itinéraire qu'il voudrait voir suivre par la Reine entre Londres et Florence : voyage par mer jusqu'à Rotterdam ; remontée du Rhin en bateau jusqu'à Cologne et de là jusqu'à Brisach et Bâle ; voyage en litière de Bâle à Constance ; trajet en litière de Constance à l'Italie du Nord, voyage en bateau jusqu'à Venise, en bateau encore de Venise à Bologne, et en litière de cette ville jusqu'à Florence.

Le cardinal apprend avec un vif déplaisir sur ces entrefaites que la plus grande partie de la somme adressée à Marie de Médicis a été accaparée par Fabroni. Sur 100 000 livres, 9 000 ont été utilisées pour dégager quelques bijoux que Marie avait dû donner en garantie, 6 000 ont permis de payer des arriérés de gages, et 85 000 sont allées dans la poche du favori. Fabroni, en outre, a l'audace d'adresser à Madame de Combalet un mémoire dans lequel il demande qu'en plus des 300 000 livres de pension annuelle proposées par le cardinal on verse à la Reine-Mère les revenus de son douaire. Richelieu défend alors à sa nièce de continuer à s'occuper de cette affaire et fait renvoyer le Père Bonnefons en Angleterre en le chargeant de dire à Marie de Médicis et à son entourage que, depuis la tentative de Monsieur de La Louvière sur Rue et Ardres, ces revenus sont consacrés à renforcer les garnisons des places de la frontière.

Les pourparlers sont rompus alors que la situation politique s'est brutalement aggravée en Angleterre. Des troubles éclatent à Londres. Le procès de Strafford se déroule dans une atmosphère passionnée. Le verdict tombe au début du mois de mai 1641 : c'est la mort. Strafford, que Charles Ier demande au Parlement de grâcier, est exécuté. De véritables émeutes se déroulent dans les rues de la capitale. On manifeste contre les catholiques, on fouille les maisons où ils sont censés se cacher ; Marie de Médicis est l'une des premières visées et se voit obligée de réclamer une protection spéciale. Charles Ier prie le Parlement, qui accepte, de lui consentir une garde de 100 mousquetaires ; mais la Reine est si impopulaire que la plupart des soldats affectés à sa protection quittent leur poste. Le 11 mai, la Chambre des Communes saisit la Chambre des Lords d'un vœu relatif à la belle-mère du Roi : sa présence est désormais jugée importune sur le sol anglais, et l'on souhaite que le Roi la persuade de repartir.

Charles Ier, comme Henriette d'Angleterre d'ailleurs, était fatigué d'un séjour qui n'avait que trop duré à ses yeux. Le Roi accède à la demande que lui présente le Parlement. Pour financer le départ de Marie, le Parlement accorde une somme de 3 000 livres sterling à laquelle doivent s'ajouter 6 000 livres supplémentaires payables quand la Reine-Mère sera rendue sur le continent. A la fin du mois d'août 1641, Marie de Médicis, au milieu d'une escorte proportionnée à son rang et à sa qualité, quitte Londres pour Douvres où elle s'embarque à destination de la Hollande.

Elle aborde après une traversée sans histoire dans la petite ville de Flessingue. L'étape devait malheureusement être endeuillée par la mort du Père Suffren, le fidèle confesseur de la Reine. Il était âgé de 76 ans. Marie de Médicis, très émue par cette disparition, décide de faire embaumer le corps du bon Père, dont elle assure le rapatriement en France. On se dirige maintenant vers Dordrecht et Marie de Médicis, suivant l'itinéraire que lui avait fixé Richelieu l'année précédente, emprunte l'un de ces bateaux fermés qui parcourent le Rhin en tous sens, et remonte le fleuve jusqu'à Cologne, où elle arrive le 12 octobre 1641.

COLOGNE, 3 JUILLET 1642.

Marie de Médicis n'avait aucune intention de poursuivre son voyage jusqu'à Florence. Le séjour de Cologne présentait pour elle plusieurs avantages. Depuis 1637, la ville rassemblait un grand nombre d'ambassadeurs et de plénipotentiaires qui s'y trouvaient réunis à la demande du Pape Urbain VIII en vue de rechercher les conditions d'une paix durable en Europe. Les conversations s'éternisaient, mais il était clair qu'avec le temps elles finiraient par aboutir, et la Reine-Mère est ainsi sur les lieux mêmes où doit se décider, dans un avenir plus ou moins proche, le sort de la paix. Les envoyés du Pape sont particulièrement nombreux et actifs. Marie de Médicis retrouve avec plaisir, après l'Angleterre antipapiste, des hommes d'Église, des Italiens, des Florentins particulièrement, dont Urbain VIII, Florentin lui-même, utilise volontiers les services.

Cologne occupe d'autre part une situation stratégique par rapport à la France. L'Électeur de la ville est un ami traditionnel du royaume. La Reine-Mère ne s'y trouve pas trop éloignée de Paris si son retour apparaît tout à coup possible ou souhaitable. Or une chance va peut-être se manifester bientôt. L'affection de Louis XIII pour Mademoiselle de La Fayette ne se dément pas, et celle-ci, dans son couvent de la Visitation, continue d'adjurer le Roi d'apporter à ses peuples le repos et la tranquillité. On dit que Louis XIII est très sensible à l'influence de la jeune religieuse, au point que le cardinal en a pris sérieusement ombrage.

La réclusion volontaire de Mademoiselle de La Fayette a permis d'autre part à Mademoiselle de Hautefort, cette ancienne demoiselle d'honneur de Marie de Médicis dont le Roi était tombé amoureux au printemps de 1630, de reprendre auprès de lui la place que lui avait ravie à la Cour Mademoiselle de La Fayette. Au début de 1638, sa faveur est redevenue considérable. Or, Mademoiselle de Hautefort, dont l'amitié avec Anne d'Autriche est des plus étroites, conjugue ses efforts avec ceux de la Reine régnante pour ruiner le cardinal dans l'esprit du Roi.

Richelieu paraît bien menacé sous ces assauts convergents. Mais c'est mal connaître sa capacité de réaction que de le croire à la veille d'une disgrâce brutale. S'inquiétant du danger le plus immédiat pour lui, celui que représente Mademoiselle de Hautefort, il s'emploie à contrebalancer son influence en plaçant auprès du Roi un homme qu'il considère comme tout dévoué à sa personne et à sa politique, le jeune et beau marquis de Cinq-Mars. L'étoile de Mademoiselle de Hautefort pâlit rapidement et, en janvier 1640, Louis XIII lui fait signifier d'avoir à quitter la Cour.

Louis XIII éprouve pour Cinq-Mars, fait Grand Écuyer, une amitié de plus en plus passionnée à laquelle le favori répond d'une manière qui laisse le Roi insatisfait. Ce sont alors des querelles, des bouderies, des chamailleries, qui minent l'humeur de Louis XIII. Celui-ci demande à Richelieu d'intervenir : n'est-ce pas le cardinal qui a placé Cinq-Mars auprès de lui ? Richelieu est de toute façon le confident du Roi depuis maintenant quinze ans qu'ils travaillent ensemble. Dans le courant de l'année 1640, il se voit ainsi obligé de jouer le rôle dangereux de conseiller, voire d'arbitre. Louis XIII lui en sait gré, mais Cinq-Mars ressent une vive animosité à l'égard de ce mentor ; le voici bientôt mûr pour prêter une oreille attentive à ceux qui voudraient se servir de lui afin d'abattre le cardinal.

Un complot ? Eh oui, un complot de plus. Quelques mois auparavant, un autre a suscité les plus folles espérances chez les ennemis de Richelieu. Il était organisé par le comte de Soissons. Cet homme sur qui Marie de Médicis avait fondé tellement d'espoirs quelques années auparavant, est enfin entré en rébellion ouverte. A la tête d'une armée appuyée par les forces de l'Empereur, il a bousculé le 9 juillet 1641 à La Marfée l'armée du maréchal de Châtillon qui tentait de lui barrer la route. Il est vrai qu'un agent à la solde de Richelieu a poignardé le comte à la fin de la bataille, permettant au royaume d'échapper aux conséquences de l'invasion que sa victoire laissait présager.

De Cologne, Marie de Médicis entre avec ravissement dans la conspiration de Cinq-Mars où l'on retrouve une fois de plus Gaston d'Orléans et, bien entendu, l'Espagne. Il est vrai que Monsieur n'est plus l'héritier du trône depuis la naissance d'un Dauphin en 1638, mais le duc d'Orléans se propose d'agir comme Lieutenant général du royaume dans le cadre d'une vaste conspiration, qui prévoit le soulèvement de plusieurs provinces, l'assassinat de Richelieu et la proclamation d'une trêve avec l'Espagne.

En mai 1642, le cardinal de Richelieu est convaincu de la trahison de Cinq-Mars, et s'attache à découvrir tous les fils de la conjuration ; il parvient à se procurer le texte du traité signé avec l'Espagne par les conjurés, dans lequel apparaît le rôle de Cinq-Mars et de Gaston d'Orléans. Au même moment, Marie de Médicis achète des litières et des mulets, ne faisant pas mystère de son départ imminent pour la France.

Richelieu doit agir sur tous les fronts. La France est engagée dans une dure campagne en Roussillon, province espagnole, où Perpignan est assiégée par l'armée royale. Il faut en même temps mettre la main sur les conjurés, arrêter Cinq-Mars et ses complices. Le Roi et son premier ministre sont deux grands malades, qui traînent péniblement leurs souffrances de ville en ville. Richelieu obtient cependant de Louis XIII qu'il écrive à sa mère qu'ayant appris ses intentions, il lui signifie une nouvelle fois sa volonté de ne pas la laisser rentrer dans le royaume. Le Roi sait bien qu'il n'a plus très longtemps à vivre, et se laisserait probablement aller à la pitié, d'autant plus qu'il reçoit de tous côtés des lettres en faveur du retour de sa mère : du Pape, du Grand-Duc de Toscane, de Christine de Savoie, tandis qu'Anne d'Autriche joint ses instances aux leurs. Mais Richelieu est inflexible et le Roi ne se sent pas de force à lui opposer un refus.

D'ailleurs, Marie de Médicis compte moins sur la grâce du Roi, à défaut d'un complot enfin réussi, que sur sa mort prochaine. Elle ne peut s'empêcher d'en parler, de commenter toutes les nouvelles qui lui parviennent de France au sujet de la santé de Louis XIII. La perspective d'une régence la comble d'aise, et elle ne doute pas de pouvoir y occuper une place importante aux côtés d'Anne d'Autriche et de Gaston d'Orléans.

Cette espérance la soutient et lui donne la force de résister aux pressions qu'exerce son entourage pour qu'elle aille s'établir à Florence. Auprès d'elle, son médecin Riolant est un espion de Richelieu, ce qui ne l'empêche pas de la soigner avec dévouement ; il se sert de chaque accident de santé de la Reine pour la persuader que l'air de Cologne ne lui vaut rien et lui vanter les charmes du climat toscan. Fabroni joue un jeu plus subtil. Il voudrait que Marie accepte la proposition de Louis XIII, mais souhaite monnayer cet accord contre une très forte avance qui lui serait payée au moment du départ de Cologne. Il pense en effet que la Reine-Mère, dont la santé se dégrade, ne résistera pas au voyage jusqu'à Florence, et ce qui l'intéresse c'est de pouvoir empocher la plus grande partie de cette avance. Mais ni l'un ni l'autre ne peuvent la faire revenir sur son refus obstiné de regagner sa patrie d'origine.

Le dénuement de la Reine-Mère ne fait d'ailleurs que s'aggraver. Elle est maintenant sans ressources. Aucun de ses enfants ne peut ou ne veut lui venir en aide. Un peu par calcul, un peu par pitié, il se trouve des gens pour lui procurer quelque secours. A Cologne, elle est d'abord hébergée dans une maison appartenant à Rubens ; s'y trouvant à l'étroit, elle s'établit dans l'Hôtel du comte de Trousseld ; ces logements successifs sont mis gratuitement à sa disposition. Quand elle est arrivée, l'Électeur de Cologne lui a ouvert un crédit, vite épuisé. En mars 1642, Marie de Médicis est tellement à court qu'elle doit solliciter un nouveau prêt. Elle obtient à grand-peine 26 000 livres, qui ne durent que quelques semaines. Elle a dû engager presque toutes ses tapisseries et la plupart de ses pierreries. Encore trouve-t-elle difficilement des prêteurs sur gages, car ceux-ci craignent que les joyaux donnés en garantie par la Reine-Mère ne risquent d'être revendiqués par le gouvernement français comme appartenant à la couronne. La fausse joie du mois de mai 1642, quand elle se croit à la veille de repartir en France et s'équipe en conséquence, épuise ses dernières ressources. La nouvelle de l'arrestation de Cinq-Mars le 14 juin 1642 achève de l'abattre.

Le 25 juin, elle est atteinte d'un érésipèle qui s'étend bientôt à toute la figure et s'accompagne d'une très forte fièvre. Depuis plusieurs jours déjà, elle était extrêmement fatiguée et les quelques pas qu'elle faisait dans sa chambre la laissaient aussitôt hors d'haleine. Sa maigreur est devenue effrayante. Dès qu'elle s'alite, Riolant, qui pressent la fin, envoie un courrier à Paris. Louis XIII et Richelieu avaient proposé quelque temps auparavant les services de Vautier, son ancien médecin, mais Fabroni avait persuadé la Reine qu'il était acheté par Richelieu et elle avait refusé de le recevoir auprès d'elle. Cette fois, le Roi se borne à offrir un peu d'argent et des bonnes paroles, qui, de toute façon, arriveront trop tard.

Marie de Médicis est persuadée qu'elle va guérir et, connaissant la santé délabrée de Richelieu, elle se flatte de lui survivre. Mais le 1er juillet, la gangrène fait son apparition, et Riolant l'avertit d'avoir à se préparer à mourir. L'Électeur de Cologne prévient les nonces Rossetti et Fabio Chigi ; ce dernier deviendra Pape sous le nom d'Alexandre VII. Marie de Médicis se fait apporter ses reliques préférées et notamment le crucifix qu'avait tenu dans ses mains Saint Charles Borromée. Elle invoque ses saints favoris parmi lesquels Saint Jean Baptiste, patron de Florence, tient toujours la première place. L'Électeur et les nonces ne la quitteront plus jusqu'à la fin.

Le 2 juillet, elle dicte son testament. A Fabroni, qui espérait tout recevoir, elle donne ses chevaux et ses carrosses. Comme il s'en étonne, Marie de Médicis, que l'approche de la mort avait enfin rendue lucide, lui rétorque qu'il n'aura que cela car il l'a suffisamment trompée. Ses perles sont réparties entre ses serviteurs. Catherine Selvage, « sa plus ancienne servante », qui la suivait depuis son départ de Florence quarante-deux ans auparavant, se voit léguer 12 000 livres et une montre de grand prix. Divers bijoux sont donnés à sa famille de Toscane, au Pape, à l'Électeur de Cologne, à Le Coigneux et Monsigot. L'abbé de Saint-Germain reçoit sa vaisselle d'argent ; il paraît il est vrai qu'elle était fort usée et en assez mauvais état. D'autres bijoux sont destinés à ses filles, tandis qu'Anne d'Autriche hérite de son anneau de mariage. Tous ses autres biens sont légués à ses deux fils, à charge pour eux de s'entendre ultérieurement sur leur partage.

Dans son testament, Marie de Médicis demande que soit consignée l'expression de son affection pour Louis XIII, en tant que mère à l'égard de son fils, en tant que Reine à l'égard de son Roi.

Et le cardinal, demandent les nonces ? Son nom n'avait pas été prononcé jusque-là. Fabio Chigi lui suggère de lui envoyer un bracelet, son portrait. « *No, questo é pur troppo* » – « Non, c'est beaucoup trop ». On ne sait qui fera parvenir à Richelieu, quelques semaines plus tard, un perroquet qu'il lui avait autrefois offert.

Le lendemain 3 juillet 1642 dans la matinée, l'état de Marie de Médicis empirait. Elle recevait l'extrême-onction, et rendait l'âme peu après midi.

La nouvelle de sa mort arrive à Paris une dizaine de jours plus tard. Rendue publique le 20 juillet, elle ne suscite aucune émotion particulière. Louis XIII montre peu de chagrin, Richelieu fait célébrer une messe. La *Gazette* commente : « Le regret de sa mort a été accru en cette Cour par celui de l'absence qu'elle s'était causée suivant le conseil de quelques esprits brouillons auxquels la facilité du sien avait laissé trop de créance ». Le dénuement dans lequel elle est morte, et sur lequel arrivent bientôt des témoignages, provoque un certain étonnement. Claude Le Petit, dans le *Paris Ridicule,* compare la magnificence du Luxembourg avec la situation misérable à laquelle la Reine-Mère s'est trouvée réduite à la fin de sa vie :

Quand j'admire solidement
Cet admirable bâtiment
Qui semble au Louvre faire niche,
Je dis : Est-il possible enfin
Que celle qui t'a fait si riche
Soit morte à Cologne de faim ?

Louis XIII et Richelieu s'emploient à faire rapatrier le corps. On envoie un gentilhomme de la Chambre, Monsieur de Pény, à Cologne, pour désintéresser les créanciers de la Reine-Mère, régler les frais d'obsèques et assurer le retour en France de ses cendres. Les dettes de Marie de Médicis étaient considérables. Elle devait de l'argent à ses serviteurs, à l'Électeur de Cologne, à plusieurs personnes de la ville et de la région, ainsi qu'à un grand nombre de fournisseurs. C'est seulement au début de 1643 que le convoi funèbre peut enfin se mettre en route. Richelieu était mort quelques semaines auparavant, le 4 décembre 1642 : il avait survécu de cinq mois à son ancienne bienfaitrice devenue son ennemie jurée. Sur le passage du cercueil qui contient la dépouille de la Reine-Mère, l'accueil des populations est empreint de gravité et de respect. Le 4 mars 1643, Marie de Médicis est inhumée à Saint-Denis ; son cœur est transféré en l'église des Jésuites au Collège de La Flèche.

Le 14 mai 1643, Louis XIII mourait à son tour et son corps rejoignait à Saint-Denis celui de sa mère tout juste six semaines après qu'il y ait été déposé.

Laissons à Saint-Simon le soin d'exprimer les sentiments de l'opinion générale de l'époque sur les dernières tribulations de Marie de Médicis et sur les conditions de sa mort :

« Louis XIII perdit la Reine Marie de Médicis, je ne puis me résoudre à l'appeler sa mère, pendant son triomphant voyage de Roussillon, qui fut le dernier exploit de ce grand prince, et le cardinal de Richelieu au retour de cette expédition à Paris, un peu plus de quatre mois après cette princesse qui n'eut pas le plaisir de lui survivre. L'état d'indigence dans lequel elle finit sa vie vagabonde, toucha vivement Louis XIII qui la croyait fort assistée de ses gendres lesquels s'en lassèrent tout à la fin, c'est-à-dire depuis qu'elle eut repassé la mer, quoi qu'il soit vrai qu'elle rapporta assez d'argent d'Angleterre que le Parlement lui fit payer pour l'en faire sortir, car personne ne voulait d'elle depuis longtemps ; et le seul lieu où il ne tint toujours qu'à elle d'être reçue, honorée, payée de tous ses grands revenus de France et où le Roi son fils et le Grand-Duc la convièrent dans tous les temps de se retirer, jamais elle n'y voulut entendre, quoique dans son pays natal, dans Florence, dans le sein de sa famille, parce que l'Italie et la Cour du Grand-Duc n'étaient pas des lieux d'où elle pût former des partis en France, pour susciter des révoltes, et les faire soutenir par la Maison d'Autriche. Cologne à l'étroit et dans la dernière indécence, lui convint mieux. Elle y mourut enfin dans l'abandon et le mépris de toute l'Europe[6] ».

6. Saint-Simon, *Parallèle des trois premiers Rois Bourbons*, Éd. M. P. Faugère, Paris, Hachette, 1880, p. 334.

UNE MORT FURTIVE.

Il y a bientôt onze ans que Marie de Médicis s'est enfuie de Compiègne, dix ans qu'elle est politiquement morte. Pendant la première année de son séjour dans les Pays-Bas espagnols, elle a encore représenté quelque chose : pour les adversaires de Richelieu, un recours ; pour le gouvernement en place, un réel danger. En finançant l'équipée de Gaston d'Orléans qui s'est achevée à Castelnaudary en 1632, elle a montré sa détermination mais aussi les limites de ses capacités d'intervention. Elle n'aura plus jamais les moyens financiers nécessaires pour lancer une autre expédition comme celle-là. Il fallait à tout prix réussir. Marie de Médicis avait joué à quitte ou double. Ayant misé sur le mauvais cheval, elle a tout perdu, même son pouvoir sur le cheval en question, Gaston d'Orléans. Celui-ci échappe à sa mère. Il était son seul véritable atout, car il est l'héritier du trône. Mais Gaston a décidé de jouer pour son propre compte. Il a compris que son frère seul, et son premier ministre, peuvent lui donner ce qu'il souhaite, c'est-à-dire des honneurs, des bénéfices et des pensions, pour lui et les siens. Chaque fois que Monsieur quittera le royaume, il n'y reviendra qu'après avoir négocié son retour au meilleur prix. Pourquoi diable s'embarrasserait-il de la Reine-Mère ? Dès le Traité de Béziers, qu'il signe le 29 septembre 1632, il montre le peu de cas qu'il fait des intérêts de Marie de Médicis. Les serments de fidélité éternelle ? Envolés. La promesse de ne jamais conclure d'accommodement dans lequel elle ne soit pas comprise ? Envolée elle aussi. Marie de Médicis s'efforce vainement de reprendre le contrôle de son fils cadet. Celui-ci lui file entre les doigts. Revenu aux Pays-Bas espagnols dès le 21 novembre 1632, Monsieur s'en échappe à nouveau le 8 octobre 1634, sans même prendre la peine d'embrasser sa mère.

Marie de Médicis est maintenant en marge de la grande histoire. Les lettres qu'elle adresse aux quatre coins de la Chrétienté pour prendre les princes d'Europe à témoin du tort qu'on lui fait ne recueillent qu'un écho affaibli. On respecte en elle la grande dame qui a eu des malheurs – le temps passant on ne sait plus trop lesquels. De temps en temps, un souverain compatissant et pas très bien informé, les États-Généraux des Provinces-Unies, Charles Ier d'Angleterre, tente une démarche auprès de Louis XIII en se disant que maintenant, peut-être, enfin, le Roi de France va se laisser fléchir.

Et le Roi de France ne se laisse pas fléchir. Car auprès de lui, Richelieu fait bonne garde. Assez peu dangereuse à l'extérieur, Marie de Médicis représente, si elle rentre en France, un risque mortel de gangrène pour la position qu'il occupe et la politique qu'il défend. La guerre contre l'Espagne c'est lui, bien qu'il soit évêque et cardinal ; dans ses relations avec Madrid, il refuse d'admettre que la religion puisse jouer le moindre rôle : le combat qu'il mène est un combat d'égoïsmes nationaux affrontés, ni plus, ni moins. La passion non plus, il ne veut pas la connaître en politique ; cet être hypersensible a dit un jour : « Les États sont des monstres froids » ; seules comptent les analyses rationnelles, les approches réalistes des hommes et des situations.

Richelieu est le contraire de l'angélisme en politique, dont Marie de Médicis a fait d'une certaine manière la base de sa philosophie personnelle. Non certes en ce qui concerne les hommes : elle est sans illusion et les déconvenues se sont chargées de lui apprendre ce qu'il faut penser des protestations de fidélité et des engagements solennels. Mais dans les relations entre États, elle a un credo, un article de foi : l'Espagne a toujours raison. Car l'Espagne, c'est le bouclier du Pape, le glaive de la Catholicité. S'opposer à l'Espagne, c'est s'opposer au Pape et à Dieu. Richelieu ne peut attendre d'elle aucun renoncement, aucune abdication à l'égard de ses engagements fondamentaux. D'autant plus que la Reine-Mère, elle, agit en fonction de ses passions. Elle a ses têtes. Il y a les amis : ceux-là ont tous les droits, rien n'est assez beau, assez coûteux, assez fastueux pour eux. Mais gare s'ils tombent un jour du pinacle : les fourbes ne doivent attendre de leur ancienne bienfaitrice qu'une vindicte implacable. Pour eux, la prison, l'opprobre, la mort sont des supplices trop doux. Traîtres à Marie de Médicis, ils sont encore plus méprisables que des ennemis avérés car ils ont abusé de sa confiance et de sa bienveillance. La vindicte de la Reine-Mère est légendaire. Les ans n'apportent pas l'oubli. Avec le temps, la détermination s'accroît, se durcit, devient bronze ou granit. La dissimulation native de la Florentine peut jeter un voile trompeur sur les intentions de la Reine. Malheur à l'imprudent qui s'y laisserait prendre.

Entre Marie de Médicis et Richelieu, la lutte ne pouvait être qu'implacable, et dans ce duel à mort Marie de Médicis a eu le dessous car elle ne pouvait pas gagner.

L'Histoire est sévère à l'égard de la Reine-Mère. Elle ne méritait pas cet excès d'indignité. La vie de ménage avec Henri IV n'était pas une partie de plaisir, et Henriette d'Entragues a montré, par les conspirations qu'elle a organisées, qu'elle n'avait pas froid aux yeux ; devant une maîtresse prête à recourir au meurtre pour devenir Reine et faire accéder son fils au trône, Marie de Médicis avait-elle tort de s'alarmer et de fare grief à Henri IV de son indifférence ?

Pendant sa régence, elle s'est heurtée aux factions ; elle a tour à tour cherché à acheter la tranquillité publique et à réduire les rébellions par la force. Henri IV avait lourdement payé pour la soumission de la Ligue. Louis XIII a fait pendant dix ans la guerre aux protestants et, jusqu'à la veille de sa mort, a réprimé des révoltes paysannes et livré des comploteurs au bourreau. Marie de Médicis a moins dépensé qu'Henri IV, moins fait la guerre et sévi que Louis XIII ; plus heureuse que Catherine de Médicis, elle laisse à son fils un royaume intact. On peut toujours rêver mieux, et la Reine-Régente, c'est un fait, ne brillait ni par la sûreté de son jugement, ni par l'esprit de persévérance dans ses entreprises. Ce ne sont assurément pas des crimes.

Le plaidoyer politique en faveur de l'alignement sur l'Espagne ? Elle avait été vendue – il n'y a pas d'autre mot – comme Reine de France dans ce but ; fille d'une Archiduchesse de la Maison d'Autriche, princesse de Toscane par la grâce des Empereurs qui avaient légitimé l'usurpation des Médicis en leur reconnaissant le titre de Grands-Ducs, pouvait-elle ne pas éprouver un attachement fervent à l'égard des Habsbourg ? On lui avait répété pendant les vingt-sept premières années de son existence que Rome, Madrid et Vienne étaient comme la Sainte-Trinité temporelle où se décidait la conduite des affaires de la Chrétienté : comment n'aurait-elle pas cherché à faire prévaloir ce point de vue auprès d'Henri IV d'abord, dans l'exercice de son autorité de Reine-Régente ensuite ? D'ailleurs Louis XIII du temps de Luynes, et Richelieu lui-même jusqu'en 1629, n'ont pas raisonné autrement.

En 1629, après la reddition de La Rochelle, Richelieu ouvre définitivement les yeux sur le comportement de l'Espagne. L'attitude espagnole dans les affaires de la Valteline l'agace depuis déjà quelque temps. Le rôle de Madrid dans la succession de Mantoue le fait basculer. Louis XIII le suit, Marie de Médicis refuse de prendre le tournant avec eux. Louis XIII a 28 ans, Richelieu 44. Elle a 57 ans : c'est un âge où on ne change plus guère les croyances sur lesquelles on a construit sa vie jusque-là. Elle pense d'autre part que la nouvelle politique française entraîne le pays dans l'engrenage de conflits sans fin. Convenons que les événements lui ont largement donné raison : l'intervention militaire de 1629 en Savoie déclenche un processus qui, ponctué par la déclaration de guerre à l'Espagne en 1635, ne s'achève qu'avec les Traités de Westphalie de 1648 pour ce qui concerne les affaires d'Allemagne, et le Traité des Pyrénées qui met un terme en 1659 – *trente ans plus tard !* – à la lutte contre l'Espagne.

Avait-elle tort, par ailleurs, de prédire la ruine du pays, la misère qu'entraînerait la charge de la guerre – encore heureux quand celle-ci ne se déroulerait pas sur le territoire national ? Nous avons vu les révoltes incessantes, l'exaspération de la paysannerie et de la bourgeoisie, le découragement des ministres eux-mêmes. Nous avons vu un gouvernement animé de tant de louables intentions réformatrices, qui met tous ses projets au rencart. La vénalité des offices, qui devait être modérée et tempérée, sinon supprimée, est systématisée et multipliée : on a trop besoin d'argent. La chasse aux abus est arrêtée : quand la situation sur le front est aussi précaire, il importe que l'arrière tienne, et le gouvernement ne doit rien faire pour ajouter aux mécontentements dont les causes sont déjà si nombreuses par ailleurs. Contre les prévaricateurs et les tyranneaux, Richelieu ne voit de lutte possible que par la multiplication des missions extraordinaires et le développement du clientélisme. On avait rêvé de fonder de grandes compagnies de commerce : les bateaux marchands seront convertis en navires de guerre, et l'on enlèvera des projets tout ce qui serait susceptible d'inquiéter les puissances maritimes dont l'alliance est indispensable à la France.

Marie de Médicis ne pouvait pas réussir.

Parce que la France est coutumière, à certaines époques, de ces fatalités qui la précipitent sur la voie de belles épopées si gaspilleuses en énergies, permettant à quelques hommes d'écrire de nouvelles pages de gloire dans le grand livre de notre histoire militaire : l'époque de Louis XIII et de Richelieu est de celles-là.

Parce que l'encerclement du royaume par la Maison d'Autriche n'est pas une chimère, mais une réalité ; la France pourrait certes accepter de n'être en Europe qu'une puissance de second rang, un duché de Savoie, une principauté de Toscane ; malgré les tentations du renoncement, ce n'est ni dans son être, ni dans sa vocation. Henri IV meurt assassiné, et vingt années d'éclipse suivent pour la France ; les Habsbourg y gagnent un précieux répit. Mais un Richelieu, un Louis XIII, un beau jour, renient la politique d'abaissement qu'ils ont servie jusque-là et reprennent le flambeau tombé à terre.

Parce qu'une nation est en train de naître ; la France est l'un des pays les plus homogènes d'Europe. On n'a jamais autant parlé de patrie. On veut être du camp des bons Français. On exalte le coq gaulois, emblème d'une nation courageuse et un peu vaine, consciente de ses défauts comme de ses qualités, et qui veut que son Roi, ne procédant que de Dieu, soit pleinement « Empereur en son royaume ».

Parce que l'opinion est un facteur de plus en plus important de la vie politique ; l'autonomie provinciale dont les distances et le morcellement administratif favorisent le maintien malgré la volonté affichée par le pouvoir de renforcer la centralisation, multiplie les foyers de vie locale et d'expression de l'opinion ; de grands débats se déroulent à la face du public, on échange des arguments, on recrute des polémistes, les journaux (le *Mercure Français*, puis la *Gazette*) atteignent une audience nationale. Les Français veulent savoir, ils veulent comprendre. « N'importe quel Français cultivé raisonne mieux en 1640 qu'en 1600... et ce qu'il pense, il le dit avec plus de justesse et de nuances [7] ».

Or, si la tranquillité du royaume est l'un de leurs grands soucis, les Français sont fiers de leur pays et de leur indépendance. On est gentiment xénophobe et l'on n'aime pas l'étranger donneur de leçons – Concini et Léonora Galigaï ont payé fort cher la méconnaissance de cette

7. Antoine Adam, *Histoire de la littérature française au XVIIe siècle*, p. 577.

règle fondamentale. On voudrait que la guerre soit plus facile et le succès plus exact au rendez-vous. Mais campagne après campagne, Richelieu rassemble les énergies et obtient une adhésion sans cesse renouvelée à sa politique. Quand le danger est aux portes de Paris, des trésors de dévouement se découvrent et l'on mobilise sans la moindre hésitation toutes les ressources disponibles. Est-ce un hasard si 1636, l'année du *Cid*, est en même temps l'année de Corbie ? La mort de Louis XIII, le 14 mai 1643, précède de cinq jours seulement la victoire de Rocroi, qui met fin à l'invincibilité séculaire des armées espagnoles.

Un pays moderne a commencé à se former. Avec des caractères dont beaucoup ont subsisté jusqu'à nos jours — le rôle central de l'administration comme parcours obligé des élites, la prépondérance des finances sur les autres compartiments du service public, l'existence d'une justice administrative distincte de la justice de droit commun, un système d'éducation fondé sur l'idéal humaniste et favorisant les belles-lettres et les études juridiques, le développement des classes moyennes, le rôle majeur de l'État dans la politique des infrastructures et dans l'orientation de la vie économique du pays — il s'éloigne de plus en plus de la sensibilité encore médiévale et toute imprégnée de féodalisme à laquelle la Reine-Mère fait appel dans sa querelle avec son fils. Marie de Médicis a participé à ce mouvement des choses d'où sort la France moderne. Elle a facilité l'installation des Jésuites et des Ursulines qui vont tout faire pour forger l'esprit d'une nouvelle civilisation, la civilisation classique. Elle a nourri dans son entourage les Louise de Marillac et les dames pieuses qui vont, avec Vincent de Paul, créer la congrégation des Filles de la Charité. En donnant sa chance à Salomon de Brosse pour la construction du Palais du Luxembourg et à Rubens par la commande des toiles de l'Histoire de sa vie, elle exerce une influence considérable sur l'évolution de l'architecture et de la peinture françaises. De la France italo-espagnole sort la France classique.

Mais voilà : Marie de Médicis est davantage spectatrice qu'actrice, et se laisse porter par le changement plus qu'elle ne le conduit. Curieuse destinée que celle de cette femme qui a tant fait pour l'éclosion de la France moderne, pour ce pays dont la suprématie en Europe va bientôt s'exercer de façon indiscutable, et qui donne l'impression d'être passée à travers sa propre histoire sans l'avoir comprise. Le changement, un jour, va trop vite pour la capacité qu'elle possède de le comprendre ; alors, la Reine-Mère freine des quatre fers, se bloque, se bute, récrimine, tempête, et finit par claquer la porte avec une royale fureur.

Marie de Médicis a facilité la fixation de la langue en protégeant Malherbe. Mais elle n'a jamais parlé qu'un français incorrect et mâtiné d'italien.

Marie de Médicis, en faisant venir les comédiens italiens à Paris, a aidé le théâtre français à prendre conscience de lui-même et permis à Molière d'affiner son talent. Mais elle n'a jamais prisé autre chose que les pitreries d'Arlequin et de Scaramouche.

Marie de Médicis a vécu dans le climat de ferveur qui accompagne la Contre-Réforme en marche, elle a favorisé tant qu'elle l'a pu toutes les initiatives du parti catholique. Mais sa piété est toujours restée étroite et formaliste.

Marie de Médicis était en exil quand Richelieu en 1635 créait l'Académie Française. En 1636, Corneille donnait le *Cid* tandis que la Reine-Mère, de Bruxelles, applaudissait aux défaites de la France. Quelques mois après sa mort, en 1643, l'héroïsme chrétien recevait avec *Polyeucte* l'une de ses plus belles illustrations ; imaginons que la Reine-Mère ait vécu jusque-là, et qu'un ultime remords de Louis XIII lui ait permis de revenir à Paris : aurait-elle compris ce message, ce souffle nouveau dans la société française ? C'est peu probable. Marie de Médicis était morte une première fois en se glissant hors du château de Compiègne, dans la nuit du 18 au 19 juillet 1631, une seconde fois quand Gaston d'Orléans, battu à Castelnaudary, signait le 29 septembre 1632 le Traité de Béziers. La femme qui s'éteignait enfin à Cologne le 3 juillet 1642, ombre légère d'une Reine disparue dix ans auparavant de la scène de l'Histoire, quittait à pas furtifs en ce jour un monde qu'elle avait contribué à faire naître mais où depuis bien longtemps elle n'avait plus sa place.

ANNEXES

GÉNÉALOGIE

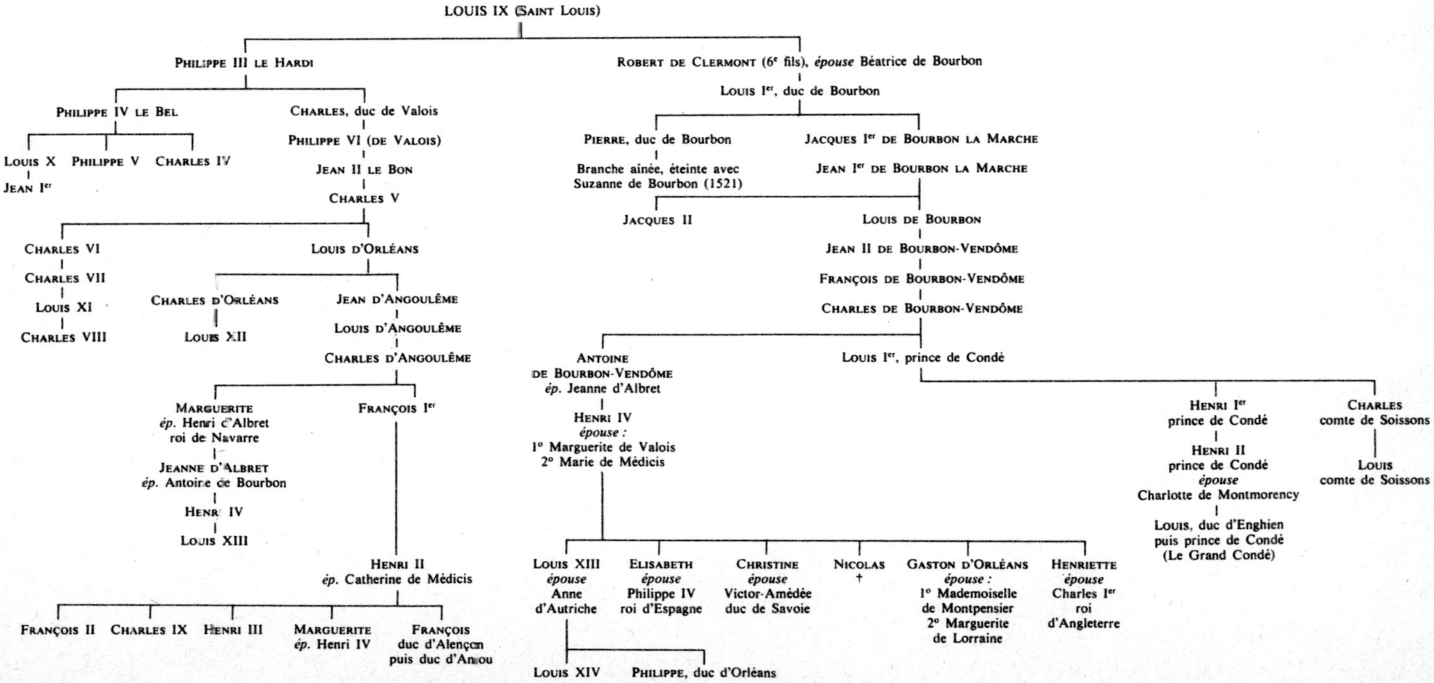

LOUIS IX (SAINT LOUIS)
PHILIPPE III LE HARDI
ROBERT DE CLERMONT (6e fils), *épouse* Béatrice de Bourbon
LOUIS Ier, duc de Bourbon
PHILIPPE IV LE BEL
CHARLES, duc de Valois
PHILIPPE VI (DE VALOIS)
JEAN II LE BON
CHARLES V
LOUIS X
PHILIPPE V
CHARLES IV
JEAN Ier
PIERRE, duc de Bourbon
Branche aînée, éteinte avec Suzanne de Bourbon (1521)
JACQUES Ier DE BOURBON LA MARCHE
JEAN Ier DE BOURBON LA MARCHE
JACQUES II
LOUIS DE BOURBON
JEAN II DE BOURBON-VENDÔME
FRANÇOIS DE BOURBON-VENDÔME
CHARLES DE BOURBON-VENDÔME
CHARLES VI
CHARLES VII
LOUIS XI
CHARLES VIII
LOUIS D'ORLÉANS
CHARLES D'ORLÉANS
LOUIS XII
JEAN D'ANGOULÊME
LOUIS D'ANGOULÊME
CHARLES D'ANGOULÊME
MARGUERITE
ép. Henri d'Albret
roi de Navarre
JEANNE D'ALBRET
ép. Antoine de Bourbon
HENRI IV
LOUIS XIII
FRANÇOIS Ier
HENRI II
ép. Catherine de Médicis
FRANÇOIS II
CHARLES IX
HENRI III
MARGUERITE
ép. Henri IV
FRANÇOIS
duc d'Alençon
puis duc d'Anjou
ANTOINE
DE BOURBON-VENDÔME
ép. Jeanne d'Albret
HENRI IV
épouse :
1° Marguerite de Valois
2° Marie de Médicis
LOUIS Ier, prince de Condé
HENRI Ier
prince de Condé
HENRI II
prince de Condé
épouse
Charlotte de Montmorency
LOUIS, duc d'Enghien
puis prince de Condé
(Le Grand Condé)
CHARLES
comte de Soissons
LOUIS
comte de Soissons
LOUIS XIII
épouse
Anne
d'Autriche
ELISABETH
épouse
Philippe IV
roi d'Espagne
CHRISTINE
épouse
Victor-Amédée
duc de Savoie
NICOLAS
†
GASTON D'ORLÉANS
épouse :
1° Mademoiselle
de Montpensier
2° Marguerite
de Lorraine
HENRIETTE
épouse
Charles Ier
roi
d'Angleterre
LOUIS XIV
PHILIPPE, duc d'Orléans

ÉQUIVALENCES MONÉTAIRES

I. LES UNITÉS

L'unité monétaire de base dans la France du début du XVIIe siècle est la livre qu'on appelle aussi parfois le franc.

1 livre vaut 20 sous (ou 20 sols).

1 sou (ou 1 sol) vaut 12 deniers.

L'écu est généralement une monnaie de compte qui vaut 3 livres. Il existe aussi une pièce d'or appelée l'« écu d'or au soleil » ; elle vaut effectivement 3 livres, ou 60 sous jusqu'à l'Édit monétaire de 1602, qui porte sa valeur à 65 sous.

II. VALEURS ACTUELLES

Une estimation en francs actuels des monnaies du XVIIe siècle exprimée en pouvoir d'achat, qui serait la plus intéressante, est malheureusement fort hasardeuse. Afin de donner une idée de la signification des sommes qui apparaissent tout au long de cet ouvrage, nous proposons de partir simplement de la quantité d'or à laquelle elles correspondent pour calculer leur valeur en francs actuels d'après le prix atteint aujourd'hui par l'or sur le marché.

Un écu d'or, qui vaut 60 ou 65 sous, a un poids d'or généralement compris entre 3,12 et 3,20 grammes.

Retenons donc pour 1 livre un poids d'or de 1 gramme. Considérant que l'or vaut actuellement environ 100 000 francs le kilo, soit 100 francs le gramme, 1 livre correspondrait à une valeur actuelle de 100 francs selon ce calcul.

QUELQUES ILLUSTRATIONS

Le salaire d'un ouvrier qualifié est de 5 à 6 livres par semaines, soit 500 à 600 francs, soit 2 000 à 2 400 francs par mois environ.

Une charge de Conseiller au Parlement de Paris vaut 70 000 livres sous Louis XIII, soit 7 millions de francs actuels.

Le budget annuel de la Maison de Marie de Médicis sous le règne d'Henri IV est de 400 000 livres, soit 40 millions de francs actuels.

On trouve sur Concini, au moment de sa mort, pour 2 millions de livres d'effets, soit 200 millions de francs actuels.

En 1611, les pensions versées à la Noblesse représentent plus de 4 millions de livres, soit plus de 400 millions de francs.

Le trésor de la Bastille s'élève à 5 millions de livres, soit 500 millions de francs actuels.

Le budget du royaume de France atteint 20 millions de livres sous Henri IV, soit 2 milliards de francs.

LES ENFANTS D'HENRI IV ET DE MARIE DE MÉDICIS

Louis	1601-1643
Elisabeth	1602-1644
Christine	1606-1663
Nicolas	1607-1611
Gaston	1608-1660
Henriette-Marie	1609-1669

Louis XIII. Fils aîné d'Henri IV et de Marie de Médicis, né le 27 septembre 1601. A pour parrain le Pape, pour marraine la duchesse de Mantoue, Eléonore, sœur aînée de Marie de Médicis. Devient Roi de France le 14 mai 1610. Meurt le 14 mai 1643.

Elisabeth. Fille aînée d'Henri IV et de Marie de Médicis, née le 22 novembre 1602. A pour marraine Elisabeth-Claire-Eugénie, Infante d'Espagne. Épouse en 1615 l'Infant Philippe, fils de Philippe III d'Espagne, qui devient Roi d'Espagne à la mort de son père en 1621. Meurt en 1644.

Christine. 2e fille d'Henri IV et de Marie de Médicis, née le 10 février 1606. Épouse en 1620 le prince de Piémont, fils du duc de Savoie Charles-Emmanuel Ier, qui devient duc de Savoie à la mort de son père en 1630 sous le nom de Victor-Amédée Ier. Veuve en 1637, exerce la régence du duché. Meurt en 1663.

Nicolas, premier duc d'Orléans. 2e fils d'Henri IV et de Marie de Médicis, né le 13 avril 1607. Meurt dans la nuit du 16 au 17 novembre 1611.

Gaston, duc d'Anjou, puis duc d'Orléans. 3e fils d'Henri IV et de Marie de Médicis, né le 25 avril 1608. A pour parrain le cardinal de Joyeuse, pour marraine Marguerite de Valois. Meurt en 1660.

Henriette-Marie. 3e fille d'Henri IV et de Marie de Médicis, née le 25 novembre 1609. Reine d'Angleterre par son mariage en 1625 avec le Roi Charles Ier. Meurt en 1669.

BIOGRAPHIES

ACARIE, Madame (1565-1618).

Introduit les Carmélites en France. Amie de Saint François de Sales, de Bérulle et de Richelieu.

ALBE, Fernando Alvarez de Tolède, duc d' (1508-1582).

Fidèle serviteur de Charles Quint puis de Philippe II. Dirige de 1567 à 1572 la répression contre les révoltés des Pays-Bas espagnols.

ALBERT de HABSBOURG, Archiduc (1559-1621).

Fils de l'Empereur Maximilien II. Nommé gouverneur des Pays-Bas espagnols en 1595, épouse en 1598 l'Infante Isabelle, fille de Philippe II, qui gouverne conjointement avec lui jusqu'à sa mort.

ANNE d'AUTRICHE (1601-1666).

Fille du Roi d'Espagne Philippe III. Épouse Louis XIII en 1615. Mère de Louis XIV (né en 1638) et de Philippe, duc d'Orléans (né en 1640). Régente du royaume à la mort de Louis XIII (1643).

AUVERGNE, Charles de Valois, duc d'Angoulême, comte d' (1573-1650).

Fils naturel de Charles IX et de Marie Touchet, demi-frère d'Henriette d'Entragues, marquise de Verneuil.

BASSOMPIERRE, François de (1579-1646).

Mi-lorrain, mi-allemand (issu de la Maison de Clèves). Maréchal de France et séducteur. Emprisonné à la Bastille de 1631 à 1642 pour avoir comploté contre Richelieu.

BELLEGARDE, Roger de Saint-Lary et de Termes, duc de (1562-1646).

Compagnon d'Henri IV. Grand Écuyer. Gouverneur de Bourgogne et de Bresse. Duc et pair en 1620. S'oppose à Richelieu; exilé en août 1631.

BÉRULLE, Cardinal Pierre de (1575-1629).

Ami de Marie de Médicis et animateur du parti catholique. Aide Madame Acarie à introduire les Carmélites en France. Fonde l'Œuvre de l'Oratoire en 1611.

BIRON, Charles de Gontaut, baron de (1562-1602).

Amiral, maréchal de France, fait pair de France en 1598. Décapité pour trahison en 1602.

BOUILLON, Henri de La Tour d'Auvergne, vicomte de Turenne, duc de (1555-1623).

Prince souverain de Sedan. Éternel comploteur. Père du « Grand Turenne ».

BUCKINGHAM, Georges Villiers, duc de (1592-1628).

Favori de Jacques Ier, puis de Charles Ier d'Angleterre.

CARDINAL - INFANT, Ferdinand d'Espagne (1609-1641).

Fils de Philippe III. Vainqueur des Suédois à Nordlingen, les 5 et 6 septembre 1634.

CHARLES Ier, Roi d'Angleterre (1600-1649).

Fils de Jacques VI Roi d'Écosse (devenu en 1603 Jacques Ier d'Angleterre) et d'Anne de Danemark. Devient héritier présomptif des royaumes d'Écosse et d'Angleterre en 1612 à la mort de son frère aîné Henri. Prince de Galles en 1616. Roi d'Écosse et d'Angleterre en mars 1625 à la mort de Jacques Ier. Décapité à Whitehall le 30 janvier 1649.

CHRISTINE de FRANCE (1606-1663).

Fille d'Henri IV et de Marie de Médicis. Épouse en 1620 le prince de Piémont, qui devient duc de Savoie sous le nom de Victor-Amédée Ier. Régente du duché à la mort de son mari en 1637.

CLÉMENT VIII, Pape de 1592 à 1605.

Ippolito Aldobrandini, né à Fano en 1536, mort à Rome en 1605. Devenu Pape en 1592, c'est lui qui donne en 1595 l'absolution pontificale à Henri IV après sa conversion.

CONCINI, Concino (?-1617).

Épouse Léonora Galigaï en 1601. Favori de Marie de Médicis. Maréchal d'Ancre. Assassiné le 24 avril 1617.

CONDÉ, Louis Ier, prince de (1530-1569).

Frère d'Antoine de Bourbon. Oncle d'Henri IV.

CONDÉ, Henri Ier de Bourbon, prince de (1552-1588).

Fils de Louis Ier de Condé. Cousin germain d'Henri IV. Peut-être empoisonné par sa femme, Charlotte-Catherine de La Trémouille, princesse de Condé.

CONDÉ, Henri II de Bourbon, prince de (1588-1646).

Fils posthume d'Henri Ier de Condé. Mari de Charlotte de Montmorency. Père de Louis II de Condé, le « Grand Condé ».

ELBEUF, Charles de Lorraine, duc d'.

Épouse en 1619 Catherine-Henriette de Vendôme, fille de Gabrielle d'Estrées et d'Henri IV.

ELISABETH Ire, Reine d'Angleterre (1533-1603).

Fille d'Henri VIII et Anne Boleyn. Reine d'Angleterre et d'Irlande de 1558 à 1603.

ELISABETH de FRANCE, Reine d'Espagne (1602-1644).

Fille d'Henri IV et de Marie de Médicis. Devient Reine d'Espagne par son mariage en 1615 avec le futur Philippe IV. Mère de Marie-Thérèse d'Autriche, qui épousera Louis XIV.

ÉPERNON, Jean-Louis de Nogaret de La Valette, duc d' (1554-1642).

Favori d'Henri III. Colonel général de l'infanterie et Amiral de France.

ÉPERNON, Bernard de Nogaret, duc de La Valette, puis d' (1592-1661).

Fils de Jean-Louis de Nogaret, duc d'Épernon.

ESTRÉES, Gabrielle d' (1573-1599).

Maîtresse d'Henri IV. Elle a eu trois enfants de lui : César, duc de Vendôme, Alexandre, Grand-prieur de France, et Catherine-Henriette de Vendôme, qui épouse le duc d'Elbeuf.

FÉRIA, Gomez Suarez de Figueroa (en français Féria). Duc de (1587-1634). Chargé de missions diplomatiques sous Philippe III et Philippe IV d'Espagne.

GALIGAÏ, Léonora Dori, dite (1568-1617).

Sœur de lait et amie de Marie de Médicis. Épouse Concino Concini en 1601. Condamnée à mort et exécutée le 8 juillet 1617.

GASTON, duc d'Orléans (1608-1660).

Fils d'Henri IV et de Marie de Médicis, frère cadet de Louis XIII, héritier présomptif du trône de France jusqu'à la naissance du futur Louis XIV le 5 septembre 1638. Éternel comploteur.

GRÉGOIRE XV, Pape de 1621 à 1623.

Alessandro Ludovisi, né à Bologne en 1554, meurt à Rome en 1623.

GUICHE, Diane d'Andouins, comtesse de (1554-1620).

C'est la « Corisande » d'Henri IV.

GUISE, Henri de Lorraine, 3e duc de (1550-1588).

Surnommé le « Balafré ». Chef de la Ligue. Assassiné à Blois sur l'ordre d'Henri III.

GUISE, Charles de Lorraine, 4e duc de (1571-1640).

Fils d'Henri le Balafré, 3e duc de Guise.

GUSTAVE II ADOLPHE, Roi de Suède (1594-1632).

Fils de Charles IX de Suède. Roi de Suède en 1611. Meurt à la bataille de Lutzen gagnée contre Wallenstein.

HARLAY, Achille de (1536-1619).

Premier Président du Parlement de Paris en 1582.

HENRI IV (1553-1610).

Roi de France de 1589 à 1610. Succède à Henri III. Successivement marié à la Reine Marguerite et à Marie de Médicis. Assassiné par Ravaillac le 14 mai 1610.

HENRIETTE, Reine d'Angleterre (1609-1669).

Fille d'Henri IV et de Marie de Médicis. Épouse Charles Ier, Roi d'Angleterre, en 1625.

ISABELLE, Infante Claire-Isabelle Eugénie (1566-1633).

Fille de Philippe II d'Espagne et d'Élisabeth de Valois, elle-même fille d'Henri II et de Catherine de Médicis. Gouvernante des Pays-Bas espagnols depuis 1598 conjointement avec son mari l'Archiduc Albert.

JACQUES Ier, Roi d'Écosse et d'Angleterre (1566-1625).

En 1603, la mort d'Elisabeth Ire, Reine d'Angleterre, fait de Jacques VI Stuart, Roi d'Écosse depuis 1567, le Roi d'Angleterre sous le nom de Jacques Ier d'Angleterre.

JEANNIN, Pierre (1540-1622).

Dit le « Président Jeannin ». Ministre d'Henri IV et de Marie de Médicis.

JOSEPH, Le Père (1577-1638).

De son vrai nom François Leclerc du Tremblay, capucin et diplomate. Ami fidèle de Richelieu. Fait ministre d'État en 1634.

LERME, Francisco de Sandoval y Rojas, marquis de Denia puis duc de (1553-1623).

Favori du Roi Philippe III d'Espagne. Fait duc de Lerme en 1599. Laisse le pouvoir à son fils Cristobal, duc d'Uceda, en 1618.

LESDIGUIÈRES, François de Bonne, duc de (1543-1626).

Gouverneur du Dauphiné. Maréchal de France en 1609. Fait duc et pair, puis connétable peu avant sa mort.

LORRAINE, Charles IV, duc de (1604-1675).

Duc de Lorraine à partir de 1624. Abdique en 1633, recouvre ses États en 1641, puis en 1659.

LOUIS XIII (1601-1643).

Fils aîné d'Henri IV et de Marie de Médicis. Devient Roi de France en 1610 après l'assassinat de son père par Ravaillac.

LUYNES, Charles d'Albert de (1588-1621).

Favori de Louis XIII. L'aide à évincer Concini par le coup d'État du 24 avril 1617. Fait connétable, exerce les fonctions de Premier ministre jusqu'à sa mort.

MARGUERITE, La Reine. Dite aussi la Reine Margot (1552-1615).

Fille d'Henri II et de Catherine de Médicis, Marguerite de France épouse Henri de Navarre, futur Henri IV, en 1572. Ils divorcent en 1599.

MARIE de MÉDICIS (1573-1642).

Femme d'Henri IV, Reine de France et Régente, mère de Louis XIII. Termine ses jours en exil après avoir quitté la France en juillet 1631.

MAYENNE, Charles de Lorraine, duc de (1554-1611).

Second fils du duc François de Guise, frère cadet du duc Henri de Guise, dit le « Balafré ». Commande les armées de la Ligue. Lieutenant général du royaume contre Henri IV. Fait sa soumission en 1596.

MONTMORENCY, Henri II, duc de (1595-1632).

Fils du connétable de Montmorency. Gouverneur du Languedoc, révolté contre Louis XIII, battu à Castelnaudary le 1er septembre 1632, décapité à Toulouse le 30 octobre 1632.

OLIVARES, Gaspar de Guzman, comte-duc d' (1587-1645).

Premier ministre de Philippe IV, s'attaque à la mauvaise administration des favoris du précédent Roi Philippe III, le duc de Lerme et son fils le duc d'Uceda. Disgrâcié en 1643.

ORANGE, Maurice de Nassau, prince d' (1567-1625).

Second fils de Guillaume Ier le Taciturne à qui il succède en 1584 comme stathouder de Hollande. Devient prince d'Orange à la mort de son frère aîné Frédéric-Guillaume en 1618. Ne parvient pas à sauver Breda assiégée par Spinola en 1625.

ORANGE, Frédéric-Henri de Nassau, prince d' (1584-1647).

Fils de Guillaume Ier le Taciturne, frère de Maurice de Nassau, succède à celui-ci comme stathouder de Hollande en 1625. Prend Bois-le-Duc en 1629 et reprend Breda en 1637.

OXENSTIERNA Axel (1583-1654).

Nommé Chancelier par le Roi Gustave II Adolphe de Suède. Régent du royaume à la mort du Roi en 1632 à la bataille de Lutzen.

PAUL V, Pape de 1601 à 1621.

Camillo Borghese, né à Rome en 1552, mort à Rome en 1621. Apôtre de la Contre-Réforme.

PHILIPPE II, Roi d'Espagne (1527-1598).

Fils de Charles Quint et de l'Impératrice Isabelle. Souverain des Pays-Bas en 1555, Roi d'Espagne en 1556. Successivement marié à Marie de Portugal (1526-1545), Marie Tudor, Reine d'Angleterre (1516-1558), Élisabeth de Valois (1545-1568), Anne d'Autriche, fille de l'Empereur Maximilien II (1549-1580).

PHILIPPE III, Roi d'Espagne (1578-1621).

Fils de Philippe II d'Espagne et de sa quatrième et dernière femme Anne d'Autriche, fille de l'Empereur Maximilien II. Succède à Philippe II en 1598. Père d'Anne d'Autriche, femme de Louis XIII.

PHILIPPE IV, Roi d'Espagne (1605-1665).

Fils aîné de Philippe III et de Marguerite de Styrie (1584-1611). Marié à Élisabeth de France en 1615.

RICHELIEU, Armand du Plessis, cardinal de (1585-1642).

Évêque de Luçon en 1606, cardinal en 1622, ministre de Louis XIII à partir de 1624, fait « principal ministre d'État » en 1629.

RUBENS, Pierre-Paul (1577-1640).

Né à Siegen, mort à Anvers. Peintre. Auteur de l'*Histoire de la Vie de Marie de Médicis*, peinte de 1622 à 1625.

SALES, Saint François de (1567-1622).

Évêque de Genève, écrivain mystique auteur de l' *Introduction à la vie dévote* et du *Traité de l'Amour de Dieu.*

SAVOIE, Charles-Emmanuel Ier, duc de Savoie (1562-1630).

Duc de Savoie de 1580 à 1630. Battu par Henri IV lors de la guerre de 1600. Le Traité de Lyon du 17 janvier 1601 lui laisse le marquisat de Saluces mais donne à la France la Bresse, le Bugey, le pays de Gex et le Valromey.

SAVOIE, Gictor-Amédée Ier, duc de (1587-1637).

Fils de Charles-Emmanuel Ier. Épouse Christine de France, fille de Marie de Médicis et d'Henri IV. Duc de Savoie de 1630 à 1637.

SILLERY, Nicolas Brûlart, marquis de (1544-1624).

Négociateur du Traité de Vervins (1598) et du mariage de Marie de Médicis avec Henri IV (1600). Garde des Sceaux en 1604, Chancelier en 1607. Disgrâcié en 1616. Redevient ministre de Louis XIII après l'assassinat de Concini en 1617. A nouveau disgrâcié le 1er janvier 1624.

SOISSONS, Charles de Bourbon, comte de Dreux et de (1566-1612).
Fils cadet de Louis Ier de Bourbon, prince de Condé.

SOISSONS, Louis de Bourbon, comte de (1604-1641).
Fils de Charles de Bourbon, comte de Soissons. Tué à la bataille de La Marfée.

SPINOLA, Ambrogio de (1569-1630).
Né à Gênes, entré au service de l'Espagne. Conquiert le Palatinat entre 1619 et 1621 et obtient en 1625 la reddition de Breda. Meurt pendant qu'il assiège la citadelle de Casal en Italie.

SULLY, Maximilien de Béthune, baron de Rosny, duc de (1560-1641).
Ministre d'Henri IV. Disgrâcié par Marie de Médicis en janvier 1611.

TOIRAS, Jean du Caylar de Saint-Bonnet de (1585-1636).
Maréchal de France. Défenseur de l'île de Ré contre Buckingham, de la citadelle de Casal contre Spinola.

URBAIN VIII, Pape de 1623 à 1644.
Maffeo Barberini, né à Florence en 1568, mort à Rome en 1644.

VERNEUIL, Henriette de Balzac d'Entragues, marquise de (1579-1633).
Maîtresse d'Henri IV.

VILLEROY, Nicolas de Neufville, seigneur de (1543-1617).
Secrétaire d'État et ministre de Charles IX, Henri III et Henri IV. Négociateur du Traité de Vervins (1598) et du mariage de Marie de Médicis avec Henri IV (1600). Ministre de Marie de Médicis, disgrâcié en 1616, rappelé au gouvernement par Louis XIII après l'assassinat de Concini le 24 avril 1617.

VITRY, Nicolas de l'Hospital, marquis de (1581-1644).
Tue Concini le 24 avril 1617. Fait maréchal de France le même jour.

WALLENSTEIN, Albrecht von (1583-1634).
Noble catholique de Bohême, au service de l'Empereur Ferdinand. Nombreuses victoires sur les armées protestantes. Vaincu par Gustave-Adolphe en 1632 à la bataille de Lutzen où le Roi de Suède meurt. Trahit l'Empereur, et meurt assassiné par ses lieutenants le 25 février 1634.

CHRONOLOGIE

1553

14 décembre	Naissance d'Henri IV.

1568

19 mai	Naissance de Léonora Galigaï.

1572

11 avril	Signature à Blois du contrat de mariage entre Henri de Navarre et Marguerite de France.
9 juin	Mort de Jeanne d'Albret, mère d'Henri de Navarre.
18 août	Mariage d'Henri de Navarre et de Marguerite de France.
24 août	Massacre de la Saint-Barthélemy.

1573

26 avril	Naissance de Marie de Médicis.

1584

10 juin	Mort du duc d'Anjou, ex-duc d'Alençon, plus jeune frère d'Henri III. Henri de Navarre devient l'héritier présomptif du trône.

1585

9 septembre	Publication de la bulle d'excommunication d'Henri de Navarre et du prince de Condé. Naissance à Paris d'Armand-Jean du Plessis de Richelieu, futur cardinal de Richelieu.
23 décembre	Assassinat du duc Henri de Guise « le Balafré » à Blois.

1589

5 janvier	Mort de Catherine de Médicis.
1er et 2 août	Mort d'Henri III, assassiné à Saint-Cloud par le moine Jacques Clément. Henri de Navarre devient Roi de France, sous le nom d'Henri IV.
16 au 21 septembre	Bataille d'Arques.

1590

14 mars	Bataille d'Ivry.

1593

25 juillet	Abjuration d'Henri IV à Saint-Denis.

1594

27 février	Sacre d'Henri IV à Chartres.
22 mars	Henri IV fait son entrée à Paris.
27 décembre	Attentat de Jean Chatel contre Henri IV.
29 décembre	Le Parlement de Paris ordonne l'expulsion des Jésuites du royaume.

1595

16 janvier	Henri IV déclare la guerre à l'Espagne.
5 juin	Victoire de Fontaine-Française remportée par Henri IV sur les Espagnols.
17 septembre	Henri IV obtient l'absolution pontificale.

1598

13 avril	Edit de Nantes.
2 mai	Traité de Vervins (Paix entre la France et l'Espagne).
12 septembre	Philippe III succède à Philippe II comme Roi d'Espagne.

1599

10 avril	Mort de Gabrielle d'Estrées.
17 décembre	Dissolution du mariage d'Henri IV et de Marguerite de France.

1600

25 avril	Signature, à Florence, du contrat de mariage entre Henri IV et Marie de Médicis.
11 août	Henri IV déclare la guerre à la Savoie.
20 août	Soumission de Chambéry.
5 octobre	Mariage par procuration à Florence entre Henri IV et Marie de Médicis.
9 novembre	Marie de Médicis arrive à Marseille.
16 novembre	Reddition de la citadelle de Montmélian.
3 décembre	Marie de Médicis arrive à Lyon.
9 décembre	Rencontre d'Henri IV et de Marie de Médicis à Lyon.
17 décembre	Célébration à la cathédrale de Lyon du mariage entre Henri IV et Marie de Médicis.

1601

17 janvier	Traité de Lyon entre la France et la Savoie. Réunion à la France de la Bresse, du Bugey, du pays de Gex et du Valromey.
9 février	Marie de Médicis arrive à Paris.
27 septembre	Naissance de Louis XIII.
27 octobre	Naissance de Gaston-Henri de Bourbon, marquis de Verneuil, fils d'Henriette d'Entragues et d'Henri IV.

1602

31 juillet	Exécution de Biron.
22 novembre	Naissance d'Elisabeth, fille aînée de Marie de Médicis et d'Henri IV, future Reine d'Espagne.

1603

24 mars	Mort de la Reine Elisabeth Ire d'Angleterre.
9 août	Signature à Hampton Court d'un traité d'alliance entre Henri IV et Jacques Ier d'Angleterre.

1604

2 janvier	Le Parlement de Paris enregistre l'Édit de rétablissement des Jésuites.

1605

1er février	Condamnation des conjurés de la conspiration d'Entragues.

1606

10 février	Naissance de Christine, deuxième fille de Marie de Médicis et d'Henri IV, future duchesse de Savoie.
14 septembre	Baptême de Louis XIII.

1607

13 avril	Naissance de Nicolas, second fils de Marie de Médicis et d'Henri IV, premier duc d'Orléans.

1608

25 avril	Naissance de Gaston, troisième fils de Marie de Médicis et d'Henri IV, duc d'Anjou puis duc d'Orléans à partir de 1626.
4 mai	Formation de l'Union Évangélique (fédération de princes protestants d'Allemagne).

1609

7 février	Mort du Grand-Duc Ferdinand de Toscane.
25 mars	Mort de Jean-Guillaume, duc de Clèves et de Juliers.
25 septembre	« Journée du Guichet ». La mère Angélique Arnauld, supérieure de Port-Royal, refuse de lever la clôture du monastère pour son père.
25 novembre	Naissance d'Henriette, troisième fille de Marie de Médicis et d'Henri IV, future Reine d'Angleterre.
3 décembre	Béatification d'Ignace de Loyola par le Pape Paul V.

1610

10 février	Traité d'alliance entre Henri IV et les princes protestants d'Allemagne.
13 mai	Sacre de Marie de Médicis à Saint-Denis.
14 mai	Assassinat d'Henri IV.
15 mai	La régence est confiée à Marie de Médicis.
27 mai	Supplice de Ravaillac.
3 septembre	Prise de Juliers.
16 septembre	Léonora Galigaï achète le marquisat d'Ancre pour la somme de 330 000 livres.
17 octobre	Sacre de Louis XIII à Reims.

1611

26 janvier	Démission de Sully de sa charge de Surintendant des finances.
11 novembre	Fondation de l'Oratoire par Bérulle.

1612

2 avril	Marie de Médicis achète l'Hôtel du duc de Luxembourg.
5, 6 et 7 avril	Carrousel de la Place Royale.
22 août	Signature à Madrid du contrat de mariage entre Louis XIII et Anne d'Autriche.
25 août	Signature à Paris du contrat de mariage entre l'Infant Philippe (futur Philippe IV d'Espagne) et Elisabeth.
31 octobre	Mort du comte de Soissons.

1613

17 juillet	Pose de la première pierre des « Fontaines de Rungis » par Louis XIII.
19 novembre	Concini maréchal de France.

1614

Février	Le duc de Nevers s'empare de la citadelle de Mézières.
15 mai	Traité de Sainte-Ménehould.
2 octobre	Déclaration de majorité de Louis XIII.
27 octobre	Ouverture des États-Généraux.

1615

23 février	Séance de clôture des États-Généraux. Discours de l'évêque de Luçon, futur cardinal de Richelieu.
24 mars	Dernière réunion des députés des États-Généraux au Louvre.
27 mars	Mort de Marguerite de France, première femme d'Henri IV.
2 avril	Marie de Médicis pose la première pierre du Palais du Luxembourg.
13 mai	Rétablissement pour trois ans de la vénalité des offices et de la paulette.
7 octobre	Échange des princesses à la Bidassoa.
28 novembre	Mariage de Louis XIII et d'Anne d'Autriche à Bordeaux.

1616

3 et 8 mai	Traité de Loudun entre Marie de Médicis et les princes.
1er septembre	Arrestation de Condé.
19 octobre	Luynes achète la charge de Grand Fauconnier.
24 novembre	Trois nominations au Conseil du Roi : Mangot aux Sceaux, Claude Barbin aux Finances, Richelieu aux Affaires Étrangères et à la Guerre.

1617

24 avril	Assassinat de Concini.
30 avril	Rétablissement des anciens ministres Villeroy, Jeannin, Du Vair, Brûlart de Sillery.
3 mai	Départ de Marie de Médicis pour Blois.
19 mai	Richelieu est nommé par Marie de Médicis « Chef de son Conseil et de ses affaires, pour tenir et avoir garde de son scel ».
15 juin	Richelieu reçoit du Roi l'ordre de ne plus quitter son diocèse de Luçon.
25 juin	Édit de restitution à l'Église catholique des biens ecclésiastiques usurpés par les protestants en Béarn.
8 juillet	Condamnation à mort et exécution de Léonora Galigaï.

1618

15 février	Les Jésuites sont autorisés à reprendre leur enseignement au Collège de Clermont.
16 avril	Richelieu exilé en Avignon.
23 mai	Défenestration de Prague.
30 août	Claude Barbin est condamné au bannissement comme criminel de lèse-majesté.

1619

22 février	Marie de Médicis s'évade de Blois. Première Guerre de la Mère et du Fils.
7 mars	Richelieu, en Avignon, reçoit l'ordre de se rendre à Angoulême.
27 mars	Richelieu arrive à Angoulême.
30 avril	Traité d'Angoulême entre Marie de Médicis et Louis XIII. Fin de la Première Guerre de la Mère et du Fils.
28 août	Ferdinand de Styrie élu Empereur sous le nom de Ferdinand II.
5 septembre	Entrevue de Couzières entre Marie de Médicis et Louis XIII.
20 octobre	Libération du prince de Condé.
25 octobre	Béatification de François Xavier par le Pape Paul V.

Décembre	Louis XIII promet une aide militaire à Ferdinand II contre les protestants de Bohême.

1620

Juillet-août	Deuxième Guerre de la Mère et du Fils.
7 août	« Drôlerie des Ponts-de-Cé ».
10 août	Traité d'Angers entre Marie de Médicis et Louis XIII. Fin de la Deuxième Guerre de la Mère et du Fils.
Octobre	Expédition contre les protestants du Béarn. Début des guerres de religion de Louis XIII.
14 octobre	Entrée de Louis XIII à Pau.
19 octobre	Proclamation du rattachement du Béarn et de la Basse-Navarre à la couronne de France.
8 novembre	Bataille de la Montagne Blanche.

1621

25 avril	Traité de Madrid entre la France et l'Espagne au sujet de la Valteline.
4 août	Reddition de Clérac.
Août-septembre	Siège infructueux de Montauban.
12 décembre	Prise de Monheur.
14 décembre	Mort de Luynes.

1622

22 janvier	Marie de Médicis signe la commande à Rubens des 24 tableaux de l'*Histoire de Marie de Médicis*.
12 mars	Canonisation d'Ignace de Loyola et de François Xavier par le Pape Grégoire XV.
19 mai	Rubens présente à Marie de Médicis le plan général de l'*Histoire de Marie de Médicis*.
10 juin	Massacre de Négrepelisse.
5 septembre	Richelieu devient cardinal.
18 octobre	Paix de Montpellier.

1623

7 février	Traité de Paris (constitution d'une ligue entre la France, Venise et la Savoie au sujet de la Valteline et des Grisons).

1624

1er janvier	Disgrâce du Chancelier de Sillery.
29 avril	Entrée de Richelieu au Conseil du Roi.
10 juin	Arrestation de La Vieuville. Richelieu Chef du Conseil.
Novembre	Le marquis de Coeuvres dans les Grisons et en Valteline.

1625

11 mai	Mariage par procuration à Paris d'Henriette et de Charles Ier d'Angleterre.
	Inauguration de la galerie du Palais du Luxembourg ornée des peintures de l'*Histoire de Marie de Médicis* par Rubens.
7 juin	Henriette, Buckingham, Anne d'Autriche et Marie de Médicis à Amiens.
29 septembre	Conseil extraordinaire de Fontainebleau sur les affaires de la Valteline.

1626

5 mars	Traité de Monçon avec l'Espagne au sujet de la Valteline.
5 août	Mariage de Gaston d'Orléans avec Mademoiselle de Montpensier à Nantes.
19 août	Exécution de Chalais à Nantes.

1627

20 avril	Traité d'alliance entre la France et l'Espagne.
30 avril	Bérulle devient cardinal.
28 juin	Marie de Médicis donne le Petit-Luxembourg à Richelieu.
20 juillet	Débarquement anglais à l'île de Ré.
10 septembre	Les Rochelais ouvrent le feu sur l'armée royale.
12 septembre	Louis XIII établit son quartier général à Aytré. Début du siège de La Rochelle.
26 décembre	Mort de Vincent II, duc de Mantoue. Le duc de Nevers est désigné comme son héritier.

1628

Mi-mai	Arrivée puis départ d'une flotte anglaise de secours à La Rochelle.
23 août	Assassinat de Buckingham.
30 septembre-début octobre	Arrivée puis départ d'une deuxième flotte anglaise de secours à La Rochelle.
28 octobre	Capitulation de La Rochelle.
1er novembre	Entrée de Louis XIII à La Rochelle.
26 décembre	Conseil du Roi relatif aux affaires de Mantoue.

1629

13 janvier	« Avis au Roi » du cardinal de Richelieu sur la succession de Mantoue.
6 mars	Louis XIII force le Pas de Suse.
11 mars	Traité de Suse.
Mi-mars	Les Espagnols lèvent le siège de Casal.
7 juin	Paix de Lübeck. Christian IV de Danemark renonce à intervenir en Allemagne.
28 juin	Edit de Grâce d'Alès. Fin des guerres de religion de Louis XIII.
14 septembre	Première algarade de Marie de Médicis avec Richelieu à Fontainebleau. Débuts de la brouille entre la Reine-Mère et le cardinal de Richelieu.
2 octobre	Mort de Pierre de Bérulle.
21 novembre	Richelieu est nommé « principal ministre d'État ».

1630

29 décembre	Richelieu, « Lieutenant général du Roi représentant sa personne en Italie », quitte Fontainebleau.
29 mars	Prise de Pignerol par l'armée française.
13 avril	« Avis au Roi » du cardinal de Richelieu sur les affaires d'Italie.
11 mai	Richelieu fait approuver par Marie de Médicis l'intervention militaire en Italie.
18 juillet	Chute de Mantoue, prise par les Impériaux.
26 juillet	Mort du duc de Savoie Charles-Emmanuel Ier. Son fils Victor-Amédée Ier, mari de Christine, lui succède.

12 septembre	Louis XIII tombe malade à Lyon.
30 septembre	Louis XIII à l'agonie puis guéri.
13 octobre	Traité de Ratisbonne.
26 octobre	Mazarin fait signer la paix entre Espagnols et Français sous les murs de Casal.
10, 11 et 12 novembre	Journée des Dupes.

1631

23 janvier	Traité de Bärwald entre la France et la Suède.
30 janvier	Gaston d'Orléans rompt avec Richelieu et quitte Paris pour Orléans.
23 février	Marie de Médicis prisonnière au château de Compiègne.
18, 19 juillet	Marie de Médicis s'évade de Compiègne.
19 juillet	Marie de Médicis arrive à Estoeung aux Pays-Bas espagnols.
17 septembre	Bataille de Breitenfeld près de Leipzig. Victoire de l'armée suédoise de Gustave-Adolphe sur l'armée impériale.

1632

6 janvier	Traité de Vic entre la France et la Lorraine. Le duc de Lorraine cède Marsal à la France.
20 juin	Traité de Liverdun entre la France et la Lorraine. Le duc de Lorraine cède Stenay et Jametz à la France.
16 août	Des Hayes de Courmenin capturé en Allemagne, près de Mayence, par Charnacé.
24 août	Capitulation de Maastricht.
1er septembre	Bataille de Castelnaudary.
29 septembre	Gaston d'Orléans signe le Traité de Béziers.
30 octobre	Exécution du duc de Montmorency à Toulouse.
6 novembre	Gaston d'Orléans et Puylaurens s'enfuient de Tours.
16 novembre	Bataille de Lutzen. Défaite de Wallenstein et mort de Gustave-Adolphe, Roi de Suède.

1633

25 septembre	Entrée de Louis XIII à Nancy.

1634

25 février	Assassinat de Wallenstein.
12 mai	Traité entre Gaston d'Orléans et l'Espagne.
6 septembre	Bataille de Nordlingen. Défaite des Suédois.
1er octobre	Traité d'Ecouen entre Louis XIII et Gaston d'Orléans.
8 octobre	Fuite de Gaston d'Orléans des Pays-Bas espagnols.
24 novembre	Accord préliminaire de Pirna (les Electeurs de Saxe et de Brandebourg font leur paix avec l'Empereur).

1635

19 mai	Déclaration de guerre de la France à l'Espagne.
30 mai	Paix de Prague (confirmation de l'accord préliminaire de Pirna).

1636

30 mars	Traité de Wismar entre la Suède et la France.
6 juin	Emeutes de la foire de Blanzac (révolte des Croquants).
15 août	Perte de Corbie.
14 novembre	Reprise de Corbie.

1637

19 mai	Mademoiselle de La Fayette admise au couvent de la Visitation, à Paris.
1er juin	Défaite des Croquants à La Sauvetat-du-Dropt.
26 juillet	Prise de Landrecies par le cardinal de La Valette.
8 septembre	Mort de Victor-Amédée Ier, duc de Savoie.
10 octobre	Le prince d'Orange reprend Bréda.

1638

2 mars	Jean de Werth battu et capturé par Bernard de Saxe-Weimar devant Rheinfelden.
11 avril	Prise de Fribourg par Bernard de Saxe-Weimar.
10 août	Marie de Médicis quitte Bruxelles pour Spa.
14 août	Marie de Médicis arrive à Bois-le-Duc en Hollande.

5 septembre	Naissance de Louis-Dieudonné, fils de Louis XIII et d'Anne d'Autriche, futur Louis XIV.
7 septembre	Déroute de Fontarabie.
5 novembre	Entrée solennelle de Marie de Médicis à Londres.

1639

16 juillet	Émeutes d'Avranches (révolte des Va-nu-pieds).
20-23 août	Émeutes de Rouen.
30 novembre	Écrasement des Va-nu-pieds devant Avranches.

1640

28 août	Charles Ier d'Angleterre battu à Newburn par les Écossais révoltés.

1641

11 mai	La Chambre des Communes demande le départ de Marie de Médicis d'Angleterre.
9 juillet	Bataille de La Marfée. Victoire et mort du comte de Soissons.
12 octobre	Arrivée de Marie de Médicis à Cologne.
22 décembre	Mort de Sully.

1642

3 juillet	Mort de Marie de Médicis, à Cologne.
4 décembre	Mort de Richelieu.

1643

4 mars	Marie de Médicis inhumée à Saint-Denis.
14 mai	Mort de Louis XIII.

BIBLIOGRAPHIE

I. *RELATIONS CONTEMPORAINES ET ANONYMES*

Actions de grâces de la France au Roi, Paris, N. Alexandre, 1617, in-12.

ALBOY, P. d', *Panégyrique au Roi sur la défaite de l'hydre de l'Arne*, Paris, 1617, in-12.

Allégresse de tous les vrais fidèles Français et serviteurs de Sa Majesté sur la mort du marquis d'Ancre, Nevers, 1617, in-12.

L'Anchre de la paix sur le retour de Messieurs les princes, Lyon, 1617, in-12.

Avis à Messieurs de l'Assemblée, s.l., 1618, in-4.

BOITEL de COUBERTIN, *Histoire mémorable de ce qui s'est passé en France*, Rouen, 1619, in-8.

Le bonheur de la France ou les allégresses publiques des bons Français pour les augustes mariages, Paris, 1615.

CAYET, Pierre-Victor Palma, *Chronologie septennaire contenant l'histoire de la paix entre les Rois de France et d'Espagne*, Paris, Éd. Michaud et Poujoulat, Éditeur du Commentaire analytique du Code civil, 1838.

CAYET, Pierre-Victor Palma, *Chronologie novenaire*, Éd. Michaud et Poujoulat.

Les cérémonies qui ont été faites en la présence du Roi aux épousailles de Madame, s.l., 1615.

Chef du procès fait à la mémoire de Conchino Concini, naguères maréchal de France, s.l.n.d., in-12.

Confession générale du seigneur Conchine trouvée après sa mort en son cabinet, Paris, T. Ménard, 1617, in-12.

Le Coup d'État de Louis XIII. Au Roy, Paris, 1631, in-8.

Le Coup d'État présenté au Roi à Fontainebleau, Paris, J. Guerreau, 1617, in-12.

DANÈS, Jean, *Toutes les actions du règne de Louis XIII*, Paris, 1643, in-4.

Déclaration du roi sur le sujet des nouveaux remuements de son royaume, Paris, 1617.

Déclaration et protestation des princes, ducs et pairs, 1617, in-4.

Définiment de la guerre apaisée par la mort de Concino Concini, Paris, 1617, in-12.

La descente du marquis d'Ancre aux enfers, s.l., 1617, in-12.

Les Désirs de la France sur la mort de Conchine, Paris, 1617, in-12.

Dialogue du berger picard avec la nymphe champenoise sur la fortune et gouvernement du marquis d'Ancre en Picardie, Paris, 1617, in-12.

La Disgrâce des favoris de la fortune présentée au Roi, Paris, 1617, in-12.

L'Enterrement, obsèques et funérailles de Conchine, Paris, 1617, in-12.

Extrait des raisons et plaintes que la Reine-Mère du Roi fait au Roi son fils, Paris, 1619, in-12.

Le fantassin qui passe partout, Paris, 1619, in-12.

Le Fidèle sujet au Roi, s.l., 1617, in-12.

GILLOT, Jacques, *Relation de ce qui se passa au Parlement touchant la Régence de Marie de Médicis.*

HARDOUIN de PÉRÉFIXE, *Histoire du Roi Henri le Grand*, Paris, Louis Billaine, 1662.

HÉROARD, Jean, *Journal de Jean Héroard sur l'enfance et la jeunesse de Louis XIII (1601-1628)*, Éd. Eud. Soulié et Éd. de Barthélemy, Paris, Firmin Didot, 1868, T. I, 1601-1610, T. II, 1610-1628.

L'heureuse arrivée du Roi dans Bourdeaus, Bordeaux, 1615.

Heureux augure au Roi de sa victoire, Paris, R. Dallin, 1617, in-12.

La Juste punition de Lycaon, Florentin, surnommé marquis d'Ancre, Paris, 1617, in-12.

LANCRE, P. de, *Le livre des princes*, Paris, 1617, in-4.

LEGRAIN, B., *La décade du Roi Louis-le-Juste*, Paris, 1619.

Lettre à M. de Luynes par le sieur Dryon, Paris, 1617, in-12.

Lettre de Cléophon à Polémandre, s.l., 1618, in-4.

Lettre de l'Assemblée des États de Guyenne tenue en la ville d'Agen, s.l.n.d., in-4.

Lettre de Monsieur le duc de Bouillon au Roi, s.l., 1617, in-4.

Lettre du Roi au Parlement de Dijon, s.l., 1617.

Lettre écrite au Roi par Monsieur le Maréchal d'Ancre, Paris, J. Guerreau, 1617, in-12.

Le Limosin, s.l.n.d., in-12.

La Magicienne estrangère, Rouen, 1617, in-8.

Les magnificences faites en la ville de Bordeaux, à l'entrée du Roi, Paris, 1615.

Manifeste de la France à Monsieur le maréchal de Vitry, Paris, 1617, in-12.

Le Manifeste de la Reine-Mère, Blois, 1618.

Matines de la Cour faites par un bon Français, s.l.n.d., in-12.

MATTHIEU, J.B., *La conjuration de Conchine*, Paris, 1618, in-12.

MATTHIEU, P., *Histoire des derniers troubles*, Lyon, 1597.

MATTHIEU, P., *Histoire de Henri IV*, Paris, 1631.

Mémoire sur les rangs et honneurs de la Cour. Pour servir de réponse aux trois derniers chapitres du Traité des preuves qui servent à établir la vérité de l'Histoire, par le P. Henri Griffet, Paris, s.l.n.d.

La Merveille royale de Louis XIII, Paris, 1617, in-12.

Les Merveilles et coups d'essai de Louis-le-Juste, s.l., 1617, in-12.

MORGUES, Mathieu de, *La Restauration de l'État*, Paris, 1617, in-12.

MORGUES, Mathieu de, *Les deux faces de la vie et de la mort de Marie de Médicis*, Anvers, 1643, in-4.

MORGUES, Mathieu de, *Lumières pour l'histoire de France*, s.l., 1643.

MORGUES, Mathieu de, *Diverses pièces pour la défense de la Reine-Mère du Roi très chrétien Louis XIII*, Paris, 1644.

Les Particularités de la mort tragique du maréchal d'Ancre, s.l., 1617, in-12.

Le Passe-temps de Pierre Dupuis, Paris, 1617, in-12.

Le Paysan de Ruel au Roi, s.l.n.d.

Plaintes à la Reine-Mère, s.l., 1617, in-12.

Propos dorés sur l'autorité tyrannique de Concini, s.l., 1617, in-12.

Protestation des princes, ducs et autres vrais Français, Paris, 1617, in-4.

Récit véritable de ce qui s'est passé au Louvre depuis le 24 avril, Paris, 1617, in-12.

Réjouissance de la France sur l'élection et rétablissement de Monseigneur du Vair, Paris, 1617, in-12.

Relation exacte de tout ce qui s'est passé à la mort du maréchal d'Ancre. Publié dans la *Collection des mémoires* de Michaud et Poujoulat, 2e série, T. IV.

Remonstrance présentée au Roi par les princes, ducs, pairs, anciens officiers de la Couronne, s.l., 1617, in-4.

Réponse à un écrit anonyme intitulé Mémoire sur les rangs et honneurs de la Cour, Paris, Le Breton et Veuve Duchesne, 1771.

La Restauration de l'État, s.l., 1617, in-12.

Le Réveil du soldat français, au Roi, sur la juste punition du marquis d'Ancre, Paris, 1617, in-12.

Le Roi hors de page à la Reine-Mère, Paris, 1617, in-12.

La royale réception de Leurs Majestés très-chrétiennes en la ville de Bourdeaus à l'entrée du Roi, ou le siècle d'or ramené par les alliances de France et d'Espagne, Bordeaux, 1615.

SAINT-SIMON, *Parallèle des trois premiers Rois Bourbons*, Éd. M.P. Faugère, Paris, Hachette, 1880.

Le Salomon de la France, Paris, 1617, in-12.

SAVARON, Jean, *Traité de la souveraineté du Roy et de son royaume*, Paris, 1615.

Seconde partie et réponse à la « Chronique des favoris », s.l., 1622, in-12.

SIRMOND, Jean, *Simple consolation à M. le maréchal d'Ancre sur la mort de sa fille*, s.l., 1617, in-12.

Le Songe, s.l., 1616, in-8.

Le « Te Deum » des Béarnois, Paris, 1617, in-12.

La véritable relation de ce qui s'est passé au voyage du Roi, 1620, Paris, 1620, in-12.

La Voix du peuple au Roi, Paris, 1617, in-12.

II. *MÉMOIRES*

ARNAULD d'ANDILLY — *Mémoires*
BASSOMPIERRE — *Journal de ma vie*
ESTRÉES, maréchal d' — *Mémoires*
FONTENAY-MAREUIL — *Mémoires*
GASTON D'ORLÉANS — *Mémoires*
HURAULT, Ph. — *Mémoires*
L'ESTOILE, Pierre de — *Mémoires – Journaux*
MARGUERITE de VALOIS — (La Reine Margot) – *Mémoires*
PONTCHARTRAIN — *Mémoires concernant les affaires de France sous la Régence de Marie de Médicis*
PONTIS, Chevalier de — *Mémoires*
RICHELIEU — *Mémoires*
RICHELIEU — *Testament politique*
ROHAN, duc de — *Mémoires*
SULLY — *Mémoires des sages et royales économies d'État de Henry le Grand*
TALLEMANT des RÉAUX — *Historiettes*

III. *OUVRAGES POSTÉRIEURS AU XVIIe SIÈCLE*

ANDRIEUX Maurice, *Henri IV*, Paris, Fayard, 1955.

ANQUEZ Léonce, *Histoire des assemblées politiques des réformés en France (1573-1622)*, Paris, Durand, 1859.

ANTIER Jean-Jacques, *Marins de Provence et du Languedoc. Vingt-cinq siècles d'histoire du littoral français méditerranéen*, Avignon, Aubanel, 1977.

ASHLEY Maurice, *Le Grand Siècle. L'Europe de 1598 à 1715*, traduit de l'anglais par Claire Poole, Paris, Fayard, 1972.

AVENEL, Vicomte G. d', *Richelieu et la Monarchie Absolue*, T. I, *Le Roi et la Constitution. La noblesse et sa décadence*, Paris, Plon, 1884.

– *Richelieu et la Monarchie Absolue*, T. II, *La noblesse et sa décadence (suite) – Administration générale, finances*, Paris, Plon, 1884.

– *Richelieu et la Monarchie Absolue*, T. III, *Administration générale (suite) – Armée, marine et Colonies, cultes, justice*, Paris, Plon, 1895.

– *Richelieu et la Monarchie Absolue*, T. IV – *Administration générale, justice (suite et fin) – Administration provinciale et communale*, Paris, Plon, 1895.

BARBICHE Bernard, *Lettres de Henri IV concernant les relations du Saint-Siège et de la France (1595-1609)*, Ciità del Vaticano, Biblioteca apostolica vaticana, 1968.

– *Sully*, Paris, Albin Michel, 1978.

BASCHET Armand, *Le Roi chez la Reine, ou Histoire secrète du mariage de Louis XIII et d'Anne d'Autriche*, Paris, Plon, 1866.

– *François Porbus*, « Gazette des Beaux-Arts », 1868, T. XXV, p. 294 sqq.
– *Les Archives de Venise. Histoire de la chancellerie secrète*, Paris, Plon, 1870.

BATIFFOL Louis, *Le Roi Louis XIII a vingt ans*, Paris, Calmann-Lévy, 1910.
– *La Duchesse de Chevreuse. Une vie d'aventures et d'intrigues sous Louis XIII*, Paris, Hachette, 1913.
– *La vie intime d'une Reine de France au XVIIe siècle, Marie de Médicis*, Paris, Calmann-Lévy, 1931, 2 tomes.

BELGRAND M., *Les travaux souterrains de Paris, Première partie, Les Eaux, Première section, Les anciennes eaux*, Paris, Dunod, 1872.

BELMONT Nicole, *Mythes et croyances dans l'ancienne France*, Paris, Flammarion, 1973.

BERCÉ Yves-Marie, *Croquants et nu-pieds, Les soulèvements paysans en France du XVIe au XIXe siècle*, Paris, Gallimard/Julliard, 1974.

BERTOUT Anne, *Les Ursulines de Paris sous l'Ancien Régime*, Paris, Firmin Didot, 1936.

BLANCHET A., *Un récit inédit de la mort du maréchal d'Ancre*, Paris, 1900, in-8.

BLUNT Anthony, *Art and architecture in France, 1500 to 1700*, Harmondsworth, Penguin Books, 1957 (2e édition).

BOISSET Jean, *Les Chrétiens séparés de Rome, de Luther à nos jours*, Paris, PUF, 1970.
– *Histoire du protestantisme*, Paris, PUF, 1977.

BORDONOVE Georges, *Les Rois qui ont fait la France, T. I, Henri IV*, Paris, Éditions Pygmalion/Gérard Watelet, 1981.

BRAUDEL Fernand, LABROUSSE Ernest, *Histoire économique et sociale de la France, T. I: de 1450 à 1660, Ier volume: L'État, le commerce et les villes*, par CHAUNU Pierre et GASCON Richard, Paris, PUF, 1977.
– *Histoire économique et sociale de la France, T. I: de 1450 à 1660, 2e volume: Paysannerie et croissance*, par LE ROY LADURIE Emmanuel et MORINEAU Michel, Paris, PUF, 1977.

BRÉTAUDEAU A., *Histoire des Ponts-de-Cé*, Angers, 1904, in-8.

BRUNEL P., BELLENGER Y., COUTY D., SELLIER Ph., TRUFFET M., *Histoire de la littérature française*, Paris, Bordas, 1972.

CARRÉ Henri, *Sully, Sa vie et son œuvre (1559-1641)*, Paris, Payot, 1932 (réédité: 1980).
– *La jeunesse et la marche au pouvoir de Richelieu (1585-1624)*, Paris, Grasset, 1944.

CHARAVAY E., *Collection de lettres autographes du règne de Louis XIII*, Paris, 1873, in-8.

CHASSANG A. et SENNINGER Ch., *Recueil de textes littéraires français, XVIIe siècle*, Paris, Hachette, 1976.

CHASTENET Jacques, *Elisabeth Ire*, Paris, Fayard, 1963.

CHAUNU Pierre, *La civilisation de l'Europe classique*, Paris, Arthaud, 1966.
– *Le temps des réformes, La crise de la chrétienté. L'éclatement. 1250-1550*, Paris, Fayard, 1976.

CHEVALLIER Pierre, *Louis XIII*, Paris, Fayard, 1979.

COYNARD Ch. de, *Les Guérin de Tencin (1520-1758)*, Paris, Hachette, 1910.

DAGENS Jean, *Correspondance du Cardinal Pierre de Bérulle*, Paris, Desclée de Brouwer/Louvain, Bureaux de la Revue,
Tome I, 1599-1618, 1937,
Tome II, 1619-1624, 1937,
Tome III, 1625-1629, 1939.

DAINVILLE F. de, *Les Jésuites et l'éducation de la société française: la naissance de l'humanisme moderne*, Paris, Beauchesne, 1940.

DELOCHE Maximin, *La maison du Cardinal de Richelieu, Document inédit*, Paris, Honoré Champion, 1912.

DETHAN Georges, *Gaston d'Orléans, conspirateur et prince charmant*, Paris, Fayard, 1959.

DUBY Georges et MANDROU Robert, *Histoire de la civilisation française*, Paris, A. Colin, 1961 (2e édition), *Tome I, Moyen Age - XVIe siècle, Tome II, XVIIe-XXe siècle.*

DULONG Claude, *Anne d'Autriche, mère de Louis XIV*, Paris, Hachette, 1980.

ERLANGER Philippe, *Louis XIII*, Paris, Gallimard, 1946 (réédité: 1980).
– *La vie quotidienne sous Henri IV*, Paris, Hachette, 1958 (réédité: 1970).
– *L'étrange mort de Henri IV*, Paris, Librairie académique Perrin, 1964.

ERNOUF Baron d' et ALPHAND A., *Traité pratique et didactique de l'art des jardins*, Paris, Éd. J. Rotschild, s.d.

FAGNIEZ, *L'industrie en France sous Henri IV*, Paris, 1883, in-8.

FLANDRIN Jean-Louis, *Les amours paysannes (XVIe-XIXe siècles)*, Paris, Julliard, 1975.

FRANKLIN Alfred, *État, Noms et Nombre de toutes les rues de Paris en 1636*, Paris, Léon Willem, 1873.

FRYNS Marcel, *Rubens, Van Dyck et Jordaens*, Elsevier, 1962.

GALLUZZI Riguccio, *Histoire du Grand-Duché de Toscane*, T. V, Paris, 1782.

GOUBERT Pierre, *L'ancien régime*, 2. *Les pouvoirs*, Paris, A. Colin, 1973.

GRIFFET (Père) Henri, *Histoire du règne de Louis XIII, Roi de France et de Navarre*, Paris, 1768, 3 volumes.

GUETTÉE, *Histoire de l'Église de France, Tome X, Livre septième (1610-1643) et Livre Huitième (1643-1670)?* Paris, Lécrivain et Toubon, 1856.

GUICHARD A., *Les Jésuites*, Paris, Grasset, 1974.

HANOTAUX Gabriel, *Origines de l'institution des Intendants des provinces*, Paris, Honoré Champion, 1884.
– *Tableau de la France en 1614*, Paris, Firmin Didot, 1898.

HANOTAUX Gabriel et Duc de LA FORCE, *Histoire du Cardinal de Richelieu, Tome I, La jeunesse de Richelieu (1585-1614) – La France en 1614*, Paris, Firmin Didot, 1893.
– *Histoire du Cardinal de Richelieu, Tome II, Le chemin du pouvoir – Le Premier ministre (1614-1617)*, Paris, Firmin Didot, 1895.
– *Histoire du Cardinal de Richelieu, Tome III, Richelieu, Premier ministre – Le mariage d'Angleterre – Le siège de La Rochelle – La Journée des Dupes*, Paris, Plon, 1933.

– *Histoire du Cardinal de Richelieu, Tome IV, La politique intérieure du Cardinal – L'unité française – Pas d'états dans l'État – L'organisation des forces nationales*, Paris, Plon, 1935.
– *Histoire du Cardinal de Richelieu, Tome V, La lutte contre la Maison d'Autriche – L'année de Corbie – Paris menacé et délivré – Le vœu de Louis XIII – La naissance du Dauphin*, Paris, Plon, 1944.
– *Histoire du Cardinal de Richelieu, Tome VI, Suite de la lutte contre la Maison d'Autriche – Cinq-Mars – La conquête du Roussillon – La religion – Les lettres – Les arts – La mort du Roi – La France offerte à Louis XIV*, Paris, Plon, 1947.

HAYDEN J. Michel, *France and the estates general of 1614*, Londres, Cambridge University Press, 1974.

HENRARD Paul, *Marie de Médicis dans les Pays-Bas*, Paris, J. Baudry, 1876.

HILLAIRET Jacques, *Dictionnaire historique des rues de Paris*, Paris, Les Éditions de Minuit, 1964 (2e édition), 2 tomes.

HINCKER François, *Les Français devant l'impôt sous l'Ancien Régime*, Paris, Flammarion, 1971.

HIRSCHFELD Gustave, *Le Palais du Luxembourg*, Paris, Henri Laurens, 1931.

IMBERT Jean, SAUTEL Gérard, BOULET-SAUTEL Marguerite, *Histoire des institutions et des faits sociaux (Xe-XIXe siècle)*, Paris, PUF, 1961.

KERMINA Françoise, *Marie de Médicis, Reine, régente et rebelle*, Paris, Librairie académique Perrin, 1979.

LAVEDAN Pierre, *Histoire de Paris*, Paris, PUF, 1977.

LÉONARD Émile G., *Histoire du protestantisme*, Paris, PUF, 1980.

LE ROY LADURIE Emmanuel, *Climat et récoltes aux XVIIe et XVIIIe siècles*, « Annales E.S.C. », 1960, pp. 434-465.

LESTOCQUOY (Mgr) Jean, *La vie religieuse en France du VIIe au XXe siècle*, Paris, Albin Michel, 1964.

LIVET Georges, *La guerre de Trente Ans*, Paris, PUF, 1972.

MANDROU Robert, *Tragique XVIIe siècle*, « Annales E.S.C. », 1957, pp. 305-313.
– *Le baroque européen: mentalité pathétique et révolution sociale*, « Annales E.S.C. », 1960, pp. 898-914.
– *Introduction à la France moderne (1500-1640), Essai de psychologie historique*, Paris, Albin Michel, 1961.
– *De la culture populaire en France aux XVIIe et XVIIIe siècles*, Paris, La Bibliothèque bleue de Troyes, 1964.
– *La France aux XVIIe et XVIIIe siècles*, Paris, PUF, 1967.
– *Magistrats et sorciers en France au XVIIe siècle. Une analyse de psychologie historique*, Paris, Seuil, 1980.

MAUGIS Édouard, *Histoire du Parlement de Paris. De l'avènement des Rois Valois à la mort d'Henri IV, Tome II. Période des guerres de religion, de la Ligue et d'Henri IV*, Paris, Picard, 1914.

MÉTHIVIER Hubert, *Le Siècle de Louis XIII*, Paris, PUF, 1977.

MICHEL André, *Histoire de l'Art, Tome V – La Renaissance dans les pays du Nord. Formation de l'art classique moderne, Seconde partie*, Paris, A. Colin, 1913.

MICHEL Édouard, *La peinture flamande au XVIIe siècle*, Paris, Hypérion, 1939.

MICHEL Émile, *Rubens. Sa vie, son œuvre et son temps*, Paris, Hachette, 1900.

MONGRÉDIEN Georges, *La vie de société aux XVIIe et XVIIIe siècles*, Paris, Hachette, 1950.

– *La journée des Dupes, 10 novembre 1630*, Paris, Gallimard, 1961.

– *La vie quotidienne des comédiens au temps de Molière*, Paris, Hachette, 1966.

– *Léonora Galigaï. Un procès de sorcellerie sous Louis XIII*, Paris, Hachette, 1968.

MORICE Bernard, *Le Palais du Luxembourg et le destin des hommes*, Paris, Éditions France-Empire, 1971.

– *Le Palais du Luxembourg et ses métamorphoses*, Paris, Imprimerie Draeger (hors commerce), 1974.

MOUSNIER Roland, TAPIÉ Victor-L., MEUVRET J., LIVET Georges, MARTIMORT Aimé-Georges, *Comment les Français voyaient la France au XVIIe siècle*, « XVIIe siècle », 1955, n° 25-26.

MOUSNIER Roland, BLUCHE François, CORVISIER A., GOUBERT Pierre, TAPIÉ Victor-L., *Serviteurs du Roi : quelques aspects de la fonction publique dans la société française du XVIIe siècle*, « XVIIe siècle », 1959, n° 42-43.

MOUSNIER Roland, *Paris au XVIIe siècle*, Paris, Centre de Documentation Universitaire, 1961.

– *L'Assassinat d'Henri IV, 14 mai 1610*, Paris, Gallimard, 1964.

– *Fureurs paysannes. Les paysans dans les révoltes du XVIIe siècle (France, Russie, Chine)*, Paris, Calmann-Lévy, 1967.

– *Les hiérarchies sociales de 1450 à nos jours*, Paris, PUF, 1969.

– *Le Conseil du Roi de Louis XIII à la Révolution*, Paris, PUF, 1970.

– *La vénalité des offices sous Henri IV et Louis XIII*, Paris, PUF, 1971 (2e édition).

– *La famille, l'enfant et l'éducation en France et en Grande-Bretagne, du XVIe au XVIIIe siècle*, Paris, Centre de Documentation Universitaire, 1975, 2 volumes.

NAPIER Henry-Edward, *Florentine History*, Vol. V, Londres, Edward Moxon, 1847.

NORDMANN Claude, *La montée de la puissance européenne (1492-1661)*, Paris, PUF, 1974.

NOUAILLAC Jean, *Villeroy, secrétaire d'État et ministre de Charles IX, Henri III et Henri IV (1543-1610)*, Paris, Honoré Champion, 1908.

– *Lettres inédites de François d'Aerssen à Jacques Valcke, Trésorier de Zélande (1599-1603)*, Paris, Honoré Champion, 1908.

– *Henri IV raconté par lui-même*, Paris, A. Picard, 1913.

PANNIER Jacques, *Un architecte français du commencement du XVIIe siècle, Salomon de Brosse*, Paris, C. Eggimen, 1910.

– *L'Église réformée de Paris sous Louis XIII, 1610-1621*, Paris, Honoré Champion, 1922.

PAVIE E., *La guerre entre Louis XIII et Marie de Médicis*, Angers, 1899, in-8.

PERRENS F.T., *L'Église et l'État en France sous le règne de Henri IV et la Régence de Marie de Médicis*, Paris, Durand et Pedone, 1873.
– *Les mariages espagnols sous le règne de Henri IV et la Régence de Marie de Médicis (1602-1615)*, Paris, Didier, s.d.
POIRSON Auguste, *États généraux de 1614 considérés sous le point de vue politique et littéraire*, Extrait du « Journal Général de l'Instruction Publique », 1835-1836, Paris, Dupont Imp., s.d.
– *Histoire du règne de Henri IV*, Paris, Louis Colas, 1856, 2 tomes.
PRÉCLIN Edmond et TAPIÉ Victor-L., *Le XVIIe siècle, Monarchies centralisées (1610-1713)*, Paris, PUF, 1943.
RANUM Orest, *Les créatures de Richelieu*, Paris, Pedone, 1966.
– *Les Parisiens du XVIIe siècle*, Paris, A. Colin, 1973.
RATHERY E.J.B., *Histoire des États-Généraux de France*, Paris, Imprimerie et Librairie générale de Jurisprudence, 1845.
RICHARD Michel, *La vie quotidienne des protestants sous l'Ancien Régime*, Paris, Hachette, 1966.
ROUSSEAU Pierre, *Histoire des Transports*, Paris, Fayard, 1961.
SÉDILLOT René, *Histoire de l'or*, Paris, Fayard, 1974.
SLOCOMBE G., *Henri IV, 1553-1610*, Paris, Payot, 1980.
TAPIÉ Victor-L., *La France de Louis XIII et de Richelieu*, Paris, Flammarion, 1967 (réédité : 1980).
TAVERNIER Félix, *La vie quotidienne à Marseille de Louis XIV à Louis Philippe*, Paris, Hachette, 1973.
THIROUX d'ARCONVILLE (Madame), *Vie de Marie de Médicis*, Paris, 1774, 3 volumes.
TOPIN Marius, *Louis XIII et Richelieu*, Paris, Didier, 1877.
VAILLÉ Eugène, *Histoire des postes jusqu'à la Révolution*, Paris, PUF, 1948.
VAISSIÈRE Pierre de, *L'affaire du Maréchal de Marillac (1630-1632)*, Paris, Librairie académique Perrin, 1924.
VIOLLET Paul, *Le Roi et ses ministres pendant les trois derniers siècles de la monarchie*, Paris, Sirey, 1912.
WILHELM Jacques, *La Vie quotidienne au Marais au XVIIe siècle*, Paris, Hachette, 1966.
ZELLER Berthold, *Henri IV et Marie de Médicis d'après des documents nouveaux tirés des Archives de Florence et de Paris*, Paris, Didier, 1877.
– *La minorité de Louis XIII – Marie de Médicis et Sully (1610-1612)*, Paris, Hachette, 1892.
– *La minorité de Louis XIII – Marie de Médicis et Villeroy*, Paris, Hachette, 1897.
– *Louis XIII, Marie de Médicis, chef du Conseil*, Paris, Hachette, 1898.
– *Louis XIII, Marie de Médicis, Richelieu ministre*, Paris, 1899, in-8.

LEXIQUE

APANAGE :

Portion de l'héritage remise à un fils cadet pour assurer son entretien et qui revient à la couronne après l'extinction de sa descendance mâle.

AUNE :

Mesure de longueur valant 3 pieds 7 pouces 10 lignes 5/6.

Équivaut à 1,182 mètre.

CARMÉLITES :

Religieuses de l'ordre des Carmes déchaux (Carmes de la réforme de Sainte-Thérèse d'Avila au XVIe siècle qui vont en sandales et sans bas). Les Carmes constituent l'un des quatre ordres mendiants. Leur nom complet (religieux de Notre-Dame du Mont-Carmel) rappelle qu'ils ont été fondés au XIIe siècle dans les royaumes chrétiens de Syrie-Palestine.

CISTERCIENNES :

Religieuses appartenant à l'ordre de Cîteaux, fondé en 1098 par Saint Robert, et qui tire son nom de Cîteaux, lieu situé à une vingtaine de kilomètres de Dijon.

Cisterciens et cisterciennes observent la règle de Saint Benoît.

ÉLECTIONS :

Circonscription fiscale.

Par extension, pays d'élections : pays soumis en matière fiscale à la juridiction directe du Roi (s'opposent aux Pays d'États).

ÉTATS :

Réunion de députés des divers Ordres représentant, soit le pays tout entier (États-Généraux), soit une province.

Pays d'États : provinces ayant des assemblées locales qui disposent d'un certain pouvoir, notamment en matière fiscale (s'opposent aux Pays d'élections).

FEUILLANTS:

Les Feuillants sont une Congrégation de l'Ordre de Cîteaux. Ils suivent donc la règle de Saint Benoît et de Saint Bernard. Leur nom vient du fait qu'ils ont dans leurs armes une branche garnie de feuilles.

GABELLE:

Impôt sur la consommation du sel.

GRENIER A SEL:

Magasin où est entreposé le sel destiné à être vendu au public. Devient le nom d'une circonscription fiscale pour la perception de la gabelle.

JÉSUITES:

Membres de l'ordre religieux fondé par Saint Ignace de Loyola en 1534, sous le nom de Compagnie de Jésus (on l'appelle aussi la Société de Jésus).

MUID:

Mesure de capacité variable suivant les provinces et les produits. Le muid de Paris pour les liquides équivaut à 268 litres.

ORATOIRE:

L'Oratoire de Jésus, ordre fondé en Italie par Saint Philippe de Neri en 1548, introduit en France par Bérulle en 1611. Les Oratoriens se consacrent à la formation des clercs pour l'Église dans les séminaires, et à l'enseignement de la jeunesse dans les collèges.

OUBLIE:

Pâtisserie mince de forme ronde, habituellement roulée en cylindre creux (très semblable à une gaufre).

PAULETTE:

Droit s'élevant à 1/60 de la valeur d'un office. Il permet d'assurer la validité de la transmission d'une charge par son détenteur même si celui-ci meurt moins de 40 jours après avoir traité avec son successeur. Du nom de Paulet, le financier qui en a proposé la création à Henri IV.

PIED :

Mesure de longueur valant 12 pouces, soit 32,4 centimètres.

TAILLE:

Imposition levée sur les personnes qui ne sont ni nobles, ni ecclésiastiques, ni bénéficiaires d'une exemption. Ce nom viendrait, d'après Voltaire, de l'usage des collecteurs d'impôts de marquer sur une petite baguette de bois, ou taille, le montant de la somme versée par chaque contribuable.

On distingue la taille personnelle levée sur les personnes taillables, et la taille réelle levée sur les terres taillables.

TOISE :
Mesure de longueur valant 6 pieds, soit 1,95 mètre.

URSULINES :
Religieuses tirant leur nom de Sainte Ursule, fondatrice de leur ordre. Elles suivent la règle de Saint Augustin et se consacrent à l'instruction des jeunes filles.

Index des personnages cités

D

E

F

I

J

K

L

M

R

T

Table des cartes et plans

Table des annexes

Table des illustrations

(Hors-texte)

Table des matières

L'impression de ce livre
a été réalisée sur les presses
des Imprimeries Aubin
à Poitiers/Ligugé

pour le compte de la librairie Arthème Fayard
75, rue des Saint-Pères à Paris

ISBN 2-213-01044-7

N° d'édition : 6286. — N° d'impression : L 14140
Dépôt légal, 4e trimestre 1981

Imprimé en France